MAP 8 텐진

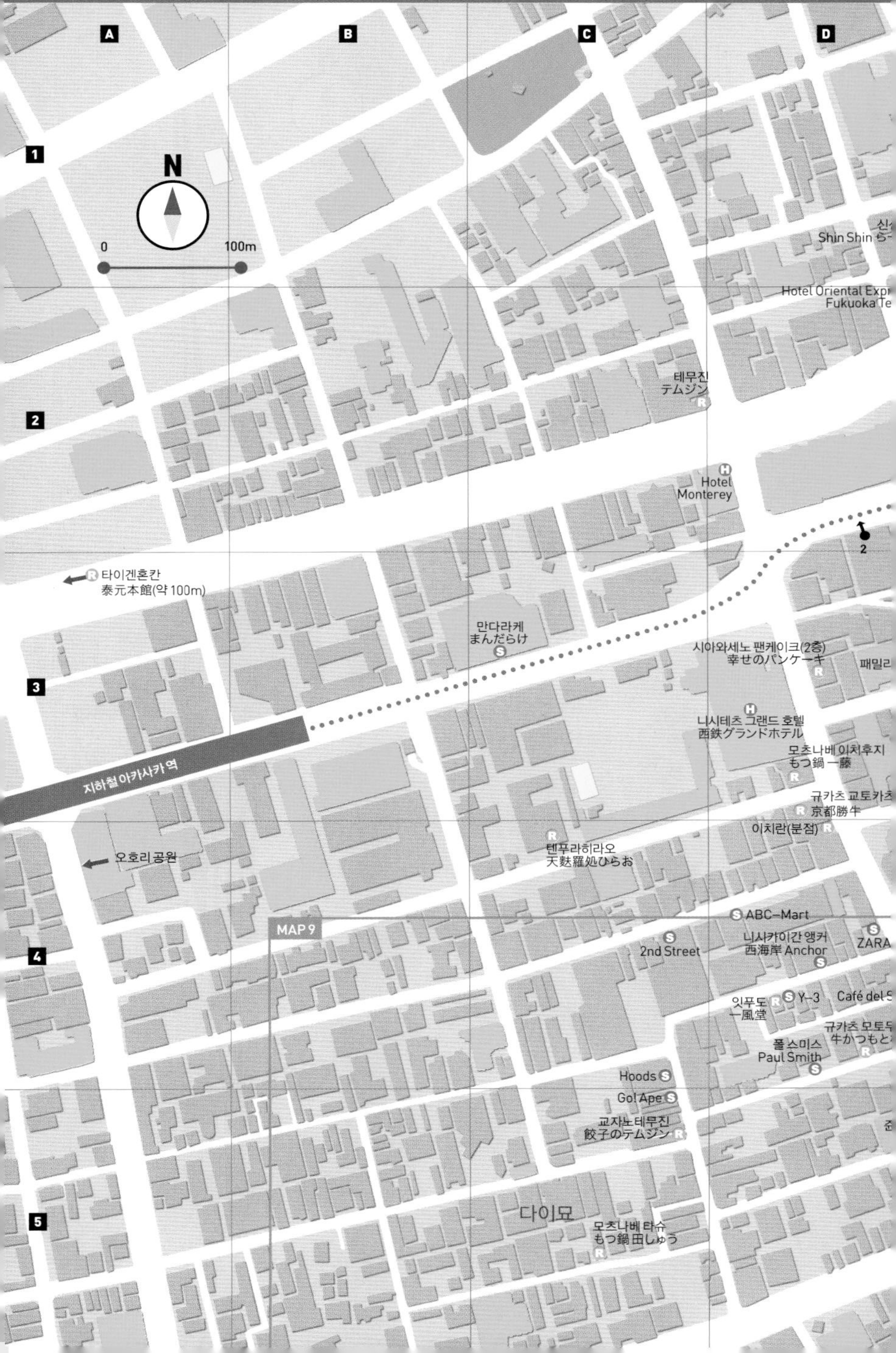

A
B
C
D
1
2
3
4
5
N
0
100m
Shin Shin
테무진
テムジン
Hotel
Monterey
타이겐혼칸
泰元本館(약 100m)
만다라케
まんだらけ
시아와세노 팬케이크(2층)
幸せのパンケーキ
니시테츠 그랜드 호텔
西鉄グランドホテル
모츠나베 이치후지
もつ鍋 一藤
京都勝牛
이치란(분점)
지하철 아카사카 역
오호리공원
텐푸라히라오
天麩羅処ひらお
ABC-Mart
MAP 9
2nd Street
니시카이간 앵커
西海岸 Anchor
ZARA
잇푸도
一風堂
Y-3
폴 스미스
Paul Smith
Hoods
Go! Ape
교자노테무진
餃子のテムジン
다이묘
모츠나베 타슈
もつ鍋 田しゅう

텐진 MAP 8

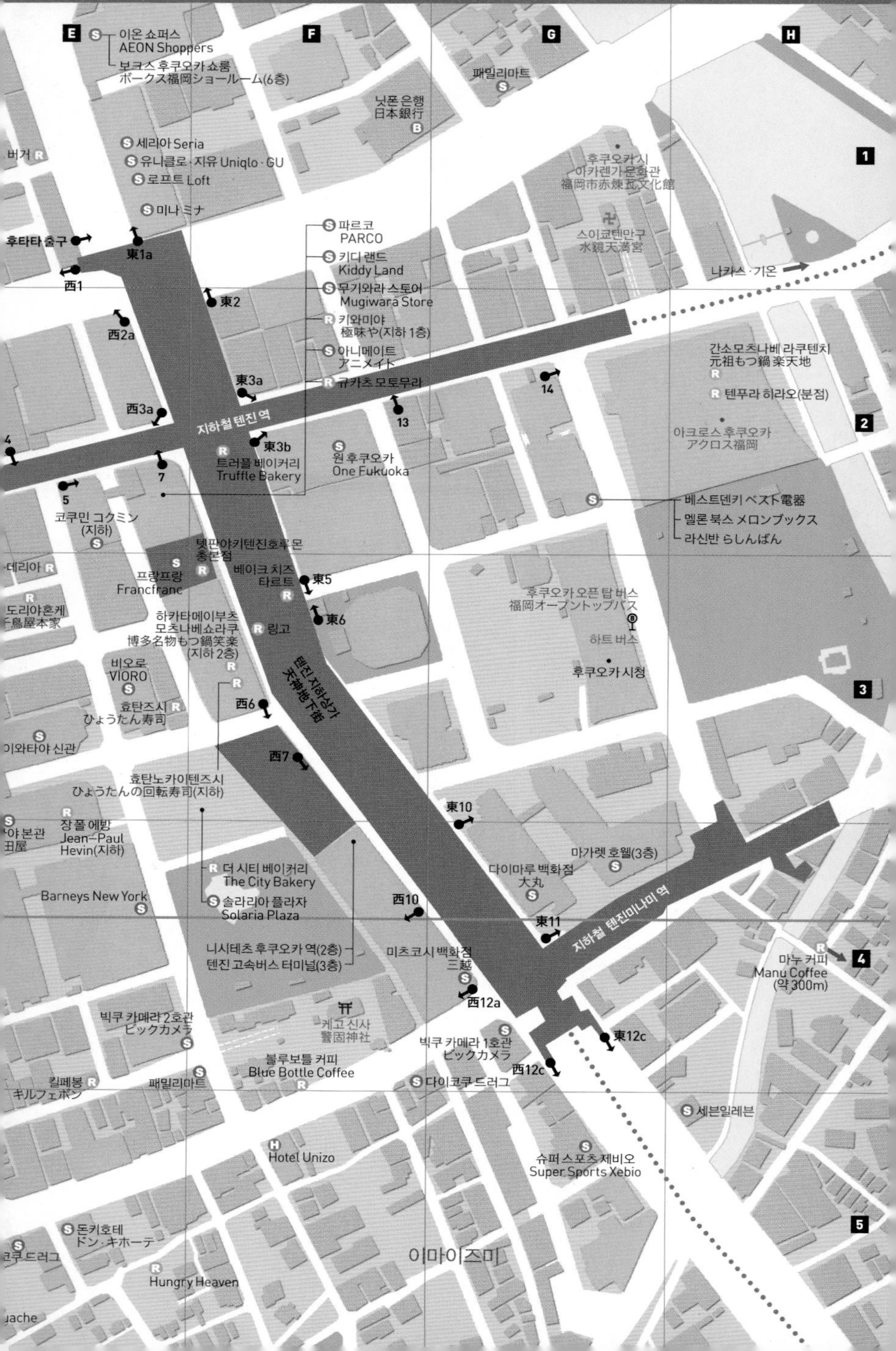

E
F
G
H
1
2
3
4
5
이온 쇼퍼스
AEON Shoppers
보크스 후쿠오카 쇼룸
ボークス福岡ショールーム(6층)
패밀리마트
닛폰 은행
日本銀行
세리아 Seria
유니클로·지유 Uniqlo·GU
로프트 Loft
미나미나
버거
후쿠오카시
아카렌가문화관
福岡市赤煉瓦文化館
스이쿄텐만구
水鏡天満宮
파르코
PARCO
키디 랜드
Kiddy Land
무기와라 스토어
Mugiwara Store
키와미야
極味や(지하 1층)
아니메이트
アニメイト
규카츠 모토무라
후타타 출구
東1a
西1
東2
西2a
東3a
西3a
東3b
지하철 텐진 역
나카스·기온
간소모츠나베 라쿠텐치
元祖もつ鍋 楽天地
텐푸라 히라오(분점)
아크로스 후쿠오카
アクロス福岡
14
13
7
5
트러플 베이커리
Truffle Bakery
원 후쿠오카
One Fukuoka
베스트덴키 ベスト電器
멜론 북스 メロンブックス
라신반 らしんばん
코쿠민 コクミン
(지하)
텟판야키텐진호루몬
총본점
프랑프랑
Francfranc
베이크 치즈
타르트
東5
東6
링고
하카타메이부츠
모츠나베쇼라쿠
博多名物もつ鍋笑楽
(지하 2층)
비오로
VIORO
효탄즈시
ひょうたん寿司
西6
텐진 지하상가
天神地下街
후쿠오카 오픈 탑 버스
福岡オープントップバス
하트 버스
후쿠오카시청
이와타야 신관
西7
효탄노카이텐즈시
ひょうたんの回転寿司(지하)
장 폴 에방
Jean-Paul
Hevin(지하)
東10
마가렛 호웰(3층)
다이마루 백화점
大丸
더 시티 베이커리
The City Bakery
솔라리아 플라자
Solaria Plaza
Barneys New York
西10
東11
지하철 텐진미나미 역
니시테츠 후쿠오카 역(2층)
텐진 고속버스 터미널(3층)
미츠코시 백화점
三越
西12a
마누 커피
Manu Coffee
(약 300m)
빅쿠 카메라 2호관
ビックカメラ
케고 신사
警固神社
빅쿠 카메라 1호관
ビックカメラ
東12c
西12c
블루보틀 커피
Blue Bottle Coffee
킬페봉
キルフェボン
패밀리마트
다이코쿠 드러그
세븐일레븐
Hotel Unizo
슈퍼 스포츠 제비오
Super Sports Xebio
돈키호테
ドン·キホーテ
이마이즈미
Hungry Heaven

MAP 9 다이묘·이마이즈미

나카스·기온 MAP 10

지하철 기온 역 祇園
P2
P3
웨스트
하카타기온테츠나베 博多祇園鉄なべ
도쵸지 東長寺
죠텐지 承天寺
지하철 쿠코선
Hotel Dormy Inn
나가하마 난바완 長浜ナンバーワン
세븐일레븐
하카타마치야 향토관 博多町家ふるさと館
기온 祇園
다이토엔 大東園
쿠시다 신사 櫛田神社
하카타 전통 공예관
교자야니노니 餃子屋弐ノ弐
요시즈카 우나기야 吉塚うなぎ屋
맥스 밸류 Max Valu
칼디 커피 팜 KALDI Coffee Farm
유니클로 Uniqlo
지하철 쿠시다진자마에 역 櫛田神社前
캡슐호텔 웰비 후쿠오카
이치란 一蘭(본점)
비프 타이겐 Beef 泰元
The Full Full Hakata
미츠이가든호텔 三井ガーデンホテル
마츠야
로손
주차장
JR 하타카 역
San Garden
마츠모토 키요시 マツモトキヨシ
점프숍 JumpShop
라멘 스타디움 ラーメンスタジアム
캐널 시티 하카타 キャナルシティ博多
나카가와 강 那珂川
나카스 포장마차촌 中洲屋台
세븐일레븐
후쿠야 ふくや
나카스 中洲
파출소
카와바타 상점가 川端商店街
카와바타젠자이 광장 川端ぜんざい広場
스즈카케 鈴懸
Resol Hakata
Hakata Excel Hotel Tokyu
도키호테
모스 버거
지하철 나카스카와바타 역 中洲川端
타츠미스시 たつみ寿司
하카타자 博多座
히츠마부시 와쇼쿠 빈쵸 ひつまぶし 和食 備長
Seria
하카타 리버레인 博多リバレイン
후쿠오카아시아미술관 福岡アジア美術館
후쿠오카 앙팡만 코도모 뮤지엄 福岡アンパンマンこどもミュージアム
토카도 커피 豆香洞コーヒー
이시무라만세이도 石村萬盛堂
みずたき長野(약 420m)
이치란 一蘭
구 후쿠오카현 공회당 귀빈관 旧福岡県公会堂貴賓館
팡스톡 텐진점 パンストック天神店
원조 하카타 멘타이쥬 元祖博多めんたい重
아크로스 후쿠오카 アクロス福岡
간소모츠나베 라쿠텐치(본점)
하카타메이부츠 모츠나베 쇼라쿠(본점)
← 텐진
지하철 텐진미나미 역
N
0
100m

MAP 11 시사이드 모모치 해변공원

텐진
다이묘
이마이즈미
아카사카역
赤坂
후쿠오카 고등재판소
福岡高等裁判所
고로칸 유적 전시관
鴻臚館跡展示館
헤이와다이 육상경기장
平和台陸上競技場
마이즈루 공원
舞鶴公園
후쿠오카 성터
福岡城跡
텐슈다이 전망대
天守台
커피 비미
珈琲美美
후쿠오카켄 고코쿠 신사
福岡縣護國神社
하카타미즈타키센몬 다이다이
博多水炊き専門 橙
지하철 쿠코선 空港線
오호리코엔역
大濠公園
오호리 공원 아동유원지
大濠公園東側児童遊園
스타벅스 커피
후쿠오카시 미술관
福岡市美術館
오호리 공원 일본정원
大濠公園日本庭園
산책로
우체국
보트 대여소
오호리 공원
大濠公園
산책로
엔도 로컬스
& Locals
츠타야 서점
蔦屋書店
후쿠오카시 과학관
福岡市科学館
롯폰마츠역
六本松
사쿠라자카역
桜坂
지하철 나나쿠마선 七隈線
후쿠오카시 박물관
후쿠오카 타워
N
0
300m
A
B
C
D

MAP 13 다자이후

A
B
C
D
1
2
3
4
5
N
0
500m
다자이후 유원지 だざいふ遊園地
다자이후텐만구 大宰府天満宮
코묘젠지 光明禅寺
규슈 국립박물관 九州国立博物館
규슈 역사 자료관 九州歴史資料館
다자이후 역 大宰府
Shell 주유소
다자이후 우체국 大宰府局
다자이후 시청 大宰府市役所
간제온지 観世音寺
시민 도서관 市民図書館
공민관 公民館
다자이후 정청 大宰府政庁跡
고카사가와강 御笠川
니시테츠고조 西鉄五条
니시테츠 다자이후 선 西鉄大宰府線
KFC
후쿠오카게이자이 대학 福岡経済大学
니시테츠 후츠카이치 역 西鉄二日市
후츠카이치 공원 二日市公園
아나가와 방면
NTT
니시테츠 오무타 선 西鉄大牟田線
토후로마에 역 都府楼前
ENEOS 주유소
JR 토후로미나미 역 都府楼南
JR 카고시마혼 선 鹿児島本線
나가사키 카고시마 방면
JR 후츠카이치 역 二日市
본전 本殿
보물전 宝物殿
문서관 文書館
규슈 국립박물관으로 가는 지름길 (에스컬레이터)
사쿠라몬 桜門
다자이후텐만구 大宰府天満宮
테라스다
스타벅스
다자이후텐만구 참배로
동구리노모리
비도로다자이후
카자미도리
후쿠오카 현 버스 정류장
바이엔
이치란 라멘
다자이후 역 大宰府
지카하이센코히 란칸 自家焙煎珈琲 蘭館
코묘젠지 光明禅寺
200m
다자이후 중심부

니시테츠오무타 선
西鉄大牟田線
후쿠오카 · 다자이후 방면
미하시라 신사
三柱神社
타치바나우동
立花うどん
호텔 뉴가이아 야나가와
ホテルニューガイア 柳川
스이고야나가와 관광
水郷柳川観光
야나가와 관광개발
柳川観光開発
서쪽 출구
西口
니시테츠야나가와 역
西鉄柳川
슈퍼마켓 Reganet
후지요시 초등학교
藤吉小学校
베스트 덴키
ベスト電器
야나가와 경찰서
柳川署
淨華寺
니시니혼 시티 은행
西日本シティ銀行
간소모토요시야
元祖本吉屋
야나가와쿄마치 우체국
柳川京町
쵸메이지
長命寺
지방재판소
地方裁判所
시립 도서관
市立図書館
덴슈칸 고등학교
伝習館高
良清寺
光樹寺
엔메이바시
延命橋
야나가와 시민회관
柳川市民会館
야나가와 시청
柳川市役所
시로나이 초등학교
城内小学校
시민 체육관
市民体育館
스기모리 여자 고등학교
杉森女高
시민 수영장
市民温水プール
고호리바시 御堀橋
소방서
세븐일레븐
히요시 신사
日吉神社
야나가와 성터
柳川城址
야나가와 고등학교
柳川高
야나시로 중학교
柳城中
카라타치 문인의 족탕
からたち文人の足湯
칸포노슈쿠 야나가와
かんぽの宿柳川
야나가와 유람선 오하나 선착장
お花乗下船場
오하나 · 쇼토엔 정원
御花·松濤園
照明寺
야나가와 유람선 오키바타 선착장
沖端乗下船場
와카마츠야
若松屋
토지마가 정원
戸島氏庭園
구 토지마가 주택
旧戸島家住宅
관광 정보 센터
観光情報センター
키타하라 하쿠슈 생가 기념관
北原白秋生家記念館
0
300m
N

MAP 15 유후인

유후인 오르골의 숲 由布院オルゴールの森
누루카와온센 ぬるかわ温泉
시탄유 下ん湯
카페 라 루슈 Cafe La Ruche
유후마부시신 由布まぶし 心
텐소 신사 天祖神社
사보 텐조사지키
료칸 카메노이벳소 亀の井別荘
긴린호수 金鱗湖
유후인쇼와칸 湯布院昭和館
고하루우동 こはるうどん
유후인 플로랄 빌리지
금상 크로켓 본점
규슈 자동차 역사관 九州自動車歴史館
호타루노야도 센도 ほたるの宿仙洞
유후인야와라기노사토 야도야 湯布院やわらぎの郷やどや
미피 모리노 베이커리 · 키친
스누피차야
야스라기 유노츠보요코초 やすらぎ湯の坪横丁
유노츠보온센 ゆのつぼ温泉
하나노소바 花野そば
금상 크로켓 (분점)
트릭 3D 아트 유후인 トリック3Dアート湯布院
산리오야
유노츠보 상점가 湯の坪街道
크래프트관 하치노스 クラフト館蜂の巣
유후인테이 ゆふいん亭
코스모스 コスモス
하나무라 はな村
동구리노모리 どんぐりの森
에이코프 Aコープ
유후인 밀히 Milch(분점)
비 스픽 B-Speak
유후인 버거 하우스 ゆふいんバーガーハウス
시치리야키 와사쿠 七厘焼き和作
라멘 사무라이 ラーメン 侍
후쿠스케 福助
오토마루온센
갓포사토 割烹サトウ
니코 도넛 nico ドーナツ
유후인 밀히 Milch(본점)
히노신 日乃新
유후인에키마에 버스 센터 由布院駅前バスセンター
유후인 우체국 由布院郵局
JR 유후인 역 由布院
관광 인포메이션 센터
슈퍼마켓 Max Valu
코토부키 하나노쇼 ことぶき花の庄
Howa Bank
쿠아쥬 유후인 クアージュゆふいん
보쿠조노이에 牧場の家
유후인산스이칸 ゆふいん山水館
유후인이요토미 由布院いよとみ
유후노야도 하스와 由布の宿蓮輪
유후인 스테인드글라스 미술관 由布院ステンドグラス美術館
유후다케온센 由布岳温泉
슈호칸 족탕 秀峰館の足湯
슈호칸 秀峰館
우나구히메 신사 宇奈岐日女神社
유후인나나이로노카제 ゆふいん七色の風(약 2.5km)
바이엔 梅園
유후인 컨트리 로드 유스호스텔 湯布院カントリーロード YH
유후인 야스하 ゆふいん泰葉
유후산 由布岳
조카노마 東ノ間
육상 자위대 유후인 주둔지 陸上自衛隊湯布院駐屯地
유후인 후생 연금 병원 湯布院厚生年金病院
유후노고사이카쿠칸 柚富の郷彩岳館
야마노 호텔 무소엔 山のホテル夢想園
0 300m

벳푸 전도 MAP 16

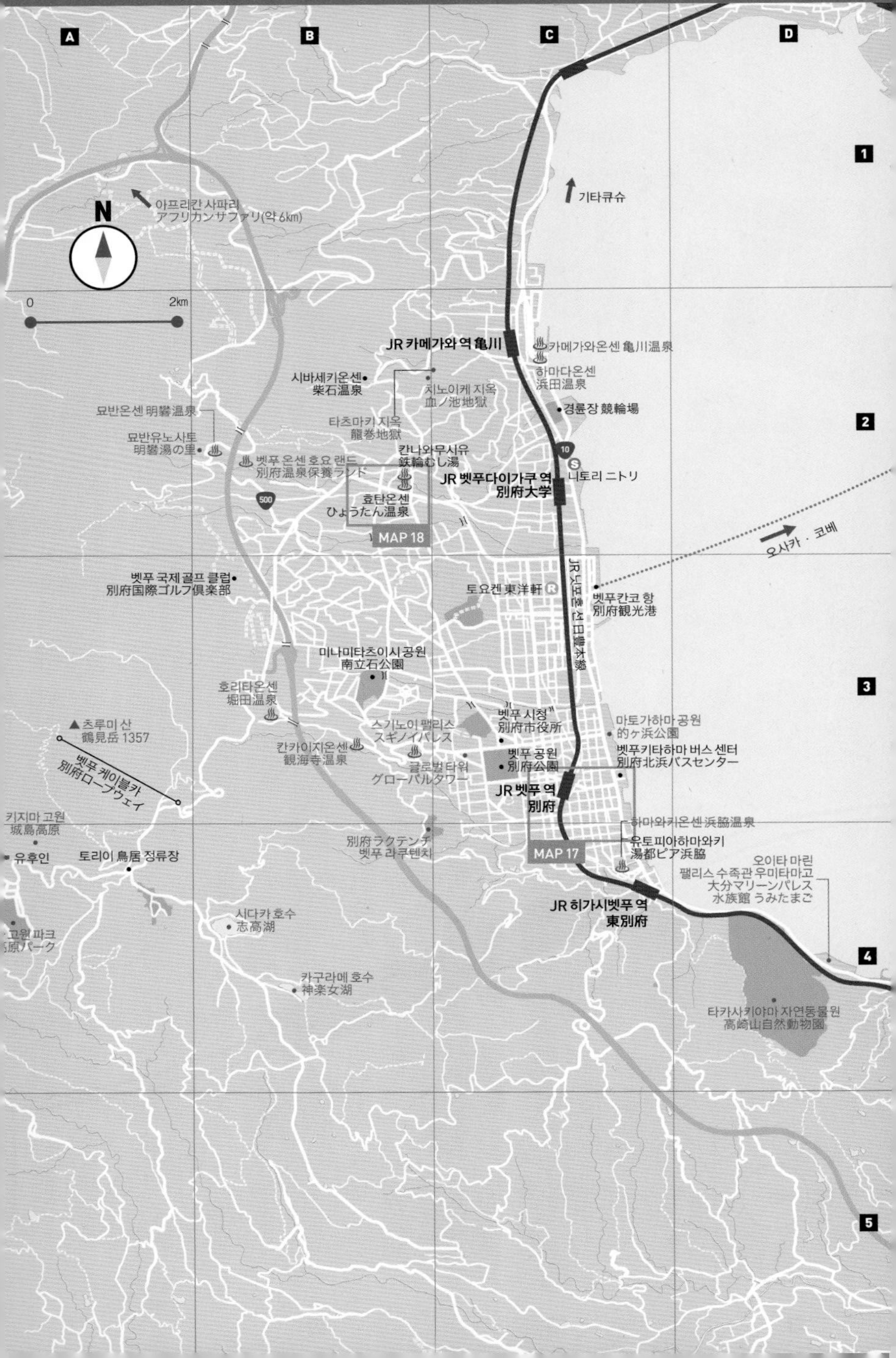
A
B
C
D
1
2
3
4
5
N
0
2km
아프리칸 사파리
アフリカンサファリ(약 6km)
기타큐슈
JR 카메가와 역 亀川
카메가와온센 亀川温泉
하마다온센
浜田温泉
시바세키온센
柴石温泉
지노이케 지옥
血ノ池地獄
경륜장 競輪場
묘반온센 明礬温泉
타츠마키 지옥
龍巻地獄
묘반유노사토
明礬湯の里
벳푸 온센 호요 랜드
別府温泉保養ランド
칸나와무시유
鉄輪むし湯
JR 벳푸다이가쿠 역
別府大学
10
니토리 ニトリ
500
효탄온센
ひょうたん温泉
MAP 18
오사카 · 코베
벳푸 국제 골프 클럽
別府国際ゴルフ倶楽部
토요켄 東洋軒
JR 닛포혼선 日豊本線
벳푸칸코 항
別府観光港
미나미타츠이시 공원
南立石公園
호리타온센
堀田温泉
츠루미 산
鶴見岳 1357
벳푸 시청
別府市役所
마토가하마 공원
的ヶ浜公園
스기노이 팰리스
スギノイパレス
칸카이지온센
観海寺温泉
벳푸 공원
別府公園
벳푸키타하마 버스 센터
別府北浜バスセンター
글로벌 타워
グローバルタワー
벳푸 케이블카
別府ロープウェイ
JR 벳푸 역
別府
키지마 고원
城島高原
하마와키온센 浜脇温泉
別府ラクテンチ
벳푸 라쿠텐치
유토피아하마와키
湯都ピア浜脇
유후인
토리이 鳥居 정류장
MAP 17
오이타 마린 팰리스 수족관 우미타마고
大分マリーンパレス水族館 うみたまご
JR 히가시벳푸 역
東別府
시다카 호수
志高湖
고원 파크
原パーク
카구라메 호수
神楽女湖
타카사키야마 자연동물원
高崎山自然動物園

MAP 17 벳푸 중심부

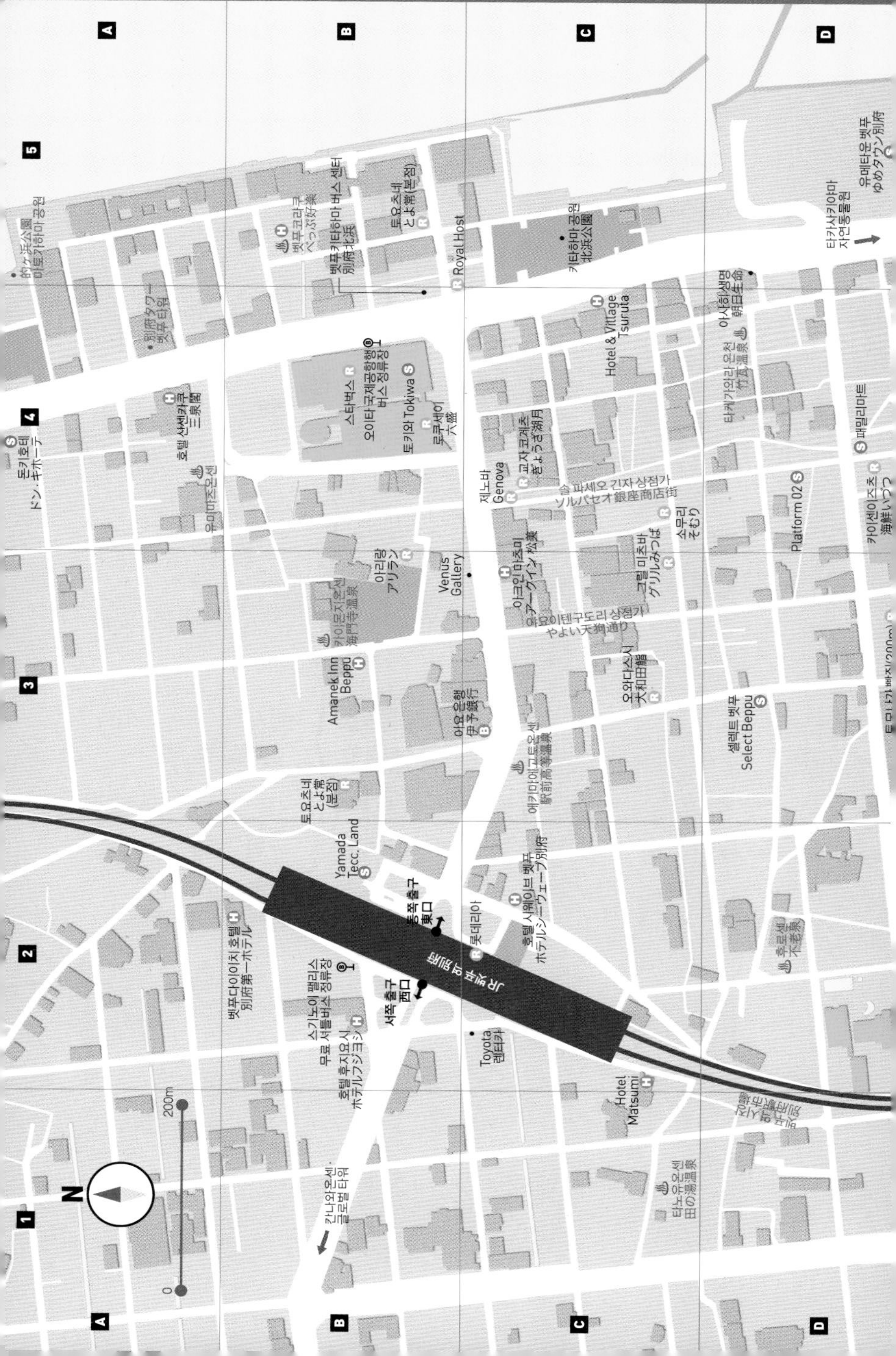

A
B
C
D
1
2
3
4
5
N
0
200m
마토가하마 공원
的ヶ浜公園
벳푸 타워
別府タワー
돈키호테
ドン.キホーテ
호텔 산센카쿠
三泉閣
벳푸코라쿠
べっぷ好楽
벳푸키타하마 버스 센터
別府北浜
토요츠네
とよ常(분점)
Royal Host
키타하마 공원
北浜公園
타카사키야마 자연동물원
유메타운 벳푸
ゆめタウン別府
스타벅스
오이타 국제공항행 버스 정류장
토키와 Tokiwa
로쿠세이
六盛
Hotel & Village Tsuruta
아사히생명
朝日生命
타케가와라 온천
竹瓦温泉
패밀리마트
제노바
Genova
교자 코게츠
ぎょうざ湖月
솔 파세오 긴자 상점가
ソルパセオ銀座商店街
소무리
そむり
Platform 02
카이센이즈츠
海鮮いづつ
아리랑
アリラン
Venus Gallery
카이몬지온센
海門寺温泉
아크인 마츠미
アークイン松美
그릴 미츠바
グリルみつば
야요이텐구도리 상점가
やよい天狗通り
오와다스시
大和田鮨
Amanek Inn Beppu
이요 은행
伊予銀行
셀렉트 벳푸
Select Beppu
에키마에코토온센
駅前高等温泉
토요츠네
とよ常
(본점)
Yamada Tecc. Land
동쪽 출구
東口
롯데리아
호텔 시웨이브 벳푸
ホテルシーウェーブ別府
JR 벳푸 역
후로센
不老泉
벳푸다이이치 호텔
別府第一ホテル
스기노이 팰리스
무료 셔틀버스 정류장
서쪽 출구
西口
Toyota 렌터카
호텔 후지요시
ホテルフジヨシ
Hotel Matsumi
칸나와온센·
글로벌 타워
타노유온센
田の湯温泉

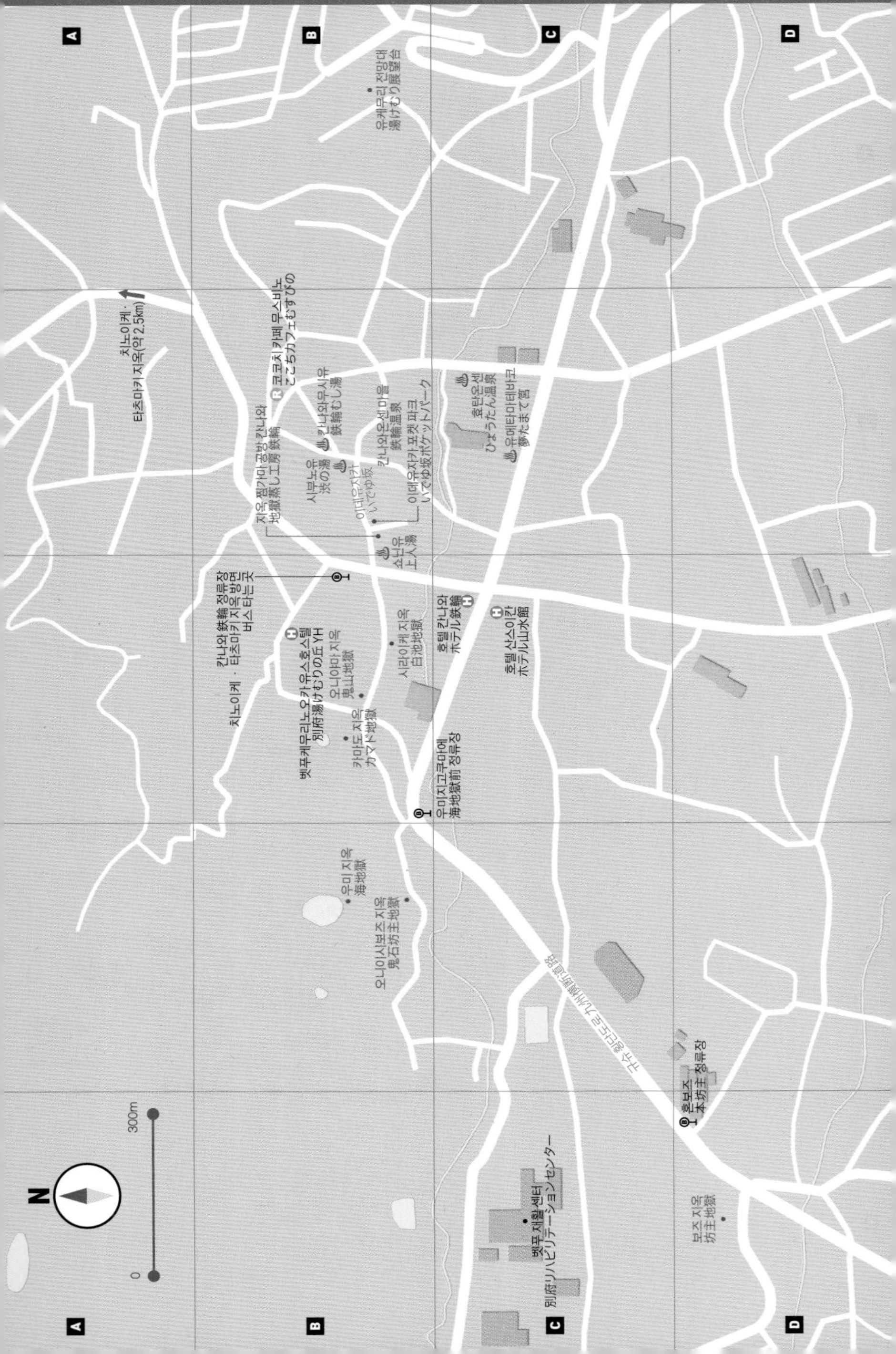

유케무리 전망대 湯けむり展望台
치노이케 · 타츠마키 지옥(약 2.5km)
코코치 카페 무스비노 ここちカフェむすびの
칸나와무시유 鉄輪むし湯
칸나와온센 마을 鉄輪温泉
효탄온센 ひょうたん温泉
유메타마테바코 夢たまて箱
지옥 찜가마 공방 칸나와 地獄蒸し工房鉄輪
시부노유 渋の湯
이데유자카 いでゆ坂
이데유자카 포켓 파크 いでゆ坂ポケットパーク
쇼닌유 上人湯
칸나와 鉄輪 정류장
치노이케 · 타츠마키 지옥 방면 버스 타는 곳
벳푸 유케무리노오카 유스호스텔 別府湯けむりの丘YH
오니야마 지옥 鬼山地獄
시라이케 지옥 白池地獄
호텔 칸나와 ホテル鉄輪
호텔 산스이칸 ホテル山水館
카마도 지옥 カマド地獄
우미지고쿠마에 海地獄前 정류장
우미 지옥 海地獄
오니이시보즈 지옥 鬼石坊主地獄
규슈 횡단도로 九州横断道路
혼보즈 本坊主 정류장
보즈 지옥 坊主地獄
벳푸 재활 센터 別府リハビリテーションセンター
N
0
300m
A
B
C
D

MAP 19 나가사키 전도

A
B
C
D
1
2
3
4
5
N
0
600m
MAP 22
MAP 21
MAP 23
MAP 24
우라카미샤코
浦上車庫
오하시
大橋
평화 기념상
ENEOS
주유소
평화 공원
平和公園
우라카미텐슈도
浦上天主堂
평화의 샘
시로야마 초등학교
城山小学校
헤이와코엔
平和公園
원폭 낙하 중심지
原爆落下中心地
나가사키 대학 의학부
長崎大学医学部
육상 경기장
나가사키 원폭 자료관
長崎原爆資料館
겐바쿠시료칸
原爆資料館
나가사키 대학 의학부·치의학부 부속병원
長崎大学医学部·歯学部附属病院
다이가쿠뵤인마에
大学病院前
외다리 토리이
片足鳥居
이나사야마온센 후쿠노유
稲佐山温泉ふくの湯
JR 우라카미 역
浦上
우라카미에키마에
浦上駅前
외국인 묘지
外人墓地
모리마치
戊里町
젠자마치
銭座町
JR 나가사키혼 선
長崎本線
이나사야마
공원
稲佐山公園
일본 26성인순교지
日本二十六聖人殉教地
후치 신사
淵神社
타카라마치
宝町
츄후쿠
中腹
이나사바시
稲佐橋
나가사키 케이블카
長崎ロープウェイ
산쵸 山頂
이나사 초등학교
稲佐小学校
ENEOS
주유소
야치요마치
八千代町
스와 신사
諏訪神社
스와진쟈마
諏訪神社前
이나사야마
산정전망대
稲佐山山頂展望台
이나사 산
稲佐岳
우라카미가와 강
浦上川
NHK
나가사키에키마에
長崎駅前
이나사야마 333
후쿠사이지
福済寺
나가사키
역사문화 박물관
長崎歴史文化博物館
외국인 묘지
外人墓地
JR 나가사키 역
長崎
아사히오하시
旭大橋
사쿠라마치
桜町
시민카이칸
市民会館
고토마치
五島町
토요코인
나가사키에키마에
메가네바시
めがね橋
메가네바시
眼鏡橋
군함도 크루즈
오하토
大波止
나가사키데지마 워프
長崎出島ワーフ
분메이도
소혼텐
니시하마노마치
西浜町
데지마
出島
데지마
시안바시
思案橋
신치추카가이
新地中華街
칸코도리
観光通
차이나타운
新地中華街
소후쿠지
崇福寺
메디카루센타
メディカルセンター
캇스이 여대
活水女子大学
중국인 거주지
唐人屋敷跡
오우라카이간도리
大浦海岸通
오란다자카 オランダ坂
히가시야마테 12번관 東山手12番館
공자묘 孔子廟
오우라텐슈도
大浦天主堂
히가시야마테 양풍 주택군
東山手洋風住宅群
오우라텐슈도
大浦天主堂
이시바시
石橋
글로버 정원
グラバー園
군함도
(약20km)

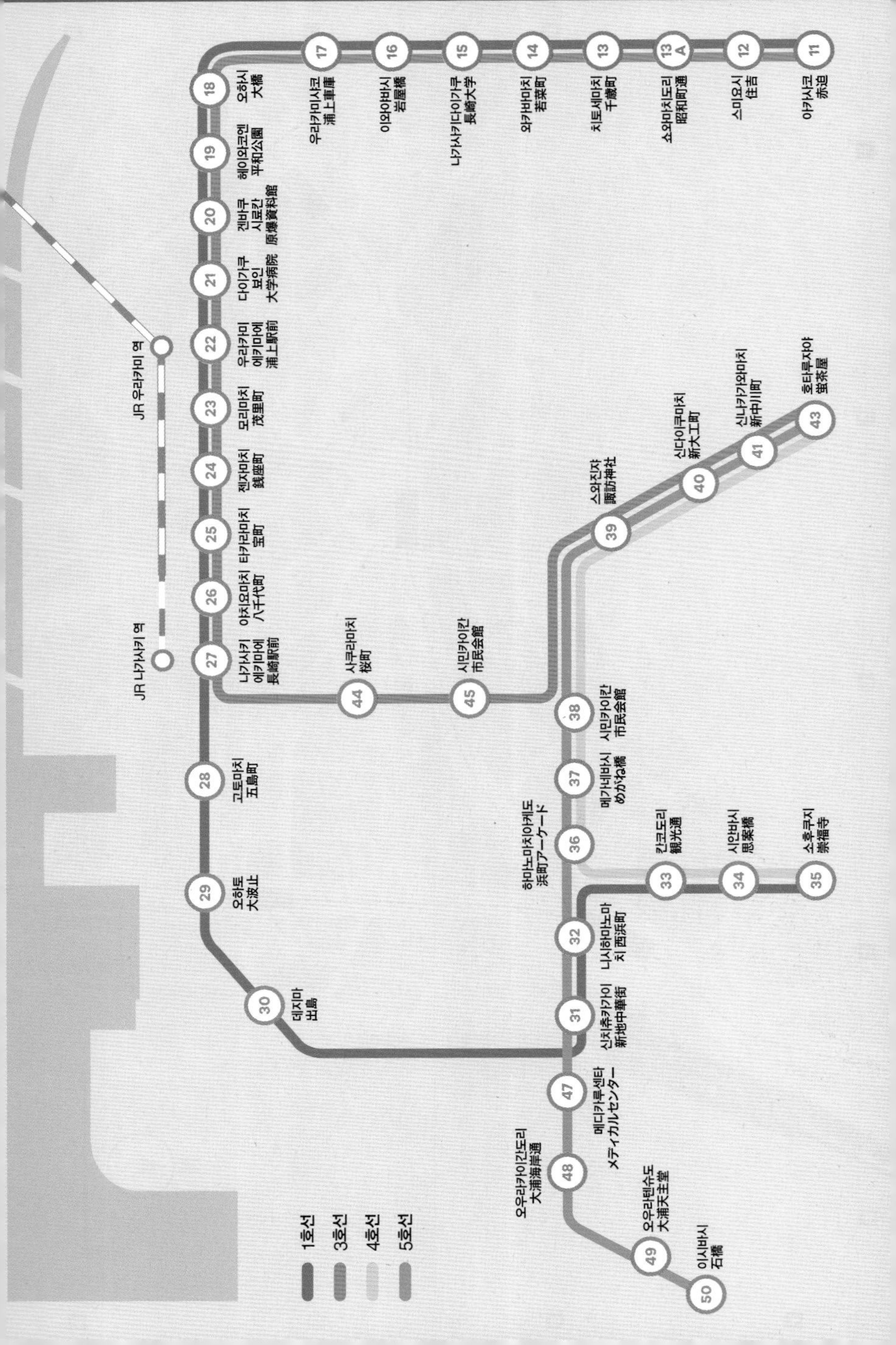

11 아카사코 赤迫
12 스미요시 住吉
13A 쇼와마치도리 昭和町通
13 치토세마치 千歳町
14 와카바마치 若葉町
15 나가사키다이가쿠 長崎大学
16 이와야바시 岩屋橋
17 우라카미샤코 浦上車庫
18 오하시 大橋
19 헤이와코엔 平和公園
20 겐바쿠 시료칸 原爆資料館
21 다이가쿠 보인 大学病院
22 우라카미 에키마에 浦上駅前
23 모리마치 茂里町
24 젠자마치 銭座町
25 타카라마치 宝町
26 야치요마치 八千代町
27 나가사키 에키마에 長崎駅前
28 고토마치 五島町
29 오하토 大波止
30 데지마 出島
31 신치츄카가이 新地中華街
32 니시하마노마치 西浜町
33 간코도리 観光通
34 시안바시 思案橋
35 쇼후쿠지 崇福寺
36 하마노마치아케도 浜町アーケード
37 메가네바시 めがね橋
38 시민카이칸 市民会館
39 스와진자 諏訪神社
40 신다이쿠마치 新大工町
41 신나카가와마치 新中川町
43 호타루자야 蛍茶屋
44 사쿠라마치 桜町
45 시민카이칸 市民会館
47 메디카루센타 メディカルセンター
48 오우라카이간도리 大浦海岸通
49 오우라텐슈도 大浦天主堂
50 이시바시 石橋
JR 우라카미 역
JR 나가사키 역
1호선
3호선
4호선
5호선

MAP 21 나가사키 역

JR 나가사키 역
長崎駅
나가사키에키마에
長崎駅前
고토마치
五島町
사쿠라마치
桜町
시민카이칸
市民会館
시민카이칸
市民会館
스와신사
諏訪神社
나가사키 역사문화 박물관
長崎歴史文化博物館
산토도밍고 교회 유적 자료관
サント・ドミンゴ教会跡資料館
사쿠라마치 초등학교
桜町小学校
로손
나가사키 시청
長崎市役所
코카이도마에 공원
公会堂前公園
쇼오켄
松翁軒
도핫센
銅八銭
NBC 방송국
로손
패밀리마트
나가사키추오 우체국
長崎中央郵便局
후쿠사이지
福済寺
추카다이하치
中華大八
분메이도 총본점
文明堂総本店
나가사키에키마에 버스 터미널
(나가사키 국제공항, 후쿠오카, 운젠, 우레시노 방면)
APA Hotel
성 필리포 교회
聖フィリッポ教会
일본 26성인 순교지
日本二十六聖人殉教地
일본 26성인 기념관
日本二十六聖人記念館
NHK 빌딩
이와사키혼포
(본점)
아뮤플라자 나가사키
アミュプラザ長崎
빌리지 벵가드
Village Vanguard
Hotel New Nagasaki
ENEOS 주유소
브레드 아 에스프레소
Bread A Espresso
토요코인 나가사키에키마에
東横INN長崎駅前
니시니혼 시티 은행
西日本シティ銀行
APA Hotel
0
200m
N
A
B
C
D
1
2
3
4
5

A
B
C
D
1
2
3
4
5
N
0
100m
평화 기념상
텐슈 공원
天主公園
우라카미텐슈도
浦上天主堂
평화공원
平和公園
슈퍼마켓 죠이푸루산
ジョイフルサン
평화의 샘
방공호 유적
헤이와코엔
平和公園
(JR 나가사키 역
방면)
우체국
원폭 낙하 중심지
原爆落下中心地
나가사키 원폭 자료관
長崎原爆資料館
나가사키 시 역사 민속 자료관
長崎市歴史民俗資料館
원폭 한국인 희생자 추모비
追悼長崎原爆朝鮮人犠牲者
한국인 원폭 희생자 위령비
(2021년 건립)
국립 나가사키 원폭 사망자
추모 평화기념관
国立長崎原爆死没者
追悼平和祈念館
나가사키 대학 의학부
長崎大学医学部
나가사키세이요칸
長崎西洋館
겐바쿠시료칸
原爆資料館
나가사키키타 우체국
長崎北郵便局
다이가쿠뵤인
大学病院
나가사키 대학 치의학부
長崎大学歯学部
Business Hotel
New Top
산노 신사
山王神社
외다리 토리이
片足鳥居

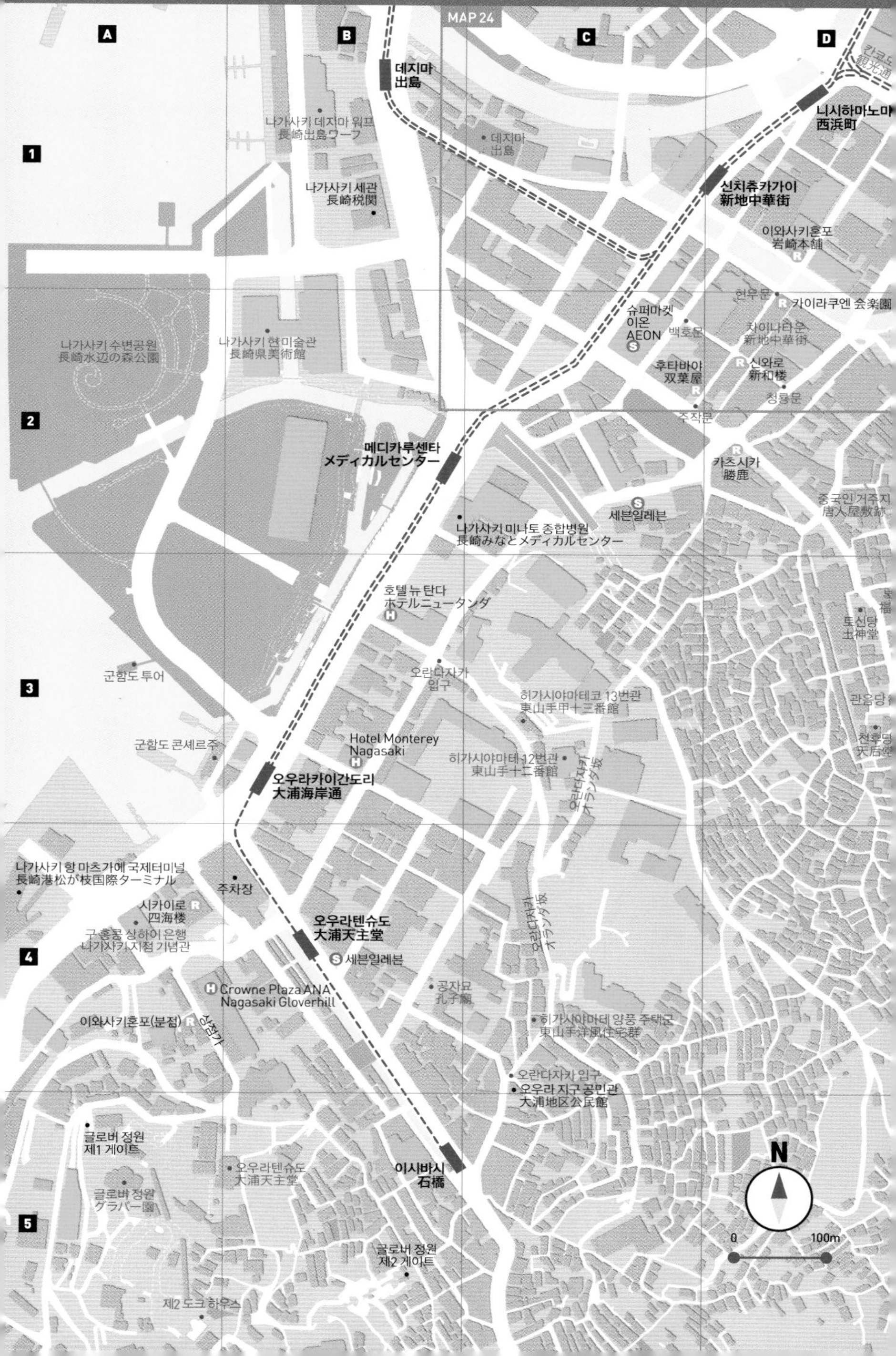
MAP 24
A
B
C
D
1
2
3
4
5
데지마
出島
니시하마노마
西浜町
나가사키 데지마 워프
長崎出島ワーフ
데지마
出島
신치츄카가이
新地中華街
나가사키 세관
長崎税関
이와사키혼포
岩崎本舗
현무문
카이라쿠엔 会楽園
슈퍼마켓
이온
AEON
백호문
차이나타운
新地中華街
나가사키 수변공원
長崎水辺の森公園
나가사키 현 미술관
長崎県美術館
후타바야
双葉屋
신와로
新和楼
청룡문
주작문
메디카루센타
メディカルセンター
카츠시카
勝鹿
중국인 거주지
唐人屋敷跡
세븐일레븐
나가사키 미나토 종합병원
長崎みなとメディカルセンター
호텔 뉴 탄다
ホテルニュータンダ
토신당
土神堂
군함도 투어
오란다자카
입구
히가시야마테코 13번관
東山手甲十三番館
관음당
Hotel Monterey
Nagasaki
천후당
天后堂
군함도 콘세르주
히가시야마테 12번관
東山手十二番館
오란다자카
オランダ坂
오우라카이간도리
大浦海岸通
나가사키 항 마츠가에 국제터미널
長崎港松が枝国際ターミナル
주차장
시카이로
四海楼
오우라텐슈도
大浦天主堂
구 홍콩 상하이 은행
나가사키지점 기념관
세븐일레븐
공자묘
孔子廟
Crowne Plaza ANA
Nagasaki Gloverhill
이와사키혼포(분점)
상점가
히가시야마테 양풍 주택군
東山手洋風住宅群
오란다자카 입구
오우라 지구 공민관
大浦地区公民館
글로버 정원
제1 게이트
오우라텐슈도
大浦天主堂
이시바시
石橋
N
글로버 정원
グラバー園
0
100m
글로버 정원
제2 게이트
제2 도크 하우스

메가네바시 めがね橋
메가네바시 眼鏡橋
이와나가바이쥬켄 岩永梅寿軒
패밀리마트
Sakaiji
Rakuten
세븐일레븐
카츠시카(본점)
쇼오켄(본점)
카레노유즈키 カレーの夕月
옷소본점 音宗本店
돈키호테 ドン・キホーテ
ABC-Mart
맥도날드
호텔 Forza
마츠모토키요시 マツモトキヨシ
코코카라파인 ココカラファイン
다이소 Daiso
아니메이트
하마노마치 아케이드 浜町アーケード
하마노마치 쇼핑 아케이드 浜町アーケード
선드러그 サンドラッグ
히고은행 肥後銀行
로손
신와은행 親和銀行
커피후지오 珈琲冨士男
Kaldi Coffee Farm
이와사키혼포(본점)
칸코도리 観光通
칸코도리 상점가 観光通り商店街
스키야 すき家
니시하마노마치 西浜町
도미인나가사키 ドーミーイン長崎
이와사키혼포 岩崎本舗
카이라쿠엔 会楽園
신치츄카가이 新地中華街
시안바시 思案橋
츠루챵 ツル茶ん
나가사키싯포쿠 하마카츠 長崎卓袱浜勝
운류테 雲龍亭
쥬하치신와은행 十八親和銀行
시안바시요코초 思案橋横丁
후쿠사야 본점 福砂屋本店
소후쿠지 崇福寺
공항버스 정류장
슈퍼마켓 이온 AEON
후타바야 双葉屋
신와로 新和楼
차이나타운 新地中華街
데지마 出島
JR 나가사키역, 유메타운 유메사이토
MAP 23
N
0
100m
A
B
C
D

MAP 25 운젠

A
B
C
D
1
2
3
4
5
0
300m
N
니타고개
仁田峠
(약 8km)
운젠토요칸
雲仙東洋館
운젠이와키료칸
雲仙いわき旅館
운젠 스카이 호텔
雲仙スカイホテル
운젠 버스 정류장 雲仙
시마테츠 버스 운젠영업소
島鉄バス雲仙営業所
후키야
富貴屋
하치만지고쿠
八万地獄
지고쿠
地獄
운젠지고쿠차야
雲仙地獄茶屋
운젠 크리스천 순교기념비
雲仙キリシタン殉教記念碑
아비규환지고쿠
大叫喚地獄
스즈메지고쿠
雀地獄
오이토지고쿠
お糸地獄
세이시치지고쿠
清七地獄
운젠 산의 정보관
雲仙お山の情報館
큐하치만지고쿠
旧八万地獄
보즈지고쿠
坊主地獄
미야자키료칸
宮崎旅館
무료족탕
足湯広場
유야도운젠신유
ゆやど雲仙新湯
소방서
우체국
운젠칸코호텔
雲仙観光ホテル
유메이 호텔
有明ホテル
운젠후쿠다야
雲仙福田屋
57
나가사키·오바마온센

A
B
C
D
1
2
3
4
5
N
0
4km
JR 쵸부
長府
JR 아야라기
綾羅木
JR 신시모노세키
新下関
JR 하타부
幡生
MAP 35
히노야마 火の山
간몬 대교
関門大橋
메카리 신사 和布刈神社
간몬 터널
아카마 신궁
赤間神宮
노퍽 광장
ノーフォーク広場
간몬 대교 전망대
関門大橋展望台
JR 시모노세키
下関
시모노세키 항
下関港
연락선
모지 항 레트로
門司港レトロ
JR 모지코
門司港
MAP 27
JR
코모리에
小森江
JR 모지
門司
JR 토카이도산요신칸센
東海道山陽新幹線
JR 규슈코다이마에
九州工大前
JR 와카마츠
若松
JR 후지노키
藤ノ木
JR 토바타
戸畑
JR 니시코쿠라
西小倉
JR 코쿠라
小倉
JR 에다미츠
枝光
JR 야하타
八幡
JR 미나미코쿠라
南小倉
코쿠라 성
小倉城
우동야 큐베에
토토 뮤지엄
TOTOミュージアム
신모지 항 新門司港
(오사카·코베 행 페리 타는 곳)
오사카·코베
니시코쿠라
西小倉
북쪽 출구 北口
(신칸센 출구 新幹線口)
메텔과 철이 벤치
メーテル・鉄郎のベンチ
기타큐슈 만화 박물관
아루아루 시티
あるあるCity
기타큐슈 국제공항
모지 항
리코 호텔 코쿠라
リコホテル小倉
남쪽 출구
南口
JR 코쿠라
小倉 역
규카츠 교토카츠규
Super Hotel
헤이시로
平四郎(6층)
맥도날드
시로야 베이커리
아뮤 플라자 코쿠라
アミュプラザ小倉
리버 워크 기타큐슈
River Walk
야사카 신사
八坂神社
우오마치긴텐가이 상점가
魚町銀天街商店街
이치란
세인트 시티
토요코 인 토요코인
코쿠라에키 미나미구치
東横INN 小倉駅南口
텐슈카쿠
天守閣
코쿠라 성 정원
小倉城庭園
이즈츠야
井筒屋
SMBC
버스 터미널
공항 버스 타는 곳
모지코치비루 공방
코쿠라 성
小倉城
스케상우동
모츠나베 타슈
오코노미야키 이신
お好み焼き いしん
헤이와도리
平和通
탄가 시장
旦過市場
탄가 우동 旦過うどん
JR 코쿠라 역 주변

MAP 27 모지 항

칸몬 터널 · 메카리 신사 (약 1.2km)
코가네무시 こがねむし
Kamome Hall 주차타워
구 모지 미쓰이 클럽 旧門司三井倶楽部
모지코 우체국 門司港郵便局
기타큐슈 시 다롄 우호기념관 北九州市大連友好記念館
구 모지 세관 旧門司税関
모지 항 레트로 전망대 門司港レトロ展望室
모지 항 레트로 門司港レトロ
카이쿄 플라자 海峡プラザ
로손
규슈 철도 기념관 九州鉄道記念館
시오카제 호 潮風号
블루 윙 모지(도개교) ブルーウィングもじ
구 오사카 상선 빌딩 旧大阪商船
마린 게이트 모지 マリンゲートもじ
야키카레 전문점 베어 프루츠 焼きカレー専門店 Bear Fruits
프린세스 피피 プリンセスピピ
JR 모지코 역
칸몬 해협 박물관 関門海峡ミュージアム
모지 항 門司港
시모노세키
칸몬 워프 カモンワーフ (약 1.8km)
N
0
300m
A
B
C
D
1
2
3
4
5

우미노나카미치 MAP 28

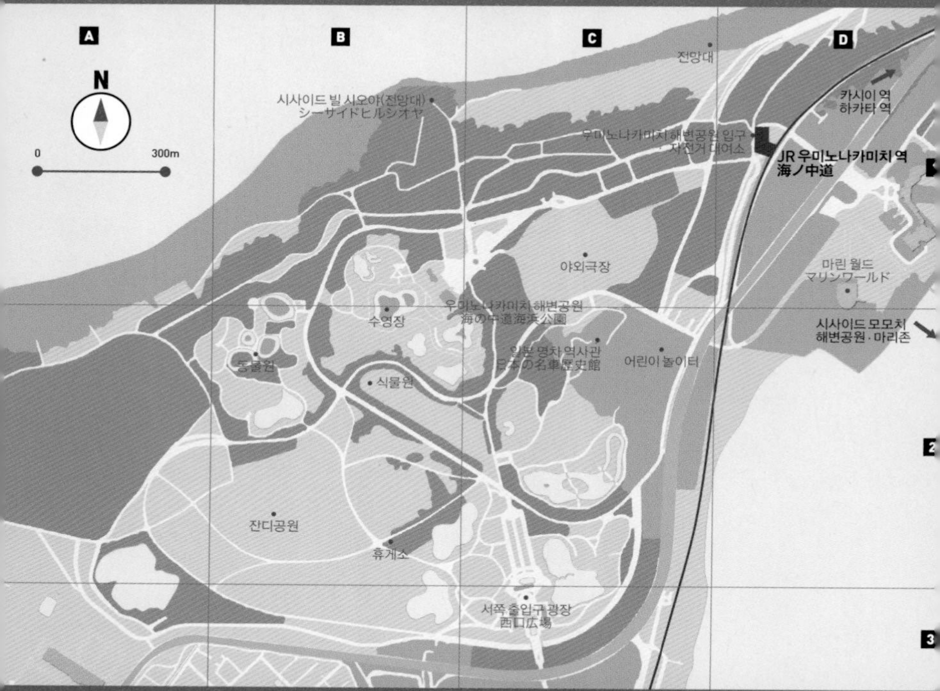
A
B
C
D
N
0
300m
전망대
시사이드 빌 시오야(전망대)
シーサイドヒルシオヤ
카시이 역
하카타 역
우미노나카미치 해변공원 입구
· 자전거 대여소
JR 우미노나카미치 역
海ノ中道
야외극장
마린 월드
マリンワールド
우미노나카미치 해변공원
海の中道海浜公園
수영장
동물원
식물원
일본 명차 역사관
日本の名車歴史館
어린이 놀이터
시사이드 모모치
해변공원 · 마리존
2
잔디공원
휴게소
서쪽 출입구 광장
西口広場
3

노코노시마 MAP 29

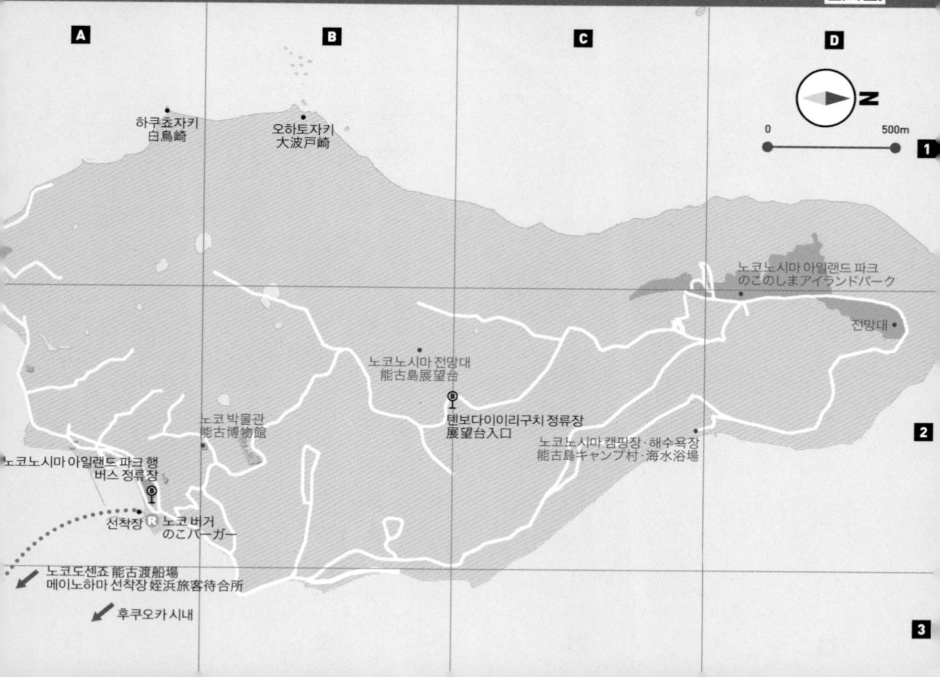
A
B
C
D
N
0
500m
1
하쿠초자키
白鳥崎
오하토자키
大波戸崎
노코노시마 아일랜드 파크
のこのしまアイランドパーク
전망대
노코노시마 전망대
能古島展望台
텐보다이이리구치 정류장
展望台入口
2
노코 박물관
能古博物館
노코노시마 캠핑장 · 해수욕장
能古島キャンプ村 · 海水浴場
노코노시마 아일랜드 파크 행
버스 정류장
선착장
노코 버거
のこバーガー
노코도센쇼 能古渡船場
메이노하마 선착장 姪浜旅客待合所
후쿠오카 시내
3

MAP 30 우레시노온센

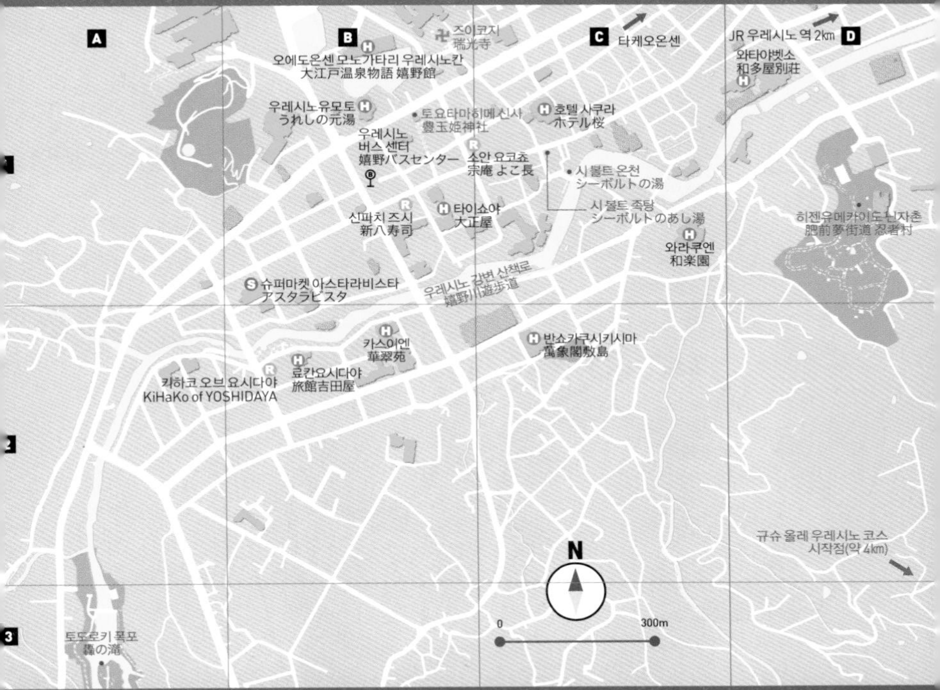
A
B
C
D
1
2
3
즈이코지
瑞光寺
타케오온센
JR 우레시노 역 2㎞
오에도온센 모노가타리 우레시노칸
大江戸温泉物語 嬉野館
와타야벳소
和多屋別荘
우레시노유모토
うれしの元湯
토요타마히메신사
豊玉姫神社
호텔 사쿠라
ホテル桜
우레시노
버스 센터
嬉野バスセンター
소안 요코쵸
宗庵 よこ長
시볼트 온천
シーボルトの湯
시볼트 족탕
シーボルトのあし湯
히젠유메카이도닌자촌
肥前夢街道 忍者村
신파치즈시
新八寿司
타이쇼야
大正屋
와라쿠엔
和楽園
슈퍼마켓 아스타라비스타
アスタラビスタ
우레시노 강변 산책로
嬉野川遊歩道
카스이엔
華翠苑
반쇼카쿠시키시마
萬象閣敷島
키하코 오브 요시다야
KiHaKo of YOSHIDAYA
료칸요시다야
旅館吉田屋
규슈 올레 우레시노 코스
시작점(약 4㎞)
N
0
300m
토도로키 폭포
轟の滝

MAP 31 타케오온센

호라이유
蓬莱湯
모토유
元湯
타케오온센 누문
武雄温泉楼門
북쪽 출구
北口
타케오온센
武雄温泉 역
남쪽 출구
南口
코쿠사이칸코료칸 나카마스
国際観光旅館 なかます
슌케이야
春慶屋
규슈 올레 타케오 코스 출발점
우레시노온센·미후네야마라쿠엔 정원 방면
버스 정류장
고항야
ごはんや
TKB 어워즈
쿄토야
京都屋
세븐일레븐
슈퍼마켓 마루쿄
マルキョウ
Cosmo 주유소
시로이와 체육관
白岩体育館
아리타
타케오 시 도서관
武雄市図書館
유메타운 타케오
ゆめタウン武雄
회전초밥 스시메이진
寿司めいじん
타케오 신사
武雄神社
이케노우치 호수
池の内湖
N
0
400m
미후네야마라쿠엔 정원
御船山楽園
사가 현립 우주과학관
佐賀県立宇宙科学館
보트 대여소
1
2
3
A
B
C
D

아리타 MAP 32

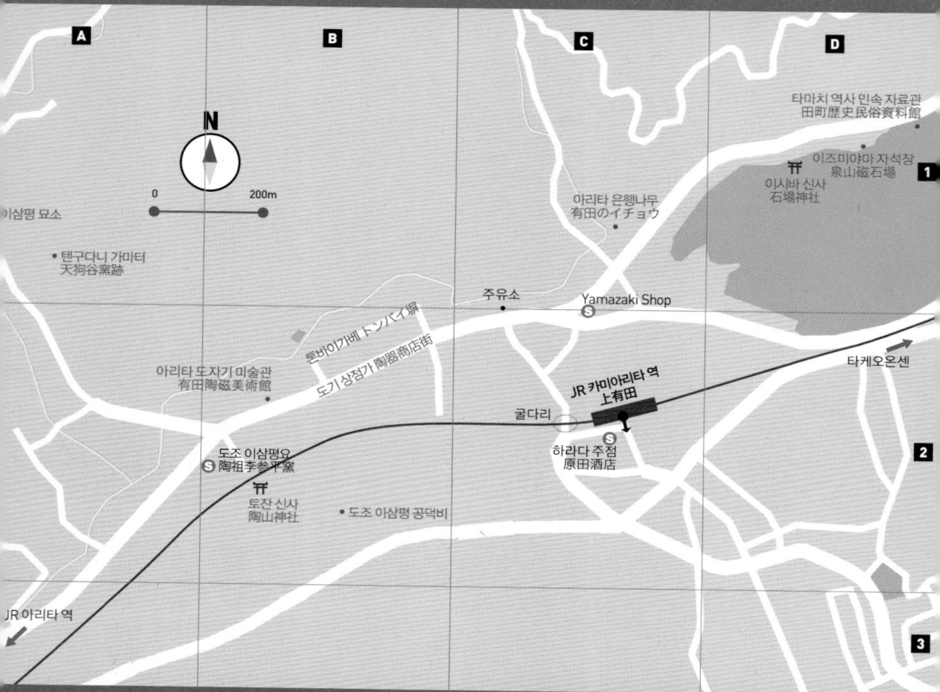
A
B
C
D
N
0
200m
이삼평 묘소
텐구다니 가마터
天狗谷窯跡
타마치 역사 민속 자료관
田町歴史民俗資料館
이즈미야마 자석장
泉山磁石場
이시바 신사
石場神社
아리타 은행나무
有田のイチョウ
주유소
Yamazaki Shop
톤바이가베 トンバイ塀
도기 상점가 陶器商店街
아리타 도자기 미술관
有田陶磁美術館
타케오온센
JR 카미아리타 역
上有田
굴다리
하라다 주점
原田酒店
도조 이삼평요
陶祖李参平窯
토잔 신사
陶山神社
도조 이삼평 공덕비
JR 아리타 역
1
2
3

히타 MAP 33

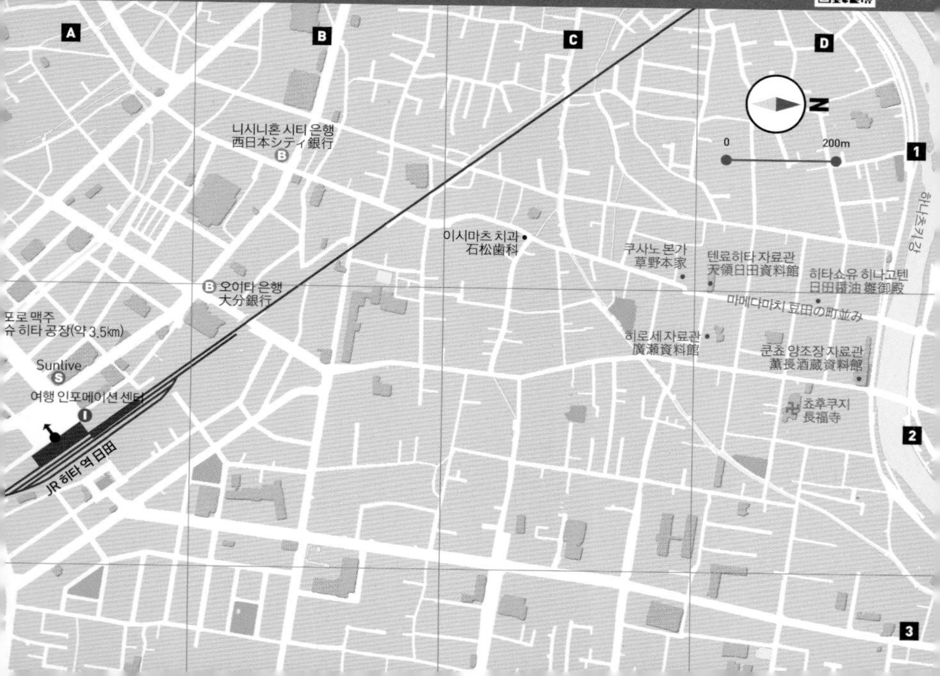
A
B
C
D
N
0
200m
니시니혼 시티 은행
西日本シティ銀行
이시마츠 치과
石松歯科
쿠사노 본가
草野本家
텐료히타 자료관
天領日田資料館
히타쇼유 히나고텐
日田醤油 雛御殿
마메다마치 豆田の町並み
오이타 은행
大分銀行
포로 맥주
슈 히타 공장(약 3.5㎞)
Sunlive
여행 인포메이션 센터
JR 히타 역 日田
히로세 자료관
廣瀨資料館
쿤쵸 양조장 자료관
薫長酒蔵資料館
쵸후쿠지
長福寺
하나츠키강
1
2
3

MAP 34 오바마온센

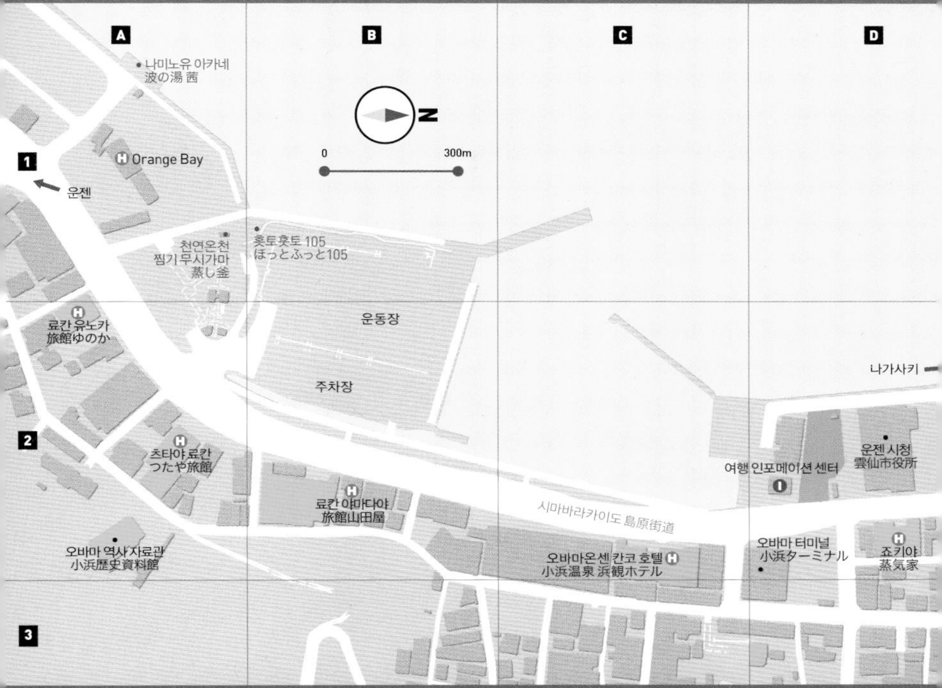

A
B
C
D
1
2
3
0
300m
나미노유 아카네
波の湯 茜
Orange Bay
운젠
천연온천
찜기 무시가마
蒸し釜
홋토홋토 105
ほっとふっと105
운동장
주차장
료칸 유노카
旅館ゆのか
나가사키
운젠 시청
雲仙市役所
여행 인포메이션 센터
츠타야 료칸
つたや旅館
료칸 야마다야
旅館山田屋
시마바라카이도 島原街道
오바마 역사 자료관
小浜歴史資料館
오바마온센 칸코 호텔
小浜温泉 浜観ホテル
오바마 터미널
小浜ターミナル
죠키야
蒸気家

MAP 35 시모노세키

A
B
C
D
1
2
3
JR 시모노세키 역
下関
동쪽 출구
東口
에디온 Edion
카이쿄유메 타워
海峡ゆめタワー
시모노세키 항
국제터미널
下関港国際
ターミナル
카몬 워프
カモンワーフ
청일강화 기념관
日清講和記念館
아카마 신궁
赤間神宮
칸몬 터널 입구
카이쿄칸
海響館
카라토 시장
唐戸市場
조선통신사
상륙지 기념비
메카리
칸몬 터널 입구
부산
모지 항(마린 게이트 모지)
0
600m

가볍게! 편하게!
맵북 & 스마트폰 여행

무거운 책은 바이바이~

가벼운 맵북 Map Book과 스마트폰만 들고 떠나요!

Step 1

필요한 페이지를 내 폰에 사진으로 저장

Step 2

무거운 책은 호텔에 두고 가벼운 맵북만 들고 출발!

꿀팁! QR 코드를 찍고 북마크·즐겨찾기하면 더욱 간편해요

Step 3

맵북 위의 QR 코드를 찍으면 여행 정보가 줄줄~

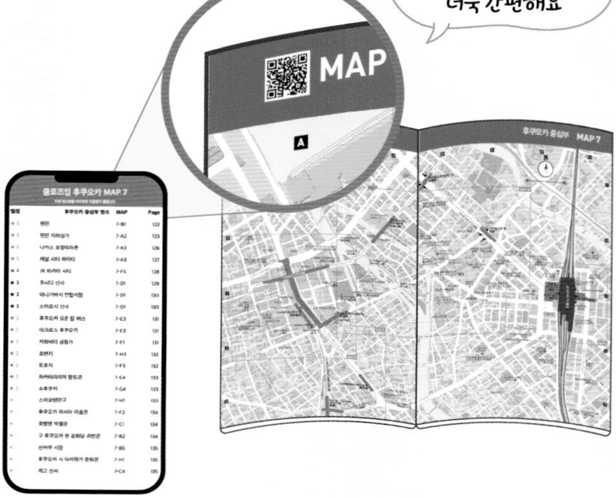

E
F
G
H
N
0
300m
1
2
3
4
5
지하철 고후쿠마치 역
呉服町
다이하쿠도리 大博通り
쇼후쿠지
聖福寺
MAP 10
모츠나베 오야마
もつ鍋 おおやま
지하철 쿠코선 空港線
토초지
아시아나 항공
지하철 기온 역
祇園
카마치야 후루사토관
博多町家ふるさと館
쿠시다 신사
櫛田神社
토요코인 하카타기온
東横イン博多祇園
니시니혼 시티 은행
西日本シティ銀行
토요코인 하카타
구치에키마에
東横イン
博多口駅前
카타카스 초등학교
堅粕小学校
쿠코도리 空港通り
타나카스 워싱턴
中洲ワシントン
ルプラザ
만코지
万行寺
호텔 스카이코트
하카타
후쿠오카 은행
福岡銀行
하카타
버스터미널
캡슐 웰비 후쿠오카
カプセルウェルビー福岡
캐비너스 후쿠오카
キャビナス福岡
키노쿠니야
紀ノ国屋
토요 호텔
東洋ホテル
하카타 그린 호텔
博多グリーンホテル
ENEOS
주유소
비즈니스 호텔 G&P
ビジネスホテル G&P
모스 버거
이치란 一蘭(분점)
지하철
하카타 역
博多
JR 하카타 역 博多
Hotel Centraza
이치란 一蘭
(분점)
미츠이가든 호텔
하카타 출구
博多口
치쿠시 출구 筑紫口
Grand Hyatt
캐널 시티 하카타
キャナルシティ博多
세븐일레븐
마츠야
Hotel Clio
Court
KITTE
라멘 스타디움
요도바시 카메라
ヨドバシカメラ
북오프 Book Off
Crowne Plaza
ANA
Sutton Place Hotel
MAP 6
스미요시 신사
住吉神社
닌진공원
人参公園
타케시타도리 竹下通り
호텔 홋케 클럽 후쿠오카
ホテル法華クラブ福岡
슈퍼 호텔 하카타
에키마에
ENEOS
주유소
스미요시도리 住吉通り
소방서
하가쿠레우동(120m)
葉隠うどん
스미요시 공원
住吉公園
우동 타이라
COSMO
주유소
토요코인 하카타에키미나미
東横イン博多駅南

MAP 7 후쿠오카 중심부

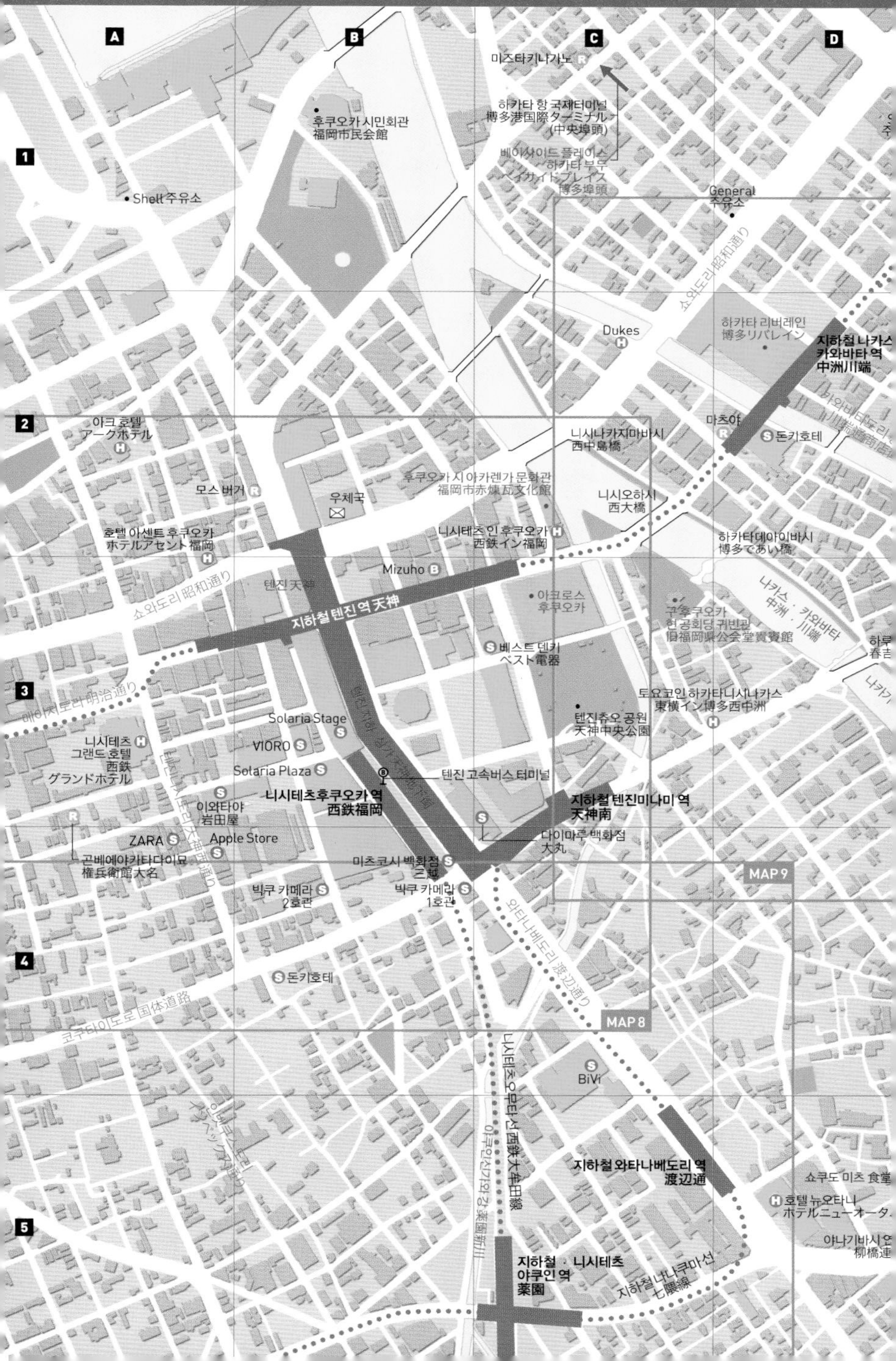

A
B
C
D
N
0
80m
아라키파뉴(1층) アラ・カンパーニュー
멘타이요리 하카타 쇼보안(9층) めんたい料理博多 椒房庵
하카타메이부츠 모츠나베 쇼라쿠(10층) 博多名物 もつ鍋笑楽
스시류 鮨隆
東6
Caffe Veloce
Miyako Hotel Hakata
하카타 다이이치 호텔
Tenza Hotel Hakata Station
Kinko's
마잉 マイング
히요코혼포 요시노도(1층) ひよこ本舗吉野堂
메이게츠도(1층)
난반오라이(1층)
스타벅스
모스버거
Hotel Century Art
간소모츠나베 라쿠텐치(본점)
요도바시카메라 ヨドバシカメラ
GU
슈퍼마켓 Lopia
치쿠시 출구 筑紫口
바사라
아뮤 에스트 AMU Est
버거킹
핸즈 Hands
포케몬 센터(8층) Pokémon Center
JR 하카타시티 JR 博多シティー
JR 하카타 역
아뮤 플라자 하카타 AMU Plaza Hakata
하카타 한큐 博多阪急
몽 셰르(지하) MON CHER
카오루 버터 샤브리나
가토 페스타 하라다
다이소 DAISO(5층)
極味や
모츠나베 타슈 もつ鍋田しゅう
마키노 우동 牧のうどん
하카타 버스터미널 博多バスターミナル
텟판야키텐진호루몬 鉄板焼天神ホルモン
하카타 출구 博多口
팡야무츠카도 카페 パン屋むつか堂カフェ
西9
파출소
키테 KITTE
우체국
스타벅스
로손
다코멧카 Dacomecca
하트버스 정류장
스미요시신사
SMBC
P6
P5
다이치우동(지하) 大地うどん
Comfort Hotel
이치란(지하)
JR Kyushu Hotel Blossom
Hotel Cabinas Fukuoka
Dukes Hotel
스타벅스
북오프 Book Off
Crowne Plaza ANA Fukuoka
모츠나베 이치후지 もつ鍋 一藤
캐널 시티 하카타

MAP 5 텐진 버스 정류장

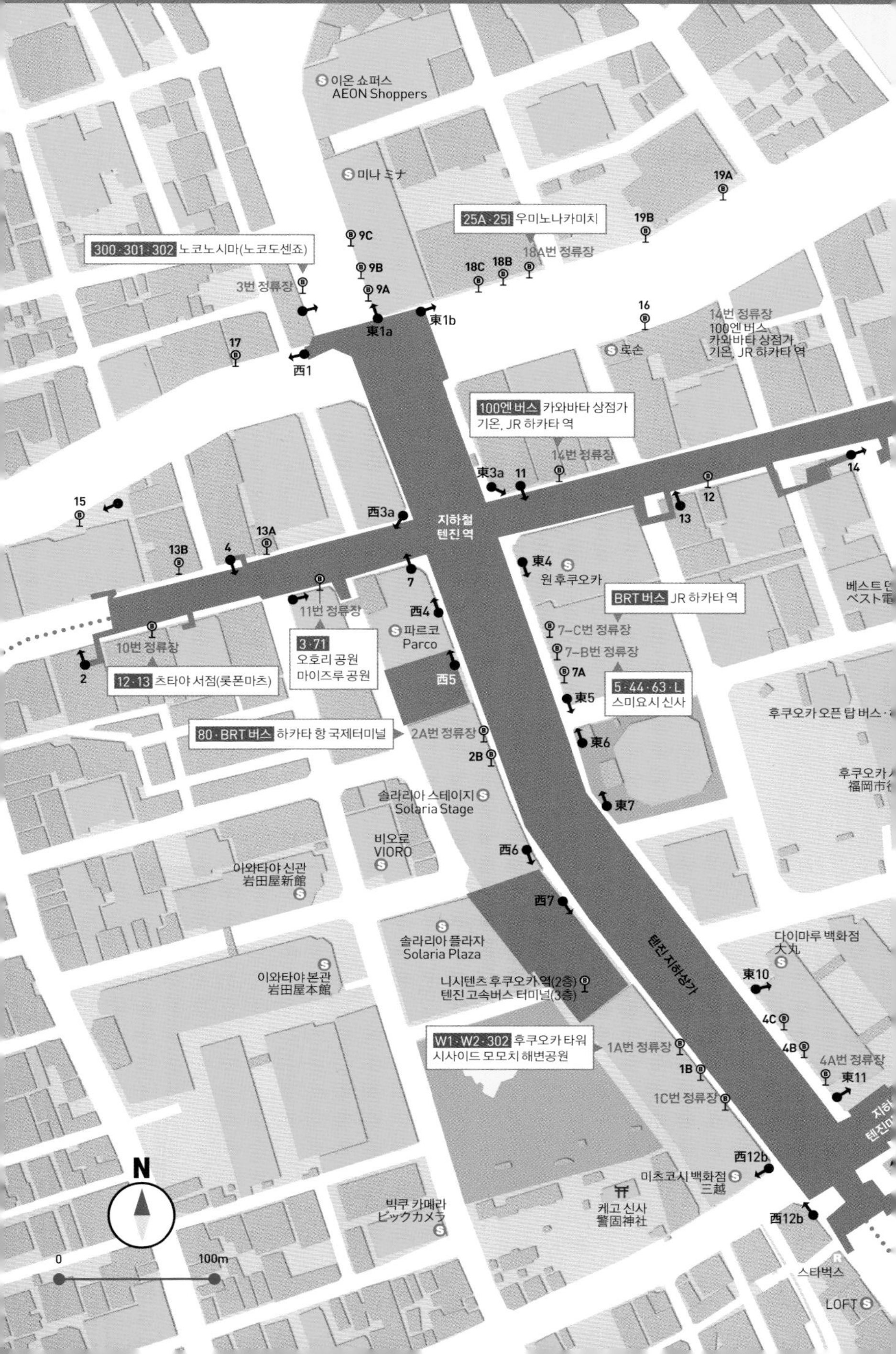

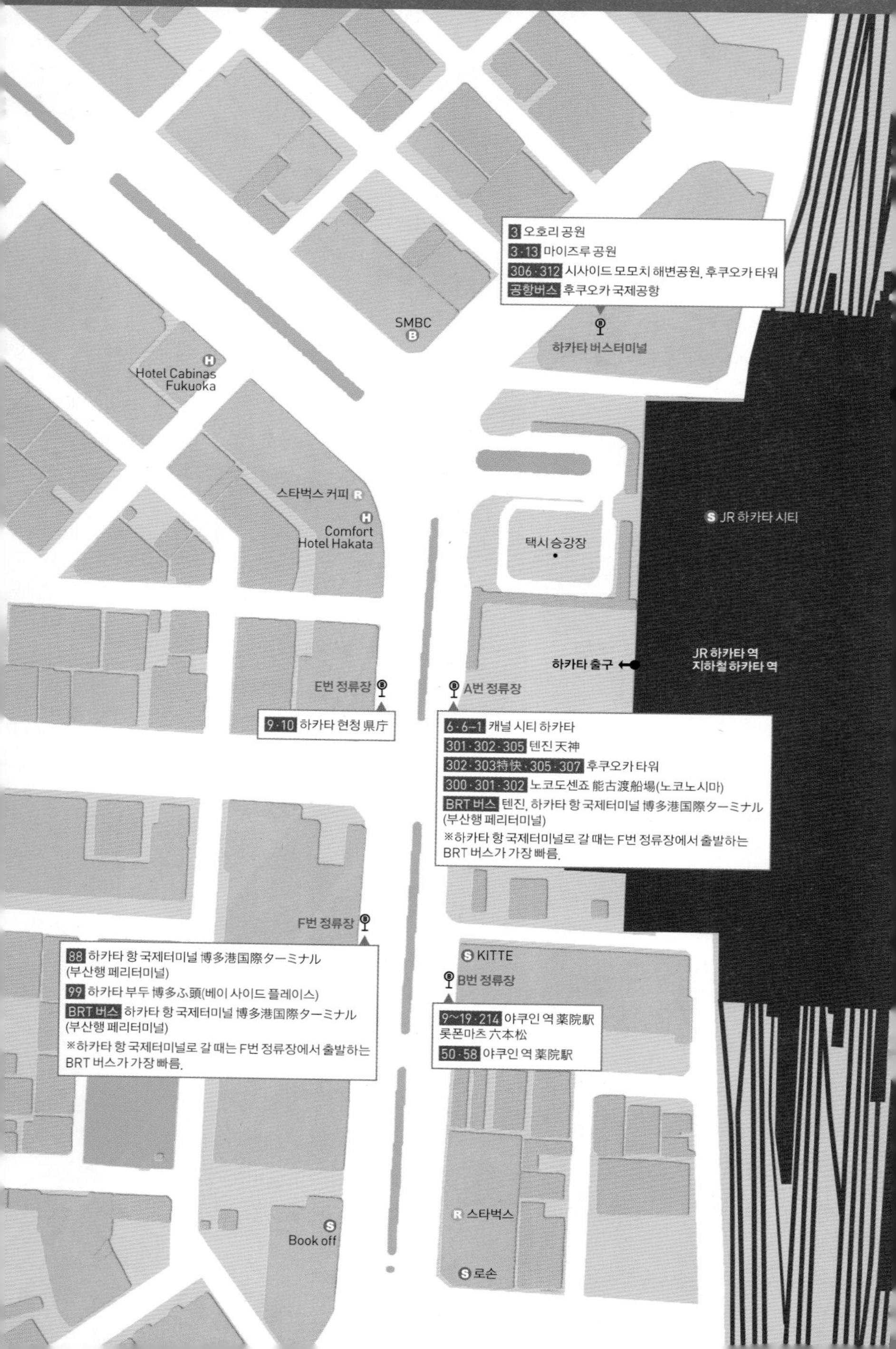
3 오호리 공원
3·13 마이즈루 공원
306·312 시사이드 모모치 해변공원, 후쿠오카 타워
공항버스 후쿠오카 국제공항
하카타 버스터미널
SMBC
Hotel Cabinas Fukuoka
스타벅스 커피
Comfort Hotel Hakata
택시 승강장
JR 하카타 시티
하카타 출구
JR 하카타 역
지하철 하카타 역
E번 정류장
9·10 하카타 현청 県庁
A번 정류장
6·6-1 캐널 시티 하카타
301·302·305 텐진 天神
302·303特快·305·307 후쿠오카 타워
300·301·302 노코도센죠 能古渡船場(노코노시마)
BRT 버스 텐진, 하카타 항 국제터미널 博多港国際ターミナル (부산행 페리터미널)
※하카타 항 국제터미널로 갈 때는 F번 정류장에서 출발하는 BRT 버스가 가장 빠름.
F번 정류장
88 하카타 항 국제터미널 博多港国際ターミナル (부산행 페리터미널)
99 하카타 부두 博多ふ頭(베이 사이드 플레이스)
BRT 버스 하카타 항 국제터미널 博多港国際ターミナル (부산행 페리터미널)
※하카타 항 국제터미널로 갈 때는 F번 정류장에서 출발하는 BRT 버스가 가장 빠름.
KITTE
B번 정류장
9~19·214 야쿠인 역 薬院駅 롯폰마츠 六本松
50·58 야쿠인 역 薬院駅
Book off
스타벅스
로손

MAP 3 150엔 버스 구간

후쿠오카 지하철노선도 MAP 2

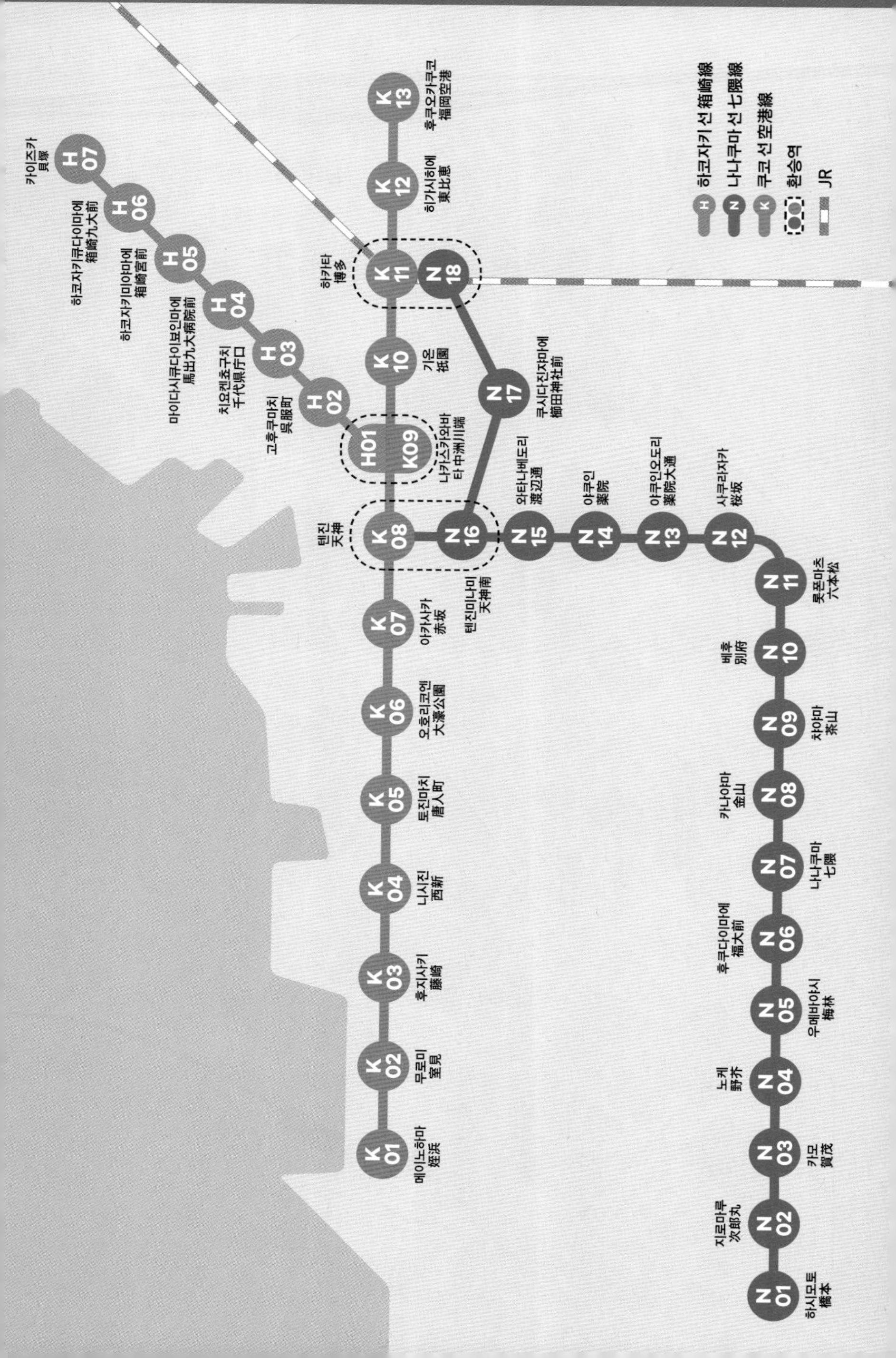

MAP 1 후쿠오카 전도

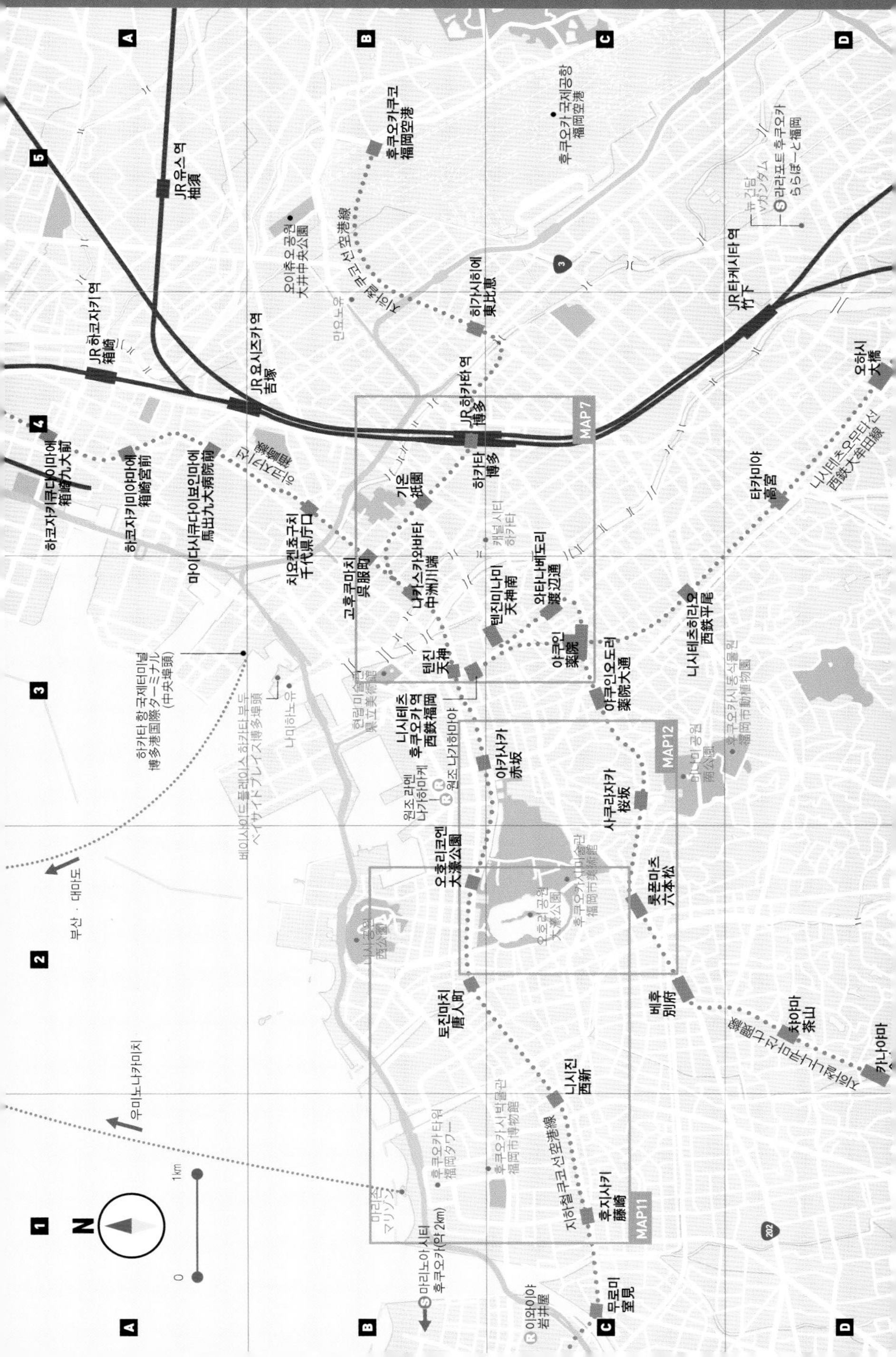

JR 유스 역
柚須
후쿠오카쿠코
福岡空港
후쿠오카 국제공항
福岡空港
오이후오 공원
大井中央公園
쿠코 선 空港線
히가시히에
東比恵
JR 하코자키 역
箱崎
JR 요시즈카 역
吉塚
JR 하카타 역
博多
MAP 7
하카타
博多
기온
祇園
하코자키큐다이마에
箱崎九大前
하코자키미야마에
箱崎宮前
마이다시큐다이뵤인마에
馬出九大病院前
치요켄초구치
千代県庁口
고후쿠마치
呉服町
나카스카와바타
中洲川端
텐진미나미
天神南
와타나베도리
渡辺通
텐진
天神
야쿠인
薬院
야쿠인오도리
薬院大通
니시테츠 후쿠오카 역
西鉄福岡
니시테츠히라오
西鉄平尾
타카미야
高宮
JR 타케시타 역
竹下
라라포트 후쿠오카
ららぽーと福岡
오하시
大橋
니시테츠오무타 선
西鉄大牟田線
하카타 항 국제터미널
博多港国際ターミナル
(中央埠頭)
베이사이드 플레이스 하카타 부두
ベイサイドプレイス博多埠頭
현립 미술관
県立美術館
원조 라멘 나가하마야
MAP12
아카사카
赤坂
사쿠라자카
桜坂
오호리코엔
大濠公園
오호리 공원
大濠公園
후쿠오카시 미술관
福岡市美術館
롯폰마츠
六本松
후쿠오카시 동식물원
福岡市動物園
부산 · 대마도
니시 공원
西公園
도진마치
唐人町
베후
別府
차야마
茶山
가나야마
나나쿠마 선 七隈線
니시진
西新
우미노나카미치
마리존
マリゾン
후쿠오카 타워
福岡タワー
후쿠오카시 박물관
福岡市博物館
지하철 쿠코 선 空港線
후지사키
藤崎
MAP11
마리노아시티 후쿠오카(약 2km)
무로미
室見
이와이야
岩井屋
N
0
1km
A
B
C
D
1
2
3
4
5
202

클로즈업

후쿠오카

MAP BOOK

에디터 editor

클로즈업
후쿠오카

유후인 | 벳푸 | 나가사키 | 기타큐슈 | 12개 소도시

유재우 · 손미경 지음

이 책의 모든 정보는 《클로즈업 후쿠오카》의 저자들이 직접 체험하고, 먹어보고, 눈으로 확인하며 수집한 최신 정보입니다. 발간 시점까지 입수된 최신 정보를 빠짐없이 반영하고자 노력을 아끼지 않았으나, 지금 이 시간에도 명소 · 레스토랑 · 호텔과 관련된 정보가 빠른 속도로 변경되고 있음을 알려드립니다.
책이 출간된 이후 변경된 현지 정보는 각 페이지의 QR 코드로 확인할 수 있습니다.

에디터
editor

CONTENTS

PART 2 FUKUOKA 福岡

PART 3 YUFUIN 由布院

PART 4 BEPPU 別府

INDEX

PART 5 NAGASAKI 長崎

PART 6 KITAKYUSHU 北九州

PART 7 TRAVEL TIPS

클로즈업 후쿠오카 일러두기

① 구글맵 QR 코드

모든 명소 · 숍 · 레스토랑에는 QR 코드가 기재돼 있습니다. 스마트폰으로 QR 코드를 찍거나(종이책), 손가락으로 누르면(e-북) 해당 명소 · 숍 · 레스토랑의 정확한 위치가 구글맵에 표시됩니다.

② 맛집 소개

저자들이 직접 맛보고 확인한 단골 맛집 가운데 엄선한 곳만 소개합니다. 선택의 고민없게 가장 맛있는 메뉴, 꼭 먹어야 할 초강추 메뉴만 콕 집어서 알려드립니다. 주문하기 쉽도록 메뉴명은 한국어 · 일본어 · 일본어 발음이 병기돼 있습니다.

③ 맛집 별점

구글맵과 일본 맛집 사이트 타베로그의 별점 '★ 구글맵/타베로그'를 모두 기재했습니다. 구글맵은 4.0~4.5점, 타베로그는 3.50~4.00 사이의 별점을 받은 곳이 고평가 맛집입니다.

④ 지명 · 인명 표기

본문에 사용한 한자 지명 · 인명 · 업소명은 외래어 표기법에 맞춰 수록했습니다. 단, 일부 단어 · 지명은 현지에서의 편의를 고려해 최대한 일본어 발음에 가깝게 표기함을 원칙으로 했습니다.

⑤ 개정정보

클로즈업 후쿠오카에 실린 정보는 현지에서 수집된 최신정보입니다. 단, 명소 · 맛집 · 숍의 영업시간과 요금은 예고 없이 수시로 변동되니 주의하시기 바랍니다. 변경된 현지 정보는 각 페이지의 QR 코드를 통해 확인할 수 있습니다.

편리한 Map Book

지도 사용 기호

- • 관광 명소
- Ⓡ 레스토랑 · 카페
- Ⓢ 숍 · 쇼핑몰 · 백화점
- Ⓗ 호텔 · 숙소
- Ⓘ 관광 인포메이션 센터
- Ⓑ 은행
- Ⓝ 클럽 · 유흥업소
- 출구 번호 및 방향
- 우체국
- 학교
- 절
- 신사
- 버스정류장 · 터미널
- 온천

역을 나왔을 때 방향을 가늠하기 쉽도록 지하철역 · 기차역의 출구 방향이 표시돼 있습니다. 본문에 실린 명소 · 레스토랑 · 숍 · 온천의 지도 · 좌표 번호(예 : 지도 MAP 8-B1)를 확인합니다. 그리고 해당 지도에서 좌표의 위치를 보면 가고자 하는 목적지를 금방 찾을 수 있습니다.

저자 소개

유재우 Yu Jae Woo

도라란 애칭으로 통하는 프로젝트 부부의 남편군. 대학 시절 '커피 한잔'이란 달콤한 유혹에 빠져 배낭여행 동아리 세계로 가는 기차에 가입한 뒤 일명 '잘 나가는 아이'로 대변신했다. 특기는 아무 말 없이 집 나가기. 한창 '잘 나갈' 때는 "잠깐 나갔다 올 게요"란 말만 남긴 채 가출(?), 인천에서 유럽까지 8개월에 걸쳐 실크로드 육로 횡단여행을 했다. 1992년 생애 첫 해외여행지로 일본을 선택한 이래 지금까지 여행한 나라는 총 48개국, 500여 개 도시. 대한민국 여행 문화에 한 획을 그은 《해외여행 100배 즐기기》 시리즈를 만든 주인공으로도 유명한데, 오랫동안 가이드북을 만들며 느낀 문제점을 보완하고자 《해외여행 100배 즐기기》의 완전 절판을 선언하고, 대한민국 출판계에 신선한 바람을 몰고 온 《클로즈업 시리즈》를 탄생시켰다. 2006년에는 한일 관광교류 확대에 기여한 공로를 인정받아 한국 문화관광부와 일본 국토교통성이 수여하는 한일관광 교류대상 일본 국제관광진흥회 이사장상을 수여했다.

저서로는 《배낭여행 길라잡이–일본》 · 《유럽 100배 즐기기》 · 《일본 100배 즐기기》 · 《동남아 100배 즐기기》 · 《호주 · 뉴질랜드 100배 즐기기》 · 《캐나다 100배 즐기기》 · 《도쿄 100배 즐기기》 · 《홍콩 100배 즐기기》(1995~2007), 《클로즈업 홍콩》 · 《클로즈업 일본》 · 《클로즈업 오사카》 · 《클로즈업 도쿄》 · 《클로즈업 Top City》(2007~현재) 등이 있다.

손미경 Son Mi Kyung

프로젝트가 생겨야만 남편군과 함께(!) 생활하는 '프로젝트 부부'의 마눌님. 이화여대에서 영문학을 전공하고 대한민국의 무궁한 발전을 위해 훌륭한 교육자가 되고자 했으나 여행의 길로 '발을 헛디딤'과 동시에 여행작가란 유별난 명함을 갖게 됐다. 깐깐해 보이는 외모와 달리 낯가림 지수는 제로! 처음 만난 사람도 10년지기 친구처럼 완벽하게 포섭하는 환상의 재주를 가졌다. 강력한 친화력을 무기로 취재 기간 내내 막대한 분량의 인터뷰를 소화해냈다. 취미는 전 세계 아웃렛 가격 비교 & 콘서트 관람이며 지금도 취재를 빙자해(!) 지구촌 어딘가를 헤매고 있다.
저서로는 《캐나다 100배 즐기기》 · 《홍콩 100배 즐기기》(2000~2007), 《클로즈업 홍콩》 · 《클로즈업 일본》 · 《클로즈업 오사카》 · 《클로즈업 도쿄》 · 《클로즈업 Top City》(2007~현재) 등이 있다.

Special Thanks to

《클로즈업 후쿠오카》 제작에 도움을 아끼지 않은 일본 정부 관광국(JNTO) 서울 사무소의 시미즈 유이치 소장님, 이주현 부장님, 유진 팀장님, 오하라 마이 차장님, 인고의 시간을 묵묵히 견디며 책을 편집하고 지도까지 꼼꼼하게 다듬어주신 장수비님께 진심으로 감사의 인사를 드립니다. 더불어 책이 나오길 학수고대(!)하신 에디터의 가족 여러분, 감미로운 목소리로 피곤에 지친 영혼을 달래준 가수 이승환님, 이 책을 구입해주신 모든 독자 여러분께 킹왕짱 감사드려요!

PART 1

MUST DO LIST

MUST KNOW

후쿠오카 여행 필수템 12 | 베스트 코스

MUST GO

북큐슈 5대 도시 & 12개 소도시
인증샷 명소 | 야경 포인트 | 포토존 | 온천

MUST EAT

초밥 | 라멘 | 우동 | 나가사키 짬뽕 | 모츠나베
규카츠 · 돈가스 | 소고기 · 야키니쿠 | 장어요리
향토요리 | 야키카레 | 카스텔라 | 일본 술
빵지 순례 | 스위트 로드 | 카페 투어

MUST BUY

드러그스토어 인기템 | 슈퍼마켓 인기템
아이디어 상품 · 문구 | 명품 · 패션 · 스포츠용품
피규어 · 애니 · 캐릭터 굿즈 | 전자제품

후쿠오카 여행 필수템 12

여권

유효기간이 6개월 이상 남아 있어야 일본 입국 가능.
유효기간이 빠듯한 경우 미리 연장 · 재발급 신청을 한다. p.341

스마트폰

여행 필수 앱 설치는 기본. 사진 · 동영상 저장이 용이하도록 저장 공간도 넉넉히 확보해두자. 외장 하드 등 보조 저장장치를 가져가도 좋다.

데이터 로밍 · 유심 · 이심

요금이 비싸도 편한 쪽을 원하면 데이터 로밍, 번거롭더라도 요금이 저렴한 쪽을 원하면 인터넷 쇼핑몰에서 유심 · 이심을 구매한다. p.356

보조 배터리

카메라 · 지도 사용량이 많아 스마트폰 배터리가 금방 소모된다. 5,000mA 이상의 대용량 보조 배터리 추천!

후쿠오카 여행 필수 앱

Google Maps
후쿠오카 · 규슈 전역을 커버하는 지도 앱.

Navitime
이동 루트 및 대중교통 요금 검색 가능.

Mobile Suica
교통카드 스이카 모바일 앱. 아이폰만 사용 가능. p.115

일본의 열차 카드잔액확인
스이카 등 실물 교통카드의 잔액 · 사용 내역 확인 가능.

Payke
바코드로 슈퍼마켓 · 드러그스토어 상품 정보 확인 가능.

Go
일본의 택시 앱. 택시 호출 및 요금 검색 가능.

Papago
회화 · 메뉴판 번역이 가능한 자동번역기 앱.

Google Translate
회화 · 메뉴판 번역이 가능한 자동번역기 앱.

해외여행용 변환 플러그

우리나라와 다른 100V용 2핀 플러그를 사용한다. 국내의 다이소 · 인터넷 쇼핑몰에서 해외여행용 변환 플러그를 구매하면 편리하다. 가격은 500~5,000원 정도. p.363

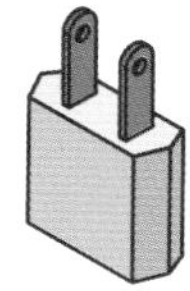

트래블카드

현지 ATM에서 수수료 없이 엔화 인출이 가능해 다량의 현금을 소지할 필요가 없다. 대중교통 탑승 시 이용 가능한 트래블카드도 있다. p.348

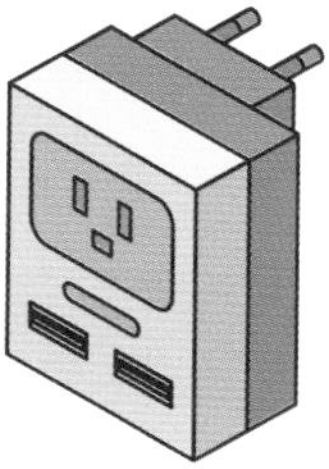

멀티 플러그

충전용 어댑터 등 기기 수에 맞춰 3구 이상의 멀티 플러그를 가져간다. 다이소 · 인터넷 쇼핑몰에서 판매한다(3,000~5,000원). p.363

신용카드

현금 도난 · 분실에 대비해 신용카드를 가져간다. 체크인 시 신용카드가 필요한 호텔도 있다. p.348

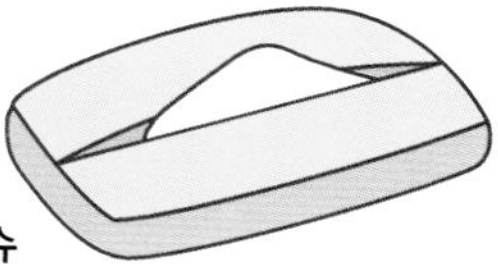

여행용 티슈

은근히 사용할 곳이 많다. 특히 휴대용 물티슈를 가져가면 손을 씻기 불편한 상황에서도 유연하게 대처할 수 있다. p.363

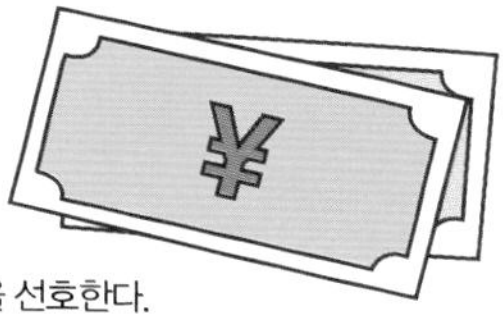

엔화 현금

일반적으로 신용카드보다 현금을 선호한다. 일부 숍 · 식당에서는 현금만 받는 경우도 있으니 전체 경비의 절반은 현금으로 가져간다. 소액권보다 1만 엔짜리 고액권이 휴대하기 편하다. p.348

스이카

일본의 식당 · 숍 · 편의점에서 교통카드인 스이카 Suica를 사용할 수 있다. 최대 2만 엔까지 충전 가능하다. 휴대와 사용이 편하며 잔돈이 생기지 않는 게 장점이다. 아이폰은 앱으로도 설치할 수 있다. p.114 · 115

우산

조그만 접이식 우산을 챙겨 가자. 비를 피할 수 있는 것은 물론, 한여름의 땡볕도 막아준다. p.362

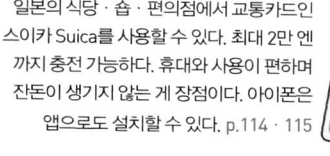

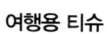

짧지만 알찬 여행, 베스트 일정 4

주어진 시간은 짧고 가야 할 곳은 많다! 어디를 가야 할지, 어떻게 가야 할지 도통 감이 잡히지 않으면 다음의 4개 코스를 참고로 알찬 일정을 만들어보자. 그대로 따라 해도 무방하며 이를 토대로 자신만의 새로운 코스를 만들어도 좋다.

후쿠오카 · 야나가와 2박 3일

가볍게 주말여행을 떠나려는 직장인에게 적합한 일정이다. 세련된 숍과 맛집이 밀집한 텐진 · JR 하카타 시티, 유흥의 메카 나카스, 화려한 야경이 펼쳐지는 후쿠오카 타워, 예스러운 멋이 살아 숨 쉬는 물의 도시 야나가와 등 핵심 명소를 모두 돌아볼 수 있어 후쿠오카 여행의 하이라이트 코스라 할 수 있다. 이 일정을 소화하려면 우리나라에서 06:30~10:00, 후쿠오카에서 19:00~21:00에 출발하는 항공편을 타야 한다.

준비물 후쿠오카 왕복 항공권
숙박 후쿠오카 2박

기본 경비
숙박비 2박×7,000엔=1만 4,000엔
생활비 3일×6,000엔=1만 8,000엔
입장료 3,000엔 **교통비** 5,000엔 **항공권** 40만 원~
Total 4만 엔 + 40만 원~

Day 1 후쿠오카

후쿠오카 국제공항 → 숙소에 짐 맡기기 또는 체크인 → 텐진 p.122 → 효탄즈시 초밥 p.140 → 텐진 지하상가 p.123 → 다이묘·이마이즈미 p.124 → 토쵸지 p.132 → 쿠시다 신사 p.129 → 캐널 시티 하카타 p.127 → 나카스 포장마차촌 p.126

후쿠오카의 다운타운 텐진

Day 2 야나가와 후쿠오카

니시테츠 후쿠오카 역 → 니시테츠 야나가와 역 p.197 → 미하시라 신사 p.197 → 간소모토요시야 장어 덮밥 p.199 → 야나가와 유람선 p.198 → 오하나·쇼토엔 정원 p.198 → 카메노이 호텔 야나가와 온천 p.199 → 니시테츠 야나가와 역 → 니시테츠 후쿠오카 역 → 후쿠오카 타워 야경 감상 p.178

물의 도시 야나가와

Day 3 후쿠오카

숙소 체크아웃 · 짐 맡기기 → 뉴 건담 p.182 → JR 하카타 시티 p.128 → 마이즈루 공원 p.183 → 오호리 공원 p.180 → 신신라멘 p.136 → 숙소에서 짐 찾기 → 후쿠오카 국제공항

실물 크기 뉴 건담

후쿠오카 · 유후인 2박 3일

후쿠오카와 함께 짧은 온천 여행을 꿈꾸는 이에게 추천하는 일정이다. 후쿠오카에서 맛집 투어와 쇼핑을 하기에 좋으며, 고급 온천 휴양지 유후인에서 느긋하게 휴식을 취할 수 있다. 한 세기 전의 풍경이 고스란히 남겨진 히타에 들러 예스러운 정취를 만끽하는 즐거움도 놓치지 말자.

우리나라에서 06:30~10:00, 후쿠오카에서 19:00~21:00에 출발하는 항공편 이용은 필수다. 후쿠오카↔유후인의 특급열차 왕복 요금은 12,260엔이라 북큐슈 레일 패스(1만 엔 p.353)를 구매하는 게 저렴하다. 교통비를 절약하려면 기차대신 고속버스(왕복 6,500엔)를 이용해도 좋다

준비물 후쿠오카 왕복 항공권, 북큐슈 레일 패스
숙박 후쿠오카 1박, 유후인 1박

기본 경비
숙박비 호텔 1박 7,000엔, 료칸 1박 1만 5,000엔
생활비 3일×6,000엔=1만 8,000엔
입장료 0엔
교통비 1,000엔 + 1만 엔(북큐슈 레일 패스 모바일)
항공권 40만 원~
Total 5만 1,000엔 + 40만 원~

Day 1 후쿠오카

후쿠오카 국제공항 → 숙소에 짐 맡기기 또는 체크인 → 텐진 p.122 → 효탄즈시 초밥 p.140 → 텐진 지하상가 p.123 → 다이묘 · 이마이즈미 p.124 → 토초지 p.132 → 쿠시다 신사 p.129 → 캐널 시티 하카타 p.127 → 나카스 포장마차촌 p.126

쇼핑 천국 텐진 지하상가

Day 2 유후인

JR 하카타 역 → 특급열차 유후인노모리 p.212 → JR 유후인 역 p.221 → 숙소에 짐 맡기기 또는 체크인 → 유후인 버거 하우스 p.226 → 동구리노모리 p.233 → 유노츠보 상점가 p.218 → 유후인 플로랄 빌리지 p.220 → 금상 크로켓 본점 p.230 → 유후인 오르골의 숲 p.232 → 킨린 호수 p.219 → 온천 즐기기 p.224

고급 온천 휴양지 유후인

Day 3 히타 후쿠오카

JR 유후인 역 → JR 히타 역 p.234 → 마메다마치 p.234 → 히타쇼유 히나고텐 p.234 → 쿤쵸 양조장 자료관 p.234 → JR 히타 역 → JR 하카타 역 → JR 하카타 시티 p.128 → 하카타메이부츠 모츠나베쇼라쿠 곱창전골 p.138 → 후쿠오카 국제공항

역 자체가 대형 쇼핑 센터인 JR 하카타 역

후쿠오카 · 나가사키 3박 4일

현대적인 도시 후쿠오카, 역사의 도시 나가사키, 온천 휴양지 운젠을 한꺼번에 돌아본다. 마을 전체가 부글부글 끓어오르는 신기한 광경의 운젠은 천연 유황 온천으로도 유명하다.

항공편은 인천↔후쿠오카 왕복편을 이용한다. 마지막날 귀국할 때 나가사키에서 후쿠오카 국제공항까지 가야 하므로 후쿠오카발 항공편은 최대한 오후 늦게 출발하는 것으로 선택해야 안전하다. 나가사키→후쿠오카는 신칸센 · 특급열차로 1시간 20분 걸린다. 숙박은 후쿠오카 · 나가사키는 호텔, 운젠은 온천 료칸을 예약한다. 교통편은 기차 · 버스를 이용하는데, 그때그때 편도 티켓을 구매하는 게 경제적이다.

준비물 인천 → 후쿠오카 왕복 항공권
숙박 후쿠오카 1박, 운젠 1박, 나가사키 1박

기본 경비
숙박비 호텔 2박 1만 4,000엔, 료칸 1박 1만 5,000엔
생활비 3일×6,000엔=1만 8,000엔
입장료 2,500엔
교통비 1만 5,000엔
항공권 40만 원~
Total 6만 4,500엔 + 40만 원~

Day 1 후쿠오카

후쿠오카 국제공항 → 숙소에 짐 맡기기 또는 체크인 → 신신라멘 p.136 → 텐진 p.122 → 텐진 지하상가 p.123 → 후쿠오카 타워 p.178 → 시사이드 모모치 해변공원 p.179 → JR 하카타 시티 p.128 → 캐널 시티 하카타 p.127 → 나카스 포장마차촌 p.128

시사이드 모모치 해변공원

Day 2 운젠

JR 하카타 역 → 특급열차 카모메 → JR 이사하야 역 → 운젠 행 버스 환승 → 운젠 정류장 → 숙소에 짐 맡기기 또는 체크인 → 운젠 산의 정보관 p.311 → 지고쿠 p.310 → 료칸 숙박 & 온천 즐기기 p.311

온천 마을 운젠

Day 3 나가사키

운젠 정류장 → 나가사키 버스터미널 → JR 나가사키 역 코인로커에 짐 보관 → 평화공원 p.280 → 우라카미텐슈도 p.283 → 원폭 낙하 중심지 p.281 → 차이나타운 p.288 → 오란다자카 p.285→히가시야마테 12번관 p.297 → 오우라텐슈도 p.290 → 글로버 정원 p.284 → 시카이로 원조 나가사키 짬뽕 p.302

평화기념상

Day 4 나가사키→인천

JR 나가사키 역 → 신칸센 · 특급열차 → JR 하카타 역 → JR 하카타 시티 p.128 → 뉴 건담 p.182 → 라라포트 후쿠오카 p.183 → 후쿠오카 국제공항

후쿠오카 국제공항

기타큐슈 · 벳푸 3박 4일

현대적인 도시에 100년 전의 풍경이 어우러진 기타큐슈와 일본 3대 온천 휴양지 가운데 하나로 꼽히는 벳푸를 여행한다. 일본으로 갈 때는 오전, 한국으로 돌아올 때는 오후 항공편을 이용해야 현지에서 여행하는 시간을 최대한 벌 수 있다.
숙박은 경제적인 비즈니스 호텔을 이용한다. 벳푸에서 온천 료칸에 묵을 경우 숙박비는 1박당 1만 엔 정도가 추가된다. 기타큐슈에서 벳푸로 가는 특급열차를 탈 때는 왕복 티켓인 니마이킷푸(p.353)를 구매한다. 편도로 구매하는 것보다 30% 정도 저렴하다.

준비물 인천 → 후쿠오카 왕복 항공권
숙박 기타큐슈 1박, 벳푸 2박

기본 경비
숙박비 3박×7,000엔=2만 1,000엔
생활비 4일×6,000엔=2만 4,000엔
입장료 3,000엔
교통비 1만 5,000엔
항공권 40만 원~
Total 6만 3,000엔 + 40만 원~

Day 1 기타큐슈

후쿠오카 국제공항 → 숙소에 짐 맡기기 또는 체크인 → JR 코쿠라 역 → 쾌속 · 보통열차 → JR 모지코 역 → 칸몬 해협 박물관 p.329 → 구 모지미츠이 클럽 p.324 → 구 모지 세관 p.325 → 기타큐슈 시 다롄 우호기념관 p.325 → 카이쿄 플라자 p.323 → 프린세스 피피 야키카레 p.332

이국적인 모지 항의 풍경

Day 2 벳푸

JR 코쿠라 역 → 특급열차 → JR 벳푸 역 → 숙소 또는 JR 벳푸 역 코인로커에 짐 보관 → 오니이시보즈 지옥 p.252 → 우미 지옥 p.250 → 카마도 지옥 p.251 → 오니야마 지옥 p.250 → 시라이케 지옥 p.251 → 칸나와온센 마을 p.249 → 치노이케 지옥 p.253 → 타츠마키 지옥 p.253 → 솔 파세오 긴자 상점가 p.260 → 타케가와라 온천 p.258 → 토요츠네 튀김덮밥 p.264 → 숙소 체크인 · 온천 즐기기 p.262

일본의 3대 온천 휴양지 벳푸

Day 3 벳푸

JR 벳푸 역 → 시다카 호수 p.255 → 츠루미 산 p.254 → 벳푸키타하마 버스 센터 → 타카사키야마 자연 동물원 p.256 → 카이센이즈츠 회덮밥 p.265 → 온천 즐기기 p.262

청정 자연의 시다카 호수

Day 4 기타큐슈

JR 벳푸 역 → 특급열차 → JR 코쿠라 역 → 코쿠라 역 코인로커에 짐 보관 → 코쿠라 성 p.322 → 우오마치긴텐가이 상점가 p.328 → 탄가 시장 p.328 → 메텔과 철이 벤치 p.328 → 짐 찾기 → 후쿠오카 국제공항

웅장한 외관의 코쿠라 성

Must Go 01

북큐슈 5대 도시 & 12개 소도시

여러 도시가 있지만 여행 욕구를 충족시켜줄 만한 곳은 다음의 17개 도시로 압축된다. 도시 간 이동은 기차 · 버스로 가능하다. 이동시간은 1~3시간이면 충분해 짧은 일정으로도 손쉽게 돌아볼 수 있다.

1 후쿠오카 p.89

명실상부한 규슈 제1의 도시. 경제·문화·유행의 중심지이며, 규슈 전역을 연결하는 교통의 요지답게 1년 365일 수많은 사람들로 북적이는 활기찬 면모를 보여준다. 도시적 풍광은 물론 규슈 제일의 미식 도시로 꼽는 풍성한 음식문화와 다양한 쇼핑시설도 놓칠 수 없다.

인천·부산·대구→후쿠오카 국제공항

소도시

1 우미노나카미치 p.192
인적 드문 해변 휴양지. 푸른 바다, 드넓은 녹지와 함께 다양한 위락시설을 갖춰 주말 나들이 코스로 인기가 높다.

2 노코노시마 p.193
섬 북쪽의 노코노시마 아일랜드 파크에서는 1년 내내 색색의 꽃이 피고 지는 목가적 풍경이 펼쳐진다.

3 다자이후 p.194
고색창연한 다자이후텐만구 신사로 유명하다. 학문의 신을 모시는 까닭에 입시철이면 수많은 수험생들로 북새통을 이룬다.

4 야나가와 p.197
촘촘한 수로 때문에 물의 마을이라고 부른다. 수로를 따라 놓인 옛 건물이 연출하는 로맨틱한 풍경이 두 눈을 즐겁게 한다.

5 우레시노온센 p.200
일본의 3대 미인 온천. 번화한 멋은 없지만 온천을 즐기며 느긋하게 쉬어갈 수 있다. 규슈 올레 코스를 걷기에도 좋다.

6 타케오온센 p.203
소박한 풍경 속에서 휴식을 취하기에 좋은 온천 마을. 규슈 올레 코스를 걸으며 하이킹을 즐기기에도 좋다.

7 아리타 p.206
일본에서도 손꼽히는 유명 도예촌. 소박한 상점가를 따라 도기 상점이 줄지어 있어 구경하는 재미가 쏠쏠하다.

2 나가사키 p.269

원폭의 상흔을 간직한 곳이자 규슈에서 이국적 면모가 가장 짙은 도시. 일본 속의 작은 중국 차이나타운, 유럽의 분위기를 간직한 글로버 정원 등 다채로운 볼거리로 가득하다. 수백 년 전통을 이어온 카스텔라·짬뽕·싯포쿠 요리 등 색다른 음식문화도 호기심을 자극한다.

인천→나가사키국제공항

소도시

1 하우스텐보스 p.308
17세기 네덜란드의 풍경을 재현한 테마파크. 튤립과 풍차가 어우러진 이국적 분위기를 만끽할 수 있다.

2 운젠 p.310
일본 굴지의 온천 휴양지. 짙은 유황 냄새와 새하얀 수증기가 화산 섬 규슈의 한복판에 와 있음을 실감케 한다.

3 오바마온센 p.312
소박한 온천 마을. 일본에서 가장 길이가 긴 무료 족탕, 뜨거운 온천 증기에 음식을 쪄 먹는 가마로 유명하다.

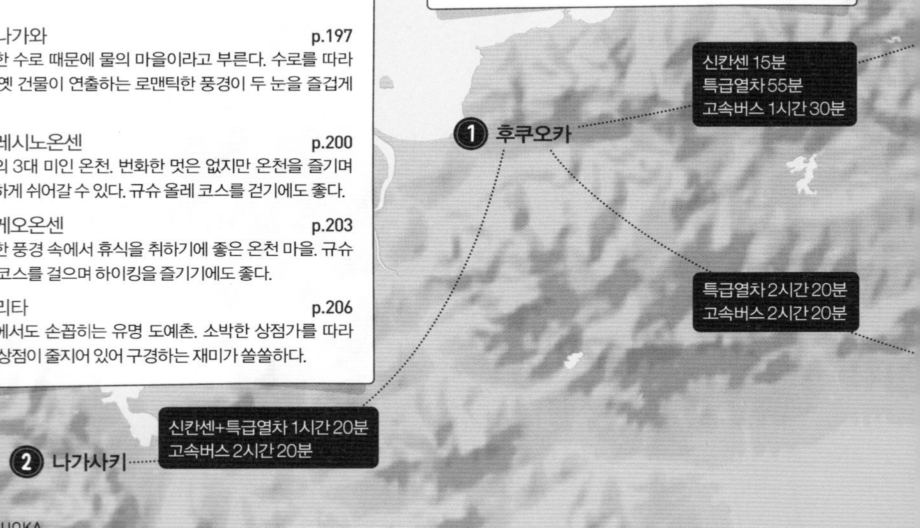

3 기타큐슈

3 기타큐슈 p.313

후쿠오카에 뒤 이어 규슈 제2의 규모를 자랑하는 도시. 후쿠오카만큼은 아니지만 번화한 상점가와 대형 쇼핑몰이 집중돼 있다. 20세기 초 해외 무역과 상공업으로 번영을 구가하던 도시의 면모를 보여주는 이국적 건물과 명물 먹거리 '야키카레'도 놓치기 힘든 유혹이다.

인천→기타큐슈 국제공항

소도시

1 시모노세키 p.336

바다를 사이에 두고 기타큐슈를 바라보는 항구 도시. 바닷가를 따라 수족관·수산시장·역사 유적 등의 볼거리가 옹기종기 모여 있다.

4 유후인 p.207

고지대에 위치한 고급 온천 휴양지. 물안개가 아련히 피어오르는 호수, 사계절 모습을 달리하는 들녘, 가슴 속 깊이 파고드는 맑은 공기가 편안한 휴식의 장을 제공한다. 여름에는 유후인 영화제와 음악제가 열려 한여름 밤의 추억을 만들 수 있는 것도 매력이다.

인천→오이타 국제공항

소도시

1 히타 p.234

예스러운 풍경이 펼쳐지는 마을. 고풍스러운 건물이 남겨진 구시가를 거닐며 느긋하게 산책을 즐기기에도 좋다.

특급열차 1시간 20분
고속버스 3시간 15분

5 벳푸 p.235

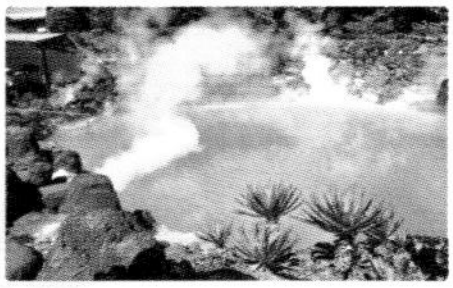

오랜 옛날부터 일본 온천의 대명사로 통하는 휴양지. 곳곳에서 뭉게뭉게 올라오는 새하얀 수증기가 마치 도시 전체가 끓고 있는 듯한 착각에 빠지게 한다. 1만 여개의 온천이 도시 전역에 산재해 있어 온천 여행의 묘미를 만끽하기에 좋다.

인천→오이타 국제공항

벳푸 5

보통열차 1시간 15분
버스 1시간

유후인 4

Must Go 02

여긴 꼭 가야 돼, 7대 인증샷 명소

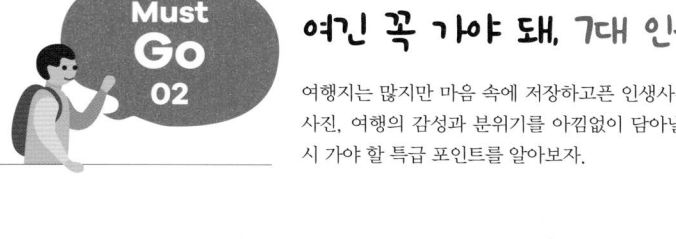

여행지는 많지만 마음 속에 저장하고픈 인생사진, SNS에 남기고픈 추억 돋는 여행 사진, 여행의 감성과 분위기를 아낌없이 담아낼 인증샷 명소는 정해져 있다. 반드시 가야 할 특급 포인트를 알아보자.

#1

캐널 시티 하카타
웅장한 협곡을 재현한 대형 쇼핑센터. 밤을 더욱 아름답게 물들이는 야경과 쇼. 후쿠오카 p.127

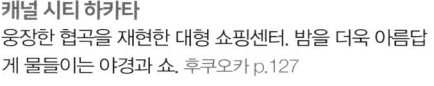

#2 뉴 건담
웅장한 위용을 뽐내는 실물 크기의 거대한 건담 모형. 덕후의 성지로도 유명! 후쿠오카 p.182

#3 시사이드 모모치 해변공원
이국적인 낭만의 호젓한 해변. 낮의 풍경 못지않게 아름다운 노을도 강추. 후쿠오카 p.179

#4 킨린 호수·유후 산

셔터만 누르면 멋진 사진이 만들어지는 유후인의 인증샷 명소. 유후인 p.219

#5 지옥 순례

자욱한 수증기와 부글부글 끓어오르는 열탕. 파워풀한 화산 섬 규슈 체험. 벳푸 p.248

#6 야나가와 유람선

물길 따라 유유히 흘러가는 쪽배. 현대와 과거를 오가는 로맨틱 시간여행. 야나가와 p.197

#7 하우스텐보스

색색의 튤립과 풍차. 17세기 네덜란드의 풍경을 완벽히 재현한 테마파크.

하우스텐보스 p.308

Must Go 03

놓치면 후회, 3대 야경 포인트

색색의 보석처럼 반짝이는 황홀한 야경. 야경 감상에 최적의 타이밍은 매직 아워, 즉 일몰을 전후한 20~30분이다. 일몰 1시간 전쯤 전망대에 오르면 야경은 물론, 낮의 풍경과 황금빛 저녁노을도 함께 즐길 수 있다는 사실을 기억하자.

#1

후쿠오카 타워

다이나믹한 풍경이 펼쳐지는 포인트. 사랑을 속삭이는 연인의 성지로도 인기가 높다. 후쿠오카 p.178

#2 이나사야마 산정전망대

유서 깊은 항구의 풍경과 색색의 야경이 펼쳐지는 곳. 황금빛 낙조로도 유명하다. 나가사키 p.291

#3

사라쿠라야마 전망대

일명 100억 불짜리 야경. '신일본 3대 야경' 가운데 하나로 손꼽는 절경이 펼쳐진다.

기타큐슈 p.326

Must Go 04

레트로 감성 물씬, 4대 포토존

도시의 역사와 시간이 아로새겨진 명소는 여행자에게 색다른 추억을 안겨준다. 한 세기 전의 번영을 상징하는 이국적인 건물과 거리, 그리고 현지인의 애환이 녹아든 소박한 풍경을 찾아 특별한 여행을 떠나보자.

#1

글로버 정원

160여 년 전 나가사키의 풍경이 박제된 곳. 이국적인 서양식 건물이 가득하다.

나가사키 p.284

#3 산카쿠 시장

1970년대에서 시간이 정지한 듯한 시장. 소박한 선술집과 식당이 모여 있다. 후쿠오카 p.135

#2

나카스 포장마차촌

강변을 따라 이어진 포장마차촌. 삶의 냄새가 진하게 풍기는 왁자한 분위기가 매력이다. 후쿠오카 p.126

#4 모지 항 레트로

19세기의 풍경이 생생히 보존된 거리. 과거의 번영을 보여주는 이국적 건물이 모여 있다.

기타큐슈 p.323

온전한 휴식의 시간, 5대 온천

규슈 여행의 절대 로망은 바로 온천이다. 휴양지 분위기가 물씬 풍기는 초호화 온천은 물론, 현지인과 맨살을 부대끼며 목욕을 즐기는 동네 온천까지 선택의 폭도 넓다. 각각의 온천이 가진 특징을 비교해 나에게 꼭 맞는 여행지를 찾아보자.

#1 우레시노온센 p.200

일본의 3대 미인 온천으로 일컬어진다. 온천수에 함유된 탄산수소나트륨 때문에 피부가 매끈매끈해지는 효과가 있다. 조그만 온천 마을이라 느긋하게 쉬어가기에 좋다. 볼거리나 레스토랑 · 숍 등의 편의시설은 많지 않다.

온천수 ★★★★★
분위기 ★★★☆☆
접근성 ★★★★☆

#2 벳푸 p.235

일본의 3대 온천 휴양지 가운데 하나다. 1만 여 개의 온천이 산재해 있으며 다양한 성분의 온천수가 샘솟아 '온천 백화점'이라 해도 과언이 아니다. 여타 온천 도시에 비해 볼거리가 풍부하고, 레스토랑 · 숍 등 편의시설도 충실하다.

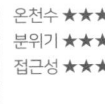

온천수 ★★★★★
분위기 ★★★☆☆
접근성 ★★★★★

유후인 p.207

한국인이 가장 선호하는 온천 휴양지다. 고급 휴양지다운 깔끔하고 차분한 면모가 돋보인다. 온천수는 대부분 단순천이다. 마을 중심부의 상점가를 따라 유명 맛집과 숍이 모여 있다. 유명세 탓에 주말 · 공휴일이면 관광객들로 북적이는 번잡함이 아쉽다.

온천수 ★★☆☆☆
분위기 ★★★★☆
접근성 ★★★☆☆

#4 운젠 p.310

두메산골에 위치한 조그만 온천 마을이다. 천연 유황 온천이라 피부 미용에 좋으며 찾는 이가 적어 조용히 휴식을 취하기에 적합하다. 마을 곳곳에서 수증기와 열탕이 뿜어져 나오는 이색적인 광경도 눈길을 끈다. 마을이 작아 편의시설은 빈약하다.

온천수 ★★★★★
분위기 ★★★★☆
접근성 ★★☆☆☆

#5 타케오온센 p.203

오랜 역사를 자랑하는 온천 마을이다. 온천수는 단순천이라 특별한 효능을 기대하기는 힘들다. 볼거리가 풍부하진 않지만 규슈 올레를 걷거나 도자기 마을 아리타와 함께 돌아보며 느긋하게 쉬어가기에 적당하다.

온천수 ★☆☆☆☆
분위기 ★★☆☆☆
접근성 ★★★★☆

마음에 쏙 드는 온천 고르기

온천을 제대로 즐기려면 온천 료칸(여관)에서 1박 이상할 것을 권한다. 료칸은 '온천수의 천질(泉質), 숙박에 포함된 음식, 료칸이 위치한 지역의 특징'을 고려해서 선택한다.

온천수의 천질에 따라 온천의 효능이 다른데, 예를 들어 유황천은 피부병, 중조천(탄산수소나트륨)은 피부보습 등의 효과가 있다. 단순천은 '단순히' 뜨거운 물만 나오는 것이라 일반 대중 목욕탕과 다를 바가 없다. 천질은 료칸 홈페이지에서 확인할 수 있다.

료칸에서 제공되는 음식은 여행의 즐거움을 좌우한다. 흔히 맛보기 힘든 특별식을 내놓기도 하니 홈페이지에서 꼼꼼히 살펴보자. 조식 · 석식을 포함한 숙박비는 1인당 1만 5,000~3만 엔 수준이다. 조용한 휴식을 원하면 교통이 조금 불편하더라도 도심지에서 떨어진 곳, 온천과 더불어 쇼핑 · 식도락을 즐기려면 도심 인근의 온천을 선택하는 게 현명하다.

예약할 때는 호텔 · 료칸 예약 대행 사이트부터 살펴보는 게 우선이다. 사이트에 올라온 실제 이용 후기와 사진을 보고 마음에 드는 곳을 고른다. 해당 료칸의 홈페이지에서 직접 예약할 경우 예약 대행 사이트를 통하는 것보다 숙박비가 싼 경우도 있으니 꼼꼼한 비교는 필수! 호텔과 달리 온천 료칸은 금연실이 없는 경우가 많다는 사실도 알아두자.

료칸 숙박의 백미 카이세키 요리

일본 대표 요리, 초밥

초밥은 일본의 음식 문화를 상징하는 요리다. 우리에게도 친숙한 참치는 물론, 바다향이 물씬 풍기는 성게, 달콤한 새우, 입에 착착 감기는 오징어 등 버라이어티한 맛의 향연이 펼쳐진다. 본고장의 초밥을 아낌없이 맛보자.

흰살 생선 · 붉은 살 생선

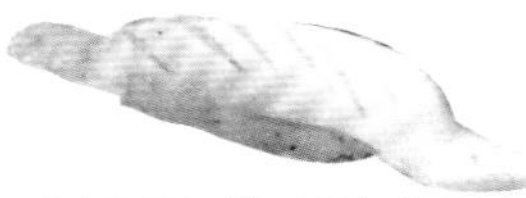
엔가와 えんがわ 광어 지느러미살

타이 たい 도미

마구로 まぐろ 참치

오토로 大とろ 참치 대뱃살

사몬 サーモン 연어

빈토로 びんとろ 날개 다랑어

등푸른 생선

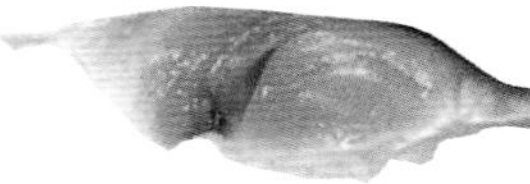
사바 さば 고등어

코하다 こはだ 전어

이와시 いわし 정어리

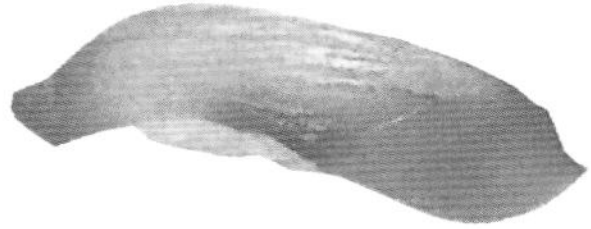
칸파치 かんぱち 잿방어

아지 あじ 전갱이

이거 주세요.
これ下さい。
코레 쿠다사이.

일본의 전통요리 초밥

초밥은 생선을 밥 속에 넣어 보관하던 동남아의 저장법이 일본에 전래되면서 탄생한 요리다. 초기에는 생선 뱃속에 밥을 넣어서 삭혀 먹었지만 점차 식초와 소금으로 간하는 기술이 발달하며 지금과 같은 형태의 요리로 완성됐다.

초밥을 가장 맛있게 먹는 비결은 '담백한 흰살 생선→붉은 살 생선→기름진 등푸른 생선'의 순으로 먹으며 서서히 미각을 자극하는 것이다. 간장을 찍을 때는 초밥을 눕혀서 생선살 부분만 살짝 적시는 게 요령. 그래야 밥이 부서지지 않는다.

간간이 녹차로 입을 헹구면서 초밥을 먹으면 좀 더 산뜻한 맛을 즐길 수 있다. 함께 제공되는 생강 초절임 紅しょうが 역시 입안을 개운하게 해주는 역할을 한다.

추천! 초밥 레스토랑

효탄즈시 p.140, **효탄노카이텐즈시** p.140, **쇼쿠도 미츠** p.141
타츠미스시 총본점 p.141, **오와다스시** p.264

군함말이

네기도로 ねぎどろ 파를 얹은 참치살

시라우오 しらうお 뱅어

우니 うに 성게

이쿠라 いくら 연어알

카니미소 かにみそ 게장

코바시라 小柱 조개관자

조개 · 새우

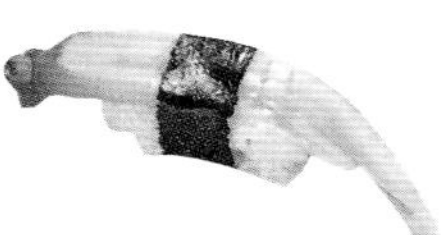
미루가이 みる貝 왕우럭조개

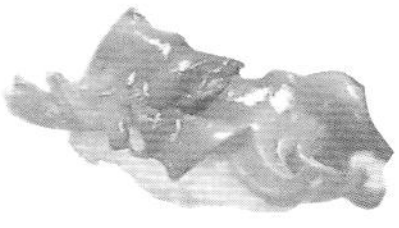
아카가이 赤貝 피조개

아와비 あわび 전복

토리가이 とり貝 새조개

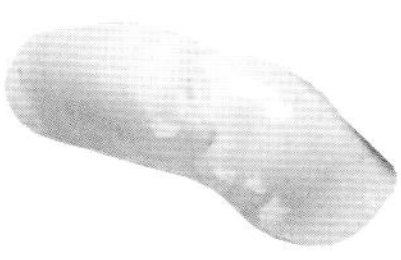
호타테 ほたて 가리비

보탄에비 ぼたんえび 모란새우

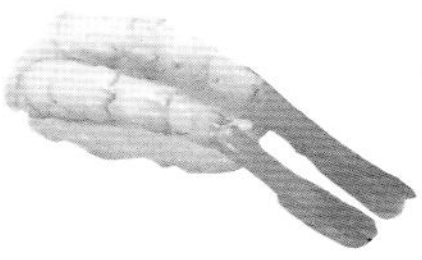
아마에비 甘えび 단새우

에비 海老 참새우

기타

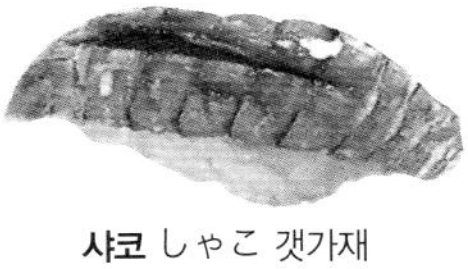
샤코 しゃこ 갯가재

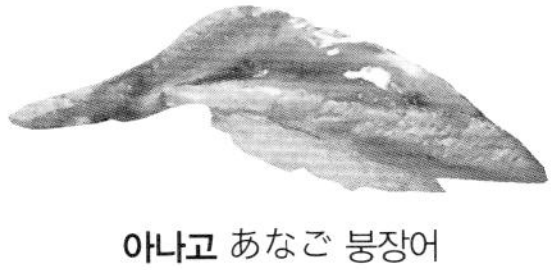
아나고 あなご 붕장어

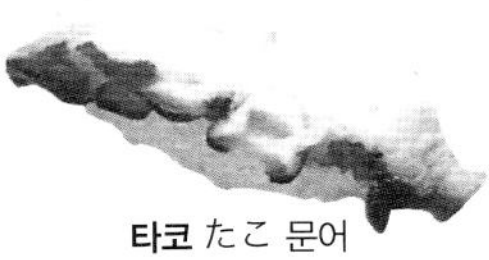
타코 たこ 문어

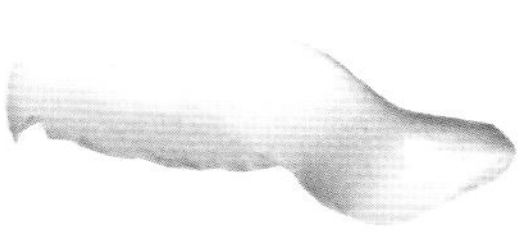
이카 いか 오징어

즈와이가니 ズワイガニ 대게

타마고 玉子 계란

저렴하고 맛있는 회전초밥

주머니가 가벼울 때는 저렴한 회전초밥을 이용하자. 값은 한 접시에 140~900엔 수준이며 초밥이 담긴 접시의 색과 무늬로 가격을 구분한다. 도심의 상점가나 유흥가에는 한 접시에 140~300엔인 초저가 회전초밥집도 있으니 두 눈 크게 뜨고 찾아보자. 초밥은 컨베이어 벨트 위에 놓인 것 가운데 마음에 드는 것을 골라 먹는다. 원하는 메뉴가 있을 때는 주방장에게 따로 주문해도 된다. 다 먹은 초밥 접시는 한쪽에 차곡차곡 쌓아두면 자리에서 일어날 때 점원이 접시의 숫자를 세 음식 값을 계산해 준다. 녹차는 무료인 대신 된장국(미소시루)은 추가로 사먹어야 한다는 사실도 알아두자.

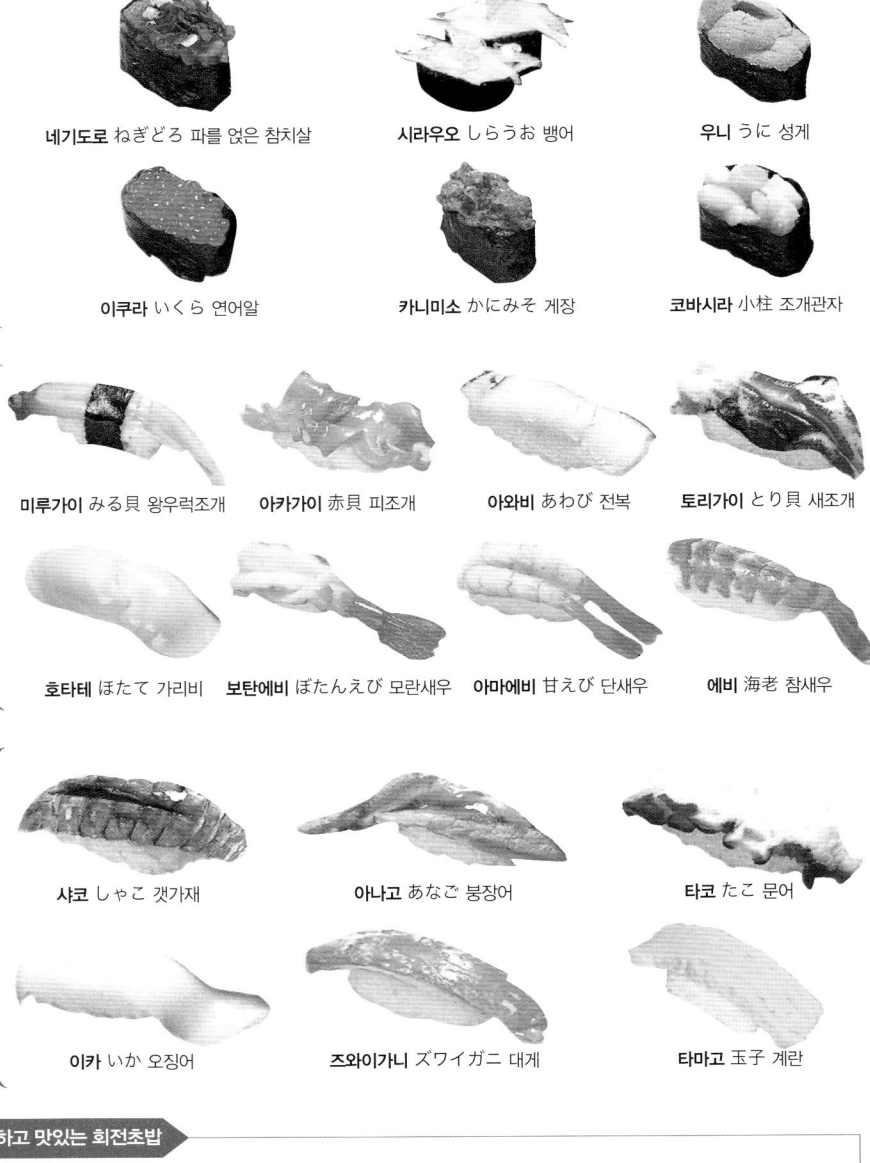

진~한 국물, 8대 하카타라멘

저렴한 가격과 푸짐한 양이 매력인 라멘은 어디서나 부담 없이 즐길 수 있는 서민의 메뉴다. 저마다의 비법으로 우려낸 국물과 두툼한 차슈는 뚜렷한 개성으로 다채로운 맛의 세계에 눈을 뜨게 해준다.

Since 1960

#1 라멘 ラーメン

한국인이라면 모르는 이가 없는 라멘. 고춧가루와 마늘의 얼큰한 국물이 입맛을 돋운다.

이치란 p.136

Since 2003

#2 라멘 らーめん

후쿠오카 라멘계의 다크호스. 돈코츠에 닭 육수를 더해 깔끔 담백한 맛을 살렸다.

신신라멘 p.136

Since 1952

#5 라멘 ラーメン

하카타라멘의 시조새. 창업당시와 변함없는 소박한 맛과 저렴한 가격, 푸짐한 양이 매력이다.

원조 나가하마야 p.189

Since 1971

#6 나가하마라멘 長浜らーめん

후쿠오카 토박이가 애정하는 라멘. 돼지 뼈를 푹 고아낸 국물은 진하다 못해 걸쭉할 정도다.

나가하마 난바완 p.155

하카타라멘은 다르다?!

하카타라멘 博多ラーメン의 특징은 국물과 면이다. 돼지뼈를 푹 고아낸 톤코츠 豚骨 국물은 일본의 여타 라멘보다 유독 진하다. 살짝 누린내가 날 수 있으니 마늘을 넉넉히 넣자. 면은 우리나라의 소면과 비슷한 가느다란 세면(細麵)을 사용한다. 주문시 면의 익힘을 선택할 수 있는데, 우리 입에는 보통 普通(후츠) 또는 살짝 덜 익힌 카타 カタ가 잘 어울린다.

#3 시로마루모토아지 白丸元味

Since 1985

와일드하면서도 깔끔한 톤코츠 라멘. 진한 국물과 잡내 없이 촉촉한 차슈가 일품이다.

잇푸도 p.137

#4 라멘 らーめん

이치란의 맛을 계승한 매콤 라멘. 초창기의 이치란 라멘을 맛볼 수 있어 인기다.

멘야가가 p.137

#7 라멘 ラーメン

일본 전역의 인기 라멘을 모아놓은 푸드코트. 발품 팔지 않고도 식도락 기행을 즐길 수 있다.

라멘 스타디움 p.155

#8 토리다시라멘 鶏だしラーメン

입에 착착 감기는 라멘. 토종닭으로 우려낸 담백한 국물과 쫄깃한 면발의 조화가 훌륭하다.

후쿠스케 p.229

본고장의 맛, 8대 하카타우동

후쿠오카에서 진정한 소울푸드로 평가받는 음식은 바로 우동이다. 우리에게 익숙한 카츠오부시 국물과는 다른 해물 육수의 맑고 깔끔한 맛이 인상적이다. 쫄깃한 면보다 퍼진 면을 선호하는 독특한 식감도 색다르게 다가온다.

Since 1986

#1 고기우엉 우동 肉ごぼう

간간하면서도 산뜻한 국물. 여타 후쿠오카 우동보다 쫄깃한 식감을 살린 면이 특징이다.

하가쿠레우동 p.142

Since 1974

#2 고기우엉 우동 肉ごぼう

후쿠오카를 대표하는 노포. 멸치 · 날치로 우려낸 맑고 풍부한 감칠맛의 국물로 유명하다.

우동타이라 p.142

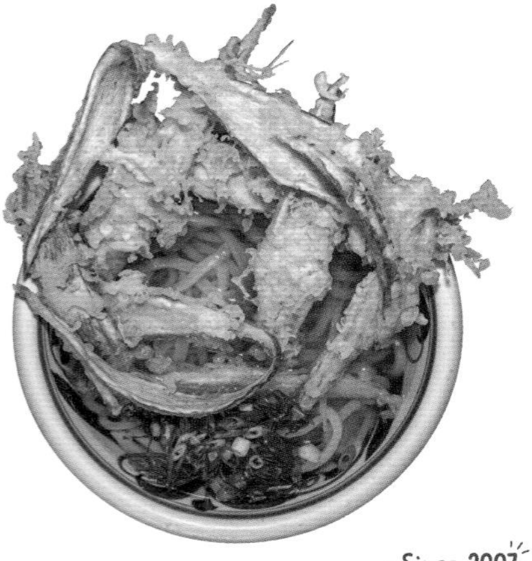

Since 2007

#5 우엉튀김 우동 ごぼう天うどん

쫄깃한 면과 큼직한 우엉튀김으로 인기. 얇게 편을 뜬 튀김의 바삭한 식감이 훌륭하다.

우동야 큐베에 p.331

#6 소고기·우엉튀김 우동 肉ごぼう天うどん

야들야들한 소고기와 아삭한 우엉튀김, 잘게 썬 파를 듬뿍 올린 진한 국물이 입맛을 돋운다.

탄가우동 p.331

하카타우동의 특징

타지역 우동과 구분 짓기 위해 후쿠오카의 우동을 '하카타우동 博多うどん'이라고도 부른다. 식당 회전율을 높이려고 삶은 면을 찬물에 헹구지 않고 바로 내주던 데서 지금처럼 푹 퍼진 독특한 식감의 우동이 탄생했다. 후쿠오카 토박이는 라멘보다 우동을 선호하며, 우엉튀김과 카시와메시(닭고기를 넣어서 지은 밥)를 곁들여 먹는 경우가 많다.

#3 우엉튀김 우동 ごぼう天うどん

Since 2005

지름 20㎝의 초대형 우엉튀김이 특징. 아삭한 식감과 바삭한 튀김옷의 밸런스가 절묘하다.

다이치노우동 p.142

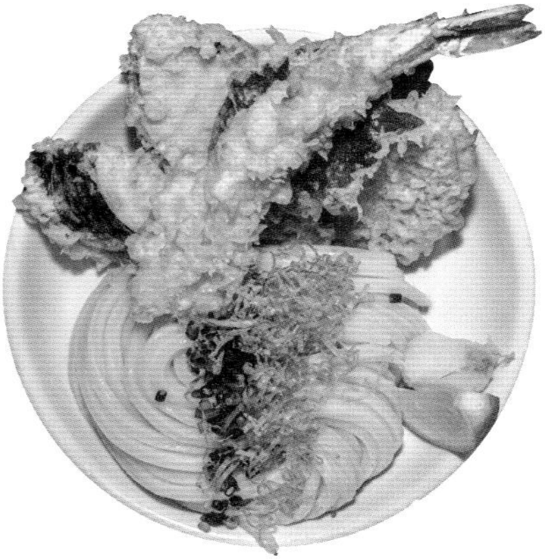

#4 시나리붓카케우동 志成ぶっかけうどん

쫄깃쫄깃한 사누키 우동. 차갑게 식힌 굵은 우동 면에 어묵 · 닭고기 · 반숙계란 튀김을 얹어낸다.

시나리 p.188

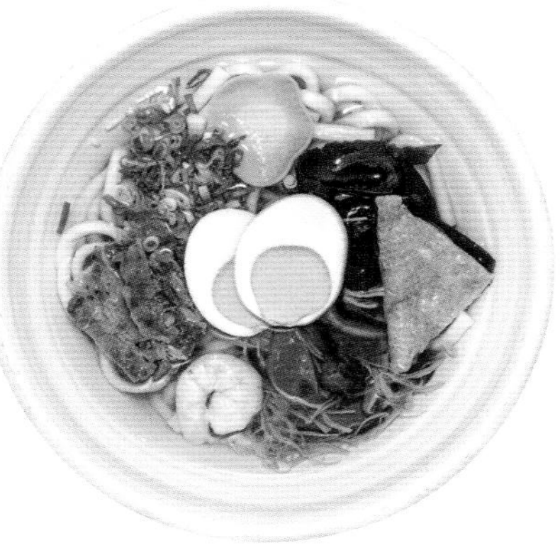

#7 코하루우동 こはるうどん

진한 카츠오부시 국물에 새우 · 소고기 · 표고버섯 · 팽이버섯 · 어묵 · 계란 · 유부 등 푸짐한 고명을 얹어낸다.

코하루우동 p.229

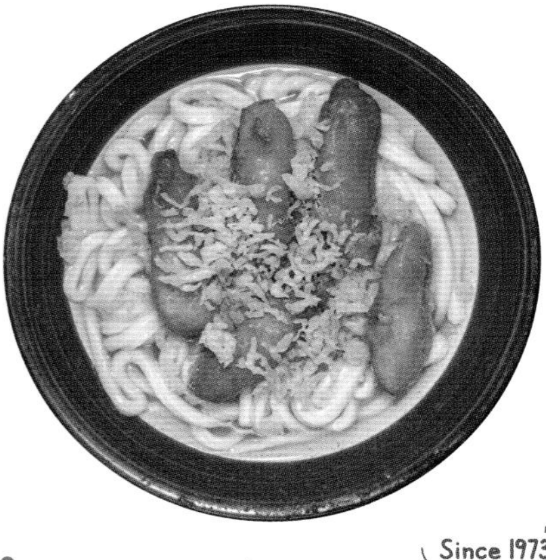

#8 우엉튀김 우동 ごぼう天

Since 1973

후쿠오카 토박이의 소울푸드. 눈퉁멸로 우린 맑은 국물과 칼국수처럼 푹 퍼진 면이 독특하다.

마키노 우동 p.156

Must Eat 04

원조의 맛, 3대 나가사키 짬뽕

우리에게 익숙한 얼큰한 짬뽕. 그러나 짬뽕의 고향 나가사키의 원조 짬뽕은 절대 맵지 않다. 120년 전 시카이로의 주방장이 가난한 중국인 유학생을 위해 영양만점 보양식으로 만든 게 짬뽕의 유래라고 알려져 있다.

Since 1899

#1 짬뽕 ちゃんぽん

돼지 사골 육수에 채소와 해산물을 듬뿍 넣어 우려낸 국물은 담백하면서도 깊은 맛이 일품이다.

시카이로 p.302

Since 1927

#2 짬뽕 ちゃんぽん

돼지고기 · 새우 · 조개 · 숙주 · 양배추를 넣은 감칠맛 나는 국물과 쫄깃한 면이 적절한 조화를 이룬다.

카이라쿠엔 p.302

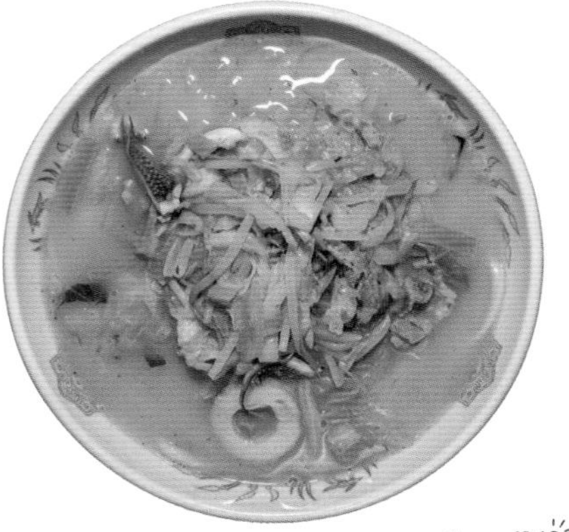

Since 1949

#3 짬뽕 ちゃんぽん

불맛 나게 제대로 볶은 오징어 · 돼지고기 · 어묵 · 양배추 · 숙주와 닭뼈로 우린 담백한 국물이 훌륭하다.

츄카다이하치 p.302

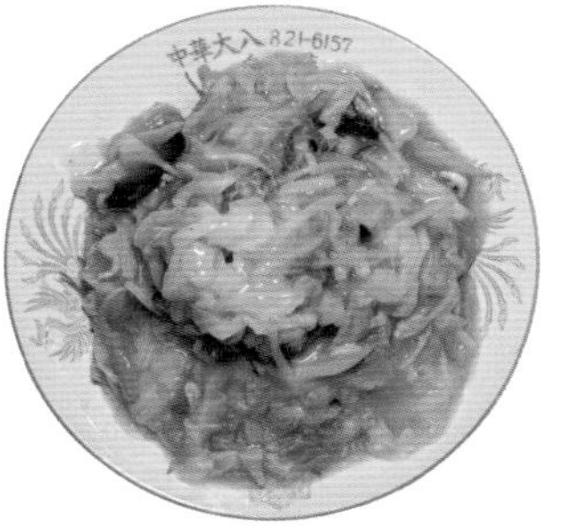

사라우동 皿うどん

나가사키 짬뽕집의 기본 메뉴 가운데 하나. 광동식 볶음면 차오미엔 炒麵을 현지화한 면 요리다. '우동'이란 이름과 달리 바삭하게 튀긴 가느다란 면을 사용하며, 짬뽕 국물에 전분을 풀어 걸쭉하게 만든 소스를 면 위에 듬뿍 얹어준다.

Must Eat 05

술을 부르는 맛, 4대 모츠나베

규슈는 일본에서도 손꼽히는 와규 산지다. 덕분에 일본의 여타 지역보다 곱창요리가 발달했다. 대표적인 메뉴가 모츠나베, 즉 곱창전골이다. 된장·간장으로 간을 한 진한 국물에 한소끔 끓인 쫄깃 고소한 곱창은 한 잔 술을 부르는 천상의 맛이다.

Since 1963

#1 모츠나베 もつ鍋

부추 · 마늘을 산더미처럼 쌓아올린 모츠나베가 특징. 간장 베이스의 깔끔하면서도 감칠맛 나는 국물이 입맛을 돋운다. 고춧가루를 풀어 얼큰하게 먹어도 맛있다.

간소모츠나베 라쿠텐치 p.138

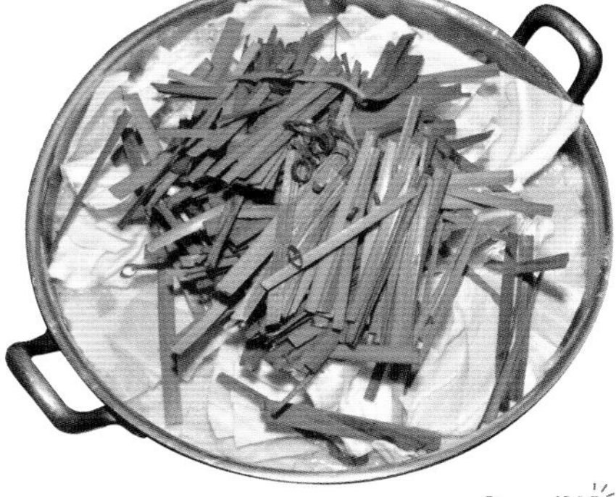

Since 1985

#2 모츠나베 もつ鍋

닭 육수로 담백함을 더한 국물이 입맛을 돋운다. 신선한 곱창에 부추 · 마늘 · 양배추를 듬뿍 얹어준다. 곱창이 부드럽고 잡내가 없어 '초심자'가 먹기에도 좋다.

하카타메이부츠 모츠나베쇼라쿠 p.138

Since 2004

#3 모츠나베 もつ鍋

와규의 신선한 소창만 사용하며, 10g 크기로 잘라 탱글탱글한 식감을 살렸다. 규슈 각지의 유명 된장을 블렌드해 만든 진한 감칠맛의 미소 국물이 맛있다.

하카타모츠나베 오야마 p.139

Since 2008

#4 모츠나베 もつ鍋

양배추 · 우엉으로 우려낸 채소 육수에 미소와 마늘로 묵직하면서도 깔끔한 맛을 더했다. 마무리로 면이나 죽 대신 일본식 떡을 끓여 먹어도 좋다.

모츠나베 이치후지 p.139

Must Eat 06

겉바속촉, 4대 규카츠 · 돈가스

규카츠 · 돈가스는 우리에게는 물론 일본에서도 너무나 친숙한 대중 요리다. 저마다의 비법으로 만든 특제 기름을 사용해 노릇노릇 튀긴 먹음직스러운 고기, 그리고 그 맛을 100배로 끌어올려주는 환상적인 궁합의 소스가 혀를 즐겁게 한다.

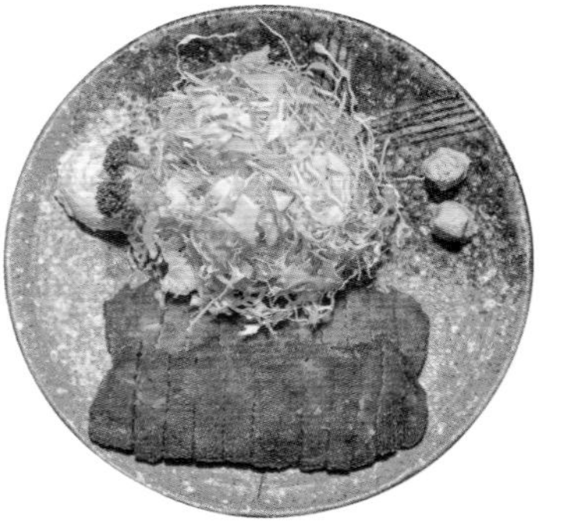

규카츠 정식 牛かつ定食

고소한 맛이 입 안 가득 침이 고이게 만든다. 튀김옷을 입혀 딱 1분만 튀긴 소고기는 겉은 바삭하고 고기는 날 것에 가깝다. 1인용 화로에 취향대로 구워먹는다. **규카츠 모토무라 p.149**

살치살 규카츠 牛ロースカツ膳

양질의 소고기로 만든 풍부한 육즙의 규카츠. 눈이 내린 것처럼 고운 마블링과 살살 녹는 부드러운 식감을 자랑한다. 갓 튀긴 그대로 먹거나 화로에 구워 먹는다. **규카츠 교토카츠규 p.149**

두툼 등심 돈가스 厚切上ロース

겉바속촉의 정석인 돈가스. 최상품 돼지고기로 만들어 탄력 있는 식감과 스르르 배어 나는 육즙이 입맛을 돋운다. 상큼한 풍미의 양파 소스와 먹으면 더욱 맛있다. **카츠시카 p.305**

비프 커틀릿 ビーフカツ

두께 1㎝에 육박하는 소고기 안심 커틀릿. 라드로 튀겨 특유의 고소한 풍미를 살렸다. 부드럽게 씹히는 식감과 입 안 가득 퍼지는 촉촉한 육즙의 조화가 훌륭하다. **그릴 미츠바 p.266**

환상의 마블링, 소고기 · 야키니쿠

육질 좋은 와규를 합리적인 가격에 맛보자. 숯불에 구워먹는 일본식 불고기 야키니쿠, 전골 스타일로 소스에 익혀 먹는 스키나베, 셀프로 구워먹는 이색 햄버그스테이크 등 다양한 스타일로 맛볼 수 있는 것 또한 큰 즐거움이다.

야키니쿠 焼き肉

카고시마 산 흑우 야키니쿠. 혀 위에서 사르르 녹는 환상적인 맛과 육질을 자랑한다. 갈비 · 등심은 물론 안창살 · 우설 · 대창 등 다양한 특수부위도 선보인다. **타이겐 본관** p.151

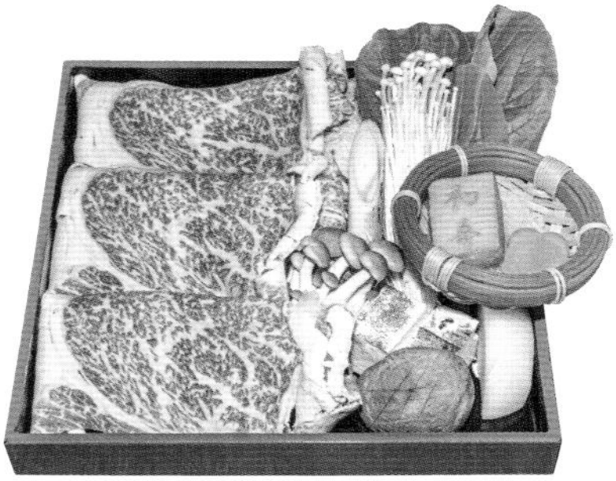

Since 1936

스키나베 すき鍋

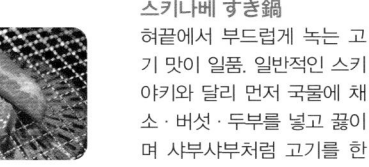

혀끝에서 부드럽게 녹는 고기 맛이 일품. 일반적인 스키야키와 달리 먼저 국물에 채소 · 버섯 · 두부를 넣고 끓이며 샤부샤부처럼 고기를 한 점씩 담가 익혀 먹는다. **니시진하츠키 본점** p.187

햄버그스테이크 ハンバーグステーキ

뜨겁게 달군 무쇠에 구워먹는 햄버그스테이크. 훌륭한 맛과 가성비 때문에 손님의 발길이 끊이지 않는다. 달콤한 소스의 스크램블 에그를 곁들여 먹어도 맛있다. **키와미야** p.151

스페셜 메뉴 Boss SP Beef Set

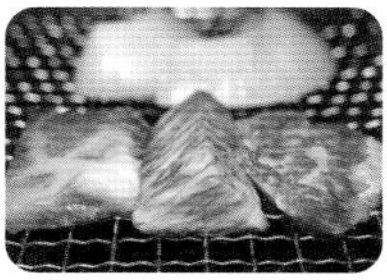

미슐랭 맛집 야키니쿠 식당. 하얀 눈이 내린 듯 곱게 깔린 마블링의 분고규(오이타 지역의 최상품 와규)는 스르르 녹는 부드러운 식감과 고소한 풍미가 매력이다. **시치린야키와사쿠** p.226

Must Eat 08

노포의 맛, 4대 장어요리

후쿠오카는 규슈에서도 손꼽는 장어요리의 고장이다. 특히 야나가와에서는 구운 장어를 찜틀에 한 번 더 쪄내는 세이로무시란 색다른 장어덮밥을 맛볼 수 있어 호기심을 자극한다. 수 백 년 전통의 맛집에서 새로운 맛의 세계를 경험해보자.

장어찜덮밥 せいろ蒸し

Since 1681

굽고 찌기를 반복해 풍미와 부드러운 식감을 살린 장어. 수백 년 비법의 소스를 발라 숯불에 구운 장어는 고소한 향과 달콤한 맛이 훌륭하다.

간소모토요시야 p.199

장어찜덮밥 上鰻せいろ蒸し

Since 1854

창업 당시의 맛을 170년 동안 우직하게 지켜온 식당. 간장과 물엿으로 만든 진한 소스가 장어구이의 감칠맛을 한층 끌어올려준다.

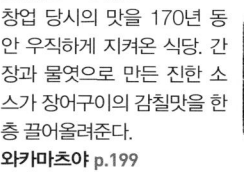

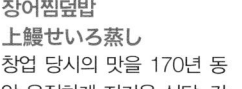

와카마츠야 p.199

우나쥬 うな重

Since 1873

전통조리법으로 부드러운 식감과 고소한 풍미를 살린 장어구이. 은은한 향과 감칠맛의 비법 소스도 장어의 맛을 더하는 일등공신이다.

요시즈카 우나기야 p.148

히츠마부시 ひつまぶし

겉바속촉의 정석인 나고야 명물 장어덮밥. 장어를 삼등분해 세 가지 방법으로 맛과 풍미를 즐기는 '히츠마부시' 스타일로 인기가 높다.

히츠마부시 와쇼쿠 빈쵸 p.148

Must Eat 09

색다른 맛, 4대 향토요리

일본의 여타 지역에서는 맛볼 수 없는 규슈만의 독특한 식문화를 체험해보자. 부산에서 전래돼 후쿠오카 특산품으로 자리잡은 명란젓, 수백 년에 걸친 서양문물과의 교류에서 탄생한 나가사키 싯포쿠 요리 등 이색 음식이 미각을 사로잡는다.

명란젓·도미회 덮밥
博多めん鯛まぶし

후쿠오카 특산품 명란젓과 도미회를 올린 덮밥. 레몬즙, 참마즙, 다시 국물에 말아먹는 오챠즈케 등 세 가지 방식으로 맛과 풍미를 즐긴다.

멘타이료리 하카타 쇼보안 p.150

닭튀김
とり天

Since 1926

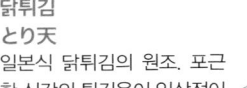

일본식 닭튀김의 원조. 포근한 식감의 튀김옷이 인상적이다. 일왕의 수행요리사로 경력을 쌓은 창업주가 오픈해 3대째 가업을 이어오고 있다.

토요켄 p.265

챠왕무시 1인분
茶碗むし御一人前

Since 1866

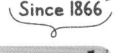

160여 년의 전통을 자랑하는 명물. 부드러운 일본식 계란찜과 계란·연어·닭고기 소보로 덮밥이 세트로 나온다. 싯포쿠 요리로도 유명하다.

욧소 본점 p.303

부라부라싯포쿠
ぶらぶら卓袱

Since 1968

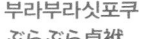

전통 일식에 중국·네덜란드 요리가 융합된 싯포쿠 요리 전문점. 11가지 메뉴가 한상차림으로 나온다. 독특한 비주얼과 맛을 경험할 수 있다.

나가사키싯포쿠 하마카츠 p.303

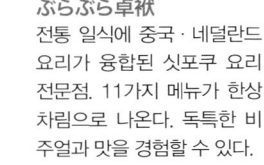

별난 요리 열전, 3대 야키카레

기타큐슈의 상징인 야키카레는 1955년경 모지 항에서 우연히 탄생했다. 치즈를 올려 오븐에 구운 그라탕 스타일의 카레가 공전의 히트를 치자 열화와 같은 야키카레 붐이 일었고, 오랜 세월이 흐른 지금도 30여 개의 전문식당이 성업 중이다.

명란젓 야키카레
博多名物めんたい焼きカレー

Since 2007

짙은 바다향의 명란젓과 잘게 썬 김 가루를 얹은 야키카레. 진한 카레 향과 고소한 치즈, 짭조름한 명란젓이 훌륭한 조화를 이룬다. 담백한 복어튀김을 곁들여 먹어도 좋다. **프린세스 피피 p.332**

야키카레
焼きカレー

Since 1977

할머니의 손맛으로 유명한 야키카레. 10여 가지 채소와 소고기로 우려낸 육수를 더해 특유의 풍미를 살렸다. 카레 위에 얹은 고소한 치즈와 바삭한 양파 튀김이 식욕을 자극한다. **코가네무시 p.332**

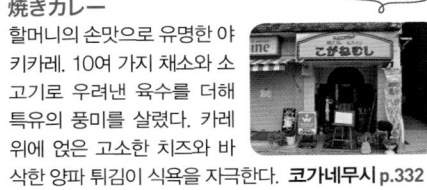

슈퍼 야키카레
スーパー焼きカレー

Since 2003

야키카레 콘테스트 1회 우승자. 카레에 과일을 넣어 독특한 풍미와 순한 맛을 살렸다. 카레 안에 반숙 계란이 들어 있는데 계란을 터뜨려서 비비면 농후한 맛이 한층 진해진다.
야키카레 전문점 베어 프루츠 p.332

야키카레엔 생맥주

매콤한 야키카레와 찰떡궁합을 이루는 음료는 시원한 생맥주다. 각각의 식당마다 자신 있게 내놓는 브랜드의 생맥주가 있으니 맥주부터 주문하고 음식을 기다리자. 프린세스 피피에서는 달콤한 바나나 향의 바나나 생맥주, 야키카레 전문점 베어 프루츠에서는 이 지역 양조장에서 소규모 생산하는 독특한 풍미의 모지코 맥주를 맛볼 수 있다. 새콤달콤한 맛으로 카레의 매운 맛을 중화시켜주는 요구르트 음료 라시 ラッシー를 맥주 대신 주문해도 좋다.

바나나 생맥주주

망고 라시

Must Eat 11

달콤한 전통, 4대 카스텔라

17세기 일본과 포르투갈의 역사적 만남은 카스텔라란 달콤한 결과를 낳았다. 포르투갈의 평범한 과자가 수백 년의 세월을 거쳐 지극히 일본스러운 형태로 변모한 오늘날의 카스텔라는 촉촉한 식감과 농후한 풍미, 달콤한 맛으로 여행자를 유혹한다.

후쿠사야 본점 福砂屋本店

Since 1624

일본에서 가장 오랜 역사를 자랑하는 카스텔라. 전통을 중시하는 기본에 충실한 맛이다. 맛은 물론 패키지 디자인에도 심혈을 기울이는 까닭에 선물용으로 구매하기에도 좋다.

나가사키 p.301

쇼오켄 松翁軒

Since 1681

전통의 맛에 현대적인 스타일을 가미한 카스텔라. 설탕과 함께 물엿을 사용해 찰지고 쫀쫀한 식감이 강하다. 초콜릿·맛챠·치즈·메이플 시럽 등 다양한 맛의 카스텔라도 선보인다.

나가사키 p.300

이와나가바이쥬켄 岩永梅寿軒

Since 1830

고풍스러운 화과자 전문점. 공장에서 대량 생산하는 여타 카스텔라와 달리 오랜 경력의 장인이 가마에 하나하나 굽는 수제 카스텔라로 유명하다. 은은한 풍미가 미각을 자극한다.

나가사키 p.300

분메이도 총본점 文明堂総本店

Since 1900

우리 입에 친숙한 표준화된 맛의 카스텔라. 촉촉하면서도 포근한 식감과 고급스러운 단맛이 인기 비결이다. 엄선된 계란과 숙성 밀가루 등 최상품 재료만 고집한다.

나가사키 p.301

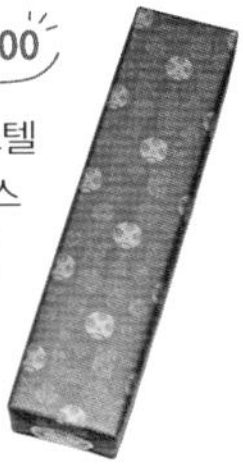

Must Eat 12

빵돌이 빵순이, 빵지 순례

아시아 제일의 맛과 기술을 뽐내는 일본의 베이커리. 내로라하는 실력의 스타 베이커리가 도처에 포진해 있다. 빵이라면 사족을 못 쓰는 이들이라면 빵집 투어만으로도 신나는 규슈 여행을 만끽할 수 있을 듯!

명란 바게트 Since 1986
明太フランス
고소한 버터 향과 짭조름한 바다의 풍미가 녹아든 별미.
shop 더 풀풀 하카타 p.143

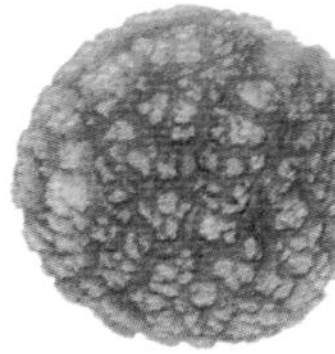

멜론 빵 Since 1986
メロンパン
겉은 바삭, 속은 촉촉, 혀끝에 살며시 녹아드는 달콤함이 매력.
shop 더 풀풀 하카타 p.143

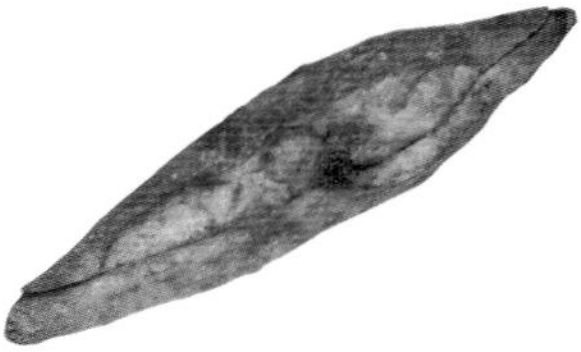

명란 바게트 Since 2010
めんたいフランス
바게트의 정석! 짭조름한 바다 내음과 고소한 풍미가 일품.
shop 팡 스톡 텐진 점 p.143

크루아상 Since 2010
クロワッサン
전통 제법과 발효 버터로 맛을 낸 바삭 고소한 크루아상.
shop 팡 스톡 텐진 점 p.143

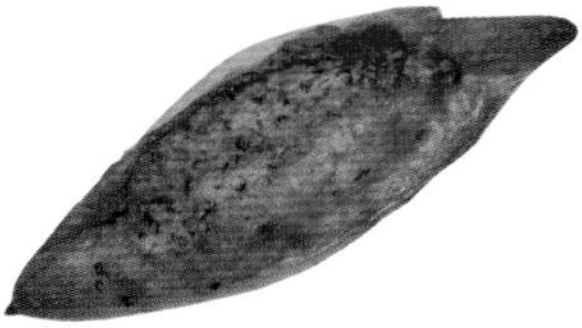

명란 바게트 Since 2021
明太バゲット
명란 바게트의 신흥 강자. 누구나 좋아할 마일드한 맛.
shop 다코멧카 p.143

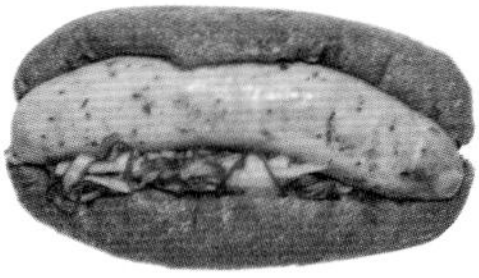

다코멧카도그 Since 2021
ダコメッカドッグ
프랑스 빵에 양배추 샐러드와 소시지를 넣은 핫도그.
shop 다코멧카 p.143

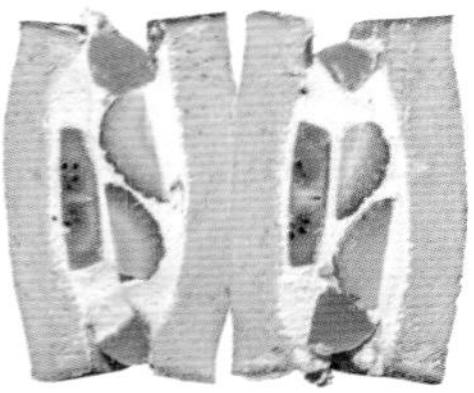

과일 샌드위치
フルーツミックスサンドイッチ
제철과일과 생크림을 듬뿍 넣은 상큼한 새콤달콤 샌드위치.
shop 팡야무츠카도 p.159

식빵
食パン
촉촉하면서도 쫄깃한 식감이 매력인 최고급 식빵.
shop 팡야무츠카도 p.159

프레츨 크루아상 Since 1900
Pretzel Croissant
짭짤한 프레츨과 고소한 크루아상이 멋진 조화를 이룬 감동의 맛.
shop 더 시티 베이커리 p.159

일본의 빵 역사

최초로 전래된 시기는 16세기 포르투갈 선교사에 의해서였다. 나가사키 인근에 빵집까지 생겼지만, 기독교 금지령과 더불어 빵 굽기도 금지돼 맥이 끊겼다. 19세기 들어 불을 쓰지 않고도 먹을 수 있는 '전투식량'의 개념으로 주목받기 시작했고, 개항과 더불어 서양인이 밀려들자 그들을 위한 빵집이 하나둘 생겨나며 오늘에 이르렀다.

트러플 소금빵
白トリュフの塩パン
바삭 쫄깃한 식감과 짭짤하면서도 고소한 트러플 풍미가 일품.
shop 트러플 베이커리 p.159

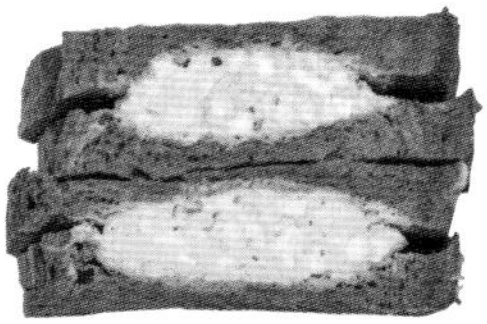

트러플 계란 샌드위치
黒トリュフのタマゴサンド
은은한 트러플 향이 미각을 자극하는 담백 고소한 맛이 훌륭.
shop 트러플 베이커리 p.159

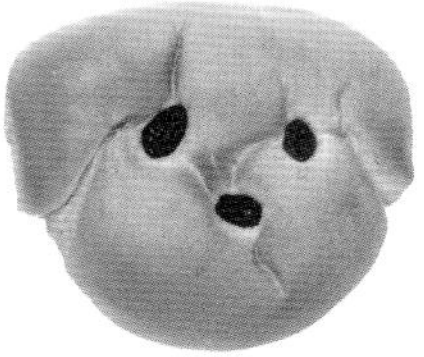

강아지빵 Since 1916
ワンちゃん
농후한 커스터드 크림이 듬뿍. 깜찍한 모양으로도 인기 만점!
shop 토모나가 빵집 p.267

버터 롤 Since 1916
バターロール
고소한 맛과 쫄깃한 식감의 토모나가 스타일 소금빵.
shop 토모나가 빵집 p.267

오늘의 빵
本日のパン
시즌마다 새로운 맛을 선보이는 쫄깃한 하드 계열 빵.
shop 브레드 아 에스프레소 p.305

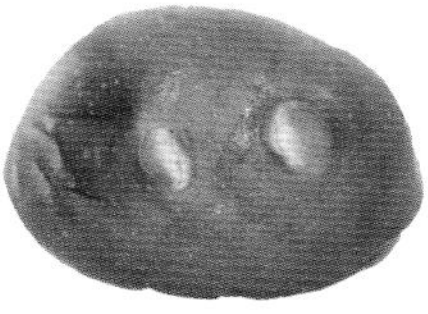

서니빵 Since 1950
サニーパン
달콤한 연유 크림이 듬뿍 담긴 레트로한 맛의 빵.
shop 시로야 베이커리 p.334

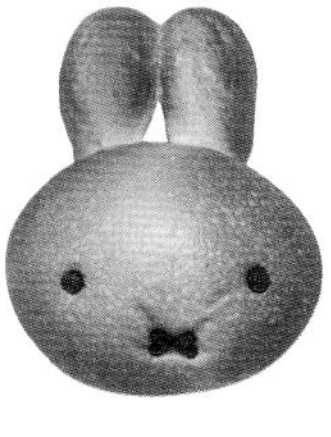

미피 단팥빵
みっふぃーあんぱん
깜찍한 생김새로 인기가 높은 미피 얼굴 모양 단팥빵.
shop 미피 모리노베이커리 p.231

도넛
ドーナツ
건강한 맛을 추구하는 도넛. 은은히 감도는 달콤함이 매력.
shop 니코 도넛 p.230

금상 크로켓 Since 1986
金賞コロッケ
겉은 바삭하고 속은 촉촉한 크로켓. 간식 · 안주로 안성맞춤!
shop 금상 크로켓 본점 p.230

달콤한 여행, 스위트 로드

뛰어난 맛은 물론 시각적 아름다움까지 겸비한 스위트는 후쿠오카 미식 여행이 선사하는 또 하나의 즐거움. 일본의 전통과 유럽의 제과기술이 만나 더욱 세련되게 진화한 스위트가 군침을 돌게 만든다.

계절과일 타르트
季節のフルーツタルト
촉촉한 파이와 프레시한 제철과일이 이루는 조화.
shop 킬페봉 p.153

타르트 메르베이유
Tarte Merveilleuse
유기농 제철과일을 아낌없이 사용한 상큼한 맛.
shop 아라캉파뉴 p.147

시아와세노 팬케이크
幸せのパンケーキ
사르르 녹는 포근한 식감과 균형 잡힌 은은한 단맛.
shop 시아와세노 팬케이크 p.153

커스터드 애플파이
焼きたてカスタードアップルパイ
달콤한 커스터드 크림과 아삭한 사과 과육이 듬뿍.
shop 링고 p.146

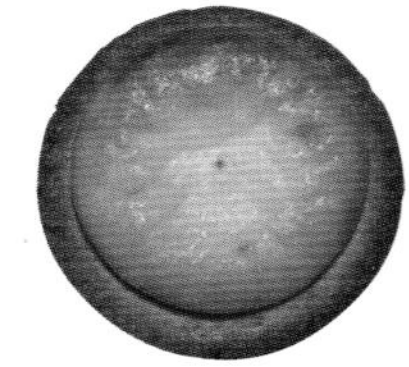

갓 구운 치즈 타르트
焼きたてチーズタルト
달콤 촉촉한 크림치즈로 맛을 더한 바삭바삭 타르트.
shop 베이크 치즈 타르트 p.146

구아야킬
グアヤキル
강렬한 카카오 향이 입 안 가득 퍼지는 초콜릿 케이크.
shop 장 폴 에방 p.147

프란스
プランス
밀크 무스에 초콜릿을 입힌 달콤 쌉싸름한 케이크.
shop 자크 p.189

도지마 롤 케이크
堂島ロール
진한 우유향이 식욕을 돋우는 고소한 생크림 롤 케이크.
shop 몬 셰르 p.147

피 롤 플레인
Pロールプレーン
고소한 생크림을 넣은 폭신폭신한 롤 케이크.
shop 비 스픽 p.227

규슈의 설탕 사랑

규슈는 일본에서도 유독 음식이 달다. 8세기 중국에서 최초로 설탕이 전래됐으나 오로지 수입에 의존했던 탓에 극히 일부 상류층만 설탕을 먹을 수 있었다. 17세기 오키나와에서 사탕수수 재배가 시작돼 설탕이 민간에 보급되자 음식에 '귀한 설탕'을 듬뿍 사용할수록 극진한 대접이란 인식이 생겨나 지금과 같은 달콤한 음식문화가 자리잡았다.

몬 유후
モン·ユフ
쫀득한 크림치즈에 휘핑크림과 건포도를 얹은 스위트.
shop 사보 텐쟈사지키 p.227

갓 구운 치즈 케이크
焼きたてケーゼクーヘン
촉촉하면서도 고소하게 퍼지는 농후한 맛의 향연.
shop 밀히 p.230

젤라토
ジェラート
아무리 먹어도 질리지 않는 정통 이탈리안 젤라토.
shop 제노바 p.267

사브리나
サブリナ
고소한 풍미와 바삭함이 일품인 꽃 모양 과자.
shop 카오루 버터 사브리나 p.146

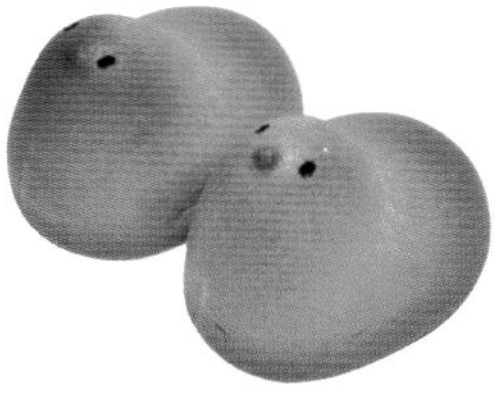

메이카히요코 Since 1897
名菓ひよ子
달콤한 화과자 속에 팥 앙금을 넣은 병아리 과자.
shop 히요코혼포요시노도 p.144

스즈노모나카 Since 1923
鈴乃最中
고급진 단맛의 팥 앙금을 넣은 방울 모양 모나카.
shop 스즈카케 p.144

츠루노코노코 Since 1905
つるのこのこ
동그란 마시멜로를 얹은 고소한 바닐라 아이스크림.
shop 이시무라만세이도 p.144

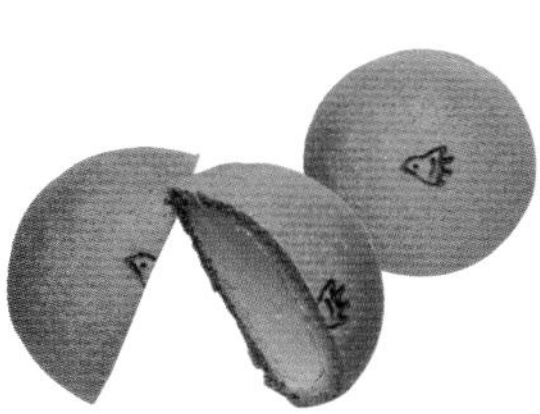

치도리만쥬 Since 1630
千鳥饅頭
캐러멜 향의 달콤한 껍질 속에 팥 앙금이 듬뿍.
shop 치도리야혼케 p.145

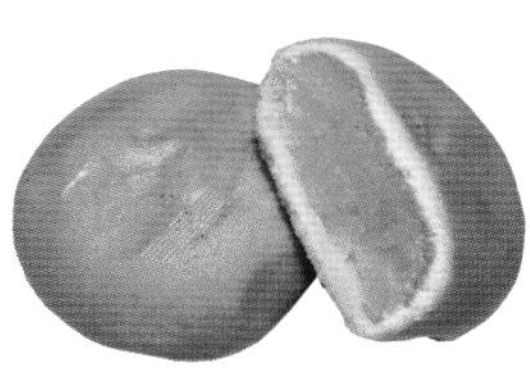

하카타도리몬 Since 1929
博多通りもん
달달하면서 짙은 풍미가 감도는 팥 앙금 화과자.
shop 메이게츠도 p.145

Must Eat 14

커피 향 가득, 카페 투어

수십 년 로스팅 외길을 걸어온 장인과 섬세한 손길로 최고의 맛을 뽑아내는 바리스타의 커피를 마시며 이제껏 경험해보지 못한 풍부한 맛의 스펙트럼을 즐기자. 토종 카페는 물론 해외에서 건너온 유명 커피숍까지 선택지는 무궁무진하다.

마누라테

마누 커피
노란 간판의 아담한 카페. 아늑한 분위기가 매력이다. 고소한 우유 거품의 마누라테가 인기다. area p.158

브라운 슈거 라테

스테레오 커피
재미난 팝업 스토어가 열리는 카페. 토치로 표면을 살짝 그을린 브라운 슈거 라테가 맛있다. area p.158

핫 커피

토카도 커피
월드 커피 로스팅 챔피언십 우승자의 커피숍. 엄선된 원두와 적절한 로스팅의 그윽한 맛이 훌륭! area p.157

렉 커피 라테

렉 커피
월드 바리스타 대회에서 수차례 우승한 카페. 스페셜티 커피 전문이며, 차분히 쉬어가기에 좋다. area p.125

호지차

앤드 로컬스
호수가 보이는 아름다운 뷰의 카페. 로컬 식재료로 만든 음식과 녹차·디저트를 선보인다. area p.181

Since 1977

블렌드 커피

커피 비미
후쿠오카에서 진짜배기 커피를 맛볼 수 있는 카페. 그윽한 향과 맛의 커피가 감동을 선사한다. area p.181

독특한 일본의 커피 문화

일본은 유서 깊은 커피숍일수록 커피가 쓰다. 이유는 커피 전래과정과 연관이 깊다. 19세기 말 개항과 더불어 커피도 수입됐다. 그러나 긴 유통기간에 비례해 원두가 상하는 일도 빈번했다. 값비싼 원두를 버리는 대신 센 불에 볶아 변질된 맛을 감추는 강배전 스타일이 이때 등장한다. 그리고 그 맛에 길들여져 지금도 쓰디 쓴 강배전 커피가 주를 이루고 있다.

카페 라테

블루보틀 커피
모던한 감성이 돋보이는 감각적 인테리어와 아늑한 분위기 때문에 현지인도 즐겨 찾는다. **area** p.158

드립 커피

스타벅스 오호리 공원
호숫가에 위치해 멋진 뷰를 뽐낸다. 탁 트인 야외 테이블을 이용하는 것도 운치 있다. **area** p.181

드립 커피

스타벅스 다자이후
유명 건축가가 설계한 콘셉트 스토어. 전통 목조건축을 현대적으로 재해석한 디자인이 돋보인다. **area** p.195

Since 1946

블렌드 커피

커피 후지오
레트로 감성 충만한 커피숍. 과거로의 시간여행을 떠난 듯한 풍경과 마주하게 된다. **area** p.304

카페 라테

카페 라 루쉬
호숫가에 위치한 멋진 뷰의 카페. 노천 테이블에서 풍경을 감상하며 조용히 쉬어갈 수 있다. **area** p.231

맛차 라테

스누피차야
앙증맞은 인테리어의 스누피 테마 카페. 귀여운 스누피 마시멜로를 동동 띄운 라테 메뉴가 인기다. **area** p.231

천 가지 맛의 향연, 일본 술

길을 걷다 마주치는 조그만 선술집에 들러 일본의 정취에 취해보자. 가벼운 술 한 잔은 현지의 문화를 이해하는 데도 도움을 준다. 서민이 즐겨 마시는 대중적인 술은 맥주 · 핫포슈 · 츄하이 · 니혼슈 · 쇼츄이다.

맥주 ビール

맥주는 일본인이 즐겨 마시는 가장 보편적인 술이다. 생맥주가 주종을 이루기 때문에 캔 제품도 '나마비루 生ビール(생맥주)'라는 이름을 걸고 판매한다. 주요 브랜드는 삿포로 Sapporo · 아사히 Asahi · 기린 Kirin · 선토리 Suntory · 에비스 Yebisu 등이며 저마다 다양한 맥주를 내놓고 있어 선택의 폭이 넓다.
깊은 맛으로는 에비스, 부드러운 목 넘김으로는 삿포로, 상쾌한 향으로는 아사히, 깔끔한 맛으로는 기린이 인기가 높다. 좀 더 쌉쌀한 맛을 원하면 어느 브랜드건 '카라구치 辛口'라고 표기된 것을 고르면 된다. 주점 · 식당에서는 500㎖ 1잔에 400~600엔, 주류 전문점 · 슈퍼마켓 · 편의점 등에서 파는 캔 맥주는 330㎖ 1캔에 250~350엔 수준이다. 캔 맥주는 차갑게 식힌 잔에 거품이 생기도록 따라서 마시면 더욱 맛있다.

규슈의 맥주 공장 투어

규슈에는 일본의 대표적인 주류 업체인 기린과 삿포로의 맥주 공장이 있다. 후쿠오카에서는 기린 맥주 후쿠오카 공장(p.184), 히타에서는 삿포로 맥주 규슈 히타 공장(p.234)이 가까우며 가이드 투어를 운영한다.
맥아와 호프가 황금빛 맥주로 변신하는 과정을 살펴보는 재미와 더불어 시원한 생맥주를 맛볼 수 있으니 맥주 러버라면 절대 놓치지 말자. 공장에서 갓 뽑은 생맥주라 시중에서 파는 맥주로는 경험하기 힘든 풍부한 향과 맛, 그리고 크리미한 맥주 거품을 즐길 수 있다.
색다른 맛을 원하면 기타큐슈의 지역 맥주를 판매하는 마이크로 브루어리 모치코치비루 공방(p.334)도 추천한다.

맛난 거품이 가득한 생맥주

핫포슈 発泡酒

원료로 50% 이상의 맥아를 사용하는 진짜 맥주와 달리 콩 · 밀가루 · 옥수수 전분에서 추출한 알코올에 맥주 향을 가미한 짝퉁 맥주다. 진짜 맥주보다 맛과 향은 떨어지지만 알코올 도수는 맥주와 동일하면서도 값은 20~40% 저렴해 주머니가 가벼운 이들이 선호한다. 캔 하단부에 '핫포슈 発泡酒' 또는 '핫포세이 発泡性'라고 표시돼 있어 진짜 맥주와 쉽게 구별되며 주류 전문점 · 슈퍼마켓 · 편의점에서 판다.
대표적인 핫포슈 브랜드로는 삿포로의 Draft One · Slims · WDry · 우마이나마 うまい生, 기린의 노도고시나마 のどごし〈生〉· 료시츠소자이 良質素材, 아사히의 구비나마 ぐびなま · 고쿠우마 極旨, 선토리의 킨무기 金麦 등이 있다. 가격은 330㎖ 1캔에 150~200엔 수준이다.

츄하이 チューハイ

소주에 과즙과 소다수를 섞어 만든 일종의 칵테일이다. 알코올 도수는 5~6%로 맥주와 비슷하지만 소주를 베이스로 하기 때문에 끝 맛이 살짝 강하다. 레몬 · 그레이프 후르츠 · 사과 · 파인애플 등 종류가 다양하며 전반적으로 달콤한 느낌이라 가볍게 마시기 좋다. 단, 숙취가 심하니 과음하지 않게 주의!

주점·식당에서는 300㎖ 1잔에 400~500엔, 주류 전문점 · 슈퍼마켓 · 편의점 등에서 파는 캔 제품은 330㎖ 1캔에 120~250엔 수준이다.

니혼슈 日本酒

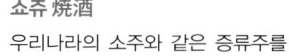

니혼슈는 쌀로 빚은 일본의 전통주다. 양조장마다 개성이 풍부한 술을 생산해 다양한 맛과 향을 즐길 수 있는 게 최대의 매력이다.

니혼슈는 쌀의 도정 비율에 따라 크게 음양주 吟醸酒와 대음양주 大吟醸酒로 구분되며 60% 이상 도정한 쌀이 사용되는 대음양주가 고급주에 속한다. 알코올 도수는 보통 14~19도이며 우리 입에는 조금 무겁게 느껴지기도 한다. 주점에서는 길이 한 뼘 정도의 도자기 병(톳쿠리 とっくり)에 담아서 파는데, 차갑게 식히거나 따뜻하게 데워서 마신다. 다양한 종류의 니혼슈를 구하려면 주류 전문점을 이용하는 게 좋다.

쇼츄 焼酒

우리나라의 소주와 같은 증류주를 말한다. 재료로는 보리 · 쌀 · 고구마 등이 이용된다. 알코올 도수는 25도 정도. 스트레이트로 마시는 경우는 거의 없고 얼음이나 토닉 워터를 섞은 오미즈와리 お水割り, 또는 미지근한 물을 섞은 오유와리 お湯割り 등의 방식으로 희석시켜 마신다. 역시 주류 판매점 · 슈퍼마켓 · 편의점에서 손쉽게 구할 수 있다.

일본의 주점, 어떤 것이 있을까?

현지인이 즐겨 찾는 술집은 꼬치구이 전문의 야키도리야 やきとり屋와 우리나라의 주점에 해당하는 이자카야 居酒屋다. 저렴한 곳은 주로 역 주변 · 상점가 · 유흥가에 모여 있으며 대표적인 술집 거리로는 후쿠오카의 나카스(p.126), 텐진의 다이묘(p.124)를 꼽을 수 있다. 식당과 마찬가지로 입구에 가격이 적힌 술 · 안주 모형이 전시돼 있어 그것을 보고 들어가면 된다. 술과 간단한 안주를 포함해 1인당 2,000~3,000엔에 먹을 수 있으면 싼 곳이다.

대표적인 이자카야 체인점으로는 시로키야 白木屋 · 와라와라 笑笑 · 츠보하치 つぼ八 · 와타미 和民 등을 꼽을 수 있다. 메뉴판에 음식의 영어명과 함께 사진이 실려 있어 주문하기 쉬운 게 장점이다. 보통 1인당 2,000엔 정도면 적당히 먹을 수 있다. 유흥가에서는 뷔페처럼 일정액을 내면 정해진 시간 동안(보통 90분) 무제한 술을 마실 수 있는 노미호다이 飲み放題 주점도 쉽게 눈에 띈다. 가격은 1인당 2,000~3,000엔 수준이지만 별도의 추가요금이 붙거나 마실 수 있는 술의 종류가 제한되는 경우가 많아 들어가기 전에 꼼꼼한 확인은 필수다.

꼬치구이집에는 선명한 색의 붉은 등이 걸려 있어 금방 눈에 띈다

맥주와 찰떡 궁합인 꼬치구이

드러그 스토어, 인기 아이템 16

다양한 타입의 기능성 화장품과 의약품은 인기 쇼핑 아이템. 가장 저렴하게 파는 곳은 드러그 스토어 Drug Store, 즉 약국이다. 상점가에서 코코카라파인 · 마츠모토 키요시 · 코쿠민 등의 유명 드러그 스토어 체인점을 쉽게 찾아볼 수 있다.

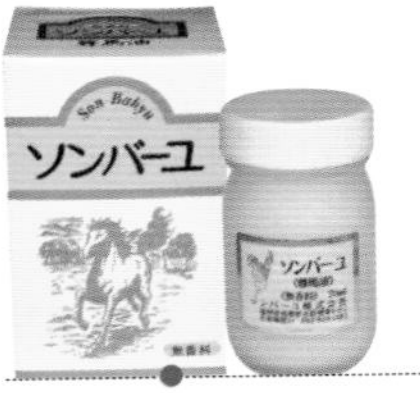

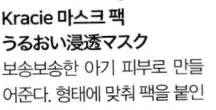

손바유 마유
ソンバーユ尊馬油 馬油
피부를 촉촉하게 지켜주는 미용 오일. 얼굴 · 모발 · 피부에 두루 사용 가능.

시세이도 뷰러
資生堂ビューラー
속눈썹을 확실하게 올려 크고 선명한 눈매로 만들어 주는 최고의 뷰러.

카네보 세안 파우더
Kanebo Suisai Beauty Clear Powder
각질 · 피지 제거에 탁월한 효능을 지닌 세안 파우더.

Kracie 마스크 팩
うるおい浸透マスク
보송보송한 아기 피부로 만들어준다. 형태에 맞춰 팩을 붙인 뒤 5~15분 후에 떼면 된다.

키스 미 마스카라
Kiss Me Heroine Long & Curl Mascara
길고 깔끔한 속눈썹을 연출할 수 있다. 쉽게 번지지 않아 안심하고 사용할 수 있다.

비오레 코팩
Bioré 毛穴すっきり パック
블랙 헤드를 깔끔히 제거해 준다. 모공을 연 다음 사용하면 더욱 효과적이다.

비오레 사라사라 파우더 시트
Bioré さらさら パウダーシート
끈적끈적한 피부를 보송보송하게 닦아준다. 특히 한여름에 유용한 여성들의 필수품!

데오내추레 소프트 스톤 W
デオナチュレ ソフトストンW
딱풀 타입의 데오드란트. 바른 다음 바로 옷을 입어도 묻지 않아 편리하다.

중저가 화장품

중저가 기초 · 색조 화장품과 미용용품은 드러그 스토어 Drug Store(약국)에서 판다. 드러그 스토어에는 커다랗게 '약 薬'이란 간판이 붙어 있어 금방 눈에 띈다. 또한 핸즈 · 로프트의 화장품 코너와 수입 잡화 체인점 플라자 Plaza에도 쓸 만한 아이템이 많다.
대표적인 드러그 스토어 체인점인 마츠모토 키요시 マツモトキヨシ, 코쿠민 Kokumin, 코코카라파인 ココカラファイン에서는 카네보 · 시세이도 · 코세 등 일본 로컬 브랜드 화장품을 10~30% 할인 판매한다. 같은 이름의 체인점이라도 숍마다 가격이 다르니 주의하자. 추천 아이템은 클렌징 · 헤어케어 · 데오드란트 · 색조 화장품이며 상품이 다양해 선택의 폭이 넓다. 대부분 로컬 브랜드라 가격 부담이 적은 것도 매력. 우리나라의 인터넷 쇼핑몰에서 인기 아이템을 미리 체크해 가는 것도 성공 쇼핑의 비결이다.

드러그 스토어
마츠모토 키요시

비오레 선블록 로션
BioréUV Aqua Rich Watery Essence SPF 50 PA++++
산뜻한 느낌의 에센스 타입 선블록. 빠르게 스며들고 바른 후에도 가볍게 밀착된다.

SANA 두유 이소플라본 함유 클렌징 폼
SANA 豆乳 イソフラボン 含有 洗顔
수분감이 풍부해 당김이 적고 피부를 환하게 해준다.

태양의 알로에 히알루론산
太陽のアロエ ヒアルロン酸
세럼 · 크림에 한두 방울씩 섞어서 사용하면 건조한 피부가 촉촉이 되살아난다.

비오레 클렌징 오일
ビオレメイク落とし パーフェクトオイル
일반 클렌징 오일과 달리 젖은 손이나 얼굴에도 사용할 수 있어 편리하다.

시세이도 퍼펙트 휩
Shiseido Perfect Whip
조금만 사용해도 풍부한 거품을 만들 수 있는 클렌징 폼. 피부 자극도 적다.

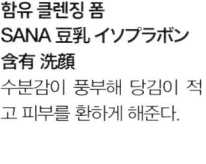

구내염 전용 반창고
口内炎パッチ大正 A
조그만 스티커 타입의 반창고. 입안의 상처를 덧나지 않게 보호하고 치료해 준다. 휴대도 간편하다.

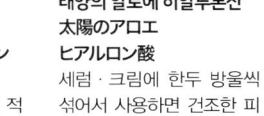

아이봉
アイボン
눈 속의 이물질을 시원하게 제거하는 안구 세정제. 황사나 꽃가루가 심하게 날리는 봄에 유용하다.

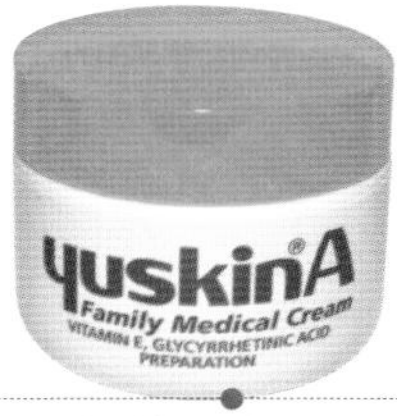

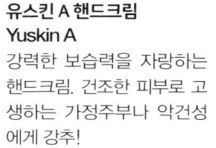

유스킨 A 핸드크림
Yuskin A
강력한 보습력을 자랑하는 핸드크림. 건조한 피부로 고생하는 가정주부나 악건성에게 강추!

고급 화장품

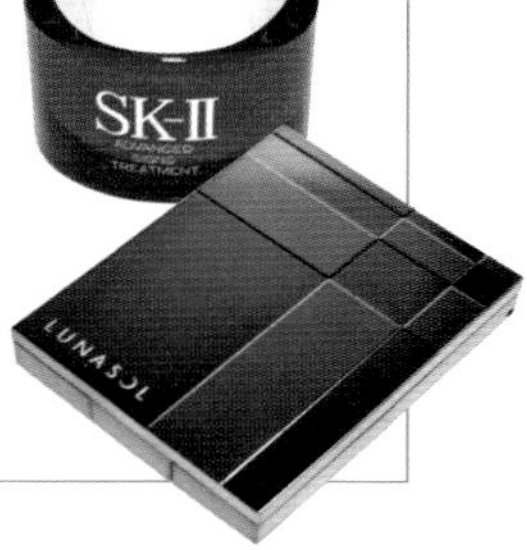

고급 화장품은 우리나라와 마찬가지로 대형 백화점 1층에서 취급한다. 루나솔 · SK-2 · 시세이도 등 우리나라의 면세점에 입점한 일본 화장품은 우리나라가 가장 저렴하므로 아나스타샤 비벌리 힐즈 Anastasia Beverly Hills, 사봉 Sabon, 소니아 리키엘 Sonia Rykile 또는 고급 화장용 브러시 하쿠호도 白鳳堂처럼 우리나라의 면세점에 없는 브랜드를 집중공략하자. 후쿠오카를 비롯한 규슈 내의 국제공항 면세점은 시내 매장과 가격 차이가 크지 않고 상품 종류도 빈약하므로 쇼핑을 자제하는 게 좋다. 고급 핸드메이드 비누의 대명사인 LUSH는 일본에서 자체 생산하기 때문에 우리나라보다 20~30% 저렴하다. 단, 우리나라에서 파는 것과 성분은 같아도 상품명은 조금 다르니 주의하자.

Must Buy 02

슈퍼마켓, 인기 아이템 25

다채로운 상품이 넘쳐나는 슈퍼마켓 역시 인기 쇼핑 명소. 일본 전통 소스와 향신료, 그리고 일본식 인스턴트 식품처럼 우리나라에 없는 아이템을 집중 공략하자. 여행의 추억을 되새길 수 있는 멋진 기념품이 되는 것은 물론 선물로도 좋다.

주의하세요 음료수 · 주류 · 액상 소스 등의 액체류는 기내 반입이 불가능하다. 이때는 깨지지 않게 꼼꼼히 포장해서 큰 짐에 넣은 다음 수하물 탁송을 하면 된다.

멜론빵 스프레드
ぬって焼いたらメロンパン 식빵으로 만드는 멜론빵.

카레빵 스프레드
ぬって焼いたらカレーパン 식빵으로 만드는 카레빵.

츠지리 쿄라테
辻利京ラテ
뜨거운 물만 부으면 되는 인스턴트 맛챠 라테.

블렌디 드립 팩 모카 커피
Blendy ドリップパックモカ · コーヒー
드립백 타입이라 편리.

로열 밀크티
Royal Milk Tea
진한 향과 맛의 밀크티. 뜨거운 물만 부으면 OK!

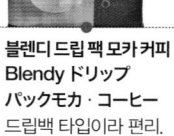

몽고탕멘나카모토
蒙古タンメン
얼큰한 맛이 입맛을 당기는 컵라면.

코로로
コロロ
천연과즙 100%의 과일 맛 젤리.

4가지 맛 모듬 오챠즈케
お茶漬亭
밥 위에 뿌리면 손쉽게 녹차말이 밥 완성!

반 호우텐 코코아
Van Houten Cocoa
음료 · 제과용 고급 코코아 파우더.

야키도리 소스
やきとりのたれ
집에서도 일본식 꼬치구이 맛을 낼 수 있다.

규슈의 주요 슈퍼마켓

돈키호테 ドン · キホーテ

잡화점의 성격이 강한 대형 슈퍼마켓. 식료품은 신선식품보다 공산품이 주를 이룬다. 일용 잡화 · 패션 · 가전 등 온갖 상품을 취급해 간단한 쇼핑을 즐기기에 좋다.

홈피 www.donki.com

맥스 밸류 Max Valu

중저가 슈퍼마켓 체인점. 다양한 식료품과 신선식품을 구비하고 있으며 가격대비 만족도가 높은 상품을 구매할 수 있는 게 매력이다. 직접 만든 반찬 등의 먹거리도 취급한다.

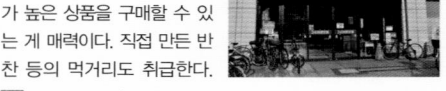

홈피 www.maxvalu.co.jp

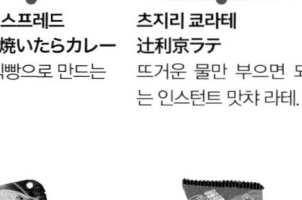

후르체 딸기 디저트
フルーチェ イチゴ
우유만 붓고 저으면 완성!

우마이봉
うまい棒
인기 절정! 다양한 맛의 바삭한 일본식 과자.

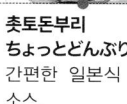

촛토돈부리
ちょっとどんぶり
간편한 일본식 덮밥 소스.

쟈가리코 감자 스낵
じゃがりこ
맥주 안주나 간식으로 좋은 바삭한 감자 스낵.

푸린엘
プリンエル
누구나 간편하게 만들 수 있는 초간단 푸딩.

시치미
七味唐からし
우동과 덮밥에 뿌려 먹는 일본식 고춧가루.

오코노미야키 소스
お好みソース
오코노미야키 만들기의 필수품!

가루녹차 맛 킷캣
抹茶 Kit Kat
가벼운 녹차 향이 감도는 초콜릿 쿠키.

선토리 위스키 카쿠빈
サントリーウイスキー角瓶 누구나 만드는 간편 하이볼.

골든 커리
S&B Golden Curry
일본식 카레를 만들 수 있는 바 타입의 카레.

잇페이챵 인스턴트 야키소바 一平ちゃん夜店の焼そば
뜨거운 물에 3분!

튜브식 버터
明治チューブでバター
⅓ 빵에 발라 먹기 편한 고소한 버터.

튜브식 단팥
井村屋つぶあんトッピング
빵에 발라 먹는 단팥.

머그 누들
マグヌードル
간식으로 좋은 미니 컵라면. 팬더 머리가 들어 있다.

노리타마 달걀 후리카케
のりたま
입맛 없을 때 밥 위에 뿌려 먹는 밥 친구.

※상품의 종류와 가격은 슈퍼마켓에 따라 차이가 심하니 주의하자.

이온 몰 AEON

우리나라의 이마트 · 홈플러스에 해당하는 대형 할인매장이다. 규모가 큰 만큼 취급하는 상품도 다양하다. 공산품 외에 신선식품 · 반찬 · 과일을 구매하기에 좋으며 가격도 저렴하다. 홈피 www.aeon.com

유메타운 youme タウン

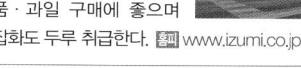

이온 몰과 비슷한 스타일의 할인매장이다. 규모가 크고 접근성이 좋은 시내 점포가 많은 게 장점이다. 공산품 · 식료품 · 신선식품 · 과일 구매에 좋으며 잡화도 두루 취급한다. 홈피 www.izumi.co.jp

Must Buy 03

아이디어 상품 · 문구, 인기 아이템 18

깜짝 놀랄 만큼 신기한 아이디어 상품과 깜찍한 디자인의 문구 역시 놓치기 힘든 쇼핑 아이템이다. 시즌마다 기발한 신상품이 쏟아져 나오니 잡화점을 돌아다니며 신나는 쇼핑 타임을 즐겨도 좋을 듯!

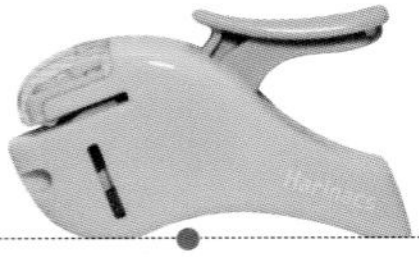

만년 스테이플러 Kokuyo
ハリナックスコンパクトα
누르기만 하면 심 없이 종이가 철해진다. 얇은 종이 5장까지만 사용 가능.
shop 로프트 p.171
핸즈 p.164

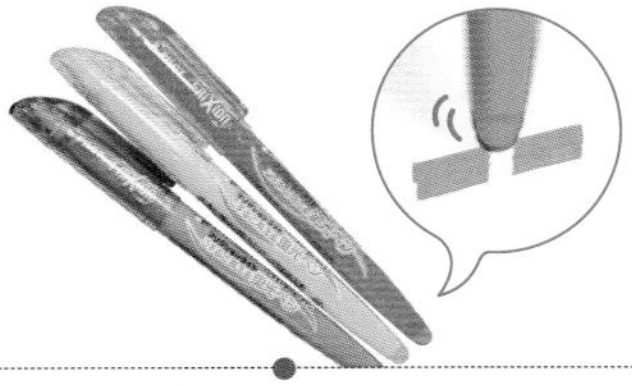

지워지는 형광펜
Frixion 消える蛍光ぺん
실수해도 걱정 없다. 펜 뒷부분으로 쓱쓱 문질러주면 칠한 색이 감쪽같이 지워진다. **shop** 로프트 p.171
핸즈 p.164

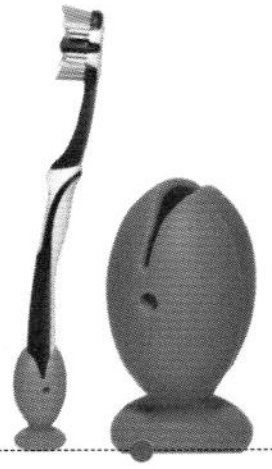

세우는 칫솔 커버
立つおさかな歯ブラシカバー
칫솔 머리에 씌우는 휴대용 커버. 거꾸로 꽂으면 칫솔을 세워서 보관할 수 있어 편리하다.
shop 핸즈 p.164

동물 모양 식물 재배 키트
Chuppon
물이 담긴 컵에 살짝 걸쳐 놓으면 식물이 자란다. 인테리어 소품으로도 좋다.
shop 로프트 p.171
핸즈 p.164

클립 패밀리
Clip family
사람 · 동물 등 재미난 모양의 클립. 책갈피처럼 사용 가능하며 포즈를 바꿀 수도 있다. **shop** 로프트 p.171
핸즈 p.164

케이블 바이트
Cable Bite
아이폰 충전 케이블 단선 방지용 액세서리. 안드로이드 충전 케이블에도 사용 가능. **shop** 로프트 p.171
핸즈 p.164

찍찍이 후크
便利キャッチフック
수세미 · 행주 · 수건을 자유로이 붙였다 뗄 수 있는 벨크로 타입 후크. 주방 · 욕실에서 활용도가 높다.
shop 다이소 p.172

실리카겔 제습제
Zoo シリカゲル乾燥剤
통 속에 넣으면 국수나 파스타를 항상 뽀송뽀송한 상태로 유지시켜준다. 깜찍한 모양은 덤! **shop** 로프트 p.171
핸즈 p.164

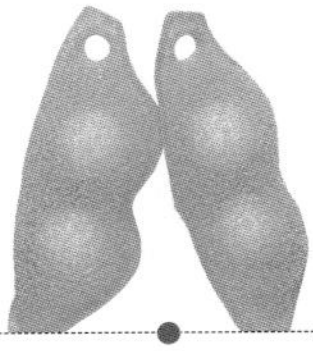

강낭콩 모양 병 세척 스폰지
ペットボトル洗い Beans
물과 함께 병 속에 집어넣고 흔들면 병이 깔끔하게 씻긴다. 세제는 필요 없다.
shop 핸즈 p.164

아이디어 상품의 보고 100엔 숍

100엔 숍에서도 다양한 기능의 잡화 · 문구 · 주방용품을 판다. 대형 잡화점에 비해 디자인과 품질이 떨어지지만, 고작 100엔(세금 포함 110엔)이면 충분한 엄청난 가성비가 매력이다. 로프트 · 핸즈 · 프랑프랑부터 돌아본 뒤, 100엔 숍에서 비슷한 물건을 찾는 것도 알뜰 쇼핑의 비결. 세리아 Seria처럼 양질의 아이템을 취급하는 100엔 숍도 늘어나고 있다.

미키마우스 접시
Disney メラミンセパレートプレート
플라스틱 재질이라 가볍다. 음식이나 다과를 내놓을 때 사용하면 편리하다.
shop 프랑프랑 p.170

초밥 지우개 iwako
おもしろけしごむお寿司
진짜 초밥과 똑같이 생긴 먹음직스러운(?) 지우개. 장식용으로도 손색이 없다. **shop** 로프트 p.171
핸즈 p.164

마스킹 테이프
Masking Tape
디자인이 무척 다양하다. 일본 전통 문양, 동화 캐릭터는 물론 벚꽃처럼 시즌 아이템이 그려진 것도 있다.
shop 세리아 p.172

푸쉬형 세제 용기
Kitinto Dishwashing Liquid
뚜껑을 누르면 용기에 담긴 세제가 위로 올라와 묻는다. 싱크대 · 세면대에 놓고 사용하면 편리하다.
shop 쓰리 코인즈(아뮤 에스트) p.165

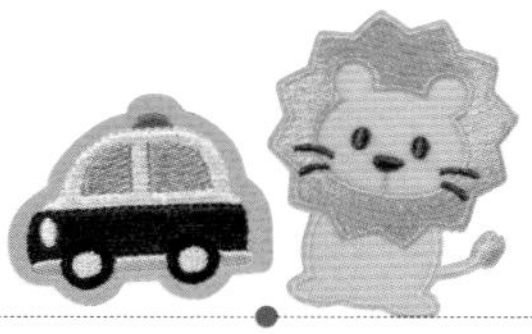

아플리케
アップリケ
동물 · 자동차 등 모양과 디자인이 다양하다. 다리미로 다리기만 하면 바로 붙어 편리하다. 찢어진 옷을 수선할 때도 요긴하다. **shop** 세리아 p.172

겨땀 제거 패드
汗とりパッド
셔츠 안쪽에 붙이면 줄줄 흐르는 겨드랑이 땀을 감쪽같이 흡수한다. 한여름에 유용한 매너 아이템이다.
shop 세리아 p.172

뚜껑 회전형 오일 용기
Kitinto Oil Bottle
용기 뚜껑을 회전시켜 토출구 부분을 가릴 수 있다. 깨끗하고 위생적으로 오일 · 소스를 사용할 수 있다.
shop 쓰리 코인즈(아뮤 에스트) p.165

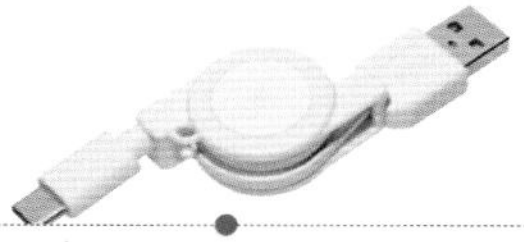

릴 타입 스마트폰 충전 케이블
充電リールケーブル
길이 조절이 자유로운 릴 타입 충전 케이블. 최대 50㎝까지 늘어나며 여행시 유용하다.
shop 세리아 p.172

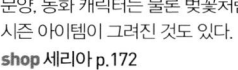

탄산음료 김 빠짐 방지 캡
炭酸キ〜プキャップ
탄산음료 병에 캡을 끼운 뒤 펌프를 누르면 공기가 주입돼 탄산이 빠지는 것을 막아준다.
shop 다이소 p.172

Must Buy 04

쇼핑 꿀팁, 명품 · 패션 · 스포츠용품

다양한 스타일과 강렬한 개성, 그리고 색다른 유행 감각을 자랑하는 일본의 패션. 규슈의 유행과 쇼핑 중심지로는 후쿠오카, 그중에서도 텐진과 다이묘가 으뜸으로 꼽힌다. 인기 브랜드와 쇼핑 스폿을 꼼꼼히 알아보자.

명품·디자이너 브랜드 쇼핑

규슈에서 브랜드 쇼핑을 즐기려면 무조건 후쿠오카로 가야 한다. 지방 도시에는 쇼핑을 할 곳이 전무하다고 봐도 무방하다.
명품 쇼핑 1번지는 일본 국내외 유명 브랜드를 총망라한 후쿠오카의 이와타야 백화점(p.171)과 하카타한큐(p.165)다. 도쿄 · 오사카 같은 대도시에 비해 규모는 작지만, 이용객이 상대적으로 적어 의외로 수월하게 인기 아이템을 구매할 수도 있다.

대형 백화점은 명품 브랜드 쇼핑에 편리하다

스트리트 패션

후쿠오카의 다이묘(p.124)가 쇼핑의 최적지다. 다양한 스타일의 일본 · 미국 스트리트 패션, 스포츠 · 아웃도어, 빈티지 숍이 밀집해 있다. 규슈에서도 여기서만 볼 수 있는 희소성 높은 브랜드가 많다. 스투시 · 슈프림 · 휴먼 메이드가 최고의 인기를 구가하며, 주말 · 공휴일과 상품 입고일에는 오픈 전부터 긴 줄이 늘어서 기다릴 각오는 필수다.

면세 쇼핑 요령

면세점(Japan Tax-Free Shop)으로 등록된 숍 · 백화점에서는 일정 금액 이상 구매하면 10%의 소비세를 환급해준다. 식품 · 음료 · 약품 · 화장품 등의 소모품은 5,000~50만 엔 범위, 가전제품 · 의류 · 가방 등의 일반 물품은 5,000엔 이상 구매했을 때 소비세 환급 대상이 된다. 여권 지참은 필수이며, 같은 날 동일한 숍에서 구매한 물품에 한해서만 소비세가 환급된다.
개별 숍에서는 여권만 제시하면 바로 면세가 된다. 그러나 대형 백화점 · 쇼핑센터에서는 별도의 면세 카운터를 운영한다. 영업 종료 시각에 임박해서는 이용객이 몰려 불편할 수 있으니 유의하자.

운동화·스포츠용품

후쿠오카 · 기타큐슈의 대형 쇼핑센터 · 백화점을 추천한다. 상품이 풍부한 곳은 알펜 후쿠오카(p.167). 운동화가 디자인 · 사이즈 별로 구비돼 있고, 우리나라에서 찾아보기 힘든 한정판도 손쉽게 구할 수 있다. 후쿠오카의 슈퍼 스포츠 제비오(MAP 8-G5)도 상품이 풍부하며, 인기 제품 위주로 엄선한 라인업이 돋보인다.
후쿠오카의 캐널 시티 하카타(p.167), 파르코 백화점(p.170), 기타큐슈의 아뮤 플라자 코쿠라(p.335), 나가사키의 하마노마치 쇼핑 아케이드(p.307)의 ABC 마트에도 우리나라에서 구하기 힘든 인기 아이템이 풍부하다.

우리나라에서 구하기 힘든 레어템도 취급한다

Must Buy 05

완소 쇼핑템, 피규어 · 애니 · 캐릭터 굿즈

만화의 본고장답게 우리나라에서 구하기 힘든 온갖 레어템을 찾아볼 수 있다. 더구나 가격도 한국보다 훨씬 착하다! 피규어 · 애니 숍은 오타쿠 집합소인 후쿠오카의 텐진, 기타큐슈의 아루아루 시티에 모여 있다.

구체관절 인형 전문점 보크스 후쿠오카 쇼룸

피규어·애니 굿즈

도쿄 · 오사카 등 대도시에 비할 바는 아니지만, 후쿠오카 · 기타큐슈에도 쇼핑 명소가 있다. 특히 유명한 곳은 전국적인 체인망을 갖춘 아니메이트. 최신 상품을 가장 먼저 선보이는 곳이라 우리나라는 물론 일본의 마니아 사이에서도 인기가 높다.

피규어 · 프라모델을 저렴하게 구매하려면 중고 매장을 이용하자. 원하는 상품을 찾기가 조금 힘들지만 가격이 신품보다 5~30% 저렴하다. 대표적인 중고 매장은 만다라케 · 라신반 · 스루가야 · 정글이다. 같은 아이템이라도 매장마다 가격이 다르니 몇 군데는 돌아봐야 조금이라도 저렴하게 구매할 수 있다. 규모는 조금 작지만 요도바시 카메라 등의 대형 가전양판점에도 피규어 · 프라모델 코너가 있으며 정가의 5~20%를 할인 판매한다.

추천 숍
아니메이트 p.162 · 306, 만다라케 p.162, 보크스 후쿠오카 쇼룸 p.162, 북오프 p.162, 아루아루 시티 p.335, 요도바시 카메라 p.173

만화책

만화책은 키노쿠니야 · 쥰쿠도(p.163) 등 대형서점의 만화 코너에서 판매한다. 책 종류가 워낙 많아 일본어 제목 · 작가 · 출판사 등을 미리 확인해 가는 센스는 필수! 만화책을 저렴하게 구매하려면 헌책방을 이용하는 것도 좋다. 새책 같은 헌책을 5~70% 할인해서 판다. 대표적인 헌책방은 북오프(p.162), 만다라케(p.162)다. 특히 만다라케에서는 일반 만화는 물론 다양한 동인지도 취급한다.

소년 점프의 캐릭터 굿즈와 만화책을 판매하는 점프숍

캐릭터 굿즈

키디 랜드

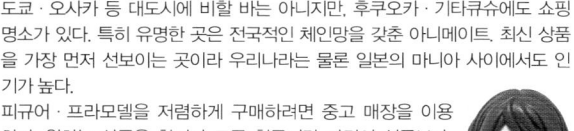

우리나라에서도 인기가 높은 키티 · 리락쿠마 · 먼작귀 등의 캐릭터 굿즈는 후쿠오카의 키디 랜드(p.173)에서 판매한다. 모든 아이템을 한 자리에 모아놓고 판매하는 백화점 같은 곳이라 발품 팔지 않고도 고효율의 쇼핑을 즐길 수 있다. JR 하카타 역에는 규슈 유일의 포케몬 센터(p.163)가 있다는 사실도 잊지 말자.

건프라

건프라 쇼핑의 최적지는 규슈 최대의 건프라 매장인 건담 파크(p.182)다. 규모는 조금 작지만 캐널 시티 하카타(p.167)에도 건담 베이스가 있다. 단, 정가로만 판매하므로 할인가로 구매하려면 요도바시 카메라(p.173)의 프라모델 매장을 이용하는 게 좋다.

Must Buy 06

알뜰살뜰, 전자제품 쇼핑

다양한 기능과 세련된 스타일을 뽐내는 전자제품을 구매할 수 있다. 흠이라면 대도시인 도쿄 · 오사카에 비해 상품 종류가 풍부하지 않다는 것이지만, 적어도 최신 아이템 구매에는 부족함이 없다.

전자제품의 보고 가전양판점

전자제품을 편하고 저렴하게 구매하려면 빅쿠 카메라 ビックカメラ · 요도바시 카메라 ヨドバシカメラ · 베스트 덴키 ベスト電器 · 에디온 Edion 등의 가전양판점을 찾아가자. 후쿠오카의 JR 하카타 역 · 텐진, 기타큐슈의 코쿠라, 벳푸 역 앞, 나가사키의 하마노마치 쇼핑 아케이드 등 주요 쇼핑가마다 지점이 있어 이용하기 편리하다.
단, 유후인 · 우레시노온센 등 소규모 지방 도시에는 가전양판점이 없는 경우가 많으니 전자제품 쇼핑은 대도시에 머무는 동안 끝내는 게 좋다.

최신 전자제품이 가득한 가전양판점

빅쿠 카메라

추천! 가전 양판점

빅쿠 카메라 www.biccamera.co.jp p.173
요도바시 카메라 www.yodobashi.com p.173
베스트 덴키 www.bestdenki.ne.jp
에디온 www.edion.com

가전 양판점에서는 최신형 디지털 카메라도 자유로이 조작해 볼 수 있다

요도바시 카메라(좌)와 빅쿠 카메라(우)의 포인트 카드 포인트가 쌓이면 현금처럼 쓸 수 있다

저렴한 전자제품 쇼핑 요령

한 푼이라도 싸게 전자제품을 구매하려면 우리나라에서 파는 가격부터 확인하자. 그리고 빅쿠 카메라 · 요도바시 카메라 등 가전양판점 홈페이지에서 같은 물건의 가격을 알아본다. 일본어 홈페이지라도 자동 번역 기능을 이용하면 한글로도 볼 수 있다.
구매를 결정했다면 빅쿠 카메라 · 요도바시 카메라 · 베스트 덴키에서 포인트 카드를 만들고 원하는 물건을 산다. 보통 구매 가격의 5~25%를 포인트로 적립해주는데 이를 현금처럼 사용할 수 있다. 예를 들어 10만 엔짜리 물건을 구매할 때 20%를 포인트로 적립해준다면, 그 포인트를 이용해 2만 엔짜리 물건을 살 수 있는 것. 즉 2만 엔의 할인 혜택을 받는 셈이다. 디지털 카메라 구매시 필터 · 삼각대 등 액세서리를 포인트로 사는 것도 요령이다.
단, 포인트 카드를 처음 만든 날은 포인트 적립은 돼도 포인트 사용은 다음 날부터 가능한 가전양판점도 있으니 주의하자. 면세가 가능한 가전양판점도 있는데 면세(10%)를 받을 경우 포인트 적립이 안 된다는 사실을 명심하자. 포인트가 10% 이상 적립될 경우 면세보다 포인트를 받는 게 이득이다. 일본의 다른 도시를 여행할 계획이 있다면 포인트 카드는 지점이 많은 빅쿠 카메라 · 요도바시 카메라에서 만드는 게 유리하다.

PART 2

FUKUOKA

福岡·후쿠오카

기초정보

후쿠오카 퀵 가이드
후쿠오카 국제공항→시내
하카타 항구→시내
주변 도시→후쿠오카
후쿠오카 시내교통

후쿠오카

AREA 01 후쿠오카 중심부
AREA 02 후쿠오카 외곽

소도시

우미노나카미치 · 노코노시마
다자이후 · 야나가와
우레시노온센 · 타케오온센 · 아리타

Quick guide

후쿠오카 福岡

후쿠오카는 일본에서 여덟 번째로 큰 도시이자 규슈의 행정 · 경제 · 교통 중심지다. 16세기 토요토미 히데요시 豊臣秀吉의 상업 부흥책에 힘입어 상인의 마을로 번성하기 시작했다. 후쿠오카 성이 세워진 뒤 도시 중심을 흐르는 강을 경계로 동쪽에는 상인의 마을 하카타 博多, 서쪽에는 무사의 마을 후쿠오카 福岡가 들어서 현재의 도시 형태를 갖췄다.

1889년에는 시(市) 제도가 시행되면서 어느 쪽을 도시명으로 정할 것인가가 현안으로 떠올랐는데, 결국 시의 이름은 후쿠오카, 역의 이름은 하카타로 부르는 절충안이 받아들여졌다. 지금은 은행 · 회사 · 공항에 후쿠오카, 항구 · 기차역 · 기념품 · 축제에 하카타란 명칭이 많이 쓰인다.

인구
166만 명

면적
343km²

8대 명소

10대 먹거리

7대 쇼핑 명소

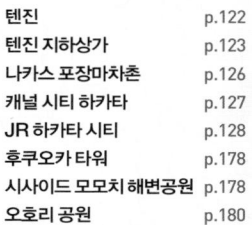

1Day trip

소도시 여행!

옵션 1

다자이후

p.194

1,400년 전 야마토 조정의 수도 역할을 하던 도시. 수도일 당시의 유적이 곳곳에 남아 있으며, 1,200년의 역사를 자랑하는 고색창연한 신사 다자이후텐만구가 호기심을 자극한다. 학문의 신을 모시는 까닭에 입시철이면 합격을 기원하는 수험생들로 북새통을 이룬다.

사철 30분 / 버스 40분

옵션 2

야나가와

p.197

거미줄처럼 이어진 수로가 도시 전역을 촘촘히 연결하는 물의 마을. 물가에 가지를 늘어뜨린 버드나무와 수로를 따라 점점이 놓인 예스러운 건물이 연출하는 로맨틱한 풍경이 두 눈을 사로잡는다. 일본 유수의 장어 산지답게 장어요리가 맛있는 곳으로도 유명하다.

사철 50분

옵션 3

우레시노온센

p.200

일본의 3대 미인 온천. 온천수 성분 때문에 목욕을 마치면 피부가 매끈매끈해진다. 번화한 맛은 없지만 조그만 마을 곳곳엔 유서 깊은 전통 여관이 점점이 자리한다. 초록으로 가득한 강변을 따라 산책을 즐기거나 규슈 올레 코스를 걸으며 한가로이 휴식을 즐기기에 좋다.

JR 특급열차+신칸센 1시간 10분 / 고속버스 2시간

옵션 4

타케오온센

p.203

1,200년의 역사를 간직한 조그만 온천 마을. 소박한 풍경 속에서 잠시 휴식을 취하기에 적당하다. 20세기 초의 모습이 고스란히 남겨진 온천 거리를 구경하거나 따뜻한 온천에 몸을 맡기는 재미가 쏠쏠하다. 규슈 올레 코스를 걸으며 가벼운 하이킹을 즐기기에도 좋다.

JR 특급열차 1시간

옵션 5

우미노나카미치

p.192

후쿠오카 북쪽에 위치한 고즈넉한 해변 휴양지. 인적 드문 해변을 따라 길게 이어지는 푸른 바다, 드넓은 녹지와 함께 놀이터·자전거 하이킹 코스 등의 위락시설이 잘 갖춰져 있어 주말 나들이 코스로 인기가 높다. 규슈 최대의 수족관이 있어 가족 단위 여행자도 즐겨 찾는다.

JR 쾌속·보통열차 25~40분

한국에서 후쿠오카 가기

우리나라에서 후쿠오카로 가는 가장 편리한 교통편은 비행기다. 후쿠오카 행 항공편이 취항하는 공항은 인천 · 김해(부산) · 청주 · 대구국제공항의 네 곳. 각각의 공항은 규모만 다를 뿐 '탑승 수속 · 출국 심사 · 비행기 탑승'의 순으로 이어지는 출국 절차는 모두 동일하다. 공항 이용시 주의할 점은 보안검색 때문에 은근히 많은 시간이 걸린다는 것이다. 비행기 출발 3~4시간 전까지는 공항에 도착해야 무리 없이 출국 절차를 밟을 수 있다.

네 줄 요약

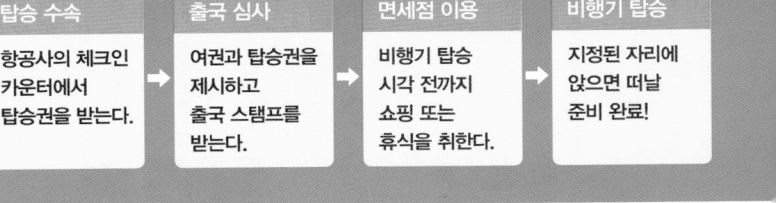

공항 도착	탑승 수속	출국 심사	면세점 이용	비행기 탑승
비행기 출발 3~4시간 전까지 공항으로 간다.	항공사의 체크인 카운터에서 탑승권을 받는다.	여권과 탑승권을 제시하고 출국 스탬프를 받는다.	비행기 탑승 시각 전까지 쇼핑 또는 휴식을 취한다.	지정된 자리에 앉으면 떠날 준비 완료!

인천국제공항

인천국제공항에서는 후쿠오카 노선을 매일 20회 이상 운항한다. 공항 건물은 제1여객 터미널과 제2여객 터미널의 두 개로 이루어져 있다. 제2여객 터미널은 대한항공과 진에어를 비롯한 9개 항공사만 이용하며, 나머지 항공사는 모두 제1여객 터미널을 이용하니 자신이 이용할 터미널을 꼼꼼히 확인해두자. 터미널을 잘못 찾아갔을 때는 제1여객 터미널과 제2여객 터미널을 순환 운행하는 무료 셔틀버스를 이용한다(20분 소요). 두 터미널 모두 입국장은 1층, 출국장은 3층이다. 각 층에는 은행 · 환전소 · 약국 · 식당 · 서점 · 핸드폰 로밍 센터 등의 편의시설이 갖춰져 있다.

1 공항 도착

인천국제공항은 리무진 버스와 공항철도로 연결된다. 노선이 가장 많은 교통편은 서울 시내에서 출발하는 22개 노선의 리무진 버스이며 공항까지 1~2시간 걸린다. 자세한 경유지와 요금은 홈페이지를 참조하자. 서울 시내의 주요 호텔과 서울역 · 코엑스에서는 KAL 리무진 버스도 운행하며 공항까지의 소요시간은 1시간 정도다. 리무진 버스는 3층의 출국장 바로 앞에 도착해 체크인 카운터를 찾아가기가 무척 편하다.

공항철도는 서울역~인천국제공항을 단번에 연결하는 직통열차(30분 간격)와 모든 역에 정차하는 일반열차(12분 간격)가 있다. 자세한 운행시각 · 요금은 공항철도 홈페이지를 참조하자. 내리는 곳은 인천공항1터미널역 또는 인천공항2터미널역이며, 표지판을 따라가면 3층의 출국장으로 연결된다.

인천국제공항

홈피 www.airport.kr
제2여객 터미널 이용 항공사
대한항공 · 진에어
가루다인도네시아 · 델타항공
샤먼항공 · 아에로멕시코
에어프랑스 · 중화항공 · KLM
※2025년 중 변경 예정

리무진 버스

요금 1만 8,000~1만 7,000원
홈피 www.airportlimousine.co.kr

KAL 리무진 버스

요금 1만 8,000원
홈피 www.kallimousine.com

공항철도

홈피 www.arex.or.kr
서울역→인천공항1터미널
일반 59분 4,600원
직통 43분 1만 1,150원
서울역→인천공항2터미널
일반 66분 5,200원
직통 51분 1만 1,150원

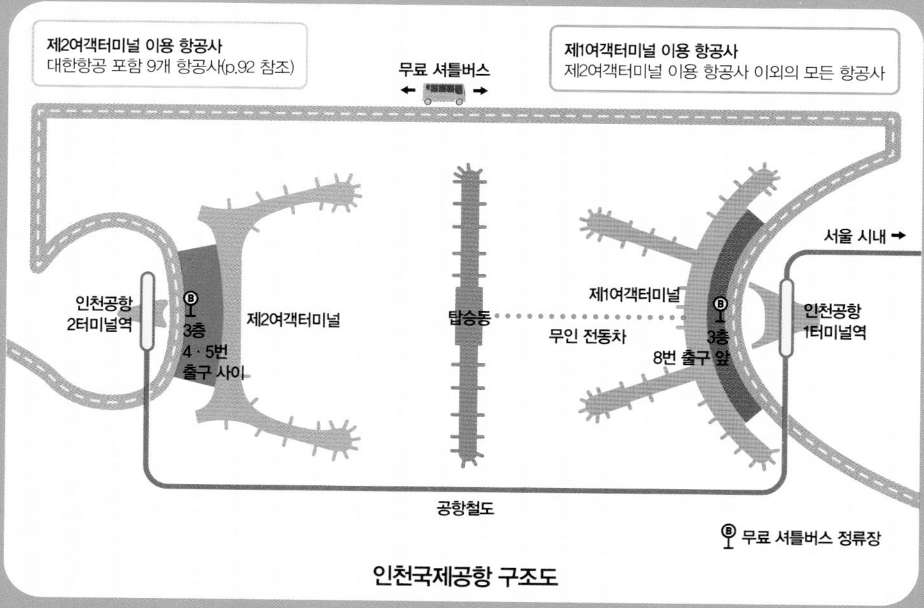

인천국제공항 구조도

2 탑승 수속

3층 출국장에 설치된 안내 모니터에서 자신이 이용할 항공사의 체크인 카운터를 확인하고 그곳으로 가서 여권과 항공권을 제시한 뒤 좌석을 배정받는다. 이때 창가 Window · 통로 Aisle 자리 가운데 원하는 좌석을 선택할 수 있다. 동시에 기내 반입이 불가능한 짐을 맡기고(수하물 탁송), 탑승권을 받으면 탑승 수속이 끝난다.

수하물 탁송시 주의할 점은 칼 · 가위 · 라이터 등의 위험물과 100㎖ 이상의 화장품을 포함한 액체류 · 젤(공항 면세점 구입품 제외)은 기내 반입이 불가능하다는 것이다. 해당 물품은 반드시 큰짐에 넣어 수하물 탁송을 해야만 비행기를 탈 수 있다. 앞서 말한 물품이 하나도 없을 때는 수하물 탁송을 하지 말고 짐을 직접 갖고 타자. 10kg 이내의 작은 짐(가로 · 세로 · 높이 3면의 합이 115㎝ 이하)은 기내 반입이 가능하다. 이렇게 하면 후쿠오카 공항에 도착해 짐을 찾느라 시간을 허비하지 않아도 된다.

3 출국 심사

여권과 탑승권을 제시하고 출국장으로 들어가면 간단한 세관 · 보안 검색을 한다. 고가의 귀금속 · 카메라 · 전자제품은 여기서 미리 신고해야 귀국 시 불이익을 당하지 않는다. 세관 출국 신고대는 출국장에 들어가자마자 있다.

보안 검색을 하는 X-레이 검색대를 통과하면 바로 앞에 출국 심사대가 보인다. 유인 출국 심사대보다는 처리 속도가 빠른 자동 출국 심사대를 이용하는 게 편리하다.

액체류 기내 반입

용기에 담긴 100㎖ 미만의 액체 및 젤류(화장품 · 약품 등)는 투명 지퍼백에 넣을 경우 기내 반입이 허용된다. 용량은 잔여량에 관계없이 용기에 표시된 것을 기준으로 하며 지퍼백은 1개(총 1ℓ 이내)만 반입할 수 있다. 투명 지퍼백은 공항 3층의 편의점에서 판매한다.

배터리 수하물 탁송 불가

원칙적으로 모든 종류의 배터리는 수하물 탁송이 불가능하다. 기내 반입만 허용되므로 큰짐에 넣어서 맡기지 않게 주의하자.

자동 출입국 심사

만 19세 이상은 별도의 등록 없이 자동 출입국 심사대를 이용할 수 있다. 단, 만 7~18세의 어린이, 개명 · 생년월일 변경 등으로 인적사항이 변경된 경우, 주민등록 발급이 30년을 경과한 경우에는 자동 출입국 심사 등록이 필요하다. 등록 센터는 공항 3층에 있다.

서울역 도심공항터미널

서울역 인근 또는 KTX · 기차 이용이 가능한 지방 거주자는 서울역의 도심공항터미널을 이용해도 좋다. 도심공항터미널에서는 비행기 탑승수속 · 수하물탁송 · 출국심사 등의 기본적인 출국수속을 미리 밟을 수 있으며, 출국수속을 마친 뒤에는 직통열차를 타고 인천국제공항으로 이동한다. 공항에서도 전용통로를 이용해 탑승동으로 들어가기 때문에 혼잡한 공항에서 버리는 시간을 대폭 절약할 수 있다.

단, 인천공항 제1여객터미널은 비행기 출발시각 기준 3시간 전, 제2여객터미널은 비행기 출발시각 기준 3시간 20분 전까지 수속을 완료해야 이용 가능하다.

운영 05:20~19:00

교통 지하철 1 · 4호선 또는 KTX · 경의선 서울역 하차

홈피 www.arex.or.kr

이용가능 항공사

대한항공 · 아시아나항공 · 제주항공
티웨이 항공 · 에어서울 · 에어부산
이스타항공 · 진에어

4 면세점 · 휴게실 이용

출국 심사를 마친 뒤에는 탑승권에 표시된 비행기 탑승 시각 전까지 면세점 · 휴게실을 이용하며 시간을 보낸다. 시내 · 인터넷 면세점에서 면세품을 구매한 경우에는 곧장 면세품 인도장으로 간다. 특히 여행 성수기에는 면세품 인도장이 북새통을 이루니 최대한 서둘러 가는 게 좋다. 탑승 항공편에 따라 이용하는 면세품 인도장의 위치가 다르니 상품 주문시 받은 면세품 수령 장소 안내문을 꼼꼼히 살펴보자.

5 탑승

탑승은 비행기 출발 시각 30~40분 전부터 시작된다. 그 시간 전에 탑승권에 찍힌 탑승구 Gate 번호를 확인하고 비행기를 타러 간다. 주의할 점은 제1여객터미널의 경우 1~50번 탑승구는 출국 심사대와 같은 건물에 있지만, 101~270번 탑승구는 1km쯤 떨어진 별도의 탑승동에 있다는 것이다. 탑승동으로 갈 때는 28번 탑승구 맞은편의 에스컬레이터를 타고 아래층으로 내려가 무인 전동차를 이용한다. 소요시간은 2~3분 정도지만 전동차를 기다리는 시간과 탑승구를 찾아가는 데 은근히 시간이 걸리니 101~270번 탑승구를 이용할 때는 여유를 넉넉히 두고 움직이는 게 좋다.

쇼핑의 달인이 들려주는 면세점 200% 활용 비법

시내 면세점과 인터넷 면세점을 적극 활용하자. 공항 면세점보다 편리하고 가격도 저렴하다. 필요한 것은 여권과 항공권(또는 항공편명)뿐! 구매 상품은 출국 당일 공항의 면세품 인도장에서 찾는다. 주의할 점은 판매 마감 시간이다. 인천국제공항 이용자는 비행기 출발 5시간 전, 김해 · 대구 국제공항 이용자는 비행기 출발 24시간 전까지 상품을 구매해야 한다.

시내 면세점 알뜰하게 이용하기

해당 면세점 회원 가입은 기본! 회원가는 정상가보다 3~20% 저렴하며 할인쿠폰을 적용하면 가격이 더욱 싸진다. 회원 가입에 앞서 해당 면세점의 입점 브랜드를 미리 체크해 보는 센스는 필수다. 직접 확인이 필요한 의류·가방·선글라스는 반드시 시내 면세점에서 구매한다. 특히 샤넬·루이뷔통 등 명품 브랜드는 시내 면세점에서만 취급한다. 구매할 상품의 디자인·가격을 백화점에서 미리 확인해 두는 것도 쇼핑 효율을 '200% UP' 시키는 비결이다.

인터넷 면세점 편리하게 이용하기

인터넷 면세점은 상품 선택부터 결제까지 클릭 몇 번으로 끝난다. 더구나 오프라인 매장보다 할인율이 높은 것도 매력! 단, 직접 상품 확인이 불가능하니 향수·화장품 위주로 구매하는 게 좋다. 브랜드 화장품은 일본보다 저렴하다. 면세점마다 가격·상품·할인쿠폰이 제각각이라 꼼꼼한 비교는 필수다. 시즌에 따라 깜짝 세일 또는 스페셜 쿠폰을 제공하는 곳도 있으니 수시로 홈페이지를 들락거리는 수고도 마다해선 안 된다.

롯데 인터넷 면세점 https://kor.lottedfs.com/kr
신라 인터넷 면세점 www.shilladfs.com
신세계 인터넷 면세점 www.ssgdfs.com

인터넷 면세점은 편하고 저렴한 게 장점!

김해국제공항

김해국제공항에서는 후쿠오카 행 항공편이 매일 7회 출발한다. 공항 건물은 국내선 청사와 국제선 청사로 나뉜다. 국제선 청사는 3개 층으로 이루어져 있으며 1층은 입국장, 2층이 출국장이다. 면세점 규모가 작으니 시내 면세점 또는 인터넷 면세점을 적극 활용하자(p.94).

1 공항 도착

공항은 부산 시내에서 17㎞ 정도 떨어져 있으며 시내버스 · 리무진 버스 · 경전철로 연결된다. 그리 먼 거리는 아니지만 공항까지 이어지는 도로는 상습 정체 구간으로 악명 높아 버스를 이용할 때는 이동 시간을 넉넉히 잡고 움직이는 게 좋다. 길이 막히지 않으면 시내에서 30~40분으로 충분하지만 러시아워 때는 1시간 이상 예상해야 한다.

2 탑승 수속 · 출국 심사

탑승 수속은 국제선 청사 2층의 항공사 체크인 카운터에서 한다. 기본적인 탑승 수속 요령은 인천국제공항과 동일하다(p.92). 탑승 수속을 마친 뒤에는 같은 층의 출국장으로 가서 세관 · 보안 검색과 함께 간단한 출국 심사를 받는다.

3 면세점 · 휴게실 이용 및 탑승

출국 심사까지 마친 뒤에는 면세점 · 휴게실을 이용한다. 면세품 인도장은 출국 심사대를 지나 안쪽에 있다. 그리고 비행기 출발 30~40분 전에 탑승구를 찾아가 비행기에 오르면 된다.

대구국제공항

대구국제공항에서는 후쿠오카 행 항공편이 매일 1회 운항한다. 공항은 국제선과 국내선 청사가 하나로 연결돼 있으며, 규모가 작고 국제선 승객이 많지 않아 이용에 어려움은 없다. 면세점과 편의시설이 부족하니 면세품 쇼핑은 시내 또는 인터넷 면세점을 이용하자(p.94).

1 공항 도착

공항은 대구 도심에서 북동쪽으로 5㎞ 정도 떨어져 있다. 시내버스와 리무진 버스로 연결되며, 소요시간은 20~30분을 예상하면 된다.

2 탑승 수속 · 출국 심사

탑승 수속은 공항 1층의 항공사 체크인 카운터에서 하며 기본적인 절차는 인천국제공항과 동일하다(p.92). 탑승 수속을 마친 뒤 2층의 출국장으로 들어가 세관 · 보안 검색 및 출국 심사를 받는다.

3 면세점 · 휴게실 이용 및 탑승

출국 심사를 마치고 나오면 바로 앞에 면세점 · 휴게실 · 면세품 인도장 등의 편의시설이 있다. 여기서 시간을 보내다 출발 시각 30~40분 전에 탑승구를 찾아가 비행기를 타면 된다.

부산의 관문인 김해국제공항

김해국제공항

홈피 www.airport.co.kr/gimhae

김해국제공항행 교통편

좌석버스
307번 김해공항 하차
요금 1,700원
리무진 버스
BEXCO · 해운대 · 파라다이스호텔 · 조선호텔 · 한화리조트에서 타고 김해공항 하차
요금 1만 원
지하철
부산-김해 경전철 공항역 하차
요금 1,600원~

대구국제공항

홈피 www.airport.co.kr/daegu

대구국제공항행 교통편

시내버스
101 · 401 · 719 · 급행1 · 동구2 · 팔공1번 대구국제공항 하차
요금 1,700원~
리무진 버스
구미 리무진 버스를 타고 대구국제공항 하차
요금 8,000원~
지하철
1호선 아양교 역 하차, 버스(급행1 · 팔공1) 또는 택시로 갈아타고 대구국제공항 하차

일본 입국 절차

우리나라에서 비행기를 타고 후쿠오카로 가는 데 걸리는 시간은 1시간~1시간 30분 정도. 도착과 동시에 일본 입국 절차를 밟게 된다. 특유의 까칠한(?) 분위기 탓에 입국 절차가 살짝 부담스럽게 다가오는 것도 사실이지만, 그렇다고 너무 겁먹을 필요는 없다. 간단한 입국 심사를 거쳐 짐을 찾고, 세관 검사를 받은 뒤 공항을 빠져 나오면 모든 입국 절차가 끝난다.

네 줄 요약

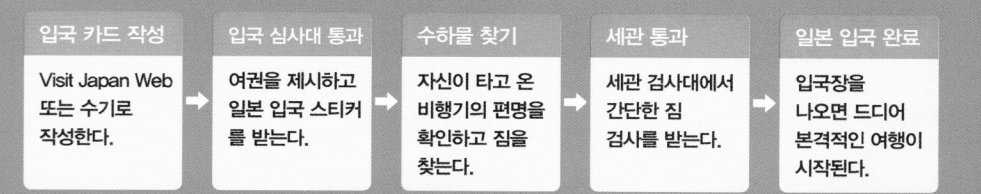

입국 카드 작성 — Visit Japan Web 또는 수기로 작성한다.
→ **입국 심사대 통과** — 여권을 제시하고 일본 입국 스티커를 받는다.
→ **수하물 찾기** — 자신이 타고 온 비행기의 편명을 확인하고 짐을 찾는다.
→ **세관 통과** — 세관 검사대에서 간단한 짐 검사를 받는다.
→ **일본 입국 완료** — 입국장을 나오면 드디어 본격적인 여행이 시작된다.

Visit Japan Web

홈피 https://vjw-lp.digital.go.jp

1 비지트 재팬 웹 사전 등록

미리 비지트 재팬 웹 Visit Japan Web 등록부터 한다. 일본 입국에 앞서 여권 · 체류지 · 세관 정보를 사전 등록하는 것인데, 은근히 시간이 걸리고 인터넷 연결이 필요해 공항에 가서 하려면 번거롭기 짝이 없다. 늦어도 출발 3~4일 전까지는 등록을 마치는 게 좋다. 자세한 이용법은 페이지 하단의 QR 코드에서 확인할 수 있다.

2 일본 입국 카드 · 휴대품 신고서 작성

비행기가 후쿠오카에 도착할 즈음 승무원이 일본 입국 카드와 휴대품 신고서를 나눠준다. 비지트 재팬 웹을 등록한 경우 작성할 필요가 없으니 받지 않아도 된다. 단, 미등록자는 입국시 반드시 필요한 서류이므로 받아서 꼼꼼히 내용을 기입한다. 자세한 작성 요령은 p.98를 참고하자. 미등록자의 경우 일본에 도착해서 비지트 재팬 웹 등록을 시도하는 것보다 입국 카드와 휴대품 신고서를 직접 손으로 써서 제출하는 게 훨씬 빠르고 간편하다.

3 입국 심사대 찾아가기

비행기에서 내려 도착 '到着口 Arrivals' 표지판을 따라가면 입국 심사대 入国審査 Immigration에 다다른다. 입국 심사대는 일본인과 외국인용으로 줄이 나뉘어 있으니 표지판을 잘 보고 '외국인 外国人 Foreign Passports' 쪽에 줄을 선다. 후쿠오카 국제공항은 이용객이 많아 입국 심사에 짧게는 20~30분, 길게는 1시간씩 걸리기도 한다.

일본 입국 절차

비행기에서 내린다.

도착 표지판을 따라간다.

입국 심사 표지판이 보인다.

입국 심사대에서 줄을 서서 기다린다.

수하물 수취소 표지판을 따라간다.

수하물 수취소의 번호를 확인한다.

지정된 수하물 수취소에서 짐을 찾는다.

세관 검사대를 통과한다.

드디어 일본 도착!

4 입국 심사대 통과하기

지문 날인과 얼굴 사진 촬영을 한 다음, 여권과 비지트 재팬 웹의 '입국 심사용 QR 코드' 또는 기내에서 작성한 일본 입국 카드를 입국 심사대에 제시하면 간단한 확인을 거쳐 90일간의 체류 허가 스티커를 여권에 붙여준다.

5 수하물 찾기

입국 심사대를 빠져 나오면 '수하물 수취소 手荷物受取所 Baggage Claim' 표지판이 보인다. 이것을 따라가면 짐 찾는 곳이 나온다. 전광판에 비행기의 편명과 짐 찾는 곳의 번호가 표시돼 있으니 그곳으로 가서 짐을 찾는다.

6 세관 통과하기

짐을 찾은 뒤에는 바로 앞의 '세관 검사대 税関 Customs'로 간다. 비지트 재팬 웹 등록자는 전자 신고용 검색대에서 여권과 입국 심사용 QR 코드, 얼굴 사진을 등록하고 통과한다. 수기 신고용 검색대에서는 신고 물품이 없다는 뜻인 녹색의 '면세 免税 Duty Free' 쪽으로 가서 세관원에게 여권과 휴대품 신고서를 제시하고 통과한다.

7 일본 입국 완료

세관 검사대 앞의 출구를 나가면 드디어 본격적인 여행이 시작된다. 시내로 들어가는 교통편은 버스 · 지하철 · 택시 등이 있으며, 자세한 이용법은 p.100에서 다룬다.

입국 심사대 통과 요령

비지트 재팬 웹 · 입국 카드 작성시 미흡한 부분이 있으면 입국 심사관이 질문을 던지기도 한다.
물어보는 내용은 대개 여행 목적과 여행 일수다. 여행 목적은 '관광 Sightseeing(사이트싱)', 여행 일수는 1주일 이내이면 무난히 통과할 수 있다. 질문이나 대답은 영어 · 일본어 가운데 자신 있는 언어로 한다.
간혹 귀국 항공권을 제시해야 하는 경우도 있으니 e-티켓을 PDF 파일로 만들어 스마트폰에 저장해 놓거나 프린트해서 가져간다.

시내로 들어갈 때는 지하철이 편리하다

TRAVEL TIP 일본 입국 카드 & 휴대품 신고서 작성

일본 입국시 반드시 필요한 '공식 서류'는 여권·입국 카드·휴대품 신고서다.
입국 카드와 휴대품 신고서는 항공기 기내 또는 도착지 공항·항구의 입국장·세관에서 제공되며, 한국어·영어·일본어 가운데 선택해 이용할 수 있다.
입국 카드에 기입할 내용은 간단한 신상 정보와 여행 일정인데, 한자·영문으로 적어야 하며 절대로 빈칸을 남기지 않는 게 포인트다. 특히 주의를 기울여야 할 사항은 숙소와 관련된 내용이다. 딱히 정해진 곳이 없더라도 어디든 숙소 이름을 적어 놓아야 입국 심사시 문제가 발생하지 않는다. 입국 심사대에서 집중적으로 확인하는 사항이 숙소와 여행기간이란 사실을 꼭 기억하자. 숙소 예약을 하지 않았을 때는 인터넷·구글맵에서 적당한 곳을 골라 숙소명·주소·전화번호를 적어 넣으면 된다.
휴대품 신고서에는 기초적인 신상 정보와 휴대품 내역을 한자·영문으로 기입한 뒤 공항·항구에서 세관을 통과할 때 제출한다.

Visit Japan Web 등록시 작성하지 않아도 됨

일본 입국 카드 작성 요령

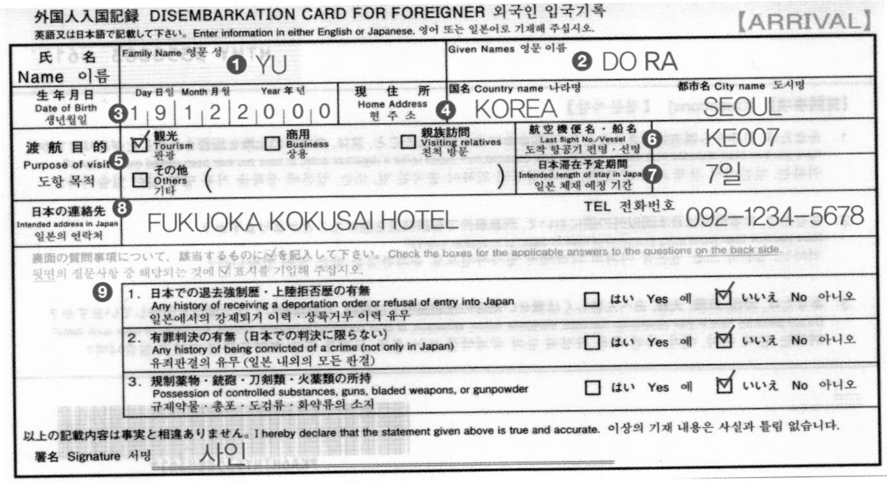
外国人入国記録 DISEMBARKATION CARD FOR FOREIGNER 외국인 입국기록
英語又は日本語で記載して下さい。 Enter information in either English or Japanese. 영어 또는 일본어로 기재해 주십시오.
【ARRIVAL】

氏名 Name 이름	Family Name 영문 성 ❶ YU	Given Names 영문 이름 ❷ DO RA
生年月日 Date of Birth 생년월일	❸ Day 日 일 Month 月 월 Year 年 년: 1 9 1 2 2 0 0 0	現住所 Home Address 현주소 ❹ 国名 Country name 나라명: KOREA / 都市名 City name 도시명: SEOUL
渡航目的 Purpose of visit 도항 목적 ❺	☑ 観光 Tourism 관광 / ☐ 商用 Business 상용 / ☐ 親族訪問 Visiting relatives 친척 방문 / ☐ その他 Others 기타 ( )	航空機便名・船名 Last flight No./Vessel 도착 항공기 편명·선명 ❻ KE007 / 日本滞在予定期間 Intended length of stay in Japan 일본 체재 예정 기간 ❼ 7일
日本の連絡先 Intended address in Japan 일본의 연락처 ❽	FUKUOKA KOKUSAI HOTEL	TEL 전화번호 092-1234-5678

裏面の質問事項について、該当するものに☑を記入して下さい。 Check the boxes for the applicable answers to the questions on the back side.
뒷면의 질문사항 중 해당되는 것에 ☑ 표시를 기입해 주십시오.

❾
1. 日本での退去強制歴・上陸拒否歴の有無 Any history of receiving a deportation order or refusal of entry into Japan 일본에서의 강제퇴거 이력·상륙거부 이력 유무 — ☐ はい Yes 예 ☑ いいえ No 아니오
2. 有罪判決の有無（日本での判決に限らない） Any history of being convicted of a crime (not only in Japan) 유죄판결의 유무 (일본 내외의 모든 판결) — ☐ はい Yes 예 ☑ いいえ No 아니오
3. 規制薬物・銃砲・刀剣類・火薬類の所持 Possession of controlled substances, guns, bladed weapons, or gunpowder 규제약물·총포·도검류·화약류의 소지 — ☐ はい Yes 예 ☑ いいえ No 아니오

以上の記載内容は事実と相違ありません。 I hereby declare that the statement given above is true and accurate. 이상의 기재 내용은 사실과 틀림 없습니다.
署名 Signature 서명 사인

❶ 영문 성 ❷ 영문 이름 ❸ 생년월일 ❹ 우리나라의 거주지 주소 ❺ 일본 방문 목적
❻ 일본으로 갈 때 이용한 비행기 편명 ❼ 일본 체류 예정일 ❽ 일본의 숙소와 전화번호
❾ '1 일본에서의 강제퇴거 이력 · 상륙거부 이력. 2 유죄판결의 유무. 3 규제약물 · 총포 · 도검류 · 화약류의 소지' 항목은 특별한 이상이 없는 한 모두 '아니오 No'에 체크하면 된다.

Visit Japan Web 등록시 작성하지 않아도 됨

휴대품 신고서 작성 요령

(A面)

日本国税関
税関様式C第5360号

携帯品・別送品申告書

下記及び裏面の事項について記入し、税関職員へ提出してください。家族が同時に検査を受ける場合は、代表者が1枚提出してください。

搭乗機(船舶)名・出発地	KE 008 (出発地 SEOUL)
入国日	Ⓐ 2030 年 08 月 15 日
氏名	フリガナ Ⓑ YU DORA
住所(日本での滞在先)	Ⓒ FUKUOKA KOKUSAI HOTEL 電話 092(1234)5678
職業	Ⓓ STUDENT
生年月日	Ⓔ 2000 年 12 月 19 日
旅券番号	Ⓕ AB1234567
同伴家族	20歳以上 名 / 6歳以上20歳未満 名 / 6歳未満 名

※ 以下の質問について、該当する□に"✓"でチェックしてください。

Ⓖ. 下記に掲げるものを持っていますか?	はい	いいえ
① 日本への持込みが禁止又は制限されているもの(B面を参照)	☐	V
② 免税範囲(B面を参照)を超える購入品・お土産品・贈答品など	☐	V
③ 商業貨物・商品サンプル	☐	V
④ 他人から預かったもの	☐	V

＊上記のいずれかで「はい」を選択した方は、B面に入国時に携帯して持ち込むものを記入してください。

Ⓗ. 100万円相当額を超える現金又は有価証券などを持っていますか?	はい	いいえ
	☐	V

＊「はい」を選択した方は、別途「支払手段等の携帯輸出・輸入申告書」の提出が必要です。

Ⓘ. 別送品 入国の際に携帯せず、郵送などの方法により別に送った荷物(引越荷物を含む。)がありますか?

☐ はい (個) V いいえ

＊「はい」を選択した方は、入国時に携帯して持ち込むものをB面に記載したこの**申告書を2部**、税関に提出して、税関の確認を受けてください。
税関の確認を受けた申告書は、別送品を通関する際に必要となりますので大切に保管してください。

《注意事項》
海外で購入したもの、預かってきたものなど日本に持ち込む携帯品・別送品については、税関に申告し、必要な検査を受ける必要があります。申告漏れ、偽りの申告などの不正な行為がありますと、処罰されることがありますので注意してください。

この申告書に記載したとおりである旨申告します。

署名 Ⓙ 사 인

Ⓐ 일본 입국 일자
Ⓑ 영문 이름
Ⓒ 일본의 숙소와 전화번호
Ⓓ 직업
Ⓔ 생년월일
Ⓕ 여권번호
Ⓖ 다음과 같은 물건을 가지고 있습니까?
①일본으로 반입이 금지되어 있는 물품 또는 제한되어 있는 물품.
②면세 허용 범위를 초과한 물품 · 토산품 · 선물 등 물품.
③상업성 화물 · 상품 견본.
④남의 부탁으로 대리 운반하는 물품.
Ⓗ 100만 엔 상당액을 초과하는 현금 또는 유가증권 등을 가지고 있습니까?
Ⓘ 별송품
Ⓙ 사인

Ⓖ~Ⓘ의 항목에는 특별한 이상이 없는 한 '아니오 いいえ'에 체크하면 된다.

※ **직업** 학생 Student / 직장인 Employee
주부 Housewife / 기술자 Engineer
교사 Teacher / 기자 Journalist
의사 Doctor / 예술가 Artist
개인사업 Businessman / 요리사 Chef
운동선수 Athlete / 회계사 Accountant
운전사 Driver / 연예인 Entertainer
탐험가 Explorer / 디자이너 Designer
공무원 Goverment Servant(Public Employee)

후쿠오카 국제공항에서 시내로

후쿠오카 국제공항은 규모가 작고 구조도 단순해 이용하기 쉽다. 더구나 도심에서 불과 3km 거리에 위치해 이동시간과 교통비가 적게 드는 것도 매력이다. 도심을 연결하는 교통편은 지하철 · 버스 · 택시다. 일반적으로 지하철을 타는 게 편리하며, JR 하카타 역으로 갈 때는 버스도 이용할 수 있다. 지하철은 무료 셔틀버스를 타고 국내선 터미널로 가야 탈 수 있으며, 버스는 국제선 터미널 바로 앞에서 출발한다.

세 줄 요약

공항 구조
국제선과 국내선 터미널로 나뉘어 있다. 국제선 터미널의 입국장은 1층, 출국장은 3층이다.

공항 → JR 하카타 역
버스 15분, 310엔
지하철 6분, 260엔
택시 10분, 1,500엔~

공항 → 텐진
지하철 11분, 260엔
택시 20분, 2,500엔~

후쿠오카 국제공항

홈피 www.fukuoka-airport.jp

후쿠오카 국제공항

후쿠오카 시내→공항

버스
하카타 버스터미널(MAP 6-A3) 1층 11번 승강장에서 출발하는 공항버스로 15분 소요.

지하철
쿠코 선 空港線의 후쿠오카쿠코 福岡空港 역(K13) 하차. 1A번 출구를 나와 정면으로 20m쯤 가면 국제선 터미널행 무료 셔틀버스 정류장이 있다. 국제선 터미널까지는 셔틀버스로 10분 소요.

후쿠오카 국제공항 福岡国際空港

후쿠오카 국제공항은 국제선 国際線과 국내선 国内線 터미널로 나뉘어 있다. 두 건물은 3km 정도 떨어져 있으며 무료 셔틀버스로 연결된다(10분 소요). 자세한 이동 방법은 오른쪽 페이지의 공항 구조도를 참고하자.

입국장 到着ロビー

입국장은 국제선 터미널 1층에 있다. 입국장 바로 앞에는 ATM · 편의점 · 인포메이션 센터 등의 편의시설이 있다. 버스 Bus 표지판을 따라가면 후쿠오카 도심과 국내선 터미널을 연결하는 버스 정류장이 나온다.

출국장 出発ロビー

우리나라로 돌아올 때 이용할 항공사 체크인 카운터와 출국장은 국제선 터미널 3층에 있으며, 어디서나 '출발 出発 Departures' 표지판만 따라가면 쉽게 찾을 수 있다. 항공사 체크인 카운터 주변에는 저울이 비치돼 있으니 무료 수하물 무게가 15kg 이하로 제한되는 저가항공사 이용시에는 여기서 미리 무게를 달아보고 체크인 카운터로 가는 게 좋다. 출국장 내부에는 면세점 · 편의점 · 스타벅스가 있다. 단, 면세점의 규모가 작고 과자 · 주류 · 담배를 제외하면 상품 종류가 무척 빈약하니 되도록 쇼핑은 후쿠오카 시내에서 마치고 오는 게 현명하다.

후쿠오카 국제공항 출국장

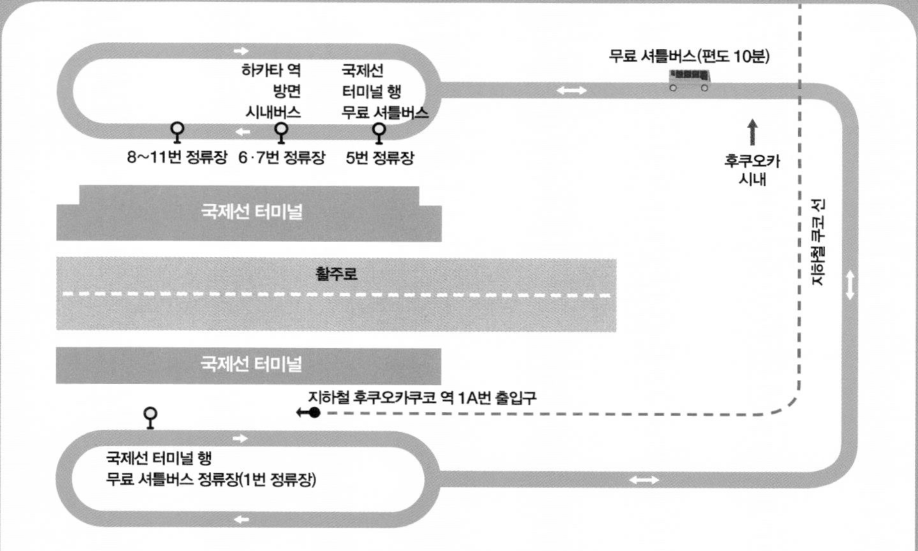

후쿠오카 국제공항 구조도

버스 バス

후쿠오카 한복판에 위치한 JR 하카타 博多 역(p.128)으로 갈 때 이용하면 편리하다. 버스 타는 곳은 6 · 7번 정류장이며, 입국장을 나와 정면에 보이는 버스 Bus 표지판을 따라가면 쉽게 찾을 수 있다. JR 하카타 역까지는 15분쯤 걸린다. 버스가 운행하지 않는 시간대 또는 길이 밀리는 평일 17:30~19:00의 퇴근시간에는 지하철을 이용하는 게 편할 수도 있다.

버스 타는 법

버스는 뒷문으로 타고 앞문으로 내린다. 뒷문으로 탈 때 주황색의 발권기에서 번호가 적힌 정리권 整理券(세이리켄)을 뽑고, 내릴 때 거기 적힌 번호와 운전석 왼쪽 위의 모니터에 표시된 번호가 일치하는 칸의 요금을 낸다. 스이카(p.114)를 비롯한 교통카드 이용자는 버스를 탈 때와 내릴 때 각각 한 번씩 문 옆의 단말기에 교통카드를 찍으면 요금이 자동 결제된다. 내리는 곳은 JR 하카타 역과 나란히 연결된 하카타 버스터미널 博多バスターミナル(MAP 6-A3)이다.

도착 당일 버스를 5회 이상 이용할 계획이라면 후쿠오카 시내 1일 승차권 福岡市内1日フリー乗車券(p.117)을 구매하는 게 경제적이다. 1일 승차권은 인터넷 또는 공항 1층의 버스 매표소에서 판매한다

버스

운행 08:55~20:45
※20~30분 간격 운행
산큐 패스 사용 가능
공항→JR 하카타 역
요금 310엔

후쿠오카 시내 1일 승차권

요금 1,200엔

지하철 地下鉄

지하철 노선상에 위치한 목적지 · 숙소를 찾아갈 때 이용하면 편리하다. 밤 늦게까지 운행하고, 러시아워에도 길이 밀릴 염려가 없으며, 역의 출구번호를 기준으로 하면 길 찾기도 쉬워 길눈이 어두운 이에게는 버스보다 편할 수도 있다. 단점은 지하철역이 위치한 국내선 터미널까지 무료 셔틀버스를 타고 가야 해 은근히 번거롭다는 것이다.

지하철 타는 법

입국장을 나와 셔틀버스 Shuttle Bus 표지판을 따라간다. 그리고 5번 버스 정류장에서 국내선 터미널 国内線ターミナル 행 무료 셔틀버스를 탄다. 국내선 터미널에서 내려(10분 소요) 버스 진행방향으로 20m쯤 직진하면 지하철 후쿠오카쿠코 福岡空港 역(K13)이다(p.101의 공항 구조도 참고).

티켓은 자판기에서 구매한다. 우선 자판기 위의 노선도에서 가고자 하는 역을 찾는다. 역 이름 위에 쓰인 숫자가 해당 역까지의 요금이다. 자판기 화면에서 조금 전에 확인한 것과 동일한 요금의 버튼을 누르고 돈을 넣으면 표와 거스름돈이 나온다(p.113 참조). 도착 당일 지하철을 3회 이상 이용할 계획이라면 여기서 지하철 1일 승차권을 구매하는 게 경제적이다(p.116).

스이카(p.114)를 비롯한 교통카드 이용자는 우리나라의 지하철과 마찬가지로 개찰구를 통과할 때 단말기에 교통카드를 찍으면 요금이 자동 결제된다.

여기서 출발하는 모든 열차가 시내로 들어가므로 아무 열차나 타면 된다. 더구나 출발역이라 앉아갈 수 있는 확률은 100%! 안내방송은 일본어 · 영어 · 한국어로 나온다.

지하철

운행 05:45~24:00
※6~15분 간격 운행
공항 → 하카타 역(K11)
6분, 260엔
공항 → 텐진 역(K08)
11분, 260엔
지하철 1일 승차권
요금 640엔

지하철 이용 꿀팁

목적지에 도착해 밖으로 나갈 때는 출구 쪽에 설치된 대형 지도를 보고 방향을 가늠한 뒤 움직인다. 출구번호는 물론 주요 건물과 명소의 위치가 지도에 꼼꼼히 표시돼 있어 길 찾기가 한결 수월하다.

공항 → 시내 지하철 이용법

1번 정류장으로 간다.

국내선 터미널행 무료 셔틀버스를 탄다.

국내선 터미널에서 내린다.

지하철역으로 간다.

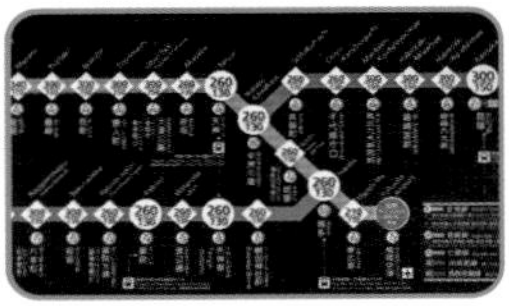
노선도에서 요금을 확인한다.

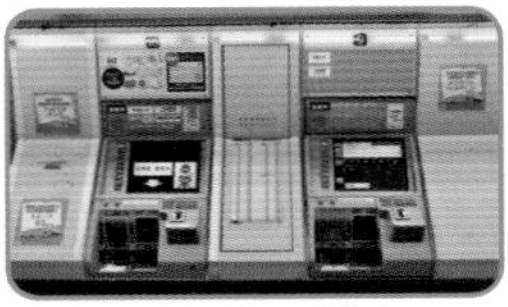
자판기에서 티켓을 구매한다.

개찰구를 통과한다.

지하철을 탄다.

목적지 도착!

하트 공항버스 Hearts Bus

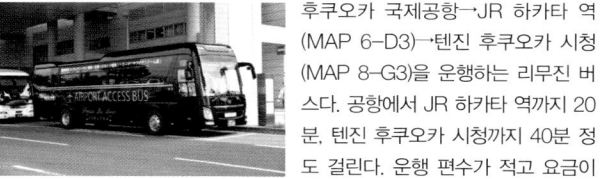

후쿠오카 국제공항→JR 하카타 역(MAP 6-D3)→텐진 후쿠오카 시청(MAP 8-G3)을 운행하는 리무진 버스다. 공항에서 JR 하카타 역까지 20분, 텐진 후쿠오카 시청까지 40분 정도 걸린다. 운행 편수가 적고 요금이 조금 비싸지만, 좌석이 안락하고 주요 정류장만 정차해 편리하다. 티켓은 홈페이지에서 예약하거나 공항 1층의 하트 공항버스 카운터에서 구매한다. 타는 곳은 공항 1층의 11번 버스 정류장이다.

하트 공항버스

운행 09:00~22:30, 1일 8회 운행
요금 편도 600엔, 왕복 1,000엔
홈피 https://hearts81.com/airport

택시 タクシー

우리나라보다 요금이 비싸지만 공항에서 시내까지의 거리가 가깝기 때문에 버스 · 지하철 요금 정도로 이용할 수도 있다. 예를 들어 공항에서 JR 하카타 역까지의 요금은 1,500엔 정도. 네 명이 타면 1인당 400엔 정도의 비용으로 이용할 수 있다. 시간도 10분 정도밖에 안 걸려 버스 · 지하철을 타는 것보다 시간이 대폭 절약된다. 단, 길이 밀리는 출퇴근 시간에는 이용하지 않는 게 좋다.

택시는 입국장을 나와 오른쪽 방향의 출구 쪽에 있는 택시 승강장에서 탄다. 문은 운전석에서 자동으로 열리고 닫히게 조작하니 자신이 직접 여닫을 필요가 없다. 택시를 탈 때 주의할 점은 목적지를 정확히 알려줘야 한다는 것이다. 영어가 잘 통하지 않아 목적지명을 한자 · 일본어로 적어서 보여주는 게 안전하다. 요금은 미터제이다.

택시

요금 **기본요금** 1,064m 670엔
추가요금 268m당 80엔
공항 → JR 하카타 역
10분, 1,500엔~
공항→텐진 역
20분, 2,500엔~

고속버스 高速バス

후쿠오카 국제공항에서 규슈의 주요 도시까지 고속버스가 운행된다. 고속버스는 입국장을 나와 정면으로 직진하면 보이는 8~11번 정류장에서 출발한다. 티켓은 공항 1층의 버스 매표소에서 판매한다.

회수권

고속버스 이용시 경제적인 회수권 回数券(카이스켄)을 구매하자. 예를 들어 벳푸까지 편도 요금은 3,250엔이지만, 2매 회수권은 5,760엔, 4매 회수권은 1만 엔으로 편도보다 10~25% 저렴하다. 회수권은 왕복 또는 여러 명이 1장씩 이용할 수 있다. 구매는 인터넷으로 한다.
홈피 www.highwaybus.com

후쿠오카 국제공항 → 주요 도시 고속버스

정류장 번호	행선지	소요시간	요금
8번	나가사키 長崎	2시간 20분	2,900엔~
	우레시노온센 嬉野温泉	1시간 30분	2,200엔~
	하우스텐보스 ハウステンボス	1시간 40분	2,310엔~
	사세보 佐世保	1시간 40분	2,310엔~
10번	벳푸 別府	2시간	3,250엔~
	쿠로가와온센 黒川温泉	2시간 20분	3,470엔~
11번	유후인 湯布院	1시간 40분	3,250엔~

배로 후쿠오카 시모노세키 가기

부산~후쿠오카 구간에 여객선 뉴카멜리아, 부산~시모노세키 구간에 여객선 부관훼리가 취항 중이다. 배는 부산 국제여객터미널에서 타며 기본적인 출국 절차는 공항을 이용할 때와 비슷하다. 차이가 있다면 배는 짐을 모두 갖고 타기 때문에 비행기와 달리 수하물 탁송과 같은 부수적인 과정이 필요치 않다는 것뿐이다. 이용객이 은근히 많으니 승선 수속 개시 1~2시간 전까지 부산 국제여객터미널로 가는 게 안전하다.

네 줄 요약

항구 도착 승선 수속 개시 1~2시간 전까지 항구로 간다. → **발권 수속** 선박 회사의 창구에서 탑승권을 받는다. → **출국 심사** 여권과 탑승권을 제시하고 출국 스탬프를 받는다. → **면세점 이용** 승선 시각 전까지 쇼핑 또는 휴식을 취한다. → **탑승** 승선 후 지정된 자리에 앉으면 일본으로 떠날 채비 완료!

규슈 노선 운항사

고려훼리 www.koreaferry.kr
부관훼리 www.pukwan.co.kr

부산 국제여객터미널

뉴카멜리아(고려훼리) · 부관훼리는 매일 1회 출항한다. 부산 국제여객터미널은 공항에 비해 구조가 단순하고 규모도 작아 이용에 어려움은 없다. 건물은 5층으로 이루어져 있으며, 3층에 선박회사의 매표소 겸 발권 수속 창구와 출국장, 2층에 입국장이 있다. 편의시설로는 2 · 3층에 편의점 · 식당 · 은행 · 약국 · 핸드폰 로밍 센터가 있다.

1 항구 도착

원칙적으로 승선 수속 개시 30~40분 전까지 발권을 마쳐야 하지만 이용객이 몰리면 시간이 지체되기도 하니 승선 수속 개시 1~2시간 전까지 항구로 가는 게 안전하다. 승선 수속 개시 시각은 티켓 구매시 확인할 수 있다.
KTX 부산역에서는 9번 출구를 나와 10분쯤 걸어가면 부산 국제여객터미널이다. 또는 지하철 1호선 초량역에서 걸어가거나 5-1 · 42 · 1004번 시내버스를 이용해도 된다(p.105)

2 발권 수속

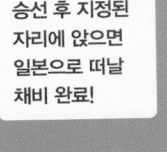

국제여객터미널 3층의 선박회사 창구에서 승선표를 작성한다. 여권번호 · 영문 이름 · 주소 · 연락처 등의 인적사항만 기입하면 된다. 그리고 승선표와 함께 여권 · 티켓 · 터미널 이용료 · 유류할증료를 내면 탑승권을 발권해 준다.

부산 국제여객터미널

부산 국제여객터미널

터미널 이용료 6,000원
유류할증료 1만 2,000원
관광진흥기금 1,000원
※유류할증료는 수시로 변동된다. 정확한 금액은 운항사 홈페이지에서 확인한다.

3 출국 심사

출국장은 부산 국제여객터미널 3층에 있다. 출국장 입구의 전광판에 각 선박의 승선 수속 시각이 표시되므로 그것을 보고 출국장으로 들어가면 된다. 먼저 세관 검사가 시작되는데, 비행기와 달리 짐을 직접 갖고 타기 때문에 모든 소지품에 대해 X-선 검사를 받는다. 고가의 보석 · 시계 · 전자제품을 갖고 있을 때는 귀국 시 문제가 될 수 있으므로 여기서 미리 신고하고 나가는 게 안전하다.

세관 검색대를 빠져나오면 바로 출국 심사대가 이어진다. 긴 줄이 늘어서 있을 테니 눈치껏 사람이 적은 쪽에 줄을 서자. 그리고 여권과 탑승권을 제시하고 출국 스탬프를 받으면 출국 심사가 완료된다.

4 면세점 이용

출국 심사대 바로 앞에는 조그만 면세점이 있다. 공항에 비하면 정말 소박(?)하기 이를 데 없는 수준이며 상품 구색도 빈약하다. 주류 · 담배를 제외하면 딱히 살 만한 물건도 없으니 시내 면세점이나 인터넷 면세점을 이용하는 게 현명하다(p.94). 면세품 인도장은 승선 게이트 맞은편에 있다.

5 승선

면세점 옆의 벤치에 앉아 승선 게이트가 열리기를 기다린다. 승선이 개시되면 뉴카멜리아 · 부관훼리 등 각 선박의 이름이 적힌 표지판을 따라간다.

배 안에서 하룻밤을 보내야 하는 뉴카멜리아 · 부관훼리는 이용할 객실의 키 또는 자리를 배정 받은 뒤 짐을 부린다. 배가 움직이기 시작하면 갑판으로 올라가 출항하는 모습을 구경하자. 배 뒤편으로는 멀어져 가는 부산항, 왼편으로는 삐죽 솟아오른 오륙도의 모습이 펼쳐진다. 갑판에서 기념사진을 찍은 뒤에는 목욕탕으로 가서 선상 목욕을 즐기자. 일렁이는 파도에 따라 좌우로 흔들리는 욕조의 느낌이 색다를 것이다. 목욕탕 이용 시각이 정해져 있으니 너무 늦게 가지 않도록 주의하자. 그리고 잠자리에 들면 다음날 아침 해는 일본에서 맞이하게 된다.

뱃멀미에 주의

뱃멀미가 걱정되면 미리 멀미약을 챙겨두자. 항구의 약국은 시내보다 비싸다. 뱃멀미를 예방하는 최선의 방법은 약의 복용 시간을 잘 지키고 출항과 동시에 잠드는 것이다.

도시락 준비

뉴카멜리아 · 부관훼리를 이용할 때 배 안에서 해결해야 하는 식사는 저녁과 아침 두 끼다. 선내에는 식당이 있어 배곯을 염려는 없다. 다만 한 끼에 1만 원이 넘는 만만치 않은 비용이 문제일뿐. 여행 경비를 아끼려면 배를 타기 전에 컵라면 · 김밥 같은 간단한 먹거리를 챙겨가자. 비행기와 달리 배는 자기 짐을 모두 갖고 타기 때문에 가방 안에 먹거리를 넣어뒀다가 맘대로 꺼내 먹을 수 있다. 뜨거운 물은 식당 · 음수대에서 무료로 제공한다.

부관훼리

부산 국제여객터미널로 가는 길

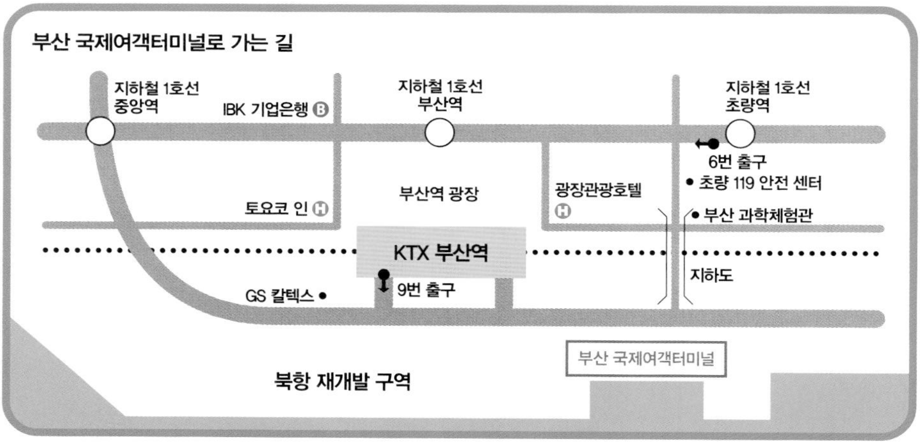

하카타 항 국제터미널에서 시내로

부산을 출발한 배가 도착하는 곳은 후쿠오카 도심에서 북쪽으 2~3㎞쯤 떨어진 곳에 위치한 하카타 항 국제터미널이다. 국제터미널이란 거창한 명칭과 달리 규모가 무척 아담해(?) 이용에 큰 어려움은 없다. 시내로 들어갈 때는 하카타 역 또는 텐진 행 버스를 이용하면 편리하다. 버스 시간을 맞추기 힘들 때는 택시를 타자. 시내와 가까워 네 명이 함께 타면 버스 요금 정도로 이용할 수도 있다.

네 줄 요약

터미널 구조
입국장 · 출국장은 2층,
선박회사 체크인 카운터는 1층,
버스 정류장은 건물을 나와
왼쪽에 있다.

항구 → JR 하카타 역
버스 20분, 260엔
택시 10분, 2,000엔~

항구 → 텐진
버스 15분, 210엔
택시 10분, 1,500엔~

하카타 항 국제터미널

홈피 www.hakataport.com
유류할증료(귀국시)
요금 1,200엔(선사 · 시기에 따라 다름)
터미널 이용권(귀국시)
요금 500엔
관광세(귀국시)
요금 1,000엔

하카타 항 국제터미널

버스

항구→JR 하카타 역
BRT · 11 · 19 · 50번 20분, 260엔
항구→텐진
BRT · 151 · 152번 15분, 210엔
산큐 패스 사용 가능

하카타 항 국제터미널 博多港国際ターミナル

규모가 작고 한국어 표지판이 곳곳에 붙어 있어 이용하기 쉽다. 입국장은 2층이다. 입국장을 나와 정면에 보이는 에스컬레이터를 타고 1층으로 내려가면 은행 · 식당 · 인포메이션 센터 등의 편의시설이 모여 있다.

귀국시 이용법

여행을 마치고 한국으로 돌아올 때는 1층의 뉴카멜리아 체크인 카운터에서 승선 수속을 하고, 정문 옆에 설치된 터미널 이용권 ターミナル利用券 발매기에서 터미널 이용권을 구매한다. 그리고 2층의 출국장으로 올라가 출국 수속을 밟는다. 출국장 안에는 조그만 면세점이 있지만 구매 가능한 상품이 무척 한정적이라 쇼핑은 시내에서 끝내고 오는 게 좋다. 3층에는 하카타 항 국제터미널과 주변 풍경이 훤히 내려다보이는 무료 전망대가 있다. 승선 수속을 마치고 시간이 남을 때는 여기서 시간을 보내도 된다.

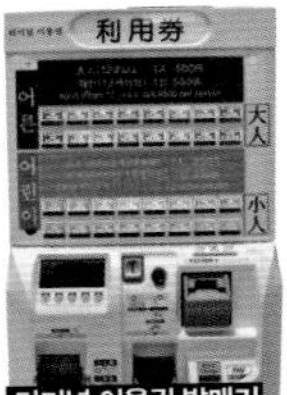

터미널 이용권 발매기

버스 バス

버스 정류장은 1층의 출입구를 나와 왼쪽에 있다. JR 하카타 역으로 갈 때는 하카타 역 博多駅 방면의 BRT · 11 · 19 · 50번, 텐진으로 갈 때는 텐진 天神 방면의 BRT · 151 · 152번 버스를 탄다.
초행자는 하카타 항 국제터미널~JR 하카타 역~텐진~하카타 항 국제터미

널을 순환 운행하는 BRT 버스가 이용하기 편리하다는 사실을 기억하자.
버스는 뒷문으로 타고 앞문으로 내린다. 뒷문으로 탈 때 주황색의 발권기에서 번호가 적힌 정리권 整理券(세이리켄)을 뽑고, 내릴 때 거기 적힌 번호와 운전석 왼쪽 위의 모니터에 표시된 번호가 일치하는 칸의 요금을 낸다(p.111). 한국어 안내방송이 확실한 BRT 버스의 경우 내릴 정류장을 알아보기 쉽지만, 기타 노선의 버스는 정류장을 파악하기 힘드니 미리 운전사에게 내릴 곳을 알려달라고 부탁해 놓는 게 좋다.
도착 당일 버스를 5회 이상 이용할 계획이라면 1일권인 후쿠오카 투어리스트 시티 패스 또는 후쿠오카 시내 1일 승차권을 구매하는 게 경제적이다(p.117). 하카타 항 국제터미널 1층의 인포메이션 센터에서 판매한다.

택시 タクシー

항구에서 시내까지의 거리가 가까워 여럿이 함께 타면 버스 요금 정도로 이용할 수도 있다. 예를 들어 JR 하카타 역까지의 요금은 2,000엔 정도, 네 명이 타면 1인당 500엔 정도면 충분하며, 시간도 10분 정도밖에 안 걸려 버스보다 편리하다. 단, 길이 밀리는 출퇴근 시간에는 이용하지 않는 게 상책이다. 택시 타는 곳은 1층의 출입구를 나와 오른쪽에 있다. 문은 운전석에서 자동으로 열리고 닫히게 조작하니 자신이 직접 여닫을 필요가 없다. 영어가 잘 통하지 않아 목적지명은 한자 · 일본어로 적어서 보여주는 게 안전하다. 요금은 미터제이다.

후쿠오카 시내→항구

JR 하카타 역의 F번 정류장(MAP 4)에서 BRT · 88번 버스 또는 텐진의 Solaria Stage 앞 2A번 정류장(MAP 5)에서 BRT · 80번 버스를 타고 하카타 항 국제터미널 博多港国際ターミナル 하차(15~20분, 210~260엔).

택시

요금 **기본요금** 1,064m까지 670엔
추가요금 268m당 80엔
항구→JR 하카타 역
10분, 2,000엔~
항구→텐진
10분, 1,500엔~

주변 도시에서 후쿠오카로

규슈의 주요 도시에서 후쿠오카로 갈 때는 기차 또는 고속버스를 이용한다. 요금이 비싸더라도 시각표대로 움직이는 정시성과 안락한 시설을 원하면 기차, 기차보다 조금 불편하더라도 저렴한 요금을 원하면 고속버스를 선택한다. 기차는 후쿠오카 한복판에 위치한 JR 하카타 역, 고속버스는 하카타 역과 나란히 이어진 하카타 버스터미널 또는 텐진 고속버스 터미널에 도착한다.

세 줄 요약

기차역 · 버스터미널 위치
기차역 · 버스터미널의 위치를 미리 확인해두면 도착해서 길 찾기가 수월하다.

JR 하카타 역 · 하카타 버스터미널
하카타 역 주변의 숙소를 이용할 때 편리. 시내버스 · 지하철 이용도 쉽다.

텐진 고속버스 터미널
텐진 주변의 숙소를 이용할 때 편리. 버스터미널은 3층에 있다.

JR 하카타 역
지도 MAP 7-H3

JR 하카타 역 博多駅

규슈를 운행하는 모든 JR 열차의 종착역이자 출발역이다. 역의 규모가 상당한데 1층이 매표소 · 개찰구, 2층이 플랫폼이다. 출구는 서쪽의 하카타 출구 博多口와 동쪽의 치쿠시 출구 筑紫口 두 개가 있다. 주요 명소는 하카타 출구 쪽에 위치하며, 시내를 오가는 대부분의 버스가 하카타 출구 앞의 정류장에서 출발한다. 역 구내의 하카타 출구 방향으로 이어진 연결통로를 따라 지하 1층으로 내려가면 지하철 쿠코 선 空港線의 하카타 역(K11)과도 바로 연결된다.

하카타 버스터미널
고속버스 티켓은 3층 매표소, 시내버스 및 공항버스 티켓은 1층 매표소에서 판매한다.
지도 MAP 6-A3

하카타 버스터미널 博多高速バスターミナル

JR 하카타 역의 하카타 출구 博多口와 나란히 이어져 있다. 대부분의 고속버스는 출발지→텐진 고속버스 터미널→하카타 버스터미널 또는 출발지→하카타 버스터미널→텐진 고속버스 터미널의 순으로 정차하는데, JR 하카타 역 주변의 숙소를 이용할 때는 여기서 내리는 게 편하다. 2층 고속버스 도착 승강장, 3층 고속버스 출발 승강장으로 나뉘며, 1층에는 시내버스 터미널, 4~6층에는 식당가 · 서점 · 100엔 숍 등의 편의시설이 있다.

텐진 고속버스 터미널
지도 MAP 8-F4

텐진 고속버스 터미널 天神高速バスターミナル

텐진 한복판에 위치해 인근 숙소에 묵을 때 이용하면 편리하다. 솔라리아 스테이지 쇼핑몰 3층에 위치하며1층으로 내려가면 시내버스 정류장이 있다. 지하 1층으로 내려가면 지하상가를 통해 지하철 쿠코 선의 텐진 天神 역(K08), 나나쿠마 선의 텐진미나미 天神南 역(N16)과 연결된다.

나가사키→후쿠오카 長崎→福岡

JR 나가사키 역에서 신칸센 카모메 かもめ를 타고 타케오온센 武雄温泉 역으로 간 다음 특급열차로 갈아탄다. 열차가 도착하는 곳은 JR 하카타 博多 역이다. 나가사키에키마에 버스터미널(MAP 21-A2)에서 고속버스가 05:30~21:30, 15~30분 간격으로 운행하며, 나가사키→후쿠오카 국제공항→텐진 고속버스 터미널→하카타 버스터미널의 순으로 정차한다.

나가사키→후쿠오카

신칸센 + 특급열차 1시간 30분, 6,490엔
북큐슈 레일 패스 사용 가능
고속버스 2시간 30분, 2,900엔
산큐 패스 사용 가능

유후인→후쿠오카 由布院→福岡

특급열차

JR 유후인 由布院 역에서 특급열차가 1일 6회 운행한다. 열차가 도착하는 곳은 JR 하카타 博多 역이다. 유후인 버스터미널에서 고속버스가 08:00~17:00, 30분~2시간 간격으로 운행하며, 유후인→후쿠오카 국제공항→하카타 버스터미널→텐진 고속버스 터미널의 순으로 정차한다.

유후인→후쿠오카

특급열차 2시간 20분, 5,630~6,130엔
북큐슈 레일 패스 사용 가능
고속버스 2시간, 3,250엔
산큐 패스 사용 가능

벳푸→후쿠오카 別府→福岡

JR 벳푸 別府 역에서 특급열차 소닉 ソニック이 05:21~21:38, 30분~1시간 간격으로 운행한다. 열차가 도착하는 곳은 JR 하카타 博多 역이다.
벳푸의 키타하마 버스 센터(MAP 17-B5)에서 고속버스가 07:00~21:00, 1시간 간격으로 운행하며, 벳푸→후쿠오카 국제공항→텐진 고속버스 터미널→하카타 버스터미널의 순으로 정차한다.

벳푸→후쿠오카

특급열차 2시간 30분, 6,910엔
북큐슈 레일 패스 사용 가능
고속버스 2시간 40분, 3,250엔
산큐 패스 사용 가능

후쿠오카 시내교통

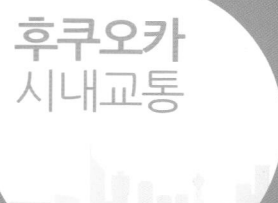

후쿠오카 시내에서 이용 가능한 대중교통은 버스 · 지하철 · 택시다. 이 가운데 가장 편리한 교통편은 바로 버스. 그물망처럼 촘촘한 노선이 주요 명소를 빠짐없이 연결한다. 1일권을 구매하면 활용도는 더욱 높아진다. 지하철은 버스의 보조수단으로 이용하기에 좋은데, 노선이 단순하고 핵심 지역을 빠르게 연결해 러시아워 등 길이 밀릴 때 이용하면 편리하다. 버스와 마찬가지로 1일권을 구매하면 더욱 경제적이다.

세 줄 요약

버스	지하철	1일권
주요 명소를 빠짐없이 연결하는 여행자의 발과 같은 존재. 요금은 조금 비싸다.	노선이 단 세 개뿐! 노선 파악이 쉽고 빠른 이동이 가능한 게 매력.	버스 또는 지하철 전용과 버스 · 지하철 겸용이 있다. 용도에 맞춰 구매한다.

버스

운행 05:30~23:00(노선마다 다름)
요금 1회 150엔~
후쿠오카 투어리스트 시티 패스 2,500엔
후쿠오카 시내 1일 승차권 1,200엔
홈피 www.nishitetsu.jp
산큐 패스 사용 가능

버스 バス

후쿠오카 시내에서 활용도가 가장 높은 교통편이다. 시내 구석구석을 촘촘히 연결해 어디든 원하는 곳을 찾아갈 수 있다. 후쿠오카 시내를 운행하는 거의 모든 버스는 JR 하카타 역(MAP 7-H3), 하카타 버스터미널(MAP 6-A3), 텐진(MAP 8-F4)을 경유한다. 즉, 이 세 곳이 버스 이용에 가장 편리한 교통 거점이란 뜻!

요금 및 운행시간

JR 하카타 역~텐진 사이의 '150엔 버스 구간'에 한해 모든 버스를 150엔에 탈 수 있다. 하지만 해당 구간 이외의 지역에서는 거리에 비례해 요금이 오르는데 은근히 비싸다. 후쿠오카 외곽의 명소를 다녀오거나 1일 5회 이상 버스를 탈 계획이라면 오히려 1일권(p.117)이 경제적이다.
단, 산큐 패스(p.354) 소지자는 버스를 자유로이 탈 수 있어 따로 1일권을 구매할 필요가 없다.

실전! 버스 타기

시내버스 정류장에서도 줄 서기는 기본

버스 정류장에는 노선별 시각표와 노선도가 붙어 있으며, 곧 도착할 버스의 번호 · 행선지를 알려주는 안내 모니터가 설치된 곳도 있다. 버스가 들어오면 차량 앞 또는 탑승구 옆에 적힌 번호 · 행선지를 확인하고 버스에 오른다.
우리나라와 반대로 뒷문으로 타고 앞문으로 내리는데, 뒷문으로 탈 때 계단 옆에 놓인 주황색 발권기에서 번호가 적힌 정리권 整理券(세이리켄)을 뽑는다.

시내버스 이용법

❶ 차량 앞에 표시된 노선 번호와 행선지를 확인한다.

❷ 뒷문으로 타면서 정리권을 뽑는다.

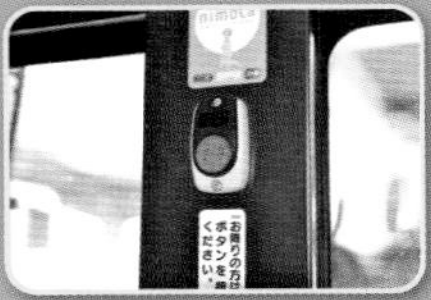

❸ 내릴 때가 되면 벨을 눌러 버스를 세운다.

❹ 요금을 확인한다. 정리권과 모니터의 번호가 일치하는 칸의 숫자가 요금이다.

❺ 요금을 내고 앞문으로 내린다. 잔돈이 없을 때는 요금함의 동전 교환기를 이용한다.

내릴 때 거기 적힌 번호와 운전석 왼쪽 모니터에 표시된 번호가 일치하는 칸의 요금을 내면 된다. 내릴 정류장이 다가오면 벨을 눌러 버스를 세운다. 안내방송이 철저하며 운전석 옆에 설치된 모니터에 정류장 이름이 일어 · 영어 · 한국어로 표시된다.

요금을 낼 때는 거스름돈을 주지 않으니 정확한 액수를 맞춰서 내야 한다. 잔돈이 없을 때는 요금함에 달린 잔돈 교환기를 이용한다. 500엔 동전이나 1,000엔 지폐를 넣으면 투입한 금액만큼 10 · 100엔짜리 동전이 나온다. 1일권 소지자는 운전사에게 1일권을 제시하고 내리면 된다.

버스 이용시 주의사항

버스 정류장

편리한 후쿠오카의 시내버스

복잡한 노선에 주의하자. 100여 개의 노선이 뒤엉켜 있어 알아보기가 쉽지 않다. 갈아타기 역시 은근히 불편하니 되도록 직행 노선을 이용하는 게 현명하다. 버스를 탈 때는 정류장에 붙은 노선도와 차량의 행선지 표지판을 보고 자신이 타려는 버스가 원하는 목적지까지 가나 한 번 더 확인한다. 자칫 버스 번호만 믿고 탔다가는 완전히 반대방향으로 갈 수도 있다. 또한 일부 노선은 번호가 같은 버스라도 운행 방향에 따라 경유지 및 정류장이 달라지기도 하니 주의하자.

교통카드 이용

스이카 등의 교통카드(p.114) 이용시에는 정리권을 뽑을 필요가 없다. 버스를 탈 때 문 옆에 설치된 단말기, 내릴 때 운전석 옆 요금함의 단말기에 교통카드를 차례로 찍으면 요금이 자동으로 정산된다.

교통카드용 단말기

150엔 버스 구간

쇼핑몰과 관광명소가 집중된 후쿠오카 중심부에 한해(동서 2㎞, 남북 2㎞) 버스 요금이 무조건 1회 150엔이다. 자세한 범위는 150엔 버스 구간(MAP 3)을 참조하자.

포함 지역

JR 하카타 역, 나카스 포장마차촌, 캐널시티 하카타, 쿠시다 신사, 텐진 쇼핑가, 텐진 지하상가, 야나기바시 연합시장, 스미요시 신사

지하철 타는 법

지하철역을 찾아간다.

매표소에서 요금을 확인한다.

자판기에서 티켓을 구매한다.

개찰구를 통과한다.

지하철을 탄다.

안내방송 · 모니터로 내릴 역 확인.

하차후 개찰구를 통과한다.

출구에 설치된 지도를 확인한다.

목적지 도착!

지하철

운행 05:45~24:00(노선마다 다름)
※6~15분 간격 운행
요금 1회 210엔~
1일 승차권 640엔
후쿠오카 투어리스트 시티 패스 2,500엔
홈피 http://subway.city.fukuoka.lg.jp

교통카드 이용

스이카(p.114)를 비롯한 교통카드 이용자는 우리나라의 지하철과 마찬가지로 개찰구를 통과할 때 단말기에 교통카드를 찍으면 요금이 자동 결제된다.

지하철 地下鉄

지하철역 표지판

지하철 노선은 쿠코 선 空港線(K) · 하코자키 선 箱崎線(H) · 나나쿠마 선 七隈線(N)의 세 개뿐이라 이용하기 쉽다. 지하철 노선도에서 원 안에 알파벳과 숫자로 표시된 것은 역의 고유번호다. 예를 들어 '하카타 博多(K11)'라고 쓰인 것은 이 역이 쿠코 선(K)의 11번째 역임을 뜻하며, 실제 지하철역에도 같은 번호가 표시돼 있다. 초행자는 역 이름보다 고유번호로 역을 찾는 게 훨씬 쉽다.

요금 및 운행시간

요금은 거리에 비례해서 오른다. 출발역에 따라 요금이 적용되는 정거장 숫자가 다른데 2정거장 이내 210엔, 3~6정거장 260엔, 7~11정거장 300엔, 12~16 정거장 340엔, 15정거장 이상 360엔 정도다. 지하철을 1일 3회 이상 이용할 때는 1일 승차권 또는 후쿠오카 투어리스트 시티 패스를 구매하는 게 경제적이다(p.116).

실전! 지하철 타기

티켓 모양만 다를뿐 우리나라의 지하철 이용법과 큰 차이가 없다. 티켓은 자판기에서 구매한다. 우선 자판기 위에 설치된 노선도에서 원하는 목적지까지의 요금을 확인한다. 역 이름 위·아래에 적힌 숫자가 요금이다. 그리고 자판기

지하철 티켓 자판기 이용법

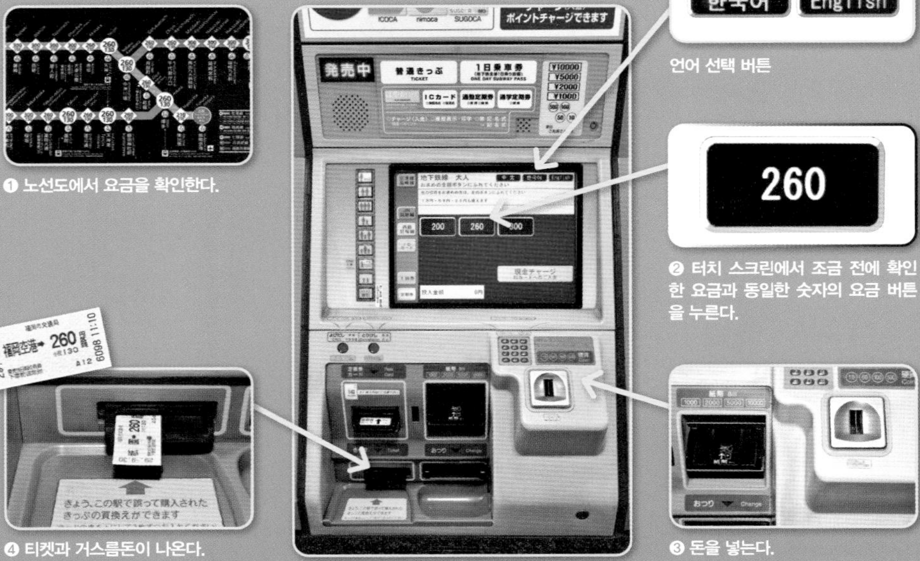

❶ 노선도에서 요금을 확인한다.

❷ 터치 스크린에서 조금 전에 확인한 요금과 동일한 숫자의 요금 버튼을 누른다.

❸ 돈을 넣는다.

❹ 티켓과 거스름돈이 나온다.

언어 선택 버튼

의 터치 스크린에서 방금 확인한 것과 동일한 요금의 버튼을 누른 다음 돈을 넣으면 티켓이 나온다. 자세한 방법은 상단의 티켓 자판기 이용법을 참고하자. 개찰구를 통과할 때 투입구에 티켓을 넣으면 작은 구멍이 뚫리며 사용이 개시된다. 역 구내의 안내판·표지판은 한국어·일어·영어가 병기돼 있다. 기본적으로 안내방송은 일어·영어로 나오며, 일부 차량에 한해 한국어 안내방송이 나오기도 한다. 차량의 출입구 위에 설치된 모니터·전광판에는 다음 정차할 역의 이름이 일어·영어로 표시되니 이것을 보고 원하는 목적지에서 내린다.
지하철을 갈아탈 때는 환승 のりかえ(노리카에) 표지판만 따라가면 된다. 지하철역 밖으로 나갈 때는 출구 근처에 설치된 지도를 보고 위치를 확인한 다음 나가면 길 잃을 염려가 없다.

후쿠오카의 지하철역

택시 タクシー

택시 요금은 차량 크기에 따라 다르며 자세한 요금은 운전석 옆에 표시돼 있다. 시간 · 거리 병산제에 심야할증까지 있어 요금이 우리나라보다 비싼데 지하철로 세 정거장 거리가 1,000엔 정도다. 기본요금 거리에서 서너 명이 함께 타면 버스 · 지하철 요금과 비슷하게 이용할 수 있다.
택시는 주정차 금지구역이 아닌 곳 또는 택시 승강장에서 쉽게 잡을 수 있다. 빈차 확인 요령은 우리나라와 같다. 편하게 택시를 잡으려면 가까운 호텔 · 백화점을 찾아가는 것도 요령이다. 영어가 잘 통하지 않는 경우가 많아 목적지명을 일본어 · 한자로 보여주는 게 좋다. 택시 문은 자동으로 열리고 닫히게 운전석에서 조작하므로 자신이 직접 여닫을 필요가 없다.

택시

홈피 www.taxi-fukcty.or.jp
보통차
기본요금 1,064m까지 670엔
추가요금 268m당 80엔
시간 · 거리 병산제 1분 40초당 80엔
심야할증 22:00~05:00 20%
대형차
기본요금 1.6㎞까지 950엔
추가요금 180m당 80엔
시간 · 거리 병산제 1분 5초당 80엔
심야할증 22:00~05:00 20%

TRAVEL TIP 후쿠오카 교통카드, 하야카켄

하야카켄 はやかけん은 후쿠오카 지하철에서 판매하는 교통카드다. 이 카드 한 장으로 후쿠오카는 물론 일본 전역에서 운행하는 거의 모든 대중교통을 자유로이 이용할 수 있다. 필요한 금액만큼 충전해서 사용하기 때문에 대중교통을 이용할 때마다 티켓을 사거나 요금을 내기 위해 잔돈을 준비하는 번거로움이 없는 게 장점. 특히 장기 체류자에게 유용하다. 단, 대중교통 이용 비율이 적은 단기 체류자 또는 1일권 · 기차 · 버스 패스로 여행할 때는 활용도가 떨어지니 굳이 구매할 필요가 없다.

하야카켄 이용 꿀팁

하야카켄은 편의점 · 슈퍼마켓 · 레스토랑 · 숍에서도 사용 가능하다. 따라서 요금을 넉넉히 충전해 놓으면 현금 없이도 편하게 여행을 즐길 수 있다. 특히 자잘한 동전이 생기지 않는 게 최대의 장점이다.
잔액 확인은 지하철역 · JR 역의 티켓 자판기 또는 스마트폰 앱으로 한다. 아이폰 · 갤럭시 모두 '일본의 열차 카드 잔액 확인' 등의 앱을 깔아서 사용하면 된다.
하야카켄은 일본 전역에서 사용 가능하므로 차후 일본 여행을 계획한다면 미리 구매해 놓는 것도 좋다. 현재 도쿄 · 오사카 등 대도시에서는 스이카 · 파스모 등의 교통카드 구매가 힘들다.

하야카켄 구매 및 충전

하야카켄은 후쿠오카의 모든 지하철역 티켓 자판기에서 판매한다. 터치 스크린의 왼쪽 중간에 있는 'IC 카드 ICカード' 버튼을 누르고, IC 카드 발매 ICカード発売→ 무기명 IC 카드 無記名ICカード→구입액(1,000 · 2,000 · 3,000 · 4,000 · 5,000 · 1만 엔)의 순으로 선택한 다음 돈을 넣으면 하야카켄이 발급된다. 구입액에는 카드 보증금 500엔이 포함돼 있으며, 보증금을 제외한 액수가 사용 가능 금액이다.

요금이 부족하면 충전해서 사용한다. 충전은 지하철역의 티켓 자판기, JR 역의 티켓 자판기, 편의점에서 한다. 충전 단위는 1,000 · 2,000 · 3,000 · 4,000 · 5,000 · 1만 엔이며, 최대 충전 가능 금액은 2만 엔까지다.

하야카켄 사용하기

하야카켄 사용법은 우리나라의 교통카드와 동일하다. 지하철 · JR · 사철에서는 개찰구의 단말기에 하야카켄을 갖다 대면 카드 잔액이 표시되며 개찰구가 열린다. 버스도 탈 때와 내릴 때 각각 한 번씩 단말기에 카드를 찍으면 자동으로 요금이 결제된다. 편의점 · 슈퍼마켓 · 숍 · 레스토랑 · 음료 자판기에서도 하야카켄을 사용할 수 있는데, 결제시 단말기에 카드를 갖다 대기만 하면 된다.

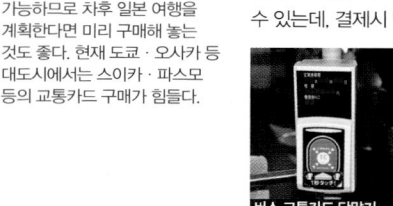

버스 교통카드 단말기

자판기 교통카드 단말기

지하철 개찰구

하야카켄 환불 방법

하야카켄의 유효기간은 마지막 사용일로부터 10년이며, 지하철역의 유인 매표소에서 보증금과 카드 잔액을 돌려받을 수 있다. 환불을 신청하면 카드 잔액에서 환불 수수료 220엔을 공제하고 남은 돈과 보증금을 돌려준다. 단, 잔액이 220엔 미만일 때는 보증금 500엔만 환불된다. 따라서 잔액을 '0엔'이 되도록 사용한 다음 환불 신청을 하면 환불 수수료를 전혀 물지 않아도 된다.

TRAVEL TIP 기타 교통카드 & 모바일 스이카

도쿄의 스이카 Suica, 파스모 Pasumo, 오사카의 이코카 ICOCA, 피타파 PiTaPa, 홋카이도의 키타카 Kitaca 등 일본 타지역에서 발행된 교통카드도 후쿠오카와 규슈 전역에서 자유로이 사용할 수 있다. 사용법은 왼쪽 페이지의 하야카켄과 동일하므로 해당 교통카드를 소지하고 있다면 가져가자. 아이폰 유저는 실물 교통카드 대신 앱으로 설치하는 것도 가능하다.

모바일 스이카 설치 및 사용

모바일 스이카 Mobile Suica는 실물 스이카 Suica와 동일하게 사용 가능한 아이폰용 앱이다. 한국에서 판매하는 갤럭시 기종을 비롯한 안드로이드 스마트폰에는 기술적인 문제로 모바일 스이카 설치가 불가능하다.

앱 스토어에서 '스이카 Suica' 앱을 검색해 다운로드한다. 그리고 스이카 발행(기명 · 무기명 선택 가능)→약관 동의→충전 · 결제의 순으로 진행하면 설치가 완료된다. 최초 충전시 보증금 500엔을 포함한 최소 충전금액 1,000엔이 필요하며 애플 페이로 결제한다. 이후 아이폰 지갑 앱에 모바일 스이카를 추가하고 사용한다. 기본적인 사용법은 왼쪽에 소개한 하야카켄과 동일하다.

스이카 발행시 '기명 記名式'을 선택하면 분실 · 불량 등의 문제 발생시 재발행이 가능하다. 대신 회원등록이 필수이며, 이름 · 생년월일 · 주소 · 핸드폰 번호 등의 개인정보를 일본어로 입력해야 한다. 일본어를 모르거나 번거로울 때는 '무기명 無記名'으로 설치해도 사용에 지장은 없다.

모바일 스이카

홈피 www.jreast.co.jp/mobilesuica

모바일 스이카 충전

애플 페이를 이용해 1,000엔 단위로 충전할 수 있으며, 최대 충전금액은 2만 엔까지다. 애플 페이 대신 현금으로 충전하는 것도 가능하다. 아이폰 대응이 되는 지하철역 · JR 역의 신형 티켓 자판기 또는 편의점을 이용한다.

편의점에서는 점원에게 충전을 부탁하고(스이카노 챠지오 오네가이시마스 Suicaのチャージをおねがいします), 금액을 지불한 다음 단말기에 아이폰을 갖다 대면 충전이 된다. 마찬가지로 1,000엔 단위로 충전할 수 있으며, 최대 충전금액은 2만 엔까지다.

모바일 스이카 환불

모바일 스이카의 유효기간은 마지막 사용일로부터 10년이며, 유효기간 내에 보증금과 카드 잔액을 돌려받을 수 있다. 환불 신청을 하면 잔액에서 수수료 220엔을 공제하고 남은 돈과 보증금을 돌려준다. 단, 잔액이 220엔 미만일 때는 보증금 500엔만 환불된다. 따라서 잔액을 '0'엔이 되도록 사용한 다음 환불 신청을 하면 환불 수수료를 전혀 물지 않아도 된다.

교통카드 잔액 확인

모바일 스이카는 실시간 잔액 확인이 가능하다. 실물 교통카드는 지하철역 · JR 역의 티켓 자판기 또는 스마트폰 앱으로 잔액을 확인할 수 있다. 아이폰 · 갤럭시 모두 '일본의 열차 카드 잔액 확인' 등의 앱을 깔아서 사용하면 된다.

TRAVEL TIP 편리하고 경제적인 1일권

도심을 벗어나 후쿠오카 외곽까지 돌아보려면 만만치 않은 교통비가 필요하다. 한 푼이라도 절약하려면 할인패스 구매는 필수! 할인패스마다 이용 가능한 교통편과 사용 가능 범위가 다르니 꼼꼼히 살펴보고 자신의 일정에 어울리는 것을 선택하자.

지하철 1일 승차권

요금 640엔
홈피 http://subway.city.fukuoka.lg.jp

1일 승차권

파미치카킷푸

요금 1,000엔
홈피 http://subway.city.fukuoka.lg.jp

지하철 1일 승차권 1日乗車券

Only 지하철 이용자에게 추천. 3회 이상 이용하면 본전이 빠지는 지하철 전용 1일권. 구입법은 하단부를 참고하자. 이용법은 일반 티켓과 동일하며 주요 명소의 입장료도 할인된다.

판매 지하철역 매표소 자판기

할인 시설 노코 박물관, 후쿠오카 시 박물관, 후쿠오카 시 미술관, 후쿠오카 아시아 미술관, 하카타 역사관, 하카타마치야 향토관, 후쿠오카 시 과학관, 후쿠오카 성 기모노 체험 마이유노야카타, 하나테이엔, 카나타케노사토 공원, 유센테이 공원, 후쿠오카 시 동식물원, 쇼후엔 정원, 후쿠오카 타워, 보트 레이스 후쿠오카 ※할인 시설은 수시로 변경됨

파미치카킷푸 ファミちかきっぷ

Only 지하철 이용자에게 추천. 가족 여행자를 위한 지하철 전용 1일권. 이 티켓 한 장으로 성인 2명(부부 · 부모자식 · 형제자매)과 12세 미만 자녀(인원 무제한)가 함께 지하철을 탈 수 있다. 1일권 구매시 티켓에 이용자의 인원수 · 이름 · 연령을 기재하며, 실제 이용시에는 유인 개찰구에서 역무원에게 1일권을 제시하면 된다.

판매 지하철역의 고객 센터 お客様サービスセンター

지하철 1일 승차권 구매

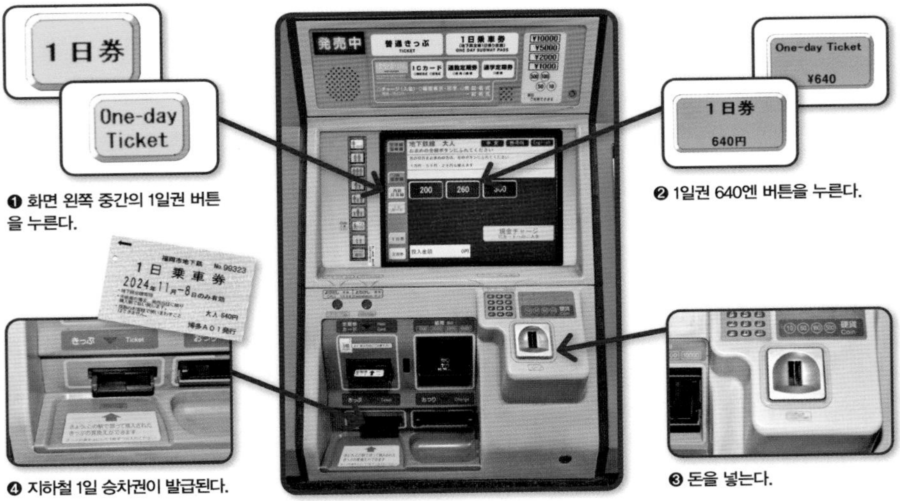

❶ 화면 왼쪽 중간의 1일권 버튼을 누른다.

❷ 1일권 640엔 버튼을 누른다.

❸ 돈을 넣는다.

❹ 지하철 1일 승차권이 발급된다.

후쿠오카 시내 1일 승차권(그린 패스) 福岡市内1日フリー乗車券

Only 버스 이용자에게 추천. 후쿠오카 시내버스 전 노선을 자유로이 탈 수 있는 1일권. 5회 이상 이용하면 본전이 빠진다. 후쿠오카 시내버스만 이용 가능한 승차권과 다자이후 행 고속버스 타비토 旅人(왕복 1,400엔)까지 이용 가능한 승차권 가운데 선택해 구매한다. 스마트폰 앱으로 구매하면 조금 더 저렴하다.

즉석복권처럼 사용일자의 은박 부분을 벗겨내면 사용 개시가 된다. 실제 사용시에는 버스에서 내릴 때 운전사에게 패스를 제시하면 된다.

판매 한국의 인터넷 쇼핑몰, 텐진 고속버스 터미널, 하카타 버스터미널, 후쿠오카 국제공항 1층 버스 매표소

할인 시설 하카타마치야 향토관, 후쿠오카 시 박물관, 후쿠오카 시 미술관, 후쿠오카 아시아 미술관, 후쿠오카 시 과학관, 마린 월드, 인큐브 텐진점, 다자이후 역 자전거 대여소

※할인 시설은 수시로 변경됨

후쿠오카 시내 1일 승차권

요금 후쿠오카 시내 전용 1,200엔
후쿠오카 시내+다자이후 2,100엔
스마트폰 앱 구매
요금 후쿠오카 시내 전용
6시간권 1,200엔
14시간권 1,100엔
요금 후쿠오카 시내+다자이후
24시간권 2,100엔
홈피 www.nishitetsu.jp

후쿠오카 투어리스트 시티 패스 Fukuoka Tourist City Pass

무조건 편한 게 최고인 이에게 적합. 후쿠오카의 시내버스 · 지하철 전 노선과 특정구간의 JR · 페리를 모두 이용 가능한 외국인 전용 1일권이다. 교통이 불편한 후쿠오카 북부의 우미노나카미치 해변공원과 마린월드까지 돌아볼 때 특히 유용하다.
후쿠오카 시내 전용 패스와 다자이후 왕복 교통편이 포함된 패스 가운데 선택해 구매한다. 단, 다자이후까지는 니시테츠 전철만 이용 가능하며, 고속버스 타비토 旅人(왕복 1,400엔)는 이용 불가능하다.

즉석복권처럼 사용일자의 은박 부분을 벗겨내면 사용 개시가 된다. 버스는 내릴 때 운전사, 지하철 · JR · 페리는 타고 내릴 때 유인 개찰구에서 역무원에게 패스를 제시하면 된다.

판매 한국의 인터넷 쇼핑몰, 텐진 고속버스 터미널, 하카타 버스터미널, 후쿠오카 국제공항 1층 버스 매표소, 니시테츠 후쿠오카 역, 지하철역 고객 센터

할인 시설 후쿠오카 시 박물관, 후쿠오카 타워, 후쿠오카 시 과학관, 유센테이 공원, 후쿠오카 시 미술관, 쇼후엔 정원, 후쿠오카 시 아시아 미술관, 라쿠스이엔 정원, 하카타마치야 향토관, 마린 월드 우미노나카미치, 칸제온지, 다자이후 역 자전거 대여소, 다자이후 신사 보물전 박물관, 간코 역사관, 다자이후 유원지 ※할인 시설은 수시로 변경됨

후쿠오카 투어리스트 시티 패스

요금 후쿠오카 시내 전용 2,500엔
후쿠오카 시내+다자이후 2,800엔
홈피 www.nishitetsu.jp

1일권 꿀팁

후쿠오카 시내에서 지하철 · 버스만 이용하려면 지하철 1일 승차권(640엔)과 후쿠오카 시내 1일 승차권(1,200엔)을 구매한다. 가격은 총 1,840엔으로 후쿠오카 투어리스트 시티 패스보다 저렴하다.

후쿠오카 원데이 패스 Fukuoka 1Day Pass

당일치기 근교 여행에 적합. 후쿠오카 · 야나가와 · 다자이후 전역의 버스(고속버스 제외)와 니시테츠 전철을 모두 이용할 수 있는 1일권. 하룻동안 후쿠오카 · 다자이후 · 야나가와를 모두 돌아볼 때 유용하다. 그러나 이동시간상 하루에 전 지역을 돌아보기는 힘들어 본전 뽑기는 불가능에 가깝다.

즉석복권처럼 사용일자의 은박 부분을 벗겨내면 사용 개시가 된다. 버스는 내릴 때 운전사, 니시테츠 전철은 타고 내릴 때 유인 개찰구에서 역무원에게 패스를 제시하면 된다.

판매 텐진 고속버스 터미널, 하카타 버스터미널, 후쿠오카 국제공항 1층 버스 매표소, 니시테츠 후쿠오카 역, 텐진 관광 인포메이션 센터

후쿠오카 원데이 패스

요금 2,800엔
홈피 www.nishitetsu.jp

AREA 01

후쿠오카 중심부
福岡中心部

후쿠오카의 과거와 현재가 공존하는 지역이다. 한편에선 세련된 멋으로 여행자의 발길을 재촉하는 대형 쇼핑센터와 밤이 깊을수록 활기를 더하는 화려한 유흥가가 도시적 면모를 유감없이 과시한다. 그러나 조금만 안쪽으로 발을 들이면 세월의 더께가 켜켜이 쌓인 서민적인 상점가와 수 백 년의 시간이 고스란히 녹아든 사찰·신사가 차례로 모습을 드러내며 도시의 옛이야기를 조곤조곤 들려준다.

명소 ★★★★☆
맛집 ★★★★★
쇼핑 ★★★★★
유흥 ★★★★★

5대 명소

6대 먹거리

5대 쇼핑몰

best course

#1 후쿠오카 중심부 일주

들러야 할 명소가 많으니 아침 일찍 여정을 시작한다. 텐진, 텐진 지하상가, 캐널 시티 하카타에서는 쇼핑도 즐길 수 있다.

예상 소요시간 10시간~

1. **JR 하카타 시티** p.128

도보 20분

2. **쿠시다 신사** p.129

바로 앞

3. **카와바타 상점가** p.131

도보 20분

4. **텐진** p.122

바로 앞

5. **텐진 지하상가** p.123

도보 20분

6. **캐널 시티 하카타** p.127

도보 3분

7. **나카스 포장마차촌** p.126

캐널 시티 하카타

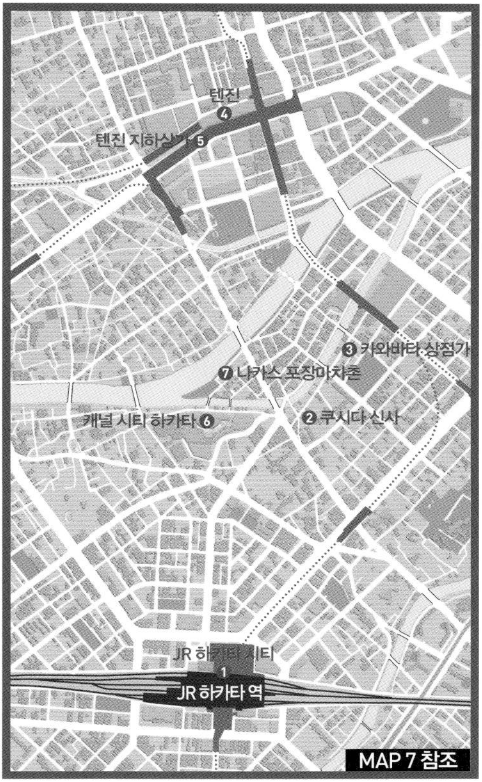

MAP 7 참조

best course

2 후쿠오카 중심부 & 식도락

주요 명소는 물론, 후쿠오카의 대표 맛집까지 모두 들러보는 코스. 쇼쿠도 미츠는 오픈 1시간 전에는 가야 식사가 가능하며, 하카타모츠나베 오야마는 예약 필수란 사실에 유의하자.

예상 소요시간 12시간~

1 **야나기바시 연합시장** p.130

바로 앞

2 **쇼쿠도 미츠** 회덮밥 p.141

도보 20분

3 **텐진** p.122

도보 8분

4 **아크로스 후쿠오카** p.131

도보 3분

5 **팡 스톡 텐진 점** 명란 바게트 p.143

도보 5분

6 **이치란** 라멘 p.136

도보 4분

7 **카와바타 상점가** p.131

도보 9분

8 **쿠시다 신사** p.129

도보 10분

9 **하카타모츠나베 오야마** p.139

도보 16분

10 **나카스 포장마차촌** p.126

야나기바시 연합시장

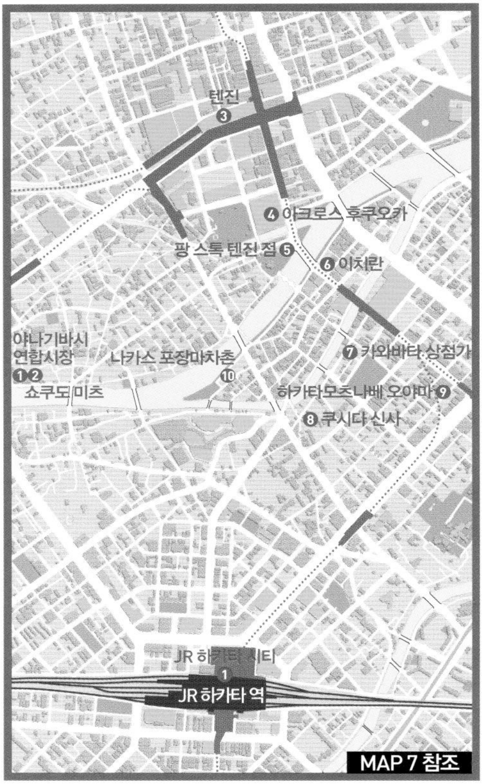

MAP 7 참조

1 · 2 트렌디한 패션 아이템이 풍부하다.
3 아기자기한 소품을 구매하기에도 좋다.

01 天神 텐진 ★★★★★

발음 텐진 영업 숍 10:00~20:00, 레스토랑 11:00~23:00
휴업 연말연시(숍 · 레스토랑마다 다름) 지도 MAP 8
교통 지하철 쿠코 선 텐진 天神 역(K08) 하차. / 지하철 나나쿠마 선 텐진미나미 天神南 역(N16) 하차. / 300 · 301 · 302 · 304번 버스 텐진코소쿠바스타미나루마에 天神高速バスターミナル前 하차. / BRT 버스 텐진소라리아스테지마에 天神ソラリアステージ前 하차.
구글맵 QR 코드 스캔 · 터치

후쿠오카의 명동으로 통하는 다운타운. 지상에는 대형 빌딩과 고급 백화점, 지하에는 그에 버금가는 규모의 대형 쇼핑가가 자리해 화려하고 활기찬 분위기가 흘러넘친다.

현재의 지명은 1612년에 스가와라 미치자네 菅原道真(p.194)를 학문의 신으로 모시는 텐진 天神 신사가 세워진 것을 계기로 붙여졌다. 후쿠오카 성에서 가까워 원래는 무사와 상인의 저택이 즐비한 고급 주거지였으나, 메이지 유신 明治維新(1868년) 당시 그들을 쫓아내고 관청가로 탈바꿈시켰다. 태평양 전쟁 말기에 공습으로 폐허가 된 거리를 재건하는 과정에서 지금처럼 화려한 번화가로 변모했다.

유서 깊은 노포와 가성비 높은 맛집이 많아 먹방의 성지로도 인기가 높다. 주요 백화점은 지하철 텐진 역과 이어진 와타나베도리 渡辺通り, 노포 맛집은 파르코 백화점 뒤쪽의 신텐쵸 新天町 상점가, 최신 트렌드의 패션 · 잡화 · 인테리어 숍은 텐진니시도리 天神西通り, 인기 급상승 중인 맛집과 스트리트 패션 브랜드 숍은 다이묘 大名 쇼핑가에 모여 있다(p.124).

 구글맵

02 天神地下街 텐진 지하상가 ★★★★★

발음 텐진찌까가이 **영업** 10:00~20:00(숍마다 다름)
휴업 연말연시(숍마다 다름) **지도** MAP 8-F3
교통 지하철 쿠코 선 텐진 天神 역(K08) 하차. / 지하철 나나쿠마 선 텐진미나미 天神南 역(N16) 하차. / 300 · 301 · 302 · 304번 버스 텐진코소쿠바스타미나루마에 天神高速バスターミナル前 하차. / BRT 버스 텐진소라리아스테지마에 天神ソラリアステージ前 하차.
구글맵 QR 코드 스캔 · 터치

'텐치카 てんちか'란 애칭으로 통하는 후쿠오카 최대의 지하상가. 1일 이용자수가 40만 명에 이르는 쇼핑 명소다. 1976년에 오픈했으며 1~12번지로 나뉜 상가의 길이는 600m, 연면적은 축구장 8개 넓이와 맞먹는 5만 3,300㎡에 달한다. 바닥을 수놓은 포석과 아르누보 양식의 천장 장식, 색색의 스테인드글라스 등 19세기 유럽의 거리를 테마로 꾸민 인테리어가 눈길을 끈다. 어두운 통로와 달리 숍에 밝은 조명을 비춰 강렬한 시각적 대비를 이루는데, 이는 숍 하나하나가 고객이 주인공인 극장의 무대임을 뜻한다. 160여 개의 숍에서는 최신 트렌드의 패션 · 인테리어 아이템을 취급한다(p.168).
달콤한 스위트로 유명한 링고(p.146), 베이크 치즈 타르트(p.146), 소금빵 맛집 트러플 베이커리(p.159)도 놓치지 말자.
주의할 점은 지상으로 나가는 출구다. 지하상가를 통해 20여 개의 빌딩과 쇼핑센터 · 백화점이 연결돼 자칫하면 엉뚱한 곳에서 헤매기 십상이다. 지하상가 곳곳에 설치된 안내판을 보고 위치와 출구 번호를 확인한 뒤 밖으로 나가자.

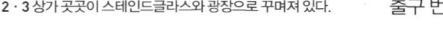

1 텐진 지하상가의 입구를 알리는 문양.
2 · 3 상가 곳곳이 스테인드글라스와 광장으로 꾸며져 있다.

카페와 쇼핑의 거리, 다이묘 이마이즈미

❶ 휴먼 메이드
HUMAN MADE

베이프의 창업자로 유명한 일본 스트리트 패션계의 거물 NIGO가 론칭한 패션 브랜드. 빈티지 스타일을 재해석한 디자인을 주로 선보인다. 귀여운 프린팅과 자수·로고 패치가 특징이다.

영업 11:00~19:00

❷ 베이프
BAPE STORE®

하이엔드 스트리트 패션 브랜드. 카모플라주와 샤크 패턴 아이템이 인기다. 남성복을 중심으로 여성복·아동복·스니커즈·가방 등 폭넓은 상품 구색을 갖췄다. 일본화 스타일의 한정판 티셔츠도 특색 있다.

영업 11:00~19:00

❸ 칼하트 WIP
Carhartt WIP

투박한 워크웨어로 유명한 칼하트 오리지널 라인을 트렌디하게 재해석한 패션 브랜드. 스트리트 무드를 더한 슬림한 라인과 부드러운 소재로 변화를 준 패셔너블한 스타일이 돋보인다.

영업 11:00~20:00

❹ 캐피탈
KAPITAL

아메카지 룩을 대표하는 패션 브랜드. 개성을 추구하는 '옷잘알'에게 인기다. 미국 빈티지 데님에 일본 핸드메이드 기법을 접목시킨 디테일로 유명하다. 클래식 군복, 에스닉 의상에서 차용한 디자인도 독특하다.

영업 11:00~20:00

❺ 슈프림
Supreme

스케이트보드로 시작해 스트리트 패션계의 끝판왕으로 자리잡은 미국 패션 브랜드. 루스하고 편안한 실루엣과 개성 있는 디자인으로 수많은 골수팬을 양산했다. 다양한 브랜드와 콜라보 제품도 자주 출시한다.

영업 11:00~20:00

❻ 스투시
Stüssy Fukuoka Chapter

스트리트 패션씬의 대표주자로 손꼽는 패션 브랜드. 서핑·힙합·스케이트보드 문화로 이어진 독특한 감성을 내세워 오랜 기간 사랑받았다. 감각적 로고 플레이로 10대에게 특히 인기다.

영업 11:00~19:00

❼ 바니스 뉴욕
Barneys New York

뉴욕 럭셔리 백화점에서 태어난 고급 셀렉트 숍. 럭셔리 패션과 하이엔드 패션계의 흐름을 한눈에 보여주는 인기 상품만 엄선했다. 니들스·Yoke·CFCL 등 섬세한 일본 디자이너 코너도 눈길을 끈다.

영업 11:00~19:00

❽ 니시카이간 앵커
西海岸 ANCHOR

50여 년 역사를 자랑하는 구제의류 숍. 깜찍한 스타일을 추구하는 20대에게 인기가 높다. 캐주얼·슈즈·양말 등 다양한 아이템을 취급하며 특히 셔츠와 점퍼가 풍부하다.

영업 11:00~20:00
휴업 1/1

휴먼 메이드 | 칼하트 WIP | 스투시 | 니시카이간 앵커

 구글맵

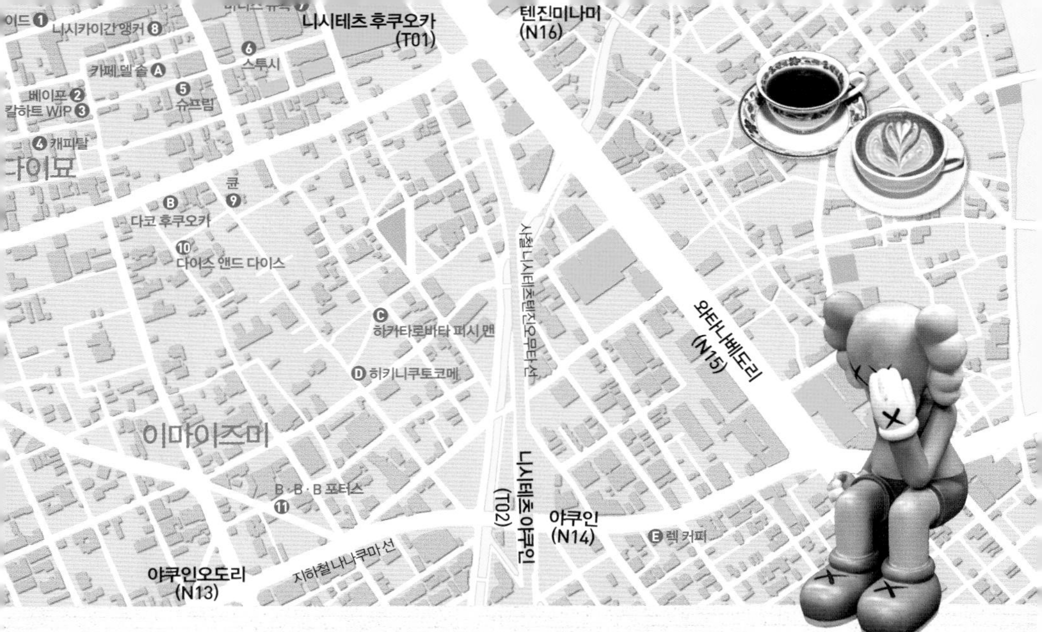

텐진 서쪽의 다이묘 大名와 남쪽의 이마이즈미 今泉는 후쿠오카의 숨은 명소다. 좁은 골목을 따라 아기자기한 카페와 부티크 · 레스토랑이 점점이 모여 있어 느긋하게 산책하는 기분으로 후쿠오카의 최신 유행과 발랄한 감성을 호흡할 수 있다.

9 큐
Cune

깜찍한 토끼 모양 로고의 패션 브랜드. 유니크한 감성이 돋보이는 캐주얼 의류와 액세서리 · 잡화를 판매한다. 남다른 개성의 아이템을 찾는 이에게 강추!
영업 10:00~19:00
휴업 연말연시

10 다이스 앤드 다이스
Dice & Dice

후쿠오카의 인기 셀렉트숍. 디자이너 브랜드에서 스트리트 · 아웃도어 브랜드까지 전 세계에서 수입한 개성 만점의 패션 아이템을 판매한다. 남성복 코너도 충실하다.
영업 13:00~18:00
휴업 연말연시

큐

11 B · B · B 포터스
B · B · B Porters

모던한 감성의 인테리어 · 잡화 전문점. 가격대는 높지만 심플한 디자인에 기능성이 뛰어난 아이템이 풍부하다. 1층은 주방 · 가드닝 용품, 2층은 인테리어 · 잡화 · 식기 코너다.
영업 11:00~19:00
휴업 부정기적

A 카페 델 솔
Café del Sol

★4.0/3.47 혀끝에서 사르르 녹는 폭신한 수플레 팬케이크가 맛있기로 소문난 카페. 고양이 · 천사 등 깜찍한 그림을 그려주는 카페 라테도 인기가 높다.
영업 10:00~18:00
휴업 부정기적

카페 델 솔

B 다코 후쿠오카
daco 福岡

★3.2/3.40 달콤한 도넛 전문점. 쇼핑 도중에 들러 당 보충을 하기에 좋다. 후쿠오카 3대 빵집 가운데 하나인 다코멧카(p.143)의 자매 브랜드다.
영업 11:00~19:00
휴업 연말연시

C 하카타로바타 피시 맨
博多炉端 Fish Man

★4.7/3.49 스타일리시한 퓨전 일식 주점. 경쾌한 분위기가 매력이다. 회 · 구이를 비롯한 싱싱한 생선요리는 물론, 세련된 디저트까지 즐길 수 있다.
영업 11:30~14:30, 17:00~23:00
휴업 연말연시

다코 후쿠오카

D 히키니쿠토코메
挽肉と米

★4.4/3.25 햄버그스테이크 맛집. 즉석에서 구워주는 육즙 가득한 숯불구이 햄버그스테이크와 갓 지은 고슬고슬한 밥이 맛있기로 명성이 자자하다.
영업 11:00~15:00, 17:00~21:00
휴업 수요일

E 렉 커피
Rec Coffee

★4.3/3.27 후쿠오카의 인기 커피 숍. 고작 10여 년에 불과한 짧은 이력에도 불구하고 해마다 유명 바리스타 대회의 우승컵을 거머쥐며 이름을 날리고 있다.
영업 08:00~24:00, 토 · 일요일 10:00~24:00

히키니쿠토코메

1 언제나 활기찬 분위기로 가득하다.
2 즉석에서 음식을 만드는 모습도 흥미롭다.

03 中洲屋台 나카스 포장마차촌 ★★★★★

발음 나까스야따이 영업 18:30~02:00(점포에 따라 다름)
휴업 연말연시 및 태풍 · 지진 등 천재지변시 지도 MAP 10-C3
교통 지하철 나나쿠마 선 쿠시다진자마에 櫛田神社前 역(N17) 하차, 2번 출구에서 도보 6분. / 지하철 쿠코 선 · 하코자키 선 나카스카와바타 中洲川端 역(K09 · H01) 하차, 1번 출구에서 도보 7분. / 6번 버스 캬나루시티하카타마에 キャナルシティ博多前 하차, 도보 8분.
구글맵 QR 코드 스캔 · 터치

후쿠오카의 상징으로 명성이 자자한 포장마차촌. 강변을 따라 20여 개의 포장마차가 늘어서 대낮처럼 환한 불빛을 뿜어낸다. 비좁은 자리에서 손님들끼리 어깨를 마주대고 앉아 술잔을 기울이는 '찐로컬 라이프'를 즐길 수 있어 현지인은 물론 여행자도 즐겨 찾는다. 고소한 냄새가 침샘을 자극하는 꼬치구이, 진한 국물의 오뎅, 뽀얀 사골국의 라면 등 후쿠오카 현지식은 물론 정통 프랑스 요리까지 온갖 먹거리를 취급한다. 가볍게 술과 안주를 즐길 경우 비용은 1인당 3,000~5,000엔으로 일반적인 주점보다 조금 비싸다. 포장마차의 특성상 내부가 훤히 들여다보이니 한 바퀴 돌아보며 마음에 드는 곳을 선택해도 좋다. 여느 식당가와 마찬가로 손님이 몰리는 곳이 맛집이란 사실을 기억하자. 한국어 · 영어 메뉴판이 비치된 곳도 있으며, 말이 통하지 않을 때는 옆자리의 음식을 가리키며 주문해도 된다. 피크 타임은 퇴근 시간과 맞물리는 19:00~22:00다. 급한 볼일은 주변의 공중화장실을 이용해야 한다는 사실에 유의하자.

 구글맵

04 キャナルシティ博多 캐널 시티 하카타 ★★★★★

발음 캬나루시티하까따 **영업** 숍 10:00~21:00, 레스토랑 11:00~23:00
휴업 연말연시(숍 · 레스토랑마다 다름)
홈피 www.canalcity.co.jp **지도** MAP 10-D3
교통 지하철 나나쿠마 선 쿠시다진쟈마에 櫛田神社前 역(N17) 하차, 2번 출구에서 도보 2분. / 지하철 쿠코 선 기온 祇園 역(K10) 하차, 도보 10분. / 6번 버스 캬나루시티하카타마에 キャナルシティ博多前 하차, 도보 5분.
구글맵 QR 코드 스캔 · 터치
분수 쇼 **운영** 10:00~22:00(30분 간격)
캐널 아쿠아 파노라마 **운영** 19:00~21:00(30분~1시간 간격)

후쿠오카 여행의 필수 코스로 꼽는 대형 쇼핑센터.
후쿠오카 3대 쇼핑 명소 가운데 하나로 명성이 자자하다. 총 길이 180m의 인공운하를 중심으로 200여 개의 숍과 내로라하는 맛집이 모여 있다(p.166). 운하를 따라 유려한 곡선을 그리며 이어지는 독특한 디자인의 건물은 도쿄의 롯폰기 힐즈, 오사카의 난바 파크를 설계한 유명 건축가 존 저드 Jon Jerde의 작품이다(1996년).
운하와 연결된 야외무대에서는 음악에 맞춰 물줄기가 춤을 추는 분수 쇼 〈댄싱 워터 Dancing Water〉와 마술 · 마임 · 음악회 등 다이나믹한 이벤트가 끊이지 않는다. 해가 진 뒤에는 운하 주변이 색색의 조명에 물드는 아름다운 야경이 펼쳐진다. 또한 거대한 건물 벽을 스크린삼아 화려한 영상을 비추는 쇼 〈캐널 아쿠아 파노라마 Canal Aqua Panorama〉가 흥미로운 볼거리를 더한다.

1 트렌디한 패션 아이템 쇼핑의 최적지다.
2 지층을 모티브로 만든 기발한 외관이 인상적이다.

1 JR 하카타 역은 후쿠오카 도심에서 가장 높은 빌딩이다.
2 기차놀이를 하는 동자상. 3 최신 유행 아이템이 가득하다.

05 JR 博多シティー JR 하카타 시티 ★★★★☆

발음 제-아루하까따시티- 영업 06:00~24:00, 숍 10:00~20:00, 레스토랑 11:00~22:00(숍·레스토랑마다 다름) 지도 MAP 6-B3
휴업 연말연시(숍·레스토랑마다 다름) 홈피 www.jrhakatacity.com
교통 지하철 쿠코 선·나나쿠마 선 하카타 博多 역(K11·N18) 하차. / 3·12·13·201·202·203·204·312·306번 버스 하카타바스타미나루 博多バスターミナル 하차.
구글맵 QR 코드 스캔·터치

규슈 전역을 연결하는 철도의 중심지이자 초대형 쇼핑센터. '규슈 최대·최고'란 수식어에 걸맞게 트렌디한 아이템을 취급하는 230여 개의 숍이 모여 있다(p.164). 9·10층 식당가와 지하 1층의 식당가는 유명 맛집의 본점과 분점이 모인 식도락 성지로도 유명하다.

건물 정면은 항구도시 후쿠오카를 상징하는 파도 모양의 지붕으로 꾸몄다. 그 아래의 기둥에는 손바닥 만한 '황금 개구리' 조각이 있는데, 이것을 찾으면 행운이 깃든다고! 건물 5층에 걸린 지름 6m의 대형 시계도 눈길을 끈다. 시계 바로 뒤에는 째깍째깍 돌아가는 시계 내부와 함께 후쿠오카 시내가 내려다보이는 전망 카페 팡야무츠카도(p.159)가 있어 여행자에게 인기가 높다.

옥상(11층)에는 후쿠오카 일대가 훤히 내려다보이는 멋진 전망대, 싱그러운 꽃과 나무로 꾸민 천공의 광장 天空の広場, 여행의 안전을 기원하는 철도 신사 등의 볼거리도 있다. 신사 앞에는 규슈 모양의 지도 위에서 기차놀이를 하는 일곱 동자의 조각이 있는데, 규슈 7개 현(県)을 운행하는 기차를 상징한다. 동자의 머리를 쓰다듬으면서 소원을 빌면 반드시 이루어진다고!

 구글맵

櫛田神社 쿠시다 신사 ★★★☆☆

발음 쿠시다진쟈 개관 일출~일몰 요금 무료 지도 MAP 10-B3
교통 지하철 나나쿠마 선 쿠시다진쟈마에 櫛田神社前 역(N17) 하차, 2번 출구에서 도보 3분. / 지하철 쿠코 선 기온 祇園 역(K10) 하차, 2번 출구에서 도보 7분. / 6번 버스 캬나루시티하카타마에 キャナルシティ博多前 하차, 도보 6분. 구글맵 QR 코드 스캔 · 터치
하카타 역사관 개관 10:00~17:00

1 유서 깊은 역사를 자랑하는 쿠시다 신사의 정문.
2 정문 천장에 새겨진 십이간지의 동물상.
3 저마다의 소원이 빼곡히 적힌 에마.

'오쿠시다상 お櫛田さん'이란 애칭으로 통하는 후쿠오카의 수호 신사. 757년 혼슈 중부 마츠자카 松阪의 쿠시다 신사에서 신위(神位)를 모셔다 지금의 신사를 세웠다. 일본 건국 신화의 삼신(三神)인 오하타 오카미 大幡大神, 아마테라스 오카미 天照皇大神, 스사노오노 오카미 素盞嗚大神를 주신으로 모신다. 하카타의 양대 축제로 유명한 7월의 하카타기온야마카사 博多祇園山笠, 10월의 하카타오쿤치 博多おくんち가 열리는 곳으로도 잘 알려져 있다.
신사 곳곳에 신기한 볼거리가 가득해 구경하는 재미가 쏠쏠하다. 신사 정문 천장의 회전원반에는 십이간지를 새겨 놓았는데, 새해 첫날 그 해의 띠 동물을 복을 부르는 방향으로 돌려놓는 풍습이 있다. 정문을 바라볼 때 왼쪽에는 수령이 1,000년을 넘는 아름드리 은행나무가 심겨 있다.
본전 왼쪽의 하카타 역사관 博多歴史館에서는 신사의 보물과 축제 관련 자료를 전시한다. 하카타 역사관 바로 앞에는 인형과 장신구로 화려하게 치장한 8m 높이의 거대한 수레 야마카사 山笠가 놓여 있는데 하카타기온야마카사 때 실제로 사용하는 것이다.
야마카사 뒤에는 축제 때 쓰는 가마인 미코시 御輿, 장정들이 힘자랑할 때 사용하던 수십kg 무게의 돌덩어리 리키이시 力石가 있다. 리키이시에는 후쿠오카 출신 스모 선수의 이름을 새겨 놓았다.

신명나는 여름 축제 하카타기온야마카사

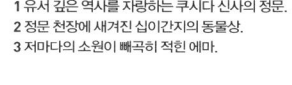

화려한 '야마카사 山笠 수레' 행렬이 이어지는 하카타기온야마카사는 1241년 역병 퇴치를 목적으로 시작됐다. 야마카사는 옛 행정단위인 '나가레 流' 별로 21대를 제작한다. 신화 · 영웅담을 묘사한 장면과 정교한 인형으로 화려하게 치장하며, 7월 1일부터 대중에 공개된다.
본격적인 이벤트는 7월 10~15일의 6일간 열리는데, 7개의 나가레가 이동식 야마카사를 메고 질주하며 치열한 속도 경쟁을 벌인다. 하이라이트는 축제의 마지막날인 7월 15일 오전 4시 59분이다. 7대의 야마카사가 쿠시다 신사를 출발해 다시 돌아오기까지 5㎞ 구간을 맹렬한 속도로 질주하는데, 무게 1톤에 달하는 육중한 야마카사를 짊어진 한 무리의 장정들이 일사분란하게 호흡을 맞추는 박진감 넘치는 레이스가 흥미진진하다.
하카타기온야마카사 홈피 www.hakata-yamakasa.net

화려하게 치장된 야마카사 수레

柳橋連合市場 야나기바시 연합시장 ★★★☆☆

발음 야나기바시렌고-이찌바 영업 05:30~17:00
휴업 일 · 공휴일 · 연말연시(상점마다 다름)
홈피 https://yanagibashi-rengo.net 지도 MAP 7-D5
교통 지하철 나나쿠마 선 와타나베도리 渡辺通 역(N15) 하차, 2번 출구에서 도보 6분. / 9 · 10번 버스 야나기바시 柳橋 하차. / 텐진에서 도보 20분.
구글맵 QR 코드 스캔 · 터치

'후쿠오카의 부엌'으로 통하는 재래시장. 1950년대의 소박한 옛 풍경이 아직도 남아있다. 싱싱한 생선과 채소를 저렴하게 판매해 아침이면 장을 보는 현지인과 구경하는 외국인들로 북적인다. 원래는 100여 개의 상점이 밀집한 제법 큰 시장이었으나 대형 마트의 등장으로 점차 규모가 축소돼 지금은 30여 개의 상점만 남았다.
회덮밥 · 초밥 맛집으로 인기가 높은 쇼쿠도 미츠 食堂 光 (p.141), 직접 만든 30여 종의 어묵을 저렴하게 판매하는 80년 전통의 노포 타카마츠노카마보코 高松の蒲鉾가 특히 유명하다. 시장 안에는 싱싱한 참치 · 해산물 덮밥을 합리적 가격에 맛볼 수 있는 식당도 여럿 있다.

1 시장의 역사는 1930년대까지 거슬러 올라간다.
2 쇼쿠도 미츠의 회덮밥(왼쪽), 타카마츠노카마보코의 어묵(오른쪽).

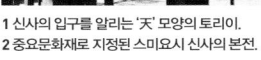

住吉神社 스미요시 신사 ★★★☆☆

발음 스미요시진쟈 개관 일출~일몰 요금 무료 지도 MAP 7-F4
교통 JR 하카타 博多 역에서 도보 15분. / JR 하카타 博多 역의 하카타 출구 博多口 앞 A번 정류장에서 301 · 302 · 305 · 307번 버스, B번 정류장에서 9~19 · 50 · 58 · 214번 버스를 타고 스미요시 住吉 하차(3분), 도보 3분. / 텐진의 7-B번 정류장에서 5 · 44 · 63번 버스를 타고 스미요시 住吉 하차(10분), 도보 3분. 구글맵 QR 코드 스캔 · 터치

울창한 숲에 둘러싸인 고즈넉한 신사. 항해의 신(神) 소코츠츠노오노 미코토 底筒男命, 나카츠츠노오노 미코토 中筒男命, 우와츠츠노오노 미코토 表筒男命 등 스미요시 삼신(三神)을 모시며, 일본 전역에 2,000개가 넘는 스미요시 신사의 총본산이다.
일본이 한반도 남부를 지배했다는 허구의 학설인 임나일본부설과 관련된 곳인데, 전설에 의하면 진구 황후 神功皇后(170~269)가 삼한(三韓) 정벌에 나설 당시 스미요시 삼신의 도움을 받았다 해 그 역시 여기서 신으로 모신다.
일본 전통 건축양식인 스미요시즈쿠리 住吉造로 지어진 본전(1623년)은 현재 중요문화재로 지정돼 있다. 겹겹이 세운 주홍빛 토리이 鳥居가 긴 터널을 이룬 모습과 참배객의 소원이 빼곡히 적힌 에마 絵馬가 눈길을 끌며, 옛 스모 선수의 모습을 재현한 역사상(力士像) 등 독특한 볼거리도 있다.

1 신사의 입구를 알리는 '天' 모양의 토리이.
2 중요문화재로 지정된 스미요시 신사의 본전.

 구글맵

福岡オープントップバス 후쿠오카 오픈 탑 버스
★★☆☆☆

발음 후꾸오까오푼톳뿌바스 운행 시사이드 모모치 코스 10:00 · 12:00 · 14:30, 하카타 도심 코스 16:30, 후쿠오카 키라메키 코스 18:30 요금 1회 2,000엔, 초등학생 이하 1,000엔 홈피 https://fukuokaopentopbus.jp 지도 MAP 8-G3 교통 지하철 쿠코 선 텐진 天神 역(K08) 하차, 14번 출구에서 도보 4분. 매표소는 후쿠오카 시청 福岡市役所 1층에 있다. 구글맵 QR 코드 스캔 · 터치

후쿠오카 시내를 일주하는 투어 버스. 지붕이 없는 2층에 앉아 편하게 주요 명소를 둘러볼 수 있다. 그러나 볼거리가 빈약한 까닭에 만족도가 높진 않다. 후쿠오카 타워 · 오호리 공원 · 후쿠오카 성 · 텐진을 일주하는 시사이드 모모치 코스(60분), 텐진 · 후쿠오카 성 · 하카타 역을 일주하는 하카타 도심 코스(60분), 텐진 · 하카타 역 · 나카스 · 후쿠오카 타워 · 오호리 공원을 일주하며 야경을 감상하는 후쿠오카 키라메키 코스(80분)를 운행한다. 투어 버스 승차권 소지자는 이용 당일에 한해 150엔 구간(MAP 3)의 시내버스를 자유로이 이용할 수 있다.

アクロス福岡 아크로스 후쿠오카
★★☆☆☆

발음 아쿠로스후꾸오까 지도 MAP 8-H2
교통 지하철 쿠코 선 텐진 天神 역(K08) 하차, 16번 출구 바로 앞. / 1 · 3 · 12번 버스 아쿠로스후쿠오카 · 스이쿄텐만구마에 アクロス福岡 · 水鏡天満宮前 하차. 구글맵 QR 코드 스캔 · 터치
스텝 가든 개관 3 · 4월 09:00~18:00, 5~8월 09:00~18:30, 11~2월 09:00~17:00
전망대 개관 토 · 일 · 공휴일 10:00~16:00

거대한 피라미드 모양의 초록빛 건물. 심포니 홀 · 국제회의장 · 오피스가 한데 어우러진 복합 문화센터이며, 친환경 디자인으로 유명한 건축가 에밀리오 암바스 Emilio Ambasz의 설계로 1995년 완공됐다.
건물의 매력은 외벽을 따라 계단형으로 조성된 인공정원 스텝 가든 ステップガーデン이다. 높이 60m의 옥상까지 이어진 809개의 계단을 오르며 76종, 3만 7,000그루의 나무로 뒤덮인 경관을 볼 수 있는데 정원 조성에만 꼬박 2년이 걸렸다. 정원 가득한 녹지 덕분에 냉난방 시설을 가동하지 않아도 여름에는 시원하고 겨울에는 따뜻하다. 옥상에는 시내가 한눈에 내려다보이는 전망대도 있다.

川端商店街 카와바타 상점가
★★☆☆☆

발음 카와바따쇼-뗀가이 영업 10:00~19:00(숍에 따라 다름)
휴업 연말연시(숍에 따라 다름) 홈피 www.hakata.or.jp
지도 MAP 10-B2 교통 지하철 쿠코 선 · 하코자키 선 나카스카와바타 中洲川端 역(K09 · H01) 하차, 5번 출구 바로 앞에 있다. / 3 · 13 · 51 · 52 · 56번 버스 카와바타쵸 · 하카타자마에 川端町 · 博多座前 하차. 구글맵 QR 코드 스캔 · 터치

항상 수많은 사람들로 북적이는 활기찬 상점가.
남북으로 400m 가량 이어지며 유서 깊은 노포를 비롯해 100여 개의 숍이 줄지어 있다. 상점가 전체에 지붕을 씌워 날씨에 상관없이 쾌적한 쇼핑을 즐길 수 있다. 식료품 · 화장품 · 생활잡화 등 서민적인 아이템을 판매하며, 11월 16~20일에는 세이몬하라이 誓文払い란 파격적인 세일 행사가 진행된다.
카와바타젠자이 광장 川端ぜんさい広場(MAP 10-B2)에는 하카타기온야마카사 때 사용하는 대형 수레 야마카사 山笠가 전시돼 있다. 금 · 토 · 일 · 공휴일에는 명물 단팥죽 카와바타젠자이 川端ぜんざい도 맛볼 수 있다.

카와바타젠자이

承天寺 죠텐지 ★★☆☆☆

발음 죠–텐지 개관 일출~일몰 요금 무료 지도 MAP 10–A5
교통 지하철 쿠코 선 기온 祇園 역(K10) 하차, P1번 출구에서 도보 5분. / JR 하카타 博多 역에서 도보 13분.
구글맵 QR 코드 스캔 · 터치

1241년에 창건된 임제종의 사찰. 당시 후쿠오카가 대송무역의 창구였던 까닭에 창건에는 송나라 상인의 영향력이 크게 작용했다. 입구에는 후쿠오카의 영원한 번영을 기원하는 높이 8m의 하카타 천년문 博多千年門(2014년), 경내에는 일본 최초로 우동 · 소바가 전래된 것을 기념하는 우동 · 소바 발상 기념비, 방장 方丈 앞에는 돌과 모래만으로 삼라만상을 표현한 전통 일본식 카레산스이 枯山水 정원 등의 볼거리가 있다. 정원은 일반인의 출입이 금지된 까닭에 담 너머로만 살펴볼 수 있다.

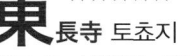

1 고즈넉한 공기가 감도는 죠텐지의 본당.
2 돌과 모래만으로 만든 카레산스이 정원도 볼거리.

東長寺 토쵸지 ★★☆☆☆

발음 토–쪼–지 개관 일출~일몰, 대불 09:00~16:45
요금 무료 지도 MAP 10–A4
교통 지하철 쿠코 선 기온 祇園 역(K10) 하차, 1번 출구 바로 앞에 있다. / JR 하카타 博多 역에서 도보 14분. 구글맵 QR 코드 스캔 · 터치

806년 창건된 진언종 사찰. 일본의 고승 쿠카이 空海(774~835)가 중국 구법수행을 마치고 교토로 돌아가던 중 불교 진흥을 기원하고자 건립했다. 오랜 동안 번영을 구가했으나 16세기의 전란으로 상당부분 소실됐으며, 후쿠오카의 2대 번주 쿠로다 타다유키 黒田忠之(1602~1654)가 지금의 모습으로 재건했다. 경내에는 본당 · 대불전 · 오층탑 등 예스러운 건물과 함께 이 절을 재건한 쿠로다 가문의 묘소가 있다.

눈길을 끄는 것은 대불전에 모신 높이 10.8m의 대불 大仏인데, 108번뇌를 상징하는 일본 최대의 목조 불상으로 유명하다. 대불 바로 밑에는 '지옥 · 극락 순례 地獄 · 極楽めぐり'란 이름의 터널이 있다. 내부에는 염라대왕의 심판을 받고 지옥에 떨어져 고통 받는 인간의 모습을 묘사한 부조를 전시해 놓았다. 터널 끝에는 한 치 앞도 보이지 않는 깜깜한 통로가 10m 가량 이어진다. 난간을 잡고 구불구불한 터널을 통과하면 밝은 불빛 속에서 온화한 미소를 머금은 부처의 모습이 나타나는데, 이는 어두운 지옥을 벗어나 찬란한 극락정토에 이르는 여정과 세상에 다시 태어나는 윤회를 상징한다.

1 섬세한 묘사가 돋보이는 목조 대불.
2 본당 등 대부분의 건물은 최근 재건됐다.

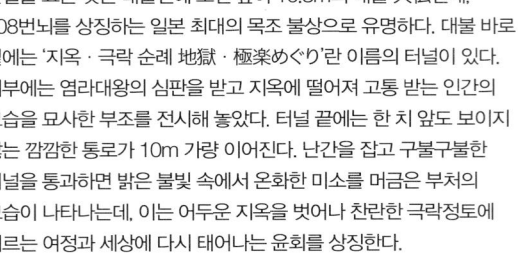

 구글맵

博多町家ふるさと館 ★★☆☆☆
하카타마치야 향토관

발음 하까따마찌야후루사또깐 개관 10:00~18:00
휴관 매월 넷째 월요일 요금 200엔, 중학생 이하 무료
홈피 www.hakatamachiya.com 지도 MAP 10-B3
교통 지하철 쿠코 선 기온 祇園 역(K10) 하차, 2번 출구에서 도보 5분. / JR 하카타 博多 역에서 도보 20분.
구글맵 QR 코드 스캔 · 터치

후쿠오카의 전통과 역사를 테마로 운영하는 미니 자료관. 전시동 展示棟 · 마치야동 町家棟 · 기념품점의 세 건물로 이루어져 있다. 1 · 2층으로 구성된 전시동에는 후쿠오카의 역사 · 세시풍속 · 전통공예를 소개하는 사진과 자료가 전시돼 있다. 마치야동에서는 하카타오리 博多織란 전통 직물짜기 시연회(11:00~12:30 · 13:30~15:00)가 열린다. 기념품점에서는 하카타 색채가 짙은 장난감 · 인형 등의 전통공예품도 판매한다.

聖福寺 쇼후쿠지 ★★☆☆☆

발음 쇼-후꾸지 개관 일출~일몰 요금 무료 지도 MAP 10-A4
교통 지하철 쿠코 선 기온 祇園 역(K10) 1번 출구에서 도보 5분. / JR 하카타 博多 역에서 도보 20분.
구글맵 QR 코드 스캔 · 터치

1195년에 창건된 임제종의 사찰. 일본 최초의 선종 사찰로 유명하다. 임제종을 개창한 에이사이 栄西 선사(1141~1215)에 의해 세워졌으며 오랜 동안 권력자의 비호를 받아왔다. 크고 작은 전란의 여파로 수차례 소실되기도 했으나 당대의 권력자들이 재건공사에 후원을 아끼지 않을 만큼 막강한 사세를 자랑했다. 전형적인 선종 사찰의 형식을 답습한 가람은 전체가 사적(史跡)으로 지정될 만큼 역사적 의미가 깊다. 고즈넉한 경내는 자유로이 거닐며 사색을 즐기기에 좋다. 종루에는 고려에서 가져온 동종(銅鐘)이 걸려 있다.

水鏡天満宮 스이쿄텐만구 ★☆☆☆☆

발음 스이꾜-뗀만구- 개관 09:00~18:00 요금 무료 지도 MAP 8-G1
교통 지하철 쿠코 선 텐진 天神 역(K08) 하차, 16번 출구에서 도보 1분. / 3번 버스 아쿠로스후쿠오카 · 스이쿄텐만구마에 アクロス福岡 · 水鏡天満宮前 하차. 구글맵 QR 코드 스캔 · 터치

학문의 신 스가와라 미치자네 菅原道真(텐진 天神)를 모시는 신사. 고위직 관료였던 스가와라 미치자네가 다자이후(p.194)로 좌천될 당시 이마이즈미 今泉의 강물에 자신의 초라한 모습을 비춰보며 깊은 한숨을 내쉬었다고 한다. 그의 사후 이마이즈미에 그를 신으로 모시는 신사를 세우고, '강물에 얼굴을 비춰본다(스이쿄)'는 뜻의 스이쿄텐진 水鏡天神이란 이름을 붙였다. 1612년에 이르러 한 단계 높은 신사인 스이쿄텐만구로 격상되며 여기로 이전돼 후쿠오카의 귀문(鬼門;귀신이 드나드는 문)을 지키는 역할을 하고 있다.

福岡アジア美術館 ★☆☆☆☆
후쿠오카 아시아 미술관

발음 후꾸오까아지아비쥬쯔깐 개관 09:30~18:00
휴관 수요일, 12/26~1/1
요금 무료, 아시아 갤러리 200엔, 대학생 · 고등학생 150엔, 중학생 이하 무료 홈피 https://faam.city.fukuoka.lg.jp
지도 MAP 10-A1 구글맵 QR 코드 스캔 · 터치
교통 지하철 쿠코 선 · 하코자키 선 나카스카와바타 中洲川端 역(K09 · H01) 하차, 6번 출구에서 도보 5분. 하카타리버레인 쇼핑몰 博多リバレインモール 7 · 8층에 있다. / 3 · 13 · 51 · 52 · 56번 버스 카와바타쵸 · 하카타자마에 川端町 · 博多座前 하차, 도보 5분.

아시아 근현대미술품에 특화된 미술관. 기획전 중심의 미술관이라 언제 가더라도 새로운 작품과 만날 수 있는 게 매력이다. 기획 갤러리, 아시아 갤러리, 교류 스튜디오, 교류 갤러리 등으로 구성돼 있으며, 작가를 초빙해 현장에서 작품을 제작 · 발표하는 이색 이벤트도 진행한다. 자세한 전시 일정은 홈페이지를 참조하자.

福岡アンパンマンこどもミュージアム ★☆☆☆☆
호빵맨 박물관

발음 후꾸오까안팡만코도모뮤-지아무 개관 10:00~17:00
휴관 부정기적 요금 평일 2,000엔, 토 · 일 · 공휴일 및 성수기 2,200엔
홈피 www.fukuoka-anpanman.jp 지도 MAP 10-A1
교통 지하철 쿠코 선 · 하코자키 선 나카스카와바타 中洲川端 역(K09 · H01) 하차, 6번 출구에서 도보 5분. 하카타리버레인 쇼핑몰 博多リバレインモール 5층에 있다. / 3 · 13 · 51 · 52 · 56번 버스 카와바타쵸 · 하카타자마에 川端町 · 博多座前 하차, 도보 5분.
구글맵 QR 코드 스캔 · 터치

호빵맨 캐릭터로 가득한 박물관. 어른에게는 '별 1개'에 불과한 볼거리지만, 호빵맨에 열광하는 어린이에게는 '별 5개'도 모자란 특급 성지다. 5 · 6층에 걸쳐 12개의 구역으로 이루어져 있으며 호빵맨 캐릭터로 꾸민 다양한 볼거리와 포토존 · 굿즈숍이 있다. 호빵맨 캐릭터가 등장하는 다채로운 이벤트가 수시로 진행되며, 호빵맨 모양의 깜찍한 먹거리를 판매하는 레스토랑도 이용 가능하다. 휴관일이 부정기적이니 홈페이지 확인을 잊지 말자.

旧福岡県公会堂貴賓館 구 후쿠오카 현 공회당 귀빈관 ★☆☆☆☆

발음 큐-후꾸오까껜꼬-까이도-끼힌깐 개관 09:00~17:00
휴관 월요일, 12/29~1/3 요금 240엔, 중학생 이하 120엔
지도 MAP 10-C1 교통 지하철 쿠코 선 · 하코자키 선 나카스카와바타 中洲川端 역(K09 · H01) 하차, 1번 출구에서 도보 5분. / 1 · 3 · 12번 버스 히가시나카스 東中洲 하차, 도보 5분.
구글맵 QR 코드 스캔 · 터치

1901년 큐슈 · 오키나와 8개 현(県) 연합회의 때 귀빈 접대소로 사용한 건물. 르네상스 양식의 건물로 팔각탑과 프랑스 궁전양식의 지붕이 독특한 매력을 풍긴다. 태평양 전쟁 직후 고등재판소 · 학교 · 교육청청사로 사용되다가 1981년 이곳으로 옮겨와 일반에 공개하고 있다. 내부는 옛 모습을 복원해 건축 초기의 화려한 면모를 유감없이 보여준다.

해가 지면 로맨틱한 조명에 물든다.

三角市場 산카쿠 시장 ★☆☆☆☆

발음 산까꾸이찌바 영업 12:00~심야(업소마다 다름)
휴업 연말연시(업소마다 다름) 지도 MAP 9-C5
교통 지하철 나나쿠마 선 야쿠인 薬院 역(N14) 하차, 1번 출구에서 도보 4분. / 텐진에서 도보 20분. 구글맵 QR 코드 스캔 · 터치

시간이 정지한 듯 1970년대의 풍경을 고스란히 간직한 시장. 시장이란 명칭과 달리 내부에는 10여 개의 주점과 식당만 남아 있다. 점심에는 평범한 식당가일 뿐이지만, 해가 지면 초롱에 불을 밝히고 본격적인 영업을 시작한다. 손바닥 만한 가게 안에서 손님들이 어깨를 마주한 채 다닥다닥 붙어 앉아 주인과 이야기를 나누며 술잔을 기울이는 지극히 일본적인 풍경이 펼쳐진다.
일식 · 중식 · 야키니쿠 등 다양한 음식을 맛볼 수 있으며, 차분히 쉬어가기에 좋은 고즈넉한 바도 있다.

福岡市赤煉瓦文化館 후쿠오카 시 아카렌가 문화관 ★☆☆☆☆

발음 후꾸오까시아까렝가분까깐 개관 09:00~22:00
휴관 월요일, 12/28~1/4 요금 무료 지도 MAP 8-G1
교통 지하철 쿠코 선 텐진 天神 역(K08) 하차, 16번 출구에서 도보 4분. / 1 · 3 · 12번 버스 아쿠로스후쿠오카 · 스이쿄텐만구마에 アクロス福岡 · 水鏡天満宮前 하차, 도보 3분.
구글맵 QR 코드 스캔 · 터치

20세기 초의 모습을 고스란히 간직한 붉은 벽돌 건물. 당시 영국에서 유행하던 퀸 앤 Queen Anne 양식으로 지어졌으며 벽난로와 높은 천장, 나무창틀 등이 이국적 분위기를 한껏 자아낸다. 1층에는 미니 도서실 겸 전시관과 건물의 옛 모습이 담긴 흑백사진 전시 코너, 2층에는 옛 모습이 보존된 3개의 회의실이 있다.

警固神社 케고 신사 ★☆☆☆☆

발음 케-고진쟈 개관 06:30~18:00 요금 무료 지도 MAP 8-F4
교통 지하철 쿠코 선 텐진 天神 역(K08) 하차, 5번 출구에서 도보 8분. / 301 · 302 · 304번 버스 텐진코소쿠바스타미나루마에 天神高速バスターミナル前 하차, 도보 5분
구글맵 QR 코드 스캔 · 터치

텐진 한복판에 위치한 신사. 일본이 한반도 남부를 지배했다는 허구의 학설인 임나일본부설과 연관된 곳이다. 삼한(三韓) 정벌 당시 선단을 수호해 승리로 이끌었다는 케고 대신 警固大神을 주신으로 모신다. 신사는 최근 보수한 탓에 그리 오래된 맛은 느끼기 힘들다. 입구를 바라볼 때 왼쪽에는 지친 다리를 쉬어갈 수 있는 족탕(09:30~15:00, 유료)도 있다.
신사 바로 옆에는 분위기 만점의 블루보틀 커피(p.158)도 있다. 케고 신사와 나란히 이어진 케고 공원 警固公園은 할로윈 축제(10월 31일)의 무대로 유명하다. 개성만점의 코스프레 행렬이 밤새 이어지니 기회가 된다면 꼭 가보자.

4대 하카타라멘

라멘 ラーメン

01 이치란
一蘭

Since 1960

★4.2/3.47 후쿠오카 대표 맛집이자 한국인 선호도 1위 하카타라멘.
전 세계에 89개의 지점을 거느린 이치란의 총본점이다. 오로지 먹는 데만 집중하도록 독서실처럼 1인용 좌석으로만 꾸민 인테리어가 특징이다. 고춧가루와 마늘의 얼큰한 국물이 입맛을 돋운다.
돼지 사골 육수의 진한 톤코츠 豚骨 라면임에도 불구하고 비전(秘傳)의 기술로 우려낸 국물과 소스 때문에 돼지 누린내가 거의 나지 않는다.
메뉴가 라멘 ラーメン 하나뿐이라 선택도 쉽다. 자판기로 식권을 구매하고 '한국어 주문용지'에 면의 익힘 정도, 국물 맛, 맵기 등을 체크해 종업원에게 건네면 돼 주문하기도 쉽다. 선택에 실패하지 않으려면 무조건 '기본 基本'에만 체크하자. 라면과 찰떡궁합인 반숙계란 半熟塩ゆでたまご(한쥬쿠유데타마고), 면 사리 替玉(카에다마), 공기밥 ごはん(고항)을 곁들여 먹어도 좋다. 후쿠오카에 4개의 분점이 있으며 맛 · 서비스 · 이용법은 모두 동일하다.

예산 1,000엔~ 영업 24시간 주소 福岡市 博多区 中洲 5-3-2
전화 092-262-0433 지도 MAP 10-B1
홈피 https://ichiran.com 교통 지하철 쿠코 선 · 하코자키 선 나카스카와바타 中洲川端 역(K09 · H01) 하차, 2번 출구에서 도보 1분.
구글맵 QR 코드 스캔 · 터치

02 신신라멘
Shin Shin らーめん

Since 2003

라멘 ラーメン

★4.2/3.58 하카타라멘의 신흥 강자. 20여 년에 불과한 짧은 업력에도 불구하고 언제나 문전성시를 이룰 만큼 인기다. 돼지 사골에 닭고기 육수를 더해 일반적인 돈코츠 라면보다 마일드하면서도 깔끔 담백한 맛을 살렸다.
간판 메뉴는 라멘 らーめん이다. 주문시 면의 익힘 정도를 선택할 수 있는데 보통 ふつう(후츠)으로 주문하는 게 우리 입에 잘 맞는다. 야들야들한 돼지고기 차슈 두 장과 파를 라면에 듬뿍 얹어주는데, 아삭아삭 씹히는 파가 청량감을 더한다. 테이블마다 비치된 매콤한 소스를 넣어 얼큰한 맛으로 즐겨도 좋다.
아삭한 숙주를 듬뿍 얹은 숙주라멘 もやしらーめん(모야시라멘)도 맛있다. 양이 부족할 때는 면 사리 替玉(카에다마), 군만두 餃子(교자), 볶음밥 やきめし(야키메시) 등의 사이드 메뉴를 추가한다. JR 하카타 역, 텐진 파르코 백화점 등 후쿠오카에 4개의 분점이 있다.

예산 1,000엔~ 영업 11:00~03:00 휴업 수요일 주소 福岡市 中央区 天神 3-2-19
전화 092-732-4006 홈피 www.hakata-shinshin.com 지도 MAP 8-D1
교통 지하철 쿠코 선 텐진 天神 역(K08) 하차, 니시 西1번 출구에서 도보 2분.
구글맵 QR 코드 스캔 · 터치

 구글맵

03 잇푸도 一風堂

Since 1985

★4.2/3.31 이치란과 더불어 하카타라멘의 양대산맥을 이루는 맛집.

와일드하면서도 깔끔한 풍미의 진한 돼지 사골육수, 국물과의 조화를 고려해 뽑는 가느다란 수제면, 다양한 간장을 배합해 만든 세련된 소스, 잡내 없이 촉촉한 식감의 돼지고기 차슈 등 만든 이의 정성이 한 그릇에 오롯이 녹아든 라멘이 일품이다.

담백한 시로마루모토아지 白丸元味와 얼큰한 아카마루신아지 赤丸新味가 대표 메뉴다. 기본 토핑은 차슈 2장 · 파 · 목이버섯이며, 반숙계란 등을 추가 토핑(유료)해 먹어도 맛있다. 주문할 때 면의 익힘 정도를 선택할 수 있는데, 보통 ふつう(후츠)이나 살짝 덜 익힌 카타 カタ가 우리 입에 잘 맞는다. 마늘을 추가로 주문(무료)해 넣으면 조금 더 시원한 국물 맛을 즐길 수 있다. 생강절임, 매콤한 숙주무침 등의 반찬도 무료 제공된다. 평일 11:00~15:00에는 라멘에 군만두 · 차슈덮밥 등의 사이드 메뉴가 포함된 경제적인 세트 메뉴도 선보인다. JR 하카타 역 10층 식당가에도 분점이 있다.

예산 1,000엔~ 영업 11:00~22:00 주소 福岡市 中央区 大名 1-13-14
전화 092-771-0880 홈피 www.ippudo.com 지도 MAP 8-G2
교통 지하철 쿠코 선 텐진 天神 역(K08) 하차, 2번 출구에서 도보 8분.
구글맵 QR 코드 스캔 · 터치

시로마루모토아지 白丸元味

라멘 ラーメン

04 멘야가가 麺屋我ガ

Since 2013

★4.3/3.49 이치란의 맛을 계승한 것으로 유명한 하카타라멘.

이치란 창업자의 손자가 운영한다는 소문도 있지만 '친분이 있다는 사실'만 알려졌을 뿐 명확한 관계는 불투명하다. 창업 당시 이치란의 레시피를 그대로 유지해 '공장 맛'의 이미지가 강한 요즘의 이치란과 다른 초창기 오리지널 이치란 라멘을 맛볼 수 있는 게 매력이다. 모던하면서도 쾌적한 실내는 라멘 가게라기보다 정갈한 레스토랑처럼 보인다.

대표 메뉴는 라멘 らーめん이다. 돼지 사골을 24시간 이상 푹 우려낸 담백하면서도 진한 국물에 하룻밤 숙성시켜 탄력을 더한 가느다란 세면(細麵)을 말고, 차슈 두 장과 송송 썬 쪽파를 얹어낸다.

면의 익힘 정도를 선택할 수 있는데 보통 普通(후츠) 또는 살짝 덜 익힌 카타 カタ가 적당하다. 맵기는 1~10단계로 분류되며 3~6단계가 우리 입에 어울린다. 매운 소스를 별도의 그릇에 달라고 해 국물에 취향껏 풀어먹어도 좋다.

예산 1,000엔~ 영업 11:00~24:00 휴업 부정기적 주소 福岡市 中央区 今泉 2-5-6
전화 092-732-5658 홈피 http://menya-gaga.com 지도 MAP 9-B2
교통 지하철 쿠코 선 텐진 天神 역(K08) 또는 나나쿠마 선 텐진미나미 역 天神南 역(N16) 하차, 니시 西12c번 출구에서 도보 10분. 구글맵 QR 코드 스캔 · 터치

5대 모츠나베(곱창전골)

모츠나베 만족 코스 もつ鍋満足コース

01 간소모츠나베 라쿠텐치
元祖もつ鍋 楽天地

Since 1963

★ 4.7/3.42 후쿠오카의 소울푸드인 모츠나베 노포. 코로나 19 직후 점포를 이전하면서 허름한 선술집 같은 옛 모습은 사라졌지만 맛은 여전하다. 현지인 단골은 물론 관광객도 즐겨 찾으며, 후쿠오카 시내에 14개의 분점이 있다. 1인 이용도 가능하다.

부추 · 마늘을 산더미처럼 쌓아올린 모츠나베가 특징이다. 간장 베이스의 깔끔하면서도 감칠맛 나는 국물이 입맛을 돋운다. 고춧가루를 풀어 얼큰하게 먹어도 맛있다. 곱창은 여타 식당에 비해 살짝 질긴 편. 인기 메뉴는 모츠나베 1.5인분에 초절임 곱창(또는 김치) · 두부 · 짬뽕면이 포함된 모츠나베 만족 코스 もつ鍋満足コース(모츠나베만조쿠코스)다.

예산 2,000엔~ 영업 11:00~22:00 전화 092-741-2746
주소 福岡市 中央区 天神 1-1-1 アクロス福岡 B2/F
홈피 https://rakutenti.com 지도 MAP 8-H2
교통 지하철 쿠코 선 텐진 天神 역(K08) 하차, 14번 출구에서 도보 3분. 아크로스 후쿠오카 アクロス福岡 지하 2층에 있다. 구글맵 QR 코드 스캔 · 터치

02 하카타메이부츠 모츠나베쇼라쿠
博多名物 もつ鍋笑楽

Since 1985

★ 3.8/3.48 닭 육수로 담백함을 더한 국물이 입맛을 돋우는 식당. 예스러운 소박한 맛이 특징이며 1인 이용도 가능하다. 국물은 된장 · 간장 · 소금 맛 가운데 하나를 선택할 수 있는데 감칠맛이 풍부한 간장맛 국물로 유명하다.

모츠나베 もつ鍋를 주문하면 신선한 규슈 산 와규 和牛 곱창에 부추 · 마늘 · 양배추를 듬뿍 얹어준다. 잡내가 없고 곱창도 부드러워 '모츠나베 초심자'가 먹기에도 부담이 없다. 점심에는 모츠나베에 반찬 · 명란젓 · 밥이 포함된 경제적인 런치 메뉴도 선보인다. 텐진 인근의 나카스 본점(MAP 10-D1)도 이용 가능하다.

예산 2,000엔~ 영업 11:00~15:30, 16:30~23:00 휴업 부정기적
주소 福岡市 博多区 博多駅 中央街 1-1 アミュプラザ博多 10/F
전화 092-409-6860 홈피 www.shoraku.jp 지도 MAP 6-A5
교통 지하철 쿠코 선 하카타 博多 역(K11) 하차, 도보 5분. JR 하카타 역 내부의 아뮤플라자 하카타 アミュプラザ博多 10층 식당가에 있다. 구글맵 QR 코드 스캔 · 터치

모츠나베 もつ鍋

모츠나베 100배 즐기기

국물은 구수한 된장 みそ(미소), 감칠맛 나는 간장 しょうゆ(쇼유), 깔끔한 소금 塩(시오) 가운데 하나를 선택한다. 간은 우리나라보다 많이 짜다. 한 번 끓여서 내오기 때문에 너무 오래 끓이면 곱창이 질겨진다. 부추의 숨이 죽기 시작할 즈음 먹는 게 요령. 국물을 조금 남겨 마무리로 짬뽕면 ちゃんぽん麺(찬폰멘), 죽 雑炊(조스이)을 끓여 먹는 게 '후쿠오카 국룰'이다. 현지인은 죽보다 짬뽕면을 선호한다.

구글맵

03 모츠나베 타슈
もつ鍋 田しゅう

Since 2010

★ 4.6/3.59 MZ 감성의 모츠나베 전문점. 모던한 맛과 파인다이닝 분위기를 연출한 세련된 인테리어 때문에 20~30대가 즐겨 찾는다. 유명 노포의 모츠나베 주방장이 독립해 세운 곳답게 일본산 와규의 신선한 소창만 사용해 고급진 맛을 살렸다. 진하면서도 구수한 풍미의 된장 味噌(미소) 국물 규모츠나베 牛もつ鍋가 대표 메뉴다. 여타 식당과 달리 우엉 · 부추 · 양배추 등의 채소를 따로 내오기 때문에 취향껏 익혀 먹을 수 있다. 채소만 추가 주문하는 것도 가능하다. 하카타 버스터미널에도 분점(MAP 6-A3)이 있다.

예산 2,500엔~ 영업 17:00~24:00 주소 福岡市 中央区 大名 1-3-6
전화 050-5304-8548 지도 MAP 8-C5 홈피 https://tashu-daimyou.foodre.jp
교통 지하철 쿠코 선 天神 역(K08) 하차, 2번 출구에서 도보 15분. 구글맵 QR 코드 스캔 · 터치

04 하카타모츠나베 오야마
博多もつ鍋 おおやま

Since 2004

★ 4.4/3.56 살짝 고급진 스타일의 모츠나베 레스토랑. 좌식 테이블 위주의 정갈한 일본풍 인테리어와 낮은 조명의 아늑한 분위기가 특징이다. 좌석을 칸막이로 구분해 차분히 식사와 술을 즐길 수 있다. 간판 메뉴는 모츠나베 もつ鍋. 규슈 각지의 유명 된장을 블렌드해 만든 진한 감칠맛의 미소 みそ 국물을 추천한다. 곱창은 일본산 와규의 신선한 소창만 고집하며, 10g 크기로 균질하게 잘라 탱글탱글한 식감을 살렸다. 명란젓 · 말고기 육회 · 사시미 등 다양한 사이드 메뉴를 곁들인 코스로도 주문 가능하다.

예산 2,500엔~ 영업 16:00~23:00 주소 福岡市 博多区 店屋町 7-28
휴업 12/31 · 1/1 전화 092-282-7626 홈피 www.motu-ooyama.com 지도 MAP 7-E1
교통 지하철 하코자키 선 고후쿠마치 呉服町 역(H02) 하차, 1번 출구에서 도보 3분.
구글맵 QR 코드 스캔 · 터치

05 모츠나베 이치후지
もつ鍋 一藤

Since 2008

★ 4.7/3.58 주점 느낌이 강한 모츠나베 전문점. 회식을 즐기는 직장인들로 항상 왁자한 분위기가 이어진다. 쇼핑과 유흥의 중심지 텐진 한복판에 위치해 찾아가기 편하지만, 공간이 협소해 쾌적함이 떨어지는 점이 조금 아쉽다. 양배추 · 우엉으로 우려낸 채소 육수에 된장과 간 마늘로 묵직하면서도 깔끔한 맛을 더한 모츠나베 미소 もつ鍋 味噌가 추천 메뉴다. 마무리로 면 · 죽 대신 죽죽 늘어나는 독특한 식감의 일본식 떡 もち(모치)를 끓여 먹는 것도 흥미롭다. 이마이즈미(MAP 9-A3)와 JR 하카타 역(MAP 6-B1)에도 분점이 있다.

예산 3,000엔~ 영업 17:00~23:00 휴업 부정기적 전화 092-791-9399 지도 MAP 8-D3
주소 福岡市 中央区 大名 2-6-4 プラスゲート天神ビル 2 · 3/F 교통 지하철 쿠코 선 텐진 天神 역(K08) 하차, 2번 출구에서 도보 5분. 구글맵 QR 코드 스캔 · 터치

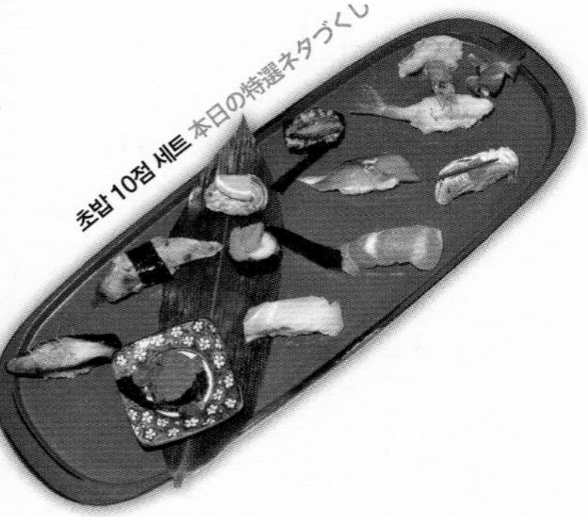
초밥 10점 세트 本日の特選ネタづくし

01 효탄즈시
ひょうたん寿司

Since 1963

★4.2/3.57 후쿠오카 제일의 초밥 맛집. 극강의 가성비로 유명하다. 매일 아침 들여오는 신선한 재료와 푸짐한 양, 합리적 가격으로 큰 인기를 누리고 있다. 오픈 전부터 긴 줄이 늘어서니 서둘러 가야 한다. 다인석에 비해 1인석은 비교적 자리가 빨리 난다는 사실도 알아두면 좋을 듯. 한글 메뉴에 초밥 사진과 가격이 붙어 있어 이용하기도 쉽다. 40여 종의 초밥을 맛볼 수 있는데, 가격은 회전초밥 수준이지만 질과 맛은 월등히 높다. 단품 주문이 번거로울 때는 세트 메뉴를 선택해도 좋다. 당일 엄선된 최상의 재료로 만든 초밥 10점 세트 本日の特選ネタづくし(혼지츠노토쿠센네타즈쿠시), 주방장 특선초밥 9점 세트 板さんのおすすめにぎり(이타상노오스스메니기리)가 추천 메뉴다. 부산에서 빨간고기로 통하는 눈볼대 アカムツ(아카무츠)처럼 이색 어종과 제철 생선도 맛볼 수 있으니 메뉴판을 눈여겨보자. 평일 점심(11:30~15:00)에는 저렴한 런치 메뉴도 선보인다.

예산 2,000엔~ 영업 11:30~14:30, 17:00~20:30 휴업 1/1~3
주소 福岡市 中央区 天神 2-10-20 전화 092-722-0010 지도 MAP 8-E3
교통 지하철 쿠코 선의 텐진 天神 역(K08) 또는 나나쿠마 선 텐진미나미 天神南 역(N16) 하차, 니시 西6번 출구에서 도보 1분.
구글맵 QR 코드 스캔 · 터치

02 효탄노카이텐즈시
ひょうたんの回転寿司

Since 1980

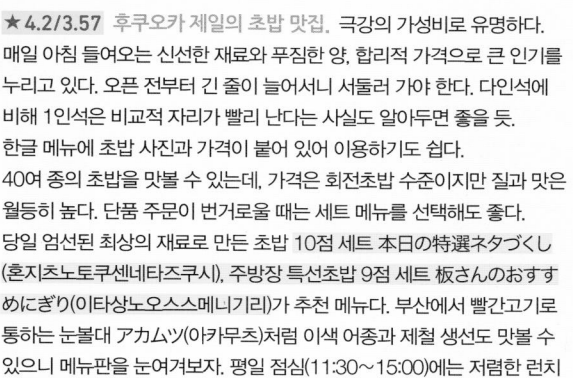

★4.2/3.55 효탄즈시에서 직영하는 회전초밥. 가격은 일반적인 회전초밥보다 조금 비싸지만 맛과 선도는 타의 추종을 불허한다. 컨베이어 벨트를 따라 이동하는 초밥 가운데 원하는 것을 골라 먹거나 메뉴판을 보고 직접 주문해 먹는다. 메뉴는 재료 수급상황에 따라 매일 바뀐다. 세트 메뉴로도 주문 가능한데, 세트 또는 런치 메뉴로 먹을 경우 여기보다 위에 소개한 효탄즈시 본점이 조금 더 경제적일 수 있다. 워낙 인기가 높아 언제 가더라도 순서를 기다리는 긴 행렬이 꼬리를 물고 이어진다. 오픈 시각보다 조금 이르게 가거나 식사 시간을 살짝 피해서 가는 게 대기시간을 줄이는 요령이다. 회전초밥이라 자리 회전은 빠른 편이다. 20:00 이후로는 재료가 떨어져 일찍 문을 닫기도 한다. 입구의 테이크아웃 코너는 시간 여유가 없을 때 이용하면 편리하다.

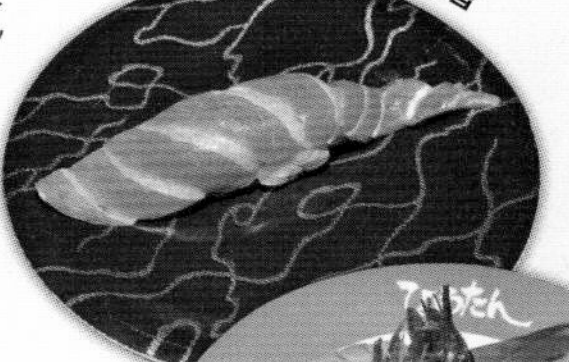
참치 초밥

단새우 초밥

예산 2,000엔~ 영업 11:00~22:00 휴업 연말연시
주소 福岡市 中央区 天神 2-11-3 ソラリアステージ B2/F
전화 092-733-7081 지도 MAP 8-E3
교통 지하철 쿠코 선의 텐진 天神 역(K08) 하차, 도보 5분. 지하로 연결된 텐진 지하상가의 니시 西6번 출구 쪽으로 가면 솔라리아 스테이지 ソラリアステージ 백화점의 지하 식당가와 바로 이어진다. 식당가 지하 2층의 에스컬레이터 옆에 있다.
구글맵 QR 코드 스캔 · 터치

 구글맵

03 쇼쿠도 미츠
食堂 光

Since 2022

★4.4/3.64 최근 인기 급상승 중인 이자카야. 좌석이 20개에 불과한 아주 조그만 식당이지만 오픈 전부터 엄청난 인파로 붐빈다. 오픈 30~40분 전에 가지 않는 이상 1~2시간 대기는 기본! 인기 비결은 선도 높은 제철 생선을 귀신 같이 골라오는 주인장의 안목이다.
점심·저녁 메뉴가 다른데 가장 인기가 높은 것은 점심에만 한정판매하는 파격적인 가격의 회덮밥정식 상 海鮮丼定食 上(카이센동테이쇼쿠 죠)과 회덮밥정식 특상 海鮮丼定食 特上(카이센동테이쇼쿠 토쿠죠)이다. 상에는 생선회 5종, 특상에는 생선회 7종을 올려주며, 반찬·계란찜·된장국이 포함된다. 점심에만 특가 판매하는 미츠푸딩 光プリン(미츠푸린)도 절대 놓치지 말자. 비단처럼 고운 질감과 상쾌한 단맛이 정말 끝내준다.
저녁에는 회덮밥 가격이 3~4배 비싸지니 경제적으로 맛보기 좋은 초밥에 집중하자. 회덮밥 못지않게 훌륭한 맛을 뽐낸다. 초밥 6~10점을 오마카세로 내주는 세트 또는 단품으로 주문할 수 있으며, 점심보다 손님이 적어 한결 수월하게 이용 가능하다.

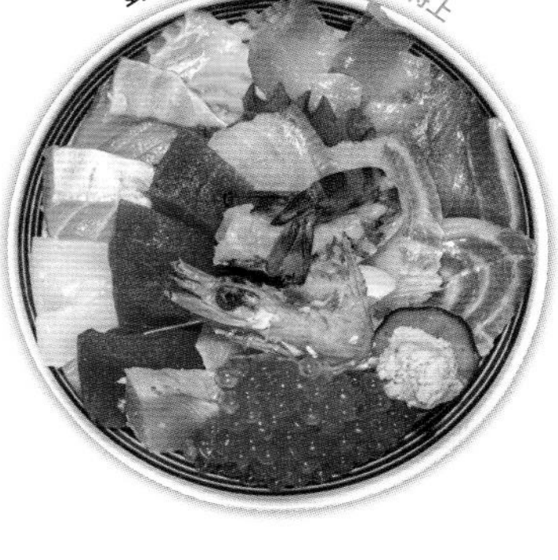

회덮밥정식 특상 海鮮丼定食 特上

예산 1,500엔~ 영업 10:00~14:00, 17:30~21:00 휴업 수·일요일, 연말연시
주소 福岡市 中央区 春吉 1-6-1 柳橋連合市場内 전화 092-791-6230
지도 MAP 7-D5 교통 지하철 나나쿠마 선 와타나베도리 渡辺通 역(N15) 하차, 2번 출구에서 도보 6분. 구글맵 QR 코드 스캔·터치

04 타츠미스시 총본점
たつみ寿司総本店

Since 1980

★4.2/3.50 빼어난 맛의 고급 초밥 레스토랑. 양식 레스토랑을 연상시키는 모던한 인테리어가 눈길을 끈다. 현해탄에서 잡은 싱싱한 생선과 일본 전역에서 들여온 온갖 식재료로 다양한 요리를 선보인다. 초밥 재료에 맞춰 간장·된장·유자거품 등 간을 달리 하는데, 단순히 간장에 찍어 먹는 것과는 차원이 다른 다채로운 풍미가 혀를 즐겁게 한다. 음식에 따라 식기를 달리해 근사한 코스 요리를 맛보는 즐거움을 선사하는 것도 매력이다.
저녁에는 1~2만 엔대의 고급 코스 요리만 취급하니 경제적으로 맛보려면 런치 메뉴(11:00~14:00)를 노리자. 8점의 초밥이 나오는 순노코스 旬のコース, 9점의 초밥이 나오는 우메코스 梅コース·타케코스 竹コース, 12점의 초밥이 나오는 마츠코스 松コース가 추천 메뉴다. 모든 코스 메뉴에는 샐러드·계란찜·된장국·디저트가 포함돼 있다. 이와타야 백화점 7층에도 분점(MAP 8-E4)이 있다.

순노코스 旬のコース

예산 2,500엔~ 영업 11:00~22:00 휴업 월요일, 1/1~3 전화 092-263-1661
주소 福岡市 博多区 下川端町 8-5 홈피 www.tatsumi-sushi.com
지도 MAP 10-A2 교통 지하철 쿠코 선·하코자키 선 나카스카와바타 中洲川端 역(K09·H01) 하차, 7번 출구에서 도보 2분. 구글맵 QR 코드 스캔·터치

3대 하카타우동

01 하가쿠레우동 葉隠うどん

Since 1986

고기우엉 우동 肉ごぼう

★4.4/3.74 미슐랭 가이드에도 소개된 맛집. 우동타이라 출신의 오너가 직접 면을 뽑고 국물을 우려낸다. 가츠오부시와 눈퉁멸로 우려낸 간간하면서도 산뜻한 국물과 여타 하카타우동보다 쫄깃한 식감을 살린 면이 특징이다. 소고기, 바삭한 우엉튀김, 어묵, 파를 고명으로 얹은 고기우엉 우동 肉ごぼう(니쿠고보)이 추천 메뉴다. 고춧가루를 뿌려 얼큰하게 먹어도 맛있다. 반찬으로 다시마 절임이 무료 제공된다.

예산 700엔~ 영업 11:00~15:00, 17:00~21:00 휴업 일요일
주소 福岡市 博多区 博多駅南 2-3-32 전화 092-431-3889 지도 MAP 7-H5
교통 JR 하카타 博多 역의 치쿠시 출구 筑紫口에서 도보 20분. 구글맵 QR 코드 스캔·터치

02 우동타이라 うどん平

Since 1974

고기우엉 우동 肉ごぼう

★4.3/3.67 하카타우동을 대표하는 전통의 노포. 말린 멸치 · 날치로 우려낸 담백하면서도 풍부한 감칠맛의 국물이 매력이다. 소불고기, 아삭한 우엉튀김, 송송 썬 파를 고명으로 얹은 고기우엉 우동 肉ごぼう(니쿠고보)이 맛있다. 국물에 매콤한 유자후추 柚子こしょう(유즈코쇼)를 풀어 얼큰하게 즐겨도 좋다. 점심에만 영업하며 국물이 떨어지면 바로 문을 닫는다.

예산 600엔~ 영업 11:00~15:00 휴업 일요일 주소 福岡市 博多区 住吉 5-10-7
전화 092-431-9703 지도 MAP 7-F5 구글맵 QR 코드 스캔 · 터치
교통 JR 하카타 博多 역의 하카타 출구 博多口에서 도보 20분.

03 다이치노우동 大地のうどん

Since 2005

우엉튀김 우동 ごぼう天うどん

★4.2/3.54 색다른 비주얼의 맛집. 진한 가츠오부시 국물과 매끈한 목 넘김의 면발이 훌륭하다. 우엉튀김 우동 ごぼう天うどん(고보텐우동)이 간판 메뉴인데, 그릇보다 큰 지름 20㎝ 정도의 초대형 우엉튀김을 얹어준다. 편을 떠 튀긴 우엉은 아삭한 식감과 바삭한 튀김옷의 밸런스가 절묘하다. 주문과 동시에 면을 삶기 때문에 음식이 나오는 데 10~15분 걸린다.

예산 600엔~ 영업 10:20~15:30, 17:00~21:00
주소 福岡市 博多区 博多駅前 2-1-1 福岡朝日ビル B2/F 전화 092-481-1644
지도 MAP 6-B2 교통 JR 하카타 博多 역의 하카타 출구 博多口에서 도보 3분.
컴포트 호텔 Comfort Hotel 지하 2층에 있다. 구글맵 QR 코드 스캔 · 터치

하카타 우동
부드러운 식감의 살짝 퍼진 면이 특징이다. 후쿠오카 토박이는 라면보다 우동을 선호하며, 우엉튀김과 카시와메시 かしわ飯(닭고기를 넣어서 지은 밥)를 곁들여 먹는 경우가 많다.

 구글맵

3대 명란 바게트

01 더 풀풀 하카타 The Full Full Hakata

Since 1986

★ 4.5/3.50 명란 바게트의 원조. 후쿠오카 특산품인 명란젓을 이용해 명란 바게트를 탄생시켰다(2002년). 오랜 시행착오 끝에 일본산 밀가루로 바게트를 만드는 데 성공한 오너가 정통 프랑스식 바게트에 비해 부족한 식감과 맛을 보완하고자 고안한 게 바로 명란 바게트 明太フランス(멘타이후란스)다. 바게트를 반으로 갈라 버터를 섞은 명란젓 페이스트를 듬뿍 넣고 오븐에 구워낸다. 바삭한 빵에 고소한 버터 향과 짭조름한 바다의 풍미가 녹아든 별미가 입맛을 돋운다.

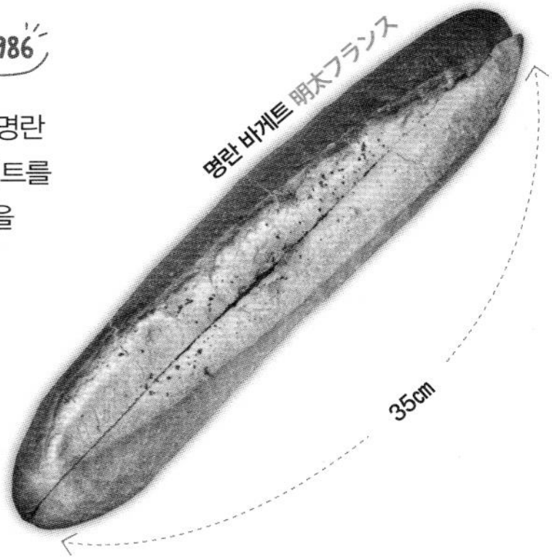

예산 500엔~ 영업 10:00~19:00 휴업 화요일 주소 福岡市 博多区 祇園町 9-3 전화 092-292-7838 지도 MAP 10-D4 교통 지하철 나나쿠마 선 쿠시다진자마에 櫛田神社前 역(N17) 하차, 7번 출구에서 도보 2분. 구글맵 QR 코드 스캔·터치

02 팡 스톡 텐진 점 パンストック天神店

Since 2010

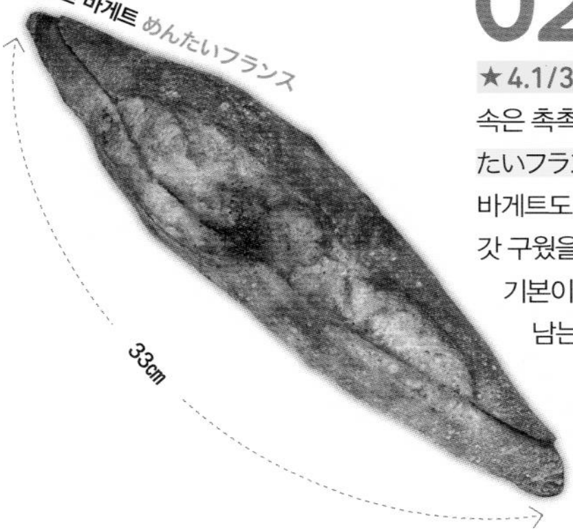

★ 4.1/3.62 장기 숙성 원칙의 정통 프랑스 빵 베이커리. 겉은 바삭하면서도 속은 촉촉 쫄깃한 바게트에 명란 페이스트를 발라 굽는 명란 바게트 めんたいフランス(멘타이후란스)가 대표 메뉴다. 빵 자체가 워낙 맛있으니 명란 바게트도 맛있는 게 당연지사! 짭조름한 바다내음과 고소한 풍미가 일품이며 갓 구웠을 때가 가장 맛있다. 매장이 무척 협소해 오전에는 1~2시간 대기가 기본이다. 점심시간이 지나면 상대적으로 덜 붐빈다. 폐점 시간 즈음에는 남는 빵이 거의 없다는 사실에 유의하자.

예산 300엔~ 영업 08:00~19:00 휴업 월요일
주소 福岡市 中央区 西中洲 6-17 전화 092-406-5178 지도 MAP 10-C1
교통 지하철 쿠코 선 텐진 天神 역(K08) 하차, 16번 출구에서 도보 6분.
구글맵 QR 코드 스캔 · 터치

03 다코멧카 Dacomecca

Since 2021

★ 3.9/3.61 후쿠오카 명란 바게트의 신흥 강자. 도쿄의 인기 베이커리 아맘 다코탄의 자매점이다. 정통 프랑스 빵에 채소 · 고기 · 치즈를 넣은 식사용 빵이 메인 아이템이며, 그 가운데 최고의 인기를 누리는 게 바로 명란 바게트 明太バゲット(멘타이바겟토)다. 여타 명란 바게트에 비해 크기가 작고 가격이 조금 비싸지만, 짠맛이 덜하고 명란젓 특유의 비릿함이 덜해 기분 좋게 먹을 수 있다. 반건조 토마토로 감칠맛을 더한 명란 토마토 바게트 明太トマトバゲット(멘타이토마토바겟토)도 맛있다.

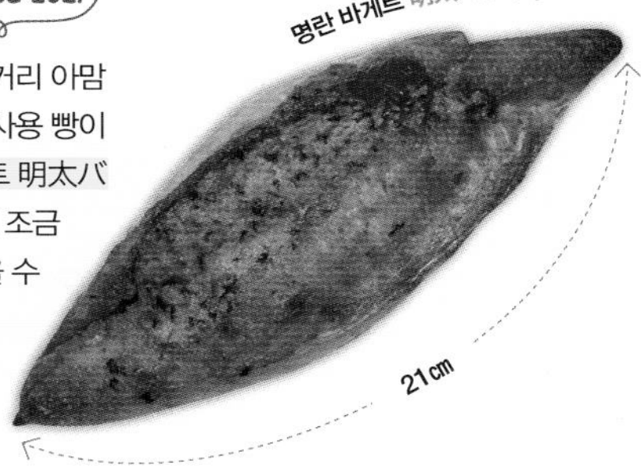

예산 400엔~ 영업 08:00~20:00 휴업 연말연시
주소 福岡市 博多区 博多駅前 4-14 전화 092-477-1050 지도 MAP 6-D3
교통 JR 하카타 博多 역의 하카타 출구 博多口에서 도보 7분. 구글맵 QR 코드 스캔 · 터치

01 히요코혼포요시노도
ひよこ本舗吉野堂

Since 1897

메이카히요코 名菓ひよ子

★4.2/3.05 후쿠오카 기념품 1순위. 깜찍한 병아리 모양의 메이카히요코 名菓ひよ子가 특히 유명하다. 1912년 가업을 물려받은 2대 사장이 지금까지와 다른 귀여운 모양의 화과자(일본 전통과자)를 만들고자 한 데서 지금의 메이카히요코가 탄생했다. 달콤한 화과자 속에 하얀 팥 앙금이 듬뿍 담겼는데, 100년 남짓 지켜온 세련된 단맛은 아무리 먹어도 질리지 않을 만큼 중독성이 강하다. 벚꽃 · 딸기 · 밤을 넣은 계절 한정판도 있다.

예산 1,000엔~ 영업 09:00~21:00 주소 福岡市 博多区 博多駅 中央街 1-1
전화 092-415-1450 홈피 www.hiyoko.co.jp 지도 MAP 6-A4
교통 JR 하카타 博多 역 1층의 기념품 상점가 마잉 マイング에 있다.
구글맵 QR 코드 스캔 · 터치

02 스즈카케
鈴懸

Since 1923

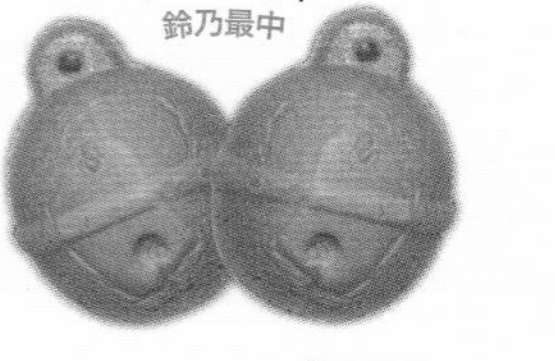
스즈노모나카 鈴乃最中

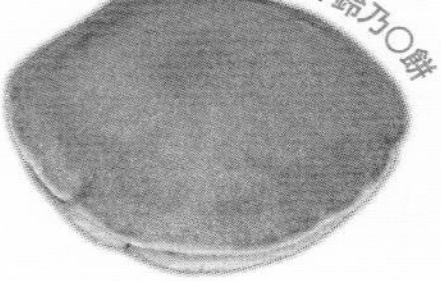
스즈노엔모치 鈴乃○餅

★4.4/3.48 세련된 감각의 화과자 숍. 고급진 단맛의 팥 앙금을 넣은 화과자가 맛있기로 명성이 자자하다. 놓치지 말아야 할 것은 깜찍한 방울 모양의 스즈노모나카 鈴乃最中와 앙증맞은 한 입 사이즈의 도라야키 스즈노엔모치 鈴乃○餅다. 크기가 작아 가벼운 간식으로 적당하며, 쌉쌀한 녹차 · 홍차와 환상의 궁합을 이룬다. 안쪽의 카페에서는 본점 한정판인 후쿠오카 제일의 맛챠 빙수와 파르페도 판매한다. 이와타야 백화점(p.171), JR 하카타 역 데이토스(p.165)에도 분점이 있다.

예산 120엔~ 영업 09:00~19:00 주소 福岡市 博多区 上川端町 12-20
전화 092-291-0050 홈피 www.suzukake.co.jp 지도 MAP 10-A2
교통 지하철 쿠코 선 · 하코자키 선 나카스카와바타 中洲川端 역(K09 · H01) 하차, 5번 출구에서 도보 1분. 구글맵 QR 코드 스캔 · 터치

03 이시무라만세이도
石村萬盛堂

Since 1905

츠루노코노코 つるのこのこ
츠루노코 鶴乃子

★4.3/3.55 왕실 진상품을 만드는 화과자 전문점. 폭신한 마시멜로 안에 달콤한 팥소를 넣은 츠루노코 鶴乃子가 대표 아이템이다. 화과자 제조법을 응용해 마시멜로를 새알 모양으로 만든 게 츠루노코의 시초인데, 판촉 목적으로 3월 14일(1978년)을 새하얀 츠루노코를 먹는 '화이트 데이'로 정해 오늘에 이르게 됐다는 재미난 일화가 전해온다. 바닐라 아이스크림 위에 동그란 마시멜로를 얹은 본점 한정판 츠루노코노코 つるのこのこ도 신기한 모양으로 인기가 높다. JR 하카타 역 마잉에도 분점이 있다.

예산 600엔~ 영업 10:00~19:00 휴업 연말연시 주소 福岡市 博多区 須崎町 2-1
전화 092-291-1592 홈피 www.ishimura.co.jp 지도 MAP 10-A1
교통 지하철 쿠코 선 · 하코자키 선 나카스카와바타 中洲川端 역(K09 · H01) 하차, 7번 출구에서 도보 5분. 구글맵 QR 코드 스캔 · 터치

04 난반오라이
なんばん往来

Since 1949

★4.2/3.18 전통기법에 모던한 맛과 재료를 가미한 화과자 숍. 100% 아몬드 가루로 만든 촉촉한 미니 파이에 딸기 · 블루베리 · 무화과 · 고구마 등 규슈 특산품을 넣은 달콤 고소한 난반오라이 なんばん往来가 대표 아이템이다. 즉석에서 구운 따끈따끈한 난반오라이도 별미다.

예산 160엔~ 영업 09:00~21:00 주소 福岡市 博多区 博多駅 中央街 1-1
전화 092-414-5882 홈피 https://nanban-ourai.com 지도 MAP 6-A4
교통 JR 하카타 博多 역 1층의 기념품 상점가 마잉 マイング에 있다.
구글맵 QR 코드 스캔 · 터치

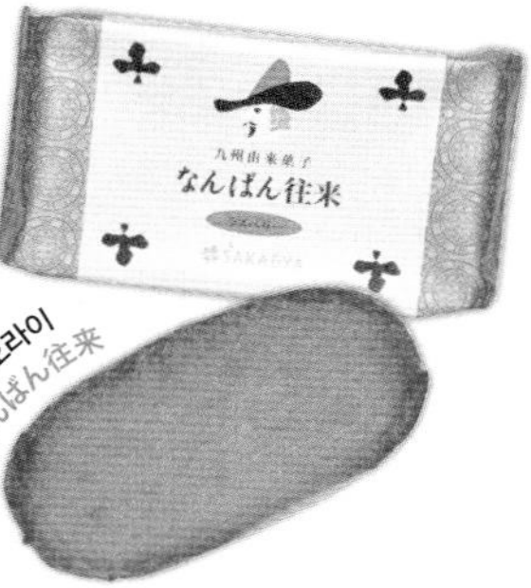

난반오라이 なんばん往来

05 치도리야혼케
千鳥屋本家

Since 1630

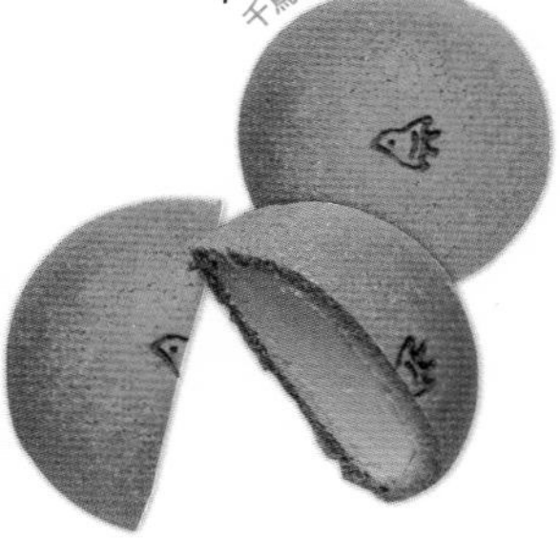
치도리만쥬 千鳥饅頭

★4.4/3.03 후쿠오카 최고(最古)의 화과자 숍. 화과자는 물론 초콜릿 · 카스텔라도 판매한다. 엄선된 재료와 변함없는 맛으로 사랑 받고 있는데, 모든 상품은 수십 년 경력의 장인이 일일이 수작업으로 만든다. 캐러멜 향의 달콤한 껍질 속에 팥 앙금이 듬뿍 담긴 치도리만쥬 千鳥饅頭는 고소하면서도 세련된 단맛이 매력이다. 팥 앙금과 밤을 넣은 버터 파이 하카타릿챵 博多りっちゃん도 놓치지 말자. JR 하카타 역 마잉에도 분점이 있다.

예산 180엔~ 영업 08:30~19:30 주소 福岡市 中央区 天神 2-8-124
전화 092-751-9084 홈피 www.chidoriya.net 지도 MAP 8-E3
교통 지하철 쿠코 선 텐진 天神 역(K08) 하차, 5번 출구에서 도보 2분.
구글맵 QR 코드 스캔 · 터치

06 메이게츠도
明月堂

Since 1929

★4.6/3.09 후쿠오카 명물로 인기가 높은 화과자 전문점. 일본 전통과자인 만쥬 まんじゅう에 유럽의 제과기법을 가미한 하카타도리몬 博多通りもん이 특히 유명하다. 버터와 우유로 반죽한 만쥬 안에 하얀 팥 앙금이 듬뿍 담겼는데, 달콤하면서도 진한 풍미가 일품이다. 녹차 · 커피와 먹으면 더욱 맛있다.

예산 800엔~ 영업 09:00~21:00 주소 福岡市 博多区 博多駅 中央街 1-1
전화 092-441-6445 홈피 www.meigetsudo.co.jp 지도 MAP 6-A4
교통 JR 하카타 博多 역 1층의 기념품 상점가 마잉 マイング에 있다.
구글맵 QR 코드 스캔 · 터치

하카타도리몬 博多通りもん

마잉 マイング

90여 개의 화과자 · 특산품 숍이 모인 상점가. 다양한 기념품과 먹거리를 한자리에서 구매할 수 있는 게 매력이다. 3대 나가사키 카스텔라(p.300)는 물론 후쿠오카 특산품인 명란젓도 판매한다. JR 하카타 역 1층에 있어 찾아가기도 쉽다. 지도 MAP 6-A4, p.165

강추 쿠키 & 스위트

01 카오루 버터 사브리나
薫るバター Sabrina

★3.9/3.17 버터 쿠키로 유명한 도쿄 사브리나의 후쿠오카 분점. 프랑스 샤랑트 Charente 산 버터를 사용해 고소한 풍미와 바삭함이 일품인 꽃모양 과자 사브리나 サブリナ, 코코넛으로 풍미를 더한 하트 모양 과자 팔미에르 パルミエ(파루미에)를 놓치지 말자. 선물 · 기념품으로도 인기가 높다. 팔미에르는 계절 한정 아이템이라 판매하지 않을 때도 있다.

예산 1,000엔~ 영업 10:00~20:00 휴업 연말연시 지도 MAP 6-C3
교통 지하철 쿠코 선 하카타 博多 역(K11) 하차, 도보 5분. JR 하카타 역과 연결된 한큐 阪急 백화점 지하 1층에 있다.
구글맵 QR 코드 스캔 · 터치

02 가토 페스타 하라다
Gateau Festa Harada

★4.3/3.13 1901년 창업한 인기 절정의 노포 파티세리. 다양한 양과자를 취급한다. 최고의 인기 아이템은 프랑스빵과 버터로 만든 바삭하면서도 고소한 러스크 구테 드 루아 グーテ・デ・ロワ(구테데로와). 선물 · 기념품으로도 인기가 높다.

예산 600엔~ 영업 10:00~20:00
휴업 연말연시 지도 MAP 6-C3
교통 지하철 쿠코 선 하카타 博多 역(K11) 하차, 도보 5분. JR 하카타 역과 연결된 한큐 阪急 백화점 지하 1층에 있다.
구글맵 QR 코드 스캔 · 터치

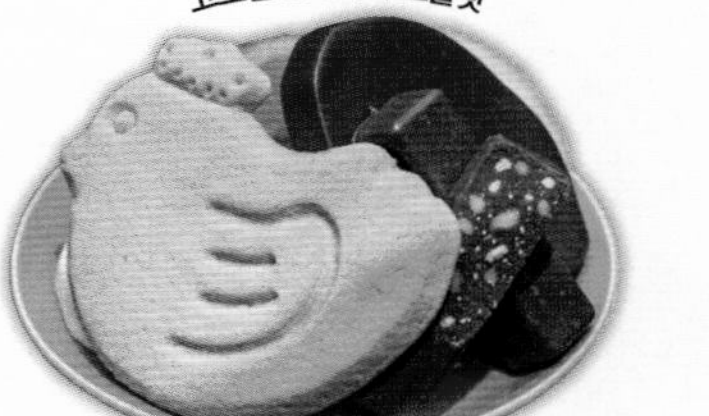

03 링고
Ringo

★4.5/3.15 일본 전역에서 연간 150만 개가 팔리는 애플파이. 대표 메뉴는 바삭한 파이 안에 달콤한 커스터드 크림과 아삭아삭 씹히는 사과 과육이 듬뿍 담긴 커스터드 애플파이 焼きたてカスタードアップルパイ(야키타테카스타도앗푸루파이)다. 따뜻하게 먹어야 가장 맛있다.

예산 500엔~ 영업 09:00~21:00 휴업 연말연시
지도 MAP 8-F3 교통 지하철 쿠코 선 텐진 天神 역(K08) 하차, 도보 3분. 텐진 지하상가에 있다(Shop No. 229).
구글맵 QR 코드 스캔 · 터치

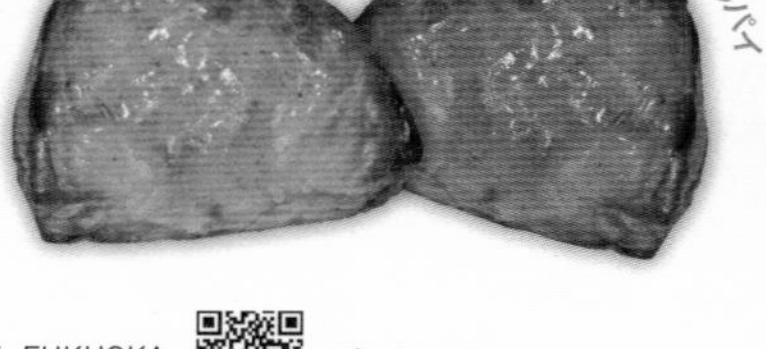

04 베이크 치즈 타르트
Bake Cheese Tart

★4.3/3.17 전 세계에서 1초에 1개씩 팔리는 치즈 타르트. 신선한 홋카이도 치즈와 프랑스 치즈를 배합해 만든다. 두 번 구워 바삭함을 더한 타르트 생지에 달콤 촉촉한 크림치즈가 듬뿍 담긴 갓 구운 치즈 타르트 焼きたてチーズタルト(야키타테치즈타루토)가 인기 메뉴다. 냉장고에 살짝 얼려 먹어도 별미다.

예산 250엔~ 영업 09:00~21:00 지도 MAP 8-F3
교통 지하철 쿠코 선 텐진 天神 역(K08) 하차, 도보 3분. 텐진 지하상가에 있다(Shop No. 225).
구글맵 QR 코드 스캔 · 터치

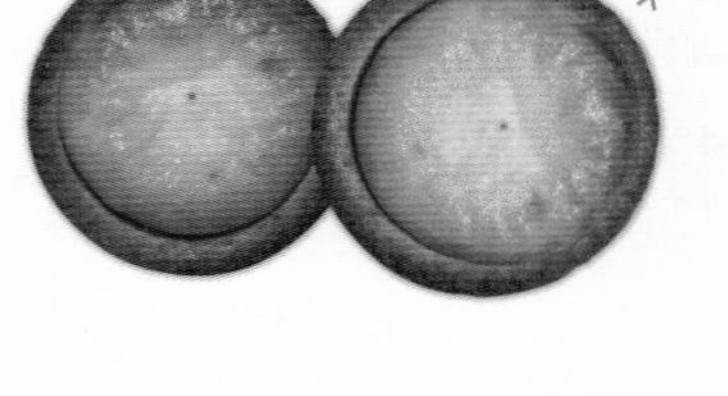

 구글맵

05 아라캉파뉴 ア・ラ・カンパーニュ

★ 3.8/3.12 신선한 과일 타르트와 케이크를 선보이는 베이커리 카페. 디저트의 본고장 고베에서 1991년 오픈했다. 유기농 제철 과일만 사용해 입맛 까다로운 여성에게 인기가 높다. 계절마다 종류를 달리하는 100여 가지 타르트 가운데 10~15종이 상비돼 있다. 인기 불변의 메뉴는 제철 과일을 아낌없이 사용한 타르트 메르베이유 Tarte Merveilleuse다.

타르트 메르베이유 Tarte Merveilleuse

예산 1,500엔~ 영업 10:00~20:00 지도 MAP 6-A5
교통 지하철 쿠코 선 하카타 博多 역(K11) 하차, 도보 5분. JR 하카타 역의 핸즈 Hands 1층 안쪽에 있다. 구글맵 QR 코드 스캔 · 터치

06 몽 셰르 Mon Cher

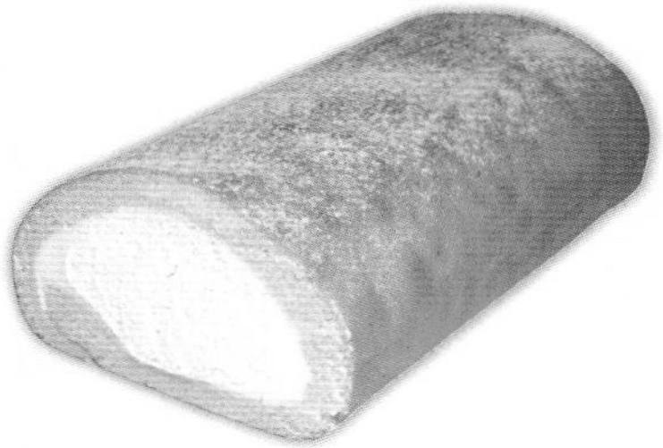
도지마 롤 케이크 堂島ロール

★ 4.1/3.15 오사카의 인기 케이크 숍 몽 셰르의 후쿠오카 분점. 홋카이도 산 생크림 등 최상품 재료만 엄선해 사용한다. 초강추 메뉴인 도지마 롤 케이크 堂島ロール(도지마로루)는 한입 베어 물면 입 안 가득 고소한 우유 향이 퍼지는 황홀한 경험을 하게 된다. 가볍게 맛만 보려면 제일 작은 한 컷 사이즈로 구매해도 좋다.

예산 400엔~ 영업 10:00~20:00 휴업 연말연시 지도 MAP 6-C3
교통 지하철 쿠코 선 하카타 博多 역(K11) 하차, 도보 5분. JR 하카타 역과 연결된 한큐 阪急 백화점 지하 1층에 있다. 구글맵 QR 코드 스캔 · 터치

07 장 폴 에방 Jean-Paul Hevin

★ 4.3/3.19 세계 최고의 쇼콜라티에 장 폴 에방이 운영하는 초콜릿 숍. 최고급 재료로 만든 진한 향과 맛의 초콜릿이 유명하다. 인기 메뉴는 아몬드 풍미의 초콜릿에 초콜릿 무스를 더해 강렬한 카카오 향이 입 안 가득 퍼지는 구아야킬 グアヤキル(구아야키루), 쌉싸름한 초콜릿 케이크 위에 새콤달콤한 산딸기를 토핑한 쇼콜라 후랑보와즈 ショコラフランボワーズ(쇼코라후란보와즈)다.

구아야킬 グアヤキル

예산 1,000엔~ 영업 10:00~20:00 지도 MAP 8-E4
교통 지하철 쿠코 선 텐진 天神 역(K08) 하차, 5번 출구에서 도보 4분. 이와타야 岩田屋 백화점 본관 지하 2층에 있다. 구글맵 QR 코드 스캔 · 터치

쿠키·스위트 쇼핑 꿀팁

요즘 인기가 높은 쿠키 · 스위트를 구매하려면 백화점 지하 식품관으로 가자. JR 하카타 역과 연결된 한큐 백화점 지하 1층 식품관(MAP 6-C3), 텐진의 이와타야 岩田屋 백화점 본관 지하 2층 식품관(MAP 8-E4)에 현재 유행하는 인기 숍이 총집결해 있다. 선물 · 기념품을 구매하기에도 편리하다.

우나쥬 うな重

요시즈카 우나기야
吉塚うなぎ屋

Since 1873

★4.4/3.73 후쿠오카 제일로 손꼽는 장어요리의 명가. 일본 유명 산지에서 들여온 통통하게 살이 오른 양질의 장어만 엄선해 사용한다. 꼬치에 끼운 장어를 쉬지 않고 접었다 폈다하며 숯불에 굽는 전통조리법인 코나시 こなし로 부드러운 식감과 고소한 풍미를 살렸다. 전통 비법으로 만든 은은한 향과 감칠맛의 소스도 장어의 맛을 더하는 일등공신이다.
제대로 맛을 보려면 밥과 장어를 각각의 그릇에 따로 담아내는 우나쥬 うな重, 가볍게 맛만 보려면 장어 2~4조각을 밥 위에 얹은 장어덮밥 うな丼(우나동)을 주문하자. 우나쥬 · 장어덮밥에는 키모스이 きも吸い(맑은 장어내장국)와 절임반찬이 포함돼 있다. 오독오독 씹히는 고소한 장어뼈구이 骨せんべい(호네센베)도 놓치기 아쉬운 별미다. 번호표는 10:00부터 2층 키오스크에서 발행한다. 오픈런하지 않는 이상 1~2시간 대기는 기본이다.

예산 2,500엔~ 영업 10:30~21:00 휴업 수요일, 매월 둘째 · 넷째 화요일
주소 福岡市 博多区 中洲 2-8-27 전화 092-271-0700 지도 MAP 10-B3
홈피 https://yoshizukaunagi.com 교통 지하철 쿠코 선 · 하코자키 선 나카스카와바타 中洲川端 역(K09 · H01) 하차, 4번 출구에서 도보 7분. 구글맵 QR 코드 스캔 · 터치

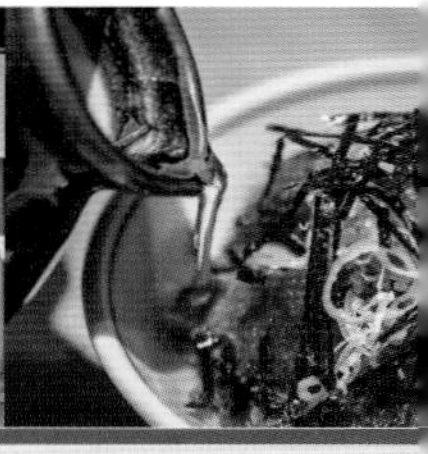

히츠마부시 와쇼쿠 빈쵸
ひつまぶし 和食 備長

★4.5/3.54 나고야 명물 장어덮밥 히츠마부시 레스토랑.
겉은 바삭하면서도 속은 촉촉하게 구운 최상의 장어요리를 선보인다. 껍질이 부드럽고 기름이 잘 오른 양질의 장어만 엄선해 특제 소스를 바른 뒤, 최고급 비장탄 숯에 굽는 게 맛의 비결이라고.
최고의 인기 메뉴는 히츠마부시 ひつまぶし다. 먹기 좋게 자른 장어를 밥 위에 얹어주는데, 삼등분해 세 가지 맛으로 즐기는 게 포인트다. 우선 밥그릇에 장어와 밥을 ⅓ 정도 덜어 먹으며 장어의 맛을 음미한다. 그리고 ⅓을 다시 덜어내 와사비와 파를 곁들여 먹으면서 상큼한 풍미를 즐긴다. 마지막으로 남은 밥에 조미료 · 김 · 파 · 와사비를 모두 넣고 다시 だし 국물에 말아 오챠즈케 お茶漬け로 먹는다. 김 · 파 · 와사비는 원하는 만큼 리필된다. 예약 없이 가면 30분~1시간 대기가 기본이니 홈페이지에서 예약하고 가기를 권한다.

예산 4,000엔~ 영업 11:30~15:00, 17:00~21:00 전화 092-409-6522
주소 福岡市 博多区 下川端町 2-1 博多座西銀ビル 1/F 지도 MAP 10-A2
홈피 https://hitsumabushi.co.jp 교통 지하철 쿠코 선 · 하코자키 선 나카스카와바타 中洲川端 역(K09 · H01) 하차, 6번 출구에서 도보 2분. 구글맵 QR 코드 스캔 · 터치

히츠마부시 ひつまぶし

구글맵

규카츠 모토무라
牛かつもと村

★4.8/3.06 연일 문전성시를 이루는 규카츠 전문점. 후쿠오카를 찾는 한국인이라면 반드시 들르는 맛집이다. 대표 메뉴는 규카츠 정식 牛かつ定食(규카츠테이쇼쿠). 1장(130g), 1.5장(195g), 2장(260g) 단위로 주문하는데, 소식가는 1장, 일반인은 1.5장이 적당하다.

소고기에 튀김옷을 입혀 딱 1분만 튀긴 규카츠는 겉은 바삭하고 고기는 날 것에 가깝다. 좌석마다 비치된 1인용 화로에 취향대로 구워먹는데, 분쇄 소고기에 소기름을 첨가해 만든 인공육이라 되도록 충분히 익혀 먹는 게 건강상 좋다.

기본 소스로 와사비·간장·양념장·소금이 제공된다. 하나씩 차례로 찍어먹으며 맛의 변화를 즐기는 게 포인트. 튀김 특유의 느끼함을 잡아주는 와사비가 특히 잘 어울린다. 정식 메뉴에는 밥·된장국·감자·양배추 샐러드가 포함돼 있다. 텐진의 파르코 백화점(MAP 8-F2) 지하 2층에도 분점이 있다.

규카츠 정식 牛かつ定食

예산 2,000엔~ 영업 11:00~23:00 홈피 www.gyukatsu-motomura.com
주소 福岡市 中央区 大名 1-14-5 전화 092-716-3420 지도 MAP 8-D4
교통 지하철 쿠코 선 텐진 天神 역(K08) 하차, 2번 출구에서 도보 9분.
구글맵 QR 코드 스캔·터치

규카츠 교토카츠규
牛カツ京都勝牛

★4.4/3.04 진짜 소고기로 만드는 풍부한 육즙의 규카츠 전문점. 유럽에서 전래된 비프 커틀릿을 교토 스타일로 재해석한 오리지널 규카츠를 선보인다. 인기 메뉴는 고기 위에 하얗게 눈이 내린 것처럼 고운 마블링과 입에서 살살 녹는 환상의 식감을 자랑하는 살치살 규카츠 牛ロースカツ膳(규로스카츠젠), 그리고 살치살보다 마블링은 적지만 육즙이 풍부하고 야들야들한 육질의 채끝등심 규카츠 牛サーロインカツ膳(규사로인카츠젠)다. 엄선한 소고기를 고온의 기름에 1~2분만 담가 미디엄 레어로 튀기기 때문에 겉은 바삭하면서도 육즙이 가득한 고기 본연의 풍미를 즐길 수 있다. 갓 튀겨낸 그대로 먹거나 화로에 취향대로 구워 먹는다. 와사비, 다시 간장, 산초 소금, 규카츠 소스, 카레 소스, 참마 소스 등 6가지 소스가 기본 제공돼 다양한 맛으로 즐기기에도 좋다. 모든 메뉴에는 양배추 샐러드와 밥 · 된장국이 포함돼 있다.

살치살 규카츠
牛ロースカツ膳

예산 2,500엔~ 영업 11:00~22:00 주소 福岡市 中央区 大名 2-1-52
전화 092-406-7996 홈피 https://gyukatsu-kyotokatsugyu.com 지도 MAP 8-D3
교통 지하철 쿠코 선 텐진 天神 역(K08) 하차, 2번 출구에서 도보 5분.
구글맵 QR 코드 스캔·터치

멘타이료리 하카타 쇼보안
めんたい料理 博多 椒房庵

★4.2/3.48 밥맛 좋기로 소문난 식당. 120년 역사의 간장·조미료 회사에서 운영한다. '밥의 달인'들이 가마솥으로 정성껏 지은 윤기 자르르한 밥은 그 자체로 하나의 훌륭한 요리다.

강추 메뉴는 도미회 · 명란젓 덮밥 博多めん鯛まぶし(하카타멘타이마부시). 명란젓은 본래의 맛으로 즐기는 날것 生(나마) 또는 고소한 향과 맛을 살린 구이 焼き(야키)로 주문할 수 있다. 절반만 구운 반반 半々(한한)으로 주문해 두 가지 맛을 동시에 즐겨도 좋다. 덮밥은 처음에는 레몬즙, 다음에는 참마즙을 곁들여 먹고, 마지막으로 다시 だし 국물에 말아 오챠즈케로 먹는 3가지 방식(=마부시)으로 즐긴다. 별미인 두툼한 계란말이 焼きたて玉子焼き(야키타테타마고야키)도 놓치지 말자. 플레인·파 ネギ(네기)·명란젓 めんたい入り(멘타이이리) 등 세 가지 맛이 있다.

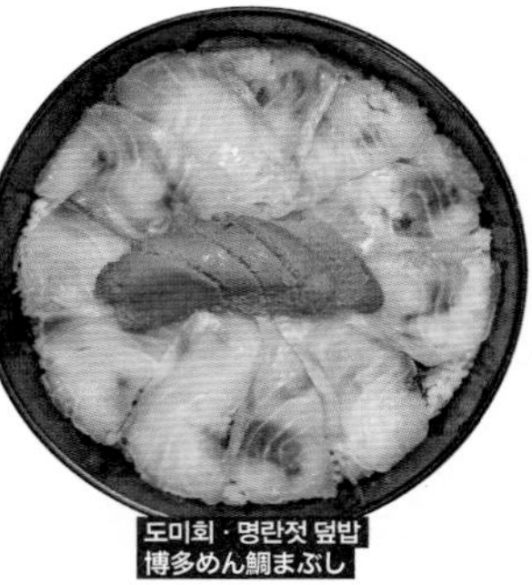

도미회 · 명란젓 덮밥
博多めん鯛まぶし

예산 3,000엔~ 영업 11:00~16:00, 17:00~23:00 주소 福岡市 博多区 博多駅 中央街 1-1 アミュプラザ博多 9/F 전화 092-409-6611 홈피 www.kubara.jp/shobouan 지도 MAP 6-A5 교통 지하철 쿠코 선 하카타 博多 역(K11) 하차, 도보 5분. JR 하카타 역과 연결된 아뮤 플라자 하카타 쇼핑몰 9층 식당가에 있다. 구글맵 QR 코드 스캔·터치

원조 하카타 멘타이쥬
元祖博多めんたい重

★3.9/3.67 살짝 고급진 스타일의 명란젓 레스토랑. 덮밥·라멘·수프·샐러드 등 명란젓으로 만든 이색 음식을 선보인다. 색다른 맛이 호기심을 자극하지만, 일본인 입맛에 맞춘 음식이라 전반적으로 짜고 한국 명란젓과는 맛이 조금 달라 자칫 실망할 수도 있다.

대표 메뉴는 김 가루와 명란젓을 얹은 명란젓덮밥 めんたい重(멘타이쥬)이다. 소스의 맵기를 선택할 수 있는데 가장 매운 오우마카라 大旨辛가 우리 입에 어울린다. 밥의 양은 소(150g)·중(250g)·대(300g)로 선택 가능하며 가격은 동일하다. 명란젓·카츠오부시로 끓인 국물에 면을 찍어 먹는 라멘 めんたい煮こみつけ麺(멘타이니코미츠케멘)은 얼큰한 생선찌개와 비슷한 맛이다. 면의 양은 소(100g)·중(200g)·대(300g)로 선택 가능하며 가격은 동일하다. 메뉴 선택이 고민될 때는 명란젓덮밥과 멘타이니코미츠케멘을 동시에 맛볼 수 있는 밥면 세트 飯麺セット(한멘셋토)로 주문해도 된다.

명란젓덮밥 めんたい重

예산 2,000엔~ 영업 07:00~22:30 주소 福岡市 中央区 西中洲 6-15 지도 MAP 10-C1 전화 092-725-7220 홈피 www.mentaiju.com 구글맵 QR 코드 스캔·터치 교통 지하철 쿠코 선 텐진 天神 역(K08) 하차, 16번 출구에서 도보 6분.

 구글맵

키와미야
極味や

★4.1/3.38 셀프로 구워먹는 재미난 햄버그스테이크. 비좁은 식당 안을 가득 메운 매캐한 연기와 어깨를 맞대고 다닥다닥 붙어 앉아야 하는 불편함에도 불구하고, 훌륭한 맛과 가성비 때문에 손님의 발길이 끊이지 않는다. 인기 메뉴는 겉만 살짝 익힌 고기를 뜨겁게 달군 무쇠로 구워먹는 햄버그스테이크 ハンバーグステーキ(함바구스테키)다. 사이즈는 S(120g) · M(160g) · L(200g) · D(320g)가 있는데, M 이상 선택해야 부족함이 없다. 고기 굽는 방식은 숯불구이 炭火焼(스미비야키)와 철판구이 鉄板焼(텟판야키) 가운데 하나를 선택한다. 6가지 소스 가운데 하나를 고를 수 있는데, 스테이크 소스인 키와미야노니쿠다레 極味やの肉ダレ와 달콤한 키와미야노아마다레 極味やの甘ダレ가 우리 입에 잘 맞는다. 달콤한 소스를 곁들인 스크램블 에그 玉子とじ(타마고토지)를 추가해도 맛있다. JR 하카타 역 지하식당가와 파르코 백화점(MAP 8-F2) 지하 1층에도 분점이 있다.

예산 1,500엔~ 영업 11:00~20:30 주소 福岡市 博多区 中央街 2-1
전화 092-292-9295 홈피 www.kiwamiya.com 지도 MAP 6-A3
교통 지하철 쿠코 선 하카타 博多 역(K11) 하차, 도보 5분. 구글맵 QR 코드 스캔 · 터치

타이겐 본관
泰元本館

★4.5/3.64 최상품 소고기를 맛볼 수 있는 야키니쿠 레스토랑. 연기 자욱한 여타 고기집과 달리 차분한 스테이크 하우스 스타일의 고급진 분위기가 인상적이다. 카고시마의 직영 농장에서 정성껏 키운 흑우 黒牛는 혀 위에서 사르르 녹는 환상적인 맛과 육질을 자랑한다. 야키니쿠 기본 메뉴인 갈비 カルビ(카루비), 등심 ロース(로스)은 물론, 안창살 ハラミ(하라미), 우설 タン(탕), 대창 丸腸(마루쵸) 등 다양한 특수 부위도 선보인다. 경제적으로 맛보기에는 소고기 4종 · 스키야키 · 식사가 포함된 타이겐 코스 泰元コース, 소고기 6종 · 스키야키 · 식사가 포함된 2인 페어 코스 ペアコース 등의 세트 메뉴가 좋다. 김치 · 깍두기 · 나물 · 냉면 · 돌솥 비빔밥 등 익숙한 한국음식도 취급한다. 단, 우리나라와 달리 불판을 갈아주지 않는다는 사실에 주의하자. 자리 잡기가 무척 힘드니 전화 예약하고 가기를 권한다.

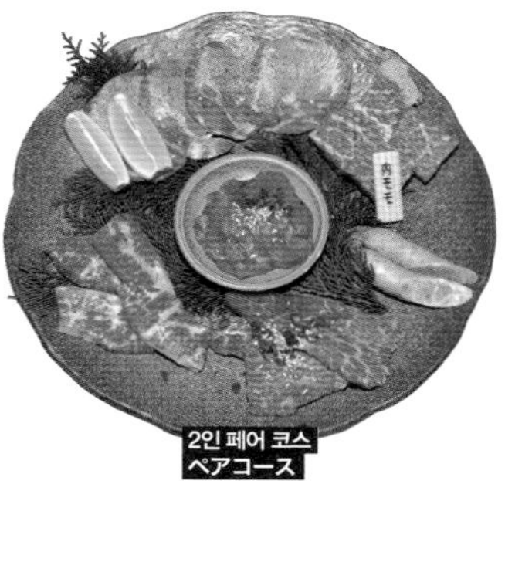

예산 5,500엔~ 영업 17:00~22:00, 금 · 토요일 17:00~23:00 휴업 부정기적
주소 福岡市 中央区 舞鶴 3-1-8 전화 092-752-1288 홈피 www.taigen.jp
지도 MAP 12-A4 교통 지하철 쿠코 선 아카사카 赤坂 역(K07) 하차, 1번 출구에서 도보 4분.
구글맵 QR 코드 스캔 · 터치

닭껍질
名物とりかわ

토리카와스이쿄
とりかわ粋恭

★4.1/3.59 꼬치구이가 맛있기로 소문난 집. 1~2시간 대기는 기본이므로 예약하고 가기를 권한다. 초인기 메뉴는 겉은 바삭하고 속은 촉촉하게 구운 고소한 닭껍질 名物とりかわ(메이부츠토리카와)이다. 1968년 후쿠오카의 야키토리곤베에 焼とり権兵衛에서 탄생한 닭껍질 꼬치구이는 재료 손질과 숙성에만 3일 이상 걸리는 까다로운 메뉴다. 오랜 기간 야키토리곤베에의 주방을 담당한 오너가 옛 맛을 고스란히 재현한다. 굽는 데도 제법 시간이 걸리니 자리에 앉자마자 원하는 수량의 닭껍질 꼬치구이부터 주문하자. 보통 10개 단위로 주문하며 양이 많지 않아 1인당 5~10개는 가뿐히 먹는다. 닭목살 せせり(세세리), 닭날개 手羽先(테바사키), 닭똥집 砂ズリ(스나즈리), 연골을 넣은 닭고기경단 軟骨入りつくね(난코츠이리츠쿠네)도 놓치지 말자. 아삭한 생 양배추 또는 대파구이 長ネギ(나가네기)와 함께 먹으면 더욱 맛있다.

예산 2,500엔~ 영업 17:00~23:00 휴업 연말연시 주소 福岡市 中央区 薬院 1-11-15
전화 092-731-1766 지도 MAP 9-C2 교통 지하철 나나쿠마 선 야쿠인 薬院 역(N14) 하차, 1번 출구에서 도보 9분. / 텐진에서 도보 20분. 구글맵 QR 코드 스캔·터치

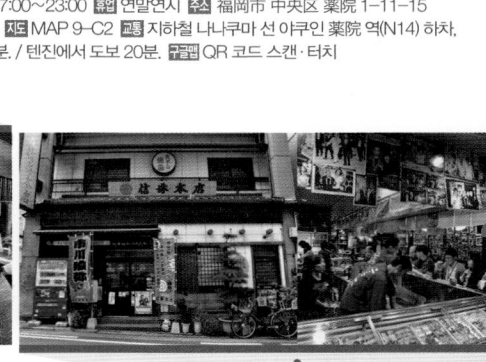

텐카노야키도리 노부히데 본점
天下の焼鳥 信秀本店

Since 1964

★4.0/3.59 척 보기에도 유서 깊은 역사가 느껴지는 꼬치구이 노포. 이곳을 다녀간 유명인의 사진이 가게 벽을 가득 메우고 있다. 한국 연예인의 얼굴도 심심찮게 눈에 띄니 잘 찾아보자. 주문과 동시에 숯불에 구워내는 꼬치구이는 어느 것을 선택해도 실패하지 않을 만큼 빼어난 맛을 보장한다. 육류는 물론 어패류·채소 등 50여 가지 꼬치구이를 취급해 선택의 폭이 넓은 것도 매력이다.
추천 메뉴는 닭껍질 鳥皮(토리카와), 닭똥집 砂ずり(스나즈리), 닭연골 軟骨(난코츠), 닭날개 手羽先(테바사키), 아스파라거스 삼겹살말이 アスパラのバラ巻(아스파라노바라마키), 키조개 관자 貝柱(카이바시라), 열빙어 ししゃも(시샤모), 삼겹살 バラ(바라) 등이다. 꼬치구이는 달콤한 소스 たれ(타레) 또는 담백한 소금 塩(시오)으로 주문할 수 있다. 곁들여 내는 아삭한 양배추는 꼬치구이의 기름진 맛을 잡아준다.

꼬치구이 焼鳥

예산 2,500엔~ 영업 16:30~23:00 휴업 월요일 주소 福岡市 博多区 下川端町 8-8
전화 092-281-4340 지도 MAP 10-A2 교통 지하철 쿠코 선·하코자키 선 나카스카와바타 中洲川端 역 (K09·H01) 하차, 7번 출구에서 도보 2분. 구글맵 QR 코드 스캔·터치

 구글맵

시아와세노 팬케이크
幸せのパンケーキ

★4.2/3.09 수플레 팬케이크의 진수를 맛볼 수 있는 곳. 고작 10여 명만 들어가도 꽉 차는 조그만 가게지만 오픈과 동시에 긴 줄이 늘어설 만큼 인기가 높다.

반드시 맛봐야 할 메뉴는 시아와세노 팬케이크 幸せのパンケーキ. 공기를 가득 머금은 두툼한 팬케이크는 혀끝에서 사르르 녹는 포근한 식감과 균형 잡힌 은은한 단맛이 환상적이다. 짭짤하면서도 고소한 마누카꿀 휘핑 버터와 달콤한 메이플 시럽이 딸려 나오는데, 처음에는 팬케이크만 맛보며 부드러운 식감을 즐기다가 마누카 꿀휘핑 버터와 캐러멜 시럽을 발라 맛의 변화를 더하는 게 제대로 먹는 요령이다. 오믈렛 · 베이컨 · 스크램블 에그가 포함된 식사용 팬케이크는 맛이 좋은 것은 물론 한 끼 식사로도 손색이 없다. 팬케이크에 330엔을 추가하면 커피 · 홍차 · 주스 등 음료도 딸려 나온다.

시아와세노 팬케이크
幸せのパンケーキ

예산 1,500엔~ 영업 10:30~19:30, 토 · 일요일 10:30~20:30
주소 福岡市 中央区 天神 2-7-12 吉富ビル 2/F 홈피 https://magia.tokyo
전화 092-725-1234 지도 MAP 8-D3 구글맵 QR 코드 스캔 · 터치
교통 지하철 쿠코 선 텐진 天神 역(K08) 하차, 2번 출구에서 도보 2분.

킬페봉
キルフェボン

★4.2/3.33 후쿠오카에서도 손꼽히는 생과일 타르트 전문점. 남프랑스의 전원주택을 연상시키는 이국적 외관과 '잡화를 고르듯 가벼운 기분으로 타르트를 살 수 있도록' 꾸민 독특한 콘셉트 때문에 여성에게 인기가 높다. 과일 본연의 맛을 한껏 살려주는 촉촉한 파이 반죽과 싱싱한 제철 과일이 멋진 조화를 이룬다. 계절마다 다채로운 한정판 메뉴를 선보여 언제 가더라도 새로운 맛을 보장하는 것도 놓치기 힘든 매력이다. 진열장에 놓인 타르트를 직접 보고 고르는 방식이라 일본어를 몰라도 이용에 어려움이 없다.

아쉬운 점은 카페 공간이 무척 협소해 테이블에 앉으려면 1~2시간 대기는 기본일 만큼 오래 기다려야 한다는 것. 자리가 없을 때는 바로 구매 가능한 테이크아웃으로 주문하는 것도 요령이다. 타르트를 항공소포 상자에 앙증맞게 포장해주는 센스도 탁월하다.

계절과일 타르트
季節のフルーツタルト

예산 1,000엔~ 영업 11:00~19:00 주소 福岡市 博多区 中央区 天神 2-4-11
전화 092-738-3370 홈피 www.quil-fait-bon.com 지도 MAP 8-E4
교통 지하철 쿠코 선 텐진 天神 역(K08) 하차, 5번 출구에서 도보 9분.
구글맵 QR 코드 스캔 · 터치

Since 1977

Since 1930

텐호루 정식
天ホル定食

튀김정식
天ぷら定食

미즈타키나가노 호네츠키 코스
水たき長野骨付きコース

텟판야키텐진호루몬 총본점
鉄板焼天神ホルモン総本店

★ 4.0/3.34 한국인 여행자에게 인기가 높은 곱창구이 전문점. 철판에 구운 곱창의 고소한 향과 기름진 맛이 군침을 돌게 한다. 선도 높은 재료와 일본 된장·간장을 블렌드해 만든 비법 소스가 맛의 비결이다. 곁들여내는 아삭한 숙주볶음은 곱창 특유의 느끼함을 잡아준다. 대창·토시살·늑간살 등 여러 부위를 모둠으로 구운 텐호루 정식 天ホル定食(텐호루테이쇼쿠)이 대표 메뉴다. JR 하카타 역 지하, 하카타 버스터미널 1층에도 분점(MAP 6-A3)이 있다.

예산 1,500엔~
영업 11:00~22:00, 토·일요일 10:00~22:00 휴업 연말연시
주소 福岡市 中央区 天神 2-11-3 ソラリアステージ専門店街 B2/F
전화 092-733-7080 지도 MAP 8-F3
교통 지하철 쿠코 선 텐진 天神 역(K08) 하차, 도보 3분. 텐진 지하상가와 연결된 솔라리아스테이지 ソラリアステージ 지하 2층 식당가에 있다.
구글맵 QR 코드 스캔·터치

텐푸라히라오
天麩羅処ひらお

★ 4.4/3.68 맛·양·가격 모두 만족스러운 튀김 전문점. 즉석에서 튀긴 튀김을 하나씩 내주는 까닭에 바삭한 맛을 온전히 즐길 수 있다. 각종 튀김에 밥·된장국·오징어젓갈 등의 반찬이 포함된 9가지 정식 메뉴를 선보인다. 물론 단품으로도 주문 가능하다.
강추 메뉴는 보리멸·오징어·전갱이·채소 튀김이 포함된 튀김정식 天ぷら定食(텐푸라테이쇼쿠), 새우·오징어·돼지고기·생선·채소 튀김이 포함된 오코노미 정식 お好み定食(오코노미테이쇼쿠)이다. 유자식초 ゆず酢(유즈스)를 튀김에 뿌리거나 소스에 풀어먹으면 한결 산뜻한 맛으로 즐길 수 있다.

예산 1,000엔~ 영업 10:30~20:00
휴업 12/31~1/2
주소 福岡市 中央区 大名 2-6-20
전화 092-752-7900 지도 MAP 8-C4
교통 지하철 쿠코 선 텐진 天神 역(K08) 하차, 2번 출구에서 도보 8분.
구글맵 QR 코드 스캔·터치

미즈타키나가노
みずたき長野

★ 4.2/3.66 후쿠오카식 닭백숙 미즈타키 맛집. 언제 가도 식당 앞에 긴 줄이 늘어서 있어 금방 눈에 띈다. 예약 없이는 99% 이용이 불가능하니 최대한 서둘러 예약해야 한다. 담백한 닭 육수에 뭉텅뭉텅 썬 닭고기를 삶아먹는 미즈타키나가노 호네츠키 코스 水たき長野骨付きコース, 곱게 간 닭고기를 경단 모양으로 삶아먹는 미즈타키나가노 민치 코스 水たき長野ミンチコース 가운데 하나를 선택할 수 있다. 폰즈 소스에 고기를 찍어 먹으면 더욱 맛있다. 닭날개 조림 手羽煮込み(테바사키니코미), 닭튀김 から揚げ(카라아게)도 별미다.

예산 3,500엔~
영업 12:00~22:00 휴업 일요일
주소 福岡市 博多区 対馬小路 1-6
전화 092-281-2200
지도 MAP 10-A1·7-C1
교통 지하철 쿠코 선·하코자키 선 나카스카와바타 中洲川端 역(K09·H01) 하차, 7번 출구에서 도보 12분.
구글맵 QR 코드 스캔·터치

Since 1971

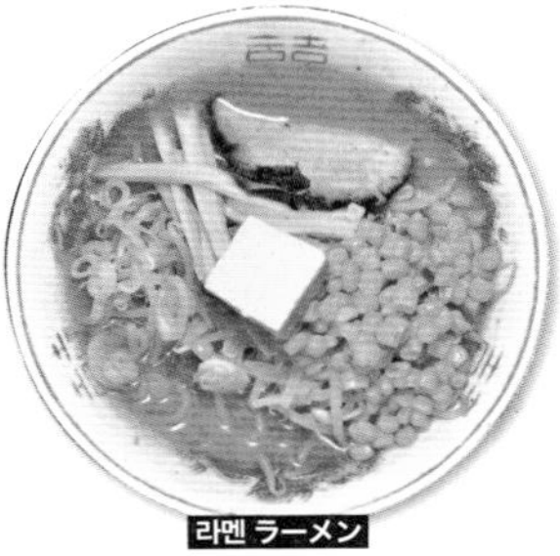

라멘 스타디움
ラーメンスタジアム

★4.0/3.23 인기 맛집 8개를 한 자리에 모아 놓은 라멘 전문 푸드코트. 일본 전역에서 엄선된 식당만 들어오기 때문에 발품 팔지 않고도 각지의 유명 라멘을 섭렵할 수 있다. 식당이 주기적으로 바뀌어 언제나 새로운 맛을 보기 좋은 것도 매력이다. 푸드코트 한가운데에 각각의 식당과 라멘의 특징이 적힌 안내판이 있으니 그것을 참고로 선택하면 된다. 자판기에서 식권을 구매하는 방식이며, 음식 사진이 붙어 있어 이용하기 쉽다. 군만두 · 밥이 포함된 경제적인 세트 메뉴를 선보이는 곳도 있으니 식당 앞에 붙은 안내판을 눈여겨보자.

예산 1,000엔~ 영업 11:00~23:00
주소 福岡市 博多区 住吉 1-2-1 キャナルシティ博多 5/F
전화 092-282-2525 지도 MAP 10-D3
교통 지하철 나나쿠마 선의 쿠시다진자마에 櫛田神社前 역(N17) 하차, 2번 출구에서 도보 2분. 캐널 시티 하카타 쇼핑몰 5층에 있다(p.167).
구글맵 QR 코드 스캔 · 터치

비프 타이겐
BEEF 泰元

★4.0/3.50 캐주얼한 햄버그 스테이크 & 스테이크 전문점. 느긋하게 식사를 즐기기 좋은 아늑한 시설과 친절한 서비스가 돋보인다. 카고시마의 직영 농장에서 키운 흑우 黒牛를 재료로 만든 양질의 소고기 요리를 합리적 가격에 맛볼 수 있다. 뜨겁게 달군 철판에 담겨 나오는 육즙 가득한 햄버그스테이크 정식 プレミアムハンバーグ定食(푸레미아무함바구테이쇼쿠)이 추천 메뉴. 함께 나오는 스테이크 소스 · 소금 · 폰즈 소스에 찍어 먹으면 더욱 맛있다. 밥 · 샐러드 · 된장국도 포함돼 있다.

예산 1,500엔~ 영업 11:00~21:00
주소 福岡市 博多区 住吉 1-2-1 キャナルシティ博多 ノースビル B1/F
전화 092-283-4389
홈피 www.taigen.jp 지도 MAP 10-C3
교통 지하철 나나쿠마 선 쿠시다진자마에 櫛田神社前 역(N17) 하차, 2번 출구에서 도보 2분. 캐널 시티 하카타 쇼핑몰의 노스 빌딩 지하 1층에 있다(p.167).
구글맵 QR 코드 스캔 · 터치

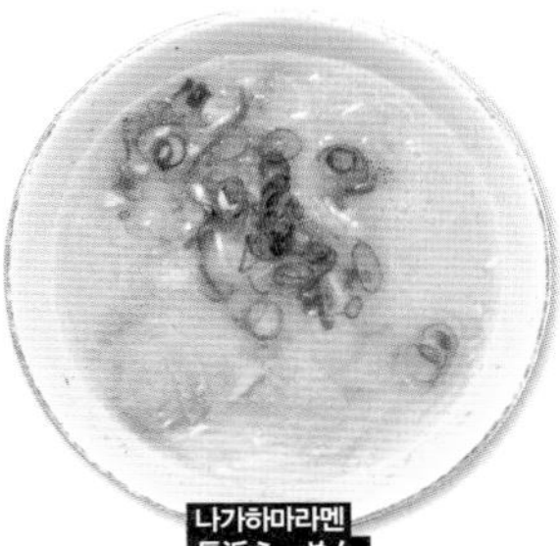

나가하마 난바완
長浜ナンバーワン

★4.1/3.49 후쿠오카 토박이가 좋아하는 라멘 노포. 시장에서 값 싸고 빨리 먹기 편한 국수를 말아주던 데서 지금의 라멘이 탄생했다. 인기 불변의 메뉴는 나가하마라멘 長浜らーめん. 돼지사골을 반나절에 걸쳐 푹 고아낸 국물은 진하다 못해 아주 걸쭉한데, 생김새와 달리 맛은 의외로 깔끔하다. 다만 돼지고기 차슈에서 누린내가 나는 점이 조금 아쉽다. 테이블마다 마늘 · 깨 · 후추 · 매콤한 유자후추 등의 조미료가 비치돼 있다. 마늘을 으깨 넣으면 국물 맛이 한결 개운해진다. 주문시 면의 익힘을 선택할 수 있는데, 보통 ふつう(후츠)으로 선택하면 무난하다.

예산 1,000엔~ 영업 11:30~23:00, 일요일 11:30~22:00
주소 福岡市 博多区 祇園町 4-64
전화 092-263-0423
지도 MAP 10-B4
교통 지하철 쿠코 선의 기온 祇園 역(K10) 하차, 3번 출구에서 도보 3분.
구글맵 QR 코드 스캔 · 터치

Since 1973

마키노 우동
牧のうどん

★ 4.1/3.50 후쿠오카의 소울푸드로 명성이 자자한 우동. 눈퉁멸과 고등어로 우려낸 맑은 국물, 그리고 칼국수처럼 푹 퍼진 면이 특징이다. 일반적인 우동은 면을 삶고 찬물에 식혀 쫄깃한 식감을 더하지만, 여기서는 음식을 빨리 낼 수 있도록 찬물에 식히는 과정을 생략하다보니 지금 같은 독특한 우동이 만들어진 것. 면이 국물을 하염없이 빨아들이는 까닭에 여분의 국물을 주전자에 따로 내준다. 인기 메뉴는 우엉튀김 우동 ごぼう天(고보텐)이며, 짭조름한 닭고기밥 かしわご飯(카시와고항)과 함께 먹는 게 국룰이다.

예산 600엔~ 영업 10:00~23:00
주소 福岡市 博多区 博多駅中央街 2-1 B1/F
전화 092-483-1130
지도 MAP 6-A3
교통 지하철 쿠코 선 하카타 博多 역(K11) 하차, 도보 5분. 하카타 버스터미널 지하 1층에 있다.
구글맵 QR 코드 스캔·터치

Since 1951

이나바 우동
因幡うどん

★ 4.0/3.44 세월의 흐름이 느껴지는 외관의 노포. 서민적인 맛으로 유명세를 누리고 있다. 예스러운 술집골목인 삼각시장과 나란히 이어져 분위기도 좋다. 그러나 휴게소 음식처럼 미리 조리해 놓은 면과 튀김을 국물에 말아주는 까닭에 맛이 썩 좋다고 하기는 힘들다. 특히 우엉 튀김은 후쿠오카의 여타 우동집에 비해 맛과 생김새가 무척 아쉽다. 식사 메뉴로는 달콤하게 조린 소고기를 우엉튀김과 함께 내주는 고기우엉튀김우동 肉ごぼう天うどん(니쿠고보텐우동)이 적당하다. 솔라리아 스테이지 지하 2층(MAP 8-F3)과 JR 하카타 역(MAP 6-A4)에도 분점이 있다.

예산 600엔~ 영업 11:00~21:00, 토·일·공휴일 11:00~20:00
주소 福岡市 中央区 渡辺通 2-3-1
전화 092-711-0708
지도 MAP 9-C5
교통 지하철 나나쿠마 선 야쿠인 薬院 역(N14) 하차, 1번 출구에서 도보 4분.
구글맵 QR 코드 스캔·터치

카와야
かわ屋

★ 3.7/3.72 동네 단골이 많은 조그만 야키도리 가게. 다닥다닥 붙어 앉아야 할 만큼 비좁고 불편하지만, 저렴한 가격과 맛으로 승부하는 곳이라 항상 손님이 그득하다. 무작정 찾아가면 못 들어갈 가능성이 99%이니 전화·인터넷으로 예약하고 가자. 반드시 맛봐야 할 명물은 겉은 바삭하고 속은 촉촉한 닭껍질 とり皮(토리카와)이다. 육질이 연한 목 부위 껍질을 6일 동안 7~8회에 걸쳐 초벌구이를 하며 기름기를 제거하는 게 맛의 비결이다. 닭껍질은 굽는 데 시간이 제법 걸리니 한꺼번에 1인당 10개 이상씩 주문해야 먹기 편하다. 닭연골 ナンコツ(난코츠), 닭똥집 砂ズリ(스나즈리)도 맛있다.

예산 2,000엔~ 영업 17:00~24:00
휴업 화요일 지도 MAP 9-D5
주소 福岡市 中央区 白金 1-15-7
전화 050-5595-2932, 092-522-0739
교통 지하철 나나쿠마 선 야쿠인 薬院 역(N14) 하차, 2번 출구에서 도보 7분.
구글맵 QR 코드 스캔·터치

 구글맵

Since 1964

교자노테무진
餃子のテムジン

★ 4.0/3.35 술안주로 딱 좋은 군만두 전문점. 한 입 사이즈의 조그만 군만두 焼き餃子(야키교자)는 쫄깃한 만두피와 군내 없는 담백한 맛으로 인기가 높다. 돼지고기 대신 소고기를 사용하며, 채소와 고기의 비율을 7:3으로 맞춘 특제 만두소가 맛의 비결이다. 군만두를 고추기름을 섞은 간장 또는 매콤한 유자후추 柚子ごしょう(유즈코쇼)에 찍어 먹으면 더욱 맛있다. 아쉬운 점은 혼자서도 2~3인분은 거뜬히 먹을 수 있을 만큼 양이 무척 적다는 사실이다. 지하철 텐진 역 근처(MAP 8-C2)와 JR 하카타 역 인근의 킷테 KITTE 지하 1층(MAP 6-C3)에도 분점이 있다.

예산 2,000엔~ 영업 12:00~24:00
주소 福岡市 中央区 大名 1-11-2
전화 092-751-5870 지도 MAP 8-C5
홈피 www.gyouzaya.net
교통 지하철 쿠코 선의 텐진 天神 역(K08) 하차, 2번 출구에서 도보 12분.
구글맵 QR 코드 스캔·터치

Since 1962

하카타기온테츠나베
博多祇園鉄なべ

★ 3.8/3.69 후쿠오카 제일의 수제 군만두 맛집. 수십 년의 역사를 보여주듯 벽에는 이곳을 다녀간 이들의 수많은 사진과 사인이 붙어 있다. 좁은 좌석에 찡겨 앉아야 하는 불편함과 무뚝뚝한 서비스가 그리 유쾌하진 않지만, 일단 무쇠 철판에 담긴 군만두 焼餃子(야키교자)를 받아들면 기분이 180도 달라진다. 노릇노릇하게 구운 군만두는 바삭한 껍질과 푸짐한 소, 감칠맛 넘치는 육즙이 입안을 즐겁게 한다. 양이 적어 1인당 2인분 이상 주문은 필수다. 오픈과 동시에 긴 줄이 늘어서며, 음식을 제외한 사진 촬영은 절대 금지란 사실에 유의하자.

예산 1,500엔~ 영업 17:00~22:30
휴업 일·공휴일 전화 092-291-0890
주소 福岡市 博多区 祇園町 2-20
홈피 www.tetsunabe.co.jp
지도 MAP 10-B4
교통 지하철 쿠코 선 기온 祇園 역(K10) 하차, 3번 출구에서 도보 5분.
구글맵 QR 코드 스캔·터치

토카도 커피
豆香洞コーヒー

★ 4.4/3.45 2013년 월드 커피 로스팅 챔피언십 우승자의 커피숍. '매일 마셔도 질리지 않는 맛'을 모토로 최상의 커피를 내려준다. 엄선된 원두와 적절한 로스팅을 거친 커피는 깔끔하면서도 깊은 맛이 특징이다. 핫 커피 ホットコーヒー(홋토코히)와 아이스 커피 アイスコーヒー(아이스코히), 딱 두 메뉴만 취급한다. 메뉴판에 원두 종류와 특징, 로스팅 정도가 자세히 적혀 있다. 로스팅은 2~10단계로 구분하는데 숫자가 높을수록 강배전의 쓴 맛이다.

예산 500엔~ 영업 10:00~19:00
주소 福岡市 博多区 下川端町 3-1 博多リバレインモール B2/F
전화 092-260-9432
홈피 www.tokado-coffee.com
지도 MAP 10-A1
교통 지하철 쿠코 선·하코자키 선 나카스카와바타 中洲川端 역(K09·H01) 하차, 6번 출구와 연결된 하카타 리버레인 博多リバレイン 쇼핑몰 지하 2층에 있다.
구글맵 QR 코드 스캔·터치

카페라테
カフェラテ

블루보틀 커피
BLUE BOTTLE COFFEE

★4.5/3.48 2023년 오픈한 규슈 최초의 블루보틀. 텐진 한복판에 위치해 쇼핑 도중 잠시 들러 카페인이나 당을 보충하기에 좋다. 널찍한 매장, 그리고 모던한 감성이 돋보이는 감각적인 인테리어와 아늑한 분위기 때문에 현지인은 물론 여행자도 즐겨 찾는다. 케고 신사(p.135) 경내에 위치해 창가에 앉으면 고즈넉한 풍경이 펼쳐지는 것도 매력이다. 커피 원두와 블루보틀 로고를 새긴 다양한 굿즈, 브런치 · 토스트 등의 가벼운 식사 메뉴도 판매한다.

예산 600엔~
영업 08:00~20:00
주소 福岡市 中央区 天神 2-2-20 警固神社社務所ビル 1/F
전화 092-406-8304
지도 MAP 8-F4 교통 지하철 쿠코 선 텐진 天神 역(K08) 또는 나나쿠마 선 텐진미나미 天神南 역(N16) 하차, 니시 西12a번 출구에서 도보 2분.
구글맵 QR 코드 스캔 · 터치

마누라테
マヌラテ

마누 커피
MANU COFFEE

★4.4/3.45 노란 간판이 눈길을 끄는 아담한 카페. 10여 명만 들어가도 꽉 차는 조그만 공간이지만, 고소한 커피 향과 아늑한 분위기에 이끌려 손님의 발길이 끊이지 않는다. 한적한 주택가에 위치해 조용히 커피 한 잔의 여유를 즐기기에도 좋다. 12가지 스페셜티 커피를 선보이는데, 향긋한 커피에 고소한 우유 거품이 가득 담긴 마누라테 マヌラテ와 달콤한 캐러멜 라테 キャラメルラテ(캬라메루라테)가 시그니처 메뉴다. 상큼한 레몬 진저 커피 レモンジンジャーコーヒ(레몬진쟈코히), 바닐라 아이스크림을 동동 띄운 커피 플로트 コーヒーフロート(코히후로토)는 여름철 메뉴로 인기다.

예산 600엔~ 영업 09:00~01:00
휴업 연말연시
주소 福岡市 中央区 渡辺通 3-11-2
전화 092-736-6011 지도 MAP 9-A5
교통 지하철 나나쿠마 선 텐진미나미 天神南 역(N16) 하차, 6번 출구에서 도보 8분.
구글맵 QR 코드 스캔 · 터치

브라운 슈거 라테
Brown Sugar Latte

스테레오 커피
STEREO COFFEE

★4.0/3.37 낡은 2층 건물을 센스 있게 리모델링한 조그만 카페. 아늑한 분위기와 구석구석 디테일을 살린 감각적인 인테리어가 돋보인다. 따스한 감성이 묻어나는 해질녘의 풍경이 특히 좋다. 1층에는 널찍한 창을 마주한 바 테이블과 스탠딩 테이블이 있으며, 2층은 이벤트 갤러리로 이용 중이다. 로컬 아티스트가 참여하는 개성 만점의 전시회와 팝업 스토어가 수시로 열리니 꼭 들러보자. 강렬한 맛의 에스프레소를 베이스로 만든 라테 메뉴에 특화돼 있다. 달콤이 러버에게는 크렘 브륄레처럼 표면을 살짝 그을린 브라운 슈거 라테 Brown Sugar Latte 강추!

예산 600엔~ 영업 10:00~21:00
주소 福岡市 中央区 渡辺通 3-8-3
전화 092-231-8854 지도 MAP 9-A5
교통 지하철 나나쿠마 선 와타나베도리 渡辺通 역(N15) 하차, 2번 출구에서 도보 6분.
구글맵 QR 코드 스캔 · 터치

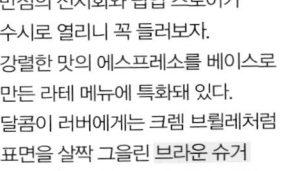

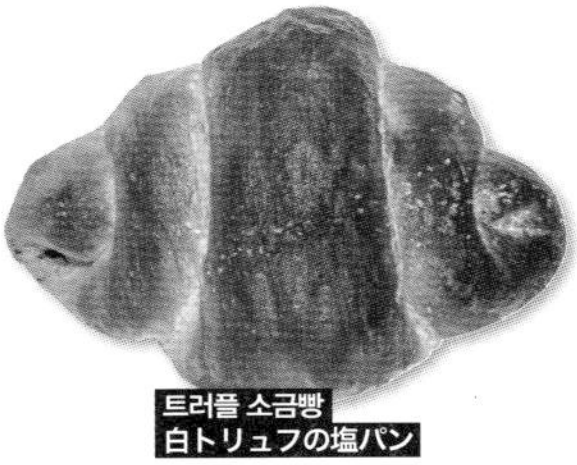

Since 1990

트러플 베이커리
TRUFFLE BAKERY

★3.5/3.32 소금빵이 맛있기로 소문난 베이커리. 도쿄에서 선풍적인 인기를 끌고 있는 트러플 베이커리의 후쿠오카 분점이다. 매대에서 빵을 먼저 구매한 다음, 자리를 잡고 음료를 주문하는 방식이다. 물론 테이크아웃도 가능하다.
강추 메뉴는 고소한 맛과 쫄깃한 식감의 트러플 소금빵 白トリュフの塩パン(시로토류후노시오팡), 은은한 트러플 향이 미각을 자극하는 트러플 계란 샌드위치 黒トリュフの卵サンド(쿠로토류후노타마고산도)다. 후쿠오카 한정판 명란 바게트 明太子フランス(멘타이코후란스)도 맛볼 수 있다.

예산 300엔~ 영업 08:00~22:00, 일요일 08:00~21:00
주소 福岡市 中央区 天神 2丁目 地下3, 2番街 300号
전화 092-406-4882 지도 MAP 8-F2
교통 지하철 쿠코 선 텐진 天神 역(K08) 하차, 도보 3분. 텐진 지하상가에 있다 (Shop No. 300).
구글맵 QR 코드 스캔·터치

팡야무츠카도 카페
パン屋むつか堂カフェ

★4.1/3.52 후쿠오카 식빵 맛집 무츠카도의 카페. 창가자리는 후쿠오카 시내가 훤히 내려다보일 만큼 전망이 좋다. 쫄깃하면서도 고소한 식빵으로 만든 다양한 샌드위치와 토스트를 선보인다. 한국인이 즐겨 찾는 메뉴는 제철과일과 고소한 생크림을 듬뿍 넣은 과일 샌드위치 フルーツミックスサンドイッチ(후루츠믹쿠스산도잇치)다. 달콤한 단팥과 고소한 버터를 토핑한 시오앙바타 토스트 塩あんバタートースト, 리치한 풍미의 베이컨·양파 크로크무슈 ベーコンとオニオンのクロックムッシュ(베콘토오니온노쿠롯쿠뭇슈)도 맛있다.

예산 1,200엔~ 영업 10:00~20:00
주소 福岡市 博多区 博多駅 中央街 1-1 アミュプラザ博多 5/F
전화 092-710-6699 지도 MAP 6-B3
교통 지하철 쿠코 선 하카타 博多 역(K11) 하차, 도보 5분. JR 하카타 역과 연결된 아뮤 플라자 하카타 쇼핑몰 5층에 있다.
구글맵 QR 코드 스캔·터치

더 시티 베이커리
THE CITY BAKERY

★4.1/3.21 뉴욕 더 시티 베이커리의 후쿠오카 분점. 에미상을 두 차례나 수상한 방송국 PD 모리 루빈 Maury Rubin이 프랑스에서 4년간 제빵 기술을 익혀 창업한 베이커리다. 인테리어와 분위기는 물론 맛까지 본고장 뉴욕의 맛을 고스란히 재현했다. 창업 당시부터 변함없는 간판 메뉴는 짭짤한 프레츨과 고소한 크루아상 맛을 동시에 즐길 수 있는 프레츨 크루아상 Pretzel Croissant이다. 다양한 스콘과 큼직한 미국식 쿠키도 맛있다. 카페에서는 햄버거·키슈·샌드위치 등의 가벼운 식사 메뉴(11:00~20:00)도 판매한다.

예산 500엔~ 영업 08:30~20:00
주소 福岡市 中央区 天神 2-2-43 ソラリアプラザ B2/F
전화 092-738-2221 지도 MAP 8-F4
홈피 www.thecitybakery.jp
교통 지하철 쿠코 선 텐진 天神 역(K08) 하차, 도보 7분. 솔라리아 플라자 ソラリアプラザ 지하 2층 식당가에 있다.
구글맵 QR 코드 스캔·터치

알짜 쇼핑 명소 & 아이템

명품 · 디자이너 브랜드

명품 쇼핑 최적지는 이와타야 백화점(p.171). 우리나라와 가격차가 크거나 구하기 힘든 인기템에 주목하자. 일본 디자이너 브랜드도 우리나라보다 저렴하다. 외국인용 게스트 카드를 발급받으면 5% 할인되고, 5,000엔 이상 구매시 면세도 된다. 단, 면세 카운터가 폐점 시각 1시간 전부터 무척 붐비며 약간의 수수료가 발생한다는 사실에 유의하자.

하카타한큐(p.165)는 이와타야보다 규모가 작지만 인기 브랜드 위주의 알찬 구성이 돋보인다. 유행을 앞서가는 디자이너 브랜드만 엄선한 셀렉트 숍 바니스 뉴욕(p.124)도 놓치지 말자.

스트리트 패션

텐진의 다이묘(p.124)가 쇼핑 최적지. 다양한 스타일의 일본·미국 스트리트 패션, 스포츠·아웃도어, 빈티지 숍이 밀집해 있다. 규슈에서도 여기서만 볼 수 있는 희소성 높은 브랜드가 많다. 스투시·슈프림·휴먼 메이드가 최고의 인기를 구가하며, 주말·공휴일과 상품 입고일에는 오픈 전부터 긴 줄이 늘어서 기다릴 각오는 필수다.

우리나라에서 구하기 힘든 브랜드로는 캐피탈 Kapital(p.124), 네이버후드 Hoods(MAP 8–C4), 히스테릭 글래머 Hysteric Glamour(MAP 8–D5)를 추천한다.

여러 스트리트 패션 매장이 모여 있다.

드러그 스토어

추천 아이템은 가성비 좋은 기초 · 색조 화장품, 클렌징 · 헤어 케어 제품, 건강 보조제, 그리고 안약 · 감기약 · 구강 케어 제품 등의 가정상비약이다. 단, 도쿄 · 오사카 같은 대도시에 비해 업체간 경쟁이 적어 할인율은 높지 않다.

드러그 스토어는 유동인구가 많은 텐진에 모여 있다. 추천 숍은 다이코쿠 드러그 ダイコクドラッグ(MAP 8–E5 · F5). 텐진의 드러그 스토어 가운데 할인율이 가장 높고 인기 상품 중심으로 판매해 선택의 고민을 줄여준다. 텐진 지하상가의 마츠모토 키요시 マツモトキヨシ(p.169), 파르코 백화점 지하 1층의 코코카라파인 ココカラファイン(p.170)도 이용 가능하다.

운동화

온러닝 · 호카 · 살로몬 등 폭발적인 인기의 러닝화 또는 패션 아이템으로 주목받는 운동화가 추천템이다. 상품이 가장 풍부한 곳은 알펜 후쿠오카 Alpen Fukuoka(p.167). 러닝화가 디자인 · 사이즈 별로 구비돼 있고, 우리나라에서 구하기 힘든 한정판도 손쉽게 구할 수 있다.

텐진의 슈퍼 스포츠 제비오 Super Sports Xebio(MAP 8–G5)도 상품이 풍부하며, 인기 제품 위주로 엄선한 라인업이 돋보인다. ABC 마트 그랜드 스테이지(캐널 시티 하카타 3층 p.167, 파르코 백화점 3층 p.170)에도 우리나라에서 구하기 힘든 인기 아이템이 풍부하다.

글로벌한 인기의 호카, 온러닝.

100엔 숍

아이디어 상품, 가성비 높은 생활소품, 과자 · 식료품을 구매하기 좋다. 규모가 가장 큰 곳은 하카타 버스터미널의 다이소(p.172)다. 그보다 조금 작지만 이온 쇼퍼스(p.172)에도 대형 다이소 매장이 있다. 텐진의 세리아(p.172)도 강추하는데, 다이소보다 귀엽고 아기자기한 디자인의 아이템이 풍부해 여성층에 인기가 높다. 300엔 숍인 쓰리 코인스 3coins(MAP 8-E1)는 미니멀한 디자인과 깔끔한 마감, 업그레이드된 품질로 인기다.

지역 특산품

후쿠오카 특산품인 명란젓은 후쿠야 ふくや(p.169)가 유명하다. 특산품 전문 상가인 마잉(p.165)에는 후쿠오카의 유명 명란젓과 화과자 · 카스텔라 숍이 모두 입점해 있어 발품 팔지 않고도 효율적인 쇼핑이 가능하다.

히타 명물인 전통 간장 · 된장(p.234)을 비롯한 유명 식료품 · 조미료 · 주류를 판매하는 슈퍼마켓 키노쿠니야 Kinokuniya(이와타야 백화점 본관 지하 1층, p.171)도 놓치지 말자.

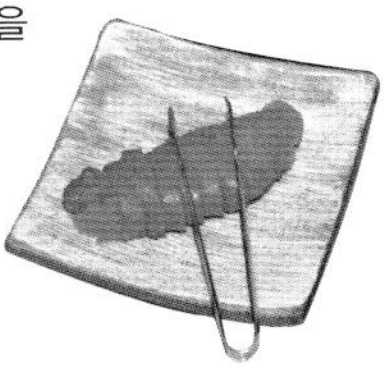

주류

후쿠오카 국제공항 면세점은 규모가 작고 상품이 적으며 가격도 비싸다. 일본산 사케 · 니혼슈 · 위스키 등 주류 쇼핑의 최적지는 이와타야 백화점(p.171) 지하 식품관, 요도바시 카메라(p.173), 빅쿠 카메라(p.173)의 주류 코너다. 상품이 다양하며 저렴한 가격에 면세도 가능하다. 슈퍼마켓 텐진 푸드 스타일(이온 쇼퍼스 지하 1층, p.172), 로피아 Lopia(요도바시 카메라 4층, MAP 6-D4)의 주류 코너에서는 로컬 소주 · 사케 · 니혼슈를 저렴하게 판매한다.

캠핑 · 아웃도어 용품

용도별로 세분화된 전문 장비가 풍부하며 가격도 저렴하다. 특히 스노우피크 · 스탠리처럼 우리나라에서 인기가 높은 제품을 손쉽게 구매할 수 있다. 5,000엔 이상 구매시 면세도 돼 경제적인 쇼핑이 가능하다. 매장 규모가 가장 큰 곳은 알펜 후쿠오카 Alpen Fukuoka(p.167)다. 요도바시 카메라(p.173) 3층에도 대형 아웃도어 매장이 있다.

슈퍼마켓

일본의 독특한 과자 · 식료품 · 조미료 · 인스턴트 식품 또는 우리나라에서 구하기 힘든 식재료에 주목하자. 아이템이 가장 풍부한 곳은 후쿠오카 최대의 슈퍼마켓인 텐진 푸드 스타일(이온 쇼퍼스 지하 1층, p.172)이며, 5,000엔 이상 구매시 면세도 된다. 가격이 제일 저렴한 곳은 로피아 Lopia(요도바시 카메라 4층, MAP 6-D4)다. 텐진 푸드 스타일보다 규모는 작지만, 인기 상품 위주로 판매해 선택이 용이하다. 할인율이 높은 대신 현금 결제만 가능하니 주의하자. 캐널시티 하카타 바로 옆에는 24시간 영업하는 맥스 밸류 익스프레스 Max Value Express(p.167)도 있다.

재미난 맛과 조리법의 인스턴트 식품도 판매한다.

애니·만화·피규어 쇼핑

만다라케
まんだらけ

일본 최대의 만화 헌책방 만다라케의 후쿠오카 지점. 후쿠오카에서 규모가 가장 크며, 만화·동인지·라이트 노벨·토이 등 10여 개의 코너로 나뉜 매장에 10만 점 이상의 아이템을 구비했다. 풀 세트 명작 만화 시리즈는 물론 인기 동인지까지 없는 게 없으며, 최신작도 바로바로 들어온다. 중고 피규어·프라모델도 제법 풍부하다. 5,000엔 이상 구매시 면세도 된다.

영업 12:00~20:00 주소 福岡市 中央区 大名 2-9-5
전화 092-716-7774 홈피 https://mandarake.co.jp
지도 MAP 8-C3 구글맵 QR 코드 스캔·터치
교통 지하철 쿠코 선 텐진 天神 역(K08) 하차, 1번 출구에서 도보 6분.

보크스 후쿠오카 쇼룸
ボークス福岡ショールーム

구체관절 인형·피규어·프라모델 전문점. 신상품 입고가 빠른 게 매력이다. 건프라는 물론 보크스 오리지널 한정판 파이브 스타 스토리, 전함·전차 등의 밀리터리 프라모델도 취급한다. 구체관절 인형 코너는 규모는 작아도 인형을 치장하는 데 필요한 파츠와 패셔너블한 의상·가발이 충실하다.

영업 10:00~20:00
주소 福岡市 中央区 天神 4-4-11 イオンショッパーズ福岡 4/F
전화 092-715-5239
홈피 www.volks.co.jp
지도 MAP 8-E1
교통 지하철 쿠코 선 텐진 天神 역(K08) 하차, 히가시 東1a번 출구에서 도보 5분. 이온 쇼퍼스 4층에 있다.
구글맵 QR 코드 스캔·터치

아니메이트
アニメイト

애니 굿즈 및 만화 전문점. 최신 굿즈와 신간 만화를 일본에서.가장 먼저 선보이는 곳이라 마니아에게 인기가 높다. 깜찍한 아이템이 많아 선물·기념품을 구매하기에도 좋다. 신상품 관련 이벤트가 수시로 열리니 홈페이지에서 관련 정보를 확인하고 가자.

영업 10:00~20:30 주소 福岡市 中央区 天神 2-11-1
전화 092-732-8070 홈피 www.animate.co.jp
지도 MAP 8-F2 구글맵 QR 코드 스캔·터치
교통 지하철 쿠코 선 텐진 天神 역(K08) 하차, 도보 5분. 7번 출구와 연결된 파르코 백화점 8층에 있다.

북오프
Book Off

만화·피규어에 특화된 헌책방. 1층 중고 피규어·프라모델·게임·CD·DVD, 2층 만화·소설·잡지 코너다. 만화책을 1권당 110엔부터란 파격적인 가격에 판다. 피규어도 제법 풍부해 실속 쇼핑이 가능하다.

영업 10:00~22:00
주소 福岡市 博多区 博多駅前 3-2-8
전화 092-436-2285 홈피 www.bookoff.co.jp
지도 MAP 6-D2
교통 JR 하카타 博多 역의 하카타 출구 博多口에서 도보 6분.
구글맵 QR 코드 스캔·터치

무기와라 스토어
Mugiwara Store

원피스 테마 숍. 루피 · 쵸파 등 인기 캐릭터가 프린트된 티셔츠와 피규어 · 굿즈 · 문구가 메인 아이템이며 여기서만 파는 한정판도 있다. 스페셜 아이템 전시 및 기념촬영 코너도 운영한다.

영업 10:00~20:30 전화 092-235-7428
주소 福岡市 中央区 天神 2-11-1 福岡 PARCO 7/F
홈피 www.mugiwara-store.com 지도 MAP 8-F2
교통 지하철 쿠코 선 텐진 天神 역(K08) 하차, 도보 3분. 7번 출구와 바로 연결된 파르코 PARCO 백화점 본관 7층에 있다.
구글맵 QR 코드 스캔 · 터치

점프 숍
Jump Shop

만화 잡지 점프의 오피셜 숍. 드래곤볼 · 원피스 · 나루토 · 귀멸의 칼날 등 우리에게도 친숙한 만화 캐릭터의 굿즈 · 인형 · 티셔츠를 판매한다. 아이템이 다양해 선물 · 기념품을 구매하기에도 좋다.

영업 10:00~21:00 전화 092-263-2675
주소 福岡市 博多区 住吉 1-2-22 지도 MAP 10-D3
교통 지하철 나나쿠마 선 쿠시다진자마에 櫛田神社前 역(N17) 하차, 2번 출구에서 도보 2분. 캐널 시티 하카타 지하 1층에 있다.
구글맵 QR 코드 스캔 · 터치

포케몬 센터
Pokémon Center

포켓몬 오피셜 매장. 인기 캐릭터의 피규어는 물론 굿즈 · 문구 등 다양한 아이템을 취급한다. 규모는 작지만 선물 · 기념품을 구매하기에 좋다. 특히 어린 자녀를 동반한 가족 여행자에게 인기가 높다.

영업 10:00~20:00 전화 092-413-5185
주소 福岡市 博多区 博多駅 中央街 1-1 JR博多シティ 8/F
홈피 www.pokemon.co.jp 지도 MAP 6-B3
교통 지하철 쿠코 선 하카타 博多 역(K11) 하차, 도보 5분. 아뮤 플라자 하카타 AMU Plaza Hakata 8층에 있다.
구글맵 QR 코드 스캔 · 터치

만화 · 가샤폰 · 건프라 쇼핑

신간 만화의 입고가 빠르면서도 재고가 풍부한 곳은 후쿠오카 최대의 서점 마루젠 Maruzen(아뮤 플라자 8층, MAP 6-B3)과 키노쿠니야 紀伊國屋(하카타 버스터미널 6층, MAP 6-A3)다. 신간 만화 · 동인지, 특히 미소녀계 남성향 동인지는 멜론 북스 メロンブックス(베스트덴키 9층, MAP 8-H2)에서 취급한다.

후쿠오카 최대의 가샤폰(캡슐 토이) 매장은 요도바시 카메라 지하 1층(p.173)에 있다. 캐널 시티 하카타 사우스 빌딩 지하 1층(p.167)에도 대형 가샤폰 매장이 있다.

건프라 쇼핑의 최적지는 규슈 최대의 건프라 매장인 건담 파크(p.182)다. 규모는 조금 작지만 캐널 시티 하카타(사우스 빌딩 1층, p.167)에도 건담 베이스가 있다.

1 멋진 야경의 JR 하카타 시티. 레스토랑 · 카페 · 기념품점 등 여행자를 위한 편의시설도 충실하다.
2~5 세련된 패션 아이템과 생활잡화를 구매하기에 좋다. 6 일본색 짙은 기념품도 판매한다.

JR 하카타 시티

JR 博多シティー

JR 하카타 역과 나란히 연결된 복합 상업시설. 규모가 워낙 방대해 구경하는 데만도 적잖은 시간이 걸린다. 11층 규모의 패션 전문몰 아뮤 플라자 하카타 AMU Plaza Hakata, 라이프스타일 숍 핸즈 Hands, 특산품 전문 쇼핑가 마잉 マイング, 잡화 · 로컬 패션 브랜드 중심의 쇼핑몰 아뮤 에스트 AMU Est, 명품 브랜드와 스타일리시한 패션 아이템이 풍부한 고급 백화점 하카타한큐 博多阪急, 패션 · 잡화 중심의 키테 KITTE 등 대형 백화점과 쇼핑몰이 나란히 모여 있다. 기차역과 연결된 곳답게 레스토랑 · 카페 · 기념품점 등 여행자를 위한 편의시설도 충실하다.

영업 숍 10:00~21:00, 레스토랑 11:00~22:00
주소 福岡市 博多区 博多駅 中央街 1-1 전화 092-431-8484
홈피 www.jrhakatacity.com 지도 MAP 6-B3
교통 지하철 쿠코 선 · 나나쿠마 선 하카타 博多 역(K11 · N18) 하차. / 3 · 12 · 13 · 201 · 202 · 203 · 204 · 312 · 306번 버스 하카타바스타미나루 博多バスターミナル 하차.
구글맵 QR 코드 스캔 · 터치

아뮤 플라자 하카타 AMU Plaza Hakata

일본의 유행이 한눈에 들어오는 쇼핑몰. 스타일리시한 패션 아이템을 엄선해 선보이는 빔즈 · United Arrows · 비 숍 B Shop · 어반 리서치 · Tomorrowland 등 유명 셀렉트 숍에 주목하자. 개성파 패션 브랜드 아페쎄 A.P.C · 히스테릭 글래머 · MHL과 향수 전문점 Aux Paradis도 볼 만하다.

영업 숍 10:00~20:00

핸즈 Hands

라이프스타일 아이템 및 DIY 용품 전문점. 총 다섯 개 층으로 이루어져 있으며 규슈 최대 규모를 자랑한다. 뷰티 · 건강 · 주방 · 욕실 · 인테리어 · 문구 · 여행 등 일상에 필요한 모든 아이템을 취급하는데, 기발한 쓰임새의 아이디어 상품이 많아 구경하는 재미가 쏠쏠하다. 디자인보다 기능성을 강조한 상품이 충실하다는 사실도 기억하자. 특히 인기가 높은 코너는 뷰티 · 헬스(3층), 주방용품(4층)과 아기자기한 아이템이 풍부한 문구(5층) 매장이다.

영업 10:00~20:00

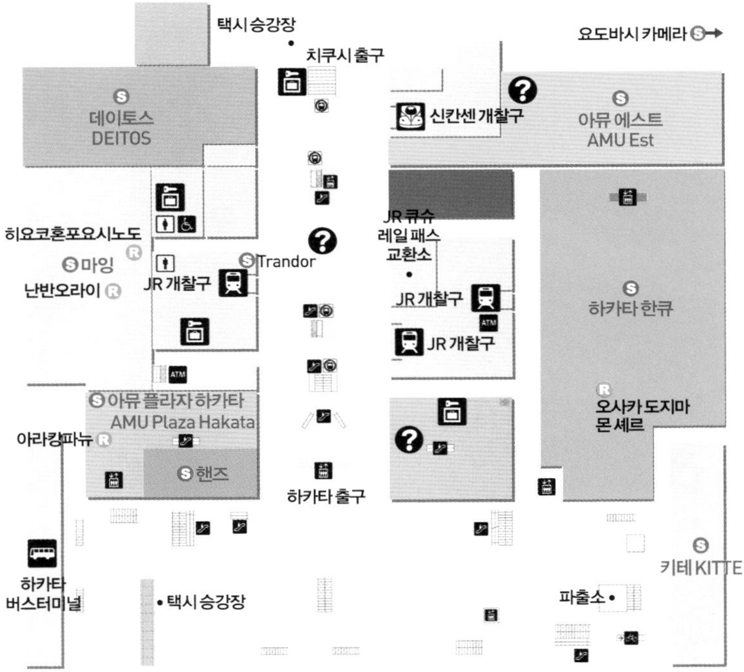

하카타 시티 구조도

마잉 マイング

여행자의 발길이 끊이지 않는 기념품 전문 쇼핑몰. 후쿠오카 전통과자 · 명란젓 · 3대 나가사키 카스텔라(p.300) 등 다채로운 지역 특산품점이 모여 있다. 작지만 의류 · 기념품 · 잡화 코너도 운영한다. 다양한 커피 원두와 전 세계에서 수입한 온갖 식재료를 취급하는 칼디 커피 팜 KALDI Coffee Farm도 놓쳐선 안 될 듯.

영업 09:00~21:00

아뮤 에스트 AMU EST

20대 여성 타깃의 쇼핑몰. 가성비 잡화 · 패션 브랜드가 다수 입점해 있다. 일본 최대의 화장품 정보 사이트에서 선정한 인기 아이템을 한자리에 모아 놓은 코스메틱 셀렉트 숍 앳코스메 스토어 @COSME STORE에 주목! 저가부터 백화점 브랜드까지 단번에 비교해볼 수 있어 편리하다. 가성비 좋은 300엔 숍 3coins도 놓치지 말자.

영업 10:00~20:00

하카타 한큐 博多阪急

20~30대를 타깃으로 한 젊은 감각의 고급 백화점. 에르메스 · 루이비통 · 셀린느 · 프라다 · 구찌 등 럭셔리 브랜드가 다수 입점해 최적의 명품 쇼핑 환경을 제공한다. Homme Plissélssey Miyake · 요지 야마모토 · Y-3 · 네이버후드 등 스트리트 무드가 충만한 남성복 코너(2층)와 플리츠 플리즈 이세이 미야케 · 바오바오 이세이 미야케 · 비비안 웨스트우드 레드 레이블 · 메종 키츠네 등의 디자이너 브랜드도 볼 만하다. 향수 제품이 인기인 코스메틱 브랜드 시로 Shiro도 추천한다. 예쁜 패키지의 홍차 전문점 루피시아 Lupicia(지하 1층)도 놓치지 말자.

영업 10:00~20:00

키테 KITTE

10~20대가 선호하는 패션 백화점 마루이 OIOI가 입점한 쇼핑몰. 소녀 취향을 저격하는 아기자기한 소품과 가성비 좋은 잡화의 비중이 높다. 화장품 · 책 · 음반 · 카메라 · 캐릭터 굿즈 전문매장도 많다. 인기 애니 팝업 스토어와 전시회도 수시로 열린다.

영업 10:00~21:00

1 후쿠오카의 3대 쇼핑 명소 가운데 하나로 명성이 자자하다. 2 영 캐주얼 패션이 주를 이룬다.
3 · 5 · 6 아웃도어 · 스포츠 용품 쇼핑에도 유리하다. 4 깜찍한 피규어 · 캐릭터 굿즈 숍도 충실하다.

캐널 시티 하카타
キャナルシティ博多

후쿠오카 제일의 규모와 다양한 상품 구성을 자랑하는 대형 쇼핑센터. 사우스 · 센터 워크 · 노스 · 그랜드 · 비즈니스 센터 빌딩의 다섯 개 건물에 숍 · 레스토랑 · 영화관 · 호텔 등 온갖 편의시설이 모여 있어 쇼핑과 오락이란 두 마리 토끼를 동시에 잡을 수 있다.
숍은 사우스 · 센터 워크 · 노스 빌딩에 집중돼 있다. 패션 · 잡화 · 스포츠 · 인테리어 용품 등 취급품이 다양한데, 고가의 명품보다 실속 있는 중저가 브랜드가 주를 이룬다. 트렌디한 캐주얼 의류와 스트리트 패션 매장의 비중이 높은 것도 특징. 레이지블루 Rageblue · 닥터 마틴 · 오니츠카 타이거 · 챔피언 Champion

영업 숍 10:00~21:00, 레스토랑 11:00~23:00
주소 福岡市 博多区 住吉 1-2 전화 092-282-2525
홈피 www.canalcity.co.jp 지도 MAP 10-D3
교통 지하철 나나쿠마 선 쿠시다진쟈마에 櫛田神社前 역(N17) 하차, 2번 출구에서 도보 2분. / 지하철 쿠코 선 기온 祇園 역(K10) 하차, 도보 10분. / 6번 버스 캬나루시티하카타마에 キャナルシティ博多前 하차, 구글맵 QR 코드 스캔 · 터치

등 10~20대가 선호하는 브랜드를 눈여겨보자. 에모다 · Moussy · SLY 등 스타일이 확고한 로컬 패션 브랜드도 볼 만하다.
자녀를 동반한 가족 여행자는 센터 워크 지하 1층에 주목하자. 토토로 · 마녀 배달부 키키 등 스튜디오 지브리의 캐릭터 굿즈가 가득한 동구리 공화국 どんぐり共和国, 헬로키티 전문점 산리오 갤러리 Sanrio Gallery, 울트라맨 굿즈를 판매하는 울트라맨 월드 ウルトラマンワールド M78, 원피스 · 나루토 등의 캐릭터 굿즈가 가득한 점프 숍 Jump Shop 등이 눈길을 끈다. 센터 워크 4층에는 인형뽑기 · 인생사진 · 아케이드 게임기를 갖춘 대형 오락실 타이토 스테이션 Taito Staion도 있다.

니토리 ニトリ 사우스 빌딩 4층

일본판 이케아로 통하는 인테리어 전문점. 가구 · 침구 · 잡화 등 생활 전반에 필요한 상품을 두루 취급하며, 한국식 라이프스타일에 어울리는 아이템이 풍부하다. 특히 가성비와 실용성이 뛰어난 수납 · 주방용품 강추!

캐널 시티 하카타

알펜 후쿠오카 Alpen Fukuoka **사우스 빌딩 1~3층**

규슈 최대의 스포츠 용품 매장. 일본 로컬 브랜드는 물론 유명 글로벌 브랜드까지 다양하게 취급한다. 가방 · 스니커즈 등의 패션 아이템, 골프 · 야구 · 농구 · 테니스 · 수영 등의 전문용품, 최신 트렌드의 캠핑 · 아웃도어 장비도 풍부하다. 온러닝 · 호카 같은 요즘 핫한 인기 브랜드와 브랜드별 한정판 운동화도 판매한다.

무지 Muji **노스 빌딩 3 · 4층**

심플&내추럴 콘셉트의 라이프스타일 숍. 양질의 제품을 합리적 가격에 판매한다. 남녀 패션 · 화장품 · 주방용품 · 여행용품 · 문구 · 인테리어 · 식품 등 무지의 전 라인을 취급하는 대형 매장이다.

츠키지 긴다코 築地 銀だこ **센터 워크 지하 1층**

★ 4.0/3.04 일본 대표 간식인 타코야키 たこ焼 전문점. 맛은 무난한 수준이다. 후쿠오카 시내에서 타코야키 숍 찾기가 은근히 어려우니 여기서 재미삼아 먹어봐도 좋을 듯.

맥스 밸류 익스프레스 Max Valu Express

캐널 시티 하카타 옆에 위치한 중형 슈퍼마켓. 지하 1층 식료품, 1층 잡화 코너로 이루어져 있다. 24시간 영업하며 상품도 풍부하다.

ABC 마트 그랜드 스테이지

ABC-Mart Grand Stage **센터 워크 3층**

운동화 · 슈즈를 중심으로 다양한 패션 아이템을 판매하는 매장. 스포츠보다 패션에 초점을 맞춘 스트리트 무드의 발랄한 스타일을 선보인다. 아디다스 · 뉴 발란스 · 온러닝 · 호카 · 살로몬 같은 인기 브랜드와 유행 아이템도 풍부하다. 우리나라에서 품절된 제품이나 레어템도 비교적 손쉽게 구매할 수 있다.

건담 베이스

The Gundam Base **사우스 빌딩 1층**

규슈 최초의 건프라 플래그십 스토어. 입구에 3m 크기의 빨간색 유니콘 건담 모형이 세워져 있어 눈길을 끈다. 신상 건프라는 물론 여기서만 판매하는 한정판도 구매할 수 있다. 건담 마니아라면 규슈 최대의 건프라 매장인 건담 파크 (라라포트 후쿠오카 4층, p.182)도 놓치지 말자.

반다이 남코 크로스 스토어

Bandai Namco Cross Store **사우스 빌딩 지하 1층**

일본의 유명 게임 · 프라모델 제작사 반다이 남코의 오피셜 매장. 수백 대의 캡슐토이 뽑기 기계가 줄지어 있는 가샤폰 코너가 인기 만점이다. 원피스 · 귀멸의 칼날 등 우리에게도 친숙한 애니의 피규어 · 캐릭터 굿즈도 취급한다.

텐진 지하상가
天神地下街

아르누보풍의 천장 장식이 멋스러운 텐진의 명물 쇼핑가. 동쪽과 서쪽 두 개로 나뉜 통로가 600m 가량 길게 이어지며 구역마다 1~12번가의 번지수가 붙어 있다. 1~6번가는 유럽 중북부의 분위기를 물씬 풍기는 스테인드글라스, 7~12번가는 남유럽의 거리를 모티브로 꾸민 인테리어가 이국적인 면모를 과시한다. 쇼핑가 곳곳에 시계탑 · 광장 등 아기자기한 볼거리를 배치해 이를 찾아보는 재미도 놓칠 수 없다.
150여 개의 숍이 입점해 있으며 20~30대 여성이 선호하는 중저가 로컬 패션 브랜드의 비중이 높다. 모던한 스타일의 인테리어 · 잡화 · 액세서리 숍도 눈여겨보자. 쇼핑가 중간중간 맛난 먹거리를 파는 숍이 위치해 입이 즐거워지는 것도 놓치기 힘든 매력이다.

영업 숍 10:00~20:00, 레스토랑 10:00~21:00 휴업 부정기적
주소 福岡市 中央区 天神 2丁目 전화 092-711-1903
홈피 www.tenchika.com 지도 MAP 8-F3
교통 지하철 쿠코 선 텐진 天神 역(K08) 하차. / 지하철 나나쿠마 선 텐진미나미 天神南 역(N16) 하차. / 300 · 301 · 302 · 304번 버스 텐진코소쿠바스타미나루마에 天神高速バスターミナル前 하차. / BRT 버스 텐진소라리아스테지마에 天神ソラリア ステージ前 하차. 구글맵 QR 코드 스캔 · 터치

1 이국적인 인테리어의 지하상가. 상가 전역에서 무료 Wi-Fi를 사용할 수 있다.
2 아기자기한 패션 소품을 구매하기에 좋다.
3 최신 트렌드의 패션 아이템도 풍부하다.

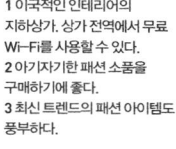

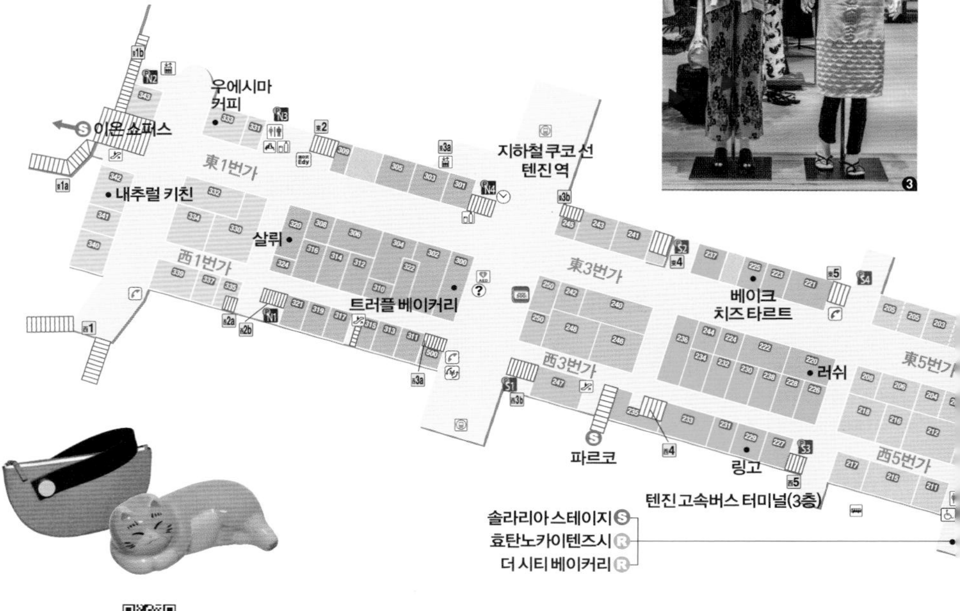

 구글맵

칼디 커피 팜 Kaldi Coffee Farm **Shop No.011**

커피 · 수입 식료품 전문점. 30여 종의 다양한 커피 원두가 추천 아이템이다. 우리나라에서 구하기 힘든 수입 소스 · 향신료 · 과자를 취급하며 가격도 저렴하다.

마츠모토 키요시 マツモトキヨシ **Shop No.025**

정가의 10~30%를 할인 판매하는 드러그 스토어. 우리나라의 올리브 영과 비슷한 스타일이다. 용도별로 세분화된 아이디어 상품이 많아 쇼핑의 즐거움을 더한다.

내추럴 키친 Natural Kitchen **Shop No.342**

자연주의 콘셉트 잡화점. 부담없는 가격에 멋스러움을 더할 소품을 찾는 이에게 강추한다. 따스한 느낌의 아기자기한 테이블웨어 · 주방 · 욕실용품이 메인 아이템이다.

살뤼 Salut! **Shop No.320**

내추럴한 색감과 빈티지한 유럽풍 디자인의 잡화점. 인테리어 소품과 주방용품을 중심으로 다양한 생활잡화를 판매한다. 1,000엔 안팎의 합리적 가격도 큰 매력!

쿠라 치카 바이 포터 Kura Chika by Porter **Shop No.081**

1935년 창업한 일본 가방 브랜드. 특히 한국 여행자에게 인기가 높다. 'Made in Japan'을 고집하며 바느질 한 땀 한 땀 영혼을 담는 장인 정신을 표방하는 곳으로 유명하다. 내구성 좋은 제품과 모던한 디자인도 식지 않는 인기의 비결이다. 베스트셀러 아이템은 탱커 시리즈다.

러쉬 Lush **Shop No.220**

입욕제로 유명한 영국 욕실용품 브랜드. 스킨 · 헤어 케어 제품도 다양하게 선보인다. 자연주의를 추구하는 브랜드 콘셉트답게 꿀 · 민트 · 소금 등 천연재료를 많이 사용하며, 남국의 꽃과 과일을 테마로 만든 이국적이면서도 강렬한 향이 특징이다. 매장에서 제품을 직접 테스트해보고 구매할 수 있다. 일본 현지 생산이라 우리나라보다 20~30% 가격이 저렴하다.

후쿠야 ふくや **Shop No.134**

후쿠오카 특산품인 명란젓 전문점. 매콤한 명란젓 明太子(멘타이코)은 기념품이나 선물로도 좋다. 일반적인 명란젓 외에 빵 · 밥에 발라 먹기 쉽게 튜브나 캔 형태로 가공한 명란젓도 판매한다. 맛은 매콤한 레귤러와 순한 마일드 두 종류가 있다.

영업 10:00~20:00

베이크 치즈 타르트 Bake Cheese Tart **Shop No.225**

텐진 지하상가의 명물 먹거리. 갓 구운 치즈 타르트 焼きたてチーズタルト(야키타테치즈타루토)는 두 번 구워 바삭함을 더한 타르트 생지에 달콤 촉촉한 크림치즈가 듬뿍 담겨 있다. 고구마 · 초콜릿 · 딸기 등 다양한 맛의 치즈 타르트도 판매한다. 항상 줄이 길지만 테이크아웃 전문점이라 대기 시간이 길지는 않다.

치즈 타르트

영업 09:00~21:00

링고 Ringo **Shop No.229**

간식으로 인기가 높은 애플파이 숍. 갓 구운 애플 파이 焼きたてカスタードアップルパイ(야키타테카스타도앗푸루파이)는 일본 전국에서 연간 150만 개가 팔릴 만큼 선풍적 인기를 누리고 있다. 바삭한 파이 안에 진한 커스터드 크림과 새콤달콤한 사과가 듬뿍 담겨 있다.

애플파이

영업 09:00~21:00

우에시마 커피 上島珈琲店 **Shop No.333**

1933년 창업한 UCC 우에시마 커피에서 운영하는 커피숍. 강배전 특유의 쓰디쓴 커피가 특징이다. 색다른 맛을 즐기려면 주석 잔에 얼음을 동동 띄워주는 달콤한 아이스 밀크 커피 黒糖ミルク珈琲(쿠로토미루쿠코히)를 주문해도 좋다.

아이스 밀크 커피

영업 07:30~22:00

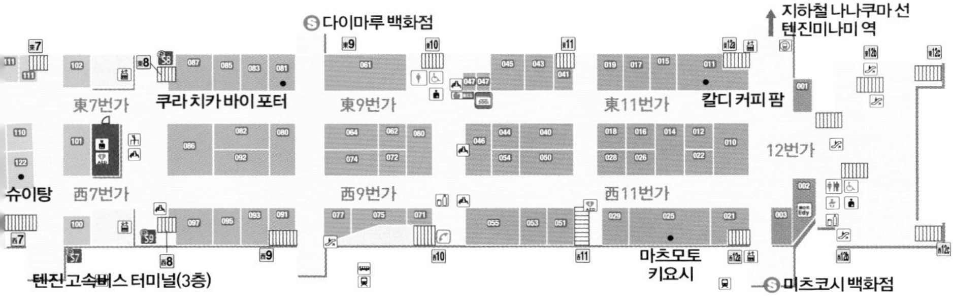

파르코 PARCO

20대를 타깃으로 한 발랄한 감성의 백화점. 본관과 신관의 두 개 건물에 패션 · 화장품 · 잡화를 취급하는 200여 개 숍이 입점해 있다. 감각적인 아이템과 브랜드가 풍부한데, 빔즈 · 저널 스탠더드 · 어번 리서치 등 일본을 대표하는 유명 셀렉트 숍이 다수 입점해 있어 최신 트렌드가 한눈에 들어온다.

패션을 즐기는 멋쟁이가 선호하는 셀렉트 숍 Beams, 미하라 야스히로 · 나이키 피스 마이너스원 같은 한정판 아이템을 취급하는 스니커즈 편집숍 Carryme, 일본 스트리트 패션 브랜드 N. Hoollywood · 라드 뮤지션, 빈티지 의류 전문점 Super Spinns 등 흥미진진한 브랜드가 가득하다.

영업 10:00~20:30 휴업 부정기적 전화 092-235-7000
주소 福岡市 中央区 天神 2-11-1
홈피 http://fukuoka.parco.jp 지도 MAP 8-F1
교통 지하철 쿠코 선 텐진 天神 역(K08) 하차, 도보 1분. 7번 출구와 지하로 바로 연결된다.
구글맵 QR 코드 스캔 · 터치

1 본관 7 · 8층에는 만화 · 애니 · 캐릭터 굿즈 전문점이 모여 있다.
2 후쿠오카의 패션 트렌드를 한눈에 파악할 수 있다.

원 후쿠오카
ONE FUKUOKA

세련된 스타일의 대형 쇼핑몰. 일본 최대 규모의 샤넬 매장이 위용을 뽐낸다. 규슈 지역에 처음 론칭하는 브랜드가 풍부하다. 일본 디자이너 브랜드 Kolor · 메종 키츠네 · 앤 헐리우드, 아웃도어 브랜드 스노우 피크, 문구 전문점 이토야 ITOYA, 쌀을 테마로 한 라이프스타일 숍 아코메야가 볼 만하다.

영업 11:00~20:00, 토 · 일 · 공휴일 10:00~20:00
주소 福岡市 中央区 天神 1-11-1
전화 050-3616-2150
지도 MAP 8-F2
교통 지하철 쿠코 선 텐진 天神 역(K08) 하차, 도보 3분. 히가시 東3b번 출구 앞에 있다.
구글맵 QR 코드 스캔 · 터치

비오로
VIORO

유행에 민감한 트렌드세터를 겨냥한 고급 백화점. 스타일리시한 디자이너 브랜드에 특화된 셀렉트 숍 유나이티드 애로우스 United Arrows · 플론트 FLONT · 로열 플래시 Royal Flash가 특히 볼 만하다. 모자 전문점 카시라 CA4LA, 수제 안경 전문의 카네코 안경점 金子眼鏡店 등 패션 소품 숍도 추천한다.

영업 10:00~20:00
주소 福岡市 中央区 天神 2-10-3
전화 092-771-1001
홈피 www.vioro.jp
지도 MAP 8-E3
교통 지하철 쿠코 선 텐진 天神 역(K08) 하차, 5번 출구에서 도보 3분.
구글맵 QR 코드 스캔 · 터치

프랑프랑
Francfranc

2030 독신 여성이 타깃인 라이프스타일 브랜드. 화사한 컬러와 디테일이 살아있는 로맨틱한 디자인이 특징이다. 가구 · 패브릭 · 욕실 · 주방 · 수납 · 잡화 등 취급 품목이 다양한데, 소녀 감성의 방 꾸미기에 특화된 아이템이 풍부하다. 테이블웨어와 욕실용품이 추천 아이템이다.

영업 10:00~20:30
주소 福岡市 中央区 天神 2-11-1
전화 03-4216-4021
홈피 francfranc.com
지도 MAP 8-E3
교통 지하철 쿠코 선 텐진 天神 역(K08) 하차, 도보 5분. 7번 출구와 연결된 파르코 백화점 본관 5층에 있다.
구글맵 QR 코드 스캔 · 터치

 구글맵

1

2

1 90여 년의 전통을 자랑하는 대형 백화점이다.
2 다양한 연령대와 스타일을 아우르는 구성이 특징이다.

이와타야 岩田屋

1936년 오픈한 후쿠오카 대표 명품 백화점.
라이프스타일을 업그레이드 시켜주는 고급 아이템이 가득하다. 본관 本館은 남녀 패션 · 아동복 · 화장품 · 식료품 · 문구, 신관 新館은 명품 패션 · 시계 · 주얼리 · 인테리어 용품 매장이다. 특히 최고급 명품과 디자이너 브랜드가 충실하다. 에르메스 · 셀린느 · 프라다 · The Row · 메종 마르지엘라 · 사카이 등 해외 명품과 이세이 미야케 · Y's · 꼼 데 가르송 등 일본 디자이너 브랜드에 주목하자.
본관 지하 식품관에는 품절 대란으로 유명한 사케 닷사이 獺祭 매장, 고급 식재료와 특산품이 풍부한 미식 슈퍼마켓 키노쿠니야 Kinokuniya도 있다.

영업 10:00~20:00 전화 092-721-1111
주소 福岡市 中央区 天神 2-5-35
홈피 www.iwataya-mitsukoshi.mistore.jp 지도 MAP 8-E4
교통 지하철 쿠코 선 텐진 天神 역(K08) 하차, 5번 출구에서 도보 4분.
구글맵 QR 코드 스캔 · 터치

마가렛 호웰
MARGARET HOWELL

꾸준한 인기의 영국 디자이너 브랜드. 린넨 · 코튼 등 천연소재로 만든 미니멀한 디자인의 패션 · 액세서리 · 잡화를 선보인다. 무심한 듯 시크하게, 편하지만 멋스러움이 묻어나는 세련된 스타일이 인기 비결이다. 세컨드 브랜드 MHL도 취급한다.

영업 10:00~19:00
휴업 부정기적
주소 福岡市 中央区 天神 1-4-1
전화 092-722-0670
지도 MAP 8-G4
교통 지하철 쿠코 선 텐진 天神 역(K08) 하차, 히가시 東11번 출구에서 도보 5분. 다이마루 백화점 동관 3층에 있다.
구글맵 QR 코드 스캔 · 터치

로프트
LOFT

세련된 멋과 실용성을 겸비한 아이템이 풍부한 라이프스타일 숍. 생활 편의를 높여주는 아이디어 상품이 가득해 젊은 여성에게 인기가 높다. 감각적인 디자인의 생활잡화와 인테리어 소품, 아기자기한 문구, 기능별로 세분화된 욕실 · 미용 · 주방 용품을 추천한다.

영업 10:00~20:00
주소 福岡市 中央区 天神 4-3-8
전화 092-724-6210
홈피 www.loft.co.jp
지도 MAP 8-E1
교통 지하철 쿠코 선 텐진 天神 역(K08) 하차, 히가시 東1a번 출구로 나가면 오른쪽에 보이는 미나 텐진 ミーナ天神 쇼핑몰 4층에 있다.
구글맵 QR 코드 스캔 · 터치

유니클로 · 지유
UNIQLO · GU

규슈 최대의 유니클로. 유니클로에서 출시된 전 상품을 판매해 선택의 폭이 넓다. 일본 로컬 브랜드 로고를 넣은 한정판 콜라보 티셔츠, 좋아하는 일러스트를 직접 골라 만드는 커스텀 티셔츠가 인기다. 3층에는 가성비와 트렌디한 스타일을 선호하는 10~20대 타깃의 자매 브랜드 GU도 있다.

영업 10:00~20:00
주소 福岡市 中央区 天神 4-3-8
전화 092-753-7887 지도 MAP 8-E1
교통 지하철 쿠코 선 텐진 天神 역(K08) 하차, 도보 3분. 히가시 東1a번 출구로 나가면 오른쪽에 보이는 미나 텐진 ミーナ天神 쇼핑몰에 있다.
구글맵 QR 코드 스캔 · 터치

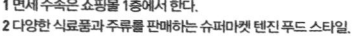

1 면세 수속은 쇼핑몰 1층에서 한다.
2 다양한 식료품과 주류를 판매하는 슈퍼마켓 텐진 푸드 스타일.

이온 쇼퍼스 AEON SHOPPERS

5층 규모의 대형 쇼핑몰. 가성비 높은 중저가 생활밀착형 브랜드가 충실하며, 식료품 · 잡화 · 인테리어 · 반려동물 용품 등 다양한 상품을 취급한다. 아이템이 풍부한 대형 매장인 라이프스타일 숍 무지 Muji(2층), 100엔 숍 다이소 Daiso(4층)가 있어 생필품 · 잡화 쇼핑에도 좋다.
지하 1층의 대형 슈퍼마켓 텐진 푸드 스타일 Tenjin Food Style은 풍부한 상품과 저렴한 가격이 매력이다. 추천 아이템은 커피 · 조미료 · 과자 · 주류 등의 공산품이다. 공항 면세점에서 취급하지 않는 로컬 사케 · 위스키도 저렴하게 판매한다. 5,000엔 이상 구매시 면세도 된다.

영업 09:00~21:00, 지하 1층 · 1층 09:00~22:00
주소 福岡市 中央区 天神 4-4-11
전화 092-721-5411 지도 MAP 8-E1
교통 지하철 쿠코 선 텐진 天神 역(K08) 하차, 히가시 東1a번 출구에서 도보 2분.
구글맵 QR 코드 스캔 · 터치

돈키호테
ドン・キホーテ

여행자에게 인기가 높은 대형 할인점. 과자 · 식료품 · 잡화 · 의약품 · 화장품 등 다양한 상품을 취급하며 가격도 저렴하다. 24시간 영업해 시간에 구애받지 않고 쇼핑을 즐길 수 있다. 검증된 인기 상품 위주로 판매하기 때문에 선택의 고민 없이 손쉽게 기념품 쇼핑을 끝낼 수 있는 것도 매력이다.

영업 24시간
주소 福岡市 中央区 今泉 1-20-17
전화 0570-079-711
지도 MAP 8-E5
교통 지하철 쿠코 선 텐진 天神 역(K08) 하차, 2번 출구에서 도보 12분.
구글맵 QR 코드 스캔 · 터치

세리아
Seria

거의 모든 상품이 100엔(세금 별도)인 잡화점. 일반적인 100엔 숍에 비해 디자인과 품질이 좋아 가성비를 따지는 실속파가 즐겨 찾는다. 주방용품 · 문구 · 액세서리 등 취급 품목이 다양하며, 편리한 기능의 아이디어 상품을 구매하기에도 좋다.

영업 10:00~21:00
주소 福岡市 中央区 天神 4-3-8 ミーナ天神 6/F
전화 092-791-5782
지도 MAP 8-E1
교통 지하철 쿠코 선 텐진 天神 역(K08) 하차, 도보 3분. 히가시 東1a번 출구로 나가면 오른쪽에 보이는 미나 텐진 ミーナ天神 쇼핑몰 6층에 있다.
구글맵 QR 코드 스캔 · 터치

다이소
DAISO

규슈 최대의 100엔 숍. 드넓은 매장에 주방용품 · 화장품 · 잡화 · 식료품 등 온갖 아이템이 용도별로 차곡차곡 정리돼 있다. 일본에서만 판매하는 식료품과 아이디어 상품에 주목하자. 입구에는 다이소의 고급 라인인 스탠더드 프로덕트 Standard Products 매장도 있다.

영업 09:00~21:00
주소 福岡市 博多区 博多駅中央街 2-1 博多バスターミナル店 5/F
전화 092-475-0100
지도 MAP 6-A3
교통 JR 하카타 博多 역의 하카타 출구 博多口에서 도보 3분. 하카타 버스 터미널 5층에 있다.
구글맵 QR 코드 스캔 · 터치

요도바시 카메라 ヨドバシカメラ

수만 가지 상품을 취급하는 규슈 최대의 가전 양판점. 지하 1층에서 3층까지 총 4개 층에 걸쳐 디지털 카메라 · PC · 생활가전 · 프라모델을 판매한다. 최대의 매력은 최신 가전제품을 마음대로 만져보고 구매할 수 있다는 것. 한국인 여행자에게 인기가 높은 곳은 디지털 카메라(1층), 오디오 및 홈시어터(2층), 아웃도어 용품(3층), PC · 노트북 컴퓨터(지하 1층) 코너다. 건프라 마니아는 지하 1층의 프라모델 매장을 놓치지 말자. 건프라를 비롯한 프라모델 · 피규어 · 미니카 · 철도 모형 · 제작공구를 두루 취급하며 정상가의 10~20%를 할인 판매한다. 같은 층에는 규슈 최대의 캡슐토이 매장인 가챠가챠 ガチャガチャ도 있다.

영업 09:30~22:00 전화 092-471-1010
주소 福岡市 博多区 博多駅 中央街 6-12
홈피 www.yodobashi-hakata.com
지도 MAP 6-D4
교통 JR 하카타 博多 역의 치쿠시 출구 筑紫口에서 도보 4분.
구글맵 QR 코드 스캔 · 터치

1 최신 가전제품을 직접 만져보고 구매할 수 있다.
2 다양한 프라모델과 피규어도 할인 판매한다.

빅쿠 카메라
ビックカメラ

다양한 상품을 취급하는 가전양판점. 요도바시 카메라와 비슷하지만 규모는 조금 작다. 매장은 스마트폰 · PC 전문의 1호관, 디지털 카메라 · 오디오 · 일반가전 전문의 2호관으로 나뉜다. 2호관 6층의 프라모델 · 피규어 코너에서는 건프라를 정가의 10~30% 할인 판매한다.

영업 10:00~21:00
주소 福岡市 中央区 今泉 2-4-5
전화 092-732-1111
지도 MAP 8-E4
홈피 www.biccamera.co.jp
교통 지하철 쿠코 선 텐진 天神 역(K08) 하차, 5번 출구에서 도보 8분.
구글맵 QR 코드 스캔 · 터치

애플 스토어
APPLE STORE

애플 오피셜 매장. 아이폰 · 아이패드의 최신 모델은 물론 우리나라에서 구하기 힘든 헤드폰 · 블루투스 스피커 등의 액세서리까지 빠짐없이 구비했다. 가격은 환율에 따라 차이가 나지만 대체로 우리나라보다 저렴하다. 홈페이지에서 구매할 상품의 가격을 미리 확인하고 가면 편리하다. 5,000엔 이상 구매시 면세도 된다.

영업 10:00~21:00
주소 福岡市 中央区 天神 2-5-19
전화 092-778-0200
지도 MAP 8-E4
교통 지하철 쿠코 선 텐진 天神 역(K08) 하차, 2번 출구에서 도보 11분.
구글맵 QR 코드 스캔 · 터치

키디 랜드
KIDDY LAND

캐릭터 굿즈 전문점. 깜찍이 아이템에 열광하는 캐릭터 마니아는 절대 놓치지 말자. 치이카와 · 스미코구라시 · 커비 · 헬로 키티 · 미피 · 리락쿠마 · 스누피 등 우리에게 친숙한 캐릭터가 모두 모여 있다. 인형은 물론, 문구 · 잡화 · 티셔츠 등 아이템이 풍부해 선물 · 기념품을 구매하기에도 좋다.

영업 10:00~20:30
주소 福岡市 中央区 天神 2-11-1 福岡パルコ 8/F
전화 092-235-7290
지도 MAP 8-F1
교통 지하철 쿠코 선 텐진 天神 역(K08) 하차, 도보 3분. 7번 출구와 연결된 파르코 백화점 8층에 있다.
구글맵 QR 코드 스캔 · 터치

AREA 02

후쿠오카 외곽
福岡周辺

풍성한 볼거리는 없지만 삭막한 도심를 벗어나 싱그러운 풍경과 마주할 수 있는 게 매력이다. 초록빛 자연이 가득한 드넓은 공원, 넘실대는 파도 위로 눈부신 햇살이 쏟아지는 해변, 우레 같은 함성이 울려퍼지는 야구장을 찾아가 색다른 여행의 낭만을 즐겨보자. 멀지 않은 곳에 규슈 제일의 쇼핑 명소로 명성이 자자한 대형 아웃렛이 자리해 쇼핑의 재미를 더하는 것도 놓치기 힘든 매력이다.

명소 ★★★☆☆
맛집 ★★★☆☆
쇼핑 ★★☆☆☆
유흥 ☆☆☆☆☆

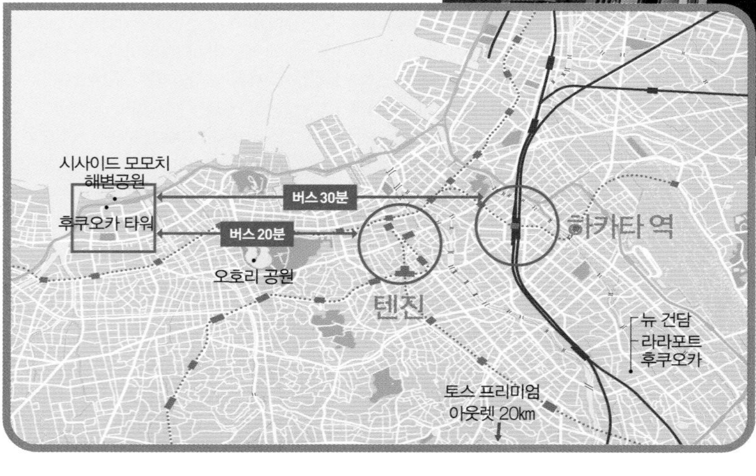

4대 명소

6대 맛집

2대 쇼핑몰

best course

#1 후쿠오카 외곽 일주

하카타미즈타키센몬 다이다이는 예약 필수이니 예약 상황에 맞춰 일정을 조정한다. 여의치 않을 때는 인근의 다른 식당을 이용한다.

예상 소요시간 9시간~

1 **오호리 공원** p.180

도보 15분

2 **일본 정원** p.181

도보 8분

3 **스타벅스 커피** p.181

도보 15분

4 **하카타미즈타키센몬 다이다이 닭백숙** p.187

도보 2분

5 **마이즈루 공원** p.183

버스 30분

6 **시사이드 모모치 해변공원** p.179

도보 5분

7 **후쿠오카 타워** p.178

오호리 공원

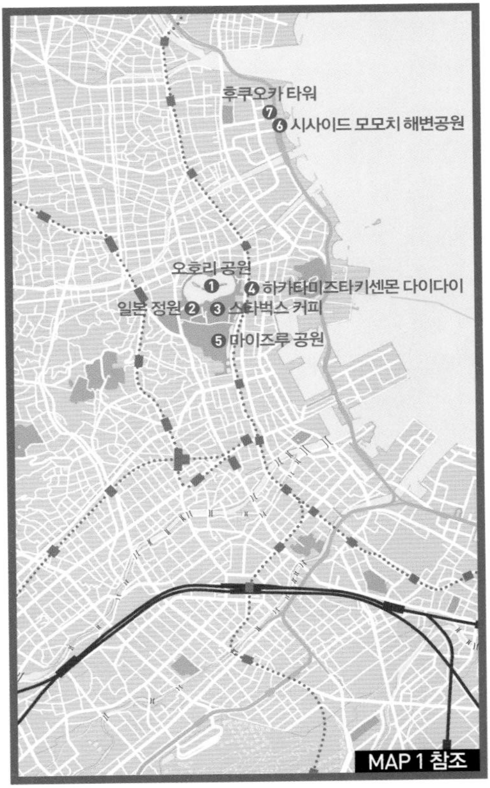

best course

2 후쿠오카 외곽 일주

근교 소도시인 다자이후와 묶어서 여행한다. 기린 맥주 후쿠오카 공장은 예약 필수이니 예약 상황에 맞춰 일정을 조정한다.

예상 소요시간 10시간~

1. **니시테츠후쿠오카 역**

사철+도보 1시간 10분

2. **기린 맥주 후쿠오카 공장** p.184

도보+사철 1시간 30분

3. **다자이후** p.194

사철+버스 1시간

4. **뉴 건담** p.182

바로 앞

5. **라라포트 후쿠오카** p.183

실물 크기의 뉴 건담

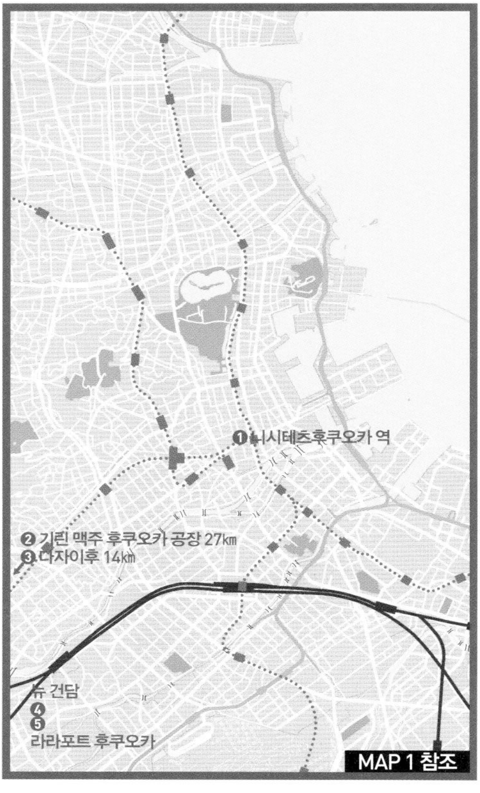

MAP 1 참조

1 하늘을 향해 우뚝 솟은 후쿠오카 타워.
2 세상을 황금빛으로 물들이는 노을도 볼 수 있다.

01 福岡タワー 후쿠오카 타워 ★★★★★

발음 후꾸오까타와– **개관** 09:30~22:00(입장 21:30까지) **휴관** 부정기적
요금 1,000엔, 초등학생 · 중학생 500엔, 4세 이상 200엔
홈피 www.fukuokatower.co.jp **지도** MAP 11–B2
교통 하카타 버스터미널(MAP 6–A3) 1층의 6번 승강장에서 306번 버스를 타고 후쿠오카타와미나미구치 福岡タワー南口 하차(30분, 260엔). / 텐진의 1A번 정류장(MAP 5)에서 W1 · 302번 버스를 타고 후쿠오카타와미나미구치 福岡タワー南口 하차(20분, 260엔). / 지하철 쿠코 선 니시진 西新 역(K04) 하차, 1번 출구에서 도보 25분. **구글맵** QR 코드 스캔 · 터치

후쿠오카 최고의 높이를 뽐내는 234m의 전파 송신탑. 1989년 아시아 태평양 박람회를 기념해 세웠으며 꼭대기에는 TV · 라디오 전파 송신소가 있다. 상층부에는 복(福)을 상징하는 삼각형의 후쿠오카 시(市) 심볼을 새겨 놓았다. 8,000장의 반사유리로 뒤덮인 반짝반짝 빛나는 외관이 인상적이다.

123m 지점(3층 전망대)에는 후쿠오카 일대가 360도로 내려다보이는 전망대가 있다. 야경 감상 포인트로도 인기가 높은데, 일몰 1시간 전에 오르면 멋진 전망과 황금빛 노을, 그리고 화려한 야경을 두루 감상할 수 있다. 해가 지면 건물 외벽에 설치된 2,700개의 LED 조명이 일제히 빛을 발하며 벚꽃 · 보름달 · 크리스마스트리 등 계절을 상징하는 다채로운 문양을 그려내는 모습도 볼 만하다. 1층 전망대(116m)에는 하트 모양 자물쇠를 걸며 사랑을 약속하는 연인의 성지도 있다.

 구글맵

02 シーサイドももち海浜公園 ★★★★★

시사이드 모모치 해변공원

발음 시-사이도모모찌까이힌꼬-엔 **운영** 24시간
요금 무료 **홈피** www.marizon-kankyo.jp
지도 MAP 11-B2
교통 하카타 버스터미널(MAP 6-A3) 1층의 6번 승강장에서 306번 버스를 타고 후쿠오카타와미나미구치 福岡タワー南口 하차(30분, 260엔), 도보 5분. / 텐진의 1A번 정류장(MAP 5)에서 W1 · 302번 버스를 타고 후쿠오카타와미나미구치 福岡タワー南口 하차(20분, 260엔), 도보 5분. / 지하철 쿠코 선 니시진 西新 역(K04) 하차, 1번 출구에서 도보 30분.
구글맵 QR 코드 스캔 · 터치

길이 1㎞, 면적 22만㎡의 드넓은 해변공원. 1982년 해안 매립지를 개발하는 과정에서 조성된 인공해변이다. 샤워실 · 탈의실 · 산책로가 완비돼 있어 가벼운 물놀이나 산책을 즐기기에 좋다. 카페 · 레스토랑 등의 편의시설도 두루 갖췄다. 흠이라면 인공해변인 까닭에 백사장의 모래가 조금 거칠다는 것!
해변공원 한가운데에 위치한 로마네스크 양식의 이국적 건물은 결혼식장인 마리존 Marizon이다. 입구까지 이어지는 도로 양쪽에 늘어선 야자수와 바다 위에 떠 있는 섬처럼 보이는 로맨틱한 풍경 때문에 기념사진 명소로 인기가 높다. 단, 내부는 결혼식 하객을 제외한 일반인의 출입이 불가능하니 주의!
해질녘에 은은한 조명에 물든 모습이 볼 만하며, 이 앞에서 바라보는 후쿠오카 타워의 야경 또한 무척 멋지다.

1

2

3

1 · 2 해변에서 일광욕이나 물놀이도 즐길 수 있다.
3 붉은 노을 속에서 산책을 즐기기에도 좋다.

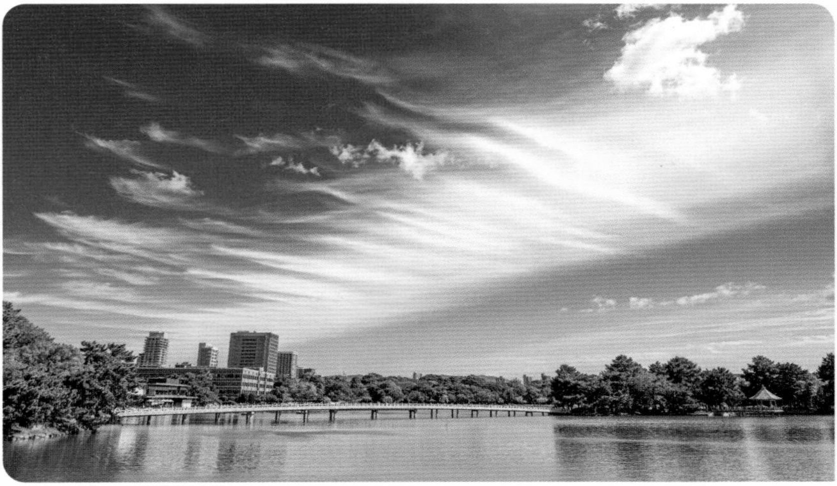

1 백조 보트를 타고 호수를 돌아봐도 재미있다.
2 · 3 산책로를 따라 걷거나 휴식을 취하기에도 좋다.

03 大濠公園 오호리 공원 ★★★★★

발음 오-호리꼬-엔 **개방** 24시간 **요금** 무료
홈피 www.ohorikouen.jp **지도** MAP 12-B2
교통 지하철 쿠코 선 오호리코엔 大濠公園公園 역(K06) 하차, 3번 출구에서 도보 2분. / 하카타 버스터미널(MAP 6-A3) 1층의 2번 승강장에서 3번 버스를 타고 오호리코엔 大濠公園 하차(27분, 260엔). / 텐진의 11번 정류장(MAP 5)에서 3·71번 버스를 타고 오호리코엔 大濠公園 하차(7분, 210엔).
구글맵 QR 코드 스캔 · 터치
보트 대여소 **영업** 11:00~18:00, 토·일·공휴일 10:00~18:00, 9~3월 11:00~일몰, 토·일·공휴일 10:00~일몰
요금 일반 보트 30분 800엔, 백조 보트 30분 1,200엔

후쿠오카 성의 외호(外濠)를 개조해 만든 40만㎡의 드넓은 공원. 하늘에서 보면 'Ø' 모양을 하고 있다. 호수 가운데에 점점이 놓인 3개의 섬을 모두 다리로 연결해 놓아 한가로이 산책을 즐기기에 좋다. 호수 주위에는 둘레 2㎞의 조깅 코스와 자전거 도로가 정비돼 있어 아침저녁으로 현지인의 발길이 끊이지 않는다.

3~4월이면 호숫가에 벚꽃이 만발해 장관을 이룬다. 나란히 이어진 마이즈루 공원(p.183)과 더불어 후쿠오카의 벚꽃놀이 명소로 유명하다는 사실을 기억하자.

호수 북쪽의 보트 대여소에서 백조 보트를 빌려 느긋하게 호수 유람을 즐겨도 재미있다. 보트 대여소 옆의 카페에서는 호수를 바라보며 음료 · 식사를 즐길 수 있다. 원래 여기에는 레스토랑 하나노키 花の木가 있었는데(2013년 폐업), 1954년 신혼여행차 일본에 들른 마릴린 먼로가 3일 연속으로 방문했을 만큼 마음에 쏙 들어했다는 일화가 전해온다.

구글맵

오호리 공원 퍼펙트 가이드

호숫가를 따라 분위기 만점의 카페와 미술관이 점점이 놓여 있다. 찾는 이가 비교적 드문 이른 아침에 들러 공원의 맑은 공기를 호흡하며 호젓한 산책과 커피 한 잔의 여유를 즐기는 것도 멋진 추억이 된다.

후쿠오카 미술관
쿠사마 야요이의 《호박》

❶ 일본 정원
日本庭園

고즈넉한 기운이 감도는 정원. 근래에 조성된 탓에 예스러운 멋은 덜하지만 느긋하게 산책로를 거닐며 이국적 분위기를 맛보기에는 부족함이 없다. 커다란 연못을 중심으로 폭포 · 다리 · 정자를 조화롭게 배치했으며, 돌과 자갈로 자연을 묘사한 카레산스이 정원 枯山水庭도 있다.

개원 09:00~18:00, 10~4월 09:00~17:00
휴원 월요일, 12/29~1/3 요금 250엔, 15세 미만 120엔
홈피 www.ohoriteien.jp 지도 MAP 12-C2
교통 지하철 쿠코 선 오호리코엔 大濠公園公園 역(K06) 하차, 3번 출구에서 도보 18분. 구글맵 QR 코드 스캔 · 터치

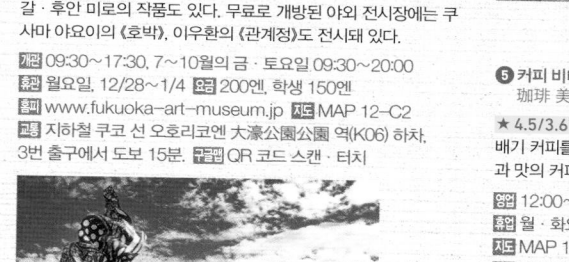

❷ 후쿠오카 시 미술관
福岡市美術館

규슈 출신 근현대 화가의 작품을 소개하는 미술관. 1만 6,000여 점의 소장품 가운데는 앤디 워홀 · 장 미셸 바스키아 · 마크 샤갈 · 후안 미로의 작품도 있다. 무료로 개방된 야외 전시장에는 쿠사마 야요이의 《호박》, 이우환의 《관계정》도 전시돼 있다.

개관 09:30~17:30, 7~10월의 금 · 토요일 09:30~20:00
휴관 월요일, 12/28~1/4 요금 200엔, 학생 150엔
홈피 www.fukuoka-art-museum.jp 지도 MAP 12-C2
교통 지하철 쿠코 선 오호리코엔 大濠公園公園 역(K06) 하차, 3번 출구에서 도보 15분. 구글맵 QR 코드 스캔 · 터치

❸ 스타벅스 커피
Starbucks Coffee

★ 4.4/3.17 한국인 필수 방문 카페. 호숫가에 위치해 멋진 뷰를 뽐낸다. 통창 너머로 주변 풍경이 훤히 들어오는 실내석도 좋지만, 날씨가 좋을 때는 야외 테이블을 이용하는 것도 운치 있다.

영업 07:00~21:00
지도 MAP 12-B2
교통 지하철 쿠코 선 오호리코엔 大濠公園公園 역(K06) 하차, 3번 출구에서 도보 9분.
구글맵 QR 코드 스캔 · 터치

탁 트인 전망의 야외석.

❹ 앤드 로컬스
& Locals

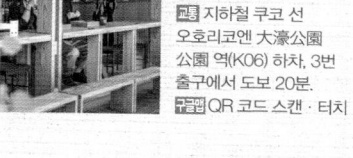

★ 4.3/3.52 호수가 훤히 내려다보이는 2층 뷰가 아름다운 카페. 목재 특유의 따스한 질감도 좋다. 로컬 식재료로 만든 다양한 음식과 녹차 · 디저트를 선보인다.

영업 09:00~18:00
휴업 월요일
지도 MAP 12-C2
교통 지하철 쿠코 선 오호리코엔 大濠公園公園 역(K06) 하차, 3번 출구에서 도보 20분.
구글맵 QR 코드 스캔 · 터치

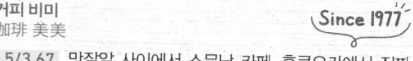

❺ 커피 비미
珈琲 美美

Since 1977

★ 4.5/3.67 맛잘알 사이에서 소문난 카페. 후쿠오카에서 진짜배기 커피를 맛볼 수 있는 몇 안 되는 곳 가운데 하나다. 그윽한 향과 맛의 커피가 감동을 선사한다. 산장같은 푸근한 분위기도 좋다.

영업 12:00~17:00
휴업 월 · 화요일
지도 MAP 12-C32
교통 지하철 쿠코 선 오호리코엔 大濠公園公園 역(K06) 하차, 5번 출구에서 도보 20분.
구글맵 QR 코드 스캔 · 터치

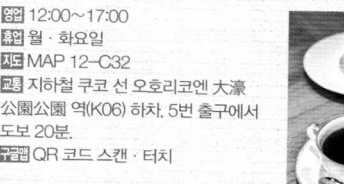

갓 로스팅한 품질 좋은 원두도 판매한다.

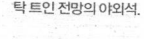

04 V ★★★★☆
ガンダム 뉴 건담

발음 뉴간다무 **개관** 24시간 **요금** 무료 **지도** MAP 1–D5

교통 하카타 버스터미널(MAP 6–A3) 1층 13번 승강장에서 L·40L·44·45번 버스를 타고 라라포토후쿠오카 ららぽーと福岡 또는 나카고쵸메 那珂五丁目 하차(20분, 240엔). / 텐진 4A번 정류장에서 46L번 버스를 타고 라라포토후쿠오카 ららぽーと福岡 하차(30분, 370엔). / JR 타케시타 竹下 역(JB01) 동쪽 출구 東口에서 도보 20분. / 후쿠오카 공항 국제선 터미널 6·7번 정류장에서 라라포트 후쿠오카 행 버스를 타고 라라포토후쿠오카 ららぽーと福岡 하차(16분, 330엔).

구글맵 QR 코드 스캔 · 터치

건담 파크 **영업** 10:00~21:00 **요금** 무료 **홈피** www.gundampark.net

2022년 제작된 뉴 건담의 실물 크기 모형. 높이 24.8m, 중량 80톤의 거대한 동체가 눈길을 사로잡는다. 건담의 실물 크기 모형은 2009년부터 지금까지 총 8개가 제작됐으며, 현재 후쿠오카의 뉴 건담, 오다이바의 유니콘 건담(2017년), 상하이의 프리덤 건담(2021년), 오사카의 RX-78F00 건담(2025년) 4개만 남아있다.

10:00~18:00의 매시 정각에는 건담이 실제로 움직이는 모습을 볼 수 있다. 19:00~21:00의 매시 정각과 30분에는 건담이 움직이는 것과 동시에 애니 속 명장면이 건물 벽에 상영되는 흥미진진한 이벤트가 열린다.

바로 옆의 라라포트 후쿠오카 4층에는 규슈 최대의 건담 테마 월드인 건담 파크 Gundam Park가 있다. 다양한 건프라를 전시 · 판매하는데, 규슈에서 재고가 가장 풍부하며 신상이 제일 먼저 입고되는 곳이라 건프라 쇼핑을 위해 반드시 들러야 할 성지로 유명하다. 건프라 관련 이벤트가 수시로 열리며, 다양한 아케이드 게임도 즐길 수 있다.

1 실제로 움직이는 모습도 볼 수 있다.
2 뉴 건담과 사자비 모형이 입구를 지키는 건담 파크.

 구글맵

舞鶴公園 마이즈루 공원 ★★★☆☆

발음 마이즈루꼬-엔 개원 24시간 요금 무료 지도 MAP 12-B3
교통 지하철 쿠코 선 오호리코엔 大濠公園公園 역(K06) 하차, 5번 출구에서 도보 5분. / 하카타 버스터미널(MAP 6-A3) 1층의 2번 승강장에서 3번 버스를 타고 오테몬 · 헤이와다이리쿠죠교기죠이리구치 大手門 · 平和台陸上競技場入口 하차(25분, 260엔). / 텐진의 11번 정류장(MAP 5)에서 3 · 71번 버스를 타고 오테몬 · 헤이와다이리쿠죠교기죠이리구치 大手門 · 平和台陸上競技場入口 하차(6분, 210엔).
구글맵 QR 코드 스캔 · 터치

후쿠오카 성 福岡城의 성터를 정비해 만든 공원.
총면적은 축구장 60개와 맞먹는 39만 3,000㎡에 달하며, 500여 그루의 벚나무가 심겨 있어 벚꽃이 만발하는 3월 말~4월 초에는 공원 전체가 연분홍빛으로 물드는 장관이 펼쳐진다. 야간 조명을 밝혀 로맨틱한 밤 벚꽃놀이도 즐길 수 있다.

1601년 공사를 시작해 7년 만에 완성시킨 후쿠오카 성은 47개의 망루와 10개의 성문을 가진 엄청난 위용을 자랑했으며, 총면적 80만㎡에 성을 둘러싼 해자의 길이만도 4.7㎞에 달했다. 임진왜란 당시 난공불락의 요새였던 우리나라의 진주성을 모방해 지었는데, 엄청난 규모의 석벽에 둘러싸여 '석성 石城'이란 별칭이 붙기도 했다. 하지만 19세기 말 중앙집권화를 위해 성을 철거하면서 지금의 성터만 남았다. 산책로를 따라 성터 구석구석을 돌아볼 수 있다. 텐슈다이 天守台에 오르면 후쿠오카 일대가 훤히 내려다보인다.

1 탁 트인 시야의 텐슈다이 전망대. 후쿠오카 타워가 보인다.
2 가파른 성벽은 후쿠오카 성의 흔적이다. 3 벚꽃 명소로도 유명하다.

라라포트 후쿠오카 ららぽーと福岡

후쿠오카 남부에 위치한 대형 쇼핑몰. 1~4층으로 이루어져 있으며, 가족단위 쇼핑객을 위한 중가 패션 · 잡화 · 인테리어 · 아동용품 숍 200여 개가 모여 있다. 아이템이 풍부해 선택의 폭이 무척 넓다. 공항에서 불과 2㎞ 거리라 공항을 오가는 길에 잠시 들러도 좋다.
대형 슈퍼마켓 리가넷 Reganet, 커피 · 수입 식료품 전문점 칼디 커피팜, 드러그 스토어 마츠모토 키요시, 가성비 좋은 잡화 · 주방용품점 3Conis+plus, 잡화점 niko and…, 무지 Muji(1층), 유니클로 · GU, 문구 · 잡화 · 인테리어 숍 로프트, 소녀 감성의 잡화 · 주방용품 전문점 프랑프랑(2층), 한국인에게 인기가 높은 영유아용품 숍 아까짱혼포 アカチャンホンポ, 만화 · 애니 굿즈를 판매하는 점프숍 Jump Shop(3층) 등에 주목하자. 5,000엔 이상 구매시 면세도 된다.
영업 10:00~21:00 홈피 https://mitsui-shopping-park.com/lalaport/fukuoka 지도 MAP 1-D5
교통 왼쪽 페이지 참조. 뉴 건담과 같은 곳에 있다.

1 활짝 핀 코스모스로 뒤덮인 기린 화원.
2 기린 맥주 후쿠오카 공장에서 생산되는 이치방시보리 캔맥주.

キリンビール 福岡工場 기린 맥주 후쿠오카 공장

★★★☆☆

발음 키린비–루후꾸오까코–죠– 개관 10:00~15:00
휴관 월요일, 연말연시 요금 500엔 전화 0946-23-2132
홈피 www.kirin.co.jp/experience/factory/fukuoka
교통 JR 하카타 역에서 보통 · 쾌속열차를 타고 키야마 基山 역(JB12) 하차(35분, 560엔), 아마기 철도 甘木鉄道로 갈아타고 타치아라이 太刀洗 역 하차(22분, 410엔), 도보 20분. / 텐진의 니시테츠후쿠오카 西鉄福岡 역에서 급행열차를 타고 니시테츠오고리 西鉄小郡 역(T22) 하차(30분, 530엔), 아마기 철도로 갈아타고 타치아라이 太刀洗 역 하차(15분, 340엔), 도보 20분.
※니시테츠후쿠오카 역에서 왕복 할인권(1,650엔)도 판매한다.
구글맵 QR 코드 스캔 · 터치

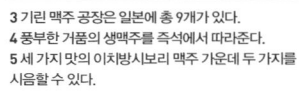

1870년 창업한 일본 최고(最古)의 맥주 회사인 기린 맥주의 공장. 가이드 투어(75분, 한국어 가이드북 제공)를 통해 맥주가 만들어지는 전 과정을 살펴볼 수 있다. 맥주 원료인 맥아와 호프를 직접 만져보고, 맥아에서 추출한 달콤한 맥즙(맥주 원액)을 마셔보는 등 이색 체험도 가능하다. 투어가 끝나면 갓 뽑은 시원한 생맥주를 3잔(무료) 마실 수 있는데, 캔이나 병맥주로는 경험하기 힘든 크리미한 거품이 끝내준다. 캔 맥주를 가장 맛있게 따라 먹는 방법 등 다양한 팁도 들려주니 가이드의 목소리에 귀기울여보자.

투어는 1일 4회(10:00 · 11:00 · 14:00 · 15:00)만 진행하며 예약 필수다. 신청은 홈페이지 · 전화로 한다. 단, 후쿠오카에서 왕복 3시간, 교통비와 입장료로 2,150~2,440엔의 비용이 발생한다는 사실에 유의하자.

맥주 공장 앞에는 축구장 면적의 10배에 달하는 7만㎡의 드넓은 기린 화원 キリン花園이 있다. 3월 말~4월 초에는 화사한 벚꽃, 10월 중순~11월 초에는 1,000만 송이의 코스모스가 화원을 가득 메우는 장관이 펼쳐진다.

3 기린 맥주 공장은 일본에 총 9개가 있다.
4 풍부한 거품의 생맥주를 즉석에서 따라준다.
5 세 가지 맛의 이치방시보리 맥주 가운데 두 가지를 시음할 수 있다.

구글맵

福岡市博物館 후쿠오카 시 박물관 ★★☆☆☆

발음 후꾸오까시하꾸부쯔깐 **개관** 09:30~17:30
휴관 월요일, 12/28~1/4 **요금** 200엔, 고등학생 · 대학생 150엔
홈피 http://museum.city.fukuoka.jp **지도** MAP 11-C2
교통 하카타 버스터미널 5번 승강장에서 312번 또는 6번 승강장에서 306번 버스를 타고 하쿠부츠칸키타구치 博物館北口 하차(25분, 260엔), 도보 5분. / 텐진의 1A번 정류장에서 300 · 301 · 302 · W1 · W2번 버스를 타고 하쿠부츠칸키타구치 博物館北口 하차(15분, 260엔), 도보 5분. **구글맵** QR 코드 스캔 · 터치

후쿠오카의 역사를 일목요연하게 보여주는 박물관. 역사적 사건의 발생 순서에 따라 자료를 전시해 전체를 한 바퀴 돌아보면 이 도시의 성장과정이 쉽게 이해된다. 지리적 특성상 우리나라와 교류가 많았던 까닭에 이와 관련된 전시물이 풍부한 것도 흥미롭다.

가장 유명한 소장품은 국보로 지정된 황금 도장, 금인(金印)이다. 가로 · 세로 2.3㎝ 크기의 금인은 1784년 후쿠오카 북부의 시카노시마 志賀島 섬에서 발견됐다. 밭을 갈던 농부가 우연히 땅속에 묻힌 상자를 캐냈는데 그 안에 금인이 담겨 있던 것. 금인에는 후한(後漢)의 광무제(BC6~AD57)가 왜의 노국왕에게 하사했음을 의미하는 '한위노국왕 漢委奴国王'이란 글귀가 새겨져 있어 고대 중일관계를 뒷받침하는 유물로 1931년 국보로 지정됐다. 하지만 출토 과정과 문구의 해석 · 표현에 의문점이 많아 여전히 위작 논란이 분분하다.

무료 개방된 정원에는 대형 연못과 함께 〈웅변〉 · 〈힘〉 · 〈승리〉 · 〈자유〉로 명명된 브루델(1861~1929)의 청동 조각 4점이 놓여 있다. 높이 3.75m, 무게 1톤의 이 조각은 원래 아르헨티나 대통령 기념비의 일부로 제작됐으며, 1989년 후쿠오카 시(市) 성립 100주년을 기념해 파리의 브루델 미술관에서 매입해왔다.

1 웅장한 후쿠오카 시 박물관.
2 브루델의 작품인 청동 조각.
3 위작 논란이 가시지 않는 금인.

蔦屋書店 츠타야 서점 ★★☆☆☆

발음 츠따야쇼뗀 **영업** 09:00~22:00 **휴업** 1/1 **지도** MAP 12-D2
교통 지하철 나나쿠마 선 롯폰마츠 六本松 역(N11) 하차. 3번 출구 바로 앞의 롯폰마츠 421 빌딩 2층에 있다. **구글맵** QR 코드 스캔 · 터치

풍성한 문화 콘텐츠를 제공하는 서점 겸 라이프스타일 숍. 일반적인 서점과 다른 세련된 인테리어로 인기가 높다. 자유로운 문화공간을 표방하는 곳답게 매장 곳곳에 의자를 비치해 도서관처럼 편히 책을 읽을 수 있다. 바깥 경치를 감상하며 커피와 독서를 즐길 수 있게 꾸민 아늑한 북카페 스타일의 스타벅스도 눈길을 끈다.

여행 · 먹거리 · 음악 · 패션 · 아트 등 최신 트렌드를 다루는 서적과 주방용품 · 잡화 · 음반 등의 관련 아이템을 함께 비치해 정보 습득과 쇼핑의 편의를 높인 것도 눈에 띄는 특징이다. 1층에는 고급 식료품과 수입 식재료를 취급하는 슈퍼마켓 Bon Repas Trezo도 있다.

1 라이프스타일 서점을 표방하는 츠타야
2 예술 서적도 충실히 구비했다.

★☆☆☆☆

みずほ PayPay ドーム福岡 미즈호 페이페이 돔 후쿠오카

발음 미즈호페이페이도무후꾸오까 홈피 www.softbankhawks.co.jp 지도 MAP 11-A3
교통 하카타 버스터미널 6번 승강장에서 306번 버스를 타고 규슈이료센타 九州医療センター 하차(25분, 260엔), 도보 1분. / 텐진의 1A번 정류장에서 W1번 버스를 타고 규슈이료센타 九州医療センター 하차(15분, 260엔), 도보 1분. / 지하철 쿠코 선 토진마치 唐人町 역(K05) 하차, 1번 출구에서 도보 20분. 구글맵 QR 코드 스캔 · 터치
돔 구장 투어 운영 이용일에 따라 다름, 홈페이지 참조 요금 1,600엔, 중학생 이하 850엔
왕정치 야구 박물관 개관 11:00~20:00 휴관 월요일 요금 1,800엔, 중학생 이하 900엔

프로 야구팀 소프트뱅크 호크스 Softbank Hawks의 홈구장.
1993년 오픈한 일본 최초의 개폐식 돔 구장으로 3만 5,773명을 수용한다. 그라운드에서 천장까지 높이 84m, 지름 212m이며, 무게 1만 2,000톤의 육중한 지붕이 완전히 개폐되는 데는 20분이 걸린다. 시합이 없을 때에 한해 투어로 객석 · 더그아웃 · 경기장 등의 내부시설을 관람할 수 있다.
시합을 보려면 홈페이지에서 경기 일정을 확인하자.
6~7번 게이트 사이에는 단테의 광장 暖手の広場이란 독특한 조형물이 있다. 세계각국의 저명인사 204명의 손을 실물 크기로 본뜬 모형인데, 미래를 짊어질 어린이들이 동경하는 인물과 악수해볼 수 있도록 만들었다. 우리에게 친숙한 인물로는 왕정치 · 마이클 잭슨 · 본 조비 · 프랭크 시내트라 · 나탈리 콜 · 빌리 조엘 등이 있다. 7번 게이트 옆에는 홈런왕 왕정치의 야구 인생을 소개하는 왕정치 야구 박물관 王貞治ベースボールミュージアム도 있다.

1 일본 최초의 개폐식 돔 구장이다.
2 단테의 광장. 우리에게도 친숙한 유명인의 손 모형이 전시돼 있다.

후쿠오카의 온천

那珂川清滝 나카가와세이류

전통 여관 스타일의 분위기 좋은 온천. 쾌적한 시설과 널찍한 공간이 매력이며, 숲에 둘러싸인 호젓한 노천온천도 즐길 수 있다. 온천수는 무색투명한 단순천으로 신경통 · 근육통 · 피로회복에 효험이 있다. 후쿠오카 도심에서 20km 가량 떨어진 두메산골에 위치해 이동이 불편한 게 유일한 흠이다.

영업 10:00~22:00 휴업 목요일
요금 평일 1,400엔, 토 · 일 · 공휴일 1,600엔
홈피 www.nakagawaseiryu.jp
교통 텐진의 니시테츠후쿠오카 역에서 열차를 타고 오하시 大橋 역(T05) 하차(7분, 220엔), 동쪽 출구 東口 앞에서 무료 셔틀버스로 갈아타고 종점 하차(27분).
※셔틀버스 운행시각은 홈페이지 참조.
구글맵 QR 코드 스캔 · 터치

波葉の湯 나미하노유

하카타 항 인근에 위치한 목욕탕 스타일의 온천. 지하 800m에서 샘솟는 온천수에는 칼슘 · 나트륨이 함유돼 있어 화상 · 만성피부병 · 피로회복에 효험이 있다. 느긋하게 휴식을 취할 수 있는 노천온천과 사우나를 완비했다. 1층에는 식당, 2층에는 휴게소와 찜질방 스타일의 암반욕장도 있다.

영업 10:00~23:00
요금 1,000엔, 토 · 일 · 공휴일 1,150엔 ※수건 350엔
홈피 www.namiha.jp 지도 MAP 1-B3
교통 JR 하카타 역의 하카타 출구 博多口 앞 F번 정류장에서 99번 버스를 타고 하카타후토 博多ふ頭 하차(20분, 260엔). / 텐진의 2A번 정류장(MAP 5)에서 90번 버스를 타고 하카타후토 博多ふ頭 하차(10분, 210엔).
구글맵 QR 코드 스캔 · 터치

니시진하츠키 본점
西新初喜本店

Since 1936

★4.3/3.60 후쿠오카 제일의 스키나베 맛집. 원래 소고기 전문 정육점에서 비롯된 곳답게 이마리·사가·하카타 등 유명 산지의 최상품 와규만 고집한다. 일본 전통가옥 분위기를 살린 고급진 인테리어와 친절한 서비스 덕분에 한껏 대접받는 기분을 만끽할 수 있다.
추천 메뉴는 환상적인 마블링의 점심 특선 쿠로게와규란치 스키나베 黒毛和牛ランチ すき鍋다. 마블링 정도에 따라 상선 코스 上選コース(죠센코스)와 특선 코스 特選コース(토쿠센코스)를 선택할 수 있는데, 과하게 기름진 특선 코스보다 상선 코스가 더 맛있다. 일반적인 스키야키와 달리 먼저 국물에 채소·버섯·두부를 넣고 끓이며 샤부샤부처럼 고기를 한 점씩 담가 익혀 먹는다. 간장 베이스의 진한 풍미가 배어든 고기가 혀끝에서 부드럽게 녹는 맛이 일품이다. 마무리로 남은 국물에 우동을 끓여 먹으면 더욱 맛있다.

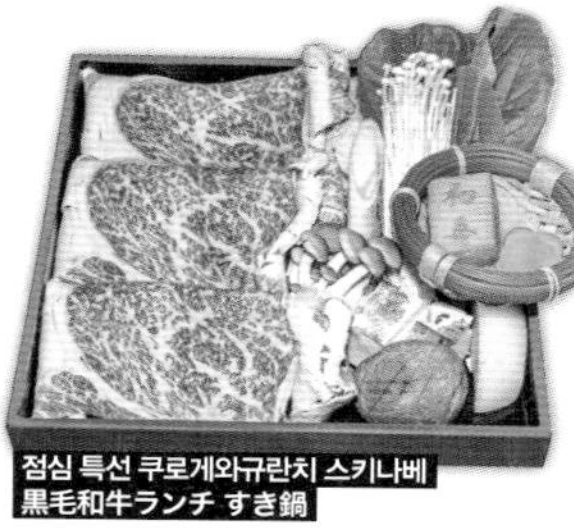
점심 특선 쿠로게와규란치 스키나베 黒毛和牛ランチ すき鍋

예산 5,000엔~ 영업 12:00~15:30, 17:00~23:00 휴업 화요일 전화 092-833-5330
주소 福岡市 早良区 西新 5-6-30 홈피 www.nishijin-hatsuki.jp 지도 MAP 11-D2
교통 지하철 쿠코 선 니시진 西新 역(K04) 하차, 2번 출구에서 도보 6분.
구글맵 QR 코드 스캔·터치

하카타미즈타키센몬 다이다이
博多水炊き専門 橙

★4.3/3.77 현지인이 즐겨 찾는 닭백숙 맛집. 눈에 띄지 않는 조그만 식당이지만, 예약 없이는 이용이 불가능할 만큼 인기다. 직원이 조리 전부를 담당하는 업그레이드형 '닭 한 마리' 집을 떠올리면 좋을 듯!
육질 좋고 잡내 없는 양질의 닭고기로 만든 담백한 요리가 입맛을 돋운다. 메뉴는 오직 하나 닭백숙 水炊き(미즈타키)뿐이다. 전채로는 참깨 소스로 맛을 더한 닭가슴살이 제공된다. 전채를 다 먹으면 육수를 끓여 닭다리와 날개를 삶아준다. 소금 또는 매콤한 유자 후추를 섞은 폰즈 소스에 찍어 먹으면 더욱 맛있다. 고기 다음에는 닭고기 완자를 삶아준다. 조리 중간중간 육수를 떠주는데, 재료가 바뀌고 끓이는 시간이 길어질수록 더욱 깊은 맛을 낸다. 완자를 다 먹으면 채소·두부·당면을 삶아주며, 채소 육수가 우러난 국물이 풍미를 더한다. 닭고기 완자를 한두 알 남겼다가 마무리로 죽 雑炊(조스이)을 만들 때 함께 끓이면 더욱 맛있다.

닭백숙 水炊き

예산 5,000엔~ 영업 12:00~22:00 주소 福岡市 中央区 大手門 1-8-14
전화 050-5493-2585 지도 MAP 12-A3 교통 지하철 쿠코 선 오호리코엔 大濠公園公園 역(K06) 하차, 4번 출구에서 도보 4분. 구글맵 QR 코드 스캔·터치

시나리
志成

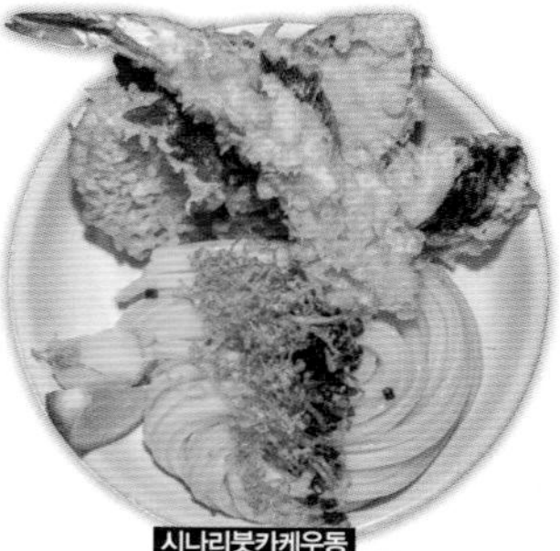
시나리붓카케우동
志成ぶっかけうどん

★4.3/3.59 한국인 입맛을 사로잡은 정통 사누키 우동. 현지인 사이에서도 소문난 맛집이라 오픈 30분~1시간 전부터 긴 줄이 늘어선다. 음식 나오는 속도가 더뎌 조금만 늦게 가도 1~2시간 대기는 기본이다. 딱 점심시간에만 영업한다는 사실에도 주의하자. 종종 쉬는 날이 변경되곤 해 인스타그램에서 최신 영업일시를 확인하고 가는 게 좋다.

창업 이래 변함없는 인기 넘버원 메뉴는 시나리붓카케우동 志成ぶっかけうどん. 탱글탱글 씹히는 쫄깃한 식감이 환상적이다. 차갑게 식힌 굵은 우동 면에 어묵·닭고기·반숙계란 튀김을 얹어낸다. 따로 나오는 쯔유(우동 소스)를 면 위에 뿌려 비벼 먹는다. 새우·오징어 등 해산물 튀김을 곁들인 카이센붓카케우동 海鮮ぶっかけうどん, 따뜻한 국물에 달콤 짭조름한 소고기와 대파를 듬뿍 얹은 고기우동 肉うどん(니쿠우동)도 맛있다. 튀김은 1개씩 추가 주문도 가능하다.

예산 1,000엔~ 영업 11:00~15:00, 토·일요일 11:00~16:00 휴업 월요일
주소 福岡市 中央区 大手門 3-3-24 홈피 www.instagram.com/shinariudon_
전화 092-731-1766 지도 MAP 12-A3 교통 지하철 쿠코 선 오호리코엔 大濠公園公園 역(K06) 하차, 4번 출구에서 도보 4분. 구글맵 QR 코드 스캔·터치

이와이야
岩井屋

Since 1689

★4.3/3.48 수백 년 전통을 자랑하는 레트로 찻집. 20세기 초의 모습을 고스란히 간직한 인테리어와 가구, 그리고 다다미가 깔린 실내석이 예스러움을 더한다. 커다란 창문 너머로 아름드리 나무와 초록빛 숲이 내다보이는 개방감 넘치는 풍경도 멋스럽다.

간판 메뉴는 100년 동안 한결 같은 맛을 이어온 이와이모치 いわい餅다. 달콤한 팥소를 넣은 떡인데, 바로 앞의 아타고 신사 참배객들이 즐겨 먹으며 명물로 자리잡았다. 음료 · 단팥죽과 세트로 주문하거나 떡만 단품으로 구매하는 것도 가능하다. 또 하나의 명물은 불꽃빙수 かき氷(카키고오리). 맛은 평범하지만 장식으로 예쁜 불꽃을 끼워줘 멋진 '인스타 사진'을 찍을 수 있다. 여름에는 부드러운 거품을 듬뿍 얹은 에스푸마 빙수 エスプーマかき氷(에스푸마카키고오리)도 한정판매한다.

이와이모치
いわい餅

예산 200엔~ 영업 09:00~17:00 주소 福岡市 西区 愛宕 2-6-33
전화 092-881-0304 지도 MAP 1-C1 홈피 www.atago-iwaiya.com
교통 지하철 쿠코 선 무로미 室見 역(K02) 하차, 4번 출구에서 도보 15분.
구글맵 QR 코드 스캔·터치

 구글맵

Since 1952

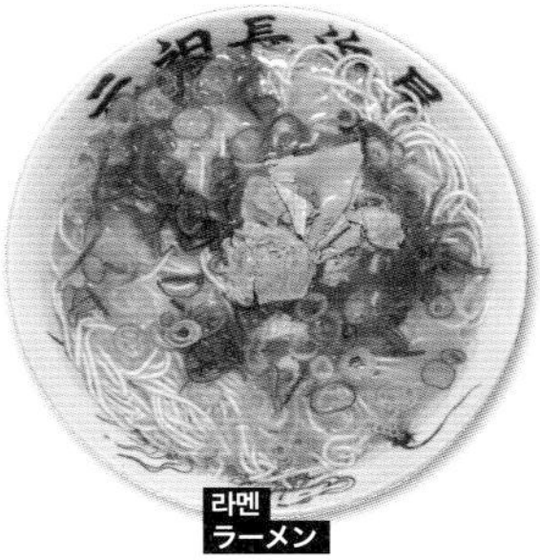

원조 나가하마야
元祖長浜屋

★3.7/3.62 하카타라멘의 시조새. 추위에 지친 어시장 상인의 위장을 따뜻하게 달래주던 소울푸드다. 창업당시와 다름없는 저렴한 가격과 푸짐한 양이 매력. 메뉴는 오직 하나 라멘 ラーメン뿐이다. 뽀얀 사골육수는 잡내 없는 담백한 맛이 입맛을 돋운다. 가느다란 세면(細麵)을 국물에 말아 얇게 썬 차슈 두 장과 송송 썬 파를 듬뿍 얹어준다. 면의 익힘 정도는 보통 普通(후츠)으로 주문하면 적당하다. 통깨를 듬뿍 뿌리면 고소한 맛이 확 살아난다. 싱거울 때는 주전자에 담긴 소스를 조금씩 부어 간을 맞춰 먹어도 좋다. 면사리 替玉(카에다마) 추가도 가능하며, 냉수 · 녹차는 무료다.

예산 550엔~ 영업 06:00~01:45
주소 福岡市 中央区 長浜 2-5-25
전화 092-711-8254
홈피 www.ganso-nagahamaya.co.jp
지도 MAP 1-B3
교통 지하철 쿠코 선 아카사카 赤坂 역(K07) 하차, 6번 출구에서 도보 15분.
구글맵 QR 코드 스캔 · 터치

Since 2009

원조 라멘 나가하마케
元祖ラーメン長浜家

★4.0/3.63 원조 나가하마야의 배다른 형제(?). 원조 나가하마야 출신 주방장이 차린 곳이라 맛 · 분위기 · 스타일이 대동소이하다. 후쿠오카 시내에서 '나가하마 長浜'란 이름의 라멘집을 흔히 볼 수 있는데, 원조 나가하마야의 오너가 상표권 등록을 소홀히 한 까닭에 비슷한 이름의 가게가 우후죽순 생겼다고 한다. 마찬가지로 메뉴는 라멘 ラーメン 하나뿐이다. 면의 익힘 정도와 함께 국물 맛을 선택할 수 있다. 무난한 맛을 원하면 둘 다 보통 普通(후츠)으로 주문하면 된다. 테이블에 주전자가 두 개 놓여 있는데, 은색에는 소스 タレ(타레), 노란색에는 녹차가 담겨 있다. 반찬으로 생강초절임이 무료 제공된다.

예산 500엔~ 영업 24시간
주소 福岡市 中央区 大手門 2-7-10
전화 092-725-5559 지도 MAP 1-B3
교통 지하철 쿠코 선 아카사카 赤坂 역(K07) 하차, 6번 출구에서 도보 15분.
구글맵 QR 코드 스캔 · 터치

자크
JACQUES

★4.3/3.77 프랑스 유학파 파티셰의 케이크 숍. 입맛 까다로운 마니아 사이에서 인기가 높다. 예쁜 모양은 물론 맛도 훌륭한 쇼트케이크 · 마카롱 · 쿠키를 판매한다. 대표 케이크는 밀크와 비터 초콜릿 무스를 2층으로 쌓아올린 뒤 초콜릿을 입힌 달콤 쌉싸름한 프란스 プランス, 바닐라 향의 캐러멜 무스와 서양배 무스로 만든 촉촉한 식감의 자크 ジャック(쟈쿠), 피스타치오 페이스트로 만든 무스를 피라미드 모양으로 다듬고 위에 새콤한 산딸기를 얹은 피스타 앙탕스 ピスタアンタンス다. 인기 메뉴는 오픈 후 한두 시간 안에 완판되니 서둘러 가야 한다.

예산 700엔~ 영업 10:00~16:00
휴업 월 · 화요일
주소 福岡市 中央区 荒戸 3-2-1
홈피 www.jacques-fukuoka.jp
전화 092-762-7700 지도 MAP 10-B4
교통 지하철 쿠코 선 오호리코엔 大濠公園 역(K06) 하차, 1번 출구에서 도보 7분.
구글맵 QR 코드 스캔 · 터치

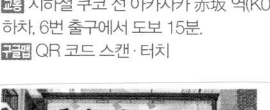

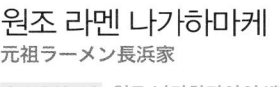

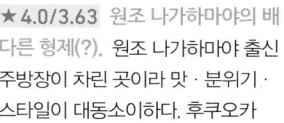

1 · 2 미국의 프리미엄 아웃렛과 동일한 스타일로 운영한다. 인포메이션 센터에서 여권을 제시하면 할인쿠폰을 주기도 한다.
3~6 인기 명품은 물론 중가의 패션 브랜드도 다수 입점해 있다.

토스 프리미엄 아웃렛
鳥栖プレミアム・アウトレット

170여 개의 브랜드가 입점한 규슈 최대의 아웃렛. 명품 전문 아웃렛으로 유명한 프리미엄 아웃렛 Premium Outlets 계열답게 쾌적한 시설과 고급스러운 브랜드 구성을 자랑한다. 주요 취급 품목은 패션 · 액세서리 · 아동복 · 스포츠 용품 · 주방용품 · 인테리어 용품이며 친숙한 해외 브랜드와 일본의 인기 브랜드가 적절히 섞여 있어 선택의 폭이 넓다. 가격 부담이 적은 중가(中價) 브랜드도 많아 실속 쇼핑을 즐기기에 그만이다. 할인율은 20~70% 수준이며 유명 브랜드 상품을 로드숍 가격으로 득템하는 행운을 잡을 수도 있다. 단, 해외 직구보다 비싼 경우도 있으니 꼼꼼한 가격 비교는 필수! 일본의 대표 셀렉트 숍 빔즈 · Urban Research · 저널 스탠다드 · United Arrows · 비숍 Bshop, 10~20대 여성에게 인기가 높은 니코 앤드 · Sly · Moussy · 젤라토 피케, 스포츠 브랜드 오니츠카 타이거 · 뉴발란스 · 나이키 · 아디다스, 디자이너 브랜드 Takeo Kikuchi · 베이프 A Bathing Ape Pirate Store에 주목하자. 트라이엄프 · 와코루 · 에메필 등 여성 속옷은 사이즈가 다양해 선택의 폭이 넓다. 인테리어 · 주방용품에 관심 있다면 프랑프랑 Francfranc · 애프터눈 티 리빙 Afternoon Tea Living · 웨지우드 Wedgwood도 놓치지 말자.

영업 숍 10:00~20:00 **휴업** 2월 셋째 목요일
주소 佐賀県 鳥栖市 弥生が丘 8-1 **전화** 0942-87-7370
홈피 www.premiumoutlets.co.jp/tosu **지도** MAP 1-D3
교통 텐진 고속버스 터미널(MAP 8-F4) 3층의 4번 정류장에서 직행버스가 출발한다(45분, 편도 770엔, 왕복 1,400엔). / JR 하카타 博多 역에서 나가사키 · 카고시마 방면 열차를 타고 토스 鳥栖 역으로 간 다음(특급 20분 1,320엔, 쾌속 30분 570엔), 출구 오른쪽 길 건너편의 버스 정류장에서 20번 버스를 타고 토스 프리미엄 아웃렛 鳥栖プレミアム・アウトレット 하차(15분, 280엔).

텐진 고속버스 터미널→토스 프리미엄 아웃렛
평일 10:02, 토 · 일 · 공휴일 10:02, 12:02

토스 프리미엄 아웃렛→텐진 고속버스 터미널
평일 16:30, 토 · 일 · 공휴일 14:30, 16:30

구글맵

토스 프리미엄 아웃렛

주요 브랜드

130	A Bathing Ape Pirate Store
700b	Adidas
910	Afternoon Tea Living
805	Aimerfeel
215	Armani
640	As know as
1240	Asics
1320	Banana Republic
920	Beams
1225	Billabong
410	Birkinstock
1925	Boss
2220	Brooks Brothers
860	Bshop
135	Champion
2210	Coach
1620	Columbia Sportswear
615	Crocs
1900	Diesel
1630b	Earth Music & Ecology
845b	Emoda
940	Francfranc
1500	Furla
1330	Gap
420b	Gelato Pique
225b	Indivi
400a	Journal Standard
630	Kaneko Optical
1310	Lacoste
425	Le Creuset
900a	Lowrys Farm
1915	Michael Kors
330	Miki House
435	Moussy
100	Nike
835	Niko and…
140	Oliver des Olive
2200	Onitsuke Tiger
1500	Paul Smith Underwear
1000	Polo Ralph Lauren
1210	Puma
2205	Replay
810b	Rodeo Crowns
810a	Sly
225a	Takeo Kikuchi
820	Tasaki
1625	Tempur
1100b	The North Face
1720	Theory
1700	Tommy Hilfiger
1910	Triumph
620	Ugg
1800	Under Armour
450	United Arrows
1220	Wacoal
1650	Wedgwood

소도시 여행 #1

우미노나카미치 海ノ中道

하카타 만과 현해탄 사이로 툭 튀어나온 지형의 우미노나카미치는 후쿠오카 도심에서 7㎞ 가량 떨어진 한적한 해변 휴양지다. 기나긴 해변을 따라 이어지는 푸른 바다와 드넓은 녹지, 자전거 하이킹 코스 등 여러 위락시설을 갖춰 현지인의 주말 나들이 코스로도 인기가 높다. 볼거리가 많진 않아 반나절이면 충분히 돌아볼 수 있으니 후쿠오카 시내에서 시간이 남거나 조용히 휴식을 취하고 싶을 때 찾아가보자.

하카타 역 → 우미노나카미치
JR 하카타 역(MAP 7-H3)의 1~5번 플랫폼에서 출발하는 코쿠라 小倉 방면 열차를 타고 카시이 香椎 역으로 간 다음(특급 7분, 쾌속 11분, 보통 15분), 열차를 갈아타고 JR 우미노나카미치 海ノ中道 역(보통 17분)에서 내린다. 조그만 간이역이며 바로 앞에 우미노나카미치 해변공원 입구가 있다. 후쿠오카 투어리스트 시티 패스(p.117)로 하카타 역~우미노나카미치 구간의 열차를 이용할 수 있다. 단, 열차는 보통·쾌속만 이용 가능하다.

하카타 역 → 우미노나카미치
쾌속·보통열차 25~40분, 560엔
북큐슈 레일 패스 사용 가능

텐진 → 우미노나카미치
텐진의 18A번 정류장(MAP 5)에서 25A·25번 버스를 타고, 마린와루도우미노나카미치 マリンワールド海の中道에서 내린다

텐진 → 우미노나카미치
버스 30~60분, 680엔
산큐 패스 사용 가능

마리존 → 우미노나카미치
시사이드 모모치 해변공원의 마리존(MAP 11-A2)에서 우미노나카미치 선착장까지 쾌속선이 1~3시간 간격(09:05~16:30)으로 운항하고 있다.

마리존 → 우미노나카미치
쾌속선 20분, 1,200엔

우미노나카미치 해변공원
海の中道海浜公園
초록빛으로 가득한 시민들의 휴식처. 태평양전쟁 때 만든 비행장을 1981년 지금의 공원으로 탈바꿈시켰다. 면적은 여의도의 두 배인 540만㎡에 달하며, 산책로·전망대·놀이터·야외극장·미니 동물원·수영장·잔디 광장 등 다양한 시설을 갖춰 산책이나 피크닉을 즐기기에 좋다.
전체를 걸어서 돌아보기는 불가능하니 입구에서 자전거를 빌리는 것이 현명하다(3시간 600엔, 6~8월과 11~2월 1일권 500엔).
개관 09:30~17:30, 11~2월 09:30~17:00
휴관 12/31~1/1, 2월 첫째 월~금요일
요금 450엔, 중학생 이하 무료
지도 MAP 28-C1·D1
홈피 https://uminaka-park.jp
교통 JR 우미노나카미치 海ノ中道 역 하차, 역 바로 앞에 공원 입구가 있다.

마린 월드
マリンワールド
쓰시마 난류를 테마로 만든 일본에서 네 번째로 큰 수족관. 1~3층으로 이루어져 있으며 펭귄·돌고래·해파리 등 350여 종, 2만여 마리의 다양한 해양생물을 만날 수 있다. 돌고래 쇼가 열리는 야외극장도 있다.
개관 09:30~17:00, 12~2월 10:00~17:00, 골든 위크·여름방학 09:30~21:00
휴관 2월 첫째 월·화요일
요금 2,500엔, 초등학생·중학생1,200엔
지도 MAP 28-D1
홈피 www.marine-world.jp
교통 JR 우미노나카미치 海ノ中道 역 하차, 도보 11분.

마린 월드

 구글맵

소도시 여행 #2

노코노시마 能古島

후쿠오카 도심에서 북서쪽으로 10여 ㎞ 떨어진 곳에 위치한 노코노시마는 남북 3.5㎞, 동서 2㎞에 불과한 크기의 조그만 섬이다. 후쿠오카 시내에서 빤히 바라보일 만큼 지척의 거리에 있지만, 일단 섬 안으로 들어가면 번잡한 도시의 일상을 잊고 포근한 자연의 품에 안길 수 있기에 현지인의 나들이 코스로도 인기가 높다.

후쿠오카 → 노코노시마

하카타 역 A번 정류장에서 300 · 301 · 302번 버스, 하카타 역 B번 정류장에서 9번 버스, 하카타 버스터미널 1층의 5번 승강장에서 312번 버스를 타고 노코도센죠 能古渡船場에서 내린다. 또는 텐진의 1A · 3번 정류장(MAP 5)에서 300 · 301 · 302번 버스를 타고 노코도센죠 能古渡船場에서 내린다. 그리고 버스 정류장 앞의 메이노하마 선착장 姪浜旅客待合所에서 페리로 갈아타고 노코노시마로 간다.

왕복 버스 요금만 1,380~1,600엔이 필요하니 후쿠오카 시내 1일 승차권(1,200엔, p.117) 또는 후쿠오카 투어리스트 시티 패스(2,500엔, p.117)를 구매하는 게 경제적이다.

하카타 역 → 노코도센죠

버스 40~50분, 540엔

텐진 → 노코도센죠

버스 25~30분, 430엔

산큐 패스 사용 가능

메이노하마 선착장 → 노코도센죠

페리 10분, 왕복 460엔

운항 06:15, 06:45, 07:15, 07:45, 08:15~17:15(매시 15분), 17:45, 18:15, 18:45, 19:45, 20:30, 21:00, 22:00

노코노시마 교통편

언덕이 많아 걸어서 돌아보기는 불가능하다. 선착장에서 노코노시마 아일랜드 파크까지 버스가 다니며, 후쿠오카 시내 1일 승차권, 후쿠오카 투어리스트 시티 패스(p.117)로도 탈 수 있다.

버스 요금 260엔

산큐 패스 사용 가능

노코노시마 아일랜드 파크

のこのしまアイランドパーク

노코노시마 북쪽에 위치한 면적 15만㎡의 자연공원. 완만한 구릉을 따라 이어지는 산책로를 거닐며 느긋하게 휴식을 취할 수 있다. 특히 유명한 것은 색색의 꽃밭이다. 바다를 향해 이어진 언덕 가득 유채(봄), 코스모스(가을)가 만발할 때면 눈을 떼기 힘든 아름다운 풍경이 펼쳐진다. 단, 꽃이 없을 때는 본전 생각만 간절해질 뿐이니 홈페이지에서 개화 상황을 확인하고 가는 게 좋다. 전망대 너머로는 후쿠오카 시가지가 빤히 바라보인다.

개관 09:00~17:30, 일 · 공휴일 09:00~18:30

요금 1,500엔, 초등학생 · 중학생 800엔, 3세 이상 500엔

지도 MAP 29-D1

홈피 http://nokonoshima.com

교통 선착장 앞에서 버스를 타고 종점 아이란도파쿠 アイランドパーク 하차 (13분, 260엔).

노코 버거

のこバーガー

★ 3.8/3.28 노코노시마의 명물 햄버거. 빵 사이에 소고기 패티와 양상추 · 토마토 · 구운 양파를 넣고 마요네즈를 듬뿍 바른 노코 버거 のこバーガー가 유명하다. 소박한 생김새만큼이나 맛도 심플하지만 재미 삼아 맛보기에는 나쁘지 않다. 음료로는 여기서만 한정 판매하는 노코노시마 사이다 能古島サイダー를 주문하는 게 국룰이다.

예산 1,000엔~

영업 09:30~17:00

※12~2월은 날씨가 좋은 토 · 일요일만 영업

전화 092-891-5300

지도 MAP 29-A2

교통 선착장 건물 바로 앞에 있다.

노코 버거

소도시 여행 #3

다자이후 大宰府

7세기 규슈의 정치 · 경제 중심지 역할을 하던 유서 깊은 도시다. 학문의 신을 모시는 신사 다자이후텐만구가 있어 참배객의 발길이 끊이지 않는데, 특히 입시철이면 천 리 길을 마다 않고 몰려드는 수험생들로 손바닥만한 도시가 북새통을 이룬다.

후쿠오카 → 다자이후(사철)
텐진의 니시테츠후쿠오카 西鉄福岡 역(T01)에서 열차를 타고 니시테츠후츠카이치 西鉄二日市 역(T13)으로 간다(특급 15분, 급행 18분, 보통 25분). 그리고 1 · 4번 플랫폼에서 출발하는 다자이후 선 大宰府線 보통열차로 갈아타고 종점인 다자이후 大宰府 역(D02)에서 내린다(5분).
사철로 갈 때는 후쿠오카 시내의 버스 · 지하철 · 니시테츠 전철을 모두 이용 가능한 후쿠오카 투어리스트 시티패스(p.117)를 구매해도 좋다.

후쿠오카 → 다자이후
사철 20~40분, 420엔

후쿠오카 투어리스트 시티패스 요금 2,800엔

후쿠오카 → 다자이후(버스)
하카타 버스터미널(MAP 6-A3) 1층의 11번 승강장에서 다자이후 행 버스가 출발한다. 버스를 이용할 때는 시내버스 1일권에 다자이후 왕복 고속버스 요금이 포함된 후쿠오카 시내 1일 승차권(p.117)을 구매해도 좋다.

후쿠오카 → 다자이후
버스 40분, 700엔
산큐 패스 사용 가능

후쿠오카 시내 1일 승차권
요금 2,100엔

다자이후 시내교통
걷는 것으로 충분하다. 단, 외곽에 위치한 칸제온지 · 다자이후 정청까지 가려면 다자이후 역에서 자전거를 빌리는 게 편하다.

자전거 대여
영업 09:00~18:00
요금 500엔~

다자이후텐만구
太宰府天満宮

❶❺❼ 일본 전역에 1만 2,000개나 있는 텐만구 天満宮의 총본산. 스가와라 미치자네 菅原道真를 학문의 신으로 모신다.
신사의 유래에 대해서는 다음과 같은 재미난 전설이 전해온다. 845년 교토 京都에서 태어난 스가와라 미치자네는 5살 때 시조를 읊고, 11살 때 한시를 지었을 만큼 똑 소리 나는 신동이었다. 재능은 나이를 더할수록 빛을 발해 각종 관직을 두루 섭렵했다. 55살 때는 국무총리급인 우대신 右大臣에 임명되는 영예를 누렸으며 민중을 보살피는 훌륭한 정치가로 명망이 높았다. 하지만 이에 비례해 주위의 질시 또한 만만치 않았다. 결국 그는 음모에 휘말려 901년 다자이후로 좌천당했고 불과 2년 뒤 억울하게 세상을 뜨고 만다.
장례식날 유체는 우마차에 실려 장지로 향하고 있었는데 갑자기 소가 걸음을 멈추더니 꼼짝도 하지 않았다. 별 수 없이 그의 제자 한 명이 여기에 그를 묻고 텐만구의 전신인 안라쿠지 安樂寺란 절을 세웠다.
그 뒤 공교롭게도 스가와라 미치자네의 좌천에 가담한 이들이 변고를 당하고 교토에 재난이 끊이지 않자 조정에서는 죽은 스가와라 미치자네가 내린 벌로 알고 안라쿠지에 그를 신으로 모시는 사당을 세워 다자이후 신사를 만들었다. 태평양 전쟁 뒤에는 한층 격이 높은 신사로 승격해 지금의 다자이후 텐만구란 이름이 붙었다.
입구부터 흥미로운 볼거리가 눈길을 끈다. 마음 '심 心'자 모양의 연못 위에 놓인 세 개의 다리는 삼세(三世) 즉, 과거 · 현재 · 미래를 뜻하며 삼세의 사념을 떨치고 경내로 들어가란 의미를 담았다. 다리 건너 오른쪽에는 신사의 수호조로 행복을 불러온다는 피리새의 석상 鷽の像이 있다.
본전의 입구인 붉은색의 로몬 楼門 오른편에는 스가와라 미치자네의 우마차를 끌던 소의 동상이 있다. 소의 머리를 쓰다

구글맵

1

2

3 4

5

6

7

8 9

듣으면 자신의 머리가 좋아진다는 재미난 얘기도 전해온다. 화려한 장식이 눈을 떼지 못하게 하는 본전 本殿은 1591년 재건됐으며 내부에는 스가와라 미치자네의 위패를 모셔 놓았다. 본전을 바라볼 때 오른쪽에는 커다란 매화나무가 있는데, 스가와라 미치자네가 교토에서 키우던 매화가 주인이 죽은 것을 알고 슬퍼하며 여기까지 한달음에 날아와 꽃을 피웠다는 전설의 주인공이다.

개관 일출~일몰
요금 무료
지도 MAP 13-B4
홈피 www.dazaifutenmangu.or.jp
교통 다자이후 大宰府 역에서 도보 6분. 다자이후 역을 나와 정면으로 30m쯤 간 다음, 오른쪽으로 돌아 300m 직진하면 신사의 입구가 있다.

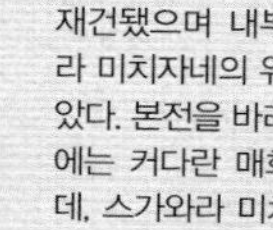

다자이후텐만구 참배로
太宰府天満宮参道

❹❽ 다자이후 역에서 다자이후텐만구까지 곧게 뻗은 참배로. 원래 신사에 바칠 공물(供物)을 사거나 참배를 마친 뒤 식사를 하던 곳이다. 지금은 도로 양쪽에 예스러운 식당과 기념품점이 즐비한 상점가로 변신해 여행자의 발길을 재촉한다. 아기자기한 액세서리·기념품을 장만하기에 좋으며 온갖 군것질거리를 맛보는 재미도 놓칠 수 없다.

지도 MAP 13-C3
교통 다자이후 大宰府 역에서 도보 1분. 다자이후 역을 나와 정면으로 30m쯤 가면 오른쪽에 있다.

테라다야
寺田屋

❾ 분위기 좋은 정원에서 다자이후의 명물 우메가에모치와 녹차를 맛볼 수 있다.

영업 09:00~17:30
휴업 4~12월의 매월 첫째·셋째 수요일

스타벅스 커피

❷❸ ★ 4.3/3.34 전통 목조 건축을 현대적으로 재해석한 이색 디자인의 콘셉트 스토어. 일본 건축계의 거장 쿠마 켄고 隈研吾의 설계로 탄생했다.

영업 08:00~20:00

동구리노모리
どんぐりの森

토토로를 비롯한 깜찍한 인형·잡화를 파는 스튜디오 지브리의 오피셜 숍.

영업 10:00~18:00

비도로다자이후
びぃどろ大宰府

유리로 만든 앙증맞은 매화, 합격 기원 부적을 파는 핸드메이드 잡화점.

영업 10:00~17:00

카자미토리
風見鶏

★ 4.4/3.48 140년 된 고택을 개조한 분위기 만점 카페. 직접 로스팅한 커피가 맛있다.

영업 10:00~17:00

우메가에모치

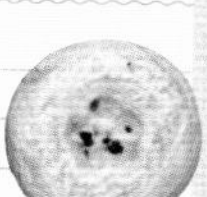

겉면만 살짝 구운 매화 찹쌀떡 우메가에모치 梅ヶ枝餅는 스가와라 미치자네가 좌천돼 왔을 때 한 노파가 매화 가지에 떡을 끼워 건네며 위로했다는 일화에서 유래한 명물 먹거리다. 참배로 곳곳에서 판다.

바이엔
梅園

❻ 1946년 창업한 화과자 전문점. 장인의 숨결이 느껴지는 섬세한 모양의 과자와 달콤한 모나카·만쥬를 판매한다. 계절을 상징하는 벚꽃·매화·단풍 등의 예쁜 과자는 선물용으로도 좋다.

영업 10:00~17:00
휴업 월요일

코묘젠지
光明禅寺

❸❹ 1273년에 창건된 선종 사찰. 다자이후텐만구의 운영을 보조하는 보리사(菩提寺)로 세워졌다. 규모가 크진 않지만 물을 사용하지 않고 돌·모래·이끼만으로 삼라만상을 묘사한 일본식 정원인 카레이산스이 枯山水 정원이 제법 볼 만하다.

15개의 돌로 '광 光'자를 만든 불광석정 仏光石庭, 이끼와 모래로 육지와 바다를 표현한 일적해정 一滴海庭 등 두 개의 정원이 있으며, 가을 단풍의 명소로도 잘 알려져 있다.

개관 08:00~17:00
요금 경내 무료, 정원 200엔
지도 MAP 13-C4
교통 다자이후 大宰府 역에서 도보 8분. 다자이후 역을 나와 정면으로 30m쯤 간 다음, 오른쪽으로 돌아 300m 직진하면 다자이후텐만구의 입구가 있다. 이 앞에서 오른쪽으로 돌아 100m쯤 직진한다.

규슈 국립박물관
九州国立博物館

❼ 아시아의 시각으로 바라본 일본의 역사를 다루는 박물관. 일본의 4대 국립박물관 가운데 하나이며 역사 관련 소장품이 풍부하다. 12개의 전시실에서는 한국·중국에서 유입된 문화를 바탕으로 성장한 일본의 역사를 자세히 소개한다. 역동적인 외관의 건물을 보는 것만으로도 가치가 충분한데, '건물도 생물처럼 사회 변화에 맞춰 진화한다'는 메타볼리즘의 거장 키쿠타케 키요노리 菊竹清訓의 설계로 2005년 완공됐다.

개관 09:30~17:00, 금·토요일 09:30~20:00
휴관 월요일
요금 700엔, 대학생 350엔
홈피 www.kyuhaku.jp
지도 MAP 13-C5
교통 다자이후 大宰府 역에서 도보 15분. 다자이후텐만구 경내에서 보물관 宝物館 방향으로 가면 박물관 입구와 이어진 에스컬레이터가 있다.

다자이후 정청
大宰府政庁跡

❶❷ 일본 최초의 통일국가인 야마토 大和 정권의 규슈 총독부가 있던 곳. 7세기에는 웅장한 궁전을 갖출 만큼 번영을 구가했으며, 규슈 정치·경제의 중심지이자 한반도와 중국의 사신을 맞이하는 외교의 장이기도 했다. 유적의 면적은 축구장 30개와 맞먹는 254,000㎡에 달한다. 하지만 지금은 주춧돌만 남은 궁전 터를 통해 옛 모습을 간신히 짐작해볼 수 있을 뿐이라 아쉬움을 더한다. 궁전 터에 조성된 드넓은 녹지는 피크닉을 즐기기에 적당하며, 2~3월 매화, 3월 말 벚꽃, 6월 철쭉 등 계절마다 화사한 꽃의 물결이 이어지는 것으로 유명하다.

개관 24시간
요금 무료
지도 MAP 13-B1
교통 다자이후 大宰府 역에서 자전거로 15분(약 2㎞).

칸제온지
観世音寺

❺❻ 746년 창건된 천태종의 사찰. 현재의 가람은 17세기에 조성됐다. 중요문화재로 지정된 18개의 불상과 국보로 지정된 일본 최고(7세기)의 범종이 눈에 띄는 볼거리다.

개관 09:00~17:00
요금 600엔
지도 MAP 13-B2
교통 다자이후 大宰府 역에서 자전거로 10분(약 1.5㎞).

지카하이젠코히 란칸
自家焙煎珈琲 蘭館

★ 4.5/3.53 다자이후에서 명성이 자자한 스페셜티 커피 전문점. 전 세계에서 엄선해온 원두를 직접 로스팅해서 커피를 내린다.

예산 600엔~
지도 MAP 13-D3
영업 10:00~17:00
전화 092-925-7503
홈피 http://rankan.jp
교통 다자이후 역에서 도보 7분.

구글맵

소도시 여행 #4

야나가와 柳川

굽이굽이 흐르는 좁은 수로가 거미줄처럼 이어져 '물의 마을'이란 별명으로 불리는 도시다. 수로 위를 미끄러지듯 떠가는 쪽배에 몸을 맡긴 채 수 백여 년의 시간이 녹아든 풍경을 감상하며 야나가와의 로맨틱한 매력에 푸욱 빠져보자.

약간의 강행군이긴 하지만 아침 일찍 서두르면 후쿠오카→다자이후→야나가와→후쿠오카의 순으로 일주할 수도 있다(10시간 소요). 이때는 할인패스인 다자이후 · 야나가와 칸코킷푸를 구매하는 게 경제적이다.

후쿠오카 → 야나가와(사철)

텐진의 니시테츠후쿠오카 西鉄福岡 역(T01)에서 오무타 大牟田 행 특급열차 特急를 타고 니시테츠야나가와 西鉄柳川 역(T39)에서 내린다. 특급열차는 30~40분 간격으로 운행한다.

후쿠오카 → 야나가와

특급열차 50분, 870엔

홈피 www.nishitetsu.jp

다자이후 · 야나가와 칸코킷푸

大宰府 · 柳川観光きっぷ

니시테츠후쿠오카↔다자이후↔니시테츠야나가와의 특급열차 왕복 티켓에 유람선 승선권, 관광시설 · 온천 · 식당 할인권이 포함된 할인 티켓. 티켓을 따로 사는 것보다 저렴하다. 니시테츠후쿠오카 역의 매표소에서 판매한다.

요금 3,210~3,340엔

야나가와토쿠모리 킷푸

柳川特盛きっぷ

야나가와 여행시 유용한 할인 티켓. 니시테츠후쿠오카↔니시테츠야나가와의 특급열차 왕복 티켓, 유람선 승선권, 장어덮밥 1회 식사권이 포함돼 있다. 지정된 8개 식당 가운데 하나를 골라서 이용할 수 있는데, 와카마츠야 若松屋(p.199)를 선택하는 것이 좋다. 티켓을 따로 구매하는 것보다 훨씬 저렴하다. 니시테츠후쿠오카 역의 매표소에서 판매한다.

요금 5,260엔

※판매 임시 중지

야나가와 시내교통

은근히 지역이 넓어 한 번쯤 버스나 택시를 이용하게 된다. 유람선을 탈 경우 하선장을 기점으로 주변 명소를 걸어서 돌아보고 역으로 돌아갈 때 버스를 탄다. 니시테츠야나가와 역까지 15분쯤 걸리는데(240엔), 운행 편수가 1일 4~5회에 불과하니 주의하자. 버스 이용이 여의치 않을 때는 택시를 이용한다(10분, 2,000엔~).

유람선을 타지 않고 도시 전체를 자유로이 돌아보려면 니시테츠야나가와 역에서 자전거를 빌리자. 평지에 길도 단순해 자전거 타기가 쉽다.

자전거 대여소

영업 10:00~17:00

요금 **일반자전거** 1일 500엔

전동자전거 1일 800엔

미하시라 신사

三柱神社

1826년에 건립된 타치바나 立花 가문의 씨족 신을 모시는 신사. 신사까지 이어지는 긴 참배로 양옆에는 아름드리 벚나무가 심겨 있어 꽃이 피는 3월 무렵이면 아름다운 풍경을 연출한다.

경내에는 연못을 중심으로 조그만 일본식 정원도 꾸며 놓았다. 본전으로 들어가는 정문은 화려하기로 정평이 난 닛코 토쇼구의 요메이몬 陽明門, 회랑은 유네스코 세계문화유산인 미야지마의 이츠쿠시마 厳島를 모방해서 만들었다.

개관 일출~일몰

지도 MAP 14-A4

교통 사철 니시테츠야나가와 역에서 도보 9분.

미하시라 신사

야나가와 유람선
柳川川下り

❶❸~❺ 뱃사공의 삿대질로 움직이는 쪽배에 몸을 싣고 시내를 돌아보는 유람선 투어. 오키바타 선착장 沖端乗下船場까지 3.5㎞ 구간을 1시간 동안 이동하며 고즈넉한 야나가와의 풍경을 배 위에서 감상할 수 있다.
유람선을 타고 가다보면 돌을 쌓아 만든 석벽과 수문, 19세기의 모습을 간직한 붉은 벽돌 건물이 차례로 나타나며 이 도시의 오랜 역사를 말해준다. 명소를 지날 때마다 뱃사공이 조근조근 들려주는 옛 이야기도 뱃놀이의 여흥을 더한다. 수로 중간중간 나타나는 매점에서 음료 · 주류를 판매하니 가볍게 목을 축이며 뱃놀이를 즐겨도 좋다.
현재 야나가와에는 도심부에만 60㎞, 도시 전역에 470㎞의 수로가 거미줄처럼 뻗어 있다. 해안습지란 지형적 영향으로 수로를 파기가 쉬웠던 까닭에 오래전부터 농경 목적의 소규모 수로가 만들어졌고, 16세기에는 야나가와 성(城)의 방어용 해자를 만들기 위한 공사를 벌여 지금과 같은 대규모 수로가 탄생했다. 상수도가 놓이기 전에는 이곳의 물을 끌어다 식수와 농업용수로 사용했다.
총 다섯 개의 유람선 회사가 있으며, 이용하기 편리한 곳은 역에서 가까운 스이고야나가와 관광 水郷柳川観光과 야나가와 관광개발 柳川観光開発이다.

스이고야나가와 관광
영업 09:00~17:00
요금 1,800엔, 초등학생 900엔
지도 MAP 14-B5
홈피 http://kawakudari.com
교통 니시테츠야나가와 역의 서쪽 출구에서 도보 7분.

야나가와 관광개발
영업 09:40~14:40
요금 1,900엔, 초등학생 950엔
지도 MAP 14-B4
홈피 www.yanagawakk.co.jp
교통 니시테츠야나가와 역의 서쪽 출구에서 도보 10분.

오하나 · 쇼토엔 정원
御花 · 松涛園

❹ 야나가와의 영주 타치바나 아키토라 立花鑑虎의 별장. 1697년 완공됐으며 1908~1910년 유러피언 스타일의 서양관 西洋館과 응접실 · 쇼토엔 정원이 추가돼 지금의 형태를 갖췄다. 총 10개의 건물과 정원으로 구성돼 있으며 20세기 초에 유행하던 서양과 일본의 건축양식이 융합된 독특한 건축미를 유감없이 보여준다. 3,300㎡의 널찍한 쇼토엔은 바다 위에 수많은 섬이 떠 있는 모습을 본떠 만든 정원이다. 1,500여 개의 정원석과 280여 그루의 소나무로 꾸몄는데, 대부분의 나무가 200년 이상된 고목이라 더욱 감탄을 자아내게 한다.
개관 10:00~16:00
요금 1,000엔
지도 MAP 14-D2
홈피 www.ohana.co.jp
교통 야나가와 유람선 오키바타 선착장에서 도보 3분.

키타하라 하쿠슈 생가 기념관
北原白秋生家記念館

야나가와 출신의 문인 키타하라 하쿠슈 北原白秋의 생가를 복원한 기념관. 그의 저서와 유품이 전시돼 있다.
개관 09:00~17:00
휴관 12/29~1/3
요금 600엔
지도 MAP 14-C1
교통 야나가와 유람선 오키바타 선착장에서 도보 5분.

구 토지마 가 주택
旧戸島家住宅

❻ 18세기 말 영주의 다실(茶室)로 지어진 건물. 내부에는 일본식 정원을 바라보며 차를 마실 수 있는 다실과 방이 옛 모습 그대로 보존돼 있다.
개관 09:00~17:00
휴관 화요일, 12/29~1/3
요금 100엔
지도 MAP 14-C1
교통 야나가와 유람선 오키바타 선착장에서 도보 10분.

구글맵

7

8 9

10

11

12

13 14

카메노이 호텔 야나가와
亀の井ホテル 柳川

⑦⑪ 유람선이 오가는 수로가 한눈에 내려다보이는 온천. 원래 온천 호텔인데 5층의 전망온천과 1층의 노천온천은 일반인도 이용 가능하다.

영업 11:00~15:00, 18:00~21:00
요금 600엔
지도 MAP 14-D2
교통 야나가와 유람선 오키바타 선착장에서 도보 10분.

카라타치 문인의 족탕
からたち文人の足湯

⑫ 수로 옆에 위치한 무료 족탕. 70명이 동시에 이용할 수 있을 만큼 규모가 크다. 주변을 돌아보다 잠시 쉬어가기에 좋다.

운영 11:00~15:00
요금 무료
지도 MAP 14-D2
교통 야나가와 유람선 오키바타 선착장 沖端乗下船場에서 도보 11분.

간소모토요시야 (Since 1681)
元祖本吉屋

⑧~⑩ ★ 4.1/3.73 야나가와 장어덮밥의 원조. 수백 년간 대물림해온 비법 소스를 발라 숯불에 정성껏 구운 장어는 고소한 향과 달콤한 맛, 혀끝에서 스르르 녹는 보들보들한 식감이 아름다운 하모니를 이룬다. 네모난 찜통에 구운 장어와 밥을 넣고 한 번 더 쪄내 특유의 풍미와 부드러운 식감을 더한 장어찜덮밥 せいろ蒸し(세이로무시)이 간판 메뉴다.

예산 5,000엔~
영업 10:30~20:00
휴업 월요일
주소 柳川市 旭町 69
전화 0944-72-6155
홈피 www.motoyoshiya.jp
지도 MAP 14-A4
교통 니시테츠야나가와 西鉄柳川 역(T39)의 서쪽 출구 西口에서 도보 18분. 길이 복잡하니 지도를 잘 보고 가야 한다. 역 앞에서 택시를 타면 기본요금 정도로 갈 수 있다.

와카마츠야 (Since 1854)
若松屋

⑬⑭ ★ 4.3/3.65 창업 당시의 레시피 그대로 야나가와 산 간장과 물엿으로 만든 소스가 장어의 감칠맛을 한층 끌어올려준다.
밥과 구운 장어를 찜통에 넣고 찐 최상품 장어찜덮밥 上鰻せいろ蒸し(죠우나기세이로무시)이 맛있다.
재료가 떨어지면 바로 문을 닫아 손님이 몰리는 주말·공휴일 저녁은 이용하기 힘들 수도 있다.

예산 4,000엔~
영업 11:00~15:30, 17:00~20:00
휴업 수요일, 매월 첫째·셋째 화요일
주소 柳川市 沖端町 26
전화 0944-72-3163
홈피 www.wakamatuya.com
지도 MAP 14-D1
교통 야나가와 유람선 오키바타 선착장 沖端乗下船場 바로 앞에 있다.

타치바나우동 (Since 1977)
立花うどん

★ 4.2/3.54 현지인이 즐겨 찾는 우동집. 1년에 18만 그릇이 팔리는 소고기 우동 肉うどん(니쿠우동)이 간판 메뉴다. 주문과 동시에 삶아내는 우동은 쫄깃한 면발과 감칠맛 나는 국물의 조화가 훌륭하다.
소고기 우동에 아삭한 우엉 튀김을 추가한 니쿠고보텐우동 肉ごぼう天うどん도 맛있다. 평일 점심에는 우동에 밥과 반찬이 포함된 푸짐한 타치바나 정식 立花定食(타치바나테이쇼쿠)도 맛볼 수 있다.

예산 400엔~
영업 09:00~20:30
휴업 화요일
지도 MAP 14-A5
주소 柳川市 三橋町 高畑 191
전화 0944-73-1011
교통 니시테츠 야나가와 역에서 도보 9분.

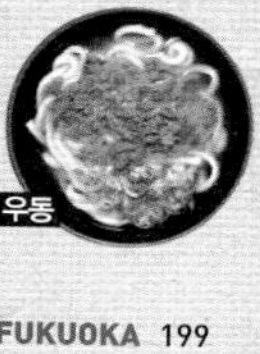

소고기 우동

우레시노온센 嬉野温泉

'일본의 3대 미인 온천'으로 꼽히는 온천 마을이다. 8세기의 역사서에도 등장할 만큼 유서 깊은 역사를 자랑한다. 온천수에 함유된 미량의 탄산수소나트륨 때문에 피부가 매끈매끈해지는 효과를 볼 수 있는데, '미인 온천'이란 별칭은 여기서 유래했다.

규슈 내륙에 위치한 조그만 마을이라 번화한 맛은 없지만 유서 깊은 전통 료칸이 곳곳에 자리해 이 마을의 오랜 역사를 말해준다. 강변을 따라 느긋하게 산책을 즐기거나 올레 코스를 걸으며 싱그러운 자연을 만끽하는 것도 우레시노온센의 여유를 즐기는 좋은 방법이다.

우레시노온센 관광협회
홈피 https://spa-u.net

JR 우레시노온센 역

사가 국제공항 → 우레시노온센
우레시노온센에서 가장 가까운 공항은 사가국제공항 佐賀国際空港이다. 티웨이항공에서 인천~사가 노선을 주 4회 운항한다. 공항 규모가 작아 이용에 어려움은 없다.
공항에서 우레시노온센까지의 거리는 50㎞. 가장 빠르고 편한 교통편은 리무진 택시다. 버스를 타고 JR 사가 佐賀 역으로 가서 열차로 갈아타고 우레시노온센 嬉野温泉 역까지 가도 되지만, 요금과 시간이 더 들어 그리 현명한 방법은 아니다.

공항 → 우레시노온센
리무진 택시 1시간, 3,000엔
공항 → JR 사가 역
버스 35분, 600엔
사가 역 → 우레시노온센 역
특급+신칸센 35분, 2,320엔

후쿠오카 국제공항 → 우레시노온센
후쿠오카 국제공항 1층 8번 정류장에서 나가사키 長崎 행 고속버스를 타고 우레시노 버스 센터 嬉野バスセンター에서 내린다. 1일 5회 운행한다.
공항 → 우레시노온센
고속버스 90분, 2,200엔
산큐 패스 사용 가능
홈피 www.atbus-de.com

후쿠오카 → 우레시노온센
하카타 버스터미널(MAP 6-A3) 3층 37번 승강장, 텐진 고속버스 터미널(MAP 8-F4) 3층 4번 승강장에서 나가사키 長崎 행 고속버스를 타고 우레시노 버스 센터 嬉野バスセンター에서 내린다. 매일 5회 운행한다.
또는 JR 하카타 역에서 특급열차를 타고 타케오온센 武雄温泉 역으로 가서 신칸센으로 갈아타고 우레시노온센 嬉野温泉 역으로 간다. 역에서 우레시노온센 시내까지는 2㎞ 정도 떨어져 있으며, 버스 · 택시로 이동한다.
후쿠오카 → 우레시노온센
고속버스 2시간, 2,200엔
산큐 패스 사용 가능
홈피 www.atbus-de.com
JR 특급+신칸센 1시간 30분, 3,990엔
규슈 레일패스 사용 가능

타케오온센 → 우레시노온센
JR 타케오온센 역 남쪽 출구 南口 앞에서 우레시노온센 방면 버스를 타고 우레시노 버스 센터에서 내린다.
버스 35분, 740엔
산큐 패스 사용 가능

나가사키 → 우레시노온센
나가사키 역 앞의 버스터미널(MAP 21-A2) 11번 승강장에서 후쿠오카 행 고속버스를 타고 우레시노 버스 센터에서 내린다. 1일 5회 운행한다.
또는 나가사키 역에서 신칸센을 타고 우레시노온센 嬉野温泉 역에서 내린다. 역에서 우레시노온센 시내까지는 2㎞ 정도 떨어져 있으며, 버스 · 택시로 이동한다.
고속버스 70분, 1,800엔
산큐 패스 사용 가능
신칸센 25분, 3,060엔
규슈 레일패스 사용 가능

구글맵

1

2

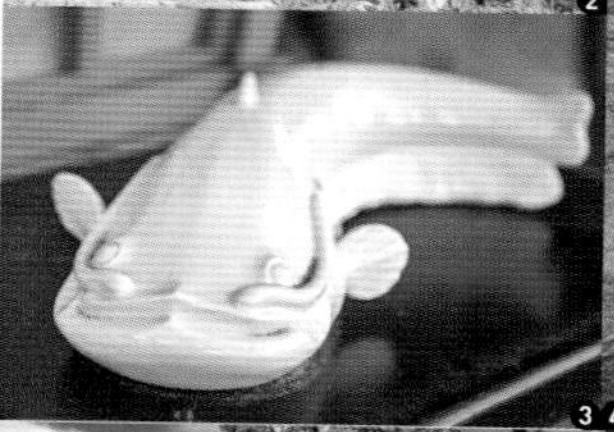

3

4

5

6 7

토요타마히메 신사
豊玉姫神社

❸❺ 우레시노온센의 역사와 함께해 온 유서 깊은 신사. 전쟁으로 소실돼 17세기 초에 지금의 모습으로 재건됐다. 우레시노온센을 수호하는 토요타마히메 豊玉姫를 신으로 모신다. 그는 해신(海神)의 딸로 고운 피부를 가져 피부 미인의 신으로도 숭앙받고 있다.
본전을 바라볼 때 오른쪽 사당에는 흰색의 메기 신상이 있다. 메기 신은 토요타마히메의 부하로 우레시노 강을 지배하며 마을을 지켜왔다고 하는데, 재난이 닥칠 때면 강에서 거대한 메기가 나타나 신탁을 내렸다는 전설도 전해온다.
개관 일출~일몰
요금 무료
지도 MAP 30-B1
교통 우레시노 버스 센터에서 도보 4분. 버스 센터를 등지고 오른쪽으로 80m 간 다음, 오른쪽으로 돌아 140m 직진하면 오른편에 있다.

토도로키 폭포
轟の滝

❶❹ 시오다 강 塩田川과 이와야가와우치 강 岩屋川内川이 만나는 곳에 위치한 폭포. 높이는 11m에 불과하지만 풍부한 수량과 지형적 영향으로 폭포 소리가 마치 천둥번개가 치는 것처럼 요란하게 들린다고 해 '굉음(轟)을 울리는 폭포(滝)'란 명칭이 붙었다.
폭포 위에는 험상궂은 표정의 부동명왕상이 있는데, 태평양 전쟁 말기인 1944년 평화와 무운(武運)을 기원하며 마을 사람들이 세운 것이다. 폭포 주변은 녹음이 우거진 한적한 공원으로 정비돼 있다. 봄이 오면 공원 가득 벚꽃이 만발해 꽃놀이를 즐기기에도 좋다.
지도 MAP 30-A3
교통 우레시노 버스 센터에서 도보 30분. 우레시노 강의 강변 산책로를 따라 상류로 올라가면 쉽게 찾을 수 있다.

규슈 올레 우레시노 코스
九州オルレ嬉野コース

❷❻❼ 총 길이 12.5㎞의 올레 코스. 인적 드문 가파른 산길을 올라야 하는 초반부가 조금 힘들다. 중반부를 넘어서면 평이한 산길과 내리막길이 이어지며, 완주에는 4~5시간 걸린다.
코스 초입에 우레시노 도기 전시장과 니시요시다곤겐 불상 西吉田権現さん, 중반에 녹차 밭과 메타세코이어 숲 전망대, 후반에 토도로키 폭포 등의 볼거리가 있어 걷는 재미를 더한다. 우레시노 버스 센터에서 자세한 코스 지도를 받아가자.
지도 MAP 30-D2
교통 우레시노 버스 센터 4번 정류장에서 카시마 · 나카가와 鹿島 · 中川 행 버스를 타고 카미자라야 上皿屋(15~20분, 350엔) 하차. 버스 진행방향으로 조금 걸어가면 올레 코스 시작점을 알리는 표지판이 보인다.

우레시노 강변 산책로
嬉野川遊歩道

우레시노 강을 따라 2㎞ 가량 이어지는 산책로. 정비가 잘 돼 있어 느긋하게 산책을 즐기기에 좋으며, 상류로 올라가면 토도로키 폭포까지 이어진다.
지도 MAP 30-B1
교통 우레시노 버스 센터를 등지고 왼쪽으로 도보 4분.

즈이코지
瑞光寺

1369년에 창건된 사찰. 입구에는 수령 800년의 거대한 녹나무가 자라고 있으며, 산문 좌우에는 석조 인왕상이 놓여 있다. 초록빛 이끼가 가득 덮인 경내에는 조그만 지장보살과 불상 · 사당이 줄지어 있다.
개관 일출~일몰
요금 무료
지도 MAP 30-B1
교통 우레시노 버스 센터를 등지고 오른쪽으로 도보 8분.

1

2

3 4

5

7

6 8

시 볼트 족탕
シーボルトのあし湯

❶ 누구나 자유로이 이용할 수 있는 무료 족탕. 지친 다리를 쉬어가기에 적당하다. 수건은 직접 가져가야 한다.

영업 24시간
지도 MAP 30-C1
교통 우레시노 버스 센터를 등지고 왼쪽으로 도보 7분.

시 볼트 온천
シーボルトの湯

❻ 유럽풍 외관이 눈길을 끄는 온천. 온천수 성분 때문에 피부가 매끈매끈해지는 효과가 있다. 단출하지만 깔끔한 시설이 돋보이며 휴게실도 갖췄다. 올레 코스를 완주한 뒤 피로를 풀기에도 좋다.

영업 06:00~22:00
휴업 매월 셋째 수요일
요금 450엔, 초등학생 220엔 4/1(개관기념일) 무료
지도 MAP 30-C1
교통 우레시노 버스 센터를 등지고 왼쪽으로 도보 9분.

소안 요코쵸
Since 1957
宗庵 よこ長

❽ ★ 4.1/3.61 온천두부 요리의 발상지. 우레시노를 대표하는 맛집으로 3대째 옛맛을 우직하게 지켜오고 있다.

간판 메뉴는 도기 냄비에 보글보글 끓여내는 삶은 두부정식 湯どうふ定食(유도후테이쇼쿠)이다. 배추 · 어묵 · 새우 · 표고버섯으로 우린 국물은 담백한 맛이 일품이다. 파 · 가다랑어포를 국물에 풀어 짭짤하게 간이 배인 두부와 함께 먹으면 더욱 맛있다. 정식에는 콩조림 · 감자 샐러드 등 네 가지 반찬이 포함된다.

예산 1,000엔~
영업 10:30~15:30, 17:30~21:00
휴업 수요일
주소 嬉野市 嬉野町 下宿乙 2190
지도 MAP 30-C1
전화 0954-42-0563
홈피 http://yococho.com
교통 우레시노 버스 센터에서 도보 6분.

키하코 오브 요시다야
KiHaKo of YOSHIDAYA

❷~❺❼ ★ 3.8/3.29 모던한 감성의 카페. 커다란 통유리가 개방감을 선사한다. 모든 테이블을 창가에 배치해 풍경을 바라보며 느긋하게 차와 식사를 즐길 수 있다.

예산 500엔~
영업 09:00~18:00
주소 嬉野市 嬉野町 大字岩屋川内甲 379
지도 MAP 30-B2
전화 0954-42-0178
교통 우레시노 버스 센터에서 도보 11분.

신파치즈시
新八寿司

★ 4.1/3.05 온천두부 요리와 초밥을 맛볼 수 있는 식당. 특히 점심 메뉴가 저렴하다.

예산 1,500엔~
영업 11:00~21:00
주소 嬉野市 嬉野町 大字下宿乙 2285 지도 MAP 30-B1
전화 0954-42-0178
교통 버스 센터에서 도보 2분.

우레시노온센의 온천

오랜 전통을 자랑하는 온천 료칸이 많아 1박 이상 하며 온천을 즐기길 추천한다. 당일치기로 돌아볼 때는 아래의 온천을 이용하자. 료칸에 부속된 온천이며 노천온천 등의 시설이 완비돼 있다.

타이쇼야 大正屋
영업 12:00~23:00
요금 1,300엔
지도 MAP 30-B1
홈피 http://taishoya.com

우레시노칸 嬉野館
영업 15:00~24:00
요금 700엔~
지도 MAP 30-B1
홈피 www.ooedoonsen.jp

카스이엔 華翠苑
영업 12:00~20:00
요금 1,150엔
지도 MAP 30-B2
홈피 www.kasuien.co.jp

구글맵

소도시 여행 #6

타케오온센 武雄温泉

1,200년의 역사를 간직한 온천 마을이다. 번잡한 일상을 벗어나 소박한 풍경 속에서 느긋하게 휴식을 취하기에 적합하다. 20세기 초의 모습이 드문드문 남겨진 온천가에서 예스러운 정취를 만끽해도 좋다. 규슈에서 가장 아름다운 도서관과 난이도가 높지 않은 올레 코스가 있다는 사실도 반갑다. 자전거를 타고 살짝 외곽에 위치한 이케노우치 호수를 찾아보는 재미도 쏠쏠하다.

타케오 시 관광협회
홈피 www.takeo-kk.net

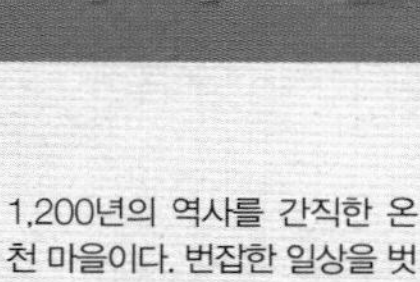
미후네야마라쿠엔 정원

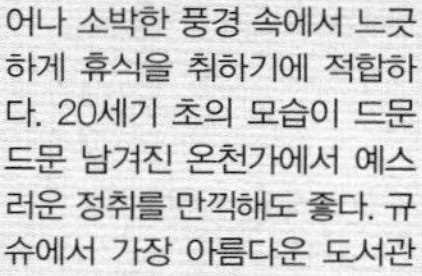
타케오 시 도서관

사가 국제공항 → 타케오온센
타케오온센에서 가장 가까운 공항은 사가국제공항 佐賀国際空港이다. 티웨이항공에서 인천~사가 노선을 주 4회 운항한다. 공항 규모가 작아 이용에 어려움은 없다.
공항에서 타케오온센까지의 거리는 35㎞다. 가장 빠르고 편한 교통편은 리무진 택시이며, 2인 이상 이용시 경제적이다. 혼자일 경우 교통비를 절약하려면 버스를 타고 JR 사가 佐賀 역으로 가서 특급열차로 갈아타고 타케오온센 武雄温泉 역으로 간다.

공항 → 타케오온센
리무진 택시 1시간, 3,000엔

공항 → JR 사가 역
버스 35분, 600엔

사가 역→타케오온센 역
특급 25분, 1,410엔

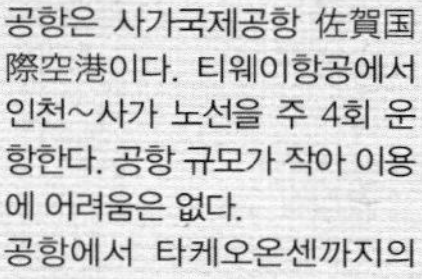
사가 국제공항

후쿠오카 → 타케오온센
JR 하카타 역에서 출발하는 특급열차 하우스텐보스 ハウステンボス 또는 미도리 みどり를 타고 타케오온센 武雄温泉 역에서 내린다. 특급열차는 1일 17회 운행한다.
요금이 저렴한 쾌속 · 보통열차는 두 번 갈아타야 한다. 우선 하카타 역에서 쿠루메 久留米 방면 쾌속열차를 타고 토스 鳥栖 역에서 내려 히젠야마구치 肥前山口 방면 보통열차로 갈아탄다. 그리고 히젠야마구치 肥前山口 역에서 내려 하이키 早岐 방면 보통열차로 갈아타고 타케오온센 武雄温泉 역에서 내린다.

후쿠오카 → 타케오온센
특급열차 70분, 3,130엔
쾌속 + 보통 150분, 1,930엔
북큐슈 레일 패스 사용 가능

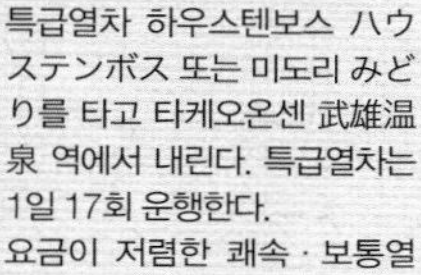
JR 타케오온센 역

우레시노온센 → 타케오온센
우레시노 버스 센터(MAP 30-B1)의 3번 승강장에서 타케오온센 행 버스를 타고 JR 타케오온센 武雄温泉 역에서 내린다.
버스 35분, 740엔(06:04~20:10, 20~60분 간격 운행)
산큐 패스 사용 가능

나가사키 → 타케오온센
JR 나가사키 역에서 신칸센 카모메 かもめ를 타고 타케오온센 武雄温泉 역에서 내린다. 또는 JR 나가사키 역에서 쾌속열차를 타고 하이키 早岐 역으로 가서 열차를 갈아타고 타케오온센 역에서 내린다.
신칸센 23분 3,270엔
쾌속열차 2시간 2,420엔
북큐슈 레일 패스 사용 가능

타케오온센 시내교통
JR 타케오온센 역의 여행 인포메이션 센터에서 전동 자전거를 빌려준다.
운영 08:30~18:30
요금 1일 1,000엔

구글맵

1

2

3 4

5

6 7

타케오온센 누문
武雄温泉楼門

❹❼ 1915년에 문을 연 온천 휴양시설. 입구의 누문 楼門과 신관 新館을 포함한 네 동의 건물로 이루어져 있으며, 옛 서울역과 도쿄 역을 설계한 건축가 타츠노 킨고 辰野金吾의 작품이다.

백색과 주홍색의 대조가 인상적인 누문은 용궁의 입구를 형상화한 것이다. 원래 대중 온천으로 사용하던 신관은 현재 전시관으로 바뀌었으며 내부에는 요금소 · 탈의실 · 남탕 · 여탕(1층), 휴게실(2층)이 옛 모습 그대로 보존돼 있다. 누문 옆에는 지금도 이용 가능한 온천이 있다.

개관 신관 10:00~18:00, 온천 06:30~24:00
휴관 화요일 ※온천은 무휴
요금 신관 무료, 온천 500엔~
지도 MAP 31-A1
교통 JR 타케오온센 역의 북쪽 출구 北口(로몬 출구 楼門口)를 나와 왼쪽으로 도보 20분.

타케오 시 도서관
武雄市図書館

❺ 규슈에서 가장 아름다운 도서관. 2013년 개관이래 해마다 100만 명의 방문객이 찾아드는 명소로 큰 인기를 누리고 있다. 개방감 넘치는 구조와 목조 인테리어 특유의 포근한 분위기가 인상적이다. 넓은 창과 지붕을 이용한 자연채광에 은은한 조명을 더해 차분한 분위기를 유도한다. 공공도서관임에도 불구하고 서적 · 음반 유통업체인 츠타야 TSUTAYA에 관리를 위탁해 세련되면서도 특별한 도서관으로 거듭날 수 있었다.

1층에는 분위기 만점의 스타벅스 매장이 있어 커피와 함께 독서를 즐기기에도 좋다.

개관 09:00~21:00
요금 무료
지도 MAP 31-B2
교통 JR 타케오온센 역의 남쪽 출구 南口(미후네야마 출구 御船山口)를 나와 정면으로 도보 20분.

타케오 신사
武雄神社

❶❸❻ 735년에 창건된 유서 깊은 신사. 타케우치노 스쿠네 · 타케오코코로노 미코토 · 츄아이 일왕 · 오진 일왕 · 진구 황후 등 일왕가의 인물을 신으로 모신다. 경내에는 두 그루의 나무가 하나의 뿌리로 연결된 부부목, 활을 쏴서 운세를 점치는 비샤미쿠지 歩射みくじ 등의 볼거리가 있다.

신사 안쪽으로 이어진 오솔길을 따라 150m쯤 들어가면 울창한 대숲을 지나 거대한 녹나무 武雄の大楠가 보인다. 수령 3,000년을 헤아리는 신성한 나무인 까닭에 금줄이 드리워져 있으며, 밑동에는 텐진 天神을 모시는 구멍이 뚫려 있다.

개관 일출~일몰
요금 무료
지도 MAP 31-B2
교통 JR 타케오온센 역의 남쪽 출구 南口(미후네야마 출구 御船山口)를 나와 정면으로 도보 25분.

미후네야마라쿠엔 정원
御船山楽園

❷ 타케오온센의 심벌인 미후네 산 御船山 기슭에 위치한 일본식 정원. 연못과 산책로를 조화롭게 배치한 지천회유식 池泉回遊式 정원으로 유명하다. 2,000그루의 벚나무가 일제히 꽃망울을 터뜨리고, 20만 그루의 진달래가 산 전체를 울긋불긋 물들이는 봄 풍경이 압권이다. 우뚝 솟은 미후네 산과 연못을 배경으로 펼쳐지는 환상적인 조명 쇼도 놓쳐선 안 될 듯. 자세한 스케줄은 홈페이지를 참조하자.

개관 08:00~22:00(유동적)
지도 MAP 31-B3
요금 600엔, 초등학생 250엔 (시기에 따라 다름)
홈피 www.mifuneyamarakuen.jp
교통 JR 타케오온센 역의 남쪽 출구 南口 앞에서 우레시노온센 방면 JR 버스를 타고 미후네야마라쿠엔 御船山楽園 하차 (11분, 190엔).

 구글맵

8

10 11

12

9

13 14

이케노우치 호수
池の内湖

⑫⑬ 타케오온센 남동쪽에 위치한 인공호수. 호숫가에는 산책로와 녹지가 정비돼 있어 나들이 코스로 각광받고 있다. 날씨가 좋을 때는 보트를 빌려 타고 한가로이 호수 유람을 즐겨도 좋다. 호숫가에는 지구와 우주의 신비를 소개하는 사가 현립 우주과학관 佐賀県立宇宙科学館도 있다. 과학관 뒤로 이어지는 개울에서는 6월 초부터 1만여 마리의 반딧불이를 볼 수 있다.

지도 MAP 31-D2
교통 JR 타케오온센 역의 남쪽 출구 南口를 나와 정면으로 도보 50분 또는 자전거로 20분.

보트 대여
운영 09:00~17:00
요금 30분 470엔

사가 현립 우주과학관
개관 09:15~17:15
휴관 월요일 요금 520엔, 고등학생 310엔, 초등학생 · 중학생 200엔

규슈 올레 타케오 코스
九州オルレ武雄コース

⑧⑨ 총 길이 12.1㎞의 올레 코스. 전체 코스 가운데 절반 정도가 타케오온센 시내를 지나는 까닭에 난이도가 높지 않다. 오히려 길이 너무 평이해 지루함이 느껴질 우려도 있다. 코스 중반에 이케노우치 호수를 지나 산 정상까지 오르는 구간은 경사가 가파르고 길이 험해 가장 힘든 구간이니 주의하자. 산정 전망대에서는 타케오온센 일대가 한눈에 내려다보이는 멋진 경치를 즐길 수 있다. 도중의 키묘지 貴明寺에서는 좌선 체험도 가능하다. 완주에는 4~5시간이 걸린다. JR 타케오온센 역의 여행 인포메이션 센터에서 자세한 코스 지도를 받아가자.

지도 MAP 31-B1
교통 JR 타케오온센 역의 남쪽 출구 南口에서 출발한다.

TKB 어워즈
TKB Awards

⑩⑭ ★ 4.3/3.16 발랄한 분위기의 수제 버거 전문점. 주문과 동시에 만들어주는 햄버거와 감자튀김이 맛있다.

예산 1,000엔~ 휴업 월요일
영업 11:00~15:00, 금 · 토요일 11:00~18:00
지도 MAP 31-B1
교통 JR 타케오온센 역의 북쪽 출구 北口를 나와 왼쪽으로 도보 14분.

고항야
ごはんや

⑪ ★ 3.7/3.09 현대적인 스타일의 가정식 백반집. 간이 조금 세지만 정갈한 차림이 좋다. 닭튀김 · 야채볶음 등의 메뉴가 먹을 만하다.

예산 900엔~ 휴업 일요일
영업 11:00~14:30
전화 0954-22-6626
지도 MAP 31-A1
교통 JR 타케오온센 역의 북쪽 출구 北口를 나와 왼쪽으로 도보 17분.

타케오온센의 온천

단순천이라 온천수 자체로는 특별한 효능을 기대하기 힘들다. 1박한다면 타케오온센 누문 주변의 온천 료칸을 이용한다. 당일치기로 돌아볼 때는 아래의 온천을 이용하자.

모토유 元湯
영업 06:30~23:45
요금 500엔
지도 MAP 31-A1

호라이유 蓬莱湯
영업 06:30~21:30
요금 500엔
지도 MAP 31-A1
홈피 www.takeo-kk.net

쿄토야 京都屋
영업 13:00~익일 10:00
요금 1,000엔
지도 MAP 31-A1
홈피 www.saga-kyotoya.jp

소도시 여행 #7

아리타 有田

일본에서도 손꼽히는 도예촌. 임진왜란 때 끌려가 일본 도자기 산업의 시조(始祖)가 된 도공 이삼평의 얼이 서린 곳이다. 예스러운 거리를 거닐며 산책을 즐기거나 도기 전문점이 가득한 상점가에서 예쁜 도자기를 고르는 재미가 쏠쏠하다.

후쿠오카 → 아리타
JR 하카타 역에서 특급열차 하우스텐보스 ハウステンボス 또는 미도리 みどり를 타고 타케오온센 武雄温泉 역으로 가서 보통열차로 갈아타고 카미아리타 上有田 역에서 내린다.
특급 + 보통열차
1시간 25분~, 3,330엔
북큐슈 레일 패스 사용 가능

타케오온센 → 아리타
JR 타케오온센 역에서 하이키 早岐 방면 보통열차를 타고 카미아리타 上有田 역에서 내린다.
보통열차 14분, 340엔
북큐슈 레일 패스 사용 가능

이즈미야마 자석장
泉山磁石場

도자기 원료인 도석(고령토) 채굴장. 17세기 초에 일본 최초로 도석이 발견된 이래 400여 년에 걸쳐 산 하나를 통째로 깎아내며 도석을 채굴했다. 지금은 폐수 등 환경오염 문제로 채굴을 중단한 상태다. 채굴장이 내려다보이는 전망대 옆에는 도석을 처음 발견한 이삼평의 공을 기리는 비가 세워져 있다. 인근에는 아리타 자기의 역사를 소개하는 자료관과 이삼평의 좌상을 모신 이시바 신사 石場神社가 있다.
지도 MAP 32-D1
교통 JR 카미아리타 역을 나와 오른쪽으로 도보 20분.

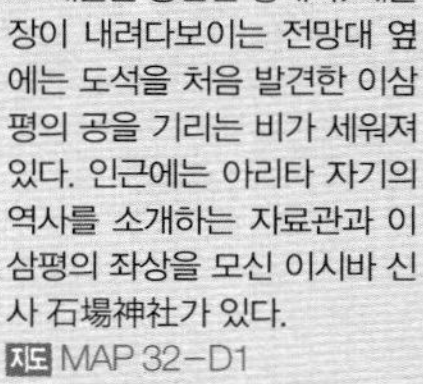

도기 상점가
陶器商店街

아리타 도기를 판매하는 상점가. 1㎞ 남짓한 거리를 따라 여러 숍들이 모여 있어 윈도우 쇼핑의 재미를 더한다. 아리타 도기 축제(4/29~5/5) 때는 싼 값에 양질의 도기를 판매한다. 상점가 안쪽으로 조금 들어간 곳에는 도기 굽는 가마의 잔해로 담을 쌓은 톤바이가베 トンバイ塀가 있다. 좁은 골목을 따라 18~19세기의 예스러운 건물이 즐비해 걷는 재미가 쏠쏠하다.
지도 MAP 32-B2
교통 JR 카미아리타 上有田 역을 나와 오른쪽으로 도보 7분.

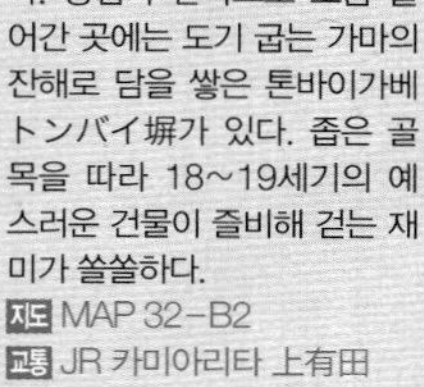

토잔 신사
陶山神社

이삼평을 신으로 모시는 신사. 토리이 鳥居와 등롱 등 신사를 장식한 거의 모든 장식물을 도자기로 만든 모습이 이채롭다. 본전 왼쪽 뒤로 이어진 가파른 계단을 5분 정도 오르면 이삼평의 공덕을 기리는 비가 우뚝 서있다. 이 위에서는 아리타 마을이 한눈에 내려다보인다. 신사 인근에는 이삼평의 14대손이 운영하는 도조 이삼평요 陶祖李参平窯, 700m쯤 떨어진 곳에는 이삼평이 잠든 묘소가 있다.
지도 MAP 32-B2
교통 JR 카미아리타 역을 나와 오른쪽으로 도보 20분.

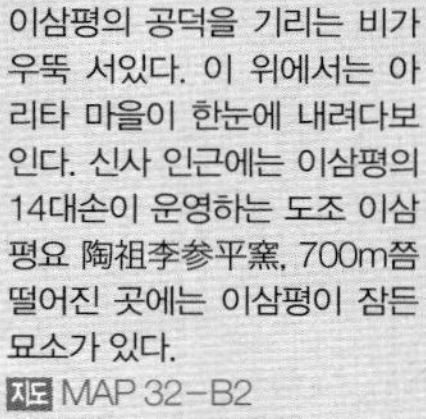

 구글맵

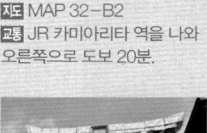

PART 3

YUFUIN

由布院·유후인

기초정보

유후인

소도시

Quick guide

유후인 由布院

해발 453m의 고지대에 위치한 유후인은 차분한 시골마을의 정취를 만끽하기에 좋은 고즈넉한 온천 휴양지다. 아련히 물안개가 피어오르는 호수와 사계절 모습을 달리하는 들녘, 그리고 가슴 속 깊이 파고드는 맑은 공기가 편안한 휴식의 장을 제공한다. 최근에는 웰빙 여행지로 각광 받으며 한국인 여행자도 급증하는 추세다. 여름에는 유서 깊은 유후인 영화제와 음악제가 열려 한여름 밤의 아름다운 추억을 만들 수 있는 것도 매력이다.

유후인의 지명은 由布院과 湯布院의 두 가지 한자 표기를 사용하는데, 모두 이곳 유후인을 뜻한다.

인구
3만 2,800명

면적
319km²

3대 명소

7대 맛집

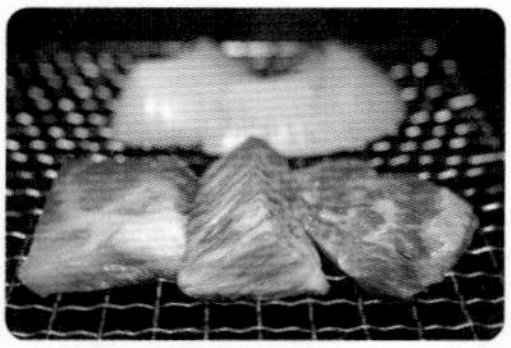

7대 온천

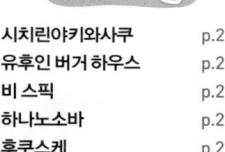

1 Day trip

옵션 1

히타

p.234

예스러운 풍경을 만끽하기 좋은 아늑한 도시. 고풍스러운 건물이 남겨진 구시가를 거닐며 느긋하게 산책을 즐기는 것도 운치 있다. 골목골목 맛난 군것질거리를 파는 가게와 재미난 숍이 호기심을 자극한다. 니혼슈 양조장과 삿포로·에비스 맥주 공장 투어도 가능하다.

특급열차 51분

옵션 2

벳푸

p.235

일본 굴지의 온천 휴양지. 시골마을인 유후인과 달리 번듯한 도시의 형태를 갖췄다. 수많은 온천과 함께 눈여겨볼 것은 '지옥순례'라는 온천 투어다. 땅 속에서 엄청난 기세로 뿜어져 나오는 수증기와 부글부글 끓어오르는 열탕이 화산 섬 규슈에 와있음을 실감케 한다.

보통열차 1시간 15분 / 버스 1시간

옵션 3

오이타

p.261

유후인이 속한 오이타 현 大分県의 교통·경제 중심지. 후쿠오카 등 대도시에 비할 바는 아니지만, 이 일대에서 가장 번화한 도시답게 대형 백화점·쇼핑센터가 모여 있다. 패션·인테리어·잡화·화장품·의약품 등 유후인에서 채우기 힘든 쇼핑의 즐거움을 만끽하기에 좋다.

보통열차 1시간

옵션 4

아프리칸 사파리

p.257

1,300여 마리의 동물을 사육하는 동물원. 사자·기린·캥거루 등 쉬 접하기 힘든 동물들과 만나게 된다. 정글버스를 타거나 직접 차량을 운전해 들어갈 수 있으며, 동물에게 먹이주기 등 이색 체험도 가능하다. 유후인과 벳푸 중간쯤에 위치해 벳푸로 가는 길에 들러도 좋다.

렌터카 30분 / 버스 1시간 30분

옵션 5

유후 산

p.222

유후인을 굽어보는 해발 1,583m의 산. 날씨가 좋을 때는 유후인과 벳푸 일대가 한눈에 내려다보이는 멋진 전망이 펼쳐진다. 동봉(東峯)과 서봉(西峯)의 두 개 봉우리까지 오를 수 있다. 가벼운 등반이 목적일 때는 비교적 오르기 쉬운 동봉 루트를 추천한다.

버스 16분

주변 도시에서 유후인으로

후쿠오카 국제공항 · 오이타 국제공항에서는 직행 버스 또는 렌터카를 이용한다. 후쿠오카 · 벳푸 · 기타큐슈 등 주변 도시에서 갈 때는 기차 · 버스 · 렌터카를 모두 이용할 수 있는데 각기 장단점이 있으니 꼼꼼히 비교해보고 편리한 쪽을 선택하자. 일반적으로 운행 편수가 많고 요금이 저렴한 버스의 이용 비율이 높다. 기차는 직행편이 적고 일부 노선은 예약이 필수라는 사실을 기억하자.

세 줄 요약

공항에서 유후인으로
후쿠오카 · 오이타 국제공항에서 직행 버스 운행. 왕복권 · 회수권을 구매하면 저렴하다.

기차 or 버스?
도시간 이동에는 운행 편수가 많고 요금이 저렴한 버스를 선택하는 게 현명하다.

기차 · 버스 예약
일부 노선은 예약 필수이며 주말 · 성수기에는 자리잡기가 힘들다. 예약을 서두르자.

후쿠오카 국제공항 → 유후인

고속버스 1시간 40분, 3,250엔
산큐 패스 사용 가능

왕복권 · 회수권 구매

홈피 www.atbus-de.com

오이타 국제공항 → 유후인

고속버스 55분, 2,000엔
산큐 패스 사용 가능

오이타 국제공항

공항에서 유후인 바로가기

후쿠오카 국제공항과 오이타 국제공항에서 유후인까지 직행 버스가 다닌다. 기타큐슈 국제공항에서는 직행 버스가 없지만 렌터카를 이용하면 2시간 안에 유후인으로 갈 수 있다.

후쿠오카 국제공항 福岡国際空港

후쿠오카 국제공항(p.100) 입국장 1층, 11번 정류장에서 유후인 행 버스가 출발한다. 내리는 곳은 종점인 유후인에키마에 버스 센터 由布院駅前バスセンター다. 후쿠오카 시내에서 손님을 태우고 오는 버스라 자리가 없을 수 있으니 입국장 1층의 버스 안내 데스크에서 탑승 가능 여부를 확인하고 티켓을 구매하는 게 좋다.

요금을 절약하려면 홈페이지에서 왕복권 往復割引乗車券 또는 4매 회수권 回数券을 구매한다. 왕복권은 혼자 후쿠오카 국제공항↔유후인을 왕복하거나 두 명이 후쿠오카 국제공항→유후인을 편도로 이용할 수 있는 티켓, 4매 회수권은 두 명이 해당 구간을 왕복 또는 4명이 편도로 이용할 수 있는 티켓이며 편도 티켓 1장을 구매하는 것보다 저렴하다.

오이타 국제공항 大分国際空港

오이타 국제공항(p.238) 입국장 1층, 3번 정류장에서 유후인 행 버스가 출발한다. 내리는 곳은 종점인 유후인에키마에 버스 센터다. 오이타 국제공항↔유후인만 오갈 때는 요금이 저렴한 왕복권 往復券을 구매하는 것도 요령이다.

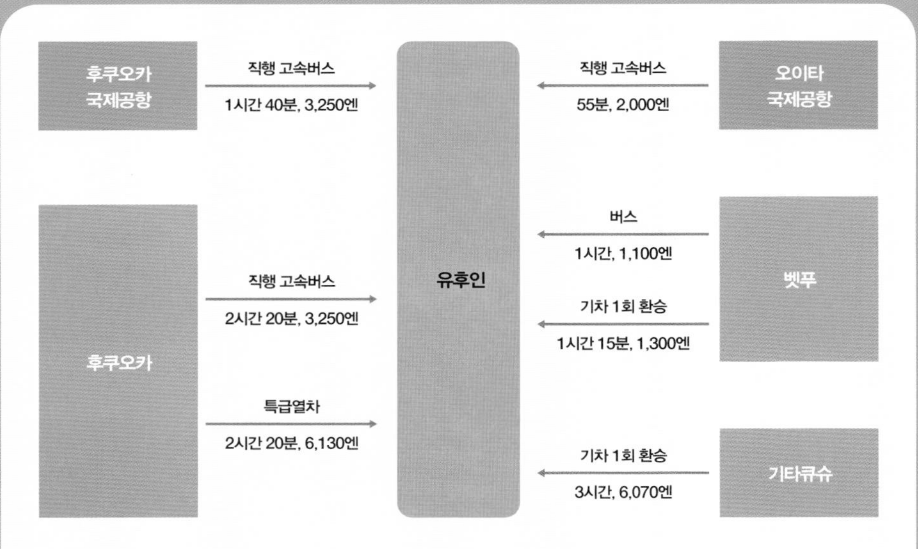

유후인 주요 교통편

후쿠오카→유후인 福岡→由布院

다수의 기차와 고속버스가 운행돼 교통이 편리하다. 규슈 여행의 로망으로 유명한 특급열차 유후인노모리도 이용할 수 있다. 인기 구간이라 예약 없이는 기차 · 버스 이용이 힘들다는 사실에 주의하자.

기차 JR

하카타 博多 역(MAP 7-H3)에서 매일 6회 특급열차가 운행된다. 기차 이용과 관련된 자세한 정보는 p.212를 참조하자. 기차가 도착하는 곳은 유후인 서쪽에 위치한 유후인 由布院 역이다.

버스 バス

텐진 고속버스 터미널 天神高速バスターミナル(MAP 8-F4) 3층의 5번 승강장, 하카타 버스터미널 博多バスターミナル(MAP 6-A3) 3층의 34번 승강장에서 유후인 행 고속버스가 출발한다. 1일 14회 운행하지만 워낙 인기 노선이라 자리 잡기가 힘드니 최대한 서둘러 예약해야 한다. 버스는 텐진 고속버스 터미널→하카타 버스터미널→하카타 국제공항을 경유해 종점인 유후인 버스 센터에 도착한다.

렌터카 レンタカー

후쿠오카에서 유후인까지 거리는 약 120㎞. 고속도로 경유시 1시간 40분~2시간 걸리며 통행료는 승용차 기준 3,820엔이다.

후쿠오카→유후인

특급열차 2시간 20분, 6,130엔
북큐슈 레일 패스 사용 가능

고속버스 2시간 20분, 3,250엔
산큐 패스 사용 가능

JR 이용 꿀팁

유후인 행 특급열차 좌석 예약이 불가능할 때는 하카타 역에서 특급열차 소닉 ソニック을 타고 오이타 大分 역으로 가서 유후인 행 보통열차로 갈아타도 된다.

하카타→오이타 2시간 20분

오이타→유후인 1시간 15분

수하물 택배 서비스

유후인 역을 나와 오른쪽에 있는 여행 인포메이션 센터의 유후인칫키 ゆふいんチッキ에서 숙소까지 짐을 배달해준다. 유후인에 일찍 도착한 경우 숙소로 짐만 먼저 보내놓고 마을 구경을 하다 오후 늦게 체크인할 때 이용하면 편리하다.

요금 1개 600~800엔
영업 09:00~15:00
전화 0977-28-4550
지도 MAP 15-C2

기타큐슈→유후인

특급+보통열차 3시간, 6,070엔
북큐슈 레일 패스 사용 가능
고속버스 3시간 30분, 3,820엔
산큐 패스 사용 가능

기타큐슈→유후인 北九州→由布院

소요시간은 기차와 버스 모두 비슷하다. 단, 요금은 버스가 기차의 절반 수준으로 저렴하며, 운행 편수와 편의성 측면에서는 기차가 유리하다.

기차 JR

특급열차를 타고 JR 오이타 역까지 간 다음(1시간 40분), 유후인 방면 보통열차로 갈아탄다. 오이타→유후인 구간의 보통열차는 1일 20회 운행한다. 열차가 도착하는 곳은 JR 유후인 역이다.

쾌적한 시설의 특급열차

버스 バス

유후인까지 직행은 없다. JR 코쿠라 역 앞의 버스 터미널에서 나가사키 長崎 행 고속버스를 타고 코소쿠키야마 高速基山 정류장(75분)으로 가서 유후인 행 고속버스로 갈아타고 유후인에키마에 버스 센터 由布院駅前バスセンター(90분)에서 내린다.

렌터카 レンタカー

기타큐슈에서 유후인까지 거리는 약 120km. 고속도로 경유시 1시간 40분~2시간 걸리며 통행료는 승용차 기준 3,880엔이다.

특급열차 유후 vs 유후인노모리

후쿠오카~유후인 구간에서 운행하는 특급열차는 유후 ゆふ와 유후인노모리 ゆふいんの森 두 종류가 있다. 이름이 비슷하고 경유지와 소요시간도 똑같아 무슨 차이가 있겠나 싶겠지만 엄연히 다른 열차이니 이용시 주의하자. 유후는 규슈를 운행하는 수많은 특급열차 가운데 하나다. 쾌속·보통열차보다 빠르고 좌석은 조금 더 고급스럽다. 자유석 自由席도 있어 규슈 레일 패스 소지자는 예약 없이도 탈 수 있다.

유후인노모리는 규슈 기차 여행을 꿈꾸는 이들의 로망으로 통하는 특급열차다. 온천 리조트 유후인의 정서를 담뿍 맛볼 수 있게 디자인한 열차의 외관은 물론, 주변 풍경을 감상하기 편하도록 설계한 넓은 창과 열차 양 끝에 설치된 전망 테라스석이 기차 여행의 묘미를 더한다. 운행 중에는 차장의 모자를 빌려 쓰고 기념사진을 찍는 스페셜 이벤트도 열린다. 좌석은 전 차량 지정석 指定席이라 예약이 필수다. 규슈 레일 패스 소지자라도 예약 없이는 절대 탈 수 없으니 주의하자! 워낙 인기가 높아 주말·공휴일 등의 성수기에는 좌석이 금방 바닥나므로 예약을 서둘러야 한다(북큐슈 레일 패스 소지자는 예약비 무료).

규슈 기차 여행의 로망 유후인노모리

아늑한 좌석의 객실

유후(후쿠오카 → 유후인) 운행 07:43→10:02, 12:14→14:39, 18:30→20:49 요금 5,630엔
유후인노모리(후쿠오카 → 유후인) 운행 09:17→11:31, 10:11→12:27, 14:38→16:50 요금 6,130엔

벳푸→유후인 別府→由布院

기차보다 버스의 운행 편수가 많고 요금도 저렴하다. 유후인까지 직행편을 운행하는 버스와 달리 기차는 중간에 갈아타야 해 조금 불편하단 사실도 알아두자.

벳푸→유후인

특급열차 62분, 2,300엔
보통열차 75분, 1,300엔
규슈 레일 패스 사용 가능
버스 1시간, 1,100엔
산큐 패스 사용 가능

기차 JR

JR 벳푸 역에서 유후인까지의 직행열차는 1일 1회밖에 없다. 때문에 JR 오이타 大分 역(벳푸에서 특급열차 10분, 보통열차 15분)으로 가서 유후인 由布院 방면 보통열차로 갈아타는 게 일반적이다. 오이타→유후인의 보통열차는 1일 20회 운행한다. 열차가 도착하는 곳은 JR 유후인 역이다.

버스 バス

카메노이 亀の井 36번과 유후린 ゆふりん의 두 개 노선이 운행된다. 소요시간과 요금은 동일하므로 어느 쪽을 선택해도 무방하다. 단, 짐이 많을 때는 시설이 쾌적한 유후린을 이용하는 게 편리하다.

카메노이 36번 버스는 JR 벳푸 역 서쪽 출구 西口 앞의 1번 정류장(MAP 17-B2)에서 출발한다. 유후린은 JR 벳푸 역 동쪽 출구 東口 앞의 5번 정류장(MAP 17-B2)을 출발, 키타하마 버스 센터 北浜バスセンター의 1번 정류장(MAP 17-B5)을 경유해 유후인으로 향한다. 버스가 도착하는 곳은 유후인에키마에 버스 센터다.

렌터카 レンタカー

벳푸에서 유후인까지의 거리는 약 24km. 11번 국도를 따라 갈 경우 40~50분 걸린다. 연휴가 이어지는 골든 위크(4월 말~5월 초)와 여름 휴가철(7월 말~8월 중순)에는 차량 통행이 늘어나 소요시간이 더 걸릴 수도 있다.

유후인의 역 · 버스 터미널

JR 유후인 역

JR 유후인 由布院 역

규모가 작아 이용하기 쉽다. 하나뿐인 출구를 나오면 정면으로 유후인 중심가가 펼쳐진다. 오른쪽으로 50m쯤 가면 관광 인포메이션 센터, 역 앞에는 시내 구석구석을 오가는 버스와 마차 정류장, 택시 승강장이 있다. 코인로커도 있지만 이용자가 많아 빈자리를 찾기가 쉽지 않다.

지도 MAP 15-C2

유후인에키마에 버스 센터

유후인에키마에 버스 센터 由布院駅前バスセンター

역과 마찬가지로 규모가 작다. 버스 센터를 나와 왼쪽으로 가면 유후인 중심부, 오른쪽으로 가면 유후인 역이다. 편의시설이 부족하니 코인로커 등은 유후인 역을 이용한다.

지도 MAP 15-B2

AREA 01

유후인
由布院

목가적 풍경이 펼쳐지는 한적한 온천마을. 삐죽 솟은 유후 산을 배경으로 펼쳐진 논밭과 주말마다 수많은 인파로 북적이는 활기찬 상점가가 묘한 대조를 이룬다. 볼거리가 풍부하진 않지만 '여행생활자'의 자세로 산책하듯 마을 구석구석을 돌아보며 여유로운 유후인의 삶에 물들어보자. 일상에 지친 몸과 마음을 푸근하게 녹여줄 온천의 마력에 빠져보는 것도 잊어서는 안 될 듯!

명소 ★★★☆☆
맛집 ★★★☆☆
쇼핑 ★★☆☆☆
유흥 ☆☆☆☆☆

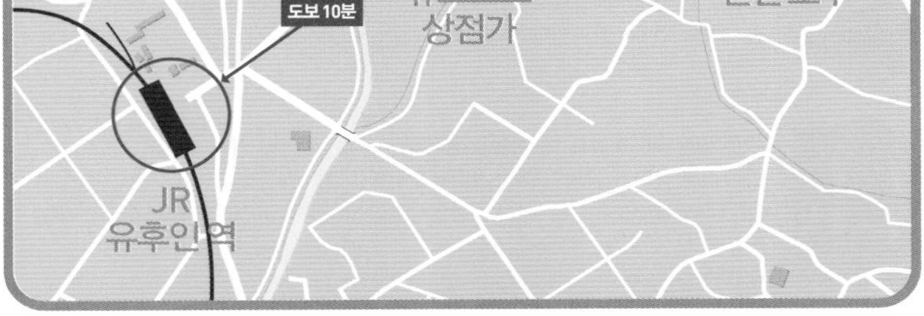

3대 명소

7대 맛집

7대 온천

best course

#1 유후인 핵심 일주

마을을 걸어서 돌아본다. 유노츠보 상점가는 11:00 이후에 문을 여는 숍도 있으니 이른 점심을 먹고 느긋하게 여행을 시작하는 게 좋다.

예상 소요시간 5시간~

1 **유후인 버거 하우스** 수제 버거 p.226

도보 2분

2 **비 스픽** 생크림 롤 케이크 p.227

도보 4분

3 **동구리노모리** p.233

바로 앞

4 **유노츠보 상점가** p.218

바로 앞

5 **유후인 플로랄 빌리지** p.220

바로 앞

6 **금상 크로켓 본점** 크로켓 p.230

도보 1분

7 **유후인 오르골의 숲** p.232

도보 8분

8 **킨린 호수** p.219

도보 5~30분

9 **온천 즐기기** p.224

유후인 시가지와 유후 산

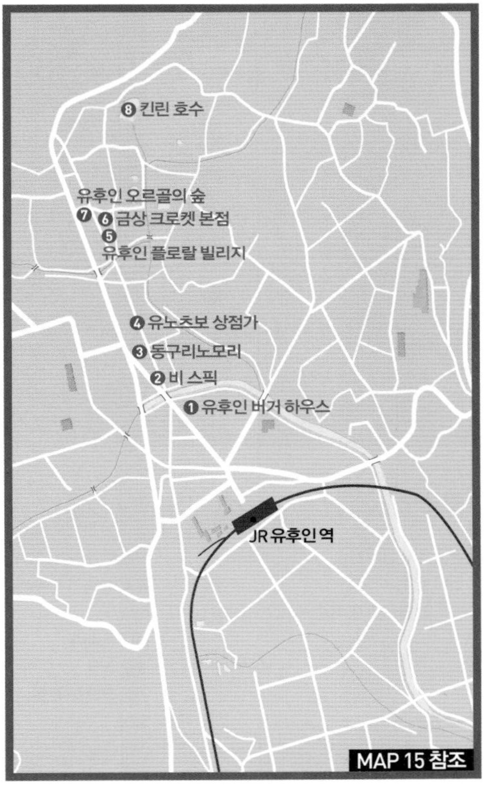

MAP 15 참조

best course

#2 유후인 & 벳푸 일주

유후인과 함께 규슈 온천 여행의 백미로 꼽는 벳푸까지 돌아본다. 유후인에키마에 버스 센터에서 버스 1일권(p.242)을 구매하면 경제적이다.

예상 소요시간 8시간~

1. 킨린 호수 p.219

도보 8분

2. 유후인 플로랄 빌리지 p.220

바로 앞

3. 유노츠보 상점가 p.214

도보 10분

4. 캇포 사토 향토요리 p.228

도보 9분

5. 유후인에키마에 버스 센터 p.213

버스 1시간

6. 벳푸 지옥 순례 p.248

도보 5분

7. 지옥 찜가마 공방 칸나와 p.254

버스 1시간

8. 유후인에키마에 버스 센터

벳푸 지옥 순례

1 예스러운 풍경이 눈길을 끄는 상점가.
2 · 3 기념품과 맛난 먹거리를 파는 숍이 줄지어 있다.

01 湯の坪街道 유노츠보 상점가 ★★★★★

발음 유노쯔보카이도– 영업 11:00~20:00(숍마다 다름)
지도 MAP 15–A3 · A4 교통 JR 유후인 由布院 역에서 도보 10분.
구글맵 QR 코드 스캔 · 터치
야스라기 유노츠보요코쵸 홈피 www.yufuin.org

유후인에서 가장 번화한(?) 상점가. 킨린 호수 초입까지 750m 가량 이어지며, 차 한 대가 겨우 지나갈 정도의 좁은 도로를 따라 100여 개의 숍이 옹기종기 모여 있다. 후쿠오카 등 대도시 상점가와는 비교하기 힘든 수수한 분위기로 평일에는 한산하기 그지없다. 그러나 주말 · 공휴일이면 현지인은 물론 세계 각국에서 몰려든 관광객들로 인산인해를 이루는 진풍경이 펼쳐진다.
꿀 · 수공예품 같은 지역 특산물과 깜찍한 액세서리 · 기념품을 두루 취급해 쇼핑의 즐거움을 더하며, 맛난 군것질거리도 호기심을 자극한다. 특히 인기가 높은 곳은 유후인의 명물 금상 크로켓(p.230), 생크림 롤 케이크로 유명한 비 스픽(p.227), 고소한 치즈 케이크가 맛있는 유후인 밀히(p.230)다.
상점가 중간에 위치한 야스라기 유노츠보요코쵸 やすらぎ湯の坪横丁도 놓치지 말자. 소규모 상점가지만 전통 먹거리와 공예품 · 잡화를 파는 10여 개의 숍이 모여 있어 구경하는 재미가 쏠쏠하다. 예스러운 모습으로 꾸민 정감어린 풍경 또한 색다른 볼거리로 다가온다. 안쪽에는 유후 산이 바라보이는 멋진 뷰의 카페 팡토에스프레소토 パンとエスプレッソと가 있는데, 10:00~14:00에 한정판매하는 프렌치 토스트가 맛있기로 명성이 자자하다.

1 · 2 신록과 단풍이 아름다운 킨린 호수.
3 일본 건국신화의 창조신을 모시는 텐소 신사.

02 金鱗湖 킨린 호수 ★★★★★

발음 킨린꼬 **지도** MAP 15-A5
교통 JR 유후인 由布院 역에서 도보 30분. 길이 조금 복잡하지만 유노츠보 상점가 곳곳에 이정표가 세워져 있어 길 찾기는 어렵지 않다.
구글맵 QR 코드 스캔 · 터치

바닥에서 차디찬 지하수와 뜨거운 온천수가 동시에 샘솟는 신비한 호수. 일교차가 심한 날은 물안개가 자욱히 피어올라 몽환적 분위기를 연출한다. 속이 훤히 비치는 맑은 물에서는 고기 떼가 무리지어 헤엄치는 모습이 보이는데, '킨린'이란 이름이 노을빛을 받아 금색(金)으로 반짝이는 고기비늘(鱗)에서 유래했다는 사실을 알고 보면 더욱 흥미롭다. 호수 둘레는 400m 정도이며, 산책로가 정비돼 있어 느긋하게 돌아보기에 좋다.
전설에 따르면 원래 이곳엔 거대한 호수가 있었으나, 유후 산 由布岳의 여신 우나구히메 ウナグヒメ(p.223)가 호수의 물을 빼 지금의 유후인을 만들었다고 전해진다. 당시 호수에 살던 용이 태양신 아마테라스 오미카미 天照大神에게 자신이 머물 작은 연못만 내주면 항상 맑은 물을 샘솟게 해 이 땅이 영원히 번영토록 하겠다고 애원해 지금의 킨린 호수가 생겨났다고 한다. 실제로 호수 한편에는 아마테라스 오미카미를 모시는 텐소 신사 天祖神社가 있으며, 그 밑으로 항상 맑은 물이 샘솟아 주민들의 식수원으로 이용됐다.
호숫가에는 호수가 한눈에 들어오는 멋진 풍경의 카페 라 루쉬 (p.231), 현지인들이 이용하는 소박한 노천온천 시탄유(p.224)도 있다.

03 湯布院フローラルビレッジ ★★★★☆
유후인 플로랄 빌리지

발음 유후인후로–라루비렛지 **개관** 09:30~17:00 **휴업** 부정기적
요금 무료 **홈피** https://floral-village.com **지도** MAP 15-A4
교통 JR 유후인 由布院 역에서 도보 22분. 유노츠보 상점가 중간쯤에 있다.
구글맵 QR 코드 스캔·터치
부엉이의 숲 **요금** 900엔, 12세 이하 600엔
체셔 고양이의 숲 **요금** 900엔, 12세 이하 600엔

유노츠보 상점가 한복판에 위치한 초미니 테마파크.
〈해리 포터〉의 촬영지인 영국의 코츠월드 Cotswold를 테마로 꾸민 이국적 풍경이 눈길을 끈다. 동화 속 마을처럼 앙증맞게 꾸민 거리에 조그만 집들이 옹기종기 모여 있는데, 내부를 피터 래빗 · 무민 · 알프스의 소녀 하이디 · 토토로 · 마녀 배달부 키키 등 유명 애니의 캐릭터 굿즈 숍으로 꾸며놓아 한 집 한 집 구경하는 재미가 쏠쏠하다. 상점가 한가운데에는 해리포터 망토를 두르고 귀여운 부엉이들과 기념사진을 찍는 부엉이의 숲 フクロウの森도 있다. 애묘인이라면 수십 마리의 벵갈 고양이와 오붓한 시간을 보낼 수 있는 고양이 카페 체셔 고양이의 숲 チェシャ猫の森에 잠시 들러봐도 좋다.
테마파크 곳곳엔 오리 · 염소에게 직접 먹이를 주며 노는 미니 동물원, 지친 다리를 잠시 쉬어갈 수 있는 족탕도 있다. 규모가 작아 1시간 정도면 충분히 돌아볼 수 있다.

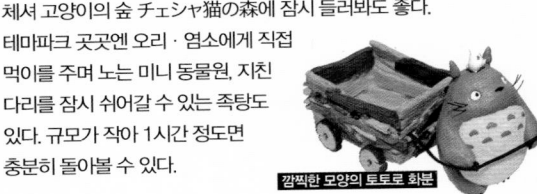

1 검은 고양이 지지가 지키는 키키의 베이커리.
2 · 3 알프스의 소녀 하이디 굿즈 숍도 있다.

깜찍한 모양의 토토로 화분

 구글맵

★★☆☆☆
トリック3Dアート湯布院 트릭 3D 아트 유후인

발음 토릿꾸스리디아-토유후인
개관 10:00~17:00
요금 1,000엔, 3세 이하 무료
홈피 www.trick3dart-yufuin.com
지도 MAP 15-B4
교통 JR 유후인 由布院 역에서 도보 16분.
구글맵 QR 코드 스캔·터치

착시현상을 불러일으키는 기묘한 그림 20여 점이 전시된 미술관. 벽과 바닥에 그린 평범한 그림이지만 특정 위치에서 보면 신기하리만치 완벽하게 입체로 보인다. 우리에게도 친숙한 서양 명화와 동물을 테마로 그린 코믹한 그림이 재미난 기념사진을 만들어준다.

재미삼아 들르기에 적당한 소규모 미술관이다.

★★☆☆☆
JR 由布院駅 JR 유후인 역

발음 제-아루유후인에끼 **지도** MAP 15-C2
교통 JR 유후인 由布院 역 하차.
구글맵 QR 코드 스캔·터치
유후인 역 아트홀 **개관** 08:30~19:00 **요금** 무료
족탕 **운영** 09:00~17:00 **요금** 300엔, 초등학생 이하 100엔
※수건 포함. 이용권은 유후인 역 매표소에서 판매.

예술적 감성이 담뿍 느껴지는 조그만 기차역. 로스앤젤레스 현대미술관을 설계한 유명 건축가 이소자키 아라타 磯崎新(1931~)의 작품으로 예술의 마을이란 이미지를 살리고자 역 구내에 다채로운 전시회가 열리는 아트홀을 꾸며 놓았다. 햇살이 쏟아져 들어오는 높이 12m의 천장이 탁 트인 개방감을 선사하며, 영화제 기간(8월 셋째 또는 넷째 수요일부터 5일간)에는 역 일대가 근사한 야외 영화관으로 변신한다. 온천마을답게 1번 플랫폼에는 지친 다리를 쉬어갈 수 있는 조그만 족탕 あし湯도 있다.

★★☆☆☆
九州自動車歴史館 규슈 자동차 역사관

발음 큐-슈-지도-샤렉시깐
개관 09:30~16:30, 토·일·공휴일 09:30~17:00
휴관 1~2월의 목요일
요금 1,000엔, 초등학생 이하 400엔
지도 MAP 15-A4
교통 JR 유후인 由布院 역에서 도보 26분.
구글맵 QR 코드 스캔·터치

1900년대에 생산된 클래식카 70여 대를 소장·전시하는 박물관. 규모가 작고 시설도 허름하지만 1909년식 포드-T, 1929년식 롤스로이스, 1933년식 목탄차, 1959년식 링컨 리무진, 1950년대의 군용 지프 등 클래식카 마니아가 열광할 여러 차종을 전시한다. 다소 생뚱맞지만 입구에는 세스나기와 철인 28호의 특대 사이즈 모형도 놓여 있다.

1 박물관 입구에 놓인 아톰 삼륜차.
2 클래식카 마니아라면 잠시 들러볼 만하다.

観光辻馬車 관광마차 ★★☆☆☆

발음 칸꼬츠지바샤
운행 3~11월 09:30~16:00, 12월 09:30~14:30 ※30~60분 간격 운행
운휴 1~2월, 악천후시 요금 2,500엔, 초등학생 이하 1,800엔
교통 JR 유후인 由布院 역 바로 앞에서 출발.
구글맵 QR 코드 스캔 · 터치

1974년 운행을 개시한 유후인의 명물. 유후인 역→붓산지 佛山寺→우나구히메 신사→유후인 역을 일주하는(1시간 소요) 정원 10명의 조그만 마차다. 경쾌한 말발굽 소리와 함께 느릿느릿 움직여 주변 풍경을 감상하며 한적한 유후인의 분위기를 만끽할 수 있다. 티켓은 유후인 역 오른쪽에 있는 관광 인포메이션 센터에서 선착순으로 판매한다.

由布院ステンドグラス美術館 유후인 스테인드글라스 미술관 ★★☆☆☆

발음 유후인스텐도구라스비쥬쯔깐
개관 09:00~17:00
지도 MAP 15-C4
요금 1,000엔, 중학생 이하 500엔
홈피 www.yufuin-sg-museum.jp
교통 JR 유후인 由布院 역에서 도보 22분.
구글맵 QR 코드 스캔 · 터치

1800년대부터 수집한 스테인드글라스 작품을 전시하는 미술관. 소장품 가운데는 서양인의 눈에 비친 일본의 모습을 묘사한 것처럼 독특한 작품도 있다. 미술관은 스테인드글라스를 중심으로 에밀 갈레의 유리 공예품 · 회화를 전시하는 닐즈 하우스와 고풍스러운 영국 건축양식의 성 로버트 교회로 이루어져 있다. 교회는 모든 자재를 영국에서 들여다 지은 것으로 기와 · 지붕은 180년 전에 제작된 골동품이다. 직접 스테인드글라스를 만들어 보는 체험 공방도 운영한다(1시간 30분~, 1,500엔~).

湯布院昭和館 유후인쇼와관 ★★☆☆☆

발음 유후인쇼와깐 개관 09:00~17:00
요금 1,400엔, 고등학생 1,000엔, 중학생 800엔, 초등학생 이하 500엔
홈피 www.syowakan.jp 지도 MAP 15-A4
교통 JR 유후인 由布院 역에서 도보 24분. 유노츠보 상점가 끝쪽에 있다.
구글맵 QR 코드 스캔 · 터치

1950~1960년대 일본의 풍경을 재현한 미니 전시관. 당시는 전후(戰後) 국가부흥을 기치로 산업화가 진행되며 사회에 활기를 불어넣던 시기로 우리나라의 1970년대와 비슷한 분위기다. 내부는 상점가 · 사진관 · 목욕탕 · 민가 · 학교 등 70여 년 전의 모습을 고스란히 재현한 24개의 전시실로 이루어져 있다. 당시 사용하던 손때 묻은 물건들이 현장감을 더한다.

1 70여 년 전의 모습이 재현된 유후인쇼와관
2 우리에게도 낯설지 않은 골동품이 전시돼 있다.

 구글맵

유후 산을 등반하기 좋은 시기는 봄~가을이다.

由 布岳 유후 산 ★★☆☆☆

발음 유후다께
교통 유후인에키마에 버스 센터(MAP 15-B2)에서 벳푸 別府 방면 버스를 타고 유후토잔구치 由布登山口(16분, 430엔) 하차. 버스 운행 간격이 뜸하니 정류장에서 시각표를 확인하고 등반 계획을 세우는 게 안전하다.
구글맵 QR 코드 스캔·터치

유후인 일대를 굽어보는 해발 1,583m의 활화산. 정상 부분이 동쪽 봉우리 東峰와 서쪽 봉우리 西峰 두 개로 나뉘어 있어 전체적인 모습이 말의 귀처럼 보인다. 오랜 옛날부터 신들이 사는 산으로 숭앙 받아왔으며 중세에는 산악불교의 영지로 명성을 떨쳤다. 지금은 아소 국립공원의 일부로 지정돼 있다. 정상에서는 유후인은 물론 벳푸까지도 한눈에 들어온다. 정상까지 오르는 데는 2~3시간이 걸린다. 서쪽 봉우리는 코스가 무척 험하니 가벼운 등반이 목적이라면 동쪽 봉우리로 오르는 게 안전하다.

宇 奈岐日女神社 우나구히메 신사 ★☆☆☆☆

발음 우나구히메진쟈 개관 일출~일몰 요금 무료 지도 MAP 15-D4
교통 JR 유후인 由布院 역에서 도보 26분. 구글맵 QR 코드 스캔·터치

2,000여 년의 역사를 간직한 유서 깊은 신사. 유후다케의 여신 우나구히메 ウナグヒメ(p.219) 또는 킨린 호수에 사는 장어(우나기 ウナギ)의 정령을 모시고자 세운 것으로 알려져 있다. 때문에 우나기히메 신사라고도 부른다. 찾는 이가 드물어 고즈넉한 분위기를 만끽할 수 있기에 조용히 산책삼아 다녀오기에 좋다. 배전을 바라볼 때 오른편에 있는 세 개의 거대한 나무 밑동은 태풍으로 쓰러진 신사의 신목(神木)이다.

1 · 2 유후인의 탄생 전설을 간직한 유서 깊은 신사다.

大 杵社 오고 신사 ★☆☆☆☆

발음 오-고샤 개관 일출~일몰 요금 무료 지도 MAP 15-D3
교통 JR 유후인 由布院 역에서 도보 30분. 신사에 다다를 즈음 가파른 오르막길이 이어진다.
구글맵 QR 코드 스캔·터치

우나구히메 신사에 딸린 부속 신사. 규모가 작고 관리도 허술해 신사 자체로는 큰 볼거리가 없다. 주목할 것은 경내에 있는 수령 1,000년의 삼나무 거목이다. 천연기념물로 지정된 높이 38m, 둘레 13m의 이 나무는 밑동에 사람이 들어갈 만한 크기의 커다란 구멍이 뚫린 상태로 수차례 화마의 피해를 입었다. 하지만 지금까지도 꿋꿋이 초록빛 잎을 틔우며 강인한 생명력을 뽐내고 있기에 '삼나무의 기'를 받으려는 현지인의 발길이 끊이지 않는다.

유후인 온천 즐기기

Ⓐ JR 유후인 역 족탕
由布院駅あし湯

플랫폼 한편에 위치한 조그만 족탕. 기차를 기다리는 동안 이용하기 좋다.
영업 09:00~17:00
요금 300엔
※수건 포함. 이용권은 유후인 역 매표소에서 판매.
지도 MAP 15-C2
교통 JR 유후인 由布院 역 1번 플랫폼에 위치.

Ⓑ 슈호칸 족탕
秀峰館の足湯

슈호칸 호텔에서 운영하는 무료 족탕. 유후인 산책 도중 잠시 쉬어가기에 적당하다. 수건은 가지고 가야 한다.
영업 24시간
지도 MAP 15-C4
홈피 www.shuhokan.jp
교통 JR 유후인 由布院 역에서 도보 15분.

ⓐ 오토마루온센칸
乙丸温泉館

전형적인 옛날 공중목욕탕. 조그만 욕조 두 개와 몇 개의 수도꼭지가 시설의 전부이며, 샤워기조차 없다. 온천수 자체는 좋지만, 시설이 조금 열악하다.
영업 06:30~22:00
휴업 매월 셋째 목요일
요금 200엔
지도 MAP 15-B3
교통 JR 유후인 由布院 역에서 도보 7분.

ⓑ 유노츠보온센
ゆのつぼ温泉

공중목욕탕 스타일의 조그만 온천. 소박한 일본의 정취를 맛볼 수 있다. 단, 탈의실과 작은 욕조가 시설의 전부다.
영업 10:00~22:00
요금 200엔
지도 MAP 15-B4
교통 JR 유후인 由布院 역에서 도보 19분.

ⓒ 시탄유
下ん湯

킨린 호숫가에 위치한 초가집 모양의 온천. 오리지널 일본식 노천온천이다. 남녀혼탕이며 밖에서 내부가 훤히 들여다보여 어지간한 강심장(?)이 아니고서는 이용하기 힘들 듯.
영업 10:00~20:00
요금 300엔
지도 MAP 15-A5
교통 JR 유후인 由布院 역에서 도보 35분.

ⓓ 유후다케온센
由布岳温泉

레트로한 스타일의 온천. 야트막한 담장 너머로 유후 산이 빼꼼이 올려다보이는 노천온천도 이용 가능하다. 가족탕을 빌려 여럿이 함께 이용해도 좋다.
영업 09:30~18:00
요금 600엔
가족탕 1시간 2,200엔
지도 MAP 15-C4
교통 JR 유후인 由布院 역에서 도보 30분.

ⓔ 쿠아쥬 유후인
クアージュゆふいん

독일식 온천요양시설 콘셉트의 현대적인 온천. 노천온천 · 폭포탕 · 사우나 · 수영장 · 자쿠지를 완비했다. 수영복 대여 가능.
영업 10:00~21:30
휴업 매월 둘째 · 넷째 목요일
요금 온천만 이용 520엔
수영장 · 온천 이용 830엔
지도 MAP 15-C3
교통 JR 유후인 由布院 역에서 도보 10분.

❶ 유후인테이
ゆふいん亭

여관에 딸린 온천 시설. 예스러운 스타일의 일본색 짙은 분위기가 매력이며 규모는 조금 작다. 노천온천 이용 가능.
영업 10:00~16:00
요금 1,000엔, 초등학생 500엔
지도 MAP 15-A3
홈피 https://gloria-g.com/yufuintei
교통 JR 유후인 由布院 역에서 도보 20분.

 구글맵

유후인의 매력은 온천, 특히 '자연과 하나 되는' 노천온천이라 해도 과언이 아니다. 마을 곳곳에 저렴한 공동 온천이 있지만 제대로 즐기려면 료칸에서 운영하는 고급 온천을 선택하는 게 현명하다. 료칸 홈페이지에 실린 사진을 참고로 온천을 선택하는 것도 요령이다.

2 유후인야스하
ゆふいん泰葉

푸른빛이 감도는 이색 온천. 피부가 매끈매끈해지는 보습효과의 온천수가 샘솟는다. 노천온천은 시간제로 운영한다.

영업 10:00~20:00
요금 900엔, 노천온천(50분) 2,300~2,800엔
지도 MAP 15-C2
홈피 www.yasuha.co.jp
교통 JR 유후인 由布院 역에서 도보 35분, 택시 7분.

3 츠카노마
束ノ間

하늘색으로 빛나는 노천온천. 숲에 둘러싸인 널찍하면서도 개방적인 분위기가 훌륭하다.

영업 09:30~18:00
휴업 화·수요일
요금 800엔
지도 MAP 15-C1
홈피 https://tsukanoma.club
교통 JR 유후인 由布院 역에서 도보 40분, 택시 8분.

4 누루카와온센
ぬるかわ温泉

온천 여관에서 운영하는 온천. 아늑한 분위기의 조그만 노천온천을 이용할 수 있다.

영업 08:00~20:00
요금 600엔
지도 MAP 15-A5
홈피 https://hpdsp.jp/nurukawa
교통 JR 유후인 由布院 역에서 도보 28분, 택시 5분.

5 호타루노야도센도
ほたるの宿仙洞

온천여관에 부속된 온천. 널찍한 공간에 시설도 쾌적하다. 노천온천이긴 하지만, 지붕과 벽에 둘러싸여 개방감이 떨어지는 점은 조금 아쉽다.

영업 10:00~16:00
요금 1,000엔
지도 MAP 15-B4
홈피 gloria-g.com/sendo
교통 JR 유후인 由布院 역에서 도보 30분, 택시 5분.

6 야마노호텔 무소엔
山のホテル夢想園

유후인 최대의 노천온천 시설을 갖췄으며, 유후 산이 마주보이는 환상의 뷰로 유명하다. 손님이 많지 않아 호젓하게 이용 가능한 것도 매력이다.

영업 10:00~14:00
요금 1,000엔, 5~12세 700엔
지도 MAP 15-D1
홈피 www.musouen.co.jp
교통 JR 유후인 由布院 역에서 도보 30분, 또는 택시 5분.

7 유후인이요토미
由布院いよとみ

여관에 부속된 온천. 쾌적한 시설이 돋보이며, 널찍한 노천온천도 이용 가능하다.

영업 10:00~15:00
요금 500엔
지도 MAP 15-D3
홈피 www.iyotomi.jp
교통 JR 유후인 由布院 역에서 도보 13분.

8 유후인산스이칸
ゆふいん山水館

대형 호텔에 부속된 온천. 유후 산이 바라보이는 멋진 전망의 노천온천이 매력이다. 규모가 크고 시설도 쾌적하다.

영업 12:00~16:00
요금 1,000엔
지도 MAP 15-C3
홈피 www.sansuikan.co.jp
교통 JR 유후인 由布院 역에서 도보 8분.

9 보쿠죠노이에
牧場の家

세련된 여관에서 운영하는 온천. 다양한 온천시설을 갖췄으며, 유후 산이 바라보이는 멋진 전망의 노천온천도 이용 가능하다. 온천 이용시 예약 필수!

영업 10:00~17:00
요금 600엔~
지도 MAP 15-C3
홈피 ryosoumakibanoie.com
교통 JR 유후인 由布院 역에서 도보 12분.

외국손님 특별메뉴
Boss SP Beef Set

시치린야키와사쿠
七厘焼き和作

★4.4/3.40 미슐랭 맛집으로 소문난 야키니쿠 식당. 특히 한국인에게 인기가 높다. 평소에는 1주일 전, 주말·성수기에는 한 달 전에 예약해야 겨우 자리를 잡을 수 있을 정도다. 예약은 2인 이상만 받으며, 전화·홈페이지로 가능하다. 인기 비결은 오너가 엄선해오는 분고규 豊後牛(오이타 지역의 최상품 와규)의 특수 부위다. 분고규를 판매하는 식당 가운데 최고 등급인 '쵸 頂'를 받았을 만큼 품질관리가 엄격하다. 하얀 눈이 내린 듯 곱게 깔린 마블링의 소고기는 입에서 살살 녹는 부드러운 식감과 고소한 풍미가 입맛을 돋운다. 인기 부위를 조금씩 모둠으로 내주는 세트 메뉴를 선택하는 게 경제적이다. 추천 메뉴는 와규 5종, 채소 3종에 김치·밥·된장국이 포함된 외국손님 특별메뉴 Boss SP Beef Set, 등심·갈비·우설·안창살·토종닭·채소와 김치가 포함된 보스 세트 프리미엄 Boss Set Premium이다.

예산 4,000엔~ 영업 17:00~23:00 휴업 목요일 주소 由布市 湯布院町 川上 3064-4
전화 0977-85-2848 홈피 www.yufuin-wasaku.com 지도 MAP 15-B3
교통 JR 유후인 由布院 역에서 도보 5분.
구글맵 QR 코드 스캔·터치

유후인 버거 하우스
ゆふいんバーガーハウス

★4.5/3.35 유후인 제일의 수제 버거. 발랄한 분위기가 인상적이며, 13개의 좌석을 갖춘 아늑한 산장풍의 실내석과 4인용 테이블 두 개가 놓인 야외석으로 이루어져 있다.
놓치지 말아야 할 메뉴는 양상추·양파·토마토·치즈·베이컨·계란·소고기 패티와 마요네즈·케첩·특제소스·머스터드·마가린을 켜켜이 쌓아 올린 유후인 버거 레귤러 ゆふいんバーガーレギュラー(유후인바가레규라)다. 양이 푸짐해 한 끼 식사로 거뜬하다. 특대 사이즈의 유후인 버거 스페셜 ゆふいんバーガースペシャル(유후인바가스페샤루)은 먹방러의 도전 메뉴로 인기가 높다. 포장지로 햄버거를 감싼 채 살짝 눌러 재료가 빠져나오지 않게 하면 먹기 쉽다. 주문과 동시에 조리하는 까닭에 음식이 나오기까지 15분 이상 걸린다는 사실에 유의하자. 콜라 등의 음료는 자판기에서 구매한다.

유후인 버거 레귤러
ゆふいんバーガーレギュラー

예산 1,300엔~ 영업 11:00~17:00 휴업 부정기적, 인스타그램으로 확인 가능
주소 由布市 湯布院町 川上 2952-3 전화 080-3183-2288
홈피 www.instagram.com/yufuinburgerhouse 지도 MAP 15-B3
교통 JR 유후인 由布院 역에서 도보 7분. 구글맵 QR 코드 스캔·터치

 구글맵

비 스픽
B-Speak

★4.5/3.61 유후인에서 가장 유명한 케이크 숍. 20여 년의 전통을 자랑하며, 특히 한국인에게 인기가 높다. 오픈 시간 전부터 긴 줄이 늘어서는데, 인기 아이템은 오픈 직후 1시간 이내에 매진되니 서둘러 가야 한다.
간판 아이템은 폭신폭신한 케이크 안에 달콤 고소한 생크림을 넣고 김밥처럼 돌돌 만 롤 케이크 피 롤 플레인 P ロール プレーン(피로루푸렌), 그리고 초콜릿 맛 롤 케이크 피 롤 초콜릿 P ロール チョコレート(피로루쵸코레토)이다. 혀를 가볍게 자극하는 상큼한 단맛이라 많이 먹어도 물리지 않는다.
아쉬운 점은 여타 롤 케이크에 비해 생크림의 양이 조금 적다는 것! 잼 · 초콜릿 · 쿠키 · 치즈 케이크 등의 다양한 스위트도 판매하는데 선물이나 기념품으로 추천한다. 케이크 구매시 생크림이 변질되지 않도록 보냉팩을 추가로 구매하는 게 좋다.

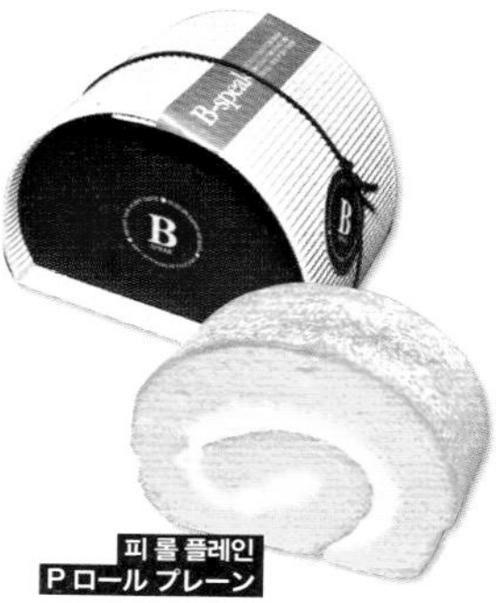

피 롤 플레인
P ロール プレーン

예산 1,700엔~ 영업 10:00~17:00 홈피 www.b-speak.net
휴업 부정기적, 인스타그램으로 확인 가능(www.instagram.com/bspeak_yufuin)
주소 由布市 湯布院町 川上 3040-2 전화 0977-28-2166 구글맵 QR 코드 스캔 · 터치
지도 MAP 15-B3 교통 JR 유후인 由布院 역에서 도보 10분. 유노츠보 상점가 초입에 있다.

사보 텐죠사지키
茶房 天井桟敷

★4.5/3.64 1800년대의 목조건물을 개조해 만든 앤티크한 카페. 2층에 위치해 창가에 앉으면 수풀 사이로 킨린 호수가 내려다보인다. 잔잔히 깔리는 클래식 음악이 운치를 더하며, 예스러운 가구와 장식품이 레트로한 감성을 한껏 뿜어낸다. 다락방처럼 꾸민 서가에는 영화 · 연극 · 음악 관련 고서가 빼곡히 꽂혀 있다.
한 번쯤 맛봐야 할 이곳의 명물은 디저트 몬 유후 モン · ユフ다. 크림치즈에 휘핑크림과 건포도를 얹어 쫀득한 식감을 살림과 동시에 달콤 고소한 맛을 더했다. 음료로는 유러피언 스타일의 진한 향이 감도는 텐죠사지키 블렌드 커피 天井桟敷ブレンド(텐죠사지키부렌도)가 어울린다. 홍차 · 코코아 · 유자 주스 등의 음료는 물론, 샌드위치 같은 가벼운 식사 메뉴도 취급한다. 카페 영업이 끝나면 근사한 바 '야마네코 Yamaneko'(19:00~24:00)로 변신한다.

몬 유후 モン · ユフ

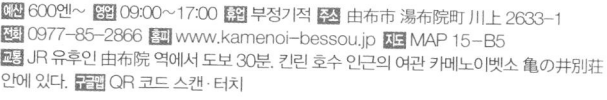

예산 600엔~ 영업 09:00~17:00 휴업 부정기적 주소 由布市 湯布院町 川上 2633-1
전화 0977-85-2866 홈피 www.kamenoi-bessou.jp 지도 MAP 15-B5
교통 JR 유후인 由布院 역에서 도보 30분. 킨린 호수 인근의 여관 카메노이벳소 亀の井別荘 안에 있다. 구글맵 QR 코드 스캔 · 터치

Since 1966

소고기 솥밥
天豊後牛まぶし

유후마부시 신
由布まぶし 心

★4.2/3.49 연일 문전성시를 이루는 식당. 현지인보다 관광객이 즐겨 찾는다. 소고기 · 닭고기 · 장어 솥밥으로 유명한데, 닭고기 · 장어보다 소고기 豊後牛まぶし(분고규마부시)가 먹을 만하다. 먹는 방법이 무척 독특하다. 처음에는 밥과 고기만 먹으며 순수한 맛을 음미한다. 두 번째는 조미료 · 유자 후추를 얹어 맛에 변화를 주며 먹는다. 마지막으로 남은 밥에 따뜻한 다시 국물을 부어 다시챠즈케 だし茶漬け로 먹는다. 길쭉한 접시에 계란말이 · 곤약 · 채소절임 등 다양한 반찬이 모둠으로 나오는 것도 특징이다. 유후인 역 앞에도 분점이 있다.

예산 3,000엔~
영업 10:30~17:30
주소 由布市 湯布院町 川上 1492-1
전화 0977-85-7880
홈피 https://yufumabushi-shin.com
지도 MAP 15-A5
교통 JR 유후인 由布院 역에서 도보 30분.
구글맵 QR 코드 스캔 · 터치

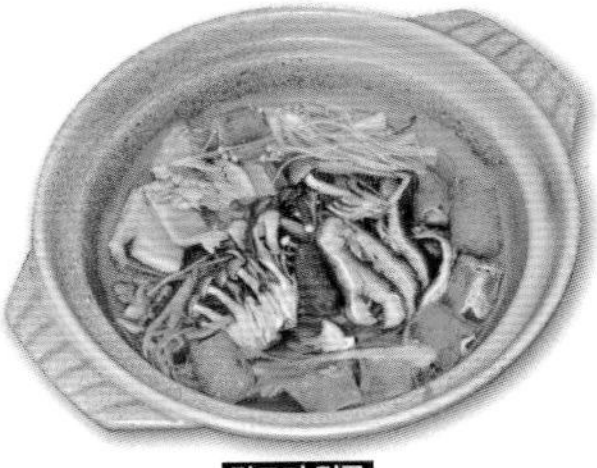

닭고기 전골
地鶏鍋

캇포사토
割烹サトウ

★4.1/3.01 소박한 향토요리 전문점. 창업 당시의 모습을 간직한 예스러운 분위기가 인상적이다. 전통의 맛을 이어온 닭고기 전골 地鶏鍋(지도리나베, 2인 이상 주문 가능)이 대표 메뉴다. 싱싱한 토종닭과 유후인에서 키운 신선한 채소, 매일 아침 들여오는 두부로 만든 담백하면서도 감칠맛 넘치는 국물이 입맛을 당기게 한다. 국물이 끓기 시작하면 닭고기를 먼저 넣고, 우엉 · 버섯 등의 질긴 재료와 배추 · 두부 · 면 등의 부드러운 재료를 차례로 넣어 푹 익혀 먹는다. 마무리로 죽 〆の雑炊(시메노조스이)을 끓여 먹어도 맛있다.

예산 2인 5,000엔~
영업 11:00~14:00, 16:00~21:00
휴업 화요일
주소 由布市 湯布院町 川上 2955-18
전화 0977-84-3414
홈피 www.kappou-sato.co.jp
지도 MAP 15-B3
교통 JR 유후인 由布院 역에서 도보 12분.
구글맵 QR 코드 스캔 · 터치

자루소바 쥬와리
ざるそば(十割)

하나노소바
花野そば

★4.1/3.33 고즈넉한 분위기의 소바집. 주택가 한복판에 있어 눈에 잘 띄지 않지만, 소문을 듣고 찾아오는 이들로 연일 문전성시를 이룬다. 더구나 영업시간이 짧아 오픈런은 필수다. 반드시 맛봐야 할 메뉴는 100% 메밀로 만든 자루소바 쥬와리 ざるそば(十割). 툭툭 끊어지는 특유의 식감과 구수한 맛이 일품이다. 쯔유에 생와사비를 갈아 넣으면 상큼한 풍미가 한결 살아난다. 달콤 짭조름한 소스를 넣어서 구운 촉촉한 계란말이 玉子焼き(타마고야키)도 놓치면 후회할 명물이다. 기름기 좔좔 흐르는 따뜻한 밥으로 만든 주먹밥 おにぎり(오니기리)을 곁들여 먹으면 더욱 맛있다.

예산 1,000엔~ 영업 11:00~15:00
주소 由布市 湯布院町 川上 2715-4
전화 0977-84-2008 지도 MAP 15-B4
교통 JR 유후인 由布院 역에서 도보 20분.
구글맵 QR 코드 스캔 · 터치

구글맵

코하루우동
こはるうどん

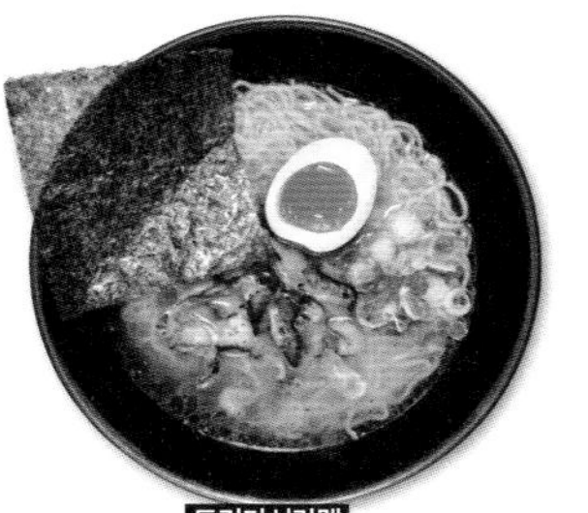

토리다시라멘
鶏だしラーメン

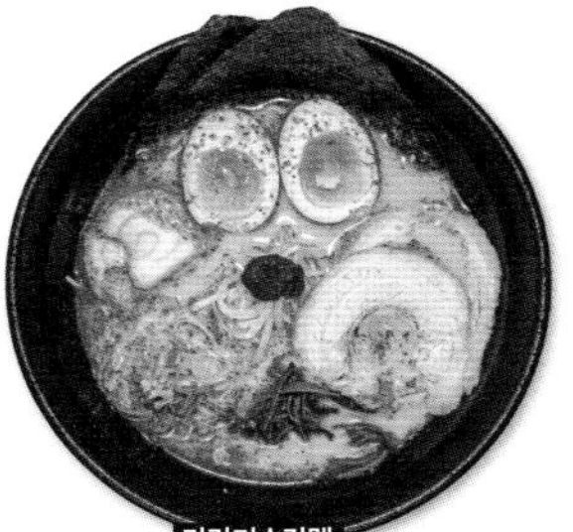

카라미소라멘
辛味噌ラーメン

코하루우동
こはるうどん

★4.1/3.09 한국인이 즐겨 찾는 우동집. 주요 명소에서 가깝고 음식 가격도 착해 오픈 전부터 사람이 몰려든다. 11:00 오픈이지만 그 전부터 번호표를 나눠준다. 도착하자마자 안으로 들어가 계산대에 비치된 번호표를 받은 다음, 인원수를 적고 기다린다. 보통 15개 팀 기준 대기시간 30분 정도를 예상하면 된다.
대표 메뉴는 진한 카츠오부시 국물에 새우 · 소고기 · 표고버섯 · 팽이버섯 · 어묵 · 계란 · 유부 등 푸짐한 고명을 얹은 코하루우동 こはるうどん이다. 푹 퍼진 하카타우동과 달리 우리 입에 익숙한 쫄깃한 식감이 매력이다. 테이블에 비치된 고춧가루를 듬뿍 뿌려 얼큰하게 먹어도 좋다.

예산 800엔~ 영업 11:00~14:30
주소 由布市 湯布院町 川上 1476
전화 0977-84-2412 지도 MAP 15-A4
교통 JR 유후인 由布院 역에서 도보 24분.
구글맵 QR 코드 스캔 · 터치

후쿠스케
福助

★4.3/3.11 입에 착착 감기는 담백한 국물의 라면. 자리가 10여 개에 불과한 조그만 가게라 식사 시간에는 상당히 붐빈다. 더구나 국물이 떨어지면 바로 영업을 마치니 주의!
추천 메뉴는 토리다시라멘 鶏だしラーメン이다. 토종닭으로 우려낸 담백한 국물과 쫄깃한 면발이 멋진 조화를 이룬다. 얼큰한 국물의 토리카라라멘 鶏辛ラーメン, 아삭한 숙주를 듬뿍 얹은 모야시라멘 もやしラーメン도 맛있다.
김가루 · 구운 마늘 · 계란지단을 토핑한 밥을 라면 국물에 말아먹는 카에메시 替えめし도 별미다. 라멘과 세트로 주문하는 것도 가능하다.

예산 900엔~
영업 11:30~14:00, 18:30~21:00
휴업 수요일
주소 由布市 湯布院町 川上 3052-3
전화 0977-85-3536
지도 MAP 15-B3
교통 JR 유후인 由布院 역에서 도보 7분.
구글맵 QR 코드 스캔 · 터치

라멘 사무라이
ラーメン 侍

★4.7/3.07 얼큰한 국물의 라멘집. 유후인에서 매운 음식을 파는 거의 유일한 식당이라 매콤한 입맛에 길들여진 외국인 여행자에게 특히 인기다.
대표 메뉴는 카라미소라멘 辛味噌ラーメン. 차슈 두 장과 계란 · 목이버섯 · 어묵 · 숙주 · 김 등 푸짐한 고명을 얹어주기 때문에 한 끼 식사로 든든하다. 고추기름과 고추장을 넉넉히 사용해 느끼한 음식에 물렸을 때 먹기에도 좋다. 테이블마다 비치된 간 마늘을 서너 스푼 국물에 풀면 한결 개운한 맛으로 즐길 수 있다.
김치 キムチ(키무치), 공기밥 ごはん(고항), 볶음밥 炒飯(차항), 군만두 餃子(교자)를 추가해 먹어도 좋다.

예산 1,000엔~ 영업 10:30~21:00
주소 由布市 湯布院町 川上 3056-1
전화 0977-76-5232
지도 MAP 15-B3
교통 JR 유후인 由布院 역에서 도보 5분.
구글맵 QR 코드 스캔 · 터치

Since 1986

금상 크로켓 본점
金賞コロッケ本店

★3.8/3.42 유후인의 명물 크로켓 가게. 1987년 '일본 전국 크로켓 콘테스트'에서 금상을 받으며 일약 스타덤에 올랐다. 지금의 가게 이름도 거기서 유래한 것.
겉은 바삭하고 속은 촉촉하게 튀긴 크로켓 コロッケ(코롯케)은 금상 · 게크림 · 닭고기 · 치즈 · 감자 · 카레 등 9가지 맛이 있다. 가장 인기가 높은 것은 콘테스트 당시 금상을 받은 금상 크로켓 金賞コロッケ(킨쇼코롯케)이다. 간식으로 먹기 좋으며, 콜라 · 사이다 또는 맥주와 함께 먹으면 더욱 맛있다. 유노츠보 상점가 중간에도 분점(MAP 15-B4)이 있다.

예산 200엔~
영업 09:00~17:30
휴업 부정기적
주소 由布市 湯布院町 川上 1481-7
전화 0977-85-3053
지도 MAP 15-A4
교통 JR 유후인 由布院 역에서 도보 25분. 킨린 호수 근처에 있다.
구글맵 QR 코드 스캔 · 터치

유후인 밀히
由布院 MILCH

★4.4/3.57 달콤한 향이 후각을 자극하는 스위트 숍. 독일어로 우유를 뜻하는 '밀히 Milch'란 이름에서 미루어 짐작할 수 있듯 100% 유후인 산(産) 우유를 재료로 만든 다양한 스위트를 선보인다.
인기 절정의 아이템은 갓 구운 치즈 케이크 焼きたてケーゼクーヘン(야키타테케제쿠헨). 촉촉하면서도 고소한 맛이 일품이다. 산뜻한 단맛에 고소한 풍미를 더한 밀크 푸딩 ミルヒプディング(미루히푸딩구)도 맛있다. JR 유후인 역에서 도보 1분 거리에는 도넛 · 케이크를 파는 카페를 겸한 분점도 있다(MAP 15-B2).

예산 300엔~
영업 10:30~17:30
휴업 부정기적
주소 由布市 湯布院町 川上 3015-1
전화 0977-28-2800
홈피 www.milch-japan.co.jp
지도 MAP 15-A3
교통 JR 유후인 由布院 역에서 도보 15분.
구글맵 QR 코드 스캔 · 터치

니코 도넛
NICO ドーナツ

★4.2/3.11 건강한 맛을 추구하는 도넛 전문점. 유후인에서 재배한 콩과 16가지 곡물로 만든 도넛 ドーナツ(도나츠)은 겉은 바삭하고 속은 촉촉한 식감이 특징이다. 최소한의 단맛만 살려 혀끝에서 은은히 감도는 달콤함도 놓치기 힘든 매력!
코코아 · 시나몬 · 메이플 넛츠 · 초콜릿 · 에스프레소 등 13가지 맛의 도넛을 취급하며, 쇼케이스에 진열된 것을 직접 보고 고르는 방식이라 이용하기 쉽다. 2층에는 도넛과 함께 커피 등의 음료를 즐길 수 있는 아늑한 카페도 있다. 폐점 한두 시간 전에는 재고가 바닥날 가능성이 높다는 점에 유의하자.

예산 200엔~ 영업 10:00~17:00
휴업 목요일, 연말연시
주소 由布市 湯布院町 川上 3056-13
전화 0977-84-2419
홈피 www.nico-shop.jp
지도 MAP 15-B3
교통 JR 유후인 由布院 역에서 도보 5분.
구글맵 QR 코드 스캔 · 터치

 구글맵

카페라테
カフェラテ

카페 라 루쉬
CAFE LA RUCHE

★4.3/3.51 멋진 뷰를 자랑하는 카페. 노천 테이블에 앉아 킨린 호수가 그려내는 수채화 같은 풍경을 감상할 수 있어 인기가 높다. 가을~봄의 이른 아침 물안개가 아스라이 피어오를 때의 풍경이 특히 아름답다. 자리부터 잡고 음료는 나중에 셀프로 주문한다. 커피 등의 음료는 물론 크루아상 · 토스트 같은 가벼운 먹거리도 판매한다.
09:00~10:30에는 토스트 · 크루아상 · 계란 · 샐러드에 음료가 포함된 브랙퍼스트 La Ruche Breakfast, 10:30~16:30에는 타르트 · 계란 샌드위치 등의 식사 메뉴도 선보인다.

예산 500엔~ 영업 09:00~16:30
휴업 수요일
주소 由布市 湯布院町 川上岳本 1592-1
전화 0977-28-8500
홈피 https://cafelaruche.jp
지도 MAP 15-A5
교통 JR 유후인 由布院 역에서 도보 30분. / JR 유후인 역에서 택시 5분.
구글맵 QR 코드 스캔 · 터치

스누피 마시멜로 맛차라테
スヌーピーのマシュマロ
抹茶ラテ

스누피챠야
SNOOPY茶屋

★4.1/3.33 스누피 테마 카페. 대형 벽화와 오리지널 일러스트로 꾸민 앙증맞은 인테리어가 눈길을 사로잡는다. 스누피 덕후와 자녀를 동반한 가족에게 인기가 높아 자리 잡기가 만만치 않다. 손님이 많을 때는 입구의 키오스크에서 번호표를 받고 기다린다. 귀여운 스누피 마시멜로를 동동 띄운 맛차라테 · 카페라테 · 밀크티 スヌーピーのマシュマロ カフェラテ · 抹茶ラテ · ミルクティー가 간판 메뉴다. 스누피 · 우드스톡 모양의 오므라이스 · 카레라이스 등 식사 메뉴도 판매한다. 스누피가 그려진 단팥빵 どらやき(도라야키)은 테이크아웃 메뉴로 인기다.

예산 1,000엔~ 영업 10:00~17:00, 12~2월 10:00~16:30
주소 湯布院市 湯布院町 川上 1540-2
전화 0977-75-8780
홈피 www.snoopychaya.jp
지도 MAP 15-A4
교통 JR 유후인 由布院 역에서 도보 25분. 킨린 호수 근처에 있다.
구글맵 QR 코드 스캔 · 터치

미피 단팥빵
みっふぃーあんぱん

미피 모리노베이커리
みっふぃー森のべーかりー

★4.2/3.04 깜찍한 미피 테마 카페. 1층 베이커리 · 기념품 숍 (p.233), 2층 셀프 서비스 카페로 이루어져 있다. 미피 인형 · 액자 · 벽화로 꾸민 카페에서 재미난 인증샷을 찍을 수 있어 미피 덕후와 자녀를 동반한 가족 여행자에게 인기가 높다. 빵과 음료는 1층에서 구매한다. 인기 메뉴는 미피 모양의 미피 단팥빵 みっふぃーあんぱん(밋휘앙팡), 1일 40개만 한정판매하는 미피 데니쉬 식빵 みっふぃーデニッシュ食パン(밋휘데닛슈쇼쿠팡)이다. 미피 얼굴을 그려주는 깜찍한 모양의 카페라테 カフェラテ도 주문 가능하다.

예산 300엔~ 영업 09:30~17:30, 12~2월 09:30~17:00
주소 由布市 湯布院町 川上 1503-8
전화 0977-76-5960
홈피 https://miffykitchenbakery.jp
지도 MAP 15-A4
교통 JR 유후인 由布院 역에서 도보 25분. 킨린 호수 근처에 있다.
구글맵 QR 코드 스캔 · 터치

1 걸리버 여행기의 소인국을 연상시키는 조그만 건물.
2 20~30대 여성을 겨냥한 깜찍한 아이템이 많다.

유후인 플로랄 빌리지
湯布院フローラルビレッジ

고작 19개의 숍이 입점한 작은 규모지만 동화 속 마을처럼 꾸민 로맨틱한 분위기가 이채롭다. 주요 아이템은 인기 애니 캐릭터를 테마로 만든 인테리어 소품과 생활잡화다. 상품이 풍부하진 않지만 소소한 선물 · 기념품을 장만하기에는 문제가 없다.
눈에 띄는 숍은 미니카 · 앤티크 시계 · 가죽제품 · 영국풍 잡화를 취급하는 더 하이드아웃 The Hideout, 〈피터 래빗〉 캐릭터 숍 더 래빗 The Rabbit, 스튜디오 지브리의 애니 〈마녀배달부 키키〉 테마 숍 키키스 베이커리 Kiki's Bakery, 〈알프스의 소녀 하이디〉 테마 숍 알프스의 소녀 하이디의 샘 アルプスの少女ハイジの泉 등이다.

영업 09:30~17:00 휴업 부정기적
주소 由布市 湯布院町 川上 1503-3 전화 0977-85-5132
홈피 http://floral-village.com 지도 MAP 15-A4
교통 JR 유후인 由布院 역에서 도보 22분.
구글맵 QR 코드 스캔 · 터치

히노신
日乃新

아이템이 풍부한 기념품점. 과자 · 절임반찬 같은 유후인 지역 특산품, 소박한 디자인의 도기 · 나무수저 · 인형, 마유(馬油) 비누 · 화장수, 지역 소주 · 사케 등 다양한 상품을 판매해 선물이나 기념품을 장만하기에 좋다.
JR 유후인 역과 버스 터미널 바로 옆이라 기차 · 버스를 기다리는 동안 쇼핑을 즐기기에도 편리하다.

영업 09:00~17:00
주소 由布市 湯布院町 川北 3-3
전화 0977-84-5515
지도 MAP 15-B2
홈피 www.yufuin-hinoshin.co.jp
교통 JR 유후인 由布院 역을 나오자마자 정면 왼쪽에 있다.
구글맵 QR 코드 스캔 · 터치

유후인 오르골의 숲
由布院オルゴールの森

맑은 음색의 오르골 전문점. 아기자기한 디자인의 아이템이 풍부해 구경하는 것만으로도 재미난다. 직접 소리를 들어보고 구매할 수 있도록 다양한 샘플도 비치해 놓았다.
1층에는 핸드메이드 특유의 섬세함이 돋보이는 유리 공예품 전문점 유리의 숲 ガラスの森 매장이 있다. 앙증맞은 강아지 · 고양이 · 토끼 모양의 유리 인형은 행운의 마스코트로 인기다.

영업 09:30~17:30
주소 由布市 湯布院町 川上 1477-1
전화 0977-85-5015
지도 MAP 15-A5
교통 JR 유후인 由布院 역에서 도보 24분.
구글맵 QR 코드 스캔 · 터치

크래프트관 하치노스
クラフト館蜂の巣

벌집 모양의 독특한 건물이 눈길을 끄는 공예품점. 나무 · 도자기 · 가죽 등 천연소재로 만든 핸드메이드 제품을 취급한다.
주요 아이템은 장난감 · 액세서리 · 식기다. 만든 이의 정성이 오롯이 느껴지는 섬세한 목공예품과 깜찍한 동물 모양의 벽시계, 따스한 질감의 나무그릇 · 수저처럼 유니크한 아이템이 풍부해 선물이나 이색 인테리어 소품을 구매하기에 좋다.

영업 10:00~17:00
주소 由布市 湯布院町 川上 1507-1
전화 0977-84-5850 지도 MAP 15-A3
교통 JR 유후인 由布院 역에서 도보 22분.
구글맵 QR 코드 스캔 · 터치

 구글맵

1 초대형 토토로 인형과 기념사진을 찍어보자.
2 귀여운 인형이나 생활잡화를 구매하기에 좋다.

동구리노모리 どんぐりの森

입구에서 대형 토토로 인형이 손님을 맞이하는 숍. 〈이웃집 토토로〉·〈마녀 배달부 키키〉·〈붉은 돼지〉·〈센과 치히로의 행방불명〉 등 우리에게도 친숙한 아이템이 가득한 스튜디오 지브리의 오피셜 숍이다. 인기 캐릭터가 그려진 오르골·탁상시계·벽시계처럼 아기자기한 상품이 많아 구경하는 재미가 쏠쏠하다. 깜찍한 디자인은 물론 실용성까지 겸비한 문구·침구·인테리어 소품은 특히 20~30대에게 인기가 높다. 일본색 짙은 녹차 컵·퍼즐·풍경은 기념품으로도 강추! 주방용품에 관심 있다면 명품 도자기 브랜드 노리다케에서 제작한 토토로 접시·찻잔도 눈여겨보자.

영업 10:00~17:00
주소 由布市 湯布院町 川上 3019-1
전화 0977-85-4785 지도 MAP 15-A3
교통 JR 유후인 由布院 역에서 도보 14분. 유노츠보 상점가 한복판에 있어 찾기 쉽다.
구글맵 QR 코드 스캔·터치

산리오야
さんりお屋

헬로 키티 마니아의 성지. 예스러운 민가를 리모델링해 만든 숍에는 헬로키티·시나몬롤·폼폼푸린·쿠로미 등 산리오의 인기 캐릭터 굿즈가 가득하다. 오직 여기서만 파는 한정판 아이템을 구매할 수 있는 것도 놓치기 힘든 매력. 아기자기한 디자인의 접시·그릇·머그컵 등의 식기는 기념품·선물로 인기가 높다.

영업 09:00~17:30, 토·일요일·공휴일 09:00~18:00
주소 由布市 湯布院町 川上 3010-1
전화 0977-28-8302
지도 MAP 15-A4
교통 JR 유후인 由布院 역에서 도보 16분.
구글맵 QR 코드 스캔·터치

미피 모리노키친
みっふぃー森のきっちん

깜찍한 매력의 미피 테마 숍. 규모는 작지만 미피 관련 아이템은 무엇이든 취급한다. 앙증맞은 모양의 봉제인형은 물론, 인테리어 소품으로 안성맞춤인 조명, 예쁜 모양의 그릇·머그컵이 추천 아이템. 베이커리에서는 미피 모양의 빵도 판매한다.

영업 09:30~17:30, 12~2월 09:30~17:00
주소 由布市 湯布院町 川上 1503-8
전화 0977-76-5960
홈피 https://miffykitchenbakery.jp
지도 MAP 15-A4
교통 JR 유후인 由布院 역에서 도보 25분. 킨린 호수 근처에 있다.
구글맵 QR 코드 스캔·터치

스누피 빌리지
Snoopy Village

아이템이 풍부한 대형 스누피 테마 숍. 일본의 스누피 굿즈를 모두 모아놓은 스누피챠야 숍, 다양한 캐릭터 초콜릿을 파는 스누피 초콜릿, 우드스톡 테마의 캐릭터 굿즈와 먹거리·음료를 판매하는 우드스톡 네스트 등 3개 숍으로 이루어져 있다.

영업 09:30~17:30, 12~2월 09:30~17:00
주소 由布市 湯布院町 川上 1540-2
전화 0977-75-8790
홈피 www.snoopychaya.jp
지도 MAP 15-A4
교통 JR 유후인 由布院 역에서 도보 25분.
구글맵 QR 코드 스캔·터치

소도시 여행 #8

히타 日田

후쿠오카와 유후인의 중간에 위치한 히타는 인구 6만의 소도시다. 규슈 서부와 동부를 잇는 교통의 요지로 17세기부터 개발이 시작돼 에도 시대가 막을 내릴 때까지 바쿠후 幕府 직할령으로 통치를 받아왔다. 태평양 전쟁의 피해를 거의 입지 않은 덕분에 구시가는 한 세기 전의 고즈넉한 풍경을 변함없이 간직하고 있다. 도시 규모가 작아 두세 시간이면 충분히 돌아볼 수 있으니 유후인에서 당일치기로 다녀오거나 후쿠오카에서 유후인을 오가는 사이에 잠시 들러도 좋다.

마메다마치 상점가

홈피 www.hita-mameda.jp

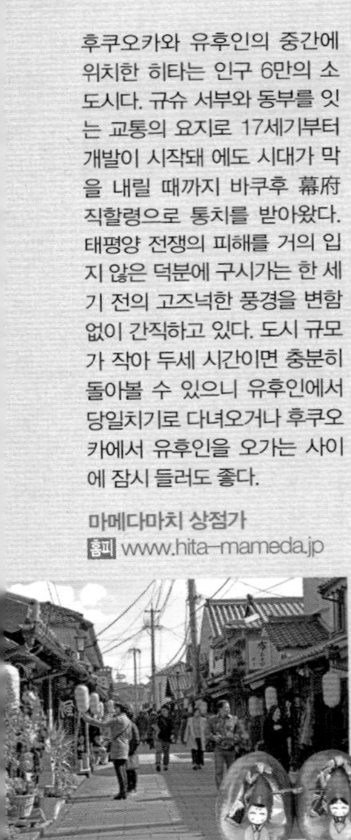

유후인 → 히타

JR 유후인 역에서 히타 日田 역까지 특급·보통 열차를 이용한다. 운행 간격이 뜸하니 미리 열차 시각표를 확인하고 이용하는 게 안전하다.

히타 역은 조그만 시골역이다. 출구를 나와 오른쪽으로 가면 여행 인포메이션 센터가 있으며, 주요 명소가 모인 마메다마치까지는 1㎞ 정도 떨어져 있다(도보 20분). 렌터카 이용시 히타까지는 1시간쯤 걸린다.

유후인 → 히타

특급열차 51분, 2,300엔

보통열차 1시간 10분, 1,300엔

북큐슈 레일 패스 사용 가능

히타 시내교통

시내버스가 운행되지만 노선을 알아보기 힘들고 노선 수도 적어 여행자가 이용할 가능성은 희박하다. 마메다마치까지는 걷거나 택시 또는 인포메이션 센터의 대여 자전거를 이용한다. 거리가 먼 삿포로 맥주 공장까지는 택시 이용이 필수다.

마메다마치

豆田の町並み

흔히 '규슈의 작은 교토 京都'라고 불리는 거리.

1601년 마루야마 성 丸山城을 중심으로 형성된 거주지이며, 당시 모습을 고스란히 간직한 예스러운 건물이 가득해 과거로의 시간 여행을 즐길 수 있다. 거리를 따라 기념품과 지역 특산품을 파는 숍이 모여 있어 이를 구경하는 재미도 쏠쏠하다.

지도 MAP 33-D2

교통 JR 히타 日田 역에서 도보 20분.

히타쇼유 히나고텐

日田醬油 雛御殿

170년의 역사를 뽐내는 간장 가게. 맛 좋은 간장과 국수장국을 판매해 인기가 높다.

영업 09:00~17:00

휴업 1/1

지도 MAP 33-D1

교통 JR 히타 日田 역에서 도보 25분.

쿤쵸 양조장 자료관

薫長酒蔵資料館

1702년에 세워진 양조장. 전통 니혼슈 양조 공정 견학 및 시음, 구매를 할 수 있다.

영업 09:00~16:30

휴업 연말연시, 부정기적

홈피 www.kuncho.com

지도 MAP 33-D2

교통 JR 히타 日田 역에서 도보 25분.

삿포로 맥주 규슈 히타 공장

サッポロビール九州日田工場

삿포로·에비스 맥주의 규슈 공장. 맥주 생산 과정 견학 투어를 운영한다. 예약은 홈페이지에서 하며, 유료 투어(40분, 500엔) 선택시 맥주 시음도 가능하다.

영업 10:00~17:00

휴관 월·화요일, 연말연시

홈피 www.sapporobeer.jp/brewery/kyushuhita

교통 JR 히타 역 택시 10분.

 구글맵

PART 4

BEPPU

別府·벳푸

기초정보

벳푸 퀵 가이드
오이타 국제공항→시내
주변 도시→벳푸

벳푸

AREA 01 벳푸

Quick guide

벳푸 別府

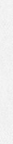

도쿄의 아타미, 홋카이도의 노보리베츠와 더불어 일본의 3대 온천으로 꼽는 벳푸. 오랜 옛날부터 온천 휴양지로 각광 받아온 곳이다. 멀리서 보면 하얀 수증기가 곳곳에서 올라오는 모습이 마치 도시 전체가 부글부글 끓고 있는 듯한 착각에 빠지게 한다. 이 조그만 도시에서 하루에 샘솟는 온천수는 무려 13만 7,000㎘, 그리고 이를 활용한 1만여 개의 온천이 전역에 산재해 있다. 벳푸의 인구는 고작 11만 명에 불과하지만, 온천을 찾는 외지인은 연간 1,300만 명으로 이 도시의 밥줄은 바로 온천에서 얻어지는 엄청난 관광수입이라 해도 과언이 아니다.

인구
11만 2,000명

면적
125km²

4대 명소

우미 지옥	p.250
카마도 지옥	p.251
치노이케 지옥	p.253
칸나와온센 마을	p.249

6대 맛집

토요츠네	p.264
오와다스시	p.264
토요켄	p.265
소무리	p.265
토모나가 빵집	p.267
교자 코게츠	p.267

4대 온천

스기노이 팰리스	p.262
타케가와라온센	p.262
칸나와무시유	p.263
효탄온센	p.263

1Day trip

옵션 1

유후인

p.207

시골마을의 정취가 가득한 온천 휴양지. 볼거리가 풍부하진 않지만 고즈넉한 거리의 풍경을 감상하며 느긋하게 휴식을 취하기에 좋다. 상점가를 따라 즐비한 맛집과 호젓한 풍경 속으로 녹아드는 느낌의 아늑한 노천온천을 이용할 수 있는 것도 놓치기 힘든 매력이다.

특급열차 62분 / 버스 1시간

옵션 2

오이타

p.261

벳푸가 속한 오이타 현 大分県의 교통 · 경제 중심지. 후쿠오카 등 대도시에 비할 바는 아니지만, 이 일대에서 가장 번화한 도시답게 대형 백화점 · 쇼핑센터가 충실하다. 패션 · 인테리어 · 잡화 · 화장품 · 의약품 등 벳푸에서 해소하기 힘든 쇼핑의 아쉬움을 달래기에 좋다.

보통열차 15분

옵션 3

기타큐슈

p.313

후쿠오카 다음 가는 규슈의 경제 · 산업 중심지. 벳푸와 다른 번화한 도시의 멋을 느낄 수 있다. 특히 눈길을 끄는 곳은 20세기 초의 풍경이 고스란히 남겨진 모지코 門司港 지역이다. 번영의 일로를 걷던 100년 전의 모습을 간직한 서양식 건물들이 호기심을 자극한다.

특급열차 1시간 20분 / 버스 3시간

옵션 4

아프리칸 사파리

p.257

1,300여 마리의 동물을 사육하는 동물원. 사자 · 기린 · 캥거루 등 쉬 접하기 힘든 동물들과 만나게 된다. 정글버스를 타거나 직접 차량을 운전해 들어갈 수 있으며, 먹이주기 같은 이색 체험도 가능하다. 벳푸와 유후인 중간에 위치해 유후인으로 이동하는 도중에 들러도 좋다.

버스 46분

옵션 5

시다카 호수

p.255

해발 600m의 고원에 위치한 호수. 번잡한 도심에서 벗어나 초록이 가득한 청정자연을 만끽할 수 있다. 호수에서 보트를 타거나 주변 산책을 즐기며 느긋한 휴식을 즐기기에도 좋다. 해발 1,375m의 츠루미 산에 올라 아름다운 주변 풍경을 감상하는 것도 운치 있다.

버스 30분

소도시 여행!

오이타 국제공항에서 벳푸로

오이타 국제공항은 규모가 작고 구조도 단순해 이용하기 쉽다. 공항에서 벳푸 시내까지의 거리는 약 48㎞이며, 도심을 연결하는 교통편은 공항버스 · 택시 · 렌터카 등이 있다. 택시는 요금이 무척 비싸니 상대적으로 요금이 저렴한 공항버스를 이용하는 게 경제적이다. 공항버스는 입국장 바로 앞에서 출발하며 정류장 안내가 한글로도 나와 이용에 어려움이 없다.

세 줄 요약

오이타 국제공항
국제선과 국내선이 하나의 건물로 붙어 있다. 편의시설은 국내선 쪽에 모여 있다.

공항버스
벳푸키타하마 버스 센터 또는 JR 벳푸 역에서 내리며 소요시간은 48~51분이다.

왕복권 구매
공항버스 티켓은 편도보다 왕복으로 구매하는 게 저렴하다.

오이타 국제공항 大分国際空港

인천 국제공항에서 오이타 국제공항까지 제주항공이 매일 1회 운항한다. 오이타 국제공항은 국제선과 국내선 건물이 하나로 붙어 있으며, 입국장은 1층에 위치한다. 같은 층에는 여행정보를 제공하는 인포메이션 센터 · 편의점 · 렌터카 대여소 등의 편의시설과 누구나 자유로이 이용 가능한 무료 족탕이 있다.

출국장은 건물 밖에서 입국장을 바라볼 때 오른쪽에 위치한다. 항공편 운항 시각에 맞춰 문을 여는데, 편의시설이 무척 빈약하니 기념품 쇼핑은 시내에서 마치고 오거나 입국장과 연결된 국내선 쪽의 매점을 이용하는 게 좋다.

공항버스 空港バス

시내로 들어갈 때는 공항버스를 이용한다. 버스 정류장은 입국장 1층의 출구를 나와 왼쪽으로 조금만 가면 있다. 네 개의 정류장이 있는데 벳푸키타하마 別府北浜 버스 센터(MAP 17-B5)로 가는 버스는 1번 정류장, 벳푸키타하마 버스 센터를 경유해 JR 벳푸 別府 역(MAP 17-C2)까지 가는 버스는 2번 정류장에서 출발한다. 버스 티켓은 자판기에서 판매하며 편도보다 왕복권이 저렴하다. 왕복권은 혼자서 왕복으로 이용하거나 두 명이 편도로 한 장씩 이용해도 된다.

버스 안내방송은 영어 · 일어로 나오며 정차할 정류장의 이름이 모니터에 한글로도 표시돼 이용에 큰 어려움은 없다.

공항버스

오이타 국제공항

홈피 www.oita-airport.jp

오이타 국제공항

공항버스

오이타 국제공항→벳푸키타하마 버스 센터
48분, 편도 1,600엔, 왕복 3,000엔
오이타 국제공항→JR 벳푸 역
53분, 편도 1,600엔, 왕복 3,000엔
산큐 패스 사용 가능

벳푸 → 오이타 국제공항

JR 벳푸 역 동쪽 출구 東口 앞의 정류장 또는 벳푸키타하마 버스 센터 맞은편의 2번 정류장(p.243)에서 공항버스가 출발한다. JR 벳푸 역에서 출발하는 버스는 운행 간격이 뜸해 이용하기 조금 불편하다.

주변 도시에서 벳푸로

후쿠오카 · 유후인 · 기타큐슈 등 주변 도시에서 갈 때는 기차 · 버스 · 렌터카를 모두 이용할 수 있다. 각각 장단점이 있으니 꼼꼼히 비교해보고 편리한 쪽을 선택하자. 일반적으로 운행 편수가 많고 편의시설이 충실한 특급열차의 이용 비율이 높다. 경비를 절약하려면 요금이 저렴한 버스를 이용해도 좋다.

세 줄 요약

후쿠오카 → 벳푸
기차가 빠르고 편리하다. 단, 요금은 버스가 기차보다 절반 정도 저렴하다.

유후인 → 벳푸
갈아타는 불편함이 없고 운행 편수가 많은 버스를 이용하는 게 편리하다.

기타큐슈 → 벳푸
기차가 유리하다. 버스는 요금이 저렴한 대신 운행 편수가 적어 불편하다.

후쿠오카 → 벳푸 福岡→別府

기차 · 버스를 모두 이용할 수 있다. 운행 편수가 많고 속도가 빠른 기차가 편리하지만, 요금은 버스가 절반 정도로 저렴하다.

기차 JR

JR 하카타 博多 역(MAP 7-H3)에서 특급열차 소닉 ソニック이 20~40분 간격으로 운행한다. 기차가 도착하는 곳은 벳푸 동쪽에 위치한 JR 벳푸 別府 역이다.

버스 バス

하카타 버스터미널 博多バスターミナル(MAP 6-A3) 3층의 34번 승강장, 텐진 고속버스 터미널 天神高速バスターミナル(MAP 8-F4) 3층의 5번 승강장에서 벳푸 행 고속버스가 출발한다. 1일 10회 운행하며 하카타 버스터미널→텐진 고속버스 터미널→후쿠오카 국제공항을 경유해 종점인 벳푸키타하마 버스 센터에 도착한다.

렌터카 レンタカー

후쿠오카에서 벳푸까지의 거리는 약 145㎞. 고속도로 경유시 2시간쯤 걸리며 통행료는 승용차 기준 3,670엔이다.

후쿠오카 → 벳푸

특급열차
2시간 10분~2시간 30분, 6,910엔
북큐슈 레일 패스 사용 가능

버스
2시간~2시간 45분, 3,250엔
산큐 패스 사용 가능

벳푸의 역 · 버스 터미널

JR 벳푸 別府 역
1층에 매표소 · 개찰구, 2층에 플랫폼이 있으며 규모가 작아 이용하기 쉽다. 출구는 동쪽 東口과 서쪽 西口 두 개가 있다. 여행정보와 명소 · 온천의 할인권을 제공하는 인포메이션 센터는 동쪽 출구를 나와 오른쪽에 위치한다. 상점가를 비롯한 다운타운은 동쪽 출구를 나가면 바로 앞에 있다(MAP 17-B2).

벳푸키타하마 버스 센터 別府北浜バスセンター
주변 도시를 연결하는 고속버스가 발착하는 곳이다. 규모가 작아 매표소 · 휴게시설을 제외하고는 특별한 편의시설이 없다. 상점가 · 해변에서 가까우며 JR 벳푸 역과는 550m 떨어져 있다(MAP 17-B5).

유후인 → 벳푸

특급열차 1시간, 2,300엔
보통열차 1시간 15분, 1,300엔
북큐슈 레일 패스 사용 가능
버스 1시간, 1,100엔
산큐 패스 사용 가능

유후인→벳푸 由布院→別府

기차보다 버스의 운행 편수가 많고 요금도 저렴하다. 벳푸까지 직행편을 운행하는 버스와 달리 기차는 중간에 갈아타야 해 조금 불편하단 사실도 알아두자.

기차 JR

유후인에서 벳푸까지의 직행열차는 1일 1회밖에 없다. 때문에 JR 오이타 大分 역으로 가서 벳푸 別府 행 열차로 갈아타는 게 일반적이다. 유후인→오이타는 1~2시간 간격, 오이타→벳푸는 10~30분 간격으로 운행하며, 열차가 도착하는 곳은 JR 벳푸 別府 역이다.

벳푸~유후인 보통열차

버스 バス

카메노이 亀の井 36번과 유후린 ゆふりん의 두 개 노선이 운행된다. 소요시간과 요금은 동일하므로 어느 쪽을 선택해도 무방하다. 단, 짐이 많을 때는 시설이 쾌적한 유후린을 이용하는 게 편리하다. 버스는 유후인에키마에 버스 센터(MAP 15-B2)에서 출발한다. 도착하는 곳은 카메노이 36번 버스는 JR 벳푸 역 서쪽 출구 西口(MAP 17-B2)이며, 유후린은 벳푸키타하마 버스 센터(MAP 17-B5)를 경유해 JR 벳푸 역 동쪽 출구 東口 앞(MAP 17-B2)까지 간다.

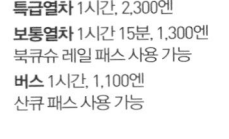

벳푸키타하마 버스 센터

렌터카 レンタカー

유후인에서 벳푸까지의 거리는 약 24km. 11번 국도를 따라 가면 40~50분 걸린다.

기타큐슈 → 벳푸

특급열차
1시간 20분~1시간 40분, 5,190엔
북큐슈 레일 패스 사용 가능
버스
3시간 15분, 4,030엔
산큐 패스 사용 가능

기타큐슈→벳푸 北九州→別府

기차 · 버스를 이용할 수 있다. 편리함과 속도로는 기차가 유리하다. 버스는 시간이 오래 걸리고 운행 편수가 적은 대신 요금이 기차보다 1,000엔 이상 저렴하다.

기차 JR

JR 코쿠라 小倉 역(MAP 26-C4)에서 특급열차 소닉 ソニック과 니치린 にちりん이 20~40분 간격으로 운행한다. 기차가 도착하는 곳은 벳푸 동쪽에 위치한 JR 벳푸 別府 역이다.

버스 バス

JR 코쿠라 역 남쪽 출구 南口 앞의 버스 정류장(MAP 26-C5)에서 나가사키 행 버스를 타고 코소쿠키야마 정류장으로 가서 벳푸 행 버스로 갈아탄다. 내리는 곳은 벳푸키타하마 버스 센터다(MAP 17-B5).

벳푸 행 고속버스

렌터카 レンタカー

기타큐슈에서 벳푸까지의 거리는 약 115km. 고속도로 경유시 1시간 40분 걸리며 통행료는 승용차 기준 3,620엔이다.

벳푸 시내교통

규모가 작은 JR 벳푸 역 주변은 도보로 충분히 돌아볼 수 있다. 그러나 벳푸 역을 제외한 나머지 지역은 도심에서 거리가 멀고 언덕 · 산길을 올라가야 해 대중교통 이용이 필수다. 가장 편리한 교통편은 주요 명소를 거미줄처럼 연결하는 카메노이 버스다. 요금이 은근히 비싸 경제적으로 이용하려면 1일권을 구매하는 게 현명하다.

세 줄 요약

카메노이 버스
여행자의 발과 같은 존재. 벳푸의 주요 명소가 거의 모두 이 버스의 노선상에 있다.

오이타 버스
노선이 적어 이용 가능성이 낮다. 벳푸 외곽의 명소를 찾아갈 때만 한두 번 이용한다.

마이 벳푸 프리
카메노이 버스를 자유로이 이용할 수 있는 1일권. JR 벳푸 역의 인포메이션 센터에서 판매한다.

버스 バス

벳푸에서 버스 이용은 절대적이다. JR 벳푸 역 주변을 제외한 나머지 지역은 도심에서 거리가 멀뿐만 아니라 언덕과 산길로 이루어져 있어 걷는 것 자체가 불가능하기 때문! 버스는 카메노이 버스와 오이타 버스의 두 개 회사에서 운행하며 차량의 색깔과 로고로 구별한다.

카메노이 버스 亀ノ井バス

주요 명소가 거의 모두 카메노이 버스의 노선상에 위치해 이 회사의 버스만 타고 다녀도 무리가 없다. 일반 노선버스는 파란색 차체에 버스 정면에 거북등 모양의 로고가 붙어 있다. 벳푸~유후인 구간을 오가는 쾌속버스 유후린 ゆふりん도 운행하는데, 빨간색 차체에 유후린 마크가 붙어 있어 일반 노선버스와 구별된다. 요금은 노선버스와 동일하지만 시설이 쾌적해 비슷한 구간을 이동할 때는 노선버스보다 유후린을 이용하는 게 좀 더 편리하다.

오이타 버스 大分バス

노선이 한정적이라 여행자가 이용할 가능성은 적다. 카메노이 버스가 운행하지 않는 벳푸 남부의 타카사키야마 자연동물원 · 오이타 마린 팰리스 수족관 우미타마고로 갈 때 이용하는 게 전부라고 봐도 무방하다. 오렌지색 차체에 버스 정면에 별 모양의 로고가 붙어 있어 카메노이 버스와 쉽게 구별된다.

버스

운행 06:30~23:00(노선마다 다름)
요금 1회 170엔~
산큐 패스 사용 가능
카메노이 버스
홈피 www.kamenoibus.com
오이타 버스
홈피 www.oitabus.co.jp

카메노이 버스

오이타 버스

유후린

실전 버스 타기 バス利用

40여 개에 이르는 노선이 거미줄처럼 얽혀 있어 초행자가 이용하기는 조금 까다롭다. 헤매지 않고 이용하려면 오른쪽 페이지의 노선도를 보고 주요 명소를 연결하는 2 · 5 · 7 · 8 · 16 · 16A · 26 · 26A · 36 · 37 · 41번 카메노이 버스, 유후린 버스, AS54 · AS60 · AS71번 오이타 버스의 15개 노선만 기억하면 된다.

버스는 JR 벳푸 역 서쪽 출구 西口와 동쪽 출구 東口, 벳푸키타하마 버스 센터를 기점으로 운행한다. 칸나와온센 방면으로 갈 때는 서쪽 출구, 치노이케 · 타츠마키 지옥 방면으로 갈 때는 동쪽 출구 · 벳푸키타하마 버스 센터를 이용한다.

버스 정류장

버스는 뒷문으로 타고 앞문으로 내린다. 뒷문으로 탈 때 발권기에서 번호가 적힌 정리권 整理券(세이리켄)을 뽑고, 내릴 때 거기 적힌 번호와 운전석 왼쪽 위의 모니터에 표시된 번호가 일치하는 칸의 요금을 낸다(이용법 p.111). 주요 정류장에서는 한국어 안내 방송도 나오는데, 초행자는 정류장을 파악하기 힘드니 미리 운전사에게 내릴 곳을 알려달라고 부탁하는 게 좋다.

버스 1일권, 마이 벳푸 프리 My べっぷ Free

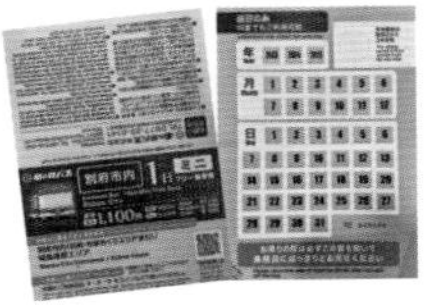

버스 이용의 가장 큰 걸림돌은 만만치 않은 요금이다. 20~30분만 이동해도 요금이 300~400엔을 훌쩍 넘어서는 까닭에 버스를 경제적으로 이용하려면 1일권 '마이 벳푸 프리 My べっぷ Free' 구매가 필수다. 단, 산큐 패스 사용자는 카메노이 버스를 자유로이 탈 수 있으니 구매하지 않아도 된다.

마이 벳푸 프리는 카메노이 버스 전용이라 오이타 버스는 탈 수 없지만, 주요 명소가 대부분 카메노이 버스의 노선상에 있어 이용에 큰 불편은 없다. 사용 구간이 벳푸 시내로 제한되는 미니 프리 ミニフリー와 시외까지 커버하는 와이드 프리 ワイドフリー가 있는데, 시외의 아프리칸 사파리 · 유후인까지 갈 계획이 아니라면 미니 프리로 충분하다.

마이 벳푸 프리는 JR 벳푸 역 동쪽 출구 옆의 인포메이션 센터에서 판매한다. 뒷면에 날짜가 적힌 부분에 은박이 입혀 있는데, 사용하고자 하는 날에 해당하는 부분의 은박을 동전으로 긁어서 벗기면 사용 개시가 된다.

마이 벳푸 프리

마이 벳푸 프리에는 온천 · 관광지에서 사용 가능한 할인권도 포함돼 있다.

미니 프리 1일권
1,100엔, 고등학생 · 중학생 900엔, 초등학생 550엔

미니 프리 2일권
1,700엔, 초등학생 850엔

와이드 프리 1일권
1,800엔, 초등학생 900엔

와이드 프리 2일권
2,800엔, 초등학생 1,400엔

택시 タクシー

택시 요금은 차량의 크기에 따라 다르며 자세한 요금은 운전석 옆에 표시돼 있다. 시간 · 거리 병산제에 심야할증까지 있어 요금이 우리나라보다 비싼데 JR 벳푸 역에서 대표적 명소인 칸나와온센까지의 요금은 2,000엔 정도다. 영어가 잘 통하지 않아 목적지명을 일본어 · 한자로 보여주는 게 좋다. 택시 문은 자동으로 열리고 닫히게 운전석에서 조작하므로 자신이 직접 여닫을 필요는 없다. 벳푸 시내와 주요 관광지를 제외한 지역에서는 택시를 잡기 힘드니 주의하자.

택시

소형차
요금 **기본요금** 1.5㎞ 640엔
추가요금 237m당 60엔

중형차
요금 **기본요금** 1.5㎞ 670엔
추가요금 182m당 60엔

JR 벳푸 역 버스정류장

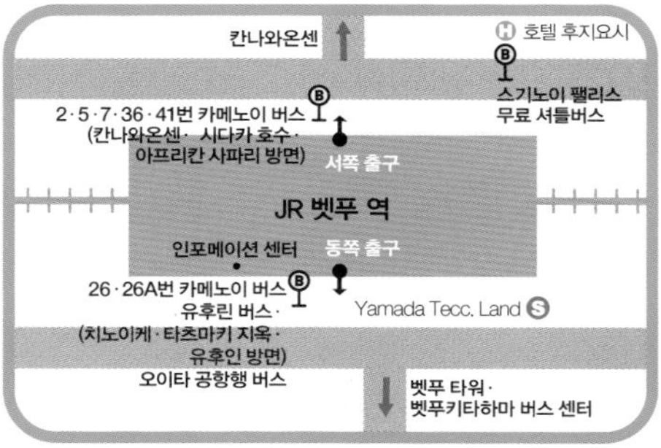

벳푸키타하마 버스 센터

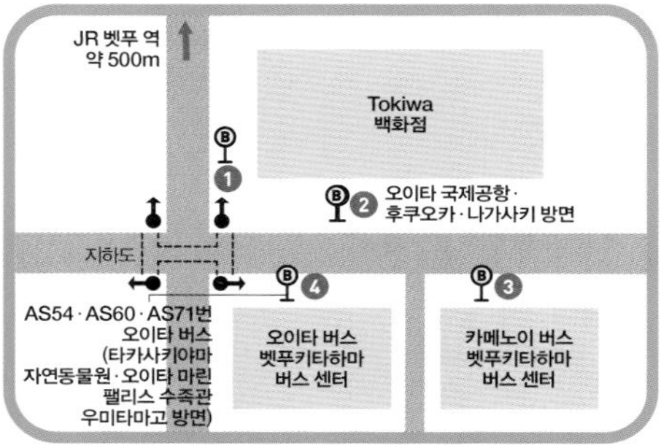

카메노이 버스 주요 노선도

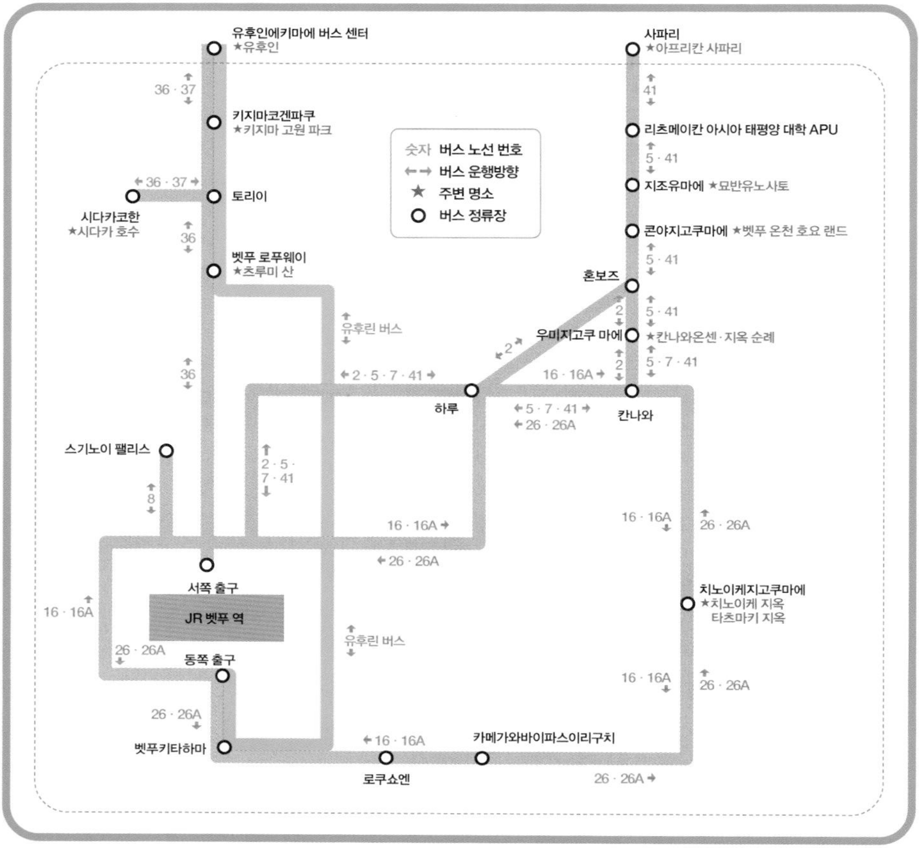

※ 마이 벳푸 미니 프리는 점선 안쪽 구간만 사용가능. 벳푸 프리 와이드는 전체 사용 가능

AREA 01

벳푸
別府

경이로운 대자연의 기운을 온몸으로 체험할 수 있는 곳이다. 사방에서 솟구쳐 오르는 새하얀 수증기와 뜨거운 열기가 온천의 고장 벳푸의 한복판에 서 있음을 실감케 한다. 13세기부터 시작된 온천마을의 역사가 곳곳에 남겨진 거리를 산책하는 재미가 쏠쏠하며, 펄펄 끓는 온천증기에 음식을 쪄먹는 전통요리에 도전해보는 것도 색다른 추억이 된다.

명소 ★★★★☆
맛집 ★★★☆☆
쇼핑 ★☆☆☆☆
유흥 ★★☆☆☆

4대 명소

6대 맛집

4대 온천

best course

#1 벳푸 핵심 일주

이틀 동안 버스를 타고 다니므로 마이 벳푸 프리 미니 2일권을 구매한다. 단, 산큐 패스 소지자는 버스 이용이 무료이므로 구매할 필요가 없다.

예상 소요시간 8시간~

1. JR 벳푸 역

버스 20분

2. 오니이시보즈 지옥 p.252

도보 5분

3. 우미 지옥 · 카마도지옥 p.250 · 251

도보 2분

4. 오니야마 지옥 · 시라이케 지옥 p.250 · 251

도보 3분

5. 칸나와온센 마을 p.249

도보 5분

6. 코코치 카페 무스비노 런치 정식 p.266

버스 7분

7. 치노이케 지옥 · 타츠마키 지옥 p.253

버스 25분

8. 솔 파세오 긴자 상점가 p.260

도보 5분

9. 소무리 햄버그스테이크 p.265

버스 15분

10. 스기노이 팰리스 온천 p.262

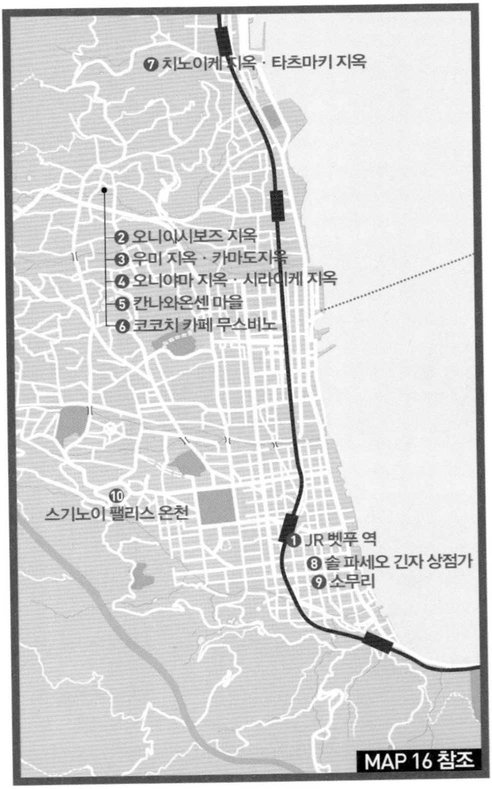

best course

2 벳푸 주변 여행

버스 2일권을 계속 사용한다. 단, 벳푸키타하마 버스 센터→타카사키야마 자연동물원 구간은 2일권이 통용되지 않아 따로 요금을 내야 한다.

예상 소요시간 8시간~

1. JR 벳푸 역

버스 30분

2. 시다카 호수 p.255

버스 5분

3. 츠루미 산 p.254

버스 30분

4. 토요츠네 튀김덮밥 p.264

도보 2분

5. 벳푸 키타하마 버스 센터

버스 10분

6. 타카사키야마 자연동물원 p.256

도보 7분

7. 오이타 마린 팰리스 수족관 우미타마고 p.256

버스 20분

8. 토요켄 닭튀김 p.265

버스 10분~

9. 온천 즐기기 p.262

01 地獄めぐり 지옥 순례 ★★★★★

발음 지고꾸메구리 개관 08:00~17:00
요금 **지옥 1개당** 500엔, **7개 지옥 공통 입장권** 2,400엔
※홈페이지에서 할인권 다운로드 가능
홈피 www.beppu-jigoku.com 지도 MAP 18-B3 · C3
교통 칸나와온센의 5개 지옥으로 갈 때는 JR 벳푸 別府 역 서쪽 출구 西口 앞의 3번 정류장에서 2 · 5 · 7 · 41번 카메노이 버스를 타고 칸나와 鉄輪 하차(20분, 390엔). / 치노이케 · 타츠마키 지옥으로 갈 때는 JR 벳푸 別府 역 동쪽 출구 東口 앞의 정류장에서 26 · 26A번 카메노이 버스를 타고 치노이케지고쿠마에 血の池地獄前 하차(30분, 460엔).
구글맵 QR 코드 스캔 · 터치

벳푸 여행의 대명사로 통하는 명소. 지하 수백 미터 아래에서 솟구쳐 오르는 뜨거운 열탕과 증기가 섬뜩한 지옥의 모습을 연상시킨다고 해서 이름 붙여진 이곳은 일종의 노천온천(=지옥)이다. 활발한 화산활동으로 생성된 크고 작은 분화구가 지하로 촘촘히 연결돼 있으며, 마그마가 끊임없이 열기를 뿜어내는 까닭에 지금 같은 기이한 풍경이 만들어졌다.
각기 다른 형태의 지옥을 차례로 순례(?)할 수 있는데, 우미 · 오니야마 · 카마도 · 시라이케 · 오니이시보즈의 5개 지옥은 칸나와온센에 모여 있고, 치노이케 · 타츠마키의 2개 지옥은 칸나와온센에서 버스로 7분쯤 떨어진 곳에 위치한다(p.250~253).
지옥 순례를 할 때는 7개 지옥을 모두 돌아볼 수 있는 공통입장권을 구매하는 게 편하고 경제적이다.
여름에는 뙤약볕에 온천의 열기가 더해져 한층 더위가 심해지니 되도록 아침 일찍 돌아보는 게 좋다.

1 불지옥을 상징하는 카마도 지옥의 도깨비 석상.
2 열탕에서 진흙 거품이 끓어오르는 오니이시보즈 지옥.

 구글맵

02 鉄輪温泉 칸나와온센 마을 ★★★★☆

발음 칸나와온센 **지도** MAP 18-B4
교통 JR 벳푸 別府 역 서쪽 출구 西口 앞의 3번 정류장에서
2·5·7·41번 카메노이 버스를 타고 칸나와 鉄輪 하차(20분, 390엔).
구글맵 QR 코드 스캔·터치
이데유자카 포켓 파크 **개관** 10:00~17:00 **휴관** 셋째 수요일 **요금** 무료

벳푸 8대 온천 가운데 하나로 꼽히는 마을. 온천 용출량은 일본 최대를 자랑하며 벳푸 원천(源泉)의 절반 가까이가 여기에 집중돼 있다. 13세기의 고승 잇펜 쇼닌 一遍上人이 염불수행 도중 풍부한 수량의 온천을 발견하고 칸나와무시유 등의 온천 치료시설을 만든 것이 마을의 시초라고 전해진다.
마을 중앙을 가로지르는 도로인 이데유자카 いでゆ坂와 그 사이로 거미줄처럼 이어지는 좁은 골목을 따라 걸으면 시간이 정지한 듯 예스러운 풍경과 오랜 역사를 간직한 건물이 차례로 모습을 드러내며 산책의 즐거움을 더한다.
뜨거운 온천증기에 음식을 쪄먹는 지옥 찜가마 공방 칸나와 地獄蒸し工房 鉄輪(p.254), 무료 족탕이 설치된 이데유자카 포켓 파크 いでゆ坂ポケットパーク, 잇펜 쇼닌이 개창한 에이후쿠지 永福寺 등의 명소도 있다. 칸나와무시유 앞의 광장에는 잇펜 쇼닌의 석상이 놓여 있는데, 석상에서 자기 몸의 아픈 부위와 같은 곳에 온천수를 뿌리며 소원을 빌면 몸이 낫는다고 한다.
칸나와무시유 · 효탄온센 · 유메타마테바코 · 시부노유(p.263) 등의 유명 온천이 성업 중이니 잠시 들러 유서 깊은 온천 마을의 정취를 온몸으로 체험해보자.

1 온천을 개발하고 마을을 세운 잇펜 쇼닌의 석상.
2 이데유자카 포켓 파크는 겨울에 특히 강추한다.

지옥 순례 퍼펙트 가이드

1개 지옥 관람에 30분쯤 걸린다. 도보 2~5분 거리에 모여 있는 우미 · 오니야마 · 카마도 · 시라이케 · 오니이시보즈 지옥을 먼저 보고, 치노이케 · 타츠마키 지옥으로 버스를 타고 이동하는 게 일반적인 코스다. 7개 지옥을 모두 보는 게 베스트지만, 시간이 부족하면 '핵심 지옥'인 우미 · 카마도 · 치노이케 3개만 봐도 충분하다.

海地獄 우미 지옥

개관 08:00~17:00 요금 500엔(공통입장권 사용가능) 지도 MAP 18-B2
교통 JR 벳푸 別府 역 서쪽 출구 西口 앞의 3번 정류장에서 2 · 5 · 7 · 41번 카메노이 버스를 타고 우미지고쿠마에 海地獄前 하차(20분, 390엔), 도보 3분. 구글맵 QR 코드 스캔 · 터치

코발트색 바다를 옮겨놓은 듯한 풍경의 지옥. 지옥 순례 코스 가운데 규모가 가장 크다. 지하 200m에서 솟구치는 온천수의 온도는 98℃이며, 이 물로 5분 만에 달걀을 삶아낸다. 온천수가 푸른빛을 띠는 것은 유산철(硫酸鐵) 성분이 녹아있기 때문이다. 1,200년 전 츠루미 산 鶴見岳(p.254)의 폭발로 생성됐으며, 온천 연못 자체가 당시의 분화구다. 연못 너머로는 뜨거운 온천수와 짙은 수증기가 맹렬히 뿜어져 나오는 장관이 펼쳐진다. 붉은색 토리이 鳥居가 줄지어선 언덕을 오르면 우미 지옥 전체가 내려다보이는 전망대와 사업번창 · 가내평안 · 교통안전의 소원을 비는 조그만 신사가 있다. 온천 열기로 운영하는 온실에서는 어린아이가 올라타도 거뜬한 초대형 수련을 키운다.

1 온천수에 삶은 계란은 우미 지옥의 별미로 인기가 높다.
2 푸른 바다처럼 보이는 온천수 연못.

鬼山地獄 오니야마 지옥

개관 08:00~17:00
요금 500엔(공통입장권 사용가능) 지도 MAP 18-B3
교통 JR 벳푸 別府 역 서쪽 출구 西口 앞의 3번 정류장에서 2 · 5 · 7 · 41번 카메노이 버스를 타고 우미지고쿠마에 海地獄前 하차(20분, 390엔), 도보 5분.
구글맵 QR 코드 스캔 · 터치

70여 마리의 악어를 키우는 지옥. 흔히 '악어 지옥 ワニ地獄'이라고 부른다. 안으로 들어가면 엄청난 굉음과 함께 99.1℃의 열탕이 치솟는데, 이 온천열로 1924년부터 악어를 사육하고 있다. 가장 큰 악어는 1992년 여기서 태어난 '이치로 イチロウ'이며 몸길이 4m, 체중 500kg의 거대한 몸집을 뽐낸다. 토 · 일요일 10:00에는 악어 먹이주기 쇼도 한다. 안쪽의 말레이시아 전통가옥에는 1996년 71살로 생을 마감한 초대형 악어의 박제가 전시돼 있다.

1 맹렬한 기세로 증기가 뿜어나온다.
2 악어가 득시글대는 오니야마 지옥.

 구글맵

カマド地獄 카마도 지옥

개관 08:00~17:00 **요금** 500엔(공통입장권 사용가능) **지도** MAP 18-B3
교통 JR 벳푸 別府 역 서쪽 출구 西口 앞의 3번 정류장에서 2 · 5 · 7 · 41번 카메노이 버스를 타고 우미지고쿠마에 海地獄前 하차(20분, 390엔), 도보 5분. **구글맵** QR 코드 스캔 · 터치

다양한 모습의 온천이 끓어오르는 지옥. 1~6쵸메 丁目로 번지수가 붙은 온천 6개가 있으며 제각기 생김새와 특징이 다르다.

잇쵸메 1丁目는 90℃의 열탕이 샘솟는 붉은 진흙 온천이며, 빨간색 도깨비상이 있는 니쵸메 2丁目의 바위틈에서는 100℃의 증기가 끊임없이 올라온다. 여기에 성냥불이나 담배 연기를 불어 넣으면 증기의 양이 몇 배나 불어나는 신기한 광경이 펼쳐진다. 증기가 불어나는 이유는 연기 입자가 온천의 증기를 빨아들여 순간적으로 부피가 팽창하기 때문이다.

산쵸메 3丁目는 85℃의 하늘색 연못, 욘쵸메 4丁目는 60℃의 진흙이 끓어오르는 연못이다. 여기서도 수면을 향해 담배 연기를 불어 넣으면 증기의 양이 몇 곱절로 '뻥튀기' 되는 마술 같은 현상이 일어난다. 고쵸메 5丁目는 엄청난 증기가 뿜어져 나오는 95℃의 열탕인데 시시각각 색이 바뀐다. 로쿠쵸메 6丁目의 온천에서는 95℃의 피처럼 붉은 진흙탕이 끓어오른다.

1 카마도 지옥의 상징 도깨비상.
2 고쵸메의 색이 바뀌는 온천수 연못.
3 잇쵸메의 붉은 진흙 온천.

白池地獄 시라이케 지옥

개관 08:00~17:00 **요금** 500엔(공통입장권 사용가능)
지도 MAP 18-B3 **교통** JR 벳푸 別府 역 서쪽 출구 西口 앞의 3번 정류장에서 2 · 5 · 7 · 41번 카메노이 버스를 타고 칸나와 鉄輪 하차(20분, 390엔), 도보 3분. **구글맵** QR 코드 스캔 · 터치

우윳빛의 커다란 온천수 연못이 있는 지옥. 지하에서 뿜어져 나올 때는 95℃의 무색투명한 온천수지만 일단 연못에 고이기 시작하면 온도와 압력이 떨어져 유백색으로 변한다. 염화나트륨 · 규산 · 중탄산 칼슘 성분이 함유된 온천수라 위장병 · 피부염에 효과가 있다. 안쪽에는 온천수의 열기로 운영하는 조그만 수족관이 있는데, 몸 길이 1.9m의 피라루크와 식인 물고기 피라니아 등 아마존의 희귀 열대어가 눈길을 끈다. 정원에는 칸나와온센의 초석을 다진 고승 잇펜 쇼닌 一遍上人(1239~1289)의 석상도 모셔 놓았다.

1 예스러운 분위기로 꾸민 입구.
2 증기가 뭉게뭉게 피어오르는 온천수 연못.

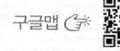

鬼石坊主地獄 오니이시보즈 지옥

개관 08:00~17:00 요금 500엔(공통입장권 사용가능)
지도 MAP 18-B2
교통 JR 벳푸 別府 역 서쪽 출구 西口 앞의 3번 정류장에서 2 · 5 · 7 · 41번 카메노이 버스를 타고 우미지고쿠마에 海地獄前 하차(20분, 390엔), 도보 3분.
구글맵 QR 코드 스캔 · 터치

오니이시노유 영업 10:00~22:00 휴업 매월 첫째 월요일
요금 620엔, 초등학생 300엔 홈피 https://oniishi.com

뜨거운 진흙 거품이 부글부글 끓어오르는 지옥. 둥근 거품이 올라오는 모양이 마치 중(坊主)의 머리 같다고 해서 지금의 이름이 붙었다. 733년 무렵 발견됐으며 4개의 크고 작은 연못에서 진흙 거품을 볼 수 있다. 온천수의 온도는 99℃에 달한다. 돌무더기에서 엄청난 양의 수증기가 솟구치는 모습도 장관이다. 안쪽에는 누구나 이용 가능한 무료 족탕(足湯)도 있다.
관람시설과는 별도로 노천온천이 딸린 쾌적한 시설의 오니이시노유 鬼石の湯 온천도 운영하니 시간 여유가 되면 잠시 들러봐도 좋을 듯!

1 · 2 진흙 열탕에서 커다란 거품이 부글부글 끓어오른다.
3 엄청난 양의 증기가 솟아오르는 장관이 펼쳐진다.

보즈 지옥 坊主地獄

500여 년 전 절이 있던 자리에서 화산이 폭발해 생겨난 지옥. 위에 소개한 오니이시보즈 지옥과 생김새나 분위기가 비슷하다. 지옥 순례와는 별개로 영업하는 지옥이라 공통입장권을 사용할 수 없는 점과 지옥 순례 코스에서 800m 가량 벗어난 언덕 위쪽에 있어 찾아가기 힘들다는 사실에 유의하자.
뜨거운 진흙이 둥글둥글한 거품을 만들며 끓어오르는 모양이 마치 중(坊主)의 머리 같다고 해서 지금의 이름이 붙었다. 굴뚝처럼 불쑥불쑥 솟은 진흙 무더기에서 거품이 끓어오르는데, 지하 1,800m 지점에서 솟아오르는 진흙의 온도는 무려 99℃에 달한다. 거품의 크기는 계절과 기압에 따라 변한다. 안쪽에는 엄청난 굉음과 함께 수증기가 끓어오르는 열기공과 진흙 채취장, 분화구 터 등의 볼거리도 있다.

개관 08:30~17:00 요금 400엔
홈피 https://bouzujigoku.com
지도 MAP 18-D1
교통 오니이시보즈 지옥에서 오르막길로 도보 15분. / JR 벳푸 別府 역 서쪽 출구 西口 앞의 3번 정류장에서 2 · 5 · 7 · 41번 카메노이 버스를 타고 혼보즈 本坊主 하차(22분, 390엔), 도보 3분.
구글맵 QR 코드 스캔 · 터치

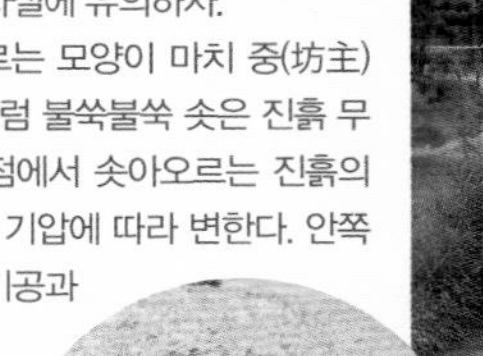

쉬지 않고 몽글몽글 끓어오르는 진흙 거품. 채취한 진흙으로 약이나 화장품을 만든다.

 구글맵

血ノ池地獄 치노이케 지옥

개관 08:00~17:00
요금 500엔(공통입장권 사용가능)
지도 MAP 16–C2 홈피 https://chinoike.com
교통 칸나와온센의 칸나와 鉄輪 버스 터미널 2번 정류장에서 16·16A번 카메노이 버스를 타고 치노이케지고쿠마에 血の池地獄前 하차(7분, 220엔), 도보 1분. / JR 벳푸 別府 역 동쪽 출구 東口 앞의 정류장에서 26·26A번 카메노이 버스를 타고 치노이케지고쿠마에 血の池地獄前 하차(30분, 460엔), 도보 1분.
구글맵 QR 코드 스캔·터치

글자그대로 붉은 핏빛의 온천수가 가득한 지옥. 산화철과 산화마그네슘을 함유한 붉은 점토가 지하에서 뿜어져 나와 온통 피로 물든 것 같은 거대한 연못을 이뤘다.
630~760년의 가집(歌集) 《만요슈 万葉集》에도 '붉은 연못 赤池'이란 이름으로 등장할 만큼 오래 전부터 알려져 왔다.
하루에 1,800㎘의 온천수가 나오며 연못의 면적은 1,300㎡, 깊이가 30m에 달한다. 온도는 의외로 낮아 78℃에 불과하다.
여기서 채취한 진흙은 피부질환 치료제를 만들거나 직물 염색에 사용된다.
연못 옆에는 누구나 자유로이 이용 가능한 무료 족탕(足湯)이 있다. 연못 뒤쪽의 계단을 오르면 치노이케 지옥 전체가 한눈에 내려다보이는 전망대가 나온다. 전망대로 오르는 계단 옆의 매점에서는 채취한 점토로 만든 피부질환 치료 연고를 판매한다.

1 새빨간 진흙 온천수로 가득한 연못.
2 연못 옆에는 자유로이 이용 가능한 무료 족탕이 있다.
3 빨간 도깨비와 함께 기념사진을!

맹렬한 기세로 솟구쳐 오르는 간헐천.
바로 앞에는 간헐천을 볼 수 있는 관람석이 마련돼 있다.

龍巻地獄 타츠마키 지옥

개관 08:00~17:00 요금 500엔(공통입장권 사용가능) 지도 MAP 16–B2
교통 치노이케 지옥에서 도보 2분. / 칸나와온센의 칸나와 鉄輪 버스 터미널 2번 정류장에서 16·16A번 카메노이 버스를 타고 치노이케지고쿠마에 血の池地獄前 하차(7분, 220엔), 도보 2분. / JR 벳푸 別府 역 동쪽 출구 東口 앞의 정류장에서 26·26A번 카메노이 버스를 타고 치노이케지고쿠마에 血の池地獄前 하차(30분, 460엔), 도보 1분. 구글맵 QR 코드 스캔·터치

105℃의 펄펄 끓는 열탕이 솟구쳐 오르는 간헐천.
호쾌하게 분출되는 온천수가 마치 '용오름(타츠마키)'처럼 보인다고 해 지금의 이름이 붙었다. 온천수의 압력이 어마어마해 원래는 공중으로 20m 이상 치솟았다. 하지만 안전문제 때문에 두꺼운 바위로 덮개를 만들어 놓아 지금은 온천수가 5m 높이의 덮개에 부딪히는 모습만 볼 수 있다. 분출은 30~40분마다 5분 정도 지속되며 하루에 600㎘ 정도의 온천수가 샘솟는다.

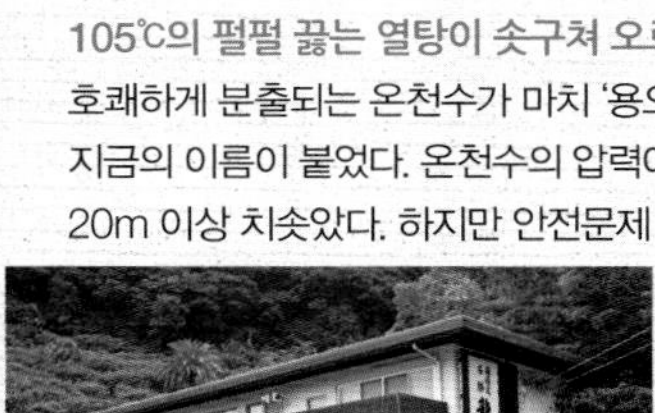

1 증기가 모락모락 피어오르는 찜가마.
2 바구니에 재료를 담아 가마 속에 넣으면 금세 먹음직한 음식이 완성된다.

地獄蒸し工房 鉄輪 지옥 찜가마 공방 칸나와 ★★★☆☆

발음 지고꾸무시꼬-보-깐나와 영업 10:00~19:00
휴업 매월 셋째 수요일(공휴일일 때는 그 다음날)
요금 찜가마 15분 사용 소형 400엔, 대형 600엔, 추가 10분당 소형 200엔, 대형 300엔
홈피 https://jigokumushi.com 지도 MAP 18-B4
교통 JR 벳푸 別府 역 서쪽 출구 西口 앞의 3번 정류장에서 2 · 5 · 7 · 41번 카메노이 버스를 타고 칸나와 鉄輪 하차(20분, 390엔). 도보 2분.
구글맵 QR 코드 스캔 · 터치

천연온천 증기로 음식을 쪄먹는 '지옥 찜가마 요리 地獄蒸し料理(지고쿠무시료리)' 체험장. 100℃의 증기가 뿜어나오는 찜가마에 재료를 넣으면 10~30분 뒤 음식이 완성되는 재미난 체험을 할 수 있다. 오랜 전통을 자랑하는 요리법이며 염분을 함유한 온천증기로 단번에 쪄내 식재료 본연의 풍미가 고스란히 응축된 맛이 매력이다. 채소 · 해산물 · 고기(100~2,200엔) 등의 식재료도 판매한다. 재료를 찌는 데 걸리는 시간은 계란 6~10분, 게 · 소라 · 새우 15~20분, 고구마 20~30분 정도다.

鶴見岳 츠루미 산 ★★★☆☆

발음 츠루미다께 지도 MAP 16-A3
교통 JR 벳푸 別府 역 서쪽 출구 西口 앞의 1번 정류장에서 출발하는 36번 카메노이 버스를 타고 벳푸로프웨이 別府ロープウェイ 하차(25분, 500엔). / JR 벳푸 역 동쪽 출구 東口 앞에서 출발하는 유후린 ゆふりん 버스를 타고 벳푸로프웨이 別府ロープウェイ 하차(40분, 500엔). 구글맵 QR 코드 스캔 · 터치
케이블카 운행 09:00~17:30, 11/15~3/14 09:00~17:00
요금 왕복 1,800엔, 편도 1,200엔, 초등학생 50% 할인
홈피 www.beppu-ropeway.co.jp

9만 년 전 유후 산 由布岳과 함께 활동을 개시한 화산. 지금까지 여섯 차례 폭발이 관측됐으며, 가장 최근 분화한 때는 1995년 7월이다. 해발 1,375m의 고산이라 정상은 벳푸 시내보다 기온이 10℃ 가량 낮은 별천지다.
해발 503m 지점에 위치한 벳푸타카하라 別府高原 역에서 케이블카를 타고 불과 10분이면 정상 인근의 전망대(1,300m)에 다다른다.
전망대는 벳푸 일대는 물론 주변 산악지대와 멀리 시코쿠 四国 섬까지 한눈에 들어올 만큼 발군의 전망을 뽐낸다. 봄에는 벚꽃과 철쭉, 가을에는 산 전체를 울긋불긋 물들이는 화려한 단풍, 겨울에는 새하얀 눈꽃이 숨이 멎을 듯 경이로운 장관을 연출한다. 여전히 활동 중인 휴화산이라 전망대 뒤쪽의 화구에서는 하얀 수증기가 스멀스멀 올라오는 신기한 광경도 볼 수 있다.
여름 휴가철 등 특정 시즌에는 벳푸의 야경을 감상할 수 있도록 케이블카를 야간 운행한다. 단, 바람이 심하거나 날씨가 나쁠 때는 예고 없이 케이블카 운행이 중지되기도 하니 홈페이지에서 운행 여부를 확인하고 가는 게 좋다.

1 벳푸 일대를 굽어보는 츠루미 산의 위용.
2 산정을 오르내리는 케이블카.

 구글맵

志高湖 시다카 호수 ★★★☆☆

발음 시다까꼬 **지도** MAP 16-B4
교통 JR 벳푸 別府 역 서쪽 출구 西口 앞의 1번 정류장에서 36번 카메노이 버스를 타고 시다카코한 志高湖畔 하차(30분, 630엔), 도보 1분. / JR 벳푸 역 동쪽 출구 東口 앞에서 출발하는 유후린 ゆふりん 버스를 타고 토리이 鳥居 하차(45분, 580엔), 도보 25분.
구글맵 QR 코드 스캔·터치
보트 대여 **요금** 백조 보트 30분 1,100엔~

츠루미 산 鶴見岳의 남동쪽에 위치한 아름다운 호수. 해발 600m의 고원에 위치해 피서지로 인기가 높으며, 봄 벚꽃과 가을 단풍의 명소로도 유명하다. 호수 주위로는 2㎞에 이르는 산책로와 푸른 잔디가 깔린 녹지가 정비돼 있어 한가로이 휴식을 취하기에 좋다. 캠핑장·낚시터·보트 선착장·자전거 도로 등의 편의시설도 잘 갖춰 놓아 주말·휴일이면 나들이 나온 현지인들로 북적인다. 오솔길을 따라 20분쯤 걸으면 카구라메 호수 神楽女湖가 나오는데, 해마다 6~7월이면 30만 송이의 창포가 만발하는 장관이 펼쳐진다.

1 번잡한 도심을 벗어나 싱그러운 자연과 만날 수 있다.
2 피크닉을 즐기기에 좋은 녹지도 완비했다. 3 백조 보트를 타고 유유자적 호수 유람을 즐긴다.

시다카 호수 탄생 전설

재미난 전설을 품고 있는 유후 산(사진 왼쪽)과 츠루미 산(사진 오른쪽). 유후 산은 정상 등반도 가능하다. 등반 정보는 p.223 참조.

먼 옛날 벳푸 서쪽에 위치한 유후 산 由布岳(p.223)과 소보 산 祖母山은 남산(男山)이었고 츠루미 산은 여산(女山)이었다고 한다. 유후 산과 소보 산은 둘 다 츠루미 산을 사랑했는데, 소보 산은 츠루미 산의 환심을 사고자 틈만 나면 선물을 보내곤 했다. 그러나 안타깝게도 소보 산을 제치고 유후 산과 결혼해버린 츠루미 산! 어리숭하게도 둘의 사이를 전혀 눈치 채지 못한 소보 산은 평소처럼 선물을 주려고 츠루미 산을 찾아가다가 둘이 결혼했다는 청천벽력 같은 소식을 듣고 말았다. 사랑은 눈물의 씨앗이라고 소보 산은 하염없이 눈물을 흘렸다. 그때의 눈물이 고여 생긴 게 바로 시다카 호수다. 또 두 산에게 얼굴을 보이고 싶지 않은 소보 산은 나무를 빽빽하게 심어 자기 얼굴을 가렸다는데, 그 때문인지 지금도 벳푸 일대에서 숲이 가장 울창한 산으로 알려져 있다.

1 타카사키야마 자연동물원을 오르내리는 모노레일.
2 원숭이에게 직접 먹이도 줄 수 있다.
3 먹이를 찾아 산을 내려온 원숭이 무리.

高崎山自然動物園 타카사키야마 자연동물원 ★★★☆☆

발음 타까사끼야마시젠도-부쯔엔 개관 09:00~17:00
요금 520엔, 중학생 · 초등학생 260엔
홈피 www.takasakiyama.jp 지도 MAP 16-D4
교통 벳푸키타하마 버스 센터 別府北浜 4번 정류장(p.243)에서 AS54 · AS60 · AS71번 오이타 버스를 타고 타카사키야마 高崎山 하차(10분, 280엔), 도보 5분. 버스 진행방향 뒤에 보이는 육교를 건너간다(버스 운행이 뜸하니 주의, 마이 벳푸 미니 · 와이드 프리 사용불가). 구글맵 QR 코드 스캔 · 터치

1,300여 마리의 원숭이를 자연 방목하는 동물원. 원래 여기엔 아무런 볼거리도 없었으나 오이타 시 大分市 시장의 아이디어로 산에 들끓는 야생 원숭이를 길들이기 시작해 1953년 자연 방목에 성공했다. 20여 년 전까지 먹이를 구하러 내려오는 원숭이는 약 2,000마리를 헤아렸으며, A · B · C 세 개의 무리로 나뉘어 각각의 우두머리가 통솔하고 있었다. 하지만 B 무리와의 영역 다툼에서 진 A 무리가 소멸함에 따라 지금은 B · C 무리의 1,300여 마리만 이곳을 찾고 있다. 매시 정각과 30분에 한 번씩 보리, 하루 한 번 고구마를 먹이로 준다. 원숭이를 가장 많이 볼 수 있는 타이밍은 먹이를 구하러 산을 내려오는 오전, 특히 고구마를 나눠줄 때다. 원숭이 방목장까지는 160m 정도의 언덕길을 걸어 올라가거나 모노레일(편도 110엔)을 타고 간다.

大分マリーンパレス水族館 うみたまご 오이타 마린 팰리스 수족관 우미타마고 ★★★☆☆

발음 마린파레스스이조꾸깐우미타마고
개관 09:00~17:00, 8월 09:00~18:00, 5/3~5/6 · 8/10~8/18 08:00~18:00
요금 2,600엔, 중학생 · 초등학생 1,300엔, 4세 이상 850엔
홈피 www.umitamago.jp 지도 MAP 16-D4
교통 벳푸키타하마 버스 센터 別府北浜 4번 정류장(p.243)에서 AS54 · AS60 · AS71번 오이타 버스를 타고 타카사키야마 高崎山 하차(10분, 280엔), 버스 진행방향 왼쪽으로 도보 2분(버스 운행이 뜸하니 주의, 마이 벳푸 미니 · 와이드 프리 사용불가).
구글맵 QR 코드 스캔 · 터치

500여 종, 1만 5,000여 마리의 해양생물을 사육하는 수족관. 1 · 2 · M2층의 세 개 층으로 나뉜 공간에 벳푸 연안 · 대양 · 극지 · 열대의 바다를 테마로 한 20여 개의 갤러리를 갖춰 생동감 넘치는 해양생물의 면모를 두루 살펴볼 수 있다. 특히 인기가 높은 곳은 1층의 바다코끼리 · 물개 · 수달 전시관이다. 2층의 야외공연장에서는 애교 만점의 돌고래 쇼와 바다코끼리 쇼도 열린다. 쇼는 1일 5회 진행되며 자세한 스케줄은 홈페이지에서 확인할 수 있다. 타카사키야마 자연동물원과 육교로 연결돼 있어 두 곳을 함께 묶어서 보면 편리하다.

 구글맵

ア フリカンサファリ 아프리칸 사파리 ★★★☆☆

발음 아후리칸사파리 개관 09:30~16:30, 11~2월 10:00~15:30
요금 2,600엔, 중학생 이하 1,500엔, 정글버스 1,500엔
※JR 벳푸 역의 여행 인포메이션 센터에서 할인권 판매.
홈피 www.africansafari.co.jp 지도 MAP 16-A1
교통 JR 벳푸 別府 역 서쪽 출구 西口 앞의 3번 정류장에서 41번 카메노이 버스를 타고 사파리 サファリ(46분, 900엔) 하차(마이 벳푸 와이드 프리 사용가능). 구글맵 QR 코드 스캔·터치

70여 종 1,300여 마리의 동물을 사육하는 동물원. 차를 타고 사파리 코스를 돌며 사자·기린·코끼리를 관찰하는 동물 존 動物ゾーン과 원내를 자유로이 거닐며 캥거루·원숭이 등의 동물을 살펴보는 후레아이 존 ふれあいゾーン으로 이루어져 있다.
동물 존은 투어 차량인 정글버스 또는 직접 운전하는 렌터카로만 들어갈 수 있다. 관람객이 사자·산양에게 먹이를 주는 체험은 정글버스를 타야만 가능하다. 정글버스 예약은 동물원 입구에서 하며 6km의 사파리 코스를 일주하는 데 1시간 정도 걸린다. 렌터카로 돌아볼 때는 이용 안내가 담긴 가이드 DVD를 빌려야 한다(600엔). 후레아이 존에서는 캥거루·원숭이에게 먹이주기, 승마, 아기 사자·호랑이와 사진 찍기 체험을 할 수 있으며, 고양이 카페 캣 살롱(유료)과 애견 카페 도그 살롱(유료)도 운영한다. 고원지대라 벳푸 시내보다 기온이 낮아 봄·가을에는 따뜻한 옷을 챙겨 가는 게 좋다.

1 코뿔소·사자 모양의 사파리 차량.
2 동물에게 직접 먹이도 줄 수 있다.
3 동물원 안을 자유로이 뛰어다니는 캥거루.

城 島高原パーク 키지마 고원 파크 ★★★☆☆

발음 키지마코-겐파-꾸 개관 10:00~17:00(시즌에 따라 다름)
휴관 부정기적(홈페이지 확인 가능) 요금 1,500엔, 입장권 포함 자유이용권 4,800엔
홈피 www.kijimakogen-park.jp 지도 MAP 16-A4
교통 JR 벳푸 別府 역 서쪽 출구 西口 앞의 1번 정류장에서 출발하는 36번 카메노이 버스를 타고 키지마코겐파쿠 城島高原パーク 하차(35분, 650엔), 도보 3분. / JR 벳푸 역 동쪽 출구 東口 앞에서 출발하는 유후린 ゆふりん 버스를 타고 키지마코겐파쿠 城島高原パーク 하차(50분, 650엔), 도보 3분.
구글맵 QR 코드 스캔·터치

1967년 오픈한 60여 년 역사의 유원지. 츠루미 산의 남쪽 비탈에 펼쳐진 해발 600m의 고원지대에 위치해 여름에도 선선한 까닭에 피서지로 인기가 높다. 25ha에 이르는 드넓은 부지에는 롤러코스터·대관람차·고카트 등 30여 개의 놀이기구가 갖춰져 있다. 인기 절정의 놀이기구는 1992년에 만든 일본 최초의 목조 롤러코스터 쥬피터 ジュピター다. 일반적인 롤러코스터와 달리 어딘지 위태로워 보이는 겉모습과 삐걱대는 소음 때문에 짜릿한(?) 스릴을 맛볼 수 있다. 대체로 성인을 위한 놀이기구보다는 어린이를 동반한 가족 여행자를 위한 시설이 주를 이룬다. 놀이기구 이용료가 1회 300~1,000엔으로 만만치 않으니 마음 편히 이용하려면 자유이용권을 구매하는 게 경제적이다.

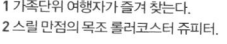

1 가족단위 여행자가 즐겨 찾는다.
2 스릴 만점의 목조 롤러코스터 쥬피터.

明 ★★☆☆☆ 礬湯の里 묘반유노사토

발음 묘반유노사또 개관 09:00~18:00 요금 무료 홈피 www.yuno-hana.jp 지도 MAP 16-A2
교통 JR 벳푸 別府 역 서쪽 출구 西口 앞의 3번 정류장에서 5 · 41번 카메노이 버스를 타고 지조유마에 地蔵湯前 하차(26분, 470엔), 버스 진행방향으로 도보 3분. 구글맵 QR 코드 스캔 · 터치
노천온천 영업 10:00~21:00 요금 600엔, 초등학생 이하 300엔

유노하나를 채취하는 초막집. 안으로 들어가 채취 과정도 살펴볼 수 있다.

전통 유황 채취장이 보존된 견학시설. 약 또는 입욕제로 사용되는 '유노하나 湯の花'는 온천증기가 뿜어져 나오는 곳에 초막집을 세우고, 한 달여에 걸쳐 바닥에 응고되는 유황 결정을 채취해 만드는 것으로 1725년부터 전래된 전통방식을 고수한다. 초막집 안으로 들어가 유노하나가 만들어지는 과정도 살펴볼 수 있다. 매점에서는 유노하나와 온천증기로 찐 계란 · 옥수수 등의 먹거리도 판매한다. 언덕을 조금 올라간 곳에는 우윳빛의 온천수가 가득한 노천온천도 있는데, 피부가 매끄러워지는 미인 온천으로 알려져 있다. 지대가 높아 빼어난 전망을 자랑하는 것도 매력이다.

© JNTO

湯 ★★☆☆☆ けむり展望台 유케무리 전망대

발음 유께무리뗀보-다이 개관 24시간
요금 무료 지도 MAP 18-B5
교통 대중교통 연결이 안 돼 렌터카 또는 택시를 이용해야 한다. 칸나와온센에서 차로 4분 또는 JR 벳푸 別府 역에서 차로 15분쯤 걸린다.
구글맵 QR 코드 스캔 · 터치

칸나와온센 동쪽 산중턱에 위치한 조그만 전망대. 벳푸 일대가 훤히 내려다보이는 발군의 전망을 자랑한다. 특히 벳푸 전역에 위치한 수백 개의 온천에서 하얀 수증기(=유케무리 湯けむり)가 모락모락 피어오르는 모습을 볼 수 있는 것으로 유명하다. 편의시설은 조그만 벤치와 주차장이 전부이며, 교통이 무척 불편하다는 사실에 주의하자.

竹 ★★☆☆☆ 瓦温泉 타케가와라 온천

발음 타께가와라온센 개관 06:30~22:30
휴업 매월 셋째 수요일 요금 300엔 지도 MAP 17-D4
교통 JR 벳푸 別府 역 동쪽 출구 東口에서 도보 15분.
구글맵 QR 코드 스캔 · 터치

벳푸의 대명사로 통하는 유서 깊은 온천. 1879년 문을 열었으며 건물이 지어질 당시 '대나무로 이은 지붕(타케가와라 竹瓦)'을 얹은 까닭에 지금의 이름이 붙었다. 의료시설이 부족하던 과거에는 신경통 · 관절통 치료 목적으로 찾는 이가 많아 주변이 온통 숙박시설 천지였다고 한다. 유형문화재로 지정된 건물은 1938년에 재건한 것으로 카라하후즈쿠리 唐破風造란 웅장한 처마 장식이 특징이다. 로비와 천장 역시 1930년대의 모습을 고스란히 간직해 보는 재미를 더한다 (온천 정보 p.262 참조).

 구글맵

別府タワー 벳푸 타워
★☆☆☆☆

발음 벳뿌타와— 개관 09:30~21:30
요금 800엔, 중 · 고등학생 600엔, 초등학생 400엔
홈피 www.bepputower.co.jp 지도 MAP 17-A4
교통 JR 벳푸 別府 역 동쪽 출구 東口에서 도보 16분.
구글맵 QR 코드 스캔 · 터치

1957년에 세운 높이 90m의 철탑. 원래 TV 송신탑으로 설계했지만 실제 목적으로 이용되진 못했다. 오히려 17층의 전망대(50m)가 인기 스폿으로 떠오르며 1960년대에는 벳푸의 관광명소로 이름을 날렸는데, 당시 방문자 수는 연간 100만 명을 헤아릴 정도였다. 하지만 전망대 높이가 낮고 볼거리가 전무한 까닭에 지금은 찾는 이가 거의 없는 게 현실! 1987년에는 해체될 위기에 처했다가 완공 50주년을 맞은 2007년 유형문화재로 등록돼 보존하고 있다. 도쿄 타워 · 오사카 츠텐카쿠 · 나고야 TV 타워 · 삿포로 타워 · 하카타 포트 타워와 생김새가 비슷한 것은 설계자가 모두 같기 때문이다.

나고야, 오사카의 뒤를 이어 일본에서 세 번째로 세워진 고층 철탑이다.

벳푸 라쿠텐치의 명물인 오리 경주는 1950년부터 시작됐다.

別府ラクテンチ 벳푸 라쿠텐치
★☆☆☆☆

발음 벳뿌라꾸뗀찌 개관 09:30~17:00(시기에 따라 다름)
휴관 화요일 요금 **입장료** 1,100엔, 초등학생 이하 500엔
케이블카 포함 입장료 1,300엔, 초등학생 이하 600엔
홈피 www.rakutenchi.jp 지도 MAP 16-B4
교통 JR 벳푸 別府 역 동쪽 출구 東口 앞에서 16번 카메노이 버스를 타고 루카와도리쥬니쵸메 流川通り12丁目 하차(10분, 190엔), 도보 10분. 구글맵 QR 코드 스캔 · 터치

1929년에 오픈한 유서 깊은(?) 유원지. 입구에서 케이블카를 타고 산 위로 오르면 롤러코스터 · 대관람차 · 동물원 · 수영장 등의 시설을 갖춘 유원지가 나타나며, 전망대에서는 벳푸 시가지가 훤히 내려다보인다. 1950년부터 시작된 유원지의 명물 오리 경주도 볼 수 있다. 전반적인 시설이 무척 노후한 까닭에 본전 생각이 간절해질 가능성이 높다는 사실에 유의하자.

グローバルタワー 글로벌 타워
★☆☆☆☆

발음 구로-바루타와— 개관 09:00~21:00, 12~2월 09:00~19:00
요금 300엔, 중학생 이하 200엔 지도 MAP 16-C3
교통 JR 벳푸 別府 역 서쪽 출구 西口 앞의 1번 정류장에서 3 · 8번 카메노이 버스를 타고 비콘푸라자마에 ビーコンプラザ前 하차(5분, 190엔). / JR 벳푸 역 서쪽 출구에서 오르막길로 도보 30분.
구글맵 QR 코드 스캔 · 터치

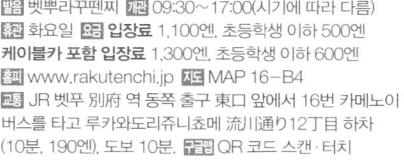

대형 컨벤션 센터인 비콘 플라자 ビーコンプラザ에 부속된 전망대. 높이 125m의 전망대는 가운데의 기둥에 완만한 곡선을 이룬 구조물이 걸쳐 있는 모습이다. 이는 지름 1㎞의 거대한 가상 구체(球体)의 일부를 표현한 것. 해발 100m 지점의 전망대에 오르면 벳푸 시가지가 한눈에 내려다보이며, 날씨가 좋을 때는 바다 건너의 시코쿠 四国 섬까지 보인다. 오전에는 역광이라 시야가 흐리니 오후에 가는 게 좋다. 야경은 의외로 시시하니 큰 기대는 금물이다.

JR 벳푸 역과 아부라야 쿠마하치 동상.

★☆☆☆☆

JR 別府駅 JR 벳푸 역

발음 제-아루벳뿌에끼 지도 MAP 17-C2
교통 JR 벳푸 別府 역 하차. 구글맵 QR 코드 스캔·터치

벳푸를 오가는 열차와 모든 시내버스가 발착하는 교통 중심지. 동쪽 출구 東口 앞에는 벳푸를 일본 제일의 온천 관광지로 일궈낸 아부라야 쿠마하치 油屋熊八(1863~1935)의 동상이 있다. '반짝 대머리 아저씨 ピカピカのおじさん'란 애칭의 그는 1920년대에 카메노이 버스와 온천 호텔을 세우고, 일본 최초로 가이드가 딸린 관광버스를 도입하는 등 벳푸 관광산업 발전에 초석을 다진 인물로 유명하다. 동상 옆에는 손을 담그는 무료 온천 수탕 手湯이 있다.

★☆☆☆☆

的ヶ浜公園 마토가하마 공원

발음 마또가하마꼬-엔 지도 MAP 17-A5
교통 JR 벳푸 別府 역 동쪽 출구 東口에서 도보 18분.
구글맵 QR 코드 스캔·터치

길이 350m의 모래사장이 딸린 해변공원. 푸른 잔디가 깔린 공원에는 조각과 분수대 등의 조형물이 설치돼 있다. 인공해변인 까닭에 모래가 조금 거칠지만 방파제가 설치된 해변은 파도가 잔잔해 물놀이를 즐기기에 적당하다. 벳푸 시내에서 가까워 산책삼아 둘러보기에 좋다.

1 한적한 솔 파세오 긴자 상점가. 2 붉은 얼굴의 텐구 상.

★☆☆☆☆

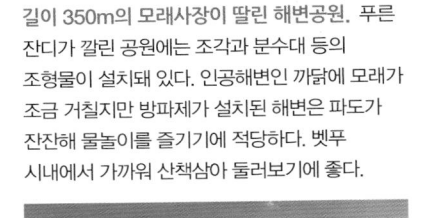

ソルパセオ銀座商店街 솔 파세오 긴자 상점가

발음 소루파세오긴자쇼-뗀가이
영업 숍 10:00~18:00, 레스토랑 11:00~20:00(숍·레스토랑마다 다름)
휴업 연말연시 지도 MAP 17-C4
교통 JR 벳푸 別府 역 동쪽 출구 東口에서 도보 5분.
구글맵 QR 코드 스캔·터치

60여 년의 역사를 간직한 서민 상점가. 천장이 덮인 아케이드식 상점가라 날씨가 궂어도 편하게 돌아볼 수 있다. 수학여행단의 필수 방문 코스로 꼽던 1970년대에는 기념품 상가로 큰 인기를 누렸다. 하지만 쇠락의 길을 걷는 지금은 100여 개의 식당 · 주점 · 잡화점이 모인 동네 상점가로 가까스로 명맥만 유지할 뿐이다. 전반적으로 활기를 찾아보긴 힘들지만, 1970~1980년대의 모습을 간직한 상점 · 유흥가의 풍경이 색다른 볼거리로 다가온다.
한 블록 옆의 야요이텐구도리 やよい天狗通り 상점가에는 새빨간 얼굴에 거대한 코를 가진 텐구 天狗 상이 놓여 있어 눈길을 끈다. 화마(火魔)를 막는 신통력이 있다고 해 화재 예방차원에서 지금의 사당을 세우고 텐구 상을 모시게 됐다.

오이타로 떠나는 쇼핑 여행

벳푸 · 유후인 여행에서 유독 아쉬운 부분은 빈약한 쇼핑이다.
이때는 주저 없이 오이타 大分로 가보자. 후쿠오카만큼은 아니지만, 오이타 현(県)의 경제 · 교통 중심지답게 대형 쇼핑몰과 상점가가 발달해 있어 쇼핑의 아쉬움을 달래준다.

벳푸→오이타 JR 보통열차 15분, 280엔 | **유후인→오이타** JR 보통열차 1시간, 950엔

アミュプラザおおいた
아뮤 플라자 오이타

영업 10:00~20:00, 코프 오이타 09:30~22:00 **휴업** 연말연시
교통 JR 오이타 大分 역 하차. **구글맵** QR 코드 스캔 · 터치

오이타 최대의 복합 쇼핑몰. 1~4층에 걸쳐 200여 개의 패션 · 잡화 · 인테리어 숍이 모여 있다. 인기 아이템만 간추려 판매하기 때문에 발품 팔지 않고도 효율적인 쇼핑을 즐길 수 있다. 패션 쇼핑에는 유행 아이템이 충실한 Ships · Journal Standard · Beams · United Beauty&Youth(1층), Earth Music&Ecology · Urban Research Doors · Lawry's Farm(2층)을 추천한다. 구제 의류 숍 위고 Wego와 유니클로(3층)도 인기다. 인테리어 전문점 Unico, 다이소의 업그레이드 버전인 Standard Products, 소녀 감성의 인테리어 · 잡화 전문점 프랑프랑 Francfranc(2층), 품질 좋은 잡화 · 생활소품을 300엔부터 판매하는 쓰리 코인즈 3Coins(3층)도 놓치지 말자. 일본풍 잡화가 풍부한 나카가와마사시치쇼텐 中川政七商店(1층), 애니 굿즈 숍 아니메이트 Animate(2층), 인기 캐릭터 굿즈 · 인형을 판매하는 키덜트의 천국 Kiddyland, 반려동물 용품 전문점 Pet Paradise(3층)도 놓치기 아쉽다. 1층에는 과자 · 식료품 쇼핑에 좋은 대형 슈퍼마켓 코프 오이타 コープおおいた도 있다.

セントポルタ中央町商店街
센트 포르타 츄오마치 상점가

영업 숍 10:00~20:00, 식당 11:00~22:00(숍 · 식당마다 다름)
휴업 연말연시 **교통** JR 오이타 大分 역의 후나이 중앙 출구 府内中央口(북쪽 출구 北口)에서 도보 4분. **구글맵** QR 코드 스캔 · 터치

천장이 덮인 아케이드형 상점가. 60여 개의 숍이 모여 있으며 현지인을 위한 로컬 아이템을 판매한다. 눈여겨볼 숍은 마츠모토 키요시 マツモトキヨシ · 코코카라파인 ココカラファイン · 웰시아 ウエルシア 등의 드러그스토어 체인점이며, 돈키호테 매장도 있다. 숍 외에 다양한 음식을 파는 식당과 술을 마시기 좋은 저렴한 이자카야도 많다.

府内城
후나이 성

영업 24시간 **요금** 무료
교통 JR 오이타 大分 역의 후나이 중앙 출구 府内中央口(북쪽 출구 北口)에서 도보 18분.
구글맵 QR 코드 스캔 · 터치

1597년에 세워진 성(城). 동서 200m, 남북 180m의 해자(垓字)에 둘러싸여 있다. 축성 당시에는 4층짜리 텐슈카쿠 天守閣을 비롯한 여러 채의 건물이 있었으나, 일왕의 중앙집권화를 목적으로 1872년 철거돼 지금은 해자와 성벽, 텐슈카쿠 터만 남았다. 큰 볼거리는 없으니 시간 여유가 될 때 잠시 들르는 정도로 충분하다.

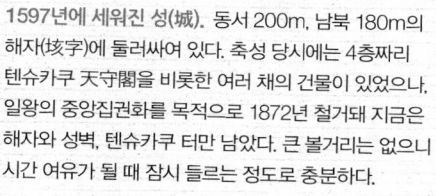

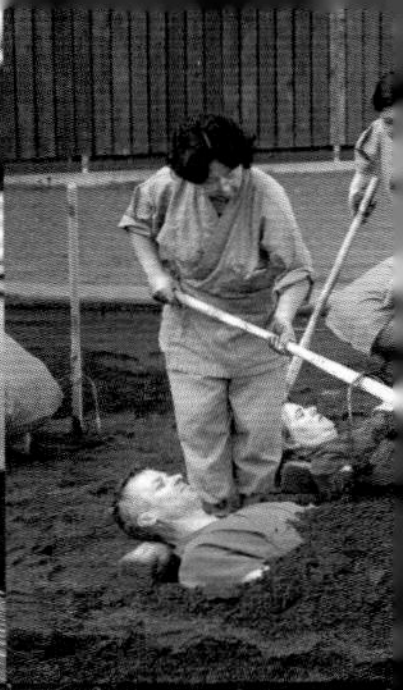

벳푸 온천 즐기기

시영온천 市営温泉

JR 벳푸 역 주변에 Ⓐ카이몬지온센 海門寺温泉, Ⓑ후로센 不老泉, Ⓒ타노유온센 田の湯温泉 등 벳푸 시에서 운영하는 시영 온천 3개가 있다. 단출한 시설의 공중목욕탕이지만 100% 온천수를 사용한다. 현지인의 로컬 라이프를 체험할 수 있는 게 매력이다. 영업 06:30~22:30

카이몬지온센 휴업 매월 둘째 월요일 요금 250엔
지도 MAP 17-B3 교통 JR 벳푸 역 동쪽 출구에서 도보 8분.

후로센 휴업 매월 첫째 월요일 요금 250엔
지도 MAP 17-D2 교통 JR 벳푸 역 동쪽 출구에서 도보 7분.

타노유온센 휴업 매월 첫째 화요일 요금 200엔
지도 MAP 17-C1 교통 JR 벳푸 역 서쪽 출구에서 도보 7분.

❶ 타케가와라온센 竹瓦温泉

1879년 오픈 당시의 모습을 고스란히 간직한 온천. 외관은 물론 욕실·휴게실까지 예스러운 정취가 가득해 온천 여행의 묘미를 더한다. 단, 욕조가 작고 시설이 낡아 쾌적함이 떨어지는 점은 아쉽다. 사우나 효과가 있는 모래찜질 온천도 운영한다.
영업 06:30~22:30, 모래찜질 08:00~22:30
휴업 매월 셋째 수요일 요금 온천 300엔, 모래찜질 1,500엔
지도 MAP 17-D4 교통 JR 벳푸 역 동쪽 출구에서 도보 15분.

❷ 에키마에고토온센 駅前高等温泉

유럽풍의 외관이 눈길을 끄는 온천. 1924년 오픈 당시의 모습이 고스란히 남겨진 낡디 낡은 시설이 매력이자 단점이다.
영업 08:00~23:00 요금 250엔~ 지도 MAP 17-C3
교통 JR 벳푸 역 동쪽 출구에서 도보 3분.

❸ 스기노이 팰리스 スギノイパレス

서일본 최대의 온천이란 명성에 걸맞는 대형 온천. 최고의 매력은 벳푸 일대가 한눈에 내려다보이는 멋진 전망의 초대형 노천온천 타나유 棚湯. 뜨끈한 온천에 몸을 담근 채 주변 풍경을 감상하는 재미가 끝내준다! 특히 해질녘이면 벳푸 만을 붉게 물들이는 황홀한 노을과 야경, 그리고 검은 밤하늘을 반짝반짝 수놓는 무수한 별빛을 감상할 수 있다. 바로 옆에는 온천수를 이용한 야외 풀장 아쿠아가든 アクアガーデン도 있다. 아쿠아가든에서는 매일 밤 빛과 음악이 어우러진 분수 쇼도 열린다(19:30~21:30).
영업 타나유 09:00~23:00, 아쿠아가든 11:00~22:00
요금 평일 1,900엔, 금요일 2,100엔, 토·일·공휴일 2,300엔, 성수기 2,400~3,100엔
홈피 www.suginoi-hotel.com
지도 MAP 16-B3 교통 JR 벳푸 역 서쪽 출구 앞(p.243)에서 출발하는 무료 셔틀버스로 15분(평일 08:00~18:40, 금·토·일·공휴일 08:00~22:00, 20~40분 간격 운행).

❹ 벳푸온센 호요 랜드 別府温泉保養ランド

유백색의 진흙 온천으로 유명한 온천. 유황 성분을 함유해 피부가 매끄러워지는 효과가 있으며, 류머티즘·무좀·아토피에도 효험이 있다. 남녀 욕실이 따로 구분된 실내와 달리 외부의 노천온천은 남녀 혼탕이며, 특유의 유황 냄새와 낡은 시설 탓에 호불호가 극명히 갈린다는 사실에 주의하자.
영업 09:00~20:00 요금 1,500엔 홈피 https://hoyoland.net
지도 MAP 16-B2 교통 JR 벳푸 역 서쪽 출구 앞의 3번 정류장에서 5·41번 카메노이 버스를 타고 콘야지고쿠마에 紺屋地獄前 하차(25분, 470엔), 도보 2분.

구글맵

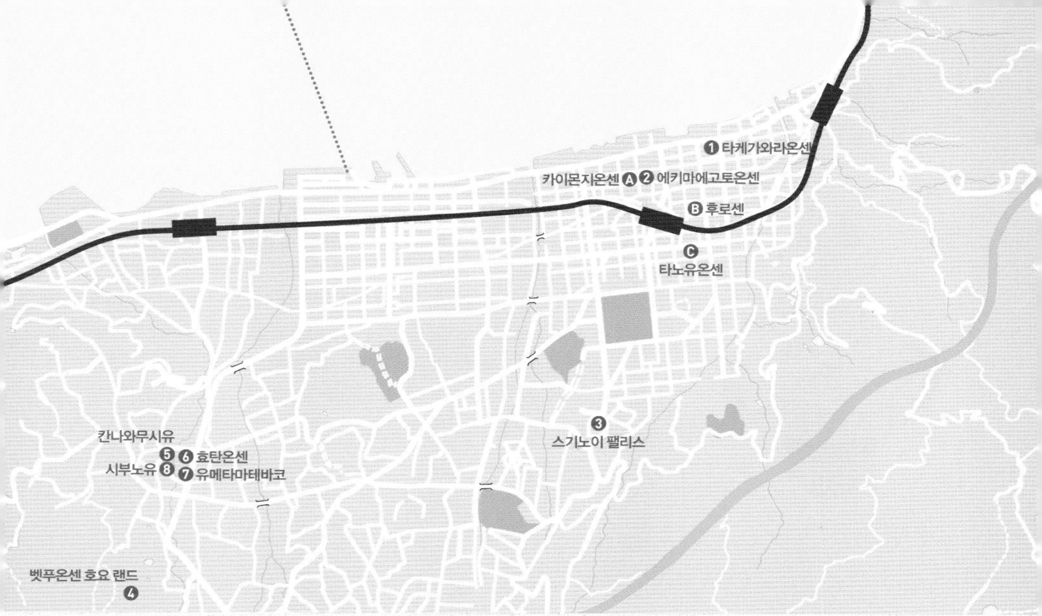

벳푸 여행의 핵심은 여행의 피로를 녹여주는 따뜻한 온천이다. 현지인의 일상을 체험할 수 있는 100엔짜리 시영온천부터 환상적인 시설의 최고급 노천온천까지 이용 가능한 온천도 무궁무진하다. 저렴한 곳은 수건 이용료를 따로 받으니 개인적으로 챙겨가는 것을 잊지 말자.

❺ 칸나와무시유 鉄輪むし湯

1276년 고승 잇펜 쇼닌(p.249)이 만든 유서 깊은 온천. 일반적인 온천과 달리 우리나라의 찜질방처럼 바닥에 온몸을 지지는 스타일이다. 우선 몸을 가볍게 씻고 욕의로 갈아입은 뒤, 약초의 일종인 석창포 石菖가 깔린 사우나실로 들어가 시원하게 땀을 흘린다. 10여 분 뒤 몸에 묻은 석창포를 털고 욕탕에서 몸을 씻으며 온천욕을 즐긴다. 신경통 · 근육통 · 관절통 · 피로회복에 효험이 있다.

영업 06:30~20:00
휴업 매월 넷째 목요일(공휴일일 때는 그 다음날)
요금 700엔, 욕의 대여료 220엔 지도 MAP 18-B4
교통 JR 벳푸 역 서쪽 출구 앞의 3번 정류장에서 2 · 5 · 7 · 41번 카메노이 버스를 타고 칸나와 鉄輪 하차(20분, 390엔), 도보 6분.

❻ 효탄온센 ひょうたん温泉

1922년에 문을 연 온천. 호리병(=효탄 ひょうたん) 모양의 노천온천이 있어 지금의 이름이 붙었다. 칸나와온센 최대 규모를 자랑하는 온천답게 욕실 · 휴게실 · 식당 등의 편의시설이 충실하다. 최대의 매력은 널찍한 노천온천인데, 밤늦게까지 영업해 별빛 속에서 온천욕을 즐길 수 있다. 부담 없는 가격에 모래찜질 온천을 이용할 수 있는 것도 장점이다. 온천수는 신경통 · 화상 · 부인병에 효험이 있다.

영업 09:00~01:00, 모래찜질 온천 09:00~23:00
요금 1,020엔, 초등학생 400엔, 모래찜질 온천 760엔
홈피 www.hyotan-onsen.com 지도 MAP 18-C4
교통 JR 벳푸 역 서쪽 출구 앞의 3번 정류장에서 2 · 5 · 7 · 41번 카메노이 버스를 타고 칸나와 鉄輪 하차(20분, 390엔), 도보 13분.

❼ 유메타마테바코 夢たまて筥

호텔에 딸린 쾌적한 시설의 온천. 규모가 크며 히노키탕 · 자쿠지 · 폭포탕 · 증기탕 · 사우나 등 10여 가지 시설을 자유로이 이용할 수 있다. 개방감 만점의 노천온천도 이용 가능하며, 가벼운 식사를 즐길 수 있는 식당 · 휴게실도 완비했다.

영업 07:00~02:00
요금 580엔, 토 · 일 · 공휴일 · 성수기 580~980엔 (입장 시각에 따라 차등 적용)
홈피 www.ooedoonsen.jp/fugetsu
교통 JR 벳푸 역 서쪽 출구 앞의 3번 정류장에서 2 · 5 · 7 · 41번 카메노이 버스를 타고 칸나와 鉄輪 하차(20분, 390엔), 도보 9분.

❽ 시부노유 渋の湯

13세기부터 이용된 유서 깊은 온천. 주민들이 이용하는 곳으로 공중목욕탕처럼 조그만 욕조 하나만 있다. 약산성의 메타규산이 함유된 온천이라 피부보습 효과가 있다.

영업 06:30~20:30 요금 100엔 지도 MAP 18-B4
교통 JR 벳푸 역 서쪽 출구 앞의 3번 정류장에서 2 · 5 · 7 · 41번 카메노이 버스를 타고 칸나와 鉄輪 하차(20분, 390엔), 도보 4분.

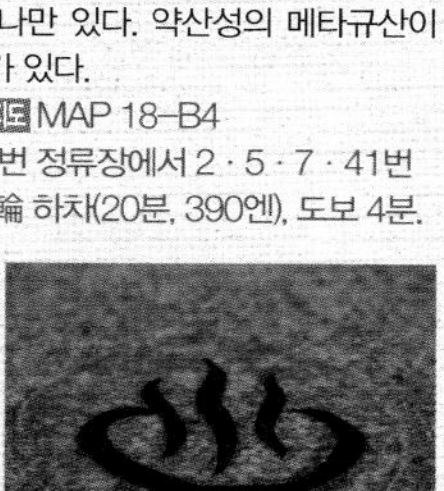

토요츠네
とよ常

Since 1938

★4.1/3.45 3대째 가업을 이어오는 식당. 벳푸 근해에서 잡은 싱싱한 생선과 신선한 제철 채소를 사용해 계절의 풍미를 담뿍 맛볼 수 있다. 대표 메뉴는 특상 튀김덮밥 特上天丼(토쿠죠텐동)이다. 밥 위에 새우 두 마리와 단호박 · 풋고추 등 튀김 6점을 얹어주는데, 싱싱함이 살아있는 기분 좋은 식감과 달콤 짭조름한 소스가 멋진 조화를 이룬다. 보들보들한 붕장어 튀김덮밥 穴子丼(아나고동)도 맛있다. 양이 조금 적으니 푸짐하게 먹으려면 곱빼기 大盛り(오모리)로 주문하거나 새우튀김 海老天(에비텐)을 추가해도 좋다. 간장 · 양파 · 깨에 버무린 전갱이 · 고등어를 밥 위에 올려먹는 벳푸 향토요리 류큐동 りゅきゅう丼도 도전해볼 가치가 충분하다. 휴업일에는 벳푸키타하마 버스 센터 인근의 본점(휴업 화 · 수요일)을 이용한다.

특상 튀김덮밥 特上天丼

예산 1,000엔~ 영업 11:00~14:00, 17:00~21:00 휴업 목 · 금요일
주소 別府市 駅前本町 5-30 전화 0977-23-7487
지도 MAP 17-B3 교통 JR 벳푸 別府 역 동쪽 출구 東口에서 도보 5분.
구글맵 QR 코드 스캔 · 터치

오와다스시
大和田鮨

Since 1977

★4.0/3.67 도쿄에서 경력을 쌓은 장인이 운영하는 초밥집. 벳푸 근해에서 잡은 싱싱한 생선은 물론, 도쿄의 츠키지 築地 시장에서 들여오는 최상품 참치까지 다양한 초밥 메뉴를 선보인다. 모양은 조금 투박하지만 식재료 본연의 맛을 한껏 끌어내는 빼어난 실력 때문에 멀리 후쿠오카에서 찾아오는 단골까지 있을 정도다.

참치 중뱃살 · 성게알이 포함된 초밥 8점 세트 토쿠죠니기리 特上にぎり, 전갱이 · 고등어 등 벳푸 연근해 생선을 위주로 한 초밥 8점 세트 지자카나니기리 地魚にぎり, 참치 중뱃살 · 전갱이 · 고등어 · 김말이 반 개가 포함된 초밥 10점 세트 긴센니기리 吟選にぎり 등의 세트 메뉴를 주문하면 푸짐하게 맛난 초밥을 먹을 수 있다. 초밥 외에 생선회 · 참치회덮밥 등의 메뉴도 취급한다.

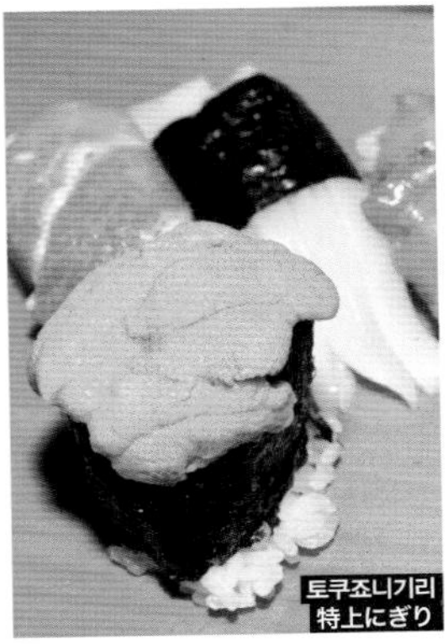

토쿠죠니기리 特上にぎり

예산 3,000엔~ 영업 11:30~14:00, 17:00~20:00
휴업 월요일, 매월 둘째 · 넷째 화요일, 연말연시 주소 別府市 北浜 1-1-3
전화 0977-21-0263 지도 MAP 17-C3
교통 JR 벳푸 別府 역 동쪽 출구 東口에서 도보 6분. 구글맵 QR 코드 스캔 · 터치

 구글맵

Since 1926

닭튀김
とり天

토요켄
東洋軒

★4.1/3.49 일본식 닭튀김의 원조집. 도쿄의 유명 호텔 및 일왕의 수행요리사로 경력을 쌓은 창업주가 오픈해 3대째 가업을 이어오고 있다.
일본식 중화요리가 전문이며, 일본 최초로 닭튀김 とり天(토리텐)을 선보인 곳으로 유명하다. 잡내 없는 야들야들한 닭고기는 육즙이 풍부하며, 포근하게 씹히는 식감의 튀김옷이 인상적이다. 초간장에 겨자를 풀어 찍어 먹으면 더욱 맛있다. 단품은 물론 밥 · 샐러드가 포함된 정식으로도 주문할 수 있다. 토키와 백화점(p.268) 지하에도 분점이 있다.

예산 1,500엔~
휴업 매월 둘째 화요일, 연말연시
영업 11:00~15:30, 17:00~22:00
주소 別府市 石垣東 7-8-22
전화 0977-23-3333 지도 MAP 16-C3
교통 JR 벳푸 別府 역 동쪽 출구 東口에서 24번 카메노이 버스를 타고 신미나토마치 新港町 하차(10분, 210엔), 도보 5분.
구글맵 QR 코드 스캔 · 터치

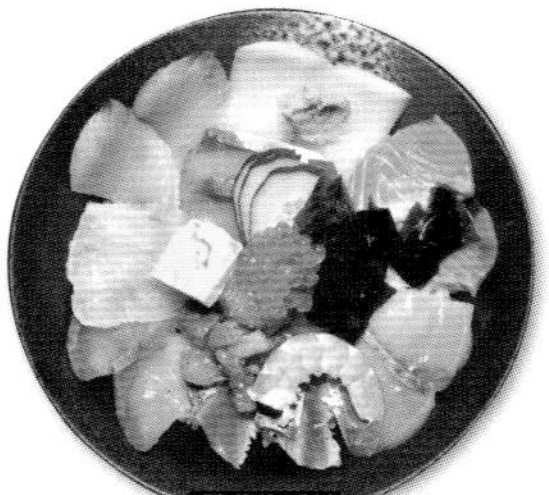
회덮밥 정식
海鮮丼定食

카이센이즈츠
海鮮いづつ

★3.8/3.56 싱싱한 생선회로 소문난 맛집. 1970년대 분위기를 풍기는 허름한 이자카야지만, 합리적 가격에 양질의 음식을 맛볼 수 있어 언제나 문전성시를 이룬다. 특히 손님이 몰리는 주말에는 자리 잡기가 하늘의 별 따기이니 서둘러 가야 한다.
새콤하게 밑간을 한 밥 위에 채 썬 차조기 잎을 깔고 생선회를 듬뿍 얹은 회덮밥 정식 海鮮丼定食(카이센동테쇼쿠)이 맛있다. 회 종류가 매일 바뀌어 언제나 다채로운 맛을 즐길 수 있다. 간장 · 양파 · 깨에 버무린 생선을 밥 위에 올려먹는 향토요리 류큐동 정식 りゅきゅう丼定食(류큐동테이쇼쿠)도 별미다.

예산 1,500엔~
영업 11:00~15:00, 18:00~21:30
휴업 월요일 주소 別府市 楠町 5-5
전화 0977-22-2449
지도 MAP 17-D4
교통 JR 벳푸 別府 역 동쪽 출구 東口에서 도보 13분.
구글맵 QR 코드 스캔 · 터치

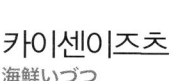

Since 1989

소무리 런치 세트
そむりランチ

소무리
そむり

★4.3/3.73 오이타 특산품인 분고 豊後 소고기 스테이크 하우스. 현지인도 즐겨 찾는 맛집이며, 엄선된 소고기 가운데서도 최상품만 사용한다는 원칙에 충실하다.
메인 메뉴는 환상적인 마블링의 스테이크 ステーキ(스테키). 생김새만큼 맛도 훌륭하지만 1인분 1만 엔 정도하는 가격이 조금 부담스럽다. 극강의 가성비를 뽐내는 인기 메뉴는 점심에만 한정 판매하는 소무리 런치 세트 そむりランチ(소무리란치)다. 분고 소고기로 만든 육즙 가득한 햄버그스테이크에 새우튀김이 포함돼 있어 양도 넉넉하다.

예산 2,000엔~
영업 11:30~14:00, 17:30~21:30
휴업 월요일, 수요일 저녁
주소 別府市 北浜 1-4-28 笠岡商店ビル 2/F
전화 0977-24-6830 지도 MAP 17-C4
교통 JR 벳푸 別府 역 동쪽 출구 東口에서 도보 10분.
구글맵 QR 코드 스캔 · 터치

Since 1953

그릴 미츠바
グリルみつば

★3.9/3.44 벳푸 토박이가 즐겨 찾는 경양식 레스토랑. 서민적인 맛과 분위기로 인기다. 전문 주방장이 만드는 본격 중화요리를 맛볼 수 있는 점도 흥미롭다.
대표 메뉴는 두께 1㎝에 육박하는 두툼한 소고기 안심의 비프 커틀릿 ビーフカツ(비후카츠)이다. 라드로 튀겨 풍미를 살렸으며, 부드러운 식감과 입 안 가득 퍼지는 촉촉한 육즙의 조화가 훌륭하다.
수십 년 전통의 비법 소스를 곁들인 고소한 닭튀김 とり天(토리텐), 새콤달콤한 칠리 새우 海老チリ(에비치리), 새콤한 일본식 탕수육 酢豚(스부타) 등 중화요리도 맛있다.

예산 2,000엔~
영업 11:30~14:00, 18:00~21:00
휴업 화요일
주소 別府市 北浜1-4-31
전화 0977-23-2887
지도 MAP 17-C3
교통 JR 벳푸 別府 역 동쪽 출구 東口에서 도보 9분.
구글맵 QR 코드 스캔·터치

코코치 카페 무스비노
ここちカフェむすびの

★4.2/3.28 1907년에 지어진 전통 목조주택을 리모델링한 분위기 만점의 카페. 100년 전의 모습을 고스란히 간직한 인테리어와 느긋하게 휴식을 취하기 좋은 포근한 공간이 멋스럽다. 칸나와온센 마을(p.249)에 위치해 근처를 돌아보거나 지옥 순례 도중에 들러 식사나 음료를 즐기기에 좋다.
11:30~15:00와 18:00~19:30에는 생선 · 고기 요리와 함께 밥 · 반찬 · 음료가 제공되는 정식 메뉴를 선보인다. 카페 타임인 15:00~18:00에는 음료와 케이크만 판매한다. 매일 아침 굽는 촉촉한 수제 케이크가 별미다.

예산 500엔~
영업 11:30~19:30 휴업 수 · 목요일
주소 別府市 北浜 1-4-31
지도 MAP 18-B4
교통 JR 벳푸 別府 역 서쪽 출구 西口 앞의 3번 정류장에서 2 · 5 · 7 · 41번 카메노이 버스를 타고 칸나와 鉄輪 하차, 도보 8분.
구글맵 QR 코드 스캔·터치

Since 1950

아리랑
アリラン

★4.1/3.45 일본인이 운영하는 한식당. 현지화된 맛이라 정통 한식과는 다른 오묘한 맛이 난다. 메인 메뉴는 야키니쿠 焼肉와 벳푸냉면 別府冷麺(벳푸레이멘)이다. 일제 강점기 우리나라의 냉면을 맛본 한 일본인이 고향인 벳푸로 돌아와 일본식으로 만들기 시작한 게 벳푸 냉면의 시초다.
한국 냉면과는 생판 다른 맛과 식감 때문에 실망할 가능성이 높으니 '이색 음식' 정도로 보고 도전(!)하는 게 좋을 듯. 갈비 · 등심 등 야키니쿠 메뉴는 가격과 고기의 질 모두 양호하다.

예산 900엔~
영업 11:30~14:00, 17:30~21:00, 월 · 수 · 목 · 금요일 17:30~21:00
휴업 화요일
주소 別府市 北浜 2-2-35
전화 0977-22-3010
지도 MAP 17-B3
교통 JR 벳푸 別府 역 동쪽 출구 東口에서 도보 8분.
구글맵 QR 코드 스캔·터치

Since 1916

토모나가 빵집
友永パン屋

★4.4/3.59 옛날 냄새 폴폴 풍기는 로컬 빵집. 외관은 물론 작업 방식 모두 100년 전 스타일을 고수한다. 레트로한 분위기에 끌려 현지인은 물론 여행자도 즐겨 찾는다. 빵값도 과거로 돌아간 듯 저렴한데, 쇼핑 백 한가득 담아도 1,000~2,000엔 수준이라 빵순이 · 빵돌이의 천국으로 통한다. 먼저 주문표를 받아 구매할 빵의 수량을 체크한 다음, 계산대로 가져가 빵을 받고 돈을 내면 된다. 불변의 인기 메뉴는 단팥빵 あんぱん(앙팡), 크림빵 クリームパン(쿠리무팡), 강아지빵 ワンちゃん(완챵), 버터 프랑스 バターフランス이며, 쫄깃한 식감과 적당한 단맛이 군침을 돌게 한다.

예산 100엔~ 영업 08:30~18:00
휴업 일요일 지도 MAP 17-D3
주소 別府市 千代町 2-29
교통 JR 벳푸 역 동쪽 출구 東口에서 도보 15분.
구글맵 QR 코드 스캔 · 터치

Since 1947

군만두 鍋烙

교자 코게츠
ぎょうざ湖月

★4.2/3.68 일본에서 가장 오래된 군만두 전문점. 창업자가 1935년 만주에서 익힌 궈라오 鍋烙(중국 동북식 군만두) 조리법을 토대로 만든 군만두가 맛있기로 명성이 자자하다. 고작 7명이 들어가면 꽉 차는 조그만 가게는 언제나 손님으로 가득하다.
메뉴는 군만두 鍋烙(야키교자)와 맥주 ビール(비루)뿐이다. 한 면만 노릇노릇하게 구운 군만두는 감칠맛 나는 육즙이 가득한데, 매콤한 고추기름을 두른 초간장에 찍어 먹으면 더욱 맛있다. 재료가 떨어지면 바로 문을 닫으니 서둘러 가야 한다.

예산 600엔~
영업 14:00~19:00
휴업 월~목요일, 부정기적
주소 別府市 北浜 1-9-4
전화 0977-21-0226
지도 MAP 17-C4
교통 JR 벳푸 別府 역 동쪽 출구 東口에서 도보 8분.
구글맵 QR 코드 스캔 · 터치

젤라토

제노바
GENOVA

★4.2/3.52 정통 이탈리아식 젤라토를 선보이는 가게. 상큼한 단맛이 매력이라 가벼운 디저트 또는 한여름 더위에 지쳤을 때 군것질거리로 강추한다. 엄선된 재료만 사용해 직접 만드는 젤라토는 과일 · 맛챠 · 홍차 등 20여 가지 맛이 상비돼 있다. 진열장에 놓인 것을 보고 주문하면 돼 이용하기 쉽다. 원하는 메뉴는 직접 맛을 보고 주문할 수 있으니 부담 없이 물어보자. 인공 첨가물을 사용하지 않아 금방 녹기 때문에 서둘러 먹어야 한다는 사실에 유의할 것!

예산 600엔~
영업 12:00~21:00
휴업 수요일
※수요일이 공휴일일 때는 그 다음날
주소 別府市 北浜 1-10-5
전화 0977-22-6051
지도 MAP 17-C4
교통 JR 벳푸 別府 역 동쪽 출구 東口에서 도보 8분. 솔 파세오 긴자 상점가 ソルパセオ銀座商店街에 있다.
구글맵 QR 코드 스캔 · 터치

1 주말이면 쇼핑을 나온 현지인들로 북적인다.
2 엽기발랄한 아이템이 풍부한 빌리지 뱅가드.

유메타운 벳푸 ゆめタウン別府

벳푸 제일의 규모를 자랑하는 대형 쇼핑센터.
3개 층에 걸쳐 100여 개의 숍과 레스토랑 · 푸드코트가 모여 있어 발품 팔지 않고도 쇼핑과 식사의 두 마리 토끼를 모두 잡을 수 있다. 눈여겨볼 숍은 풍부한 상품 구성을 자랑하는 대형 슈퍼마켓, 수입 식료품 · 커피 전문점 Kaldi Coffee Farm, 100엔 숍 Daiso(1층), 캐주얼 의류를 초저가로 판매하는 GU, 반려동물용품 전문점 원 러브 One Love(2층), 깜찍한 양말 및 여성 속옷을 취급하는 투투안나 tutuanna, 캐주얼 의류 매장 유니클로, 프라모델 · 피규어 전문점 호비존 Hobby Zone, 엽기발랄한 아이템으로 가득한 잡화점 빌리지 뱅가드 Village Vanguard, 대형 게임 센터 Taito Station(3층) 등이다.

영업 숍 09:30~21:00, 레스토랑 11:00~21:00
주소 別府市 楠町 382-7 전화 0977-26-3333
홈피 www.izumi.jp/tenpo/beppu 지도 MAP 17-D5
교통 JR 벳푸 別府 역 동쪽 출구 東口에서 도보 17분.
구글맵 QR 코드 스캔 · 터치

토키와
TOKIWA

중급 규모의 백화점. 벳푸 유일의 백화점이지만 규모에 비해 상품이 빈약해 쇼핑의 재미를 보기는 조금 힘들다.
눈여겨볼 매장은 슈퍼마켓(지하 1층), 라이프스타일 숍 무지 Muji(1층), 깜찍한 잡화 · 문구가 풍부한 로프트 Loft (2층), 예쁜 디자인의 생필품을 판매하는 100엔 숍 Seria(4층) 등이다.

영업 10:00~19:00
주소 別府市 北浜 2-9-1
전화 0977-23-1111
홈피 www.tokiwa-dept.co.jp/beppu
지도 MAP 17-B4
교통 JR 벳푸 別府 역 동쪽 출구 東口에서 도보 9분.
구글맵 QR 코드 스캔 · 터치

셀렉트 벳푸
SELECT BEPPU

100년 역사의 목조주택을 리모델링한 숍. 벳푸의 로컬 아티스트가 지역 이미지를 가미해 만든 다양한 핸드메이드 잡화와 공예품 · 전통 먹거리를 판매한다. 규모가 무척 작지만 발랄한 감성과 디자인의 아이템이 눈길을 끈다. 2층에는 기획전이 열리는 미니 갤러리(유료)도 있다.

영업 11:00~17:00
휴업 수요일
주소 別府市 中央町 9-34
전화 0977-80-7226
지도 MAP 17-D3
홈피 https://selectbeppu.com
교통 JR 벳푸 別府 역 동쪽 출구 東口에서 도보 8분.
구글맵 QR 코드 스캔 · 터치

돈키호테
ドン · キホーテ

식료품 · 잡화 · 의약품을 판매하는 대형 할인점. 가격이 저렴한 것은 물론 밤늦게까지 영업해 시간과 비용에 구애 받지 않고 쇼핑을 즐길 수 있다. 단일 플로어로 구성된 매장이라 돌아보기 편하며, 인기 상품 위주로 판매해 선택의 고민 없이 빠르게 기념품 쇼핑을 끝낼 수 있는 것도 장점이다.

영업 09:00~02:00
주소 別府市 南的ケ浜町 6-20
전화 0570-200-465
홈피 www.donki.com
지도 MAP 17-A4
교통 JR 벳푸 別府 역 동쪽 출구 東口에서 도보 17분.
구글맵 QR 코드 스캔 · 터치

 구글맵

PART 5

NAGASAKI

長崎·나가사키

Quick guide

나가사키 長崎

규슈에서 가장 이국적인 면모를 지닌 나가사키는 오랜 옛날부터 한반도와 중국의 문화를 받아들이던 항구도시다. 쇄국 당시에도 우리나라와 조선통신사를 통해 학술 · 문화를 교류했기에 불교를 비롯한 한반도의 여러 문화가 나가사키를 통해 일본에 전래됐다.

16세기에는 서양문물을 급속히 받아들여 일본 속의 유럽 문화를 꽃피우기도 했다. 태평양 전쟁 때는 일본 조선업의 중심기지로 육성된 까닭에 히로시마에 이은 두 번째 원폭 투하지로 결정되는 비극을 낳았다. 원폭과 함께 한줌 재로 사라진 이는 7만 3,800여 명에 달하며, 도시의 절반 가까이가 형체를 알아보기 힘들 만큼 파괴됐다. 전후 지속적인 복구사업에 힘입어 옛 모습을 완전히 되찾았으며 현재는 일본 유수의 관광도시로 자리매김하고 있다.

인구
38만 7,000명

면적
406km²

6대 명소

3대 먹거리

2대 쇼핑 명소

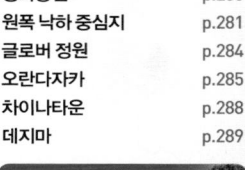

1Day trip

옵션 1

하우스텐보스

p.308

17세기 네덜란드의 풍경을 재현한 테마파크. 축구장 200개와 맞먹는 광활한 면적을 가진 규슈 유일의 테마파크다. 놀이기구 등의 오락적 요소는 별로 없지만 튤립과 풍차가 어우러진 이국적 분위기를 만끽할 수 있는 게 매력이다. 시즌 별로 다양한 이벤트도 열린다.

쾌속열차 1시간 40분 / 고속버스 1시간 20분

옵션 2

운젠

p.310

나가사키 인근에서 가장 유명한 온천 휴양지. 마을 전체를 휘감은 유황 냄새와 새하얀 수증기가 화산섬 규슈의 한복판에 와 있음을 실감케 한다. 천연 유황 온천이라 온천수의 질도 훌륭하다. 노천온천이 딸린 전통 여관에서 온천 여행의 매력에 푸~욱 빠져볼 수 있다.

고속버스 1시간 40분

옵션 3

오바마온센

p.312

바닷가에 위치한 조그만 온천 마을. 볼거리가 풍부하진 않지만 탁 트인 바다를 즐길 수 있어 잠시 쉬어가기에 적당하다. 일본에서 가장 길이가 긴 무료 족탕과 온천 증기에 음식을 쪄 먹는 가마가 유명하다. 나가사키~운젠 사이에 위치해 운젠을 오가는 길에 들러도 좋다.

고속버스 1시간 20분

옵션 4

우레시노온센

p.200

일본의 3대 미인 온천. 온천수 성분 때문에 목욕을 마치면 피부가 매끈매끈해진다. 번화한 맛은 없지만 조그만 마을 곳곳엔 유서 깊은 전통 여관이 점점이 자리한다. 초록으로 가득한 강변을 따라 산책을 즐기거나 규슈 올레 코스를 걸으며 한가로이 휴식을 즐기기에 좋다.

신칸센 25분 / 고속버스 1시간 10분

옵션 5

타케오온센

p.203

1,200년의 역사를 간직한 조그만 온천 마을. 소박한 풍경 속에서 잠시 휴식을 취하기에 적당하다. 20세기 초의 모습이 고스란히 남겨진 온천 거리를 구경하거나 따뜻한 온천에 몸을 맡기는 재미가 쏠쏠하다. 규슈 올레 코스를 걸으며 가벼운 하이킹을 즐기기에도 좋다.

신칸센 30분

소도시 여행!

나가사키 국제공항에서 시내로

나가사키 국제공항은 규모가 작고 구조도 단순해 이용하기 쉽다. 공항에서 나가사키 시내까지의 거리는 약 40㎞이며, 도심을 연결하는 교통편은 공항버스 · 택시 · 렌터카가 있다. 택시는 요금이 무척 비싸니 요금이 저렴한 공항버스를 이용하는 게 현명하다. 공항버스는 입국장 바로 앞에서 출발하며 정류장 안내가 한국어로도 나와 이용에 어려움이 없다.

세 줄 요약

나가사키 국제공항	공항버스	왕복권 구매
국제선과 국내선이 하나의 건물로 붙어 있다. 편의시설은 국내선 쪽에 모여 있다.	5번 정류장에서 출발하는 직행버스가 편리하다. JR 나가사키 역까지 43분 소요.	공항버스 티켓은 편도보다 왕복으로 구매하는 게 저렴하다.

나가사키 국제공항

홈피 https://nagasaki-airport.jp

나가사키 국제공항

공항버스

나가사키 국제공항 → JR 나가사키 역
소요 43~61분
요금 1,200엔
산큐 패스 사용 가능

나가사키 국제공항 長崎国際空港

인천 국제공항에서 나가사키 국제공항까지 대한항공이 매주 3~4회 운항한다. 나가사키 국제공항은 국제선과 국내선이 하나로 이어진 '一'자 형의 건물이며, 입국장은 1층에 위치한다. 여행 인포메이션 센터 · 편의점 · 렌터카 카운터 등의 편의시설은 국내선 쪽에 모여 있다.
국제선 출국장은 2층이다. 면세점이 무척 빈약하니 기념품 쇼핑은 시내에서 마치거나 국내선 쪽의 기념품점을 이용하는 게 좋다.

공항버스 空港バス

공항버스

시내로 들어갈 때는 공항버스를 이용한다. 정류장은 입국장 정면 오른쪽의 출구를 나가면 바로 앞에 있다. 1~5번의 다섯 개 정류장이 있는데 나가사키 방면 버스는 4 · 5번 정류장에서 출발한다. 4번 정류장에서 출발하는 버스는 경유지가 많아 JR 나가사키 역까지 55~61분 걸린다. 반면 5번 정류장에서 출발하는 버스는 나카사키신치 長崎新地(차이나타운, 35분)를 경유해 JR 나가사키 역으로 직행하기 때문에 43분밖에 걸리지 않는다.
버스 티켓은 자판기에서 판매하며 편도보다 왕복권이 저렴하다. 왕복권은 혼자서 왕복으로 이용하거나 두 명이 편도로 한 장씩 이용해도 된다. 버스 안내방송은 일어 · 영어로 나오며 정차할 정류장의 이름이 모니터에 한글로도 표시돼 이용에 큰 어려움은 없다.

주변 도시에서 나가사키로

후쿠오카에서 갈 때는 기차 · 버스 · 렌터카를 모두 이용할 수 있다. 일반적으로 운행 편수가 많은 특급열차의 이용 비율이 높지만, 각기 장단점이 있으니 꼼꼼히 비교해보고 편리한 쪽을 선택하자. 경비를 절약하려면 요금이 저렴한 버스를 이용해도 좋다. 기타 주변 도시에서 갈 때는 버스를 이용하는 게 편리하다.

세 줄 요약

후쿠오카 → 나가사키
기차가 빠르고 편리하다. 요금은 버스가 기차보다 절반 정도 저렴하다.

유후인 → 나가사키
기차가 편리하다. 도중의 JR 토스 역에서 특급열차로 갈아탄다.

기타 도시 → 나가사키
버스만 운행하는 곳도 있다. 성수기 · 주말에는 예약이 필요할 수 있다.

후쿠오카 → 나가사키 福岡 → 長崎

가장 편리한 교통편은 기차다. JR 하카타 博多 역에서 출발하는 특급열차를 타고 타케오온센 武雄温泉 역으로 간 다음, 신칸센 카모메 かもめ로 갈아탄다. 기차가 도착하는 곳은 JR 나가사키 長崎 역이다. 여행 인포메이션 센터가 위치한 카모메 출구 かもめ口(동쪽 출구 東口)를 나와 정면으로 200m쯤 직진하면 나가사키 시내를 연결하는 전차 · 버스 정류장이 있다.
버스는 하카타 버스터미널 博多バスターミナル(MAP 6-A3) 3층의 37번 승강장과 텐진 고속버스 터미널 天神高速バスターミナル(MAP 8-F4) 3층의 4번 승강장에서 출발한다. 15~30분 간격으로 운행해 언제든 편하게 이용할 수 있다. 경유지에 따라 소요시간에 차이가 나니 미리 확인하고 타자. 버스가 도착하는 곳은 JR 나가사키 역 앞이다.
후쿠오카에서 나가사키까지의 거리는 약 160km, 고속도로 경유시 2시간쯤 걸리며 통행료는 승용차 기준 4,570엔이다.

유후인 → 나가사키 由布院 → 長崎

기차가 편리하다. 도중의 JR 토스 鳥栖 역에서 특급열차, 타케오온센 武雄温泉 역에서 신칸센 카모메 かもめ로 갈아탄다.

기타 도시 → 나가사키 周辺都市 → 長崎

기차로 연결되지 않는 운젠 · 오바마온센 등에서 갈 때는 버스를 이용하는 게 보편적이다. 버스가 도착하는 곳은 JR 나가사키 역 앞이다.

후쿠오카 → 나가사키

특급열차 · 신칸센 1시간 20분, 6,490엔
북큐슈 레일 패스 사용 가능
고속버스 2시간 20분~3시간, 2,900엔
산큐 패스 사용 가능

유후인 → 나가사키

특급열차 · 신칸센 3시간 30분, 1만 290엔
북큐슈 레일 패스 사용 가능

우레시노온센 → 나가사키

고속버스 1시간 10분, 1,800엔
산큐 패스 사용 가능
신칸센 25분, 3,060엔
규슈 레일패스 사용 가능

운젠 → 나가사키

고속버스 1시간 40분, 1,850엔
산큐 패스 사용 가능

나가사키 시내교통

나가사키는 중심지의 길이가 남북 8㎞에 불과한 아주 조그만 도시다. 이용 가능한 대중교통은 전차 · 버스 · 택시가 있다. 이 가운데 가성비 절대 갑의 교통편은 바로 전차다. 주요 명소를 빠짐없이 연결하며 요금도 저렴해 여행자의 발 역할을 톡톡히 한다. 버스는 전차가 연결되지 않는 일부 명소를 찾아갈 때 탈 수도 있지만 이용 가능성은 현저히 낮다.

세 줄 요약

전차
주요 명소를 빠짐없이 연결하는 핵심 교통수단. 노선이 단순해 이용하기 쉽다.

전차 1일권
다섯 번 이상 타야 본전이 빠지지만, 그만큼 탈 일이 별로 없다. 이용 계획을 잘 세우자.

버스
이용 가능성은 제로에 가깝다. 편리한 전차를 이용하자.

전차

운행 06:00~23:30(노선마다 다름)
요금 1회 140엔
1일권 600엔
24시간권 700엔
홈피 www.naga-den.com

예스러운 외관의 전차

전차 電車

전차는 1 · 3 · 4 · 5호선의 4개 노선을 운행한다. 노선이 단순해 이용하기도 쉬운데 북쪽의 평화공원 방면은 1 · 3호선 아카사코 赤迫 행, 남쪽의 데지마 · 차이나타운 · 글로버 정원 방면은 1호선 소후쿠지 崇福寺 행을 타면 된다. 각각의 정류장에는 11~51번의 고유 번호가 붙어 있다. 초행자는 고유 번호를 이용하면 정류장 이름으로 찾는 것보다 쉽게 목적지를 찾아갈 수 있다.

요금

요금은 전 구간 단일 요금제다. 전차를 하루 종일 자유로이 탈 수 있는 1일권 電車一日乗車券, 개표 후 24시간 동안 탈 수 있는 24시간권 24時間乗車券 등의 할인권도 있다. 단, 전차를 5회 이상 타야 본전을 뽑을 수 있다. 1일권은 JR 나가사키 역의 인포메이션 센터와 주요 호텔의 프런트, 전차 홈페이지에서 판매하며, 24시간권은 전차 홈페이지에서만 구매할 수 있다.

실전! 전차 타기

전차는 뒷문으로 타고 앞문으로 내린다. 전차가 들어오면 노선번호와 행선지를 확인하고 뒷문으로 탑승한다. 운전석 왼쪽 윗부분에 설치된 모니터를 통해 정차할 정류장이 일본어 · 영어 · 한글로 표시되니 그것을 보고 내릴 때가 되면 정차 버튼을 눌러 전차를 세운다. 그리고 앞문으로 가서 요금을 내고 내린다. 거스름돈을 주지 않으니 정확한 요금을 내야 한다. 잔돈이 없을 때는 요

전차 이용법

① 전차 노선 번호와 행선지를 확인한다.

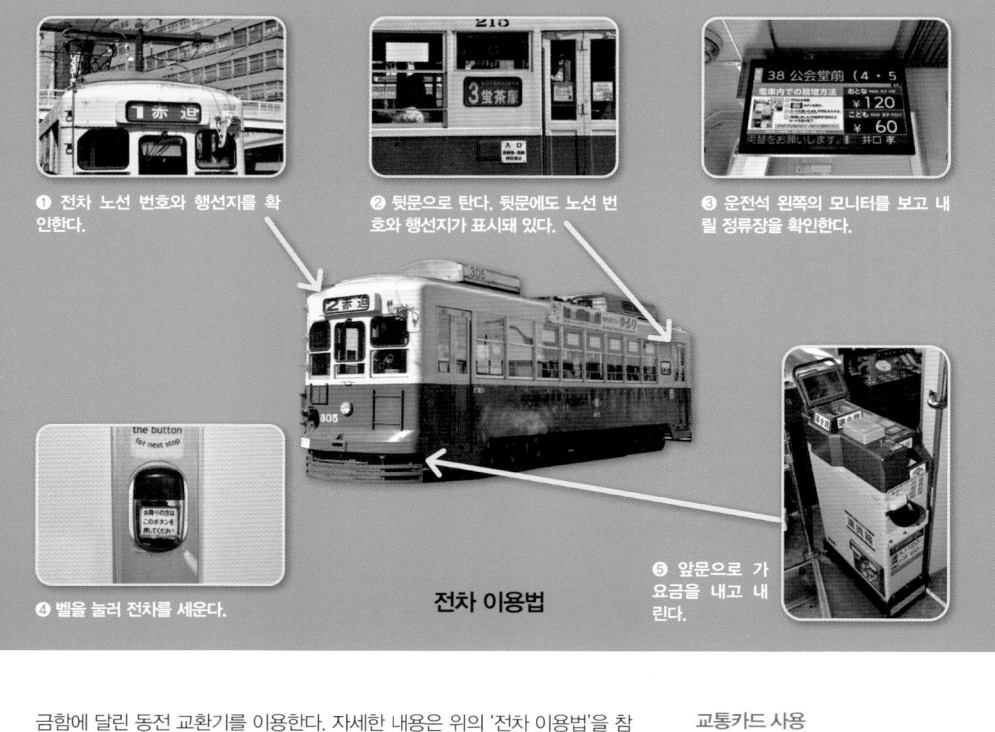

② 뒷문으로 탄다. 뒷문에도 노선 번호와 행선지가 표시돼 있다.

③ 운전석 왼쪽의 모니터를 보고 내릴 정류장을 확인한다.

④ 벨을 눌러 전차를 세운다.

⑤ 앞문으로 가 요금을 내고 내린다.

금함에 달린 동전 교환기를 이용한다. 자세한 내용은 위의 '전차 이용법'을 참고하자.

주의할 점은 갈아타기다. 다른 곳에서 갈아탈 때는 무조건 요금을 새로 내야 하지만, 1호선과 5호선이 만나는 신치츄카가이 新地中華街(35) 정류장에 한해서는 요금을 새로 내지 않고 전차를 갈아탈 수 있다. 내릴 때 요금을 내면서 운전사에게 환승권인 '노리츠기켄 乗り続ぎ券'을 받는다. 그리고 전차를 갈아타고 가다가 내릴 때 요금 대신 환승권을 내면 된다. 평화공원 · 나가사키 역에서 오우라텐슈도 · 글로버 정원 방면으로 가거나 그 반대방향으로 이동할 때 이 방법이 적용된다.

교통카드 사용

스이카 · 모바일 스이카 · 하야카켄 등의 교통카드는 우리나라의 버스처럼 전차를 타고 내릴 때 한 번씩 단말기에 카드를 찍으면 된다. 환승시에도 요금이 자동으로 정산된다.

버스 バス

전차의 활용도가 높아 버스 탈 일은 거의 없다. 더구나 노선을 파악하기 힘들어 초행자가 이용하기 어려운 것도 단점이다. 굳이 버스를 타야 하는 경우는 전차로 연결되지 않는 이나사야마 산정전망대(p.291)에 갈 때뿐인데 이마저도 무료 셔틀버스가 운행돼 버스 이용 가능성을 떨어뜨린다.

그럼에도 불구하고 버스 위주로 이동할 때는 대부분의 노선이 JR 나가사키 역 앞에서 출발하며 북부에서는 한 자릿수, 남부에서는 두 자릿수 번호의 버스가 운행된다는 사실을 알아두자. 버스를 네 번 이상 타려면 JR 나가사키 역 여행 인포메이션 센터에서 버스 1일권 一日乗車券을 구매하는 게 경제적이다. 산큐 패스(p.354) 소지자는 나가사키 시내에서 운행되는 버스를 무료로 이용할 수 있다.

버스

운행 06:00~23:00(노선마다 다름)
요금 1회 160엔~, 1일권 500엔
홈피 www.nagasaki-bus.co.jp
산큐 패스 사용 가능

나가사키 시내 버스

AREA 01

나가사키
長崎

나가사키의 상징 평화 기념상, 원폭의 참상이 묘사된 전시관, 일본 속의 작은 중국 차이나타운, 유럽의 풍경을 고스란히 옮겨온 글로버 정원, 기독교 전래의 역사를 보여주는 유서 깊은 교회 등 풍성한 볼거리가 여행자의 호기심을 자극한다. 원조 나가사키 짬뽕을 비롯해 수백 년 전통의 카스텔라와 향토요리 등 다채로운 맛의 향연을 즐길 수 있는 것도 간과하기 힘든 매력이다.

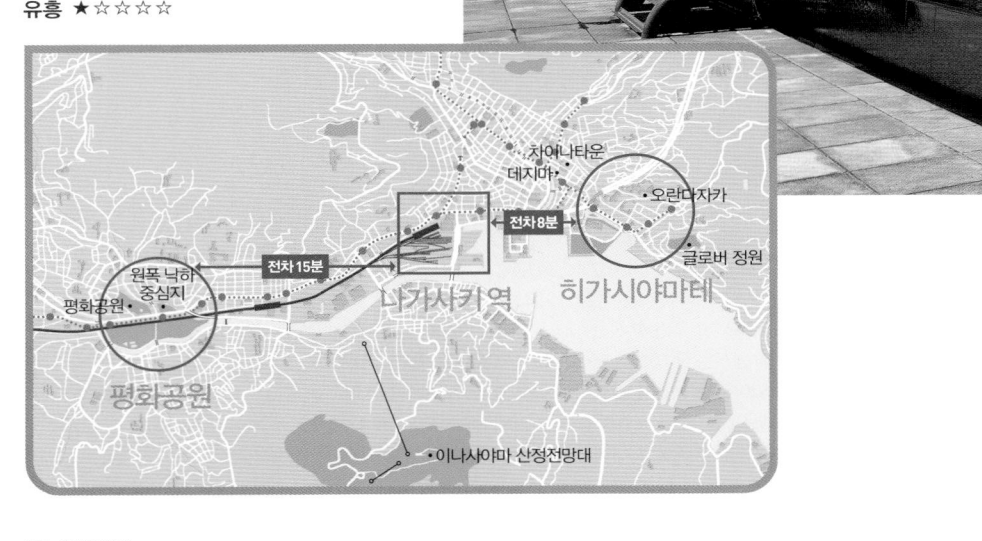

명소 ★★★★★
맛집 ★★★★☆
쇼핑 ★☆☆☆☆
유흥 ★☆☆☆☆

6대 명소

3대 먹거리

2대 쇼핑몰

best course

#1 나가사키 핵심 일주

길이 복잡한 곳도 있으니 지도를 잘 보고 다닌다. 여행자가 몰리는 주말 · 공휴일에는 식당 이용이 힘들 수 있으니 예약하고 가기를 권한다.

예상 소요시간 10시간~

1 **평화공원** p.280

도보 5분

2 **원폭 낙하 중심지** p.281

도보 2분

3 **원폭 한국인 희생자 추모비** p.282

도보 1분

4 **나가사키 원폭 자료관** p.282

전차 25분

5 **시카이로 나가사키 짬뽕** p.302

도보 5분

6 **글로버 정원** p.284

도보 5분

7 **오란다자카** p.285

도보 8분

8 **차이나타운** p.288

도보 15분

9 **메가네바시** p.292

도보 8분

10 **욧소 본점 싯포쿠 요리** p.303

평화공원의 평화기념상

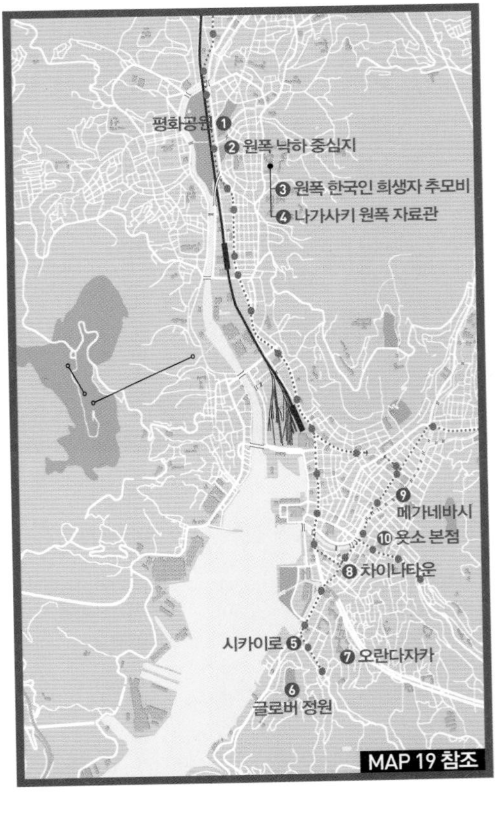

MAP 19 참조

best course

2 나가사키 & 운젠 일주

나가사키와 운젠을 묶어서 돌아본다. 왕복 3시간 정도 걸리며 버스 운행이 제한적이니 부지런히 움직여야 한다. 물론 버스 운행 시각 확인은 필수!

예상 소요시간 8시간~

1 나가사키에키마에 버스 터미널

고속버스 1시간 40분

2 운젠 p.310

도보 5분

3 지고쿠 p.310

도보 5분

4 운젠 온천 즐기기 p.311

고속버스 1시간 40분

5 일본 26성인 순교지 p.292

버스 5분

6 이나사야마 산정전망대 p.291

이나사야마 산정전망대

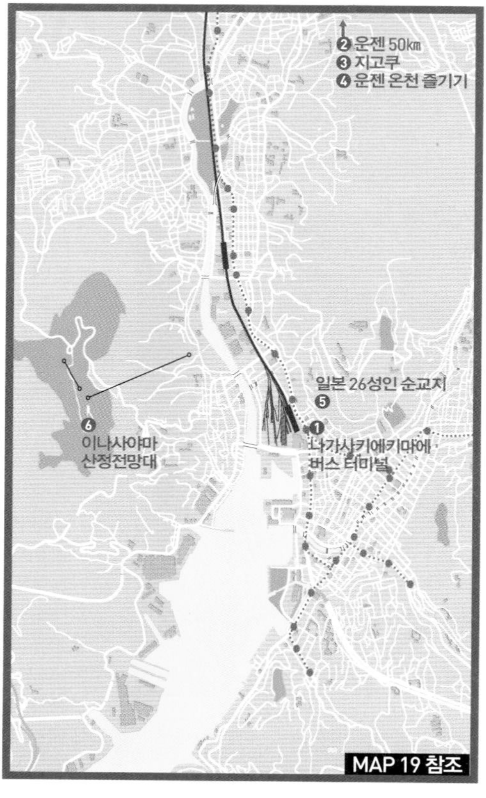

MAP 19 참조

01 平和公園 평화공원 ★★★★★

발음 헤-와꼬-엔 지도 MAP 22-B1 구글맵 QR 코드 스캔·터치
교통 전차 1·3호선 헤이와코엔 平和公園(19) 정류장 하차, 도보 2분.

핵병기 폐지와 항구적 평화를 기원하는 공원. 매년 8월 9일 오전 11시 2분에는 원폭 희생자 17여만 명의 영혼을 달래는 위령제가 열린다. 1945년의 그날 그 시각 이 위로 원폭이 투하됐다.
공원 한가운데에는 평화를 상징하는 비둘기와 학의 날개를 형상화한 물줄기가 샘솟는 평화의 샘 平和の泉이 있다. 피폭 사망자가 느낀 가장 큰 고통이 바로 갈증이었기에 그들의 목마른 영혼을 달래고자 샘을 만들었다. 주위에는 세계 각국에서 보내온 평화를 기원하는 조각이 놓여 있다. 평화 기념상까지 가는 도중에 보이는 울타리를 친 건물 터는 원래 우라카미 형무소가 있던 곳이다. 원폭 투하 당시 형무소에는 직원과 수인(囚人) 134명이 있었는데 전원이 옴짝달싹 못하고 원폭과 함께 한줌 잿더미로 변해 버렸다.
공원 제일 끝에 위치한 평화 기념상은 피폭 10주년을 기념해 세웠다. 기념상의 뻗어 올린 오른팔은 하늘에서 떨어진 원폭의 위협을 나타내고, 수평으로 뻗은 왼팔은 평화를 상징하며, 희생자의 명복을 비는 뜻으로 두 눈은 가볍게 감고 있다. 자애로운 표정은 신의 사랑과 부처의 자비를 표현한 것이다. 기념상 주변에는 수많은 종이학이 놓여 있는데, 피폭 후유증으로 백혈병에 걸린 소녀가 병이 낫기를 기원하며 병상에서 1,000마리의 종이학을 접은 데서 유래했다. 여기서 모티브를 딴 가곡 《천마리 종이학》이 작곡됐으며, 나가사키원폭 자료관(p.282)에서는 매일 11시 2분 이 곡이 연주된다.

1 전쟁의 비극을 상기시키는 평화 기념상.
2 기념상 옆에는 일본 전역에서 보내온 종이학이 놓여 있다.

1 원폭의 참상을 표현한 모자상.
2 원폭 폭발 당시의 지층을 보여주는 야외전시장.

02 原爆落下中心地 원폭 낙하 중심지 ★★★★★

발음 겐바꾸랏까츄-신찌 **개원** 24시간 **요금** 무료 **지도** MAP 22-A2
교통 전차 1 · 3호선 헤이와코엔 平和公園(19) 정류장 하차, 도보 2분. / 평화공원에서 도보 3분. **구글맵** QR 코드 스캔 · 터치

원폭이 투하된 지점을 알려주는 공원. 공원 북쪽에는 1945년 8월 9일 B-29 폭격기에서 투하된 원폭이 떨어진 위치를 표시한 검은색의 원폭 낙하 중심비와 색색으로 접힌 수천 개의 종이학, 그리고 국화가 말없이 놓여 있다. 중심비 안에는 희생자 17만 5,743명의 명부가 안치돼 있으며 그 수는 지금도 꾸준히 늘어나는 중이다. 중심비 옆에 검게 그을린 채 서 있는 탑은 우라카미텐슈도(p.283)의 벽과 수탑(水塔)의 일부로 그때의 참상을 대변해준다.

원폭이 폭발한 곳은 중심비에서 공중으로 500m 지점이며 그와 동시에 반경 2.5㎞ 일대가 파멸의 구렁텅이로 빠졌다. 1945년 12월 집계로 사망 7만 3,884명, 부상 7만 4,909명을 기록했으니 얼마나 큰 희생자가 발생했나 쉽게 짐작이 갈 듯. 당시 나가사키의 인구는 24만 명에 불과했다.

원폭 낙하 중심지에서 나가사키 원폭 자료관 쪽으로 가면 강가로 이어진 계단이 있다. 그 밑으로 내려가면 유리벽 너머로 원폭이 폭발할 당시 불에 탄 건물 잔해가 섞인 지층이 보인다. 화염에 휩싸였을 당시 이 일대의 지표면 온도는 3,000~4,000℃에 달했다. 동시에 이 일대의 나무가 모두 불타버려 70년간 한 포기 풀조차 자라지 못할 것이란 '70년 불모설'이 퍼지기도 했다. 그러나 불과 한 달 뒤 30여 종의 식물이 싹을 틔우며 강인한 자연의 치유력을 보여줬다.

평화공원 퍼펙트 가이드

평화공원 주변에는 원폭의 참상을 전하는 여러 유적이 남아 있다.
원폭 낙하 중심지에서 시작해 원폭 한국인 희생자 추모비→나가사키 원폭 자료관→국립 나가사키 원폭 사망자 추모 평화기념관→우라카미텐슈도의 순으로 돌아보면 되며, 2~3시간 정도 걸린다.

1979년에 놓인 추모비(상), 새로 건립된 위령비(하).

追悼長崎原爆朝鮮人犠牲者 원폭 한국인 희생자 추모비

발음 초이또-나가사끼겜바꾸쵸센진기세-샤 개원 24시간 요금 무료
지도 MAP 22-B3 교통 전차 1 · 3호선 헤이와코엔 平和公園(19) 정류장 하차, 도보 5분.
구글맵 QR 코드 스캔 · 터치

나가사키에서 피폭당해 사망한 한국인의 넋을 기리는 추모비. 1945년 당시 조선소와 군수공장에서 강제노역에 시달리던 한국인은 3만여 명에 달했으며, 그 가운데 2만여 명이 피폭되고 1만여 명이 사망하는 큰 피해를 입었다. 추모비는 그로부터 34년 뒤인 1979년 재일동포들이 성금을 모아 건립했다. 눈에 잘 띄지 않는 그늘진 공원 구석에 애처로이 서있는 모습이 당시 재일동포들의 안타까운 현실을 보여주는 듯하다. 바로 옆에는 1959년 북한에서 세운 기념식수비가 있다.
2021년에는 나가사키 원폭 자료관 정문 앞에 터를 마련해 새로운 한국인 원폭 희생자 위령비를 세웠다. 76년에 걸친 노력 끝에 이룬 성과였지만, 일본 측의 반대로 안내문에는 '강제징용' 대신 '본인의 의사에 반하여'란 표현이 새겨졌다.

長崎原爆資料館 나가사키 원폭 자료관

원폭이 폭발한 시각에 멈춘 시계.

발음 나가사끼겜바꾸시료-깐 개관 08:30~17:30, 5~8월 08:30~18:30, 8/7~8/9 08:30~20:00 휴관 12/29~31 요금 200엔, 고등학생 이하 100엔
홈피 https://nabmuseum.jp 지도 MAP 22-B3
교통 전차 1 · 3호선 헤이와코엔 平和公園(19) 정류장 하차, 도보 7분.
구글맵 QR 코드 스캔 · 터치

원폭 투하 당시의 참상을 보여주는 전시관. 지하 2층~1층의 세 개 층으로 이루어져 있으며 메인 전시실은 지하 2층이다. 똑딱이는 시계 소리와 함께 원폭이 폭발한 11시 2분에 멈춘 괘종시계가 걸린 전시실 입구에는 참상이 벌어지기 직전 평화로운 나가사키의 모습이 흑백사진으로 묘사돼 있다.
안으로 들어가면 히로시마 広島에 투하된 '리틀 보이 Little boy'에 이은 두 번째 원폭 '팻맨 Fat man(뚱보)'이 폭발한 직후 아비규환의 현장으로 돌변한 거리가 펼쳐진다. 허허벌판에 다름없는 시가지, 무너져 내린 건물 잔해, 검게 그을린 천사상, 녹아내린 유리병 등이 처참했던 당시의 상황을 고스란히 재현한다. 팻맨의 실물 사이즈 복제품, 핵병기 개발의 역사를 소개하는 자료도 볼 수 있다.

구글맵

浦上天主堂 우라카미텐슈도

발음 우라까미뗀슈도-
개관 09:00~17:00 ※미사 등 교회 행사가 없을 때에 한해 개방.
요금 무료 **지도** MAP 22-D1
교통 전차 1 · 3호선 헤이와코엔 平和公園(19) 정류장 하차, 도보 12분. / 평화공원에서 도보 8분.
구글맵 QR 코드 스캔 · 터치

19세기 중반 신앙의 자유를 되찾은 가톨릭 신자들이 세운 성당. 1880년에 지어졌으며 공사기간만 33년이 걸린 동양 최대의 성당이었다. 안타깝게도 폭심지 인근에 위치해 건물 밑동만 남긴 채 깡그리 잿더미로 변하고 말았다. 지금의 성당은 1959년 옛 모습을 복원한 것이다.
1,000명이 동시에 들어갈 수 있는 예배당은 예수의 생애와 기적을 묘사한 스테인드글라스 · 벽화로 장식돼 있다. 성당으로 올라가는 길 도중의 왼쪽에는 목이 잘린 채 검게 그을린 천사상과 폭발의 충격으로 성당에서 떨어져 나간 종탑의 잔해가 남겨져 있어 원폭의 가공할 위력을 온몸으로 느끼게 한다. 성당을 바라볼 때 오른쪽에는 파괴된 성당 유물을 전시하는 원폭 유물전시실이 있다.

国立長崎原爆死没者追悼平和祈念館 국립 나가사키 원폭 사망자 추모 평화기념관

발음 코꾸리쯔나가사끼겜바꾸시보쯔샤츠이또-헤-와키넨깐
개관 08:30~17:30, 5~8월 08:30~18:30, 8/7~8/9 08:30~20:00
휴관 12/29~31 **요금** 무료 **지도** MAP 22-B3
교통 전차 1 · 3호선 헤이와코엔 平和公園(19) 정류장 하차, 도보 9분.
구글맵 QR 코드 스캔 · 터치

원폭 희생자 17만 5,743명의 명부가 보관된 추모시설. 정숙 · 빛 · 물을 테마로 만든 지하 2층 건물이며 지상에는 지름 29m의 연못, 지하에는 물이 흘러내리는 벽을 만들어 타는 듯한 갈증 속에 목숨을 잃은 희생자의 넋을 위로한다. 연못 바닥에는 원폭 투하 당시 사망자의 수를 상징하는 7만 개의 광섬유를 심어 해가 지면 반딧불처럼 반짝반짝 빛난다. 설계는 일본의 유명 건축가 쿠류 아키라 栗生明가 맡았다.

나가사키와 원폭의 악연

B-29 폭격기에 실린 원폭 '팻맨'은 원래 규슈 최대의 공업 도시 기타큐슈 北九州 (p.313)에 투하될 예정이었다. 하지만 직전 공습으로 인해 자욱하게 낀 연기와 때마침 몰려든 두꺼운 구름 때문에 폭격이 불가능해지자 투하 예정지를 2차 목표인 나가사키로 급변경했다. 당시 나가사키 상공도 짙은 구름에 덮여 있었으나, 폭격 바로 직전 기적처럼 구름이 걷히면서 목표 지점이 훤히 드러나 끔찍한 원폭 세례를 받았다.

나가사키에 투하된 원폭 팻맨.

1 토머스 글로버 저택. 2 구 미츠비시 제2 도크 하우스.
3 19세기의 모습을 담은 사진과 가구도 전시돼 있다.

03 グラバー園 글로버 정원 ★★★★★

발음 구라바―엔 개관 08:00~18:00,
야간개장 4/1~4/26의 토요일 및 공휴일 전날 · 5/6~6/30 08:00~20:00,
1~2월 · 4/27~5/5 08:00~20:30, 7/1~10/9 08:00~21:30,
3월 · 10/10~12/31 08:00~21:00
※야간개장일은 수시 변경됨, 정확한 정보는 홈페이지 참조.
요금 620엔, 고등학생 310엔, 초등학생 · 중학생 180엔
홈피 www.glover-garden.jp 지도 MAP 23-A5
교통 전차 5호선 오우라텐슈도 大浦天主堂(50) 정류장 하차,
제1게이트까지 도보 7분. / 전차 5호선 이시바시 石橋 (51) 정류장 하차,
제2게이트까지 도보 3분. 구글맵 QR 코드 스캔·터치

나가사키 항이 한눈에 내려다보이는 언덕 위에 조성된 10만㎡ 면적의 드넓은 정원. 나가사키의 역사적 건축물을 보존할 목적으로 1958년부터 공사를 시작해 1974년에 개원했다. 정원의 명칭이 된 영국인 무기상(武器商) 토머스 글로버의 저택을 비롯한 서양식 주택 아홉 채를 모아 놓았는데, 모두 19세기 말까지 서양인이 실제로 거주하던 집이다.

옛 모습이 완벽히 보존된 구 글로버 저택은 유네스코 세계문화유산으로 지정돼 있다. 정원에서 가장 높은 곳에 위치한 구 미츠비시 제2 도크하우스는 나가사키 항구가 훤히 내려다보이는 멋진 전망을 자랑한다.

이와 함께 눈길을 끄는 볼거리는 산책로를 따라 아기자기하게 정비된 일본식 정원과 분수대, 그리고 나가사키 일대의 탁 트인 풍경이다. 야간개장 때는 항구의 야경을 덤으로 감상할 수 있어 해마다 이곳을 찾는 여행자의 수는 100만 명에 이른다. 자세한 정보는 p.286을 참조하자.

 구글맵

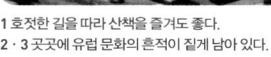

1 호젓한 길을 따라 산책을 즐겨도 좋다.
2 · 3 곳곳에 유럽 문화의 흔적이 짙게 남아 있다.

04 オランダ坂 오란다자카 ★★★★★

발음 오란다자까 **지도** MAP 23-C3 · C4
교통 전차 5호선 이시바시 石橋(51) 정류장 하차, 도보 3분.
구글맵 QR 코드 스캔 · 터치

바닥에 포석(鋪石)이 깔린 호젓한 언덕길. 비가 내리면 윤기를 머금은 포석들이 반들반들 빛나며 한층 정감어린 풍경을 연출한다. 전체 길이가 600m 정도에 불과해 20~30분이면 충분히 돌아볼 수 있다. 언덕을 따라 조용히 산책을 즐겨도 좋은데 히가시야마테 12번관 · 히가시야마테코 13번관(p.297) 등 내부견학이 가능한 19세기의 서양식 주택도 있다. 언덕 아래로 보이는 나가사키 시내와 항구의 풍경도 놓치기 아쉬운 볼거리다.

오란다자카가 서양인 거주지로 지정된 때는 1859년이다. 미일 수호통상조약(1858년)을 계기로 서양인이 물밀듯 유입되자 기존의 서양인 거주지인 데지마 出島(p.289)만으로 그들을 수용할 수 없어 특별히 이 일대를 내준 것이다. 그리고 항구를 빈번히 오가야 하는 거주자를 위해 마차와 수레가 다닐 수 있도록 사암(砂岩) 포석을 깐 데서 현재의 오란다자카가 유래했다.

이와 더불어 오란다자카는 서양인이 경영하는 무역회사 · 호텔 · 은행 · 영사관이 들어선 일본 속의 이국(異国)으로 자리 잡았다. 그러나 수백 년 동안 서양인이라고는 네덜란드인밖에 보지 못한 현지인은 여기 사는 서양인을 국적에 상관없이 무조건 네덜란드인이란 뜻의 '오란다상 オランダさん'이라 불렀다. 그리고 그들이 자주 오르내리던 이 언덕에도 네덜란드인의 언덕을 뜻하는 '오란다자카'란 이름이 붙여졌다.

글로버 정원 퍼펙트 가이드

❶ 구 미츠비시 제2 도크 하우스
旧三菱第2ドックハウス

1896년 미츠비시 중공업의 나가사키 조선소에 세워진 건물. 원래 선원용 휴게·숙박 시설로 지어졌으며 지금은 나가사키와 글로버 정원의 역사를 소개하는 전시장으로 이용 중이다. 2층 베란다는 나가사키 항이 한눈에 들어올 만큼 발군의 전망을 뽐낸다.

❷ 나가사키 지방재판소 소장 관사
旧長崎地方裁判所長官舎

1883년에 지어진 지방재판소 관사. 외국인 거류지가 아닌 일반 주택가에 서양식으로 지어진 까닭에 당시에는 무척이나 진기한 건물이었다. 전반적인 형태가 19세기 일본의 급격한 서구화를 잘 보여준다. 현재 사진관으로 이용 중이다.

하트 스톤 ハートストーン

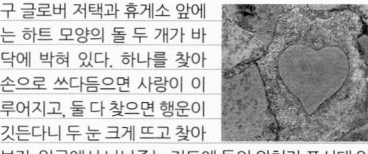

구 글로버 저택과 휴게소 앞에는 하트 모양의 돌 두 개가 바닥에 박혀 있다. 하나를 찾아 손으로 쓰다듬으면 사랑이 이루어지고, 둘 다 찾으면 행운이 깃든다니 두 눈 크게 뜨고 찾아보자. 입구에서 나눠주는 지도에 돌의 위치가 표시돼 있어 찾기는 어렵지 않다.

❸ 구 워커 저택
旧ウォーカー住宅

영국인 실업가 로버트 닐 워커 Robert Nirl Walker의 차남 로버트 2세가 살던 집. 19세기 말 오우라텐슈도 옆에 세워졌다가 여기로 옮겨왔다. 건물은 항구를 향해 열린 베란다와 일본풍 지붕이 특징이다.
일본 정부가 영국에서 임대한 로터스 Lotus 호의 선장으로 22살부터 활약한 로버트 닐 워커는 상하이·홍콩·블라디보스톡을 오가며 일본 해운업계의 거물로 성장했다. 친일파로 유명한 그는 친형 및 아들과 함께 1898년 워커 상회를 설립했고 후일 일본 최초로 청량음료를 제조·판매해 거부의 반열에 올랐다.

❹ 미우라 타마키 동상
三浦環像

글로버 정원은 푸치니의 오페라 〈나비부인〉의 무대가 된 곳이다. 이 때문에 구 링거 저택으로 가는 길 오른쪽의 분수대에는 〈나비부인〉에서 2,000회나 주인공을 맡은 일본인 오페라 가수 미우라 타마키(1884~1946)의 동상이 세워져 있다.
〈라보엠〉·〈토스카〉와 더불어 푸치니의 3대 오페라로 꼽히는 〈나비부인〉의 줄거리는 다음과 같다. 몰락한 귀족의 자제로 게이샤가 된 나비부인은 미국인 장교와 사랑에 빠져 고난을 무릅쓴 채 결혼에 성공한다. 그러나 잠시 본국에 다녀온다던 남편은 미국에서 다른 여자를 만나 새장가를 든다. 이 소식을 전해 들은 나비부인은 극도의 절망감에 빠져 아버지에게 물려받은 단도로 한 많은 생을 마감한다. 철모르는 어린 아들만 남겨놓은 채….

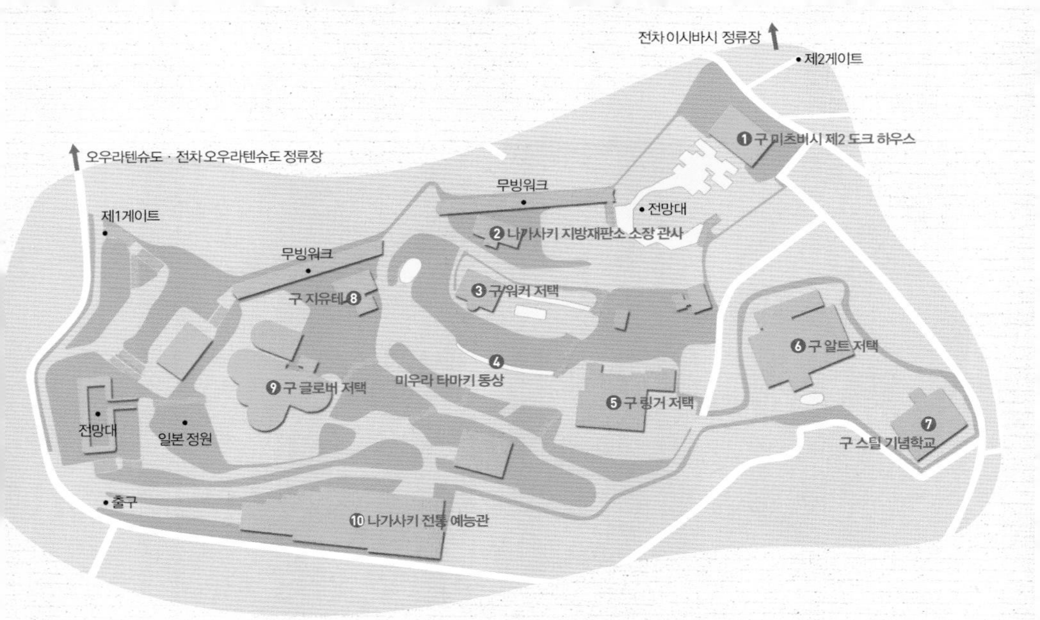

제2게이트에서 제1게이트까지 언덕을 내려가며 보는 게 편하므로 전차 이시바시(51) 정류장에서 내려 제2게이트로 간다. 거꾸로 언덕 아래쪽의 오우라텐슈도부터 보고 갈 때는 제1게이트로 입장해 에스컬레이터와 무빙워크를 타고 제2게이트 쪽으로 올라간다.

⑤ 구 링거 저택
旧リンガー住宅

삼면이 베란다로 둘러싸인 방갈로풍의 저택. 1868년에 지어진 목조 건물이며 외벽과 기둥을 돌로 쌓은 독특한 형태를 취하고 있다. 베란다 바닥은 러시아의 블라디보스톡에서 가져온 돌로 만들었다.

이 집을 지은 이는 영국인 프레드릭 링거 Frederick Ringer. 상하이에서 차(茶) 검사관으로 일하던 그는 1864년 토머스 글로버의 초청으로 나가사키로 건너왔다. 그리고 일본차를 홍차로 가공해 영국에 수출하는 회사의 기술 고문으로 일했다. 후일 사업가로 변신한 그는 제분 · 가스 · 발전(発電) · 어업 등 다양한 분야에서 큰 성공을 거뒀고 1907년 영국으로 돌아갔다.

⑥ 구 알트 저택
旧オルト住宅

나가사키 최대의 양식 석조 건물. 항구를 향해 툭 튀어나온 출입구와 베란다를 떠받친 기둥이 멋진 자태를 뽐낸다. 1865년에 지어졌으며 내부에는 19세기 말 나가사키에 체류하던 서양인의 가재도구가 전시돼 있다. 이 집의 주인은 12살 어린 나이에 선원이 된 영국인 윌리엄 알트 William Alt다. 개항과 동시에 나가사키로 건너온 그는 규슈 일대에서 찻잎을 사들여 가공한 뒤 미국에 수출하는 사업으로 큰돈을 벌었으나 건강이 악화돼 1868년 나가사키를 떠나야 했다. 이후 이 집은 학교로 이용되다가 1882년 프레드릭 링거의 장남에게 소유권이 이전돼 지금의 모습으로 남겨졌다.

⑦ 구 스틸 기념학교
旧スチル記念学校

1887년 스틸 Steel 박사가 아들의 넋을 기리고자 세운 학교. 이후 50년에 걸쳐 영어 전문학교로 명성을 떨쳤다. 지금은 글로버 정원의 역사 자료관으로 이용 중이다.

⑧ 구 지유테
旧自由亭

1878년에 문을 연 일본 최초의 양식 레스토랑. 국내외 주요 인사가 즐겨 찾는 나가사키의 명소로 자리 잡았으나 1887년 폐업했다. 이후 관사로 이용되다가 이곳으로 옮겨 와 전시 중이다.

⑨ 구 글로버 저택
旧グラバー住宅

일본에서 제일 오래된 양식 목조 주택. 1863년 토머스 글로버가 자신의 집으로 지었다. 그는 메이지 유신 때 일왕파(정부군)에게 무기를 팔아 큰 부를 거머쥔 무기상으로 나가사키에서 막강한 영향력을 행사했는데, 일본 최초의 철도 부설사업과 지금도 운영 중인 미츠비시 三菱 조선소가 그의 힘으로 탄생했다. 흥미로운 사실은 이 집이 〈나비부인〉의 무대로 등장한다는 것인데, 그의 부인이 게이샤 출신이라 그리 됐다는 '썰'도 전해 온다.

⑩ 나가사키 전통 예능관
長崎伝統芸能館

나가사키에서 가장 유명한 축제인 나가사키쿤치 長崎くんち를 체험할 수 있다. 나가사키쿤치의 모습을 담은 영화와 축제에 실제로 사용하는 대형 수레가 눈길을 끈다.

05 新地中華街 차이나타운

★★★★☆

발음 신찌쮸–까가이
영업 11:00~21:00(숍 · 식당마다 다름)
휴업 연말연시, 구정연휴
지도 MAP 23–D2 · 24–D2
교통 전차 1 · 5호선 신치츄카가이 新地中華街(31) 정류장 하차, 도보 3분.
구글맵 QR 코드 스캔 · 터치

오리지널 나가사키 짬뽕

요코하마 · 코베와 어깨를 나란히 하는 일본의 3대 차이나타운. 남북 140m, 동서 100m 길이의 '十'형 도로를 따라 중국풍 건물 · 식당 · 상점이 즐비해 마치 중국의 어느 도시를 걷는 듯한 착각에 빠지게 한다. 도로 초입에는 4개의 패루(牌樓)가 세워져 있다. 각각의 문은 동서남북을 지키는 사신(四神)이기도 해 청룡문(동) · 백호문(서) · 주작문(남) · 현무문(북)이라고 부른다.
원래 나가사키는 일본의 쇄국시기에도 중국의 문물을 수입하는 창구였던 까닭에 별도의 중국인 거주지가 있었다(p.298). 하지만 1698년 대화재로 기존의 거주지가 소실되자 바다를 메워 지금의 차이나타운을 조성했다. 전성기에는 나가사키 인구의 15%에 달하는 1만 여 명의 중국인이 거주했다는 사실만으로도 당시 차이나타운의 규모를 미루어 짐작해볼 수 있다.
나가사키 짬뽕(p.302)의 발상지이자 규슈 중화요리의 메카로도 유명하다. 저렴하게 맛난 요리를 먹으려면 런치 스페셜을 내놓는 점심시간을 노리는 게 좋다.

1

2

3

1 중국인 기술자가 중국산 자재로 만든 전통 패루.
2 · 3 다양한 중국요리와 이색 기념품이 가득하다.

 구글맵

1 데지마의 옛 모습을 보여주는 미니 데지마.
2 서양인 거주지를 재현한 건물이 즐비하다.

06 出島 데지마 ★★★★☆

발음 데지마 **개관** 08:00~21:00
요금 520엔, 고등학생 200엔, 초등학생·중학생 100엔
홈피 https://nagasakidejima.jp **지도** MAP 23-C1 · 24-C1
교통 전차 1호선 데지마 出島(30) 정류장 하차, 도보 1분. / 차이나타운에서 도보 4분. **구글맵** QR 코드 스캔·터치

1634년에 조성된 서양인 거주지. 일본이 쇄국정책을 고수할 당시 서양을 향해 열어 놓은 유일한 교류 창구였다. 개항 초기에는 포르투갈 상인이 나가사키 곳곳에 거주했지만, 기독교 포교 방지와 외국인 관리 차원에서 1634년 데지마란 인공섬을 만들어 그들을 격리시켰다.

하지만 1637년 발생한 시마바라의 난(기독교 민중봉기)을 계기로 철저한 기독교 탄압을 결심한 일본 정부는 포교를 목적으로 한 포르투갈 및 서양인의 내항을 금지시키고, 그들을 대신해 네덜란드 상인을 불러들였다. 이유는 네덜란드 상인이 포교보다는 철저히 장사에만 관심을 가졌으며 시마바라의 난을 진압하는 데 큰 도움을 줬기 때문. 이후 네덜란드 상인은 일본에서 독점적 지위를 누렸고, 1859년 개항 때까지 데지마는 일본의 유일한 해외 무역소로 자리 잡았다.

현재는 옛 모습으로 복원한 건물 10여 채가 남아 있으며 내부에는 포르투갈 · 네덜란드 상인이 거주할 당시의 자료와 유물을 전시해 놓았다. 안쪽에는 1820년대 데지마를 50분의 1 크기로 축소시킨 미니 데지마 ミニ出島가 있어 과거의 모습을 짐작케 한다.

'프랑스 절'이라고도 부르던 오우라텐슈도. 2007년 유네스코 세계문화유산에 등재됐다.

大浦天主堂 오우라텐슈도 ★★★☆☆

발음 오우라뗀슈도- **개관** 08:30~18:00, 11~2월 08:30~17:30
요금 1,000엔, 중학생 · 고등학생 400엔, 초등학생 300엔
홈피 https://oura-church.jp
지도 MAP 23-B5
교통 전차 5호선 오우라텐슈도 大浦天主堂(50) 정류장 하차, 도보 6분.
구글맵 QR 코드 스캔 · 터치

일본에서 가장 오래된 목조 고딕 성당. 정식 명칭은 일본 26 성인 순교 성당이다. 1858년 미일 수호통상조약에 따라 외국인이 거류지에서 자유롭게 예배를 볼 수 있도록 교회 건축이 허가되자 프랑스의 프티장 Petitjean 신부가 일본 26성인 순교지(p.292)를 바라보는 위치에 세웠다(1864년). 하지만 원폭 투하 당시 상당 부분 파괴돼 1952년 지금의 모습으로 재건했다.
성당 안쪽의 제단은 십자가에 못 박힌 예수를 묘사한 스테인드글라스로 장식돼 있으며, 1864년 프랑스에서 선물 받은 성모 마리아상도 모셔 놓았다. 성당 옆에는 1875년에 개교한 구 라틴 신학교가 있다. 지금은 일본의 기독교 전래과정을 소개하는 자료관으로 이용 중이며, 초기 기독교 신자가 사용하던 십자가 · 묵주 · 성모 마리아상을 전시한다.

일본 기독교의 성지 나가사키

일본의 기독교 역사는 1549년 예수회 선교사 프란시스코 하비에르 Francisco Javier(1506~1552)에 의해 시작됐다. 애초에 그가 도착한 곳은 규슈 남단의 가고시마 鹿児島였는데, 운 좋게도 가고시마의 영주는 포르투갈과의 교역을 바라고 있었기에 흔쾌히 포교 활동을 허가했다.
이후 기독교 세력은 나가사키 인근의 히라도 平戸를 거쳐 옛 수도인 교토까지 확대됐다. 하지만 당시는 정치적으로 매우 불안정한 시기였기에 정부에서 공식적인 포교 활동을 허가 받지 못했다. 16세기 중반에는 기독교에 우호적인 분위기가 조성돼 신도가 3만 명 이상 증가했고, 일본 소년 사절단이 로마까지 찾아가 교황을 알현하기도 했다.
그러나 1587년 토요토미 히데요시 豊臣秀吉가 기독교 금지령을 내리면서 피비린내 나는 박해의 역사가 시작됐다. 동시에 기독교도는 모두 지하로 잠적했고 성모 마리아상도 불상처럼 만들어 간직하는 편법이 동원됐다.
오랜 침묵의 시기를 거쳐 다시금 기독교도가 모습을 드러낸 때는 1865년. 인근 지역의 주민이 오우라텐슈도를 찾아와 신앙을 고백하면서였다. 하지만 여전히 기독교는 금단의 종교였기에 이런 행위는 다시금 박해의 시대를 여는 단초가 됐다. 이런 일련의 사태에 불만을 품은 서구열강은 일본 정부에 압력을 가해 1889년 종교의 자유를 허락하게 만든다. 이와 동시에 나가사키는 일본 기독교의 중심지이자 성지(聖地)로 부상하게 됐다.

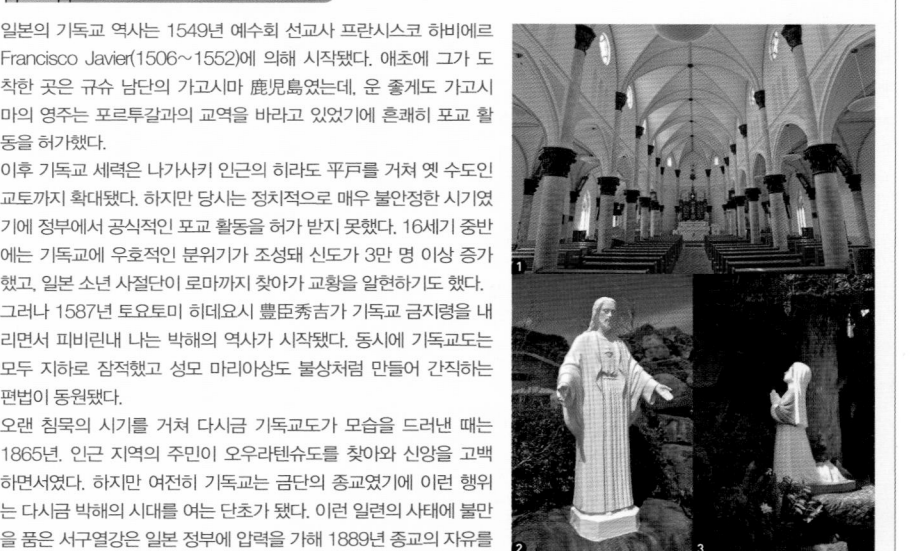

1 규슈의 기독교 성지인 히라도 자비에르 기념교회 예배당.
2 · 3 기독교 전래 역사를 보여주는 종교적 상징물로 장식돼 있다.

 구글맵

稲佐山山頂展望台 ★★★☆☆
이나사야마 산정전망대

발음 이나사야마산산쵸-뗌보-다이
개관 09:00~22:00 요금 무료 지도 MAP 19-A3
교통 JR 나가사키 長崎 역 앞에서 3 · 4번 버스를 타고 로푸웨이마에 ロープウェイ前 하차(5분, 160엔), 도보 3분, 로프웨이 환승. / 무료 셔틀버스를 타고 종점 하차(8~15분), 로프웨이 환승. / JR 나가사키 역에서 이나사야마 산정전망대까지 렌터카로 20분(6㎞).
구글맵 QR 코드 스캔 · 터치

로프웨이 운행 09:00~22:00 운휴 12월 초, 악천후시
요금 왕복 1,250엔, 고등학생 · 중학생 940엔, 초등학생 620엔
홈피 www.inasayama.com

해발 332m의 이나사 산 稲佐山 정상에 위치한 전망대. 나가사키 일대는 물론 멀리 운젠 雲仙 · 고토 五島 · 아마쿠사 天草까지 한눈에 들어올 만큼 빼어난 전망을 자랑한다. 옥상에는 사방이 탁 트인 야외 전망대가 있으며, 내부의 나선형 슬로프를 따라 걸으며 주변 경관을 360도로 살펴볼 수 있다.
'세계 신(新) 3대 야경'이란 수식어로 유혹하지만, 실제로 그 정도까진 아니니 지나친 기대는 금물! 날씨에 따라 야경보다 낙조가 더 아름다울 수 있다는 사실을 기억하자. 베스트는 일몰 1~2시간 전에 올라가 주변 풍경과 노을을 감상하고, 야경을 본 뒤 내려오는 것이다. 전망대 내부에는 전망 레스토랑과 기념품점 등의 편의시설도 갖췄다. 가을~봄에는 바람이 무척 차니 따뜻한 옷을 가져가는 것도 잊어선 안 된다.

건물 옥상에 탁 트인 뷰의 야외 전망대가 있다.

1 대형 유람선과 선박이 드나드는 나가사키 항구.
2 야경 못지않게 노을도 장관을 이룬다.

무료 셔틀버스

나가사키 시내에서 로프웨이 역까지 무료 셔틀버스가 운행된다. JR 나가사키 역, 호텔 벨뷰 데지마, 나가사키 미나토 메디컬 센터, ANA 크라운 플라자 호텔, 호텔 뉴 나가사키, 더 글로벌 뷰 나가사키의 6곳에서 탈 수 있으며 예약 필수다. 예약은 로프웨이 홈페이지에서 한다.
운행 JR 나가사키 역→로프웨이 역 19:17 · 19:47 · 20:17 · 20:47(8분 소요), 로프웨이 역→JR 나가사키 역 20:30 · 21:00 · 21:30 · 22:10(9분 소요)
홈피 www.inasayama.com/ropeway

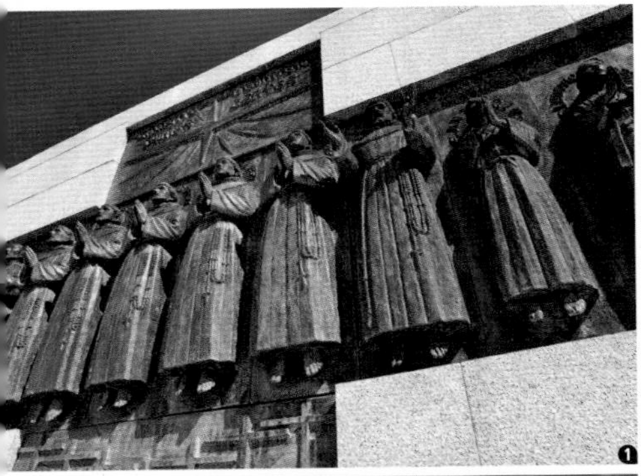

1 순교자 가운데 일부는 800㎞ 떨어진 오사카와 교토에서 끌려왔다.
2 26성인의 모습이 새겨진 십자가 모양의 기념비.

日本二十六聖人殉教地 ★★★☆☆
일본 26성인 순교지

발음 니혼니쥬-로꾸세-진쥰꼬찌 개원 24시간 요금 무료
지도 MAP 21-A2 교통 JR 나가사키 長崎 역에서 도보 7분.
구글맵 QR 코드 스캔·터치
일본 26성인 기념관 개관 09:00~17:00 요금 500엔

기독교 금지령에 따라 외국인 선교사 6명과 일본인 신자 20명이 처형당한 곳(1597년). 체포와 동시에 경고의 의미로 코와 귀가 잘린 그들은 예수가 십자가형을 당한 골고다 언덕과 닮은 이곳을 순교지로 택했고, 십자가에 매달린 채 뾰족한 창에 찔려 피를 토하며 죽어갔다.
기념비에는 3명의 소년이 조각돼 있는데, 당시 나이는 12살, 13살, 14살에 불과했다. 특히 오른쪽 끝의 12살 소년은 처형대에 올라가 '내 십자가는 어디 있죠'라고 말해 많은 이의 눈시울을 적셨다고 한다.
순교자들은 1862년 교황청에 의해 성인(聖人) 명단에 올랐고 100주년 되던 해인 1962년 그들의 명복을 비는 기념비를 세웠다. 기념비 뒷면에는 26명 순교자의 붉은 피와 희생을 뜻하는 26알의 포도가 조각돼 있다. 안쪽에는 나가사키의 기독교 전래 역사를 소개하는 일본 26성인 기념관 日本二十六聖人記念館, 바로 옆에는 바르셀로나의 사그라다 파밀리아 성당을 닮은 성 필리포 교회(p.294)가 있다.

眼鏡橋 메가네바시 ★★★☆☆

발음 메가네바시 개원 24시간 요금 무료
지도 MAP 21-D5 · 24-A4
교통 전차 4 · 5호선 메가네바시 めがね橋(37) 정류장 하차, 도보 4분. 구글맵 QR 코드 스캔·터치

1634년에 놓인 일본에서 가장 오래된 아치형 석교. 나가사키의 상징으로 너무나 유명하다. 다리를 놓은 이는 중국인 승려 묵자선사 黙子禅師다. '안경 다리'를 뜻하는 메가네바시란 이름이 붙은 연유는 다리가 물에 비친 모습이 마치 동그란 테의 안경처럼 보이기 때문.
1647년과 1982년의 대홍수로 크게 파손됐지만 말끔히 수리해 지금까지 옛 모습을 지켜오고 있다. 다리 옆의 석벽에 숨겨진(?) 하트 모양의 돌을 찾아 정성껏 쓰다듬으면 사랑이 이루어진다니 애끓는 청춘들은 이를 찾아보는 노력도 게을리하지 말자.

1 동그란 안경 모양의 메가네바시.
2 사랑이 이루어지기를 기원하는 하트 스톤.

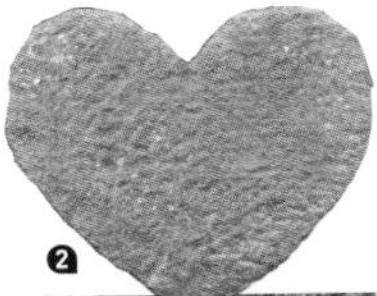

 구글맵

1 드넓은 녹지는 휴식과 이벤트의 장이다.
2 공원 앞으로 나가사키 항이 훤히 바라보인다.

長崎水辺の森公園 나가사키 수변공원 ★★★☆☆

발음 나가사끼미즈베노모리꼬-엔 개방 24시간 요금 무료
홈피 https://nagasaki-p.com/mizube
지도 MAP 23-A2
교통 전차 1호선 데지마 出島(30) 정류장 하차, 도보 7분. / 전차 5호선 오우라카이간도리 大浦海岸通り(48) 정류장 하차, 도보 4분.
구글맵 QR 코드 스캔 · 터치

초록빛 잔디가 깔린 6.5㏊ 면적의 드넓은 수변공원. 나가사키 항 재개발 사업의 일환으로 조성됐으며 항구와 어우러진 풍경이 멋스럽다. 2004년에는 굿 디자인 어워드 Good Design Award에서 건축 · 환경 디자인 부문 금상을 수상했다. 대지의 광장 大地の広場, 물의 정원 水の庭園, 수변 산책로 水辺のプロムナード의 세 구역으로 이루어져 있으며, 산책 · 피크닉을 즐기기에 좋아 주말이면 나들이 나온 현지인으로 북적인다. 노천극장과 산책로에서는 콘서트 · 퍼포먼스 등 다채로운 이벤트가 열린다.

長崎県美術館 나가사키 현 미술관 ★★★☆☆

발음 나가사끼껜비쥬쯔깐 개관 10:00~20:00
휴관 매월 둘째 · 넷째 월요일, 12/29~1/1
요금 420엔, 대학생 310엔, 고등학생 이하 210엔
홈피 www.nagasaki-museum.jp
지도 MAP 23-B2
교통 전차 1호선 데지마 出島(30) 정류장 하차, 도보 6분.
구글맵 QR 코드 스캔 · 터치

수로를 중심으로 두 동의 건물이 나란히 이어진 독특한 외관의 미술관. 유명 건축가 쿠마 켄고 隈研吾(1954년~)의 설계로 지어졌다. 외교관 스마야 키치로 須磨弥吉郎(1892~1970)가 기증한 스페인 미술품 컬렉션과 나가사키 출신 작가의 작품 6,000여 점을 상설 전시하며, 다양한 테마의 기획전이 수시로 열린다.

옥상에는 무료 전망대가 있다.

長崎出島ワーフ 나가사키 데지마 워프 ★★☆☆☆

발음 나가사끼데지마와-후
영업 11:00~22:00(업소마다 다름)
휴업 연말연시 홈피 http://dejimawharf.com
지도 MAP 23-B1
교통 전차 1호선 데지마 出島(30) 정류장 하차, 도보 4분.
구글맵 QR 코드 스캔 · 터치

다채로운 음식을 맛볼 수 있는 식당가. 1 · 2층으로 이루어진 건물에 개성 만점의 레스토랑 · 바 · 카페 20여 개가 모여 있다. 식당가 앞으로는 요트 · 유람선 선착장이 이어진다. 해안도로를 따라 나가사키 항의 풍경을 바라보며 느긋하게 산책을 즐기기에도 좋다. 저렴한 가격에 푸짐한 런치 메뉴를 내놓는 식당도 있으니 점심시간에 이용하면 좋을 듯!

聖フィリッポ教会 성 필리포 교회 ★★☆☆☆

발음 세-휘리포꾜-까이
개관 09:00~17:00(미사 등 교회 행사가 없을 때만 개방)
요금 무료 지도 MAP 21-A2
교통 JR 나가사키 長崎 역에서 도보 7분.
구글맵 QR 코드 스캔 · 터치

26성인(p.292)의 넋을 기리는 조그만 교회. 스페인 건축가 가우디의 숨결이 짙게 느껴지는 이유는 그를 흠모하던 일본인 건축가 이마이 켄지 今井兼次(1895~1987)의 설계로 지어졌기 때문이다. 바르셀로나의 사그라다 파밀리아 성당처럼 높이 솟은 두 개의 첨탑이 인상적인데 왼쪽은 성모 마리아, 오른쪽은 성령의 은총을 상징한다. 피뢰침에는 지상의 승리를 뜻하는 왕관과 성령의 불꽃이 하나씩 걸려 있다.

2층 예배당 역시 여러 종교적 상징물로 장식했다. 나무로 만든 천장은 노아의 방주를 상징하며, 제단 정면의 석판에는 영원불멸의 신을 의미하는 그리스어 '알파 A와 오메가 Ω'가 26성인을 상징하는 26개의 십자가에 둘러싸인 모습으로 새겨져 있다. 제단 양옆에는 이 교회의 수호성인이자 명칭의 유래가 된 필리페 성인의 성상과 성모 마리아 상을 모셔 놓았다. 제단 오른편의 유골함에는 26성인 가운데 3인의 유골이 안치돼 있다.

1 우뚝 솟은 첨탑의 성 필리포 교회.
2 경건한 기운이 감도는 예배당.
3 박해를 피해 350년 전 필리핀으로 옮겨졌다가 교회가 지어진 뒤 되찾아온 성인의 유골.

福済寺 후쿠사이지 ★★☆☆☆

발음 후꾸사이지 개관 07:00~17:00 요금 무료
지도 MAP 21-A3 교통 JR 나가사키 長崎 역에서 도보 12분.
구글맵 QR 코드 스캔 · 터치

거북 등 위에 놓인 거대한 관음상이 인상적인 사찰. 이 절이 세워진 데는 남다른 사연이 있다. 절을 세울 무렵인 1628년은 기독교 박해가 한창이던 시기로 누구든 기독교도란 사실이 밝혀지면 죽음을 면치 못했다. 그때 나가사키에 거주하던 중국인은 목숨을 지키기 위해서라도 기독교도가 아님을 증명해야 했는데 그 대안으로 만든 절이 바로 이곳이다. 즉 절을 세움으로써 자신이 불교도란 사실을 나타내려 한 것!

안타깝게도 원래의 절은 원폭과 함께 한 줌 재로 변해 버렸고, 지금의 절은 1979년 재건하면서 본래의 모습을 완전히 상실했다. 입구에는 기하학적 형태의 종루에 종이 하나 걸려 있다. 매일 11시 2분에 타종하는데 1945년 8월 9일 바로 그 시각, 나가사키 상공에 원폭이 투하됐다. 거북 모양의 관음당에는 세계에서 세 번째로 큰 진자(振子)가 매달려 있으며, 1층에서 내려다보면 천천히 흔들리는 모습이 희미하게 보인다.

1 거대한 거북 모양의 관음당.
2 원폭 투하 시각인 11시 2분에 맞춰 타종하는 종루.

 구글맵

1 웅장한 성채를 연상시키는 박물관.
2 연극이 상연되는 나가사키부교쇼 존.

長崎歴史文化博物館 나가사키 역사문화 박물관 ★★☆☆☆

발음 나가사끼레끼시분까하꾸부쯔깐 개관 08:30~19:00, 12~3월 10:00~18:00
휴관 매월 첫째 · 셋째 월요일, 12/28~31 요금 630엔, 중학생 이하 310엔
홈피 www.nmhc.jp 지도 MAP 21-B5
교통 JR 나가사키 長崎 역에서 도보 20분. / 전차 3호선 사쿠라마치 桜町(44) 정류장 하차, 도보 9분. 구글맵 QR 코드 스캔 · 터치

해상교역 거점으로 성장해온 나가사키의 역사를 소개하는 박물관. 원래 이곳에 있던 관청인 나가사키부교쇼 長崎奉行所의 역사적 의미를 되살리고자 성채를 연상시키는 웅장한 모습으로 지어졌다. 설계는 일본이 자랑하는 세계적 건축가 쿠로카와 키쇼 黒川紀章(1934~2007)가 맡았다. 총 8개로 구성된 갤러리에는 조선 · 중국 · 네덜란드와의 교역, 나가사키의 생활상, 전통공예 · 미술품을 소개하는 전시물이 가득하다.
무료 입장 가능한 나가사키부교쇼 존 長崎奉行所ゾーン에는 해상무역 및 외국인을 관리하던 에도 시대 관청의 모습을 재현해 놓았다. 일요일 11:00 · 13:30 · 14:30 · 15:30에는 과거의 재판 절차를 보여주는 연극도 상연한다(20분).

孔子廟 공자묘 ★★☆☆☆

발음 코-시뵤- 개관 09:30~18:00 요금 660엔, 고등학생 440엔, 초등학생 · 중학생 330엔
홈피 http://nagasaki-koushibyou.com 지도 MAP 23-B4
교통 전차 5호선 이시바시 石橋(51) 정류장 하차, 도보 4분. 구글맵 QR 코드 스캔 · 터치

하늘을 찌를 듯 솟구쳐 오른 화려한 화남양식의 처마가 인상적인 건물. 공자를 모시는 사당으로 1893년 재일화교에 의해 건립됐다. 매표소를 지나자마자 나타나는 의문 儀門은 공자묘의 정문으로 금색은 황제, 붉은색은 성소(聖所)를 의미한다. 다섯 개의 작은 문 가운데 한가운데에 있는 문은 신과 황제가 드나드는 문이다. 의문 너머에 나란히 놓인 등신대의 대리석상 72개는 공자의 제자로 육예(六芸), 즉 예용(禮容) · 음악 · 궁술 · 마술(馬術) · 서도(書道) · 수학 등 여섯 가지 학문에 능한 현인의 모습을 묘사한 것이다. 회랑 중앙에는 붉은색과 금색으로 화려하게 치장한 대성전 大成殿이 위치하며, 안쪽에는 진시황의 병마용 · 청동기 · 도자기 · 불상을 전시하는 중국 역대 박물관 中国歴代博物館이 있다.

1 일본에서는 보기 드문 중국식 사자상이 놓여 있다.
2 지붕과 기둥 등 건물 곳곳이 중국식으로 화려하게 치장돼 있다.

이나사야마온센 후쿠노유 稲佐山温泉ふくの湯

이나사야마 산 중턱에 위치한 온천. 나가사키 시내가 한눈에 내려다보이는 멋진 전망의 노천온천으로 인기가 높다. 해가 지면 아름다운 야경과 함께 온천을 즐길 수 있는 것도 놓치기 힘든 매력이다. 찜질방 · 사우나 · 휴게실 · 식당도 완비했다.

개관 09:30~01:00, 금 · 토요일 및 공휴일 전날 09:30~02:00 요금 850엔~
홈피 www.fukunoyu.com 지도 MAP 19-A2
교통 JR 나가사키 역에서 무료 셔틀버스로 20분. 버스 정류장 및 운행시각표는 홈페이지 참조. 구글맵 QR 코드 스캔 · 터치

諏訪神社 스와 신사 ★★☆☆☆

발음 스와진쟈 개관 일출~일몰 요금 무료
지도 MAP 19-D3 · 21-A5
교통 전차 3 · 4 · 5호선 스와진쟈 諏訪神社(39) 정류장 하차, 도보 5분.
구글맵 QR 코드 스캔·터치

1555년에 창건된 것으로 추정되는 유서 깊은 신사. 스와다이묘진 諏訪大明神을 주신(主神)으로 모신다. 예로부터 수렵 · 어업의 수호 신사로 숭앙받아왔으며, 현지인에게는 오스와상 お諏訪さん이란 애칭으로 통한다.

193개의 가파른 계단을 오르면 주홍빛의 본전이 나타나는데, 화재로 소실된 것을 1868년 지금의 모습으로 재건했다. 이 앞의 공터는 나가사키쿤치 長崎くんち 축제 때 신에게 봉납하는 춤의 무대가 된다. 본전 왼쪽으로 가면 다리에 흰 실이 칭칭 감긴 코마이누 狛犬 석상이 있다. 다리에 실을 묶으며 소원을 빌면 가출 · 낭비 · 낙방의 불운을 막아준다고 한다.

신사 입구의 두 번째와 네 번째 토리이 鳥居('天' 모양의 조형물) 밑에 있는 음양석(陰陽石)과 본전 앞의 음양석을 차례로 밟고 소원을 빌면 연애 운이 트인다는 재미난 얘기도 전해온다.

1 새하얀 토리이가 맞이하는 스와 신사의 입구.
2 강렬한 주홍빛의 본전.
3 연애 운을 비는 음양석.

崇福寺 소후쿠지 ★☆☆☆☆

발음 소-후꾸지 개관 08:00~17:30, 12~2월 08:00~17:00
요금 300엔 지도 MAP 24-D5
교통 전차 1 · 4호선 소후쿠지 崇福寺(35) 정류장 하차, 도보 4분.
구글맵 QR 코드 스캔·터치

일본에서 가장 오래된 중국식 사찰. 1629년 복건성 福建省 출신 화교들에 의해 건립돼 중국 절을 뜻하는 복주사 福州寺, 지나사 支那寺란 이름으로 불리기도 했다. 고즈넉한 경내에는 용궁 문을 연상시키는 모습의 산몬 三門을 비롯해 섬세한 처마 장식의 제일봉문 第一峰門, 국보로 지정된 대웅보전 등 여러 볼거리가 있다. 불상 역시 17세기 중국 장인의 솜씨를 엿볼 수 있는 귀중한 사료로 평가받고 있다.

신명나는 나가사키쿤치 축제

나가사키쿤치 長崎くんち는 10월 7~9일 스와 신사에서 열리는 가을 축제다. 1634년 타카오 高尾와 오토와 音羽, 두 명의 게이샤가 신사를 찾아와 춤을 봉납한 데서 유래했다고 한다. 이후 조정의 지원을 받아 해마다 규모를 키웠고, 나가사키에 유입된 중국과 서양의 풍습이 뒤섞여 지금과 같은 이국적이면서도 화려한 축제로 자리 잡았다.

축제는 나가사키의 59개 마치 町(행정단위)가 돌아가며 준비하기 때문에 해마다 다른 볼거리를 선사한다. 주를 이루는 것은 일본 전통춤, 중국 용춤 · 사자춤, 네덜란드 상인의 모습을 풍자한 마임 등이다. 압권은 어선 · 상선 · 고래 모양의 대형 수레가 등장하는 히키모노 曳物다. 수십 명의 장정이 수레를 끌고 다니며 고래잡이를 비롯한 옛 풍습을 재현하는데 역동적인 퍼포먼스가 감탄을 자아내게 한다.

홈피 https://nagasaki-kunchi.com

구글맵

1 나가사키의 오랜 역사가 녹아든 건물.
2 건물의 옛 모습을 보여주는 모형이 전시돼 있다.

★☆☆☆☆

東山手十二番館
히가시야마테 12번관

발음 히가시야마떼쥬-니반깐
개관 09:00~17:00 휴관 12/29~1/3
요금 무료 지도 MAP 23-C3
교통 전차 5호선 메디카루센타 メディカルセンター(47) 정류장 하차, 도보 9분. 오란다자카(p.285)에 있다.
구글맵 QR 코드 스캔·터치

1868년에 지어진 목조 양식 주택. 1859년 서양인 거주지로 지정된 오란다자카 일대의 양식 건물 가운데 가장 오래됐다. 원래 러시아 영사관으로 지어졌다가 미국 영사관, 선교사 주택, 캇스이 여대 活水女大 캠퍼스 등으로 전용되는 등 굴곡 많은 세월을 보냈다. 1976년 나가사키 시에 기증돼 이 일대의 역사를 소개하는 사학 역사자료관으로 이용 중이다. 자료가 풍부하진 않지만 나가사키와 캇스이 여대의 옛 모습을 담은 흑백사진과 사료가 눈길을 끈다.

★☆☆☆☆

東山手甲十三番館
히가시야마테코 13번관

발음 히가시야마테코-쥬-삼반깐 개관 10:00~17:00
휴관 월요일, 연말연시 요금 무료 지도 MAP 23-C3
교통 전차 5호선 메디카루센타 メディカルセンター(47) 정류장 하차, 도보 8분. 오란다자카(p.285)에 있다.
구글맵 QR 코드 스캔·터치

1895년에 지어진 서양식 임대주택. 최초 입주자는 홍콩 상하이 은행 HSBC의 나가사키 지점장인 영국인 A.B. 앤더슨 Anderson이었다. 이후 홈 링거 상회의 사택, 프랑스 영사관으로 사용되기도 했다. 1·2층에 각각 세 개의 방이 있는데, 임대용으로 지은 까닭에 모든 방의 크기가 동일한 점이 특징이다. 2층 베란다에서는 나가사키 항이 훤히 내려다보인다. 내부에는 커피·카스텔라 등의 음료와 간식을 즐길 수 있는 조그만 카페도 있다.

★☆☆☆☆

東山手洋風住宅群
히가시야마테 양풍 주택군

발음 히가시야마떼요-후-쥬따꾸군
개관 09:00~17:00 휴관 월요일, 12/29~1/3
요금 100엔, 초등학생·중학생 50엔 지도 MAP 23-C4
교통 전차 5호선 이시바시 石橋(51) 정류장 하차, 도보 4분. 오란다자카(p.285)에 있다.
구글맵 QR 코드 스캔·터치

1890년대 말 외국인용 임대주택으로 지은 일곱 채의 건물. 하얗게 빛나는 벽과 나무 기둥이 이국적 분위기를 자아낸다. 지금은 이 일대의 역사를 소개하는 전시관, 에도 시대의 유물을 전시하는 매장 자료관 埋蔵資料館, 19세기 말 나가사키의 사진이 소장된 고사진 자료관 古写真資料館으로 사용 중이다. 큰 볼거리가 없어 겉모습만 보는 정도로 충분하다.

唐人屋敷跡 중국인 거주지 ★☆☆☆☆

발음 토-진야시끼아또 개관 24시간
요금 무료 지도 MAP 23-D2
교통 전차 1·5호선 신치츄카가이 新地中華街(31) 정류장 하차, 도보 10분. / 차이나타운에서 도보 4분.
구글맵 QR 코드 스캔·터치

칸나이 館内이란 명칭의 옛 중국인 거주지. 일본 정부가 중국인 밀무역과 기독교 침투를 방지하고자 1689년 수용소 20동을 만들고 중국인 5,000명을 격리 수용한 데서 비롯됐다. 출입이 허가된 사람은 일본인 관리와 유녀뿐이었으며, 중국인은 외출조차 허락되지 않았다. 화재와 전쟁으로 원래의 거주지가 소실되고 새로이 주택가가 들어선 탓에 옛 모습은 찾아보기 힘들다. 현재 남은 중국식 건물은 토신당 土神堂, 복건회관 福建会館, 천후당 天后堂, 관음당 観音堂의 4개뿐이다.

1 땅의 신을 모시는 토신당.
2 바다의 여신을 모시는 천후당.

片足鳥居 외다리 토리이 ★☆☆☆☆

발음 카따아시토리- 개방 24시간
요금 무료 지도 MAP 22-C5
교통 전차 1·3호선 다이가쿠뵤인 大学病院(21) 정류장 하차, 도보 9분. / 나가사키 원폭 자료관에서 도보 16분.
구글맵 QR 코드 스캔·터치

산노 신사 山王神社의 입구를 표시한 흰색의 토리이 鳥居. 원폭의 위력에 절반이 파손된 채 기둥 하나에만 의지한 상태로 80년 세월을 버텨 왔다. 그 모습이 애처롭기도 하고 비참하게 느껴지기도 한다. 길가에는 처참하게 부서진 토리이의 잔해를 모아놓았다. 안쪽으로 50m 가량 들어가면 1638년 창건된 산노 신사가 있다. 입구에 거대한 녹나무가 심겨 있는데, 왼쪽의 나무는 높이 17.6m, 둘레 6.58m, 오른쪽의 나무는 높이 21m, 둘레 8.63m에 달한다. 피폭의 상처가 워낙 깊어 회복이 불가능할 것으로 예상했으나, 건강하게 되살아나 초록빛 잎을 틔우며 강인한 생명력을 뽐내고 있다.

위태롭게 서 있는 외다리 토리이.

나가사키 제일(?)의 유흥가 시안바시.

思案橋 시안바시 ★☆☆☆☆

발음 시안바시 영업 11:00~심야(식당마다 다름)
휴업 연말연시(식당마다 다름) 지도 MAP 24-D4
교통 전차 1·4호선 시안바시 思案橋(34) 정류장 하차, 도보 1분. 구글맵 QR 코드 스캔·터치

유흥업소가 밀집한 나가사키 최대의 환락가. 원래 일본 3대 유곽 중 하나인 마루야마 유곽 丸山遊廓이 있던 곳이다. 뭇 남성들이 이 앞의 다리(橋)에서 유곽에 갈까 말까를 고민(思案)한 데에서 지금의 지명이 유래했다는 재미난 얘기가 전해온다. 옛 모습이 남겨진 시안바시요코쵸 思案橋横丁에서는 좁은 도로를 따라 늘어선 수십 개의 주점과 유흥업소가 노란 초롱에 불을 밝힌 채 손님을 불러 모으는 이색적인 풍경이 펼쳐진다.

두 얼굴의 섬, 군함도

한 척의 거대한 배처럼 검푸른 바다 위에 떠있는 섬 군함도.
2015년 유네스코 세계문화유산으로 등재되며 일본의 산업화를 상징하는 관광명소로 홍보 중이다. 하지만 그 이면에는 조선인 강제징용의 어두운 그림자가 드리워져 있다.

거대한 군함처럼 보여 '군함도 軍艦島'라 부르는 섬의 공식 명칭은 '하시마 端島'다. 나가사키에서 17.5㎞ 떨어져 있으며 원래 동서 120m, 남북 320m 길이에 불과한 무인도였다. 그러나 석탄 발견을 계기로 여섯 차례에 걸친 매립공사(1897~1931) 끝에 축구장 9개 면적과 맞먹는 6만 3,000㎡의 섬으로 변모했다.

본격적인 개발은 석탄광산 소유권이 미츠비시 三菱 그룹에 넘겨진 1890년부터 시작됐다. 일제가 침략전쟁에 광분하던 1914~1945년에는 석탄이 전시물자로 부각돼 일대 부흥기를 몰고 왔다. 일본 최초의 철근 콘크리트 아파트가 섬 한복판에 들어서고 이 작은 섬에 3,000여 명의 인구가 모여 풍족한 일상을 누렸다는 사실만으로도 당시 상황을 미루어 짐작할 수 있을 것이다.

하지만 번영의 이면에는 조선인 강제징용이란 어두운 그림자가 드리워져 있었다. 전쟁 말기인 1943~1945년에는 500~800명의 조선인이 몸조차 제대로 가누기 힘든 비좁은 갱도에 갇혀 하루 12시간 이상의 중노동에 시달렸고, 질병과 사고로 122명의 조선인이 목숨을 잃는 비극도 벌어졌다.

이런 역사적 사실을 묵과한 채 일본 정부는 군함도를 '메이지 시대 산업혁명 유산'이란 명분으로 유네스코 세계문화유산에 등재시켰다. 우리나라에서는 지속적으로 군함도의 실체를 폭로해 유네스코에서도 역사적 사실의 객관적 서술을 전제로 세계문화유산 등재를 허용했으나 지금까지도 약속은 지켜지지 않고 있다. 더구나 군함도 투어 역시 전쟁으로 말미암은 비극적 사실보다 일본의 화려한 과거를 부각시키는 데 급급해 '평화를 지향하는 도시 나가사키'란 우리에게 과연 어떤 의미인가 다시금 생각해보게 한다.

지금은 아무도 살지 않는 군함도. 건물 내부 출입은 불가능하다

군함도 투어

4개 회사에서 운영하며 출항시각(09:00~14:00)만 다를 뿐 내용과 일정은 비슷하다. 쾌속선을 타고 섬까지 가는 동안 '군함도의 황금기'가 담긴 비디오를 상영하고, 인근 섬에 들러 군함도의 간략한 설명을 들려준 뒤, 바다 위에서 군함도를 한 바퀴 둘러보고, 30분 정도 섬에 내려 폐허가 된 옛 건물을 돌아보며 전성기의 모습을 상기시켜준다(3시간 소요).

배가 작고 바다가 거칠어 뱃멀미의 가능성이 높으며, 시기에 따라서는 예고 없이 투어가 중단되기도 하니 주의하자. 의외로 인기가 높아 예약은 필수다. 예약은 투어 회사의 홈페이지에서 한다.

군함도 상륙 크루즈 요금 3,600엔 지도 MAP 21-D2
홈피 www.gunkanjima-cruise.jp

군함도 투어 요금 3,900엔 지도 MAP 23-A3
홈피 www.gunkanjima-tour.jp

군함도 콘셰르주 요금 5,500엔~ 지도 MAP 23-A3
홈피 www.gunkanjima-concierge.com

군함도 크루즈 요금 4,500엔 지도 MAP 21-D1 · 19-C4
홈피 www.gunkan-jima.net

4대 나가사키 카스텔라

01 이와나가바이쥬켄 岩永梅寿軒

Since 1830

★4.4/3.67 고풍스러운 외관의 화과자 전문점. 공장에서 대량 생산하는 여타 카스텔라 숍과 달리 오랜 경력의 장인이 가마에 하나하나 굽는 수제 카스텔라로 유명하다. 코 끝에 맴도는 은은한 풍미가 미각을 자극한다. 당일 오전에 구운 카스텔라 가운데 예약 주문품을 제외한 나머지를 선착순으로 판매한다. 매장이 여기 딱 하나뿐이며, 오픈런을 하지 않는 이상 구매할 수 없기에 일본에서도 '환상의 카스텔라'란 별명으로 통한다. 오픈 30분 전쯤부터 대기줄이 생기기 시작하며, 오픈 직전에 직원이 번호표를 나눠주면서 1인당 구매 가능한 카스텔라 수량을 알려준다. 새 · 꽃 · 복숭아 등 예쁜 모양의 화과자도 맛있다.

식감 ★★★★★
풍미 ★★★★★
당도 ★★★★★

예산 1,800엔~ 영업 10:00~16:00 휴업 화 · 목 · 일요일 주소 長崎市 諏訪町 7-1
전화 095-822-0977 홈피 www.baijyuken.com 지도 MAP 24-A4
교통 전차 4 · 5호선 메가네바시 めがね橋(37) 정류장 하차, 도보 7분. 구글맵 QR 코드 스캔 · 터치

02 쇼오켄 松翁軒

Since 1681

★4.5/3.53 전통의 맛에 현대적인 스타일을 가미한 카스텔라 전문점. 설탕과 함께 물엿을 사용해 여타 카스텔라에 비해 찰지고 쫀쫀한 식감이 강한 게 특징이다. 정통 카스텔라는 물론 초콜릿 · 맛차 · 치즈 · 메이플 시럽 등 다양한 맛을 가미한 색다른 카스텔라도 선보인다. 시즌마다 벚꽃 · 복숭아 · 밤 등 계절을 상징하는 기발한 카스텔라를 판매해 특별한 선물을 구매하기에도 좋다. 카스텔라 외에 모나카 · 밤 만쥬 등의 전통 화과자도 맛있다.

식감 ★★★★☆
풍미 ★★★★☆
당도 ★★★★★

예산 1,300엔~ 영업 09:00~18:00 주소 長崎市 魚の町 3-19 전화 095-822-0410
홈피 https://shooken.com 지도 MAP 21-C5 구글맵 QR 코드 스캔 · 터치
교통 전차 4 · 5호선 시민카이칸 市民会館(38) 정류장 하차, 도보 2분.

나가사키 카스텔라 구매 꿀팁

제아무리 '맛천재'라 해도 구별이 힘들 만큼 4대 카스텔라의 맛 차이는 아주 미묘하다. 즉, 어디서 구매해도 실패할 가능성은 '제로'에 가깝다는 뜻! 오랜 역사의 본점에서 구매하는 게 의미 있지만, 부득이하게 시간과 여건이 허락하지 않는다면 JR 나가사키 역 1층의 기념품 매장 카모메이치바 かもめ市場, JR 하카타 역 1층의 특산품 매장 마잉(p.165)으로 가자.
이와나가바이쥬켄을 제외한 3대 카스텔라 매장이 모두 입점해 있어 빠르고 편하게 카스텔라를 구매할 수 있다. 가격은 모두 동일하다.

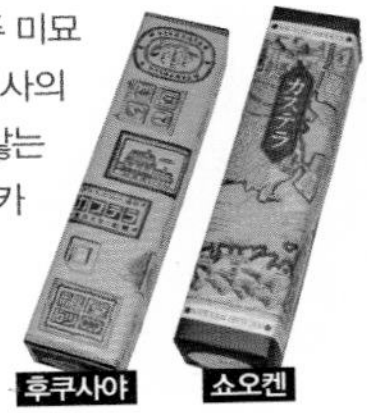

구글맵

03 후쿠사야 본점
福砂屋本店

Since 1624

★4.3/3.50 일본에서 가장 오랜 역사를 자랑하는 카스텔라 전문점. 박쥐 문양의 로고로 널리 알려져 있다. 최상의 재료를 사용해 창업 당시의 제조법과 똑같이 만드는 게 맛의 비결이다. 전통을 중시하는 기본에 충실한 맛이란 느낌이 강하다. 맛은 물론 패키지 디자인에도 심혈을 기울이는 까닭에 선물용으로 구매하기에도 좋다. 카스텔라 두 조각을 컬러풀한 문양의 박스에 예쁘게 포장한 후쿠사야 큐브 フクサヤキューブ가 특히 인기다.

예산 1,500엔~ 영업 09:00~17:00 휴업 수요일 주소 長崎市 船大工町 3-1
전화 095-821-2938 홈피 www.fukusaya.co.jp 지도 MAP 24-D4
교통 전차 1 · 4호선 시안바시 思案橋(34) 정류장 하차, 도보 3분. 구글맵 QR 코드 스캔 · 터치

식감 ★★★☆☆
풍미 ★★★★☆
당도 ★★★★☆

04 분메이도 총본점
文明堂総本店

Since 1900

★4.3/3.22 우리 입에 친숙한 표준화된 맛의 카스텔라 전문점. 역사는 제일 짧지만 사업화에 성공한 곳답게 일본 전역에 매장을 거느리고 있어 어디서든 손쉽게 구매할 수 있다. 촉촉하면서도 포근한 식감과 고급스러운 단맛이 인기의 비결이다. 엄선된 계란과 숙성 밀가루, 100% 찹쌀 물엿, 순도 99%의 자라메 ざらめ 설탕 등 최상품 재료만 사용한다는 자부심도 상당하다. '도라에몽 과자'로 친숙한 도라야키 どらやき(미카사야마 三笠山) 맛집으로도 유명하며, 딸기 · 복숭아 등 계절 한정 카스텔라도 판매한다.

예산 1,300엔~ 영업 09:00~18:00 주소 長崎市 江戸町 1-1 전화 095-824-0002
지도 MAP 19-C4 교통 전차 1호선 오하토 大波止(29) 정류장 바로 앞에 있다.
구글맵 QR 코드 스캔 · 터치

식감 ★★★★☆
풍미 ★★★★☆
당도 ★★★★★

카스텔라의 원형 카스도스

애초의 카스텔라는 지금과는 생판 다른 카스도스 カスドース란 과자의 형태로 포르투갈 상인에 의해 전래됐다. 카스도스는 계란 노른자물에 적신 촉촉한 빵을 달콤한 시럽에 담갔다가 굵은 설탕을 입혀 만든다. 이는 설탕을 구하기 힘든 시절 귀한 손님일수록 설탕을 듬뿍 넣은 음식으로 대접하던 습관에서 비롯된 전통이다. 끈적이는 카스도스를 먹기 편한 빵의 형태로 진화시킨 게 현재의 카스텔라이며, 밑면에 깔린 굵은 설탕에서 변화의 흔적을 읽을 수 있다. 카스도스는 1502년 창업한 노포 히라도츠타야 平戸蔦屋(나가사키에서 차로 2시간)에서 옛 방식 그대로 만든다.

히라도츠타야 영업 09:00~19:00 구글맵 QR 코드 스캔 · 터치

3대 나가사키 짬뽕

01 츄카다이하치 中華大八

Since 1949

짬뽕 ちゃんぽん

★4.3/3.59 현지인이 애정하는 짬뽕 맛집. 훌륭한 맛은 물론 저렴한 가격과 푸짐한 양 때문에 항상 문전성시를 이룬다. 소박한 로컬의 맛과 분위기를 담뿍 맛볼 수 있는 것도 매력이다. 간판 메뉴는 짬뽕 ちゃんぽん(챤퐁). 불맛 나게 제대로 볶은 오징어 · 돼지고기 · 어묵 · 양배추 · 숙주와 닭뼈로 우린 담백한 국물, 쫄깃한 면이 군침을 돌게 한다. 짬뽕국물에 전분을 섞어 만든 걸쭉한 소스를 바삭하게 튀긴 면에 부어주는 사라우동 皿うどん도 맛있다. 진한 국물에 뭉근하게 끓인 오뎅 おでん도 별미다.

예산 900엔~ 영업 11:30~14:00, 17:30~20:00 휴업 수 · 일요일
주소 長崎市 大黒町 8-13 전화 095-829-3852 지도 MAP 21-B2
교통 JR 나가사키 역에서 도보 8분. 구글맵 QR 코드 스캔 · 터치

02 시카이로 四海楼

Since 1899

짬뽕 ちゃんぽん

★3.9/3.49 나가사키 짬뽕의 원조집. 식당이 5층 건물 꼭대기에 위치해 나가사키 항이 한눈에 내려다보이는 발군의 전망을 뽐내며, 해가 지면 창 너머로 근사한 야경이 펼쳐진다. 반드시 맛봐야 할 메뉴는 초대(初代) 주방장이 가난한 중국인 유학생을 위해 싸고 영양가 있는 음식으로 고안해 낸 짬뽕 ちゃんぽん(챤퐁)이다. 매운 맛은 전혀 없지만 돼지 사골 육수에 채소와 해산물을 듬뿍 넣어 우려낸 국물은 담백하면서도 깊은 맛이 일품이다.

예산 1,400엔~ 영업 11:30~15:00, 17:00~20:00 휴업 부정기적
주소 長崎市 松が枝町 4-5 전화 095-822-1296 홈피 www.shikairou.com
지도 MAP 23-A4 교통 전차 5호선 오우라텐슈도 大浦天主堂(50) 정류장 하차, 도보 2분.
구글맵 QR 코드 스캔 · 터치

03 카이라쿠엔 会楽園

Since 1927

짬뽕 ちゃんぽん

★3.9/3.48 시카이로와 함께 나가사키 짬뽕의 양대 산맥을 이루는 식당. 상당한 규모를 갖춘 대형 식당이며 시설도 깔끔하다. 창업 이래 최대의 인기를 구가하는 메뉴는 짬뽕 ちゃんぽん(챤퐁). 돼지고기 · 새우 · 조개 · 숙주 · 양배추를 듬뿍 넣어 만든 감칠맛 나는 국물과 쫄깃한 면이 적절한 조화를 이룬다. 단, 시카이로의 원조 짬뽕보다는 한 수 아래로 평가된다는 사실을 알아두자. 바삭하게 튀긴 면에 걸쭉한 소스를 부어주는 사라우동 皿うどん(850엔)도 인기다. 사라우동 소스 皿うどん用ソース를 뿌려 먹으면 더욱 맛있다.

예산 1,000엔~ 영업 11:00~15:15, 17:00~21:00 휴업 부정기적
주소 長崎市 新地町 10-16 전화 095-822-4261
홈피 www.kairakuen.tv 지도 MAP 23-D2 · 24-D2
교통 전차 1 · 5호선 신치츄카가이 新地中華街(31) 정류장 하차, 도보 3분.
구글맵 QR 코드 스캔 · 터치

구글맵

2대 싯포쿠 요리

01 욧소 본점 吉宗本店

Since 1866

★4.2/3.51 오랜 전통을 뽐내는 나가사키 정식 싯포쿠 卓袱 전문점. 창업 당시의 맛을 한결같이 지켜온 까닭에 전통 싯포쿠를 체험하려는 이의 발길이 끊이지 않는다. 1927년에 지어진 예스러운 목조건물과 옛 모습을 고스란히 간직한 인테리어 또한 맛과 멋의 두 마리 토끼를 동시에 잡게 해주는 일등공신이다.

한 번쯤 맛봐야 할 명물 메뉴는 부드러운 일본식 계란찜과 계란지단·연어·닭고기 소보로 덮밥이 세트로 나오는 차왕무시 1인분 茶碗むし御一人前(차왕무시오이치닌마에)이다. 13품 요리가 한 상 가득 푸짐하게 나오는 정통 싯포쿠 卓袱料理(싯포쿠료리)는 2인분 이상만 주문 가능하며 예약 필수다. 싯포쿠를 가볍게 즐기려면 회·튀김·돼지고기·계란찜 등 8품 요리가 약식으로 나오는 미니 싯포쿠 ミニ卓袱를 선택해도 좋다.

예산 2,000엔~ 영업 11:00~20:30 휴업 월·화요일, 1/1, 8/15, 12/31
주소 長崎市 浜町 8-9 전화 095-821-0001 홈피 https://yossou.co.jp
지도 MAP 24-B3 교통 전차 1·4호선 칸코도리 観光通り(33) 정류장 하차, 도보 3분.
구글맵 QR 코드 스캔·터치

차왕무시 1인분 茶碗むし御一人前

미니 싯포쿠 ミニ卓袱

02 나가사키싯포쿠 하마카츠 長崎卓袱浜勝

Since 1968

부라부라싯포쿠 ぶらぶら卓袱

★3.9/3.48 온갖 요리를 한 상 가득 차려내는 나가사키 정식 싯포쿠 전문점. 모던한 스타일과 정갈한 음식이 매력이다. 개방적인 항구도시 나가사키의 역사가 고스란히 녹아든 싯포쿠는 원래 사찰음식에서 비롯됐으며, 전통 일본요리에 중국·네덜란드 요리가 융합된 독특한 비주얼과 맛을 보여준다.

2인분 이상만 주문 가능한 여타 싯포쿠 식당과 달리 1인용 메뉴가 있어 비교적 부담 없이 싯포쿠를 맛볼 수 있다. 가볍게 즐기려면 생선·생선회·튀김·돼지고기조림·디저트 등 11가지 메뉴가 나오는 부라부라싯포쿠 ぶらぶら卓袱, 푸짐하게 먹으려면 13~14가지 메뉴가 포함된 싯포쿠하타 코스 卓袱ハタコース, 싯포쿠비도로 코스 卓袱ビードロコース를 선택한다.

예산 5,000엔~ 영업 11:00~21:30 휴업 부정기적 주소 長崎市 鍛冶屋町 6-50
전화 095-826-8321 홈피 www.sippoku.jp 지도 MAP 24-C5
교통 전차 1·4호선 시안바시 思案橋(34) 정류장 하차, 도보 4분.
구글맵 QR 코드 스캔·터치

Since 1946

커피 후지오
珈琲 富士男

★4.4/3.56 레트로 감성 충만한 커피숍. 문을 여는 순간 과거로의 시간여행을 떠난 듯한 풍경과 마주하게 된다. 세월의 더께가 켜켜이 쌓인 인테리어와 빈티지한 찻잔은 물론, 가게 안을 흐르는 공기마저 창업 당시 그대로 박제돼 있다. 수십 년 세월 변함없는 인기의 블렌드 커피 珈琲(코히), 생크림 거품을 듬뿍 얹은 비엔나 커피 ウインナー珈琲(윈나코히)가 대표 메뉴다. 두툼한 계란말이를 넣은 계란 샌드위치 エッグサンド(엣구산도) 또는 새콤달콤한 과일 샌드위치 フルーツサンド(후루츠산도)와 세트로 주문하는 것이 국룰이다.

예산 500엔~ 영업 09:30~17:00
휴업 수요일
주소 長崎市 鍛冶屋町 2-12
전화 095-822-1625
지도 MAP 24-C4
교통 전차 1 · 4호선 시안바시 思案橋(34) 정류장 하차, 도보 3분.
구글맵 QR 코드 스캔 · 터치

Since 1955

운류테
雲竜亭

★4.2/3.41 밤톨 크기의 미니 군만두 맛집. 좌석이 아홉 개뿐인 허름한 가게인데, 2대에 걸쳐 지켜온 한결 같은 맛 때문에 항상 현지인들로 북적인다. 양파 · 부추 · 계란 · 돼지고기로 만든 한입 군만두 一口餃子(히토구치교자)를 바닥은 쿠키처럼 바삭하게, 윗부분은 쫄깃하게 익혀낸다. 맥주를 부르는 담백한 감칠맛이 훌륭하다. 조그만 만두 10개가 1인분이라 적당히 배를 채우려면 적어도 2~3인분은 먹어야 한다. 보들보들한 부추계란 ニラトジ(니라토지), 주먹밥 おにぎり(오니기리)을 곁들여 가벼운 식사로 즐겨도 좋다.

예산 1,000엔 영업 14:30~20:00
휴업 월요일, 매월 마지막 화요일
주소 長崎市 浜町 10-3
전화 095-822-4621
홈피 https://unryutei-shokuhin.com
지도 MAP 24-C4
교통 전차 1 · 4호선 시안바시 思案橋(34) 정류장 하차, 도보 3분.
구글맵 QR 코드 스캔 · 터치

Since 1925

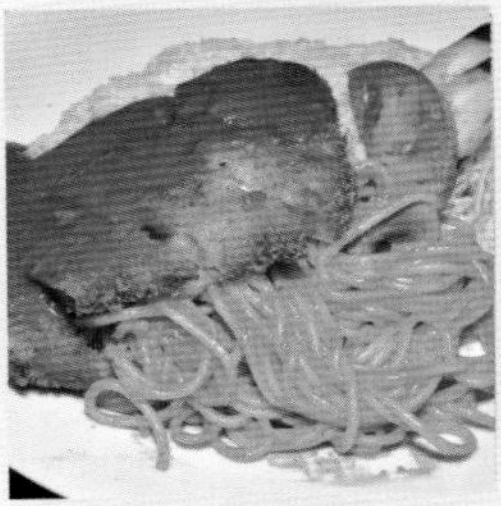

츠루챠
ツル茶ん

★3.9/3.62 규슈에서 제일 오래된 다방. 밥 · 돈가스 · 스파게티가 모둠으로 나오는 나가사키의 소울 푸드 토루코라이스 トルコライス 원조집이다. 맛은 우리나라의 옛날 돈가스를 떠올리면 좋을 듯. 토핑 재료가 다른 10가지 토루코라이스를 선보인다. 돈가스와 카레 소스를 얹은 무카시나츠카시토루코라이스 昔なつかしトルコライス, 비프커틀릿에 특제 소스와 해산물 스파게티를 곁들인 료마토루코 Ryomaトルコ가 특히 인기다. 또 하나 놓치지 말아야 할 원조 메뉴는 입가심용으로 제격인 달콤한 밀크셰이크 元祖長崎風ミルクセーキ(간소나가사키후미루쿠세키)다.

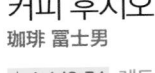

예산 2,000엔~
영업 10:00~21:000
휴업 수요일, 연말연시
주소 長崎市 油屋町 2-47
전화 095-824-2679
지도 MAP 24-C4
교통 전차 1 · 4호선 시안바시 思案橋(34) 정류장 하차, 도보 2분.
구글맵 QR 코드 스캔 · 터치

오늘의 빵
本日のパン

브레드 아 에스프레소
BREAD A ESPRESSO

★4.6/3.66 나가사키에서 놓치면 후회할 빵 맛집. 한적한 주택가 한복판에 위치한 간판도 없는 조그만 빵집이다. 1주일에 4일, 그것도 이른 아침에만 영업해 모르면 그냥 지나치기 십상이다. 하지만 이미 현지 주민 사이에서 정평이 난 까닭에 이른 새벽부터 긴 줄이 늘어선다. 심지어 호텔 조식을 마다하고 빵을 사러 오는 손님까지 있을 정도! 갓 구운 빵을 즉석에서 팔기 때문에 빵 종류는 매일 아침 바뀐다. 진열장에 놓인 빵을 직접 보고 고르는 방식이라 이용에 어려움은 없다. 매장 안쪽에는 커피를 주문해 빵과 먹을 수 있는 조그만 스탠딩 테이블이 마련돼 있다.

예산 300엔~
영업 금~월요일 06:30~10:30
휴업 화 · 수 · 목요일
주소 長崎市 五島町 6-3
전화 095-823-6078
지도 MAP 21-C3
교통 전차 1호선 고토마치 五島町(28) 정류장 하차, 도보 3분.
구글맵 QR 코드 스캔 · 터치

두툼한 등심 돈가스
厚切上ロース

카츠시카
勝鹿

★4.6/3.59 나가사키 제일의 돈가스 맛집. 부드러운 육질과 풍부한 감칠맛으로 유명한 규슈 5대 고급 브랜드 품종인 호쥬톤 芳寿豚 돼지를 사용한다. 두께 3㎝에 육박하는 두툼한 등심 돈가스 厚切上ロース(아츠기리죠로스)가 추천 메뉴다. 저온으로 장시간 튀겨 겉바속촉의 정석을 제대로 보여주며, 탄력 있는 식감과 흥건히 배어나는 육즙이 입맛을 돋운다. 돈가스와 함께 양파 소스 · 소금 · 머스터드가 곁들여 나온다. 다진 양파를 올리브 오일에 재운 양파 소스는 튀김의 기름진 맛을 잡아주는 상큼한 풍미가 일품이다.

예산 2,000엔~
영업 11:30~15:00, 17:00~21:00
휴업 부정기적 주소 長崎市 籠町 5-25
전화 095-825-0188
지도 MAP 23-D2
교통 전차 1 · 5호선 신치츄카가이 新地中華街(31) 정류장 하차, 도보 7분. / 차이나타운에서 도보 1분.
구글맵 QR 코드 스캔 · 터치

Since 1965

나가사키카쿠니만쥬
長崎角煮まんじゅう

이와사키혼포
岩崎本舗

★4.6/3.36 나가사키 명물 카쿠니만쥬 전문점. 싯포쿠 요리(p.303)의 핵심 메뉴인 돼지고기 조림 카쿠니 角煮를 간편히 먹을 수 있도록 개량한 햄버거 모양의 나가사키카쿠니만쥬 長崎角煮まんじゅう로 유명하다. 카쿠니는 중국의 동파육 東坡肉을 일본식으로 변형시킨 것인데, 두툼하게 썬 돼지고기를 3일 동안 소스에 뭉근히 조려 만든다. 촉촉한 식감과 소스가 적절히 배어든 고기의 달콤 짭조름한 맛이 특징이며, 차이나타운의 군것질거리로도 인기가 높다. 나가사키 시내 곳곳에 분점이 있어 손쉽게 구매할 수 있다.

예산 500엔~ 영업 09:30~21:00
주소 長崎市 銅座町 3-17
전화 095-818-7075
홈피 https://0806.jp
지도 MAP 23-D1 · 24-C3
교통 전차 1 · 5호선 신치츄카가이 新地中華街(31) 정류장 하차, 도보 2분. / 차이나타운에서 도보 1분.
구글맵 QR 코드 스캔 · 터치

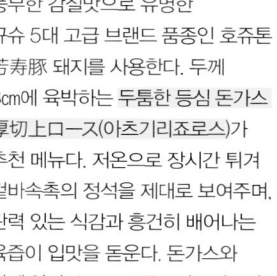

1 JR 나가사키 역 바로 옆이라 이용하기 편리하다.
2 젊은 감성의 패션 · 잡화 숍도 입점해 있다.

아뮤 플라자 나가사키 アミュプラザ長崎

JR 나가사키 역과 나란히 이어진 복합 쇼핑몰. 1층 패션 · 잡화 · 기념품 · 식당가, 2 · 3층 남녀 패션 · 잡화, 4층 영화관 · 오락실 · 잡화, 5층 식당가로 구성된다. 지역 특산품 · 기념품 코너, 푸드 코트, 대형 슈퍼마켓 세이유 Seiyu가 입점한 스테이션 파크(1층)가 특색 있다. 갭 · 유나이티드 애로우스 · 타케오 키쿠치 등 인기 브랜드가 충실하고, 위고 Wego · Niko and... 같은 10~20대 취향의 트렌디한 중저가 패션 브랜드도 눈길을 끈다(2 · 3층). 아기자기한 디자인의 잡화와 아이디어 상품이 풍부한 무지 MUJI · 애프터눈 티 리빙 등의 라이프스타일 숍(2층)도 강추!

영업 숍 10:00~20:00, 레스토랑 11:00~22:00
휴업 부정기적 주소 長崎市 尾上町 1-1
전화 095-808-2001
홈피 www.amu-n.co.jp 지도 MAP 21-B2
교통 JR 나가사키 長崎 역에서 도보 3분. 카모메 출구 かもめ口(동쪽 출구 東口)를 나와 오른쪽으로 간다. / 전차 1 · 3호선 나가사키에키마에 長崎駅前(27) 정류장 하차, 도보 2분.
구글맵 QR 코드 스캔 · 터치

유메타운 유메사이토
ゆめタウン夢彩都

4층 규모의 대형 쇼핑센터. 화장품 · 패션 · 잡화 · 인테리어용품 등 생활밀착형 아이템이 풍부하다. 눈에 띄는 숍은 유니클로와 잡화 · 문구 · 인테리어 용품 매장 다이소 · 로프트 · 3 Coins Plus 등이다. 지하 1층에는 대형 슈퍼마켓도 있다.

영업 09:30~22:00(매장마다 다름)
주소 長崎市 元船町 10-1
전화 095-823-3131
홈피 www.izumi.jp/tenpo/yume-saito
지도 MAP 21-D2
교통 JR 나가사키 長崎 역에서 도보 17분. 전차 1호선 오하토 大波止(29) 정류장 하차, 도보 2분.
구글맵 QR 코드 스캔 · 터치

빌리지 뱅가드
Village Vanguard

'놀 수 있는 책방 遊べる本屋'이 콘셉트인 기상천외한 잡화점. 책 · 잡화 · 수입과자 · 장난감 · 화장품 등 장르를 초월한 온갖 잡동사니가 한데 뒤섞여 있다. 기발한 아이디어의 잡화나 희귀한 캐릭터 상품에 주목하자. 기념품을 구매하기에도 좋다.

영업 10:00~20:00
주소 長崎市 尾上町 1-1 アミュプラザ長崎 3/F
전화 095-895-7671
홈피 www.village-v.co.jp
지도 MAP 21-B2
교통 JR 나가사키 長崎 역에서 도보 5분. 아뮤 플라자 나가사키 3층에 있다.
구글맵 QR 코드 스캔 · 터치

아니메이트
アニメイト

만화 · 애니 굿즈 전문점. 후쿠오카 등 대도시 매장에 비해 규모가 무척 작다. 하지만 나가사키에서 유일무이한 애니 전문 숍이며, 신상 아이템에 관한 한 절대적 경쟁력을 갖춘 곳이라 나가사키의 덕후 집합소로 유명하다.

영업 10:00~20:00
주소 長崎市 浜町 1-10 有川ビル 3/F
전화 095-822-2011
홈피 www.animate.co.jp
지도 MAP 24-B3
교통 전차 5호선 하마노마치아케도 浜町アーケード(36) 정류장 하차, 도보 1분. 아리카와 有川 빌딩 3층에 있다.
구글맵 QR 코드 스캔 · 터치

1 쇼핑을 즐기는 현지인들로 항상 북적인다.
2 도기 등의 생활잡화도 저렴하게 판매한다.

하마노마치 쇼핑 아케이드 浜町アーケード

'하만마치 상점가'란 애칭으로 통하는 아케이드식 상점가. 나가사키 최대 규모를 자랑하는 까닭에 현지인도 즐겨 찾는다. 하마이치 아케이드 浜市アーケード와 베루나도칸코도리 ベルナード観光通り의 두 거리가 '十'자 모양으로 교차하는 형태를 이루고 있다. 기념품·잡화·생필품을 취급하는 200여 개의 숍이 모여 있는데, 대부분의 상점은 하마이치 아케이드 거리에 모여 있다. 주목할 숍은 드러그 스토어 선 드러그 サンドラッグ·마츠모토키요시 マツモトキヨシ·코코카라파인 ココカラファイン, 디자인과 품질이 뛰어난 잡화점 쓰리코인즈 플러스 3Coins plus, 슈즈 전문점 ABC-Mart, 깜찍한 여성 속옷·양말을 판매하는 투투안나 tutuanna, 재미난 디자인의 양말 전문점 쿠츠시타야 靴下屋 등이다.

영업 10:00~20:00(숍마다 다름) 휴업 연말연시(숍마다 다름)
홈피 www.hamanmachi.com 지도 MAP 24-B3
교통 전차 1·4호선 칸코도리 観光通り(33) 정류장 바로 앞.
전차 3호선 하마노마치아케도 浜町アーケード(32·36) 정류장 바로 앞. 구글맵 QR 코드 스캔·터치

돈키호테
ドン・キホーテ

풍부한 아이템과 저렴한 가격의 할인매장. 여행자가 선호하는 인기 아이템 위주로 판매하기 때문에 쇼핑 효율을 극대화할 수 있다.
지하 1층 식료품·주류·일용잡화, 1층 화장품·의류·스포츠용품, 2층 의약품·침구·장난감·파티용품·문구·가전 코너다. 면세 카운터는 2층에 있다.

영업 09:00~02:00
주소 長崎市 浜町 3-5
전화 095-829-7811
홈피 www.donki.com
지도 MAP 24-B3
교통 전차 1·4호선 칸코도리 観光通り(33) 정류장 하차, 도보 3분.
구글맵 QR 코드 스캔·터치

칼디 커피 팜
KALDI Coffee Farm

커피·수입 식료품 전문점. 30여 종의 다양한 커피 원두가 추천 아이템이다. 입구에서 커피 무료 시음도 가능하다. 우리나라에서 구하기 힘든 수입 소스·향신료·과자가 풍부하며 가격도 저렴하다. 선물용으로 좋은 독특한 과자·먹거리도 판매해 쇼핑의 재미를 더한다.

영업 10:00~20:00
주소 長崎市 浜町 4-11
전화 095-811-1133
홈피 www.kaldi.co.jp
지도 MAP 24-C4
교통 전차 1·4호선 칸코도리 観光通り(33) 정류장 하차, 도보 2분.
구글맵 QR 코드 스캔·터치

다이소
DAISO

우리에게도 친숙한 초저가 잡화점. 나가사키 최대 규모를 뽐낸다. 드넓은 매장에 주방용품·화장품·잡화·식료품이 가득해 필요한 아이템을 손쉽게 구할 수 있다. 일본에서만 판매하는 식료품과 기발한 아이디어 상품에 주목하자. 매장이 4층으로 구성된 까닭에 수시로 계단을 오르내려야 하는 점은 조금 아쉽다.

영업 09:30~20:30
주소 長崎市 浜町 2-33
전화 095-895-5324
지도 MAP 24-B3
교통 전차 1·4호선 칸코도리 観光通り(33) 정류장 하차, 도보 3분.
구글맵 QR 코드 스캔·터치

소도시 여행 #9

하우스텐보스 ハウステンボス

하우스텐보스의 원래 발음은 휘스텐보쉬 Huis Ten Bosch로 네덜란드 여왕의 별궁을 말한다. 잠실 주경기장의 30배가 넘는 광활한 규모의 테마파크에는 17세기 네덜란드의 풍경을 고스란히 재현해 놓았다. 단, 규모에 비해 볼거리가 빈약하니 지나친 기대는 금물!

하우스텐보스

개관 10:00~21:00(수시 변경, 자세한 내용은 홈페이지 참조)

요금 **1일 패스포트** 7,600엔

1.5일 패스포트 1만 1,200엔

2일 패스포트 1만 3,400엔

애프터 3 패스포트 5,900엔

홈피 www.huistenbosch.co.jp

하우스텐보스 앱

스마트폰에 하우스텐보스 오피셜 앱을 설치할 수 있다. 테마파크 전체 지도는 물론, 이동 루트, 어트랙션 대기시간, 레스토랑 번호표 발급 등 여러 서비스를 이용 가능해 편리하다.

나가사키 → 하우스텐보스

JR 나가사키 역에서 하우스텐보스 ハウステンボス 역까지 쾌속 · 보통 열차가 30~60분 간격으로 운행된다. 요금은 동일하니 속도가 빠른 쾌속열차를 이용하자.

쾌속열차 1시간 30분, 1,730엔

보통열차 1시간 50분, 1,730엔

북큐슈 레일 패스 사용 가능

후쿠오카 → 하우스텐보스

JR 하카타 역에서 1시간 간격으로 출발하는 특급열차 하우스텐보스 ハウステンボス를 타고 하우스텐보스 역 하차. 또는 하카타 버스터미널 3층 31번 승강장, 텐진 고속버스 터미널 3층 4번 승강장에서 고속버스도 이용할 수 있다.

특급열차 1시간 50분, 4,750엔

보통열차 4시간, 2,420엔

북큐슈 레일 패스 사용 가능

하카타 · 텐진 고속버스 터미널 → 하우스텐보스

고속버스 2시간, 2,310엔

산큐 패스 사용 가능

하우스텐보스 돌아보기

하우스텐보스는 10개의 구역으로 나뉜다. 이 안에 40여 개의 어트랙션이 있는데, 규모에 비해 재미난 어트랙션은 많지 않다. 모든 어트랙션을 자유로이 이용하려면 1~2일 패스포트, 단순히 네덜란드 풍의 거리를 구경하는 정도로 만족한다면 15:00부터 입장 가능한 애프터 3 패스포트를 구입하는 게 좋다.

우리나라의 인터넷 쇼핑몰에서 입장권을 구매하면 가격이 10~15% 할인된다.

입장시 한국어 브로슈어를 잊지 말자. 하우스텐보스 구석구석을 소개하는 그림 지도가 들어 있어 큰 도움이 된다.

테마파크 안을 순환 운행하는 버스 · 유람선(자유이용권 무료 이용 가능) 또는 입구에서 빌려주는 자전거(1시간 1,000엔)를 이용하면 한결 수월하게 돌아볼 수 있다는 사실도 알아두자.

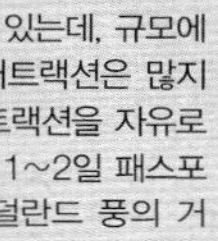

웰컴 게이트

ウェルカムゲート

❶ 네덜란드로의 여행이 시작된다는 의미로 입국장 入国場이라고도 부른다. 바로 앞에는 700여 개의 테디베어 인형을 모아 놓은 테디베어 킹덤이 있다. 캐널 크루즈 선착장에서 유람선을 타면 30분 동안 테마파크 안을 일주할 수 있다. 먼저 이 배로 하우스텐보스 일대를 돌아본 뒤 본격적인 여행에 나서는 것도 요령이다.

플라워 로드

フラワーロード

봄에는 튤립, 가을에는 금잔화의 물결이 넘실대는 화사한 꽃의 마을이다. 힘차게 돌아가는 풍차를 배경으로 멋진 기념사진을 남겨보자. 하우스텐보스 제일의 포토 존으로도 인기가 높다. 풍차 내부의 미니 박물관은 바람의 힘으로 물을 끌어 올리는 풍차의 원리를 알기 쉽게 소개한다.

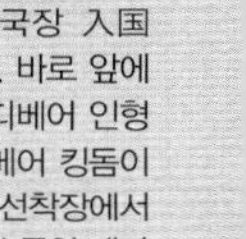

구글맵

어트랙션 타운
アトラクションタウン

❼ 이국적인 광장을 중심으로 12개의 어트랙션이 모여 있는 놀이공간이다. 13,000m 해저를 탐험하는 스릴만점 어트랙션 미션 딥 시 엑스센스 라이드, 800톤의 물이 쏟아지는 박력 넘치는 홍수 체험관 호라이즌 어드벤처, 짜릿한 쾌감의 VR 라이더, 일본 최초의 3층 회전목마 스카이 캐러셀, 초콜릿을 테마로 만든 쇼콜라 백작의 저택 등 흥미진진한 어트랙션이 가득하다.

빛의 환타지아 시티
光のファンタジアシティ

❸ 빛과 색을 테마로 꾸민 환상적인 공간이다. 영상 · 음악 · 향기가 빚어내는 몽환적 분위기의 플라워 환타지아, 신비로운 세계가 펼쳐지는 우주의 환타지아, 심해를 묘사한 바다의 환타지아, 예술적 감성이 충만한 아트 환타지아 등의 볼거리가 있다.

암스테르담 시티
アムステルダムシティ

❹❻ 네덜란드의 암스테르담을 고스란히 재현한 공간이다. 광장을 중심으로 이국적인 건물이 옹기종기 모여 있어 재미난 기념사진을 찍기에도 좋다. 장인의 섬세한 손길이 느껴지는 유리 공예품과 샹들리에를 전시하는 박물관 기야만 뮤지엄, 세계 최대의 디지털 낚시터 츠리 어드벤처 등의 어트랙션을 이용할 수 있다. 시즌 중에는 다양한 이벤트도 열린다.

타워 시티
タワーシティ

❺ 다양한 음식을 선보이는 레스토랑가. 한가운데에는 네덜란드에서 가장 높은 교회의 첨탑을 재현한 105m의 탑 돔투른이 우뚝 솟아 있다.
4층(65m)과 5층(80m)에 전망대가 하나씩 있으며, 하우스텐보스 일대가 한눈에 내려다보일 만큼 멋진 전망을 자랑한다.

아트 가든
アートガーデン

❿ 유럽의 정원을 현대적으로 재구성한 아기자기한 정원이다. 꽃이 만발한 정원을 한가로이 거닐며 느긋하게 휴식을 취할 수 있는 게 매력. 사시사철 화사하게 피는 꽃에 둘러싸인 근사한 바와 카페도 있다.
하우스텐보스가 훤히 내려다보이는 대관람차, 일본 최대의 음악분수 쇼가 황홀경을 선사하는 워터 가든 등의 어트랙션이 눈길을 끈다.

어드벤처 파크
アドベンチャーパーク

❽ 자녀를 동반한 가족 여행자에게 인기가 높다. 로프와 나무로 얼기설기 만든 정글짐을 맨몸으로 통과하는 천공의 성, 길이 300m의 외줄에 대롱대롱 매달린 채 짜릿한 공중유람을 즐기는 짚라인 슈팅 스타, 250m 길이의 레일을 타고 내려가는 속도감 만점의 천공 레일 코스터 하야테 등이 흥미롭다.

하버 타운
バーバータウン

❷❾ 암스테르담의 항구를 테마로 꾸민 공간이다. 바다 위에는 대항해 시대의 범선, 부둣가에는 다양한 먹거리를 파는 식당이 모여 있다. 일본에서 유럽으로 수출되던 3,000여 점의 화려한 도자기가 소장된 도자기 박물관이 볼만하다.
시즌 중에는 웅장한 음악과 강렬한 레이저 불빛이 밤하늘을 화려하게 수놓는 쇼가 펼쳐지기도 하니 홈페이지에서 스케줄을 확인해보자.

포레스트 빌라
フォレストヴィラ

유럽풍 주택이 늘어선 한적한 호숫가. 최대의 볼거리는 이곳의 상징으로도 유명한 네덜란드 여왕의 궁전 팰리스 하우스텐보스다. 17세기의 궁전을 그대로 복제해 놓았으며, 아름다운 정원과 분수가 눈길을 끈다. 내부는 벽화와 미술품을 선보이는 전시관으로 이용 중이다.

소도시 여행 #10

운젠 雲仙

부글부글 끓어오르는 열탕과 증기로 가득한 운젠은 나가사키 인근에서 가장 유명한 온천 휴양지다. 701년 만묘지 満明寺란 사찰이 세워지면서 마을이 형성됐을 만큼 오랜 역사를 자랑하지만, 세간에 알려지기 시작한 것은 불과 한 세기 전인 19세기 말이다. 당시 나가사키에 체류하던 외국인들이 독특한 자연과 온천을 체험할 수 있는 이곳으로 몰려들자 외국인용 위락단지가 조성됐고, 일본 최초의 국립공원으로 지정돼 지금의 모습을 갖췄다.

후쿠오카 → 운젠
JR 하카타 역에서 특급열차·신칸센을 타고 이사하야 諫早 역으로 간 다음, 운젠 행 버스로 갈아탄다. 버스는 1일 13회 운행한다.

하카타 → 이사하야
특급열차 1시간 40분, 5,600엔
북큐슈 레일 패스 사용 가능

이사하야 → 운젠
버스 1시간 20분, 1,400엔
산큐 패스 사용 가능

나가사키 → 운젠
JR 나가사키 역 앞의 버스 터미널(MAP 21-A2) 3번 승강장에서 고속버스를 타고 운젠 雲仙에서 내린다. 버스는 1일 3~4회 운행한다. 직행 버스가 없을 때는 JR 이사하야 諫早 역으로 간 다음, 운젠 행 버스로 갈아탄다. 버스는 1일 13회 운행한다.

나가사키 → 운젠
고속버스 1시간 40분, 편도 1,850엔, 왕복 3,300엔(4일간 유효), 산큐 패스 사용 가능

나가사키 → 이사하야
신칸센 8분, 1,430엔
보통열차 30분, 560엔
북큐슈 레일 패스 사용 가능

이사하야 → 운젠
버스 1시간 20분, 1,400엔
산큐 패스 사용 가능

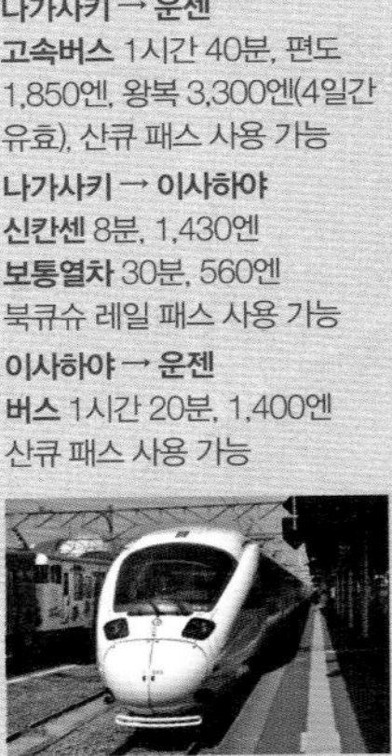

지고쿠
地獄

❻ 코를 찌르는 유황 냄새로 가득한 온천 산책로. 허옇게 속살(?)을 드러낸 불모지와 솟구치는 열탕의 모습이 지옥(지고쿠)을 연상시킨다고 해 지금의 이름이 붙었다. 기독교 탄압이 격심하던 에도 시대에는 기독교도를 산채로 열탕에 던져 넣어 죽이는 처형장으로 이용됐다. 지고쿠는 입구부터 1km 정도의 산책로가 정비돼 있으며 전체를 돌아보는 데는 1시간쯤 걸린다.

지도 MAP 25-B3
교통 운젠 雲仙 버스 정류장(시마테츠 버스 운젠 영업소 島鉄バス雲仙営業所)에서 도보 2분.

큐하치만지고쿠 旧八万地獄
❺ 살풍경한 광경이 8만 번뇌 지옥을 연상시킨다 해서 이름 붙여졌다. 황량한 달의 표면처럼 보인다고 해 '월면 지옥'이라고도 부른다. 가운데에 정방형의 광장이 있는데, 바닥에 손을 대면 뜨거운 온천의 열기가 느껴진다. 광장 한편에는 온천수가 샘솟는 커다란 바위가 있으며, 이 바위를 온천의 신으로 모신다. 12월에는 성대한 온천 감사제가 열린다.

세이시치지고쿠 青七地獄
❶ 뜨거운 열탕이 치솟는다. 나가사키에서 끌려온 기독교도 세이시치가 처형당한 직후 열탕이 치솟아 그의 이름이 붙여졌다.

스즈메지고쿠 すずめ地獄
물이 끓으며 조그만 기포가 끊임없이 올라온다. 보글거리는 소리가 마치 참새(스즈메) 떼가 지저귀는 것처럼 들린다고 해 지금의 이름이 붙었다.

운젠지고쿠차야
雲仙地獄茶屋
온천증기로 찐 계란을 판다. 계란을 운젠 레모네이드(라무네)란 탄산 음료와 같이 먹는 게 지고쿠 산책의 국룰이다.

구글맵

1 2 3 4 5 6 7 8

오이토지고쿠 お糸地獄
바람을 피우고 남편까지 죽인 이토 糸란 여인이 처형당한 곳이다. 처형 직후 열탕이 치솟아 그의 이름이 붙었다.

운젠 크리스천 순교기념비
雲仙キリシタン殉教記念碑
❼ 1627년부터 4년 간 여기서 순교한 기독교도 33명의 영혼을 추모하는 십자가 모양의 기념비다. 5월 셋째 일요일에는 그들의 희생을 기리는 기념 미사가 열린다.

아비규환 지고쿠 大叫喚地獄
❷ 요란한 굉음과 함께 엄청난 양의 증기가 솟구쳐 오른다. 지고쿠 여행의 하이라이트라 해도 과언이 아니다.

보즈지고쿠 坊主地獄
진흙탕이 동글동글한 기포를 만들며 끓어오른다. 이 모습이 마치 중(보즈)의 머리처럼 보인다고 해 지금의 이름이 붙었다. 미야자키 료칸의 정원 안에 있다.

운젠 산의 정보관
雲仙お山の情報館
❸ 운젠의 화산과 온천, 자연을 소개하는 미니 자료관. 볼거리가 풍부하진 않지만 이곳의 지질학적 특징을 소개하는 자료와 사계절을 담은 사진이 흥미롭다.
개관 09:00~17:00
휴관 목요일 요금 무료
지도 MAP 25-C3
교통 운젠 雲仙 버스 정류장에서 도보 6분.

니타 고개
仁田峠
❹❽ 1,080m에 위치한 전망대. 후겐다케 普賢岳 (1,359m)와 함께 1990년에 폭발한 헤이세이신잔 平成新山 (1,486m)의 웅장한 모습을 볼 수 있다. 198년만의 대분화로 인해 바로 앞의 도시가 쑥대밭이 될 뻔했고, 취재차 온 기자와 유명 화산 학자가 용암에 매몰돼 사망하는 비극적 사고도 발생했다. 전망대에서는 바다 건너의 쿠마모토 熊本와 아소산 阿蘇山이 손에 잡힐 듯 바라보인다. 주위로는 산책로가 정비돼 있다. 전망대에서 케이블카를 타고 후겐다케의 정상까지 올라가 주변 경관을 둘러봐도 좋다. 봄에는 진달래, 가을에는 붉은 단풍, 겨울에는 순백의 눈꽃이 피는 아름다운 자연을 즐길 수 있다.
교통 운젠 시내와 전망대를 연결하는 유일한 대중교통인 합승버스는 2023년 이후 운행이 잠정 중지된 상태. 현재 이용 가능한 교통편은 렌터카와 택시뿐이다. 렌터카는 니타토우게 순환도로 仁田峠循環道路를 따라 15분 정도(8㎞) 가면 된다. 오르막길의 일방통행도로이며 이동 중에 주변 풍경을 감상할 수 있다. 택시는 왕복 6,000엔 정도가 필요하다.

케이블카
운행 08:51~17:03,
11~3월 08:51~16:51
요금 1,500엔
홈피 https://unzen-ropeway.com

운젠의 온천

온천을 제대로 즐기려면 온천이 딸린 료칸에서 1박 이상할 것을 권한다. 천연 유황 온천이라 천질(泉質)이 뛰어나다. 당일치기로 돌아볼 때는 아래의 료칸·호텔에 딸린 온천을 이용한다.

운젠스카이 호텔
雲仙スカイホテル
영업 11:30~16:00
요금 700엔 지도 MAP 25-B2
홈피 www.unzen-skyhotel.com

운젠후쿠다야 雲仙福田屋
영업 12:00~15:00
요금 1,000엔 지도 MAP 25-D2
홈피 https://unzenonsen.unzen.org

운젠토요칸 雲仙東洋館
영업 15:00~24:00
요금 700엔~ 지도 MAP 25-A2
홈피 www.ooedoonsen.jp

소도시 여행 #11

오바마온센 小浜温泉

나가사키에서 운젠으로 가는 도중에 위치한 조그만 온천 마을이다. 지명이 미국 전(前) 대통령 버락 오바마의 이름과 같아 일본에서 그의 대통령 당선을 가장 기뻐한 곳으로도 유명하다. 이런 연유로 관광 인포메이션 센터에는 오바마의 마네킹이 세워져 있으며, 마을 곳곳에서 그의 캐리커처가 그려진 관광상품을 파는 재미난 광경도 목격할 수 있다.

워낙 작은 마을이라 두세 시간이면 충분히 돌아볼 수 있으니 나가사키→운젠 또는 그 반대 방향으로 이동하며 잠깐 들르는 정도로 충분하다.

오바마온센 관광협회
홈피 www.obama.or.jp

운젠 → 오바마온센
운젠 정류장(MAP 25-B3)에서 오바마·이사하야·나가사키 방면 버스를 타고 오바마 터미널에서 내린다. 버스는 1일 16~17회 운행한다.
버스 25분, 560엔
산큐 패스 사용 가능

나가사키 → 오바마온센
JR 나가사키 역 앞의 버스터미널(MAP 21-A2) 3번 승강장에서 고속버스를 타고 오바마 터미널 小浜ターミナル에서 내린다. 버스는 1일 3~4회 운행한다. 직행 버스가 없을 때는 JR 이사하야 諫早 역으로 간 다음, 운젠 행 버스로 갈아타고 도중의 오바마 터미널에서 내린다(1일 13회 운행).

나가사키 → 오바마온센
고속버스 1시간 20분, 편도 1,500엔, 왕복 2,660엔(4일간 유효), 산큐 패스 사용 가능

나가사키 → 이사하야
신칸센 8분, 1,430엔
보통열차 30분, 560엔
북큐슈 레일 패스 사용 가능

이사하야 → 오바마온센
버스 55분, 1,000엔
산큐 패스 사용 가능

홋토홋토 105
ほっとふっと105
일본에서 길이가 가장 긴 족탕. 지하에서 105℃로 끓어오르는 온천수에 착안해 105m 길이로 만들었다. 바닷가에 위치해 탁 트인 전망이 끝내준다. 해질녘에는 바다를 붉게 물들이는 아름다운 노을도 감상할 수 있다. 온천수가 공급되는 상류 쪽의 물이 가장 뜨겁고, 하류로 내려갈수록 온도가 낮아지니 적당한 곳에 자리를 잡고 족욕을 즐기자. 수건은 무시가마의 매점에서 판매한다(300엔).
운영 10:00~19:00, 11~3월 10:00~18:00
휴무 1/4, 1/5, 악천후시
요금 무료
지도 MAP 34-B1
교통 오바마 터미널 도보 8분.

홋토홋토 105

천연온천 찜기 무시가마
蒸し釜
고온의 온천 증기로 음식을 찌는 가마. 매점에서 소쿠리를 빌려(30분, 200엔) 직접 챙겨온 음식이나 매점에서 파는 옥수수·계란·감자·해산물을 쪄먹는다.
운영 10:00~18:30, 11~3월 10:00~17:30
휴무 1/4, 1/5, 악천후시
지도 MAP 34-A1
교통 오바마 터미널을 등지고 왼쪽으로 도보 8분.

나미노유 아카네
波の湯 茜
바닷가의 노천온천. 바다를 바라보며 온천욕을 즐길 수 있지만 시설이 무척 단출하다. 사전 예약 필수!
영업 10:00~23:00
휴업 악천후시
요금 50분 3,000엔(4명)
전화 0957-76-0883
지도 MAP 34-A1
교통 오바마 터미널을 등지고 왼쪽으로 도보 10분.

 구글맵

PART 6

KITAKYUSHU

北九州 · 기타큐슈

기초정보

기타큐슈 퀵 가이드
기타큐슈 국제공항→시내
주변 도시→기타큐슈

기타큐슈

AREA 01 코쿠라 · 모지 항

소도시

시모노세키

Quick guide

기타큐슈 北九州

규슈의 북동쪽 끄트머리에 위치한 기타큐슈는 혼슈와 규슈를 연결하는 교통의 요지다. 이러한 지리적 이점을 살려 항구가 발달한 이곳은 일본의 개항과 더불어 빠르게 근대화가 진행돼 일본 4대 공업 도시 가운데 하나로 급성장했다. 19세기 말부터 시작된 기타큐슈의 산업화 · 근대화는 도시 곳곳에 이국적인 건축물을 남겼는데, 세월의 흔적이 고스란히 배인 유럽풍 건물에서 화려했던 과거의 면모를 찾아보는 것 또한 여기서 만끽할 수 있는 즐거움 가운데 하나다. 지리적으로는 교통 · 숙박 · 쇼핑 시설이 밀집한 다운타운인 코쿠라 小倉와 20세기 초의 이국적 풍경이 고스란히 남겨진 모지 항 門司港의 두 지역으로 이루어져 있다.

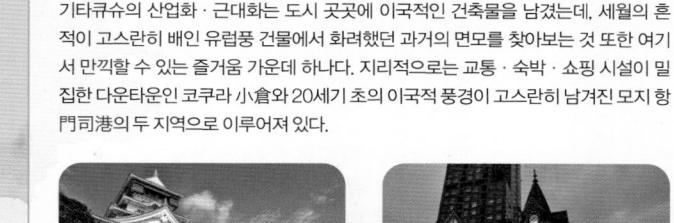

인구
90만 6,000명

면적
492km²

3대 명소

2대 먹거리

4대 쇼핑 명소

1Day trip

옵션 1

시모노세키

p.336

바다를 사이에 두고 모지 항을 나란히 바라보는 혼슈의 항구도시. 부산을 오가는 부관페리가 발착하는 곳이라 여행의 거점으로 삼기에도 적합하다. 바닷가를 따라 수족관·수산시장·역사 유적·칸몬 대교 등의 볼거리가 드문드문 이어져 찬찬히 돌아보기에 좋다.

보통열차 20분 / **페리** 5분

옵션 2

벳푸

p.235

일본 굴지의 온천 휴양지. 소박하면서도 여유로운 지방 도시의 느낌이 강하다. 수많은 온천과 함께 눈여겨볼 것은 '지옥 순례'라는 온천 투어다. 땅 속에서 엄청난 기세로 뿜어져 나오는 수증기와 부글부글 끓어오르는 열탕이 화산 섬 규슈에 와있음을 실감케 한다.

특급열차 1시간 20분 / **버스** 3시간 15분

옵션 3

후쿠오카

p.89

규슈 최대의 도시이자 경제와 유행의 중심지. 기타큐슈에서 맛보기 힘든 도시적 면모가 매력이며, 활기찬 분위기와 다양한 볼거리가 호기심을 자극한다. 다운타운인 텐진·하카타 역 주변에 즐비한 맛집과 대형 백화점·쇼핑몰, 그리고 세련된 숍들이 여행의 재미를 더한다.

신칸센 15분 / **특급열차** 1시간 / **고속버스** 1시간 30분

기타큐슈 국제공항에서 시내로

기타큐슈 국제공항은 조그만 지방 공항이라 이용하기도 쉽다. 공항에서 기타큐슈 시내까지의 거리는 약 23㎞이며, 도심을 연결하는 교통편은 공항버스 · 택시 · 렌터카가 있다. 택시는 요금이 비싸니 저렴한 공항버스를 이용하는 게 현명하다. 공항버스는 입국장 바로 앞에서 출발하며 정류장 안내가 한국어로도 나와 이용에 어려움이 없다.

세 줄 요약

기타큐슈 국제공항
국제선과 국내선이 한 건물에 붙어 있다. 입국장은 1층, 출국장은 2층이다.

공항버스
1번 정류장에서 출발하는 직행 버스가 편리하다. JR 코쿠라 역까지 33분 소요.

시내 → 공항
JR 코쿠라 역 남쪽 출구 앞의 버스 센터, 8번 정류장에서 공항버스를 탄다.

기타큐슈 국제공항

홈피 www.kitakyu-air.jp

공항버스

기타큐슈 국제공항→ JR 코쿠라 역
운행 05:45~24:15
33~53분 소요, 710엔
기타큐슈 국제공항→후쿠오카
운행 23:05, 23:35, 00:05
73~90분 소요, 2,000엔
산큐 패스 사용 가능

공항버스

기타큐슈 국제공항 北九州国際空港

진에어가 인천 국제공항에서 매일 운항한다. 기타큐슈 국제공항은 국제선과 국내선이 하나로 이어진 조그만 공항이며, 입국장은 1층, 출국장은 2층에 있다. 여행 인포메이션 센터 · 편의점 · 렌터카 카운터 등의 편의시설은 1층에 모여 있다. 면세점이 무척 빈약하니 출국시 기념품 쇼핑은 시내에서 마치고 오는 게 좋다.

공항버스 空港バス

시내로 들어갈 때는 공항버스를 이용한다. 버스 정류장은 입국장 앞의 출구를 나가면 바로 앞에 있다. 1~4번의 네 개 정류장이 있는데 기타큐슈 시내 방면 버스는 1번 정류장에서 출발한다. 직행 Nonstop은 33분, 경유편은 53분 걸리니 정류장 앞에 있는 시각표를 확인하고 직행을 타자. 버스 티켓은 자판기에서 구매한다. 내리는 곳은 JR 코쿠라 小倉 역이다. 안내방송이 일어 · 영어 · 한국어로 나와 이용하기는 어렵지 않다.

시내에서 기타큐슈 국제공항으로 갈 때는 JR 코쿠라 역의 남쪽 출구 南口 앞에 있는 버스 센터의 8번 정류장에서 공항버스를 탄다.

기타큐슈 국제공항→후쿠오카 北九州国際空港→福岡

입국장 앞의 4번 정류장에서 후쿠오카의 JR 하카타 역과 텐진으로 가는 버스가 출발한다. 단, 1일 3편만 심야에 운행해 이용하기가 무척 불편하다. 후쿠오카로 갈 때는 JR 코쿠라 역으로 가서 기차 · 버스로 갈아타는 게 좋다.

주변 도시에서 기타큐슈로

기타큐슈는 북큐슈의 교통 중심지라 기차 · 버스 · 렌터카 등 다양한 교통편을 이용할 수 있다. 일반적으로 운행 편수가 많은 신칸센 · 특급열차를 이용하는 게 편리하지만, 교통편마다 요금 차이가 크고 장단점이 다르니 꼼꼼히 비교해보고 이용하자. 경비를 절약하려면 요금이 저렴한 보통열차 또는 고속버스를 이용하는 것도 방법이다.

세 줄 요약

기타큐슈의 역
JR 코쿠라 小倉 역이 중심역이다. 기타큐슈란 역은 없으니 주의!

후쿠오카 → 기타큐슈
특급열차 55분. 소요시간 대비 요금이 저렴해 활용도가 높다.

벳푸 → 기타큐슈
기차가 편리하다. 버스는 요금이 저렴한 대신 이동시간이 오래 걸린다.

후쿠오카 → 기타큐슈 福岡→北九州

가장 편리한 교통편은 JR 하카타 博多 역에서 출발하는 고속열차 신칸센 新幹線이다. 수시로 출발하며 15~20분밖에 안 걸리는 빠른 속도가 매력이다. 단, 요금이 비싸고 북큐슈 레일 패스로는 탈 수 없는 게 유일한 단점이다. 북큐슈 레일 패스 소지자는 특급열차, 경비를 아낄 목적이라면 쾌속 · 보통 열차를 이용한다. 내리는 곳은 JR 코쿠라 小倉 역이다.

버스는 텐진 고속버스 터미널 天神高速バスターミナル(MAP 8-F4) 3층의 2번 승강장에서 출발한다. 5~10분 간격으로 운행해 언제든 편하게 이용할 수 있다. 버스가 도착하는 곳은 JR 코쿠라 역 앞이다.

렌터카 이용시 후쿠오카에서 기타큐슈까지의 거리는 약 75㎞, 고속도로를 경유해 1시간쯤 걸리며 통행료는 승용차 기준 2,320엔이다.

벳푸 → 기타큐슈 別府→北九州

가장 편리한 교통편은 JR 벳푸 別府 역에서 출발하는 특급열차 소닉 ソニック과 니치린 にちりん이다. 20~40분 간격으로 운행하며, 도착하는 곳은 JR 코쿠라 小倉 역이다. 경비 절약 또는 산큐 패스 사용이 목적이라면 벳푸키타하마 버스 센터 別府北浜バスセンター(MAP 17-B5)에서 출발하는 고속버스를 타자(1일 6회). 도착하는 곳은 JR 코쿠라 역 남쪽 출구 南口 앞의 버스 정류장(MAP 26-C4)이다.

렌터카 이용시 기타큐슈까지의 거리는 115㎞. 고속도로를 경유해 1시간 40분 걸리며 통행료는 승용차 기준 3,620엔이다.

후쿠오카 → 기타큐슈(코쿠라)

신칸센 15~20분, 2,160엔
특급열차 55분, 2,110엔
쾌속열차 1시간 10분, 1,510엔
보통열차 1시간 30분, 1,510엔
북큐슈 레일 패스 사용 가능
고속버스 1시간 30분, 1,350엔
산큐 패스 사용 가능

벳푸 → 기타큐슈(코쿠라)

특급열차 1시간 20분~1시간 40분, 5,190엔
북큐슈 레일 패스 사용 가능
고속버스 3시간 15분, 4,030엔
산큐 패스 사용 가능

AREA 01

코쿠라·모지 항
小倉·門司港

기타큐슈의 다운타운인 코쿠라는 번화한 상점가와 대형 쇼핑몰, 맛집이 집중된 곳이다. 하지만 이렇다 할 볼거리가 없는 점이 아쉽다. 반면 실질적인 여행의 중심지인 모지 항은 20세기 초 무역항으로 번영하던 당시의 풍경이 고스란히 남아 과거로의 시간여행이 가능하게 해준다. 두 지역은 기차로 15분이면 오갈 수 있으니 구경은 모지 항, 식도락과 쇼핑은 코쿠라에서 즐기는 식으로 돌아보는 게 효율적이다.

명소 ★★★☆☆
맛집 ★★★☆☆
쇼핑 ★★☆☆☆
유흥 ★☆☆☆☆

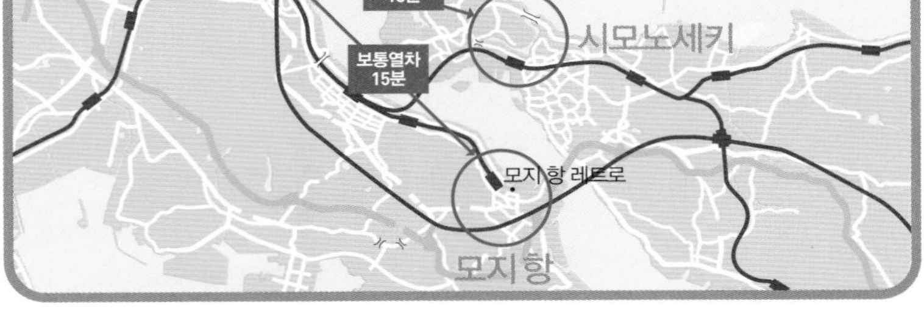

3대 명소

7대 맛집

4대 쇼핑 명소

best course

#1 코쿠라 핵심 일주

기타큐슈의 다운타운인 코쿠라의 핵심 명소와 맛집 위주로 돌아본다. 사라쿠라야마 전망대는 무료 셔틀버스 운행 시각에 맞춰 찾아간다.

예상 소요시간 8시간~

1 **코쿠라 성** p.322

도보 12분

2 **탄가 시장** p.328

바로 앞

3 **탄가우동** p.331

도보 6분

4 **우오마치긴텐가이 상점가** p.328

바로 앞

5 **시로야 베이커리** 빵 p.334

도보 6분

6 **메텔과 철이 벤치** p.328

도보 5분

7 **기타큐슈 만화 박물관** p.327

쾌속열차 15분

8 **사라쿠라야마 전망대** p.326

쾌속열차 15분

9 **모지코치비루 공방** 맥주 p.334

코쿠라 성의 텐슈카쿠

best course

2 모지 항 & 시모노세키 일주

기타큐슈의 여행 중심지인 모지 항과 시모노세키를 묶어서 돌아본다. 시모노세키에서 모지 항으로 돌아올 때는 페리를 이용하면 편리하다.

예상 소요시간 8시간~

1. JR 모지코 역 p.324

도보 3분

2. 구 모지미츠이 클럽 p.324

도보 1분

3. 구 오사카 상선 빌딩 p.324

도보 3분

4. 블루 윙 모지 p.324

도보 1분

5. 구 모지 세관 p.325

도보 12분

6. 시오카제 호 p.330

관광열차 10분

7. 칸몬 터널 p.327

바로 앞

8. 미모스소가와 공원 p.338

버스 5분

9. 아카마 신궁 p.338

도보 8분

10. 카라토 시장 · 카몬 워프 p.337

페리 5분

11. 프린세스 피피 p.332

시모노세키

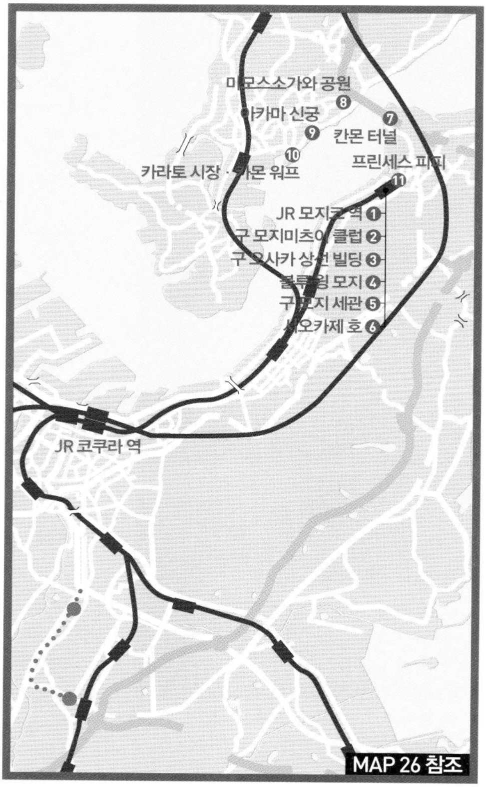

MAP 26 참조

1 · 2 전통 일본식으로 꾸민 고즈넉한 코쿠라 성 정원.
3 조형미가 뛰어나기로 유명한 리버 워크 기타큐슈.

01 小倉城 코쿠라 성 ★★★★☆

발음 코꾸라죠– **개관** 09:00~20:00, 11~3월 09:00~19:00
요금 공원 무료, 텐슈카쿠 350엔, 코쿠라 성 정원 350엔 ※공통입장권 560엔
홈피 https://kokura-castle.jp **지도** MAP 26–A5
교통 JR 코쿠라 小倉 역 남쪽 출구 南口에서 도보 17분 **구글맵** QR 코드 스캔 · 터치
리버 워크 **영업** **숍** 10:00~21:00, **레스토랑** 10:00~24:00

코쿠라의 상징처럼 여겨지는 거대한 성(城). 1602년 세키가하라 関ヶ原 전투의 공로를 인정받아 영주가 된 호소가와 타다오키 細川忠興(1563~1646)가 세웠다. 5년에 걸친 공사 끝에 동서 2㎞, 남북 1.2㎞, 148개의 망루, 48개의 성문을 가진 웅장한 성이 탄생했지만, 1837년과 1866년의 대화재로 전소됐다. 태평양 전쟁 직후 미군 주둔지로 이용됐으며 지금의 텐슈카쿠 天守閣를 비롯한 주요 건물은 1959년에 재건한 것이다.

전시관으로 사용 중인 텐슈카쿠에는 성의 역사와 기타큐슈의 문화를 소개하는 자료가 소장돼 있다. 5층 전망대에서는 이 일대가 훤히 내려다보인다. 성 아래에 있는 아기자기한 코쿠라 성 정원 小倉城庭園도 잠시 들러보자. 연못 너머로 코쿠라 성의 텐슈카쿠가 바라보이는 멋진 풍경이 펼쳐진다.

성 맞은편에는 개성 넘치는 외관의 리버 워크 기타큐슈 쇼핑몰이 있다. 빨강 · 파랑 · 노랑의 강렬한 원색에 유려한 곡선이 더해진 건물은 후쿠오카의 캐널 시티 하카타(p.127)를 설계한 건축가 존 저드 Jon Jerde의 작품이다. 100여 개의 숍 · 카페 · 레스토랑이 모여 있어 쇼핑 · 휴식을 취하기에 좋다(p.335).

 구글맵

1 유람선이 오가는 모습도 볼 수 있다.
2 19세기의 바나나 거래 광경을 재현한 마네킹.
3 바나나 축제를 기념하는 바나나맨 조형물.

02 門司港レトロ 모지 항 레트로 ★★★★☆

발음 모지꼬-레또로 **개방** 24시간 **요금** 무료 **홈피** www.mojiko.info
지도 MAP 27-B4 **교통** JR 모지코 門司港 역 하차, 바로 앞.
구글맵 QR 코드 스캔·터치
카이쿄 플라자 **영업** **숍** 10:00~20:00, **레스토랑** 11:00~22:00
휴업 부정기적 **홈피** www.kaikyo-plaza.com

혼슈와 규슈를 연결하는 관문에 해당하는 항구. 19세기에는 중국과 서양의 상선이 빈번히 드나들며 번영의 일로를 걸었다. 무역업의 번성과 더불어 촉발된 서양식 건축 붐으로 이국적 외관의 관청과 상사 건물이 속속 세워져 19세기 후반에는 이 일대가 일본 근대화의 상징처럼 여겨지기도 했다. 지금도 구 오사카 상선 빌딩, 구 모지미츠이 클럽, 구 모지 세관 등 당시 건물이 남아 옛 풍경을 전한다(p.324).

일본 최초로 바나나가 수입된 항구라 9월 말~10월 초에는 이를 기념하는 바나나 축제 バナナフェア가 열리는데, 목청껏 소리치며 바나나를 파는 상인의 모습과 바나나를 재료로 만든 온갖 먹거리가 호기심을 자극한다.

항구 앞에는 40여 개의 숍과 레스토랑이 모인 카이쿄 플라자 海峡プラザ 쇼핑센터가 있다. 아름다운 음색의 오르골 뮤지엄 オルゴールミュージアム, 아기자기한 유리 공예품과 귀걸이·목걸이 등의 액세서리를 파는 아카렌가가라스 관 赤煉瓦ガラス館(서관 1층), 뜨겁게 달군 기왓장에 국수를 올려 먹는 향토요리 카와라소바 瓦そば 전문점 타카세 たかせ(서관 2층)가 눈길을 끈다.

모지 항 레트로 퍼펙트 가이드

JR 모지코 역→구 모지미츠이 클럽→구 오사카 상선 빌딩→블루 윙 모지→구 모지 세관→기타큐슈 시 다롄 우호기념관→모지 항 레트로 전망대의 순으로 본다. 전시물이 부실해 외관만 보는 정도로 충분하다. 2~3시간이면 넉넉히 돌아볼 수 있다.

JR 門司港駅 JR 모지코 역

발음 제–아루모지꼬–에끼 지도 MAP 27–C3
교통 JR 모지코 門司港 역 하차. 구글맵 QR 코드 스캔·터치

1914년에 지어진 네오 르네상스 양식의 역. 규슈와 혼슈를 연결하는 칸몬 터널이 개통되기(1942년) 전에는 규슈 철도의 시발점이자 현관 역할을 했다. 좌우대칭을 이룬 외관과 예전 모습 그대로인 낡은 플랫폼이 인상적이다. 역 구내에는 1891년에 세운 규슈 철도 원점 표시비, 승객용 청동 세면대, 모지코 역과 시모노세키를 오가던 칸몬 연락선 연결통로가 남아 있다.

1층에는 대합실을 리모델링해 만든 레트로한 분위기의 스타벅스 매장도 있다.

旧門司三井倶樂部 구 모지미츠이 클럽

발음 큐–모지미쯔이쿠라부 개관 09:00~17:00
요금 1층 무료, 2층 150엔 지도 MAP 27–C4
교통 JR 모지코 門司港 역 하차, 도보 3분.
구글맵 QR 코드 스캔·터치

1921년 미츠이 물산 三井物産에서 지은 사교 클럽. 서양식 건물과 일본식 건물 두 동이 나란히 이어져 있으며 외벽의 골조가 그대로 드러난 독특한 건축양식이 인상적이다. 중요문화재로 지정돼 있으며, 2층에는 아인슈타인이 일본을 방문했을 때(1922년) 묵은 방이 그대로 보존돼 있다.

旧大阪商船 구 오사카 상선 빌딩

발음 큐오사까쇼–센 개관 09:00~17:00
요금 무료, 와타세세이조 갤러리 100엔 지도 MAP 27–C3
교통 JR 모지코 門司港 역 하차, 도보 3분.
구글맵 QR 코드 스캔·터치

팔각탑과 오렌지빛 외벽이 인상적인 건물. 1884년 설립된 해운회사 오사카 상선의 모지 門司 지점으로 1917년에 지어졌다. 오사카 상선은 일본과 한국·중국·타이완을 연결하는 화물선 사업으로 규모를 키워 20세기 중반에는 유럽과 남미를 오가는 대형 해운회사로 성장했다. 지금은 일본의 대기업 미츠이 三井 그룹에 합병됐다. 내부에는 유명 일러스트레이터 와타세 세이조 わたせせいぞう의 작품을 전시하는 갤러리가 있다.

ブルー ウィングもじ 블루 윙 모지

발음 부루윙구모지 개방 24시간
요금 무료 지도 MAP 27–B3
교통 JR 모지코 門司港 역 하차, 도보 6분.
구글맵 QR 코드 스캔·터치

일본 최대의 보행자 전용 도개교. 바다 건너의 시모노세키와 칸몬 해협, 칸몬대교가 한눈에 들어오는 탁 트인 전망을 자랑한다. 사랑하는 사람과 함께 건너면 행복해진다는 전설(?) 때문에 '연인의 성지'로도 유명하다. 배가 드나들 수 있도록 10:00, 11:00, 13:00, 14:00, 15:00, 16:00에 한 번씩 다리를 들어올리는 재미난 광경도 볼 수 있다.

다리 밑으로 유람선이 지나다닌다.

 구글맵

旧門司税関 구 모지 세관

발음 큐-모지제-깐
개관 09:00~17:00
요금 무료 **지도** MAP 27-B4
교통 JR 모지코 門司港 역 하차, 도보 10분.
구글맵 QR 코드 스캔·터치

1912년에 지은 세관 건물. 모지 항을 통한 수출입 화물이 증가함에 따라 본격적인 세관업무를 처리하기 위해 지었다. 1910년대의 스타일이 오롯이 묻어나는 붉은 벽돌 건물이 아름답다. 내부는 창고로 사용할 당시의 건물 구조를 그대로 살린 멋진 갤러리로 탈바꿈했다. 3층에는 칸몬 해협이 내려다보이는 미니 전망대가 있다.

門司港レトロ展望室 모지 항 레트로 전망대

발음 모지꼬-레또로템보-시쯔 **개관** 10:00~22:00
휴관 부정기적 **요금** 300엔, 초등학생 · 중학생 150엔
지도 MAP 27-B4
교통 JR 모지코 門司港 역 하차, 도보 11분.
구글맵 QR 코드 스캔·터치

유명 건축가 쿠로가와 키쇼 黒川紀章가 설계한 건물. 31층에 위치한 높이 103m의 전망대에서는 모지 항 일대는 물론 바다 건너 시모노세키까지 한눈에 들어온다. 해가 진 뒤에는 로맨틱한 모지 항의 야경도 감상할 수 있다.

北九州市大連友好記念館 기타큐슈 시 다롄 우호기념관

발음 키따큐-슈시다롄유코-키넨칸
개관 09:00~17:00
요금 무료 **지도** MAP 27-B4
교통 JR 모지코 門司港 역 하차, 도보 10분.
구글맵 QR 코드 스캔·터치

기타큐슈의 자매 도시인 중국 다롄 大連의 건물을 복제한 것. 원형이 된 건물은 러시아 정부가 다롄에 철도 회사를 세울 당시(1902년) 지은 업무용 빌딩이었다. 붉은 벽돌의 산뜻한 외관과 뾰족 지붕, 혹독한 다롄의 추위를 막기 위해 이중구조로 만든 튼튼한 창이 눈길을 끈다. 1층에는 중화요리 레스토랑, 2층에는 미니 갤러리와 다롄 시 홍보 자료관이 있다.

GO GO! 시모노세키

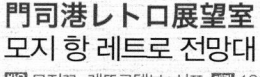

모지 항에서 바다 건너의 시모노세키(p.336)로 갈 때는 마린 게이트 모지 マリンゲートもじ에서 출발하는 연락선을 이용하자. 불과 5분 만에 시모노세키의 카라토 터미널 唐戸ターミナル에 도착하며, 배를 타고 가는 동안 칸몬 해협의 풍경을 덤으로 즐길 수 있다. 카라토 터미널 주변에는 카라토 시장, 카몬 워프, 수족관 등의 볼거리도 있다(p.337).

연락선 **운항** 06:15~21:50(20~40분 간격)
요금 400엔, 초등학생 200엔 **지도** MAP 27-C3
교통 JR 모지코 門司港 역 하차, 도보 2분.
구글맵 QR 코드 스캔 · 터치

03 皿倉山展望台 사라쿠라야마 전망대 ★★★★☆

발음 사라꾸라야마뗀보-다이 교통 JR 코쿠라 역에서 쾌속열차를 타고 JR 야하타 八幡 역 하차(15분, 340엔), 무료 셔틀버스로 갈아타고 케이블카 역으로 간다. 케이블카를 타고 산로쿠 山麓 역(6분)에서 내려 슬로프 카로 갈아타면 전망대가 위치한 산죠 山上 역에 도착한다(3분).
구글맵 QR 코드 스캔 · 터치
셔틀버스 운행 월 · 수~금요일 17:05~21:05, 토 · 일 · 공휴일 09:45~21:05(20~40분 간격)
케이블카 · 슬로프 카 운행 10:00~22:00, 11~3월 10:00~20:00
운휴 화요일 요금 1,230엔, 초등학생 이하 620엔
홈피 www.sarakurayama-cablecar.co.jp

해발 622m의 산 정상에 위치한 전망대. 기타큐슈는 물론 시모노세키까지 한눈에 들어올 만큼 멋진 전망이 펼쳐진다. 해가 지면 보석을 흩뿌려 놓은 듯 반짝반짝 빛나는 아름다운 야경도 볼 수 있다. 전망대 2층에는 실내 전망대와 레스토랑 · 라운지, 3층 옥상에는 야외 전망 테라스가 있다. 전망대에서 조금 떨어진 곳에는 야외 전망대 천공의 돔 天空ドーム도 있다. 하트 조형물이 설치돼 있으며, 감성사진을 찍기 좋아 연인의 성지로 인기가 높다.

해가 지기 1~2시간 전쯤 올라가 주변 풍경과 노을을 보고 야경까지 감상한 뒤 내려오는 게 제대로 즐기는 요령이다. 해가 일찍 지는 가을~봄에는 셔틀버스 운행 시간이 긴 토 · 일 · 공휴일에 가야 훨씬 여유롭게 볼 수 있다.

사랑을 속삭이는 하트 조형물

1 · 2 전망대를 오르내리는 케이블카와 슬로프카.
3 연인의 성지, 야외 전망대 천공의 돔.

 구글맵

関門トンネル 칸몬 터널 ★★★☆☆

발음 칸몬톤네루 개관 06:00~22:00 요금 보행자 무료, 자전거 20엔
지도 MAP 26-D2·35-D2 교통 JR 모지코 門司港 역에서 4번 버스를 타고 칸몬톤네루진도구치 関門トンネル人道口 하차(15분, 270엔), 바로 앞. / 관광열차 시오카제 호(p.330)의 종점 칸몬카이쿄메카리 역에서 도보 10분.
구글맵 QR 코드 스캔·터치

1958년 개통된 세계 최초의 해저도로 터널. 길이는 780m에 불과하지만 전쟁 등의 여파로 완공까지 21년이란 오랜 세월이 걸렸다. 칸몬 해협을 관통해 규슈와 혼슈를 연결하며 상단은 자동차, 하단은 보행자 전용 터널로 이루어져 있다. 터널 위로는 길이 1,068m의 칸몬 대교가 지나간다. 1973년 완공된 현수교인데 해가 지면 아름다운 야경을 뽐낸다. 엘리베이터를 타고 지하 60m로 내려가면 터널이 나타난다. 여름에는 시원하고 겨울에는 따뜻해 터널 양끝을 오가며 조깅 등의 운동을 즐기는 현지인이 적지 않다.
최대의 볼거리는 터널 한가운데에 그어진 현(県) 경계선이다. 기타큐슈가 속한 후쿠오카 현 福岡県과 시모노세키가 속한 야마구치 현 山口県의 경계를 표시한 것인데, 경계선을 기점으로 규슈와 혼슈가 나뉘는 까닭에 이 위에서 사진을 찍으면 두 개 현에 몸을 걸친 재미난 광경이 연출된다. 터널 양 끝의 스탬프 코너에서 기타큐슈와 시모노세키의 기념 스탬프를 하나씩 찍어 시모노세키의 카몬 워프 사무국 カモンワーフ事務局 (p.337)으로 가져가면 '칸몬 해협 횡단 기념증 関門 TOPPA! 記念証'도 발급해준다.

1 후쿠오카와 야마구치의 현 경계선.
2 규슈와 혼슈를 연결하는 칸몬 대교.
3 칸몬 해협 횡단 기념증.

北九州市漫画ミュージアム 기타큐슈 만화 박물관 ★★★☆☆

발음 키타큐슈시망가뮤-지아무 개관 11:00~19:00
휴관 화요일, 연말연시 요금 480엔, 중학생·고등학생 240엔, 초등학생 120엔
홈피 www.ktqmm.jp 지도 MAP 26-D4
교통 JR 코쿠라 小倉 역에서 도보 6분. 북쪽 출구 北口(신칸센 출구 新幹線口) 쪽의 아루아루 시티 あるあるCity 쇼핑몰 6층에 있다.
구글맵 QR 코드 스캔·터치

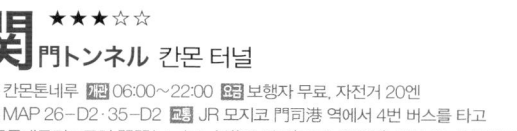

'보고, 읽고, 그리는' 만화의 세계를 체험하는 박물관. 입구에는 박물관을 방문한 한국과 일본 유명 작가의 사인이 걸려 있다. 캡틴 하록의 등신대 피규어가 놓인 입구를 지나면 《은하철도 999》의 작가 마츠모토 레이지 松本零士(1938~2023)의 생애와 작품, 인터뷰 영상이 전시된 갤러리, 만화가 그려지는 과정, 1945년부터 현재까지 각 시대를 대표하는 작품이 전시된 만화 타임 터널 등의 볼거리가 차례로 나타난다. 관람 존에는 7만여 권의 만화가 소장돼 있으며 자유로이 열람 가능하다. 서가를 작가별로 구분해 놓아 작가명을 알면 만화를 찾기가 한결 수월하다. 입장권은 구매 당일에 한해 하루종일 자유로이 이용할 수 있다.

1 박물관 아래층에는 만화·애니 숍이 모여 있다.
2 박물관 입구에 놓인 캡틴 하록의 등신대 피규어.

★★☆☆☆
魚町銀天街商店街 우오마치긴텐가이 상점가

발음 우오마찌긴뗀가이쇼–뗀가이 영업 10:00~20:00(숍 · 식당마다 다름)
휴업 연말연시(숍 · 식당마다 다름) 홈피 www.uomachi.or.jp
지도 MAP 26–B4 교통 JR 코쿠라 小倉 역의 남쪽 출구 南口에서 도보 4분.
구글맵 QR 코드 스캔 · 터치

탄가 시장까지 600m 가량 이어지는 활기찬 아케이드 상점가. 잡화 · 의류 · 전통 먹거리를 취급하는 수백 개의 숍이 모여 있으며, 식당 · 주점도 많아 슬렁슬렁 구경하는 기분으로 돌아보기에 적당하다. 100엔 숍 등의 잡화점과 마츠모토 키요시 · 선 드러그 같은 대형 드러그 스토어도 있어 가볍게 쇼핑을 즐기기에도 좋다. 대표 맛집은 스케상우동(p.331), 이치란 라멘(p.333), 시로야 베이커리(p.334), 모츠나베 타슈(p.334) 등이다.

1 지붕이 덮여 있어 비가 와도 OK!
2 드러그스토어 쇼핑을 즐기기에도 좋다.

★★☆☆☆
メーテル・鉄郎のベンチ
메텔과 철이 벤치

발음 메–테루 · 테츠로노벤치 개방 24시간 요금 무료
지도 MAP 26–C4 교통 JR 코쿠라 小倉 역의 북쪽 출구 北口(신칸센 출구 新幹線口)를 나오자마자 바로 앞에 있다.
구글맵 QR 코드 스캔 · 터치

《은하철도 999》의 주인공 메텔과 철이의 등신대 동상. 원작자인 마츠모토 레이지 松本零士의 고향이 기타큐슈란 사실을 기념하고자 세웠다. 벤치 옆에 나란히 앉아 두 주인공과 함께 기념사진을 찍어보자. 동상을 바라볼 때 오른쪽으로 10m쯤 떨어진 곳에는 마츠모토 레이지의 또 다른 걸작인 《우주해적 캡틴 하록》의 등신대 동상도 세워져 있다. 코쿠라 역 북쪽 출구 안쪽의 편의점 세븐일레븐 앞에는 은하철도 999 차장의 등신대 모형도 있다.

1 메텔과 철이 벤치.
2 캡틴 하록의 등신대 동상.

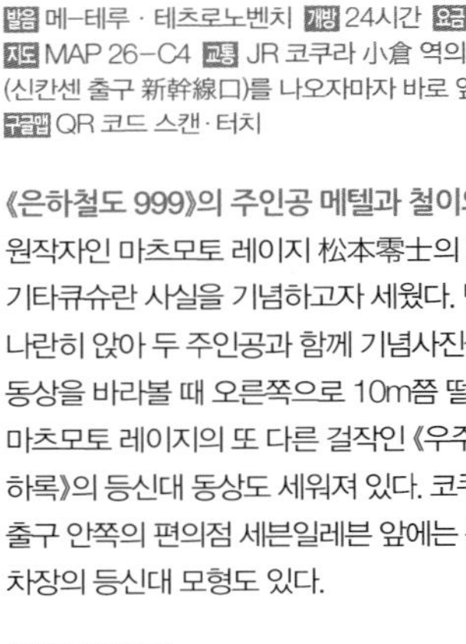

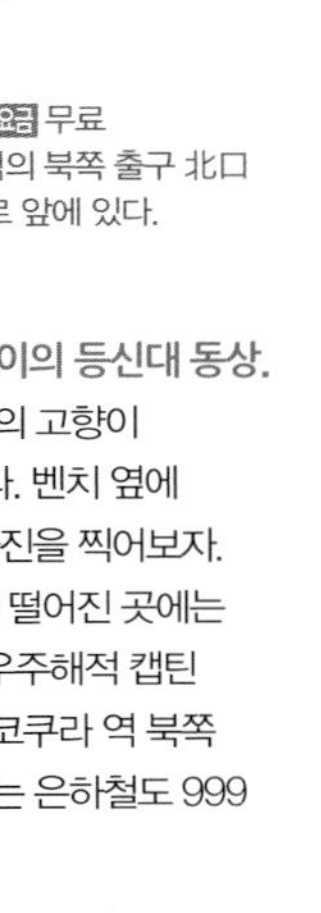

소박한 분위기의 재래시장.

★★☆☆☆
旦過市場 탄가 시장

발음 탄가이찌바 영업 10:00~18:00
휴업 일요일 홈피 http://tangaichiba.jp 지도 MAP 26–B5
교통 모노레일 탄가 旦過 역(03) 하차, 2번 출구를 나와 정면 오른쪽으로 20m쯤 가면 시장 입구가 있다. / JR 코쿠라 小倉 역 남쪽 출구 南口에서 도보 15분.
구글맵 QR 코드 스캔 · 터치

'기타큐슈의 부엌'으로 통하는 재래시장. 시장 옆을 흐르는 하천을 따라 배들이 오가며 물건을 팔던 데서 유래했다. 지금 같은 형태의 시장을 이룬 것은 1902년 무렵이며, 태평양 전쟁 직후인 1950년대에는 암시장으로 활약(?)하기도 했다. 천장이 덮인 170m 정도의 좁은 골목을 따라 120여 개의 상점이 줄지어 있는데, 생선 · 고기 · 채소 · 과일 · 반찬 등의 식료품을 취급한다. 2022년의 화재로 시장의 ⅓ 정도가 소실돼 지금은 분위기가 많이 침체된 상태다.

 구글맵

★★☆☆☆

関門海峡ミュージアム 칸몬 해협 박물관

발음 칸몬카이꾜–뮤–지아무 **개관** 09:00~17:00
휴관 부정기적 **요금** 500엔, 초등학생 · 중학생 200엔
지도 MAP 27–C2 **교통** JR 모지코 門司港 역 하차, 도보 10분.
구글맵 QR 코드 스캔 · 터치

칸몬 해협과 모지 항의 역사를 소개하는 박물관. 무료로 개방된 1층의 카이쿄 레트로 거리 海峡レトロ通り에는 19세기 말에서 20세기 초에 이르는 모지 항의 모습을 재현해 놓았다. 거리의 소음까지도 완벽히 재현된 전시관에는 예스러운 건물과 구형 전차, 당시의 생활상을 보여주는 마네킹이 놓여 있어 마치 타임머신을 타고 과거로 돌아간 듯한 기분마저 든다. 일정 간격으로 조명을 조절해 아침부터 저녁까지 변화하는 거리의 풍경을 보여주는 것도 흥미롭다. 5층에는 모지 항과 칸몬 해협은 물론, 바다 건너 시모노세키 下関까지 한눈에 들어오는 무료 전망대 展望デッキ가 있다.

1 옥상에는 탁 트인 시야의 전망대가 있다.
2 옛 풍경을 재현한 카이쿄 레트로 거리.

★☆☆☆☆

九州鉄道記念館 규슈 철도 기념관

발음 큐슈떼쯔도–끼넨깐 **개관** 09:00~17:00
휴관 부정기적 **요금** 300엔, 초등학생 · 중학생 150엔
홈피 www.k-rhm.jp **지도** MAP 27–C4
교통 JR 모지코 門司港 역 하차, 도보 5분.
구글맵 QR 코드 스캔 · 터치

1889년 설립된 규슈 철도의 사옥을 리모델링해 만든 철도 박물관. 19세기 말의 열차와 당시 역 풍경을 재현한 모형, 열차 운행 시뮬레이터, 규슈 철도의 운행 구조를 보여주는 디오라마 등이 눈길을 끈다. 야외 전시장에는 증기기관차가 전시돼 있으며, 길이 130m의 레일을 따라 꼬마 기차를 운전하는 미니 철도 공원도 흥미롭다.

★★☆☆☆

TOTOミュージアム 토토 뮤지엄

발음 토토뮤–지아무 **개관** 10:00~17:00
휴관 월요일, 여름 휴가기간, 연말연시
요금 무료 **지도** MAP 26–B3
교통 모노레일 카와라구치미하기노 香春口三萩野 역(04) 하차, 도보 15분.
구글맵 QR 코드 스캔 · 터치

1917년 창업한 글로벌 기업 토토 TOTO의 쇼룸 겸 박물관. 5개의 갤러리로 구성돼 있으며, 조그만 도기 회사에서 시작해 현재의 규모로 성장하기까지의 역사를 소개하는 자료가 가득하다. 변기의 발전사를 보여주는 역사적 전시물은 물론, IT 기술을 접목시킨 첨단 기능과 디자인의 변기 · 욕실용품 등 흥미로운 볼거리가 호기심을 자극한다.

和布刈神社 메카리 신사 ★☆☆☆☆

발음 메까리진쟈 개방 일출~일몰 요금 무료 지도 MAP 26-D2 · 35-D2
교통 JR 모지코 門司港 역에서 4번 버스를 타고 메카리진쟈마에 和布刈神社前 하차(14분, 270엔), 바로 앞. / 관광열차 시오카제 호의 종점 칸몬카이쿄메카리 역에서 도보 13분.
구글맵 QR 코드 스캔 · 터치

2세기 무렵 창건된 것으로 알려진 유서 깊은 신사. 칸몬 대교 바로 아래에 위치해 웅장한 다리의 위용을 바로 눈앞에서 생생히 볼 수 있다. 바다 건너로는 시모노세키 시내가 손에 잡힐 듯 바라보이는데, 소용돌이가 몰아치는 칸몬 해협의 거친 물살이 묘한 대조를 이룬다. 여기서는 수백 척의 배가 격돌한 일본사의 초대형 이벤트 단노우라 전투(1183년)가 벌어지기도 했다(p.338 참조).
경내에는 코쿠라 성의 영주 호소가와 타다오키 細川忠興(1563~1646)가 기증한 석등롱이 있다. 8세기 초부터 미역을 채취해 조정에 헌상해 온 전통에 따라 지금도 음력 섣달 그믐날 밤부터 다음날 새벽까지 미역 채취 의식을 거행한다. 세 명의 신관이 횃불에 의지해 미역을 따는 모습을 보고자 많은 관광객이 찾기 때문에 이날은 심야까지 버스가 운행된다.

1 메카리 신사의 입구를 표시한 토리이.
2 신사의 본전 위로 칸몬 대교가 보인다.

潮風号 시오카제 호 ★☆☆☆☆

발음 시오까제고- 운행 토 · 일 · 공휴일, 규슈 철도 기념관역 출발 10:00~16:40, 칸몬카이쿄메카리 역 출발 10:20~17:00 ※운행 간격 40분
홈피 www.retro-line.net 요금 300엔, 초등학생 이하 150엔 지도 MAP 27-C4
교통 JR 모지코 門司港 역 하차, 도보 1분. 구글맵 QR 코드 스캔 · 터치

규슈 철도 기념관역~칸몬카이쿄메카리 関門海峡めかり 역의 2.1km 구간을 운행하는 관광열차. 원래는 칸몬 대교 인근의 탄노우라 항 田ノ浦港까지 석회석과 시멘트를 운송하는 화물열차였다. 운송량 감소로 2005년 폐선된 이후 관광노선으로 변신했다. 일반 노선보다 궤도 폭이 좁은 협궤열차이며, 레트로한 외관의 소형 디젤 기관차가 달랑 두 량짜리 열차를 끈다. 큰 볼거리는 없으니 재미삼아 타보는 정도로 충분할 듯. 종점인 칸몬카이쿄메카리 역까지의 소요시간은 10분이며, 도보 10분 거리엔 시모노세키까지 이어진 칸몬 터널이 있다(p.327).

모노레일 モノレール

JR 코쿠라 역과 코쿠라 시내 남쪽을 연결하는 대중교통 노선이다. 13개 역을 운행하는데, 주요 명소를 연결하는 역은 고작 4개뿐이다. 대부분의 명소 · 맛집이 JR 코쿠라 역에서 도보 5~15분 거리에 위치해 이용 가능성이 무척 낮다. 거리가 조금 애매한 탄가 시장, 토토 뮤지엄으로 갈 때 한두 번 이용하는 정도로 충분하다. 티켓은 자판기로 구매하거나 스이카 등의 교통카드를 이용한다.
운행 06:07~24:00 요금 100~320엔
홈피 www.kitakyushu-monorail.co.jp

 구글맵

3대 우동

01 우동야 큐베에
うどん家 久兵衛

Since 2007

★ 4.3/3.57 현지인이 즐겨 찾는 우동 맛집. 맑고 깔끔한 국물과 즉석에서 반죽해 삶는 탱글탱글하면서도 매끈한 면발로 인기다. 대표 메뉴는 그릇만한 크기의 초대형 튀김을 얹은 우엉튀김 우동 ごぼう天うどん(고보텐우동)이다. 얇게 편을 떠 튀긴 우엉튀김의 바삭하면서도 아삭한 식감이 훌륭하다. 고춧가루를 풀어 얼큰하게 먹어도 좋다. 평일 · 주말 점심에는 항상 대기줄이 길다. 편하게 이용하려면 비교적 한산한 평일 저녁에 가는 것도 요령이다.

예산 700엔~ 영업 11:00~15:00, 17:00~20:00 주소 北九州市 小倉北区 黄金 1-2-1
전화 093-923-8088 홈피 www.kyu-be.com 지도 MAP 26-B3
교통 모노레일 카와라구치미하기노 香春口三萩野 역(04) 하차, 도보 4분.
구글맵 QR 코드 스캔 · 터치

우엉튀김 우동
ごぼう天うどん

02 탄가우동
旦過うどん

Since 1985

소고기 · 우엉튀김 우동
肉ごぼう天うどん

★ 4.1/3.60 탄가 시장의 명물 우동집. 10명만 들어가도 꽉 차는 조그만 식당이다. 초대형 냄비에 산더미처럼 담긴 채 보글보글 끓는 오뎅이 식욕을 자극한다. 강추 메뉴는 소고기 · 우엉튀김 우동 肉ごぼう天うどん(니쿠코보텐 우동). 야들야들한 소고기와 아삭한 우엉튀김, 잘게 썬 파를 듬뿍 올려주며 진한 국물이 입맛을 돋운다. 쫄깃한 식감과 감칠맛 넘치는 국물의 오뎅 おでん도 맛있다. 오뎅 3개를 고르면 밥과 반찬이 딸려 나오는 오뎅 정식 おでん定食(오뎅테이쇼쿠)도 한 끼 식사로 손색이 없다.

예산 700엔~ 영업 11:00~18:00 휴업 일 · 공휴일
주소 北九州市 小倉 北区 魚町 4-1-36 전화 093-521-5226 지도 MAP 26-B5
교통 모노레일 탄가 旦過 역(03) 하차, 도보 1분. 탄가 시장 안에 있다.
구글맵 QR 코드 스캔 · 터치

03 스케상우동
資さんうどん

Since 1976

★ 4.1/3.48 기타큐슈 토박이의 소울푸드. 24시간 영업해 취객들의 해장 메뉴로 인기가 높으며, 한국인 맛집으로도 유명하다. 인기 메뉴는 소고기 · 우엉튀김 우동 肉ごぼう天うどん(니쿠코보텐 우동). 막대처럼 길게 튀긴 우엉튀김을 얹어주는데 우리나라의 분식점 튀김과 비슷한 고소하면서도 투박한 맛이 특징이다. 우동 외에 돈가스덮밥 · 카레 · 오뎅 등 다양한 메뉴를 취급한다. 장점은 언제든 편히 이용할 수 있다는 것. 다만 분식점스러운 맛과 분위기는 조금 아쉽다.

예산 800엔~ 영업 24시간 주소 北九州市 小倉 北区 魚町 2-6-1
전화 093-513-1110 홈피 www.sukesanudon.com 지도 MAP 26-C5
교통 JR 코쿠라 小倉 역의 남쪽 출구에서 도보 8분.
구글맵 QR 코드 스캔 · 터치

소고기 · 우엉튀김 우동
肉ごぼう天うどん

3대 야키카레

01 프린세스 피피 プリンセスピピ

Since 2007

★4.8/3.47 모지 항 제일의 야키카레 맛집. 워낙 인기가 높아 1~2시간 대기는 기본이다. 전화 예약하면 편하게 이용할 수 있다는 사실을 기억하자! 카레 맛이 과하게 자극적이지 않아 술술 넘어간다. 강추 메뉴는 명란젓 야키카레 博多名物めんたい焼きカレー(하카타메이부츠멘타이야키카레). 명란젓을 2배 이상 토핑해 먹어야 맛있다. 사이드로 바삭하고 담백한 복어튀김 ふく唐揚げ(후쿠카라아게), 은은한 바나나 향의 생맥주 バナナビア(바나나비아)를 곁들여 먹으면 더욱 맛있다.

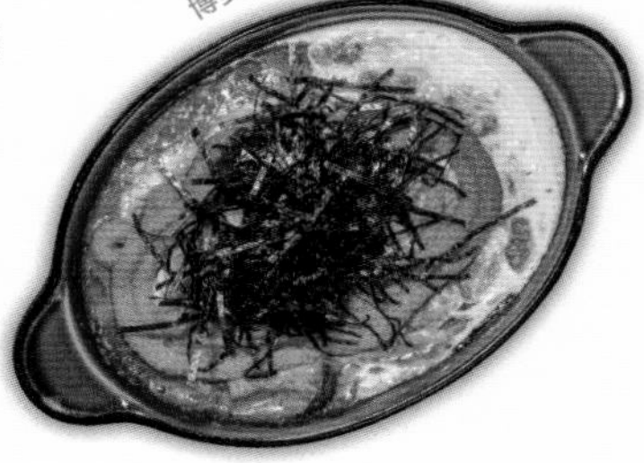
명란젓 야키카레 博多名物めんたい焼きカレー

예산 1,100엔~ 영업 11:00~20:00
주소 北九州市 門司区 西海岸 1-4-7 전화 093-321-0303 지도 MAP 27-C3
교통 JR 모지코 門司港 역 하차, 도보 2분. 구글맵 QR 코드 스캔·터치

02 코가네무시 こがねむし

Since 1977

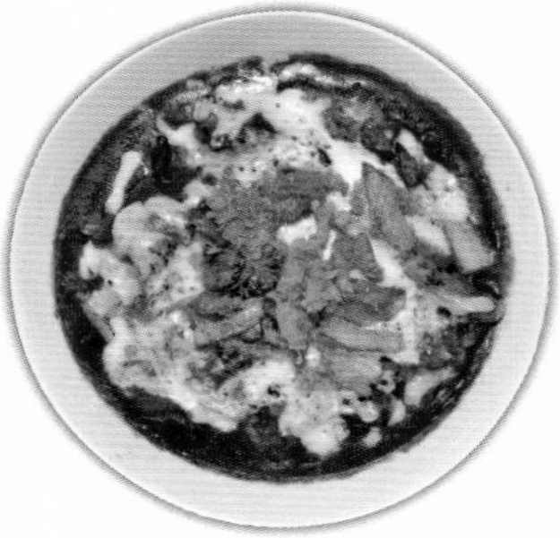
야키카레 焼きカレー

★4.7/3.56 본업보다 야키카레로 유명한 동네 커피숍. 저렴한 가격과 친절한 서비스, 훌륭한 맛의 삼박자로 현지인은 물론 한국인에게도 인기가 높다. 밥 위에 카레와 치즈를 올려 오븐에 구운 야키카레는 1955년경 모지 항에서 탄생했다. 우연히 만든 그라탕 스타일의 카레가 공전의 히트를 치자 전문식당까지 생기며 지금의 야키카레 붐을 불러왔다고. 이곳의 야키카레 焼きカレー는 각종 채소와 소고기로 우려낸 육수로 특유의 풍미를 살렸으며, 바삭한 양파 튀김 토핑이 입맛을 돋운다.

예산 800엔~ 영업 11:45~14:30, 17:00~21:00 휴업 금요일
주소 北九州市 門司区 東本町 1-1-24 전화 093-332-2585 지도 MAP 27-B4
교통 JR 모지코 門司港 역 하차, 도보 13분. 구글맵 QR 코드 스캔 · 터치

03 야키카레 전문점 베어 프루츠 焼きカレー専門店 Bear Fruits

Since 2003

★4.1/3.49 야키카레 콘테스트 1회 우승자. 카레에 과일을 넣어 독특한 풍미와 순한 맛을 살렸다. 대표 메뉴인 슈퍼 야키카레 スーパー焼きカレー(스파야키카레)는 고소한 치즈와의 궁합이 훌륭하다. 카레 안에 반숙 계란이 들어 있는데 계란을 터뜨려 잘 비비면 농후한 맛이 한층 강해진다. 매콤한 킥을 더하는 빅쿠리 스파이스 びっくりスパイス를 조금씩 뿌려 맛의 변주를 주면서 먹는 것도 야키카레를 더욱 맛있게 먹는 비결이다.

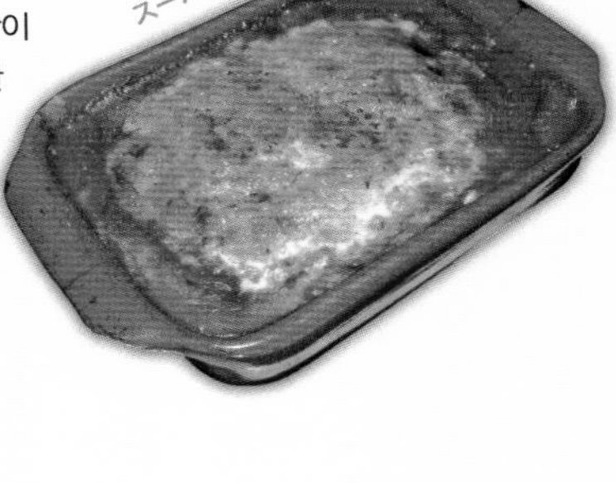
슈퍼 야키카레 スーパー焼きカレー

예산 1,300엔~ 영업 11:00~21:00, 금 · 토요일 및 공휴일 전날 11:00~22:00
주소 北九州市 門司区 西海岸 1-4-7 전화 093-321-3729
홈피 https://bearfruits.jp 지도 MAP 27-C3
교통 JR 모지코 門司港 역 하차, 도보 2분. 구글맵 QR 코드 스캔 · 터치

 구글맵

Since 1960

규카츠 교토카츠규
牛カツ京都勝牛

★4.5/3.08 풍부한 육즙의 규카츠 전문점. 고운 마블링과 입에서 살살 녹는 환상의 식감을 자랑하는 살치살 규카츠 牛ロースカツ膳(규로스카츠젠)가 대표 메뉴다. 엄선한 소고기를 고온의 기름에 1~2분만 담가 미디엄 레어로 튀기기 때문에 겉은 바삭하면서도 육즙 가득한 고기 본연의 풍미를 즐길 수 있다. 갓 튀겨낸 그대로 먹거나 화로에 취향껏 구워 먹는다. 와사비, 다시 간장, 산초 소금, 규카츠 소스, 카레 소스, 참마 소스 등 6가지 소스가 제공돼 다양한 맛으로 즐기기에도 좋다. 양배추 샐러드와 밥·된장국도 포함돼 있다.

예산 2,500엔~
영업 11:00~22:00
주소 北九州市 小倉北区 京町 2-4-30
전화 093-541-8808
홈피 gyukatsu-kyotokatsugyu.com
지도 MAP 26-C4
교통 JR 코쿠라 小倉 역 하차, 남쪽 출구 南口에서 도보 3분.
구글맵 QR 코드 스캔·터치

이치란
一蘭

★4.0/3.20 한국인 선호도 1위 라멘. 오로지 먹는 데만 집중하도록 독서실처럼 1인용 좌석으로만 꾸민 인테리어가 특징이다. 고춧가루와 마늘의 얼큰한 국물이 입맛을 돋운다. 돼지 사골 육수의 진한 톤코츠 豚骨 라면임에도 불구하고 비전(秘傳)의 기술로 우려낸 국물과 소스 때문에 돼지 누린내가 거의 나지 않는다. 메뉴가 라멘 ラーメン 하나뿐이라 선택도 쉽다. 자판기로 식권을 구매하고 '한국어 주문용지'에 면의 익힘 정도, 국물 맛, 맵기를 체크해 종업원에게 건네면 돼 주문하기도 쉽다. 선택에 실패하지 않으려면 무조건 '기본 基本'에만 체크하자.

예산 1,000엔~
영업 24시간
주소 北九州市 小倉北区 魚町 1-3-23
전화 050-1808-2413
홈피 https://ichiran.com
지도 MAP 26-C4
교통 JR 코쿠라 小倉 역 하차, 남쪽 출구 南口에서 도보 6분.
구글맵 QR 코드 스캔·터치

헤이시로
平四郎

★3.9/3.36 가성비 높은 회전초밥. 그리 빼어난 맛은 아니지만 90여 가지 초밥을 취급해 선택의 폭이 넓다. 태블릿으로 사진을 보고 음식을 고르는 방식이라 일본어에 익숙하지 않아도 이용하기 쉽다. 5~10점의 초밥을 1인분씩 먹기 좋게 내주는 세트 메뉴는 '선택 장애'로 고민하는 이에게 추천한다. 녹차와 생강절임 등의 반찬은 자리마다 비치돼 있다. 식사를 마친 뒤 태블릿 화면에서 '점원 호출 店員呼出' 버튼을 누르면 점원이 와서 음식 값을 계산해준다.

예산 1,000엔~
영업 11:00~22:00
휴업 부정기적
주소 北九州市 小倉北区 浅野 1-1-1
전화 093-512-1224
홈피 http://heishirou.com
지도 MAP 26-C4
교통 JR 코쿠라 小倉 역 하차, 남쪽 출구 南口에서 도보 3분. 역과 나란히 연결된 아뮤 플라자 코쿠라 アミュプラザ小倉 쇼핑몰 서관 西館 6층에 있다.
구글맵 QR 코드 스캔·터치

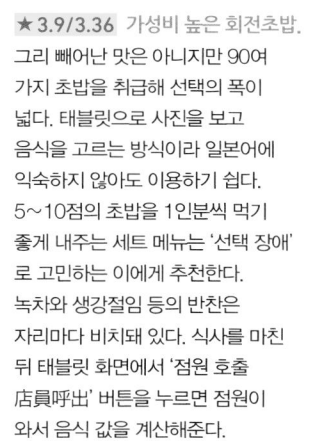

Since 1950

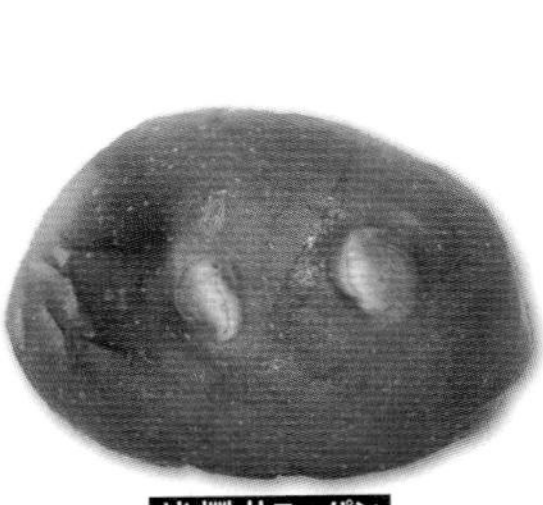
서니빵 サニーパン

시로야 베이커리
シロヤベーカリー

★4.1/3.62 기타큐슈 토박이의 애착 빵집. 수십 년 세월 한결 같은 맛과 정성으로 빵을 구워온 까닭에 골수팬이 많다. 오픈과 동시에 긴 줄이 생기며 폐점 시간 한참 전부터 텅 빈 매대를 드러내니 서둘러 가야 한다. 쫄깃한 빵 안에 달콤한 연유 크림을 듬뿍 넣은 서니빵 サニーパン(사니팡)이 특히 유명하다. 토스터에 살짝 구워 먹으면 더욱 맛있다. 시로야 베이커리의 두툼한 식빵으로 만든 맛난 샌드위치 전문점 Sandwich Factory OCM 도 절대 놓치지 말자(10:00~19:00, 시로야 베이커리에서 도보 8분).

예산 140엔~
영업 10:00~18:00
주소 北九州市 小倉北区 京町 2-6-14
전화 093-521-4688
홈피 https://shiroya-pan.com
지도 MAP 26-C4
교통 JR 코쿠라 小倉 역 하차, 남쪽 출구 南口에서 도보 3분.
구글맵 QR 코드 스캔 · 터치

규모츠나베 牛もつ鍋

모츠나베 타슈
もつ鍋 田しゅう

★4.7/3.43 후쿠오카의 인기 맛집 모츠나베 타슈의 분점. 유명 노포의 모츠나베 주방장이 독립해 세운 곳답게 일본산 와규의 신선한 소창만 사용해 고급진 맛을 살렸다. 진하면서도 구수한 풍미의 된장 味噌(미소) 국물 규모츠나베 牛もつ鍋가 대표 메뉴다. 일반적인 모츠나베 식당과 달리 우엉 · 부추 · 양배추 등의 채소를 따로 내오기 때문에 취향껏 익혀 먹을 수 있다. 채소만 따로 추가 주문하는 것도 가능하다. 국물을 조금 남겨 마무리로 우동이나 죽을 끓여 먹어도 맛있다.

예산 3,000엔~
영업 17:00~24:00
주소 北九州市 小倉北区 魚町 2-6-1
전화 093-511-1132
홈피 www.motsunabe-tashu.com
지도 MAP 26-C5
교통 JR 코쿠라 小倉 역 하차, 남쪽 출구 南口에서 도보 7분.
구글맵 QR 코드 스캔 · 터치

Since 1998

생맥주

모지코치비루 공방
門司港地ビール工房

★4.1/3.41 개성 만점의 지역맥주. 일본 지역맥주 대회에서 2회 연속 우승한 짱짱한 실력의 마이크로 브루어리다. 유럽의 정통 양조기술을 바탕으로 바이젠 · 페일에일 · 사쿠라 · 필스너 등 4가지 생맥주를 선보인다. 맥주와 환상의 페어링을 이루는 햄 · 소시지도 맛볼 수 있다. 가볍게 맛만 보려면 단품, 작정하고 먹으려면 파스타 · 소시지 · 피자 등 5~7가지 메뉴와 함께 맥주를 2시간~2시간 30분 동안 무제한 마실 수 있는 노미호다이 飲み放題 코스를 선택한다.

예산 4,000엔~
영업 11:30~14:30, 17:30~22:30, 토 · 일 · 공휴일 11:30~22:30
주소 北九州市 小倉北区 米町 1-3-19
전화 093-531-5111
홈피 https://mojibeer.ntf.ne.jp
지도 MAP 26-C5
교통 JR 코쿠라 小倉 역 하차, 남쪽 출구 南口에서 도보 8분.
구글맵 QR 코드 스캔 · 터치

1 동관 1층에는 맛집이 모인 식당가도 있다.
2 유행 패션 아이템을 구매하기에 좋다.

아뮤 플라자 코쿠라 アミュプラザ小倉

JR 코쿠라 역과 연결된 쇼핑몰. 1~4층으로 구성된 동관 東館과 지하 1층~6층으로 구성된 서관 西館의 두 개 건물로 나뉜다. 메인 아이템은 영캐주얼 패션과 잡화이며, 기타큐슈의 유행 중심지답게 최신 아이템을 신속히 선보인다.

눈여겨볼 숍은 세련된 패션 아이템을 판매하는 어번 리서치 도어스(서관 2층), Lowrys Farm(서관 4층), 구제의류 전문점 위고 Wego(서관 5층), 소녀 감성의 인테리어 소품 · 욕실 · 주방용품을 판매하는 프랑프랑 Francfranc(서관 4층), 깔끔한 디자인의 기능성 잡화 · 욕실 · 주방용품 전문점 쓰리코인즈 플러스 3Coins plus(서관 5층), 인테리어 · 잡화 · 패션 전문점 니코 앤드 niko and…(동관 2층) 등이다. 서관 지하 1층에는 대형 슈퍼마켓 맥스 밸류 익스프레스도 있다.

영업 숍 10:00~20:00, 레스토랑 10:00~22:00
주소 北九州市 小倉北区 浅野 1-1-1 **전화** 093-512-1281
홈피 www.amuplaza.jp **지도** MAP 26-C4
교통 JR 코쿠라 小倉 역 하차. **구글맵** QR 코드 스캔 · 터치

리버 워크 기타큐슈
リバーウォーク北九州

지하 1층~4층으로 구성된 중급 규모의 쇼핑몰. 주목할 곳은 기타큐슈에서 가장 저렴한 슈퍼마켓 로피아 Lopia와 100엔 숍 다이소가 입점한 지하 1층이다. 캡슐토이 매장 타이토 스테이션(1층), 슈즈 전문점 ABC 마트(2층), 영유아 용품 전문점 아까짱혼포(3층)도 눈에 띄는 숍이다.

영업 10:00~20:00
주소 北九州市 小倉北区 室町 1-1-1
전화 093-573-1500
홈피 https://riverwalk.co.jp
지도 MAP 26-B4
교통 JR 코쿠라 小倉 역 하차, 남쪽 출구 南口에서 도보 14분.
구글맵 QR 코드 스캔 · 터치

세인트 시티
SAINT CITY

지하 1층~7층으로 구성된 중급 규모의 쇼핑몰. 일상복 중심의 중저가 패션 매장과 잡화점이 모여 있다. 단순하지만 실용적 디자인의 패션 · 잡화 매장 무지 Muji(1층), 중저가 의류를 판매하는 유니클로 · 라이트온(3층), 디자인이 예쁜 아이템이 충실한 100엔숍 세리아 Seria(4층), 기발한 캐릭터 굿즈로 가득한 빌리지 뱅가드(5층)에 주목하자.

영업 10:00~20:00
주소 北九州市 小倉北区 京町 3-1-1
전화 093-514-1020
홈피 https://saintcity.jp
지도 MAP 26-C4
교통 JR 코쿠라 小倉 역 하차, 남쪽 출구 南口에서 도보 2분.
구글맵 QR 코드 스캔 · 터치

아루아루 시티
あるある CITY

기타큐슈 오타쿠 문화의 중심지. 애니 · 피규어 · 프라모델 쇼핑에 관한 한 규슈 제일의 경쟁력을 갖춘 쇼핑몰이다. 지하 1층~5층에 걸쳐 관련 숍 20여 개가 모여 있다. 주목할 숍은 캐릭터 굿즈 · 피규어에 특화된 스루가야 · 정글(2층), 신간 애니 굿즈 · 만화 전문점 아니메이트(3층), 일본 최대의 중고 만화 · 피규어 숍 만다라케(4층) 등이다.

영업 11:00~20:00
주소 北九州市 小倉北区 浅野 2-14-5
홈피 https://aruarucity.com
지도 MAP 26-D4
교통 JR 코쿠라 小倉 역 하차, 북쪽 출구 北口에서 도보 4분.
구글맵 QR 코드 스캔 · 터치

소도시 여행 #12

시모노세키 下関

시모노세키는 칸몬 関門 해협에 자리잡은 전략적 요충지로 카마쿠라 바쿠후 鎌倉幕府(1185~1333) 성립의 계기가 된 단노우라 壇の浦 전투(1183년)의 무대가 된 곳이다. 이후 오랜 동안 변방의 땅으로 불리던 이곳은 1905년 규슈 九州의 공업 도시인 기타큐슈 北九州와 연결되면서 근대화가 시작됐고, 동시에 부산과 시모노세키를 오가는 부관 연락선 항로가 개설되며 일제의 한국 침략 교두보로 성장했다. 그러나 태평양 전쟁을 끝으로 화려한(?) 시대는 막을 내렸고 오늘날은 배낭족과 보따리상이 애용하는 부산발 부관훼리가 도착하는 조그만 항구 도시로 남아있을 뿐이다.

시모노세키
홈피 https://shimonoseki.travel

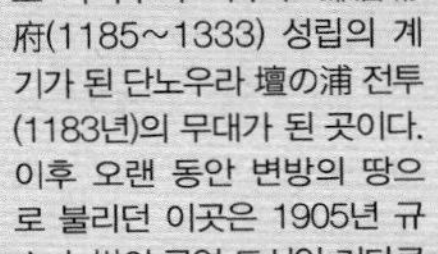
부관훼리

부산 → 시모노세키
부관훼리(p.347)가 시모노세키에 도착하는 시각은 다음날 08:00다. 간단한 입국수속을 마친 뒤 입국장을 나와 왼쪽에 보이는 출구(페리터미널 2층)로 나가면 정면에 육교가 있다. 육교를 따라 200m쯤 간 다음, 가전양판점 에디온 Edion 앞에서 왼쪽으로 돌아 250m 직진하면 JR 시모노세키 下関 역이다.

부산 → 시모노세키
11시간 소요
편도 9만 5,000원~
※시모노세키에서 부산으로 돌아갈 때는 18:00까지 페리 터미널로 가야 한다. 승선 수속 카운터 및 출국장은 2층에 있다. 승선 수속시 페리터미널 이용료(620엔)와 유류 할증료 (1,200엔), 관광세(1,000엔) 필요.

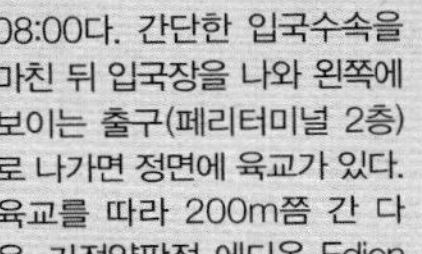
시모노세키 항 국제 페리터미널

기타큐슈 → 시모노세키
기차 또는 배를 이용한다. JR 코쿠라 역에서 JR 시모노세키 역까지 기차가 다닌다. JR 모지코 역에서 갈 때는 도중의 모지 門司 역에서 열차를 갈아타야 한다. JR 시모노세키 역은 규모가 작고 구조도 단순해 이용에 어려움이 없다.
배는 모지 항의 마린 게이트 모지(p.325)에서 출항하는 연락선을 이용한다. 불과 5분이면 시모노세키의 명소 가운데 하나인 카몬 워프(p.337)에 도착한다.

코쿠라 → 시모노세키
18분, 340엔

모지코 → 시모노세키
20분, 340엔

모지 항 → 카몬 워프
5분, 400엔

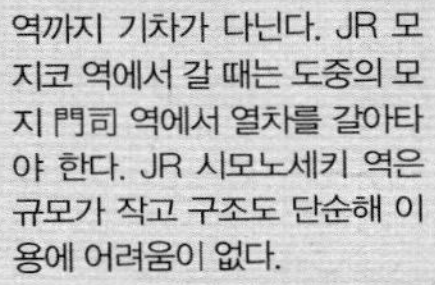
시모노세키 행 보통열차

시노모세키 시내교통
주요 명소는 JR 시모노세키 역부터 동쪽으로 이어지는 해안도로를 따라 나란히 놓여 있다. 가까운 곳은 600m, 가장 먼 곳은 4㎞ 정도 떨어져 있어 마음만 먹으면 걸어서도 돌아볼 수 있다. 편히 다니려면 JR 시모노세키 역 동쪽 출구 東口 앞의 버스 터미널 1~4번 정류장에서 출발하는 버스를 이용한다. 버스는 뒷문으로 타고 앞문으로 내리며 요금은 내릴 때 낸다. 요금은 거리에 비례해서 올라간다.
버스 요금 220엔~
산큐 패스 사용 가능

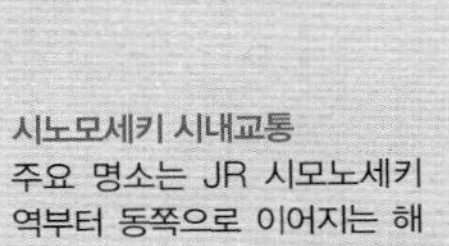
JR 시모노세키 역

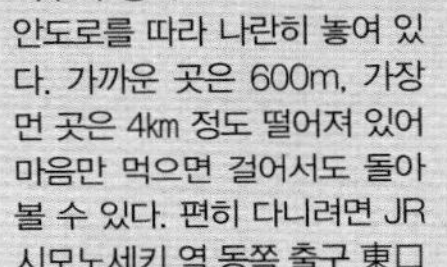
시내버스

카이쿄유메 타워
海峡ゆめタワー

❹ 시모노세키 어디서나 눈에 띄는 153m 높이의 전망대. 8,700장의 유리로 뒤덮인 건물은 등대, 그 밑의 전시장은 섬을 형상화한 것이다. 거대한 공 모양의 전망 라운지(143m)에서는 시모노세키 시가지는 물론 칸몬 해협, 칸몬 대교, 기타큐슈의 모지 항 등 주변 명소가 한눈에 들어온다.

개관 09:30~21:30
휴관 1월 넷째 토요일
요금 600엔, 고등학생 이하 300엔
지도 MAP 35-A1
홈피 www.yumetower.jp
교통 JR 시모노세키 下関 역 하차, 도보 11분.

카이쿄유메 타워

카이쿄칸
海響館

❶❸❻❽ 시모노세키 근해의 어종과 열대어 등 300여 종의 해양생물을 사육하는 수족관. 특히 눈에 띄는 곳은 남극 펭귄관(1층 · 지하 1층), 훔볼트 펭귄관(2층), 칸몬 해협의 수중 생태계를 소개하는 칸몬 해협 조류수조(3층), 돌고래 쇼 극장(1층)이다.

복어 산지로 유명한 시모노세키답게 다양한 어종을 선보이는 복어 수족관(3층)도 흥미롭다. 수족관 옆에는 대관람차 등의 위락시설도 있다.

개관 09:30~17:30
요금 2,090엔
지도 MAP 35-B2
홈피 www.kaikyokan.com
교통 JR 시모노세키 下関 역에서 버스로 7~10분. 동쪽 출구 東口 앞의 1~4번 정류장에서 카라토 唐戸 방면 버스를 타고 카이쿄칸마에 海響館前 또는 카라토 唐戸 하차, 도보 3분.

카라토 시장 · 카몬 워프
唐戸市場 · カモンワーフ

❷❺ 온갖 해산물이 거래되는 수산시장. 활기찬 분위기가 매력이며 이른 아침에는 경매가 진행되기도 한다. 바로 옆에는 산뜻하게 정비된 해변 산책로와 함께 시모노세키의 명물 먹거리를 취급하는 식당가 카몬 워프가 있어 식도락을 즐기기에도 좋다.

카몬 워프 앞의 부두에서는 모지 항을 연결하는 연락선이 출발해 금방 기타큐슈로 넘어갈 수 있다(p.325).

카라토 시장
영업 05:00~15:00, 일 · 공휴일 08:00~15:00
지도 MAP 35-C1 · C2
교통 JR 시모노세키 下関 역에서 버스로 7~10분. 동쪽 출구 東口 앞의 1~4번 정류장에서 카라토 唐戸 방면 버스를 타고 카라토 唐戸 하차.

카몬 워프
영업 11:00~22:00
홈피 http://kamonwharf.com

청일강화 기념관
日青講和記念館

❼ 1895년 시모노세키 조약이 체결된 회담장. 회담은 원래 이곳의 슌판로 春帆楼란 요정에서 이루어졌다. 청일전쟁 직후 청나라와 일본 두 나라가 맺은 조약에는 일본의 조선에 대한 지배권을 인정하는 조항이 포함돼 있어 일제의 조선 침탈이 본격화하는 결과를 불러왔다. 전시실에는 조약 체결 당시의 모습을 그대로 재현해 놓았으며, 각각의 의자에는 그 자리에 앉았던 관료의 이름이 적혀 있다. 회담장의 옛 풍경이 묘사된 그림도 흥미롭다.

개관 09:00~17:00
요금 무료
지도 MAP 35-C1
교통 JR 시모노세키 下関 역에서 버스로 11분. 동쪽 출구 東口 앞의 1번 정류장에서 버스를 타고 아카마진구마에 赤間神宮前 하차, 버스 진행방향 반대편으로 도보 1분.

1

2

3 4

5 6

아카마 신궁
赤間神宮

❶❹ 859년에 창건된 유서 깊은 신사. 일왕가(日王家)의 신사이며 단노우라 壇ノ浦 전투에서 패한 이유로 물에 빠져 죽어야 했던 비운의 일왕, 안토쿠 安徳를 신으로 모신다. 사망 당시 그의 나이는 8살에 불과했으며 바다 밑에 용궁이 있다는 말로 꾀어 수장(水葬)시켰다고 한다. 이후 그를 물의 신으로 모시고 있으며 이 때문에 신사도 용궁을 연상시키는 모습으로 지어졌다.
특별한 볼거리는 없지만 붉은색과 흰색이 강렬한 대비를 이루는 스이텐몬 水天門은 볼만하다. 5월 2~4일에는 안토쿠 일왕의 넋을 기리는 제례가 거행된다.
지도 MAP 35-C1
교통 JR 시모노세키 下関 역에서 버스로 11분. 동쪽 출구 東口 앞의 1번 정류장에서 버스를 타고 아카마진구마에 赤間神宮前 하차.

칸몬 대교
関門大橋

❻ 133.8m 높이의 교각 두 개가 떠받치고 있는 대형 현수교. 총 길이는 1,068m이며 해수면에서의 높이는 61m다. 다리 양쪽에는 길이 1,162m의 강철 케이블 두 개가 연결돼 있다. 굵기 66.4㎝의 케이블은 지름 5㎜의 강철선 1만 4,014가닥을 꼬아 만든 것인데 여기 사용된 강철선을 일직선으로 늘어놓으면 길이가 무려 3만 2,500㎞에 이른다. 이는 지구를 ¾ 바퀴 돌 수 있는 길이다. 다리 밑에는 기타큐슈를 연결하는 해저 터널이 뚫려 있으며 자유로이 걸어서 건널 수 있다(p.327).
지도 MAP 35-D2
교통 JR 시모노세키 下関 역에서 버스로 15분. 동쪽 출구 東口 앞의 1번 정류장에서 버스를 타고 미모스소가와 みもすそ川 하차. 정류장 바로 뒤에 해저 터널 입구가 있다.

미모스소가와 공원
みもすそ川公園

❷❸❺ 칸몬 해협을 따라 나란히 이어진 수변공원. 헤이안 平安 시대 일본의 권력을 양분하던 헤이시 平氏 가문과 겐지 源氏 가문이 최후의 결전을 벌인 단노우라 壇ノ浦 전투(1183년)의 무대가 된 곳이다. 수백 척의 배가 격돌한 전투에서 승리한 겐지 가문은 카마쿠라 바쿠후를 세우고 700여 년에 걸쳐 실질적인 일본의 통치자로 군림했다. 공원 한편에는 이를 기념하는 동상과 기념비가 세워져 있다. 바닷가에는 19세기 중반 미국·영국·프랑스·네덜란드 연합함대의 공격으로 대파된 대포를 재현한 모형 대포도 전시돼 있다.
지도 MAP 35-D1
교통 JR 시모노세키 下関 역에서 버스로 15분. 동쪽 출구 東口 앞의 1번 정류장에서 버스를 타고 미모스소가와 みもすそ川 하차.

히노야마
火の山

적의 침입을 알리는 봉화대가 있던 산. '불의 산 火の山'을 뜻하는 지명은 여기서 유래했다. 1890년대에는 산정에 포대를 만들고 군사 요새로 사용하기도 했다. 지금도 당시 포대의 흔적이 고스란히 남아 있다. 한편에는 태평양 전쟁 때 건조된 일본 최대의 전함 야마토 大和에서 사용하던 길이 1.95m, 무게 1.7톤의 거대한 포탄도 전시돼 있다.
정상부에는 칸몬 해협 일대가 한눈에 들어오는 멋진 전망대(268m)가 있다. 지난 2024년 말에 66년간 운행된 케이블카 노선이 안전문제로 폐지된 까닭에 지금은 걷거나(1시간 소요), 택시·렌터카를 이용해야 올라갈 수 있다.
현재 관광용 곤돌라 공사가 진행 중이며, 운행 예정 시기는 2026년이다.

PART 7

TRAVEL TIPS

여행 꿀팁 14

일본 기초 정보

일본에 대한 기초적인 지식을 익혀두는 수고는 필수! 현지에서 실수할 가능성을 줄여주는 것은 물론 현지인과 대화의 물꼬를 트는 좋은 계기가 되기도 한다. 특히 공휴일과 업소 · 관공서 운영시간은 일정 짜기에도 유용한 필수 정보다.

국명 일본 日本 Japan 일본어로는 니혼 · 닛폰이라고 읽으며 '해가 떠오르는 곳'이란 뜻이다. Japan이란 영문 표기는 마르코폴로가 자신의 여행기 《동방견문록》에서 일본을 소개할 때 지팡구라고 표기한 게 와전되면서 만들어졌다.

국기 일장기 日章旗 일본에서 공식적으로 일장기가 게양 된 시기는 1862년이다. 하지만 실제로 헌법에 국기로 명시된 것은 1999년 8월 9일이다. 일장기는 히노마루 日の丸라고도 부른다.

면적 및 지형 37만 7,873㎢ 남한 면적의 약 3.8배다. 일본열도는 홋카이도 北海道 · 혼슈 本州 · 시코쿠 四国 · 규슈 九州 등 4개의 큰 섬과 수천 개의 작은 섬으로 이루어져 있으며 전 국토의 80%가량이 산악지대다.

인구 및 인구 밀도 1억 2,800만 명, 339명/㎢ 우리나라 인구의 약 2.6배. 그러나 인구 밀도는 우리나라가 1.4배 정도 높다.

인종 일본인 일본의 토착민은 약 1만 년 전부터 일본 열도에 거주한 것으로 알려진 죠몬인 縄文人이다. 이후 우리나라와 중국에서 건너간 도래인(渡来人)에 의한 혼혈이 이루어졌다. 근래에 들어 홋카이도와 오키나와가 일본 영토에 편입됨에 따라 이 지역에 거주하는 아이누 アイヌ족과 남방계 원주민도 일본 민족에 포함됐다.

정치체제 입헌군주제 국가의 상징인 일왕을 중심으로 국회와 내각으로 구성된다. 이 때문에 일본에서는 연도를 표기할 때 서기(西紀) 외에도 독자적인 연호를 사용한다. 현재의 연호는 레이와 令和이며 표기할 때 'R○년'이라고 쓴다. 예를 들어 2019년은 레이와 1년(R1), 2025년은 레이와 7년(R7)이다. 일왕가를 상징하는 문장(紋章)은 대대로 국화 문양이 사용돼 왔다. 이 문양은 궁전 · 신사는 물론 일왕가와 관련된 모든 곳에 새겨져 있다.

수도 도쿄 東京 혼슈의 중남부, 칸토 関東 지역에 있다. 도쿄는 우리나라의 특별시에 해당하는 '도 都'라는 행정 단위에 속하며 23개 구 区, 26개 시 市, 7개 정 町, 8개 촌 村 으로 구성돼 있다.

공용어 일본어 日本語 확실한 설은 없지만 우리와 같은 우랄알타이어계로 보는 시각이 지배적이다. 어순은 우리와 같으며 비슷한 단어도 많다.

전기 100V 50 · 60Hz 11자형의 플러그를 사용한다 (p.363 참조). 주파수는 도쿄를 비롯한 혼슈 동부가 50Hz, 규슈를 비롯한 혼슈 서부가 60Hz다.

1인당 국민소득 US$ 3만 2,859(한국 US$ 3만 6,024)

통화 엔 円(￥) 100엔≒980원(2025년)

공휴일 국경일이 일요일과 겹칠 때는 다음 월요일이 대체 공휴일이 된다.

1월 1일	元日	설날
1월 둘째 월요일	成人の日	성인의 날
2월 11일	建国記念日	건국기념일
2월 23일	天皇誕生日	일왕 생일
3월 20일(또는 21일)	春分節	춘분절
4월 29일	昭和の日	전 쇼와천황생일
5월 3일	憲法記念日	헌법기념일
5월 4일	緑の日	녹색의 날
5월 5일	こどもの日	어린이날
7월 셋째 월요일	海の日	바다의 날
8월 11일	山の日	산의 날
9월 셋째 월요일	敬老の日	경로의 날
9월 23일(또는 24일)	秋分節	추분절
10월 둘째 월요일	体育の日	체육의 날
11월 3일	文化の日	문화의 날
11월 23일	勤労感謝の日	근로 감사의 날

업소 및 관공서별 영업 시간

	평일	토요일	일 · 공휴일
은행	09:00~15:00	휴무	휴무
우체국	09:00~17:00	휴무	휴무
백화점	10:00~20:00	10:00~20:00	10:00~20:00
상점	10:00~20:00	10:00~20:00	10:00~20:00
회사	09:00~17:00	휴무	휴무
관공서	09:00~17:00	휴무	휴무

여권 만들기

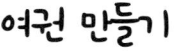

여권 만들기는 한마디로 누워서 떡 먹기다. 서울의 26개 구청 또는 각 지방의 시·도청 여권과에서 신청서를 작성하고 사진 한 장만 첨부하면 끝. 단, 발급에 은근히 시간이 걸리니 최대한 여유를 두고 신청하는 게 좋다.

여권은 일정기간 횟수에 상관없이 사용할 수 있는 복수여권과 1회만 사용 가능한 단수여권이 있다. 일반적으로는 10년짜리 복수여권(사증 26면 또는 58면 선택 가능)이 발급되지만, 병역 미필자에게는 1년짜리 단수여권만 발급된다.

여권 발급시 필요한 서류

만 25세 이상의 병역 미필자는 ①~④의 기본 서류와 수수료 외에 관할 병무청의 '국외여행허가서'가 추가로 필요하다. 이에 관한 자세한 사항은 병무청 홈페이지를 참조하자(www.mma.go.kr, 문의 1588-9090).

① 여권 발급 신청서 1부(여권과 비치)
② 여권용 사진 1장
③ 신분증(주민등록증 · 운전면허증 등)
④ 수수료 10년 복수여권(26면 4만 7,000원, 58면 5만 원), 1년 단수여권(1만 5,000원)
⑤ 국외여행허가서(만 25세 이상의 병역 미필자만 해당)

여권 발급시 주의사항

여권 상의 영문 이름과 서명은 되도록 신용카드와 동일하게 만드는 게 좋다. 여권과 신용카드의 이름 · 서명이 서로 다를 경우 해외 사용시 문제가 될 가능성이 높으니 주의하자.

여권 유효기간 연장

여권의 유효기간은 6개월 이상 남아 있어야 출입국시 문제가 되지 않는다. 유효기간이 6개월 미만인 경우 유효기간 연장 신청을 한다. 단, 구 여권은 유효기간이 연장되지 않으므로 새로운 전자여권을 발급받아야 한다. 자세한 사항은 여권과에서 확인할 수 있다.

비자는 필요 없다

일본에서 비자 없이 체류할 수 있는 기간은 90일이다. 즉, 여권만 있으면 90일 동안 일본을 자유로이 여행할 수 있는 것. 우리나라로 귀국했다가 일본에 재입국하면 체류 기간이 다시 90일 늘어난다.

전국의 시·도청 여권과

서울
강남구청 3423-5401~6
강동구청 3425-5360~9
강북구청 901-6271~3
강서구청 2600-6301~2
과천시청 02-3677-2139, 2136
관악구청 879-5330~1, 5338
광진구청 450-1352~3
구로구청 860-2681 · 4
금천구청 2627-2435~7
노원구청 2116-3283
도봉구청 2091-2431~4
동대문구청 2127-4685 · 90
동작구청 820-9273~4, 9277~9
마포구청 3153-8481~4
서대문구청 330-1909 · 10
서초구청 2155-6340 · 49 · 50
성동구청 2286-5243
성북구청 2241-4501~9
송파구청 2147-2290
양천구청 2620-4350~9
영등포구청 2670-3145~8
용산구청 2199-6580~7
은평구청 351-6431~5, 6438~42
종로구청 2148-1953~5
중구청 3396-4793~4
중랑구청 2094-0603

경기 · 인천
의정부시청 031-120
경기도본청(수원) 031-120
일산동구청 031-8075-2466
광명시청 02-2680-2600
김포시청 031-980-2700
남양주시청 031-590-8711
부천시청 032-625-2440~5
성남시청 031-729-2381~5
시흥시청 031-310-2158
안양시청
031-8045-2008 · 2741 · 2016
연천군청 031-839-2159
인천시청
032-120, 032-440-2477~9
인천 계양구청 032-450-6711~7
인천 남동구청 032-453-2290
인천 동구청 032-770-6330
포천시청 031-538-3138
하남시청 031-790-6131

경상도
경남도청 055-211-7800
사천시청 055-831-2981 · 3
경북도청 1522-0120
경주시청 054-779-6936~8
영양군청 054-680-6181
대구시청 053-803-2855
대구시 달서구청 053-667-2332
대구시 동구청 053-662-2085
대구시 북구청 053-665-2262
대구시 수성구청 053-666-4651
부산시청 051-888-5333
부산시 금정구청 051-519-4231~7
부산시 동구청 051-440-4731
부산시 동래구청 051-550-4781~2
부산시 부산진구청
051-605-6201~8
부산시 사하구청 051-220-4811~5
부산시 서구청 051-240-4281~7
부산시 수영구 051-610-4681~5
부산시 연제구청 051-665-4284~7
부산시 해운대구청
051-749-5611~6
울산시청 052-229-2592 · 94 · 28
울산시 북구청 052-241-7572~4

강원도 · 충청도 · 대전
강원도청 033-249-2562
영월군청 033-370-2243
대전시청 042-270-4183~9
대전시 대덕구청 042-608-6704~5
대전시 유성구청 042-611-2990
충남도청 041-635-3681~2
아산시청 041-540-2808
천안시청 041-521-5329

전라도 · 제주도
광주시청 062-613-2966~8, 2971
광주시 남구청 062-607-3292
광주시 북구청 062-410-6244
전남도청 061-286-2334~8
광양시청 061-797-2247
전북도청 063-280-2253
제주도청
064-710-2171 · 3 · 6 · 7 · 9
서귀포시청 064-760-2128, 2107

최적의 여행 시즌

우리나라의 남부와 비슷한 기후라 계절적 요인으로 고생할 일은 없다. 베스트 시즌으로 꼽는 때는 청명한 날씨가 이어지는 4~5월과 9~11월. 되도록 피해야 할 시기는 6월의 장마철과 9~10월의 태풍 시즌, 그리고 행락철이다.

일본은 우리나라와 마찬가지로 사계절의 변화가 뚜렷하다. 하지만 따뜻한(?) 남쪽 섬나라인 까닭에 겨울은 우리나라보다 따뜻하고 여름은 습도가 무척 높다. 구체적인 월별·계절별 특징은 다음과 같다.

3~5월 꽃이 만발하는 봄

봄나들이에 더할 나위 없이 좋은 시기다. 더구나 벚꽃이 만발하는 3월 말~4월 초에는 벚꽃놀이를 즐기기에도 안성맞춤. 주의할 시기는 1주일가량 연휴가 지속되는 '골든 위크 ゴールデンウィーク(4/29~5/5)'다. 전국 각지에서 밀려드는 관광객들로 숙소는 일찌감치 객실이 동난다. 더구나 연일 엄청난 인파로 붐벼 교통편 이용에 애를 먹기 십상이다.

6~9월 중순 끈적한 여름

여름 방학 · 휴가 시즌과 맞물려 한국 여행자가 가장 많이 찾는 시기다. 저렴한 숙소를 구하기 힘들 가능성도 동반 상승한다. 장마는 우리나라보다 1주일 정도 먼저 시작되는데 보통 6월 중순~7월 중순이다. 비가 많이 오니 되도록 이때는 피하는 게 상책. 장마가 끝나고 8월 말까지는 불볕더위가 이어진다. 습도가 높아 우리나라보다 한층 더위가 심하게 느껴질 테니 낮에는 시원한 에어컨 바람이 나오는 쇼핑센터와 실내 시설 위주로 돌아보자.

우리나라의 추석에 해당하는 오봉 お盆(8월 15일)을 전후한 2~3일은 골든 위크에 버금가는 행락철이다. 이때에 맞춰 문을 닫는 명소 · 식당도 있으니 주의하자.

9월 중순~11월 맑고 쾌청한 가을

9월 중순을 넘어서면 선선한 가을 바람이 불기 시작한다. 당연히 여행에도 최적의 시즌. 단풍 시즌은 우리나라보다 조금 늦는데 보통 10월 말부터 11월 까지가 절정이다. 이 시기의 불청객은 간간이 찾아드는 태풍이다. 일반적으로 8~10월에 두세 개의 강력한 태풍이 휩쓸고 지나간다.

12~2월 은근히 쌀쌀한 겨울

웬만해서는 영하로 떨어지는 날을 경험하기 힘들다. 더구나 이상 기온이 아니고서는 눈 구경도 어렵다. 하지만 그렇다고 너무 만만히 보지는 말자. 햇살이 내리쬘 동안은 포근한 '봄 날씨'지만, 조금이라도 바람이 불거나 해가 사라지면 뼈에 사무치는 추위가 엄습한다.
여행이라는 특성상 외부에서 보내는 시간이 긴 만큼 목도리 · 장갑 등의 방한 장구를 단단히 챙기는 게 좋다. 건조한 날씨 탓에 피부 트러블이 발생하기 쉬우니 로션도 넉넉히 챙겨 가자. 연말연시(12/28~1/3)에는 문 닫는 명소 · 레스토랑 · 쇼핑센터가 많다는 사실도 잊지 말자.

후쿠오카 기후표

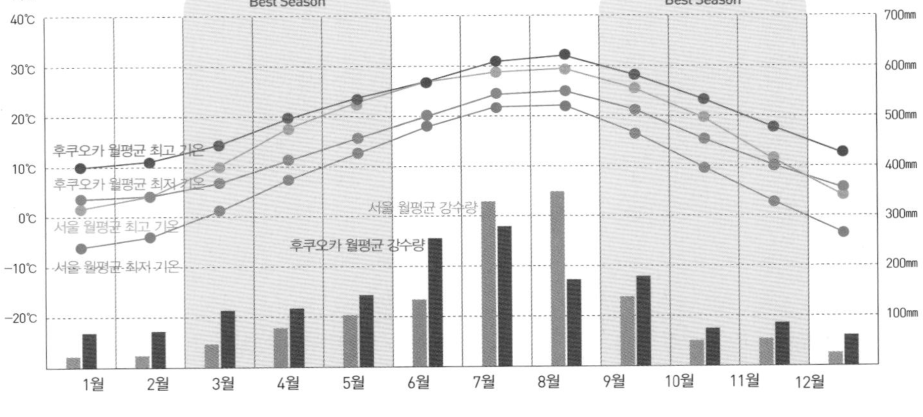

알짜 여행 정보 수집

가이드북과 인터넷만 있으면 필요한 정보는 얼마든지 구할 수 있다. 남은 과제는 최대한 신뢰도 높은 정보를 골라내는 것뿐! 현지 분위기는 다양한 인터넷 여행기로, 그리고 세부적인 여행 정보는 따끈따끈한 최신 가이드북을 통해 얻는다.

재미난 여행기가 넘치는 블로그

인터넷을 통해 다양한 여행 정보를 구하자

생생한 현지 이야기로 가득한 곳은 인터넷, 특히 개인 블로그다. 후쿠오카 · 유후인 · 벳푸 · 나가사키 등 구체적인 도시명을 키워드로 검색하면 수천 개의 관련 블로그가 찾아지는데, 이 가운데 가장 최근 것으로 사진이 풍부한 블로그를 차근차근 살펴보자. 2~3일만 투자하면 인기 스폿은 대충 감이 잡힌다. 동시에 일본 여행 관련 카페 · 유튜브 · 홈페이지를 검색하며 정보의 신빙성을 검증하는 과정은 필수다.

항공권 · 호텔 정보도 인터넷으로 알아보자. 실시간 예약도 가능해 발품 파는 수고를 상당 부분 덜어준다. 일본어가 가능하면 일본 현지 사이트에 접속해 필요한 정보를 실시간으로 구할 수도 있다.

클로즈업 시리즈 www.clzup.com
야후 재팬 www.yahoo.co.jp

체계적인 정보의 가이드북

인터넷으로 기본적인 분위기를 파악한 뒤에는 가이드북을 탐독하며 구체적인 정보를 구한다. 가이드북에는 명소 · 레스토랑 · 숍 정보가 체계적으로 정리돼 있어 지리적 개념과 일정을 잡는 데 큰 도움이 된다. 관련 홈페이지 · 카페를 통해 부족한 정보를 보완하면 자신만의 개성 만점 가이드북도 만들 수 있다.

여행자를 통한 정보 수집

여행 경험자를 통해서는 현실감 넘치는 생생한 여행의 기술을 배울 수 있다. 단, 자기 경험을 하나도 빠짐없이 얘기해줄 수 있는 이는 없으니 기본적인 지식을 먼저 습득하고 궁금한 사항을 조목조목 물어보는 게 현명하다. 또한 볼거리 · 숙소에 관한 평은 주관적 요소가 개입되기 쉬우므로 준비 과정에 참고로만 받아들이는 게 좋다.

일본정부관광국 JNTO

미리 필요한 정보와 브로슈어를 구해 놓으면 편리하다

최신 일본 여행 정보와 자료를 가장 확실하게 구할 수 있는 곳이다. 서울 사무소에는 후쿠오카는 물론 일본 전역을 소개하는 한국어 · 일본어 · 영문 자료, 그리고 각 도시별 자료가 충실히 비치돼 있어 여행 준비에 큰 도움이 된다.

현지 정보가 충실한 홈페이지도 운영하는데 특히 눈여겨 볼 곳은 여행지 · 즐길거리 · 여행 계획하기 코너다. 일반적으로 접하기 힘든 지역 · 도시에 대한 정보가 풍부한 것은 물론, 시즌마다 변동되는 세일 · 축제 · 이벤트 정보를 제공해 일정 짜기에 도움이 된다.

JNTO 공식 페이스북도 놓치지 말자. 식도락 · 문화체험 등 색다른 테마로 여행을 즐기는 방법과 구체적인 코스를 소개하며, 해당 여행지의 다채로운 사진을 살펴보는 재미가 쏠쏠하다.

일본정부관광국 서울 사무소

풍부한 여행 정보를 제공하는 일본정부관광국 홈페이지

운영 09:30~12:00, 13:00~17:30
휴무 토 · 일 · 공휴일
주소 서울시 중구 을지로 16 프레지던트 호텔(백남 빌딩) 2층
전화 02-777-8601
홈피 www.welcometojapan.or.kr
페북 www.facebook.com/joinjroute
교통 지하철 1 · 2호선 시청역 하차, 5번 출구에서 도보 5분.
지하철 2호선 을지로입구역 하차, 8번 출구에서 도보 3분.

후쿠오카 국제공항 관광 안내소

운영 08:00~20:00
전화 092-621-0303
교통 후쿠오카 국제공항 국제선 터미널 1층에 있다.

규슈 관광 정보 홈페이지

규슈 www.welcomekyushu.jp
후쿠오카 https://gofukuoka.jp
유후인 https://yufuin.gr.jp
벳푸 https://beppu-tourism.com
기타큐슈 www.gururich-kitaq.com

Travel Tips 05

여행 예산 세우기

경비는 여행 스타일과 시즌에 따라 천차만별로 달라진다. 평균적으로 볼 때 저예산 배낭여행에는 1일 1만 엔, 안락한 호텔과 식도락을 즐기는 품격 여행에는 1일 2만 엔, 초호화 럭셔리 여행에는 사용한도 무제한의 신용카드가 필수다.

여행 경비를 계산할 때는 막연한 금액을 떠올리기보다 구체적인 비용을 조목조목 따져 보는 게 좋다. 제아무리 '무전여행'이라 해도 기본적인 비용은 들어가게 마련이니까. 경비에 포함되는 대표적인 항목은 항공 요금 · 숙박비 · 식비 · 교통비 · 입장료 등이다. 예상 경비를 기준으로 약 1.3배의 비용을 준비하면 현지에서 쪼들리는 일 없이 즐거운 여행을 할 수 있다.

항공 요금은 여행 경비에서 가장 큰 부분을 차지한다

❶ 항공 요금 30~75만 원

우리나라와 후쿠오카를 오가는 데는 비행기를 이용해야 한다. 요금은 시기 · 항공사 · 좌석 종류에 따라 변동이 무척 심한데 이코노미석을 기준으로 할 때 30~75만 원(세금 · 유류 할증료 포함)을 예상하면 된다. 정확한 요금은 티켓을 예약할 때 확인할 수 있다. 저렴한 항공권 구매 요령은 p.346를 참조하자.

❷ 공항↔시내 교통비 260~2,500엔

앞서 공항 이용법에서도 다룬 것처럼 후쿠오카 국제 공항에서 후쿠오카 시내로 들어 가려면 260~2,500엔의 교통비가 필요하다. 자세한 내용은 p.100의 공항에서 시내로 들어가는 방법을 참조하자.

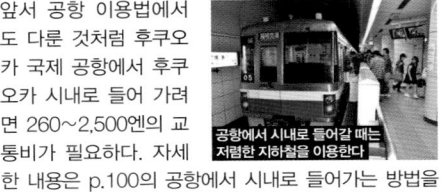

공항에서 시내로 들어갈 때는 저렴한 지하철을 이용한다

❸ 숙박비 1박 5,000~2만 5,000엔

여행 스타일에 따라 천양지차로 달라지는 변수. 한인민박의 다인실에 묵는다면 1박 5,000엔으로 충분하지만, 프라이버시가 확실히 보장되는 안락한 비즈니스 호텔은 1박 1만~2만 5,000엔으로 예산이 껑충 올라간다. 럭셔리한 고급 호텔의 숙박비는 1박 3만 엔 이상을 예상해야 한다.

저렴하고 쾌적한 시설을 원한다면 비즈니스 호텔을 이용하자

❹ 식비 1일 2,500~1만 엔

숙박비와 마찬가지로 목적과 스타일에 따라 차이가 커진다. 라면 · 우동과 같은 면 종류는 500~1,500엔, 밥 종류는 500~2,000엔이면 적당히 먹을 수 있다. 햄버거 등의 패스트푸드는 세트 메뉴가 700~1,000엔 수준. 하지만 가격 대비로 보면 패스트푸드보다 밥 종류가 훨씬 싸고 양도 푸짐하다. 좀 더 고급스럽게 또는 식도락을 즐기려면 한 끼에 적어도 3,000엔 이상을 예상해야 한다. 물론 상한선은 무제한!

후쿠오카에서는 먹는 즐거움을 놓칠 수 없다

이상의 내용을 기준으로 예산을 세우면 아침 식사는 간단히 해결해 500엔, 점심과 저녁은 메뉴 선택의 폭을 넓힐 수 있도록 최소 2,000엔씩의 예산을 책정하는 게 현실적이다. 이렇게 할 경우 1일 3식 최저 예산은 4,500엔 정도. 물론 그 이하로도 세 끼 식사를 해결할 수 있지만, 예산이 줄어들면 줄어들수록 여행의 즐거움은 반감할 수밖에 없음을 상기하자. 참고로 적당히 식도락을 즐기려면 1일 3식 1만 엔 정도의 비용을 예상하는 게 좋다.

❺ 교통비 1일 400엔~

일본의 물가가 우리나라보다 높다는 사실은 살인적인 교통비에서 체감할 수 있다. 전철 · 지하철 위주로 돌아다닐 경우 교통비는 1일 400~2,000엔 정도. 짧은 거리만 이동해도 우리나라의 두세 배에 달하는 요금을 지불해야

한다. 교통비 부담을 줄이려면 대중교통을 자유로이 이용할 수 있는 1일권(640~2,800)을 활용하는 것도 방법이다. 해당 정보는 p.116에서 다룬다.

지하철 1일권

근교 여행시 교통비를 절약하려면 경제적인 철도 패스를 구매하는 게 바람직하다. 자세한 내용은 각 도시까지의 이동 교통편 부분을 참고하자.

❻ 입장료 1회 400엔~

박물관 · 미술관 · 전시관 · 사찰 입장료는 1회 400~2,500엔 수준이다. 일정을 짤 때 미리 가고자 하는 명소를 꼼꼼히 추려본 다음 입장료 예산을 세워야 예상치 못한 지출을 막을 수 있다.

흔치는 않지만 학생 할인이 되는 사찰 · 박물관 · 미술관도 있으니 학생증을 준비해 가자. 일본에서는 국제학생증은 물론 우리나라의 학생증도 통용된다. 대학생의 경우 학생증에 영어로 University 또는 한자로 대학 大學이라고 쓰여 있어야 일본에서 자유로이 사용할 수 있다.

❼ 잡비 1일 1,000엔~

커피 한잔과 함께 여행의 피로를 풀자

푹푹 찌는 여름에는 시원한 음료수, 찬 바람이 부는 겨울에는 따뜻한 커피 한잔이 그리워진다. 간간이 지친 다리를 쉬어 가기 위해 커피 전문 점에 들르거나 국제전화를 건다면 이에 따른 비용도 증가한다. 이런 비용을 통틀어 1일 평균 1,000엔 정도를 예상하면 적당하다.

❽ 여행 준비 비용 5~15만 원

여행을 준비하면서 지출하는 비용으로 여권 발급비, 가이드북 구매비, 기타 물품 구매비, 각종 증명서 발급비, 여행자 보험료 등이 여기에 해당한다. 비용은 자신의 상황에 따라 천차만별이다.

기본 예산 짜보기

여행 준비 비용을 제외한 7개 항목 가운데 항공 요금은 목돈으로 들어가고 나머지 숙박비 · 식비 · 교통비 · 입장료 · 잡비 등은 하루 생활비로 계산된다. 숙박은 민박, 식사는 최대한 저렴하게 해결한다는 전제하에 산출할 수 있는 여행자의 1일 평균 기본 생활비는 1만 엔 정도. 따라서 인천↔후쿠오카 왕복 항공편을 이용해 3박 4일 후쿠오카를 여행한다면 대략적인 비용은 다음과 같다.

후쿠오카 왕복 항공 요금 40만 원
공항 왕복 교통비 520엔
생활비 1만 엔×4일=4만 엔

총합 40만 원+4만 520엔
=80만 원(100엔=980원)

물론 소비 스타일은 저마다 개인차가 있으므로 실제로는 이보다 적게 들거나 그 이상이 들 수도 있다. 그러나 여행 경비를 되도록 여유 있게 가져가야 한다는 사실만큼은 모든 이에게 동일하게 적용된다. 없는 상태에서 아끼는 듯 쪼들려 지내기보다는 여유 있는 가운데 절약하는 게 현실적으로 부담 없고 마음 든든하며, 필요할 때 쓸 수 있는 호기도 부릴 수 있으니까!

국제학생증 발급

필요하면 우리나라에서 국제학생증을 발급 받자. 국제학생증은 두 종류가 있는데 일본에서는 둘 다 통용된다. 여행사 또는 해당 국제학생증 발급기관에서 신청하면 되며 유효기간은 1년이다.

ISIC 국제학생증

KISES 여행사 또는 전국의 제휴 대학에서 발급하며 여권용 사진 1장, 1개월 안에 발급된 재학 증명서 또는 휴학 증명서, 신분증(주민등록증 · 여권)이 필요하다.

요금 1만 9,000원 홈피 www.isic.co.kr

ISE 국제학생증

발급 대행사 또는 ISEC 한국 본사에서 발급하며 증명사진 1장, 1개월 안에 발급된 재학 증명서 또는 휴학 증명서, 신분증(주민등록증 · 여권)이 필요하다.

요금 1만 5,000원 홈피 www.isecard.kr

여행 경비는 최대한 넉넉히

입국 심사대를 통과할 때는 너무 긴장하지 말 것!

여행 경비를 여유 있게 가져가야 하는 또 다른 이유는 입국 심사대를 '무사 통과'하기 위해서다. 공항에서 입국 심사를 심하게 하는 편은 아니지만, 입국 심사관에게 찍히면(?) 여행 경비를 보여 달라고 요구 당하는 불상사가 발생하곤 한다. 특히 남자보다는 여자에게, 복장이 깔끔한 사람보다는 어딘지 후줄근해 보이는 사람에게 그런 경우가 많다고 하니 조금은 신경 쓰는 게 좋을 듯. 여행 경비는 1주일 일정에 7~10만 엔을 제시하면 별 탈 없이 통과시켜준다. 여행 경비로 충분하지 않을 때는 귀국 항공권을 보여줘야 하는 경우도 있다.

Travel Tips 06

경제적인 항공권

항공 요금 비교 사이트를 적극 활용하자. 원하는 목적지와 일정만 입력하면 저렴한 항공권을 취급하는 여행사·항공사를 쉽게 찾을 수 있다. 여기 더해 평소보다 요금이 싸지는 비수기와 평일을 노리는 센스는 필수다.

현재 8개 항공사에서 북규슈의 주요 도시를 연결하는 7개 노선을 운항한다. 소요시간은 50분~1시간 40분이며, 항공사마다 요금·스케줄·서비스에 차이가 있으니 꼼꼼히 비교해보고 자신의 일정과 스타일에 맞는 항공사를 선택하자.

취항 노선별 특징

우리나라와 북규슈를 연결하는 항공 노선은 인천~후쿠오카, 인천~나가사키, 인천~사가, 인천~기타규슈, 인천~오이타(벳푸), 김해(부산)~후쿠오카, 김해~기타규슈, 대구~후쿠오카의 7개가 있다. 가장 많은 항공사가 취항하는 노선은 인천~후쿠오카 구간이며, 저렴한 항공권도 이 구간에서 제일 많이 나온다.

8개 항공사 가운데 요금이 가장 저렴한 것은 에어서울을 비롯한 저가항공사이며, 스케줄이 편리한 것은 아시아나항공·대한항공 등의 대형 항공사다. 일부 항공사는 짧은 일정을 효율적으로 소화하기에 유리한 인천 오전 출발, 후쿠오카 오후 출발편도 운항한다.

북규슈 노선 운항사

에어서울 https://flyairseoul.com
이스타항공 www.eastarjet.com
제주항공 www.jejuair.net
진에어 www.jinair.com
티웨이항공 www.twayair.com
에어부산 www.airbusan.com
대한항공 http://kr.koreanair.com
아시아나항공 http://flyasiana.com

할인 항공권 구매 요령

항공권에는 정가가 없다. 같은 노선, 같은 항공편, 같은 좌석일지라도 구매 시기와 판매처에 따라 적게는 몇 천 원에서 많게는 수십 만 원까지 차이가 난다. 따라서 꼼꼼한 가격 비교는 필수다.

오프라인보다 온라인 여행사가 저렴하며, 항공사에서 인터넷 판매를 전제로 특가 항공권을 내놓기도 한다는 사실을 알아두자. 여기 더해 '비수기에, 저가항공사를, 서둘러 예약'하는 기본 원칙과 몇 가지 주의사항만 알면 저렴한 항공권은 의외로 쉽게 구해진다.

❶ 항공 요금 비교 사이트를 활용하라

수많은 항공 요금을 개인이 일일이 비교하기란 사실상 불가능에 가깝다. 가장 편리하고 확실한 방법은 항공 요금 비교 사이트를 활용하는 것이다. 출발지·목적지·출발일·귀국일만 입력하면 해당 노선을 운항하는 모든 항공편의 스케줄과 요금이 가격대별로 검색되며 바로 구매할 수도 있다.

스카이스캐너 홈피 www.skyscanner.co.kr
카약 홈피 www.kayak.co.kr

❷ 비수기를 노려라

비수기엔 항공 요금도 내려간다. 기본적으로 12~2월, 6~8월의 방학 기간과 설·추석 연휴를 제외한 나머지 시즌이 비수기에 해당한다. 성수기에 비해서 10~40% 요금이 저렴한 것은 물론, 여행자가 적어 항공권 구하기도 수월하다.

❸ 평일에는 항공권이 싸진다

토·일요일에 출발·귀국하는 항공편은 평일보다 요금이 비싸다. 경비를 절약하려면 월~금요일 사이에 운항하는 항공편을 이용하자. 꼭 주말을 끼워야 하는 경우에도 금요일 출발, 월요일 귀국 식으로 주말을 살짝 피하면 요금이 싸진다.

❹ 저가항공사를 선택하라

시기와 조건에 따라 다르지만 요금은 에어서울 등의 저가항공사가 가장 저렴하며, 대한항공·아시아나항공 등의 대형 항공사는 저가항공사보다 10~30% 비싸다. 따라서 저렴한 저가항공사의 요금부터 알아보는 게 순서. 파격적인 이벤트 요금이 등장하기도 하니 항공사 홈페이지를 수시로 살펴보자.

❺ 서둘러 예약하라

일정이 잡히자마자 예약을 서두르자. 저렴한 항공권은 순식간에 매진돼 잠시라도 미적거려서는 곤란하다. 더구나 성수기 · 주말 · 연휴 기간에는 여행자가 폭증해 항공권 구하기가 더욱 어렵다. 최대한 저렴한 항공권을 구하려면 출발 예정일 3~6개월 전에는 구매해야 한다.

❻ 다구간 여정을 활용하라

일본의 입국 공항과 출국 공항을 달리하는 방법이다. 예를 들어 후쿠오카와 나가사키를 모두 취항하는 대한항공으로 후쿠오카 · 나가사키를 여행할 때는 인천→후쿠오카, 나가사키→인천으로 항공권을 구매해도 된다. 이 경우 후쿠오카~나가사키 구간을 왕복 이동할 필요가 없어 시간과 교통비가 절약된다. 요금도 인천↔후쿠오카 또는 인천↔나가사키 왕복과 비슷하다.

❼ 운항 스케줄에 주의하라

최악의 항공 스케줄은 우리나라에서 오후 늦게, 일본에서 오전 일찍 출발하는 것이다. 하는 일 없이 꼬박 이틀을 공항에서 허비하게 되니 운항 스케줄을 꼼꼼히 살펴보자. 일정이 짧으면 짧을수록 우리나라에서는 오전 일찍, 일본에서는 오후 늦게 출발하는 항공편을 이용해야 여행하는 시간을 최대한 확보할 수 있다.

❽ 무료 수하물에 주의하라

저가항공사에서는 요금이 싼 대신 무료 위탁 수하물 서비스 불포함 항공권도 판매한다. 물론 1개의 기내수하물(10kg 이내)만으로 여행할 때는 전혀 문제가 되지 않는다. 하지만 짐이 늘거나 기내 반입이 불가능한 화장품 · 액체류가 포함된 경우 위탁 수하물로 짐을 부쳐야 하는데, 1건당 1회 4만 원 이상의 비용이 추가 발생한다.

❾ 항공권에 기재된 날짜와 이름을 확인하라

항공권에 출발 · 귀국일이 잘못 기재된 경우 정정에 비용이 발생하며 자칫 여행 일정이 헝클어질 수 있다. 영문 이름이 잘못 기재된 경우는 사태가 더욱 심각하다. 항공권과 여권상의 영문 이름은 반드시 일치해야 하는 게 원칙. 만약 알파벳 '한 자'라도 틀리면 애써 구매한 항공권이 휴지조각이 돼버리니 주의하자.

배로 떠나는 일본 여행

뉴카멜리아(부산~후쿠오카), 부관훼리(부산~시모노세키) 2개 노선을 이용할 수 있다. 단, 부산 거주자가 아니면 이용하기 불편하고, 요금도 비행기와 비슷해 큰 메리트는 없다. 항공 좌석을 구하기 힘들 때 대체편으로 이용할 만하다.

뉴카멜리아

운항 부산 22:30→후쿠오카 익일 07:30
후쿠오카 12:30→부산 18:30
요금 1등실 편도 12만 원, 왕복 22만 8,000원
2등실 편도 9만 원, 왕복 17만 1,000원
홈피 www.koreaferry.kr

부관훼리

운항 부산 21:00→시모노세키 익일 08:00
시모노세키 19:45→부산 07:45
요금 1등실 편도 12만 5,000원, 왕복 23만 7,500원
2등실 편도 9만 5,000원, 왕복 18만 500원
홈피 www.pukwan.co.kr
※시모노세키→기타큐슈(p.313) 기차 18분, 340엔

항공사 · 공항별 취항 노선도

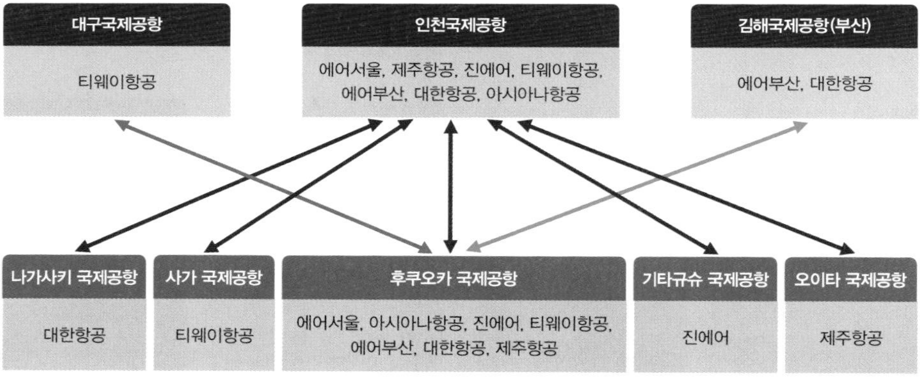

알뜰 환전 요령

엔화 환전은 은행의 외환 코너 또는 사설 환전소에서 한다. 필요한 것은 신분증(여권 · 주민등록증 등)과 환전할 액수에 상응하는 원화뿐이다. 일본 현지 환전도 가능하지만 불편하고 추가 비용이 발생할 가능성이 높다.

일본에서 사용 가능한 결제수단은 현찰 · 신용카드 · 직불카드 · 트래블카드 · 전자 페이 · 여행자수표의 6가지가 기본이다. 각기 장단점이 있으니 자신의 여건과 여행 스타일에 맞춰 적당한 결제수단을 선택하자.

❶ 현금 Cash

글자 그대로 돈다운 돈이다. ATM에서 뽑거나 신용카드처럼 긁어대는 번거로움 없이 어디서나 자유로이 사용할 수 있다. 현금은 1만 엔짜리가 빈번히 사용되므로 1만 엔 권 위주로 환전해 현지에서 소액권으로 쪼개 쓰면 편하다. 단점은 너무 많은 현금을 소지할 경우 부피가 커서 보관하기 까다롭고 분실 · 도난 시 아무런 보상도 받을 수 없다는 것. 다량의 경비가 필요할 때는 신용카드 · 직불카드 · 트래블카드를 적절히 섞어서 사용하자.

화폐 종류 동전 1 · 5 · 10 · 50 · 100 · 500엔
지폐 1,000 · 2,000 · 5,000 · 1만 엔

❷ 신용카드 Credit Card

신용카드의 장점은 편리한 휴대성이다. 사용 가능한 카드는 VISA · MASTER · DINERS · AMEX · JCB 등이다. 주의할 점은 우리나라에서 발행된 신용카드를 사용할 수 없는 업소도 있다는 것. 번거롭지만 레스토랑 · 숍에서 신용카드 사용 가능 여부부터 확인하는 게 좋다.

신용카드의 단점은 해외 사용에 따른 수수료 부담이 은근히 크다는 것이다. 수수료 · 환가료 등의 명목으로 실제 사용 금액의 2% 정도를 추가 부담해야 한다. 예를 들어 신용카드로 100만 원을 사용하면 우리나라에서 실제로 결제해야 하는 금액은 102만 원 정도가 된다.

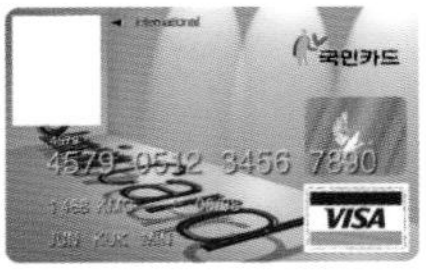

또 하나 단점은 우리나라에서 발급된 신용카드를 가지고 현금 자동지급기 ATM에서 현금 서비스를 받기가 은근히 어렵다는 것. 현금 서비스를 받으려면 은행의 환전창구에서 직원에게 현금 서비스를 신청하거나, 우체국 · 공항 · 편의점 세븐일레븐의 현금 자동지급기를 이용해야 한다. 현금 서비스를 받을 수 있는 최저 단위는 1만 엔부터다.

❸ 트래블카드 Travel Card

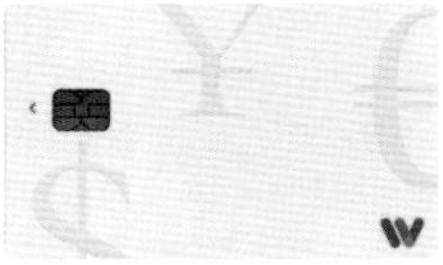

국내 주요은행과 카드사에서 발행한 트래블카드도 사용 가능하다. 직불카드처럼 엔화를 미리 입금시켜 놓고 사용하거나 기존에 입금된 해외 통화 가운데 일부를 엔화로 바꿔 사용한다. 제휴사 현금자동지급기에서 수시로 금액을 인출할 수 있어 다량의 현금을 소지할 필요가 없고, 카드 잔고 범위 내에서만 사용 가능해 분실시 대처가 용이한 게 장점이다.

카드에 따라 연회비 · 환전 수수료 · 출금 수수료 · 사용 혜택 등에 차이가 있으니 홈페이지에서 자세한 내용을 확인하고 자신에게 적합한 카드를 발급받자. 카드 중에는 현지 가맹점에서 신용카드처럼 사용하거나 지하철 · 버스 등 대중교통에서 이용 가능한 것도 있다.

토스뱅크 www.tossbank.com
트래블 로그 www.hanacard.co.kr
트래블 월렛 www.travel-wallet.com
SOL 트래블 체크 www.shinhancard.com

❹ 직불카드 Debit Card

일본의 현금자동지급기는 우리나라와 사용법이 비슷하다

국내의 주요 은행에서 발행한 직불카드 가운데 해외사용이 허용된 카드는 일본 현지의 현금자동지급기에서도 사용할 수 있다.

현금자동지급기를 찾아 직불카드를 넣고 안내(일본어 · 영어)에 따라 기기를 조작하면 원하는 금액이 인출된다. 인출

가능 금액은 자신의 통장 잔고 범위 내에서 결정되며 1일 한도액이 정해져 있다. 한도액은 직불카드 발행 은행에 문의하자.
단점은 신용카드와 마찬가지로 인출액에 비례해 수수료 · 환가료가 추가되기 때문에 우리나라에서 환전할 때보다 환율이 좋지 않다는 것이다.

⑤ 전자 페이 Pay

카카오 페이 · 네이버 페이 · 애플 페이를 일본에서도 사용할 수 있다. 모든 업소에서 사용 가능한 것은 아니지만, 가맹점이 증가하는 추세라 보조 결제수단으로 활용하기에 적당하다.
키오스크 또는 계산대에서 페이 사용 가능 여부를 확인하고, 우리나라와 마찬가지로 QR 코드를 스캔하면 자동 결제된다. 현재 환전 수수료는 없으며(향후 부과 예정), 결제 시점의 전신환 환율이 적용된다. 환율이 상승할 때보다 하락하는 시점에 사용하면 득이 된다.

⑥ 여행자수표 Traveller's Check

여행자수표는 현지 은행에서 현금으로 재환전한 다음 사용해야 하는 번거로움이 있다. 하지만 동일한 금액을 현금보다 0.5% 정도 싸게 구매할 수 있으며, 도난당하거나 분실해도 재발행이 가능한 게 장점이다.
여행자수표에는 소지자 서명란이 두 개 있다. 하나는 은행에서 수표를 구매하는 즉시 서명하는 난이고, 나머지는 '카운터사인 Countersign'이라고 해서 환전할 때 서명하는 난이다.
수표상의 두 서명은 당연히 일치해야 하고 여권의 사인과도 같아야 한다. 부당한 사용을 막기 위한 안전장치지만, 간혹 3개의 서명이 달라 보이면 지급을 거절당할 수도 있으니 반드시 자기 손에 익숙한 서명을 해야 한다.
여행자수표를 현지 화폐로 교환할 때 수수료를 떼는 나라도 있지만, 일본에서는 수수료를 떼지 않고 여행자수표상의 액면가와 동일한 금액을 준다.

여행자수표 권종 2만 · 5만 · 10만 엔

환전할 때 서명하는 곳
여행자 수표의 일련번호

처음 구매했을 때 서명하는 곳

돈 버는 환전 요령

여행 경비가 정해지면 인터넷에서 환율을 검색한다. '현찰 살 때(현찰 매도율)'라고 표시된 환율이 있는데, 이것이 우리가 엔화를 구매할 때 적용되는 환율이다. 여기 맞춰 필요한 원화와 신분증(여권 · 주민등록증 · 운전면허증)을 갖고 은행 또는 사설 환전소로 간다. 환율이 수시로 바뀌어 정확한 금액의 원화를 맞춰가기는 힘들다. 예상 금액보다 좀 더 여유 있게 가져가는 센스를 잊지 말자.

① 시중은행

현찰 매도율은 은행마다 조금씩 다르다. 이유는 은행마다 각기 다른 비율의 환전 수수료를 적용하기 때문. 따라서 무작정 아무 은행이나 찾아가기보다 좀 더 나은 환율의 은행을 찾는 게 환전을 잘하는 비결이다. 사전에 은행 홈페이지도 살펴보자. 모바일 뱅킹으로 5~30%의 환전 수수료 우대를 해주기도 한다.

② 사설 환전소

서울 · 인천 · 부산 등 대도시 거주자는 사설 환전소 이용이 유리하다. 시중 은행보다 100엔당 5~20원 싸게 엔화를 구매할 수 있어 환전 금액이 커질수록 이득도 늘어난다. 사설 환전소는 네이버 · 다음에서 '환전소'로 검색하면 쉽게 찾을 수 있다.

③ 엔화 동전 구매

일부 은행에서는 엔화 동전을 매매기준율보다 20~30% 저렴하게 구매할 수 있다. 무게가 조금 부담스럽지만 금액상 메리트가 큰 게 장점. 수량이 한정적이라 환전 가능 여부를 미리 확인하고 가야 한다.

일본에서 원화 · 여행자수표 환전하기

대부분의 공항 입국장 바로 옆에 은행 영업소가 있어 원화 · 여행자수표를 손쉽게 일본 엔화 현금으로 환전할 수 있다. 여기서 필요한 만큼 엔화를 바꿔두면 시내에서 은행을 찾느라 시간을 버릴 염려도 없고 처리 시간도 빨라 편리하다. 공항의 은행 영업소는 항공편의 운항 시간에 맞춰 운영하기 때문에 아무리 밤늦게 도착해도 걱정 없다.
시내에서 환전할 때는 '환전 両替 · Exchange' 표시가 붙은 은행 · 우체국을 찾아간다. 환전에는 보통 15~30분 걸린다. 단, 은행은 평일 09:30~15:00, 우체국은 평일 09:00~17:00에만 영업한다. 은행 · 우체국이 문을 닫았을 때는 환전 코너를 운영하는 대형 호텔이나 백화점에 가보는 것도 요령이다.

환전소 마크

공항 환전소

숙소 예약 꿀팁

숙소를 고를 때는 시설 · 요금도 중요하지만 위치와 교통이 얼마나 편한지 꼼꼼히 따져봐야 한다. 적당한 곳이 눈에 띄면 망설이지 말고 예약하자. 특히 싸고 좋은 숙소는 금세 자리가 차기 때문에 예약을 서둘러야 한다.

일본의 대표적인 숙박시설은 비즈니스 호텔 · 게스트하우스 · 여관 · 유스호스텔 · 에어비앤비 등이다. 경제적인 배낭여행을 목적으로 한다면 유스호스텔, 세계 각국의 여행자와 소통하고 싶다면 게스트하우스, 일본의 정취를 만끽하려면 전통 여관, 무조건 편한 곳을 원하면 안락한 시설과 완벽한 사생활이 보장되는 비즈니스 호텔을 추천한다. 예약은 전화 또는 인터넷으로 한다.

비즈니스 호텔 ビジネスホテル

우리가 일반적으로 생각하는 호텔보다 규모가 조금 작은 호텔이라고 보면 된다. 다른 숙소에 비해 요금이 살짝 비싸지만 중급 이상의 호텔에 비하면 상대적으로 저렴하다. 흔히 객실 크기를 보고 경악(?)을 금치 못하는데, 일반적으로 싱글 룸이 서너 평 정도라고 보면 된다. 비좁은 객실에는 침대 · TV · 전화 · 냉장고 등의 편의시설이 오밀조밀 배치돼 있다. 화장실 · 욕실은 대부분 객실에 딸려 있으나 요금이 싼 곳은 공용인 경우도 있다.
아주 싸구려 비즈니스 호텔이 아닌 이상 비누 · 샴푸 · 칫솔 · 치약 · 수건은 모두 무료로 제공된다. TV는 공중파에 한해 무료로 시청할 수 있으며 성인 방송은 유료다. 실내에서는 유카타 ゆかた라는 잠옷을 입고 지낸다.

예산 싱글 6,000엔~, 세미더블 8,000엔~, 더블 1만 엔~

쾌적한 시설을 원한다면 비즈니스 호텔을 이용하는 게 좋다
좁지만 깔끔한 욕실이 딸려 있다

여관 旅館

'료칸 旅館'이라고 부르는 여관은 일본의 주거문화 체험이란 측면에서 한 번쯤 이용해볼 가치가 있다. 대부분 전통 스타일의 다다미 방이며 바닥에 요를 깔고 잔다. 시설은 천차만별인데 싸구려 여관은 좁은 객실에 TV · 냉난방기가 시설의 전부이며 욕실 · 화장실도 공용인 경우가 많다. 하지만 1만 엔 이상의 고급 여관은 비교적 널찍한 객실에 깔끔하고 세련된 서비스가 기본! 여기 더해 그 여관만이 자랑하는 전통요리를 맛볼 수 있는 등 독특한 체험도 가능하다. 세면도구는 무료로 제공하며 객실에서는 유카타라는 잠옷을 입고 지낸다. 여관은 벳푸 · 유후인 · 우레시노온센 등 온천 휴양지에 많다.

다다미를 사용하는 전형적인 일본식 여관

예산 1인실 6,000엔~, 2인실 1만 2,000엔~

에어비앤비 Air B&B

최근 인기를 끌고 있는 공유형 숙박시설이다. 일반 가정집을 빌리는 것이라 현지인의 삶을 체험할 수 있는 게 나름의 장점이다. 주방 사용이 가능한 곳도 많아 음식을 해먹기에도 좋다.
단점은 호텔에 비해 청결함이나 서비스를 기대하기 힘들고, 체크아웃을 하면 짐을 맡길 곳이 마땅치 않아 불편하다.

아는 게 힘! 숙소 용어

도미토리 Dormitory ドミトリー 한 방에서 여럿이 자는 스타일의 숙소. 다인실이라고도 부른다.

싱글 Single シングル 침대 한 개를 혼자서 쓰는 방.

더블 Double ダブル 침대 한 개를 둘이서 쓰는 방.

세미더블 Semi-double セミダブル 침대가 하나인 싱글 룸을 둘이서 사용하는 것. 더블보다 요금이 조금 싸지만 그만큼 불편을 감수해야 한다. 특히 폭 140㎝ 이하의 침대를 사용하는 세미더블은 둘이 같이 자기가 쉽지 않다는 사실을 기억할 것!

트윈 Twin ツイン 침대가 두 개 있는 방.

스도마리 素泊まり 숙소에서 제공하는 식사 없이 잠만 자는 것. 여관 · 유스호스텔에서는 아침 · 저녁 식비를 포함해서 숙박비를 받기도 하는데, 스도마리로 예약하면 식비가 빠지는 만큼 숙박비가 저렴해진다.

트리플 Triple トリプル 침대가 3개 있는 방. 또는 3인이 함께 머물 수 있는 객실.

엑스트라 베드 Extra Bed エキストラベッド 보조 침대. 1인실 또는 2인실에 보조 침대를 설치해 두세 명이 함께 이용할 수 있다. 약간의 추가요금이 필요하다.

다는 것이다. 불법 영업과 몰카 시비가 심심찮게 발생하는 만큼 예약시 호스트의 평판과 이용자 후기를 꼼꼼히 살펴보는 것도 잊어서는 안 된다.

예산 1인당 5,000엔~ 홈피 www.airbnb.co.kr

게스트하우스 ゲストハウス

한 방에서 여럿이 자는 도미토리 스타일의 객실

시설이 조금 떨어지지만 배낭여행자에게 이만큼 경제적인 숙소도 없다. 외국인 배낭여행자가 주고객이며 도미토리 객실에 욕실·화장실은 공용이다. 취사시설을 갖춘 곳도 많다. 일반 주택을 개조해서 운영하는 곳이 대부분이라 일본다운 면이 강하며, 비교적 영어가 잘 통하는 것도 장점이다. 여기 더해 다양한 국적의 친구를 사귀기에 좋은 것도 큰 매력!

게스트하우스는 후쿠오카·나가사키·벳푸 등 유명 관광지에 집중돼 있다. 교통이 불편한 경우가 많으니 반드시 기차역·지하철역에서의 거리를 확인하고 예약해야 한다.

예산 도미토리 4,000엔~, 1인실 5,000엔~

유스호스텔 ユースホステル YH

경제적인 여행을 목적으로 하는 일본인과 외국인이 주로 이용한다. 젊은 층의 이용 비율이 높아 분위기도 활기차다. 객실은 대부분 2층 침대가 구비된 방을 4~8명이 함께 이용하는 도미토리 스타일이다. 냉난방기 등의 기본적인 시설만 갖췄으며 TV는 별도의 휴게실에서 시청한다. 욕실·화장실은 공용이지만 숫자가 넉넉해 그리 불편하진 않다. 대부분의 유스호스텔은 별도의 요금으로 푸짐한 아침·저녁 식사를 제공한다. 대신 취사시설을 갖춘 곳은 많지 않다.

유스호스텔증이 없으면 숙박이 불가능하거나 추가요금을 받는 곳도 있으니 미리 우리나라에서 발급받아 가는 게 좋다. 일본에서 이용 가능한 유스호스텔은 유스호스텔 연맹 홈페이지에서 쉽게 찾을 수 있다.

예산 도미토리 4,000엔~

한국 유스호스텔 연맹 홈피 www.youthhostel.or.kr

일본 유스호스텔 연맹 홈피 www.jyh.or.jp

캡슐 호텔 カプセルホテル

지극히 일본적인 숙박시설. 똑바로 눕거나 앉을 수 있는 공간의 기다란 캡슐이 층층이 놓여 있고, 그 안에 한 사람씩 들어가서 잔다. 심한 표현으로 하얀 관이 질서정연하게 놓인 모습을 떠올리면 이해가 쉬울 듯.

체크인 때 프런트에서 키를 주는데 여기 적힌 번호가 자신이 이용할 로커와 캡슐의 번호다. 로커는 이 키로 열고 잠근다. 캡슐 안에는 미니 TV·라디오·알람시계 등이 설치돼 있다. 세면도구는 모두 무료로 제공된다.

캡슐 호텔의 내부

단점은 일단 체크인하면 외출이 불가능하며 연속으로 숙박할 수 없다는 것, 그리고 대부분 남성 전용이란 것이다. 자정을 넘기면 만실(滿室)이 될 가능성이 높으니 가기 전에 전화로 자리가 있나 확인하는 게 좋다. 캡슐 호텔은 후쿠오카와 나가사키에서 이용할 수 있다.

예산 1인당 4,000엔~

싸고 편하게 호텔·여관 예약하기

호텔·여관 숙박비는 평일이 가장 저렴하다. 금·토·일요일, 공휴일, 연휴기간에는 숙박비가 평소보다 1.5~2배가량 비싸며 빈 객실을 찾기도 어렵다. 예약은 2~3개월 전에는 해야 원하는 곳을 무리 없이 선택할 수 있다.

예약은 '호텔 예약 사이트'를 적극 활용하자. 도시명과 체크인, 체크아웃 날짜만 입력하면 예약 가능한 호텔을 손쉽게 찾을 수 있다. 눈여겨볼 것은 이용자 후기다. 되도록 후기가 많고 평이 좋은 곳을 선택하는 게 현명하다. 또한 예약 사이트의 지도를 통해 기차역·지하철역과의 거리를 확인하는 것도 잊지 말자. 도보 5~10분 이내의 숙소여야 짐이 많더라도 편하게 찾아갈 수 있다.

구글맵에서 검색 조건을 '호텔'로 맞춰놓으면 해당 지역의 지도와 함께 예약 가능한 호텔의 요금이 화면에 표시된다. 이것을 보고 여행지 또는 기차역과 가까운 저렴한 호텔을 고르는 것도 좋은 방법이다.

마음에 드는 호텔을 찾았으면 해당 호텔의 홈페이지도 살펴보자. 예약 사이트를 통하지 않고 자체 홈페이지에서 예약할 경우 좀 더 싼 요금을 적용시켜주기도 한다. 호텔 홈페이지는 예약 사이트에서 찾은 호텔 이름을 복사해 야후 재팬(www.yahoo.co.jp) 또는 구글(www.google.com) 검색창에 붙여 넣으면 금방 찾을 수 있다. 숙박비에 10%의 소비세가 추가되기도 하니 최종 결제화면에서 총금액을 꼼꼼히 확인하는 것도 잊지 말자.

호텔 예약 사이트

라쿠텐트래블 https://travel.rakuten.com
부킹닷컴 www.booking.com
아고다 www.agoda.com
익스피디아 www.expedia.co.kr
자란넷 www.jalan.net
트리바고 www.trivago.co.kr
호텔스 컴바인 www.hotelscombined.co.kr
호텔스닷컴 https://kr.hotels.com
호텔패스닷컴 www.hotelpass.com

Travel Tips 09

기차 여행 노하우

정확한 운행 스케줄과 안락한 서비스, 그리고 거미줄처럼 잘 짜인 철도망을 자랑하는 기차는 일본 여행에 있어 최상의 교통수단이다. 하지만 일본의 높은 물가를 반영하듯 요금이 만만치 않다. 경비 절약을 위해 철도 패스를 구매해도 좋다.

기차 종류

규슈에서 운행되는 주요 철도는 JR(Japan Rail)에서 운영한다. 열차 등급은 신칸센 · 특급 · 급행 · 쾌속 · 보통으로 나뉘는데, 이 순서로 빠르기가 정해지며 그에 비례해 요금도 비싸진다. 요금이 가장 저렴한 급행 · 쾌속 · 보통 열차는 모두 요금이 동일하니 이동 시간을 절약하려면 급행 · 쾌속 위주로 이용한다.

❶ 신칸센 新幹線

속도가 빠른 신칸센

시속 300km로 달리는 초고속 열차다. 빠른 만큼 요금이 비싸지만 시설과 서비스는 일본의 열차 가운데 단연 으뜸이다. KTX보다 좌석이 크고 간격도 넓어 쾌적하다. 북규슈에서는 하카타~쿠마모토, 하카타~코쿠라(기타큐슈), 나가사키~타케오온센 구간을 운행한다.

❷ 특급열차 特急

여행의 로망이 샘솟는 특급열차

신칸센을 제외한 열차 가운데 가장 빠르다. 신칸센보다 미흡하지만 전반적으로 시설이 쾌적하며 운행 노선에 따라 차종 · 외관 · 인테리어가 달라 기차 여행의 재미를 더한다. 특히 인기가 높은 열차는 하카타~유후인을 운행하는 유후인노모리(p.212)다.

❸ 급행열차 急行

특급열차보다 시설과 속도가 떨어진다. 정차역은 주요 대도시와 중소도시로 특급열차에 비해 자주 서는 편이다.

❹ 쾌속열차 快速

특쾌 特快 · 신쾌 新快 · 통근쾌속 通勤快速 등 다양한 이름으로 불리는데, '쾌 快'자가 들어가면 무조건 쾌속열차라고 보면 된다. 속도는 보통보다 조금 빠르지만 급행열차보다는 느리며 시설은 평범하다.

근교 여행에 유용한 쾌속 열차

❺ 보통열차 普通

단거리 이동에 편리한 보통열차

노선상에 놓인 모든 역에 정차하는 굼벵이 완행열차다. 내부 시설은 서울의 지하철 1호선을 떠올리면 딱 들어맞는다. 주로 단거리를 이동할 때 이용한다.

좌석 종류

보통열차를 제외한 모든 열차의 좌석에는 지정석과 자유석이 있다. 지정석 指定席은 자기가 앉으려는 자리를 예약해서 확보하는 것이며, 자유석 自由席은 누구든 먼저 앉는 사람이 임자인 자리를 말한다. 현금으로 표를 구매할 때는 지정석 추가요금이 붙어 자유석보다 지정석이 비싸다. 하지만 북규슈 레일 패스 소지자는 지정석을 추가요금 없이 무료로 예약할 수 있다. 1시간 이내의 단거리는 자유석으로도 무리가 없지만, 1시간 이상의 장거리는 안락한 이동을 위해 지정석 확보가 필수다. 금연석 · 흡연석도 잘 구분해서 타자.

JR vs 사철

대부분의 철도는 JR에서 운영하지만, 개인회사(私)가 운영하는 철도(鉄)인 '사철 私鉄'도 있다. 두 철도는 운영회사가 달라 JR을 타고 가다 사철로 갈아타거나 또는 그 반대의 경우 티켓을 새로 구매해야 한다. JR과 사철의 구별법은 역 또는 열차에 JR 마크가 붙어 있는지 확인하는 것이다. JR 마크가 없으면 100% 사철이다.

기차표 구매

JR 하카타 역의
북규슈 레일 패스 교환 및 매표소

기차표 구매는 JR 역의 매표소인 미도리노마도구치 みどりの窓口에서 한다. 역무원에게 '목적지 역 이름, 이용할 열차의 명칭 · 출발 시각, 자유석 · 지정석, 금연석 · 흡연석'에 대한 사항만 알려주면 된다. 말이 통하지 않을 때는 해당 내용을 영어 · 한자로 적어줘도 된다.

この列車を予約して下さい。
이 열차를 예약해주세요.

出発 출발 : 駅 역
出発日時 출발일시 : **月** 월 **日** 일 **時** 시
到着 도착 : 駅 역

☐ **自由席** 자유석 ☐ **禁煙席** 금연석
☐ **指定席** 지정석 ☐ **喫煙席** 흡연석

기차 표 보는 법

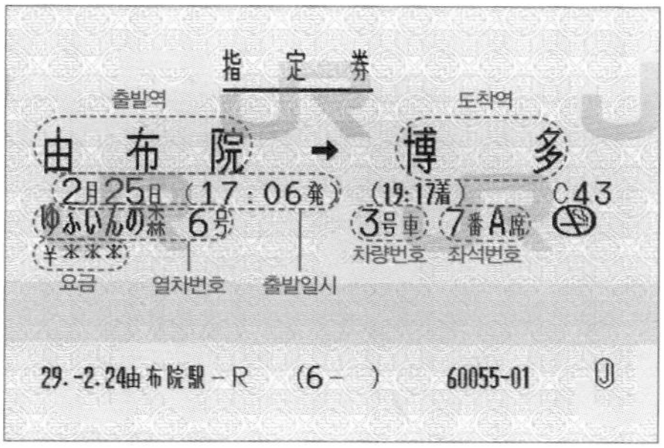

북규슈 레일패스

후쿠오카 · 나가사키 · 유후인 · 벳푸 · 기타큐슈가 포함된 북규슈 지역을 여행할 때 활용도가 높은 패스다. 해당 지역을 운행하는 모든 JR 열차를 마음대로 탈 수 있다(하카타~코쿠라 구간의 신칸센 제외). 우리나라에서 패스 교환권을 구매한 경우 JR 역의 매표소에서 여권과 교환권을 제시하고 실물 패스로 바꿔서 사용한다. 지정석은 여섯 번 무료 예약이 가능하다.

요금 3일권 1만 5,000엔, 5일권 1만 7,000엔
판매 한국의 온라인 쇼핑몰에서 할인 판매. JR 규슈 홈페이지, JR 하카타 · 코쿠라 · 나가사키 · 벳푸 역 매표소에서는 정가 판매(일본 현지 구매시 여권 제시 필수).

규슈 모바일 패스

후쿠오카~기타큐슈 구간에서 이용 가능한(신칸센 제외) 스마트폰 전용 패스다. 열차를 타고 내릴 때 역무원 · 차장에게 스마트폰의 패스 화면을 제시하면 된다.

요금 2일권 3,500엔 판매 한국의 온라인 쇼핑몰에서 할인 판매. JR 규슈 홈페이지에서는 정가 판매.

니마이킷푸

장거리 이동이 적다면 필요할 때마다 티켓을 구매하는 게 경제적일 수 있다. 특정 목적지를 혼자서 왕복 또는 두 명이 함께 편도로 여행할 경우 편도 티켓 두 장을 묶음으로 파는 니마이킷푸 2枚きっぷ를 구매하자. 편도 티켓 두 장을 따로 사는 것보다 20~25% 저렴하다.
예를 들어 후쿠오카→기타큐슈의 특급열차 편도 요금은 2,110엔이지만, 니마이킷푸를 구매하면 3,400엔이다. 즉 편도 1,700엔에 이용하는 셈! 니마이킷푸는 JR역 매표소에서 판매한다.

북규슈의 주요 철도 소요시간 및 요금

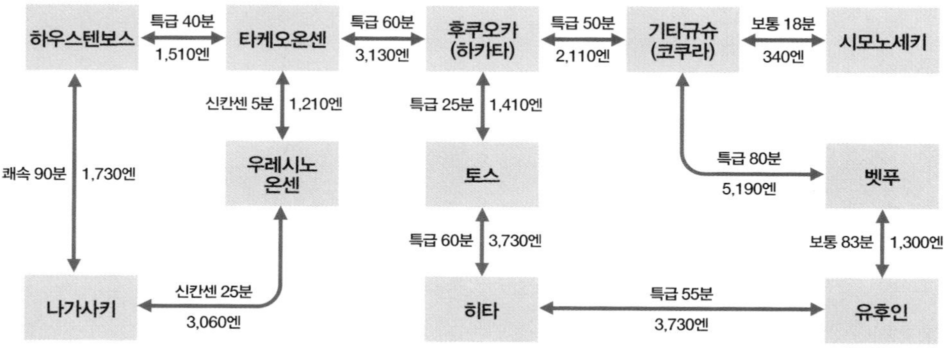

Travel Tips 10

버스 · 렌터카 여행 노하우

의외로 넓고 구석구석 가야 할 곳도 많은 북규슈. 기차가 아니어도 이용 가능한 교통수단은 얼마든지 있다. 특히 철도에 버금가는 노선망의 고속버스는 훌륭한 대안이다. 보다 자유로운 여정을 꿈꾼다면 이동이 편리한 렌터카를 선택해도 좋다.

고속버스

규슈의 주료 도시를 연결하는 고속버스

후쿠오카를 중심으로 한 북규슈의 주요 도시는 고속버스 망으로 촘촘히 연결된다. 육상 교통의 특성상 기차만큼의 정시성이 보장되진 않지만 예정된 스케줄에서 큰 오차 없이 운행되는 까닭에 이용에 불편은 없다. 또 하나의 매력은 기차보다 저렴한 요금이다. 소요시간은 특급열차와 비슷하지만 요금은 절반 수준이라 경비 절약에 큰 도움이 된다. 대부분의 고속버스 터미널은 도심지에 있거나 JR 역과 나란히 붙어 있어 금방 눈에 띈다. 찾기 힘들 때는 여행 인포메이션 센터에서 행선지를 말하고 이용 가능한 터미널의 위치를 확인한다.

버스 티켓 구매

티켓은 고속버스 터미널의 매표소 또는 홈페이지에서 구매한다. 보통 한 달 전부터 예매가 되니 일정이 확실하다면 미리 티켓을 구매해도 좋다. 사전 예매시 요금이 할인되는 경우도 있다. 예매가 필수인 노선도 있으니 주의하자. 특히 후쿠오카~유후인, 후쿠오카~우레시노온센~나가사키처럼 인기 노선은 티켓이 일찌감치 매진돼 예매를 서두르는 게 안전하다.

같은 구간을 왕복할 때는 왕복권을 구매해 경비를 절약하자. 편도 티켓 두 장 가격보다 5~10% 저렴하며, 왕복권을 구매해 두 사람이 편도 한 장씩 이용할 수 있는 노선도 있다.

예약 www.atbus-de.com

고속버스 터미널의 매표소

산큐 패스 SUNQパス

규슈의 거의 모든 버스를 자유로이 이용할 수 있는 버스 할인 패스다. 후쿠오카·유후인·벳푸·기타규슈·나가사키·시모노세키에서 사용 가능한 북규슈 산큐 패스와 규슈 전역에서 사용 가능한 전규슈 산큐 패스가 있는데, 이 책에서 다루는 도시만 여행할 때는 북규슈 산큐 패스면 충분하다. 도시간 고속버스는 물론 시내의 노선버스도 자유로이 탈 수 있어 이 패스 한 장이면 추가 교통비가 거의 들지 않는다. 단, 버스는 운행 편수와 좌석수가 기차보다 적어 조금 불편할 수도 있다는 점은 잊지 말자.

패스가 통용되는 버스에는 정면과 출입구에 '산큐 패스 로고'가 붙어 있다. 패스 사용시에는 버스를 타고 내리면서 운전사에게 패스의 유효기간이 적힌 면을 보여주면 된다. 패스 사용자라도 반드시 예약이 필요한 버스도 있다. 예약할 때는 버스터미널의 매표소에서 패스를 제시하고 원하는 날짜와 시각을 말한 뒤 예약권을 받는다.

산큐 패스

요금 **북규슈 3일권** 모바일 10,000엔, 종이패스 12,000엔
전규슈 3일권 모바일 12,000엔, 종이패스 14,000엔
전규슈 4일권 모바일 15,000엔, 종이패스 17,000엔

판매 한국의 온라인 쇼핑몰, 후쿠오카 국제공항 버스 매표소, 하카타 항 국제터미널 인포메이션 센터, 하카타 버스터미널, 텐진 고속버스 터미널, 유후인에키마에 버스 센터, 오이타 국제공항 인포메이션 센터, 벳푸키타하마 버스 센터, 나가사키 국제공항 인포메이션 센터, 나가사키에키마에 버스터미널, 기타규슈 국제공항 인포메이션 센터, 코쿠라 역 앞 버스 매표소, 시모노세키 역 버스 매표소

홈피 www.sunqpass.jp

버스의 앞면과 출입구 옆에 산큐 패스 로고가 붙어 있으면 산큐 패스 이용 가능

렌터카

취향대로 고르는 렌터카

시간의 구애를 받지 않고 언제든 원하는 때에 원하는 장소로 이동할 수 있는 게 장점이다. 특히 대중교통이 취약해 이동에 불편을 겪는 지역에서는 렌터카의 활용도가 높다. 기차 · 버스로 이틀에 걸쳐 불편하게 돌아봐야 하는 곳을 렌터카로 불과 하루만에 편하게 여행할 수도 있다.

부담스러운 점은 일본의 차량 진행방향이 우리나라와 반대인 까닭에 운전석이 오른쪽에 있으며 운전 규칙도 조금 다르다는 것이다. 반나절 정도 천천히 달리며 도로 사정을 익히면 어렵지 않게 해결되는 문제라 운전에 자신 있다면 시도해볼 만하다.

❶ 대여 & 주행

렌터카 업체는 공항과 JR 역 주변에 많다. 현지에서 빌려도 되지만 원하는 차종을 선택하려면 우리나라에서 예약하고 가는 게 안전하다. 성수기에는 2개월, 비수기에는 1개월 전까지는 예약을 끝내자. 국내여행보다 짐이 많을 가능성이 높으니 트렁크 공간이 넉넉한 차량을 선택하거나 좌석 정원을 '여행인원+1'로 잡아 조금 큰 차를 빌리는 것도 요령이다.

같은 매장이 아니어도 동일 지역 내에서 대여와 반납을 하면 요금이 동일하다. 예를 들어 후쿠오카 시내에서 차량을 빌린 뒤, 후쿠오카 국제공항에서 반납해도 요금이 같은 것. 비용과 시간을 절약할 수 있으니 계획을 세울 때 참고하자.

차량 내비게이션은 대부분 일본어로 나오며, 한국어가 지원되더라도 미흡한 경우가 많아 일본어에 익숙하지 않다면 오히려 '구글맵'의 내비게이션 기능을 사용하는 게 편하다. 일반 국도는 속도 제한이 심하고(시속 50㎞ 미만) 신호가 많아 거리에 비해 이동 시간이 오래 걸린다. 경우에 따라서는 통행료를 내더라도 고속도로를 이용하는 게 빠르고 경제적일 수 있다. 주유소는 쉽게 찾을 수 있으며 휘발유 가격은 1ℓ당 180엔 전후다.

주유소 이용법은 우리나라와 비슷하다

셀프 주유소가 조금 더 저렴하다

렌터카
요금 보험료 포함 1일 7,000엔~
닛산 렌터카 홈피 https://nissan-rentacar.com
닛폰 렌터카 홈피 www.nipponrentacar.co.jp
오릭스 렌터카 홈피 https://car.orix.co.jp
토요타 렌터카 홈피 https://rent.toyota.co.jp
Hertz 홈피 www.hertz-japan.com

❷ 국제운전면허증

일본에서 운전을 하려면 국제운전면허증이 필수다. 전국의 운전면허 시험장, 경찰서, 인천국제공항 국제운전면허 발급센터에서 발급해주며 소요시간은 30분~1시간이다. 준비물은 운전면허증, 여권, 여권용 사진 1장이다. 국제운전면허증의 유효기간은 1년이다. 분실시 차량 운행이 불가능하니 여권과 함께 소중히 보관하자.
비용 발급비 8,500원

북규슈의 주요 버스 노선 소요시간 및 요금

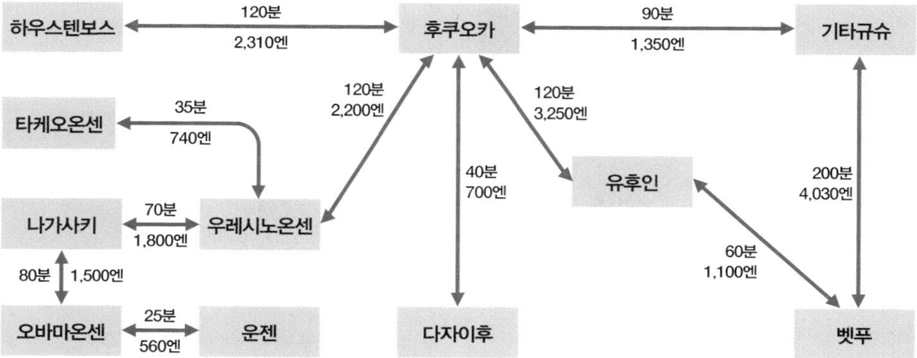

인터넷 · 우편 · 전화

마음 놓고 데이터를 쓰려면 해외 무제한 데이터 로밍 · 포켓 와이파이 서비스를 이용하거나 일본 유심카드를 구매한다. 한국으로의 통화는 비싼 요금의 국제전화보다 카카오톡 · 라인 등 무료 메신저를 이용하는 게 현명하다.

핸드폰 로밍

데이터 로밍 신청은 공항 또는 홈페이지에서 한다

자신의 핸드폰을 일본에서도 그대로 사용할 수 있다. 일본에서 핸드폰을 켜면 자동으로 로밍 기능이 활성화된다. 로밍 서비스 이용시 통화요금은 통신사마다 다른데 보통 1분당 500~2,000원이며, 전화를 걸 때는 물론 받을 때도 요금이 나간다. 문자 메시지 발신은 건당 150~500원이며 수신은 무료다. 정확한 요금은 통신사 홈페이지에서 확인 가능하다.

SK 텔레콤 홈피 www.tworld.co.kr
KT 홈피 www.kt.com
LG 유플러스 홈피 www.uplus.co.kr

데이터 로밍

자동 로밍 서비스 이용시 '데이터 로밍 · 셀룰러 데이터' 기능을 활성화하면 한국에서와 동일하게 인터넷을 사용할 수 있다.
데이터 요금 폭탄이 우려될 때는 해외 무제한 데이터 로밍 서비스를 이용하는 게 안전하다. 자세한 요금 및 이용법은 통신사 홈페이지에서 확인할 수 있다.
요금 1일 5,000~1만 3,200원

❶ 데이터 유심카드 구매

데이터 로밍 요금을 절약하려면 국내 인터넷 쇼핑몰에서 판매하는 '일본 유심카드'를 구매한다. 유심카드를 갈아끼우는 방식과 e-심을 다운로드 받는 방식이 있으니 자신의 스마트폰에 맞는 것을 선택한다.
가격은 판매처와 데이터 용량, 사용기간에 따라 천차만별이니 꼼꼼히 비교해볼 필요가 있다. 지도 검색 위주로 이용시 1일 300~500MB면 적당하며, 동영상 시청 등 데이터 사용량이 많을 때는 대용량 또는 무제한 요금제를 선택하는 게 좋다.
요금 1일 2,000원~

❷ 포켓 와이파이 대여

포켓 와이파이를 빌려 여럿이 함께 사용하는 것도 가능하다. 국내 인터넷 쇼핑몰에서 '포켓 와이파이'로 검색하면 된다. 이용료는 판매처와 데이터 용량, 사용기간에 따라 천차만별이니 꼼꼼히 비교해보고 결정한다.
요금 1일 1,500원~

❸ 일본 현지 유심카드 구매

일본에서 파는 여행자용 유심카드는 우리나라보다 가격이 비싸다. 부득이하게 일본에서 구매해야 한다면 후쿠오카 등 대도시의 가전양판점 요도바시 카메라 · 빅쿠 카메라로 간다. 외국인 전용 유심카드를 판매하며 데이터 용량 1~3GB, 유효기간 1~3개월짜리가 2,000~5,000엔 수준이다.
후쿠오카 국제공항 1층에도 유심 카드 판매처가 있지만, 가격이 비싸고 데이터 용량 선택의 폭이 좁다.

인터넷

일본의 PC는 우리나라와 키보드 배열이 조금 다르다

대부분의 호텔에 와이파이 설비가 갖춰져 있어 스마트폰 · 노트북 PC를 가져가면 무료로 인터넷을 사용할 수 있다. 우리나라와 달리 PC 방이나 인터넷 카페는 찾아보기 힘들다. 유흥가 · 상점가에는 만화방을 겸한 PC 방인 망가킷사 まんが喫茶(1시간 300~600엔)가 있지만, 키보드와 프로그램이 일본어 일색이라 일본어를 모르면 이용이 불가능하다.

우편

한국으로 편지나 엽서를 보낼 때는 반드시 받는 이의 주소 위나 아래에 큰 글씨로 'Seoul, Korea'라고 써야 한다. 단순히 'Korea'라고만 쓰면 북조선의 누군가와 펜팔을 하게 될지도…. 받을 사람의 주소는 한글로 써도 된다. 가지고 다니기 부담스러운 물건은 소포로 부친다. 비용이 들어도 갖고 다니느라 고생하는 것보다 낫다. 우편 · 소포는 항공편으로 1주일 안에 도착한다. 시간을 다투는 일이라면 EMS(Express Mail Service) · DHL · FEDEX 등의 특급 우편 제도를 활용한다.

일본 우체국

요금 엽서 70엔~, 편지 90엔~, 소포 1,400엔~

홈피 www.post.japanpost.jp

일본 국내전화

NTT의 구형 전화카드

공중전화는 연두색 · 회색 · 오렌지색의 세 가지 모델이 있다. 연두색 · 회색 전화기는 10 · 100엔 주화와 NTT의 구형 전화카드, 오렌지색 전화기는 IC 칩이 내장된 NTT의 신형 전화카드만 사용할 수 있다. 시내 통화 요금은 45초당 10엔이며 핸드폰(국번이 080 또는 090으로 시작)과 시외전화 요금은 시내 통화보다 2~4배 비싸다. 전화 사용량이 많을 때는 연두색 · 회색 전화기에서 사용 가능한 NTT의 구형 전화카드를 구매하는 게 좋다. 전화카드는 편의점에서 판다. 일본어로 전화카드는 테레혼카도 テレホンカード 또는 줄여서 테레카 テレカー라고 한다.

전화카드는 500 · 1,000엔짜리가 있으며 사용 가능 횟수는 '도수 度數'로 표시된다. 예를 들어 1,000엔짜리 전화카드 뒷면에는 '105度數'라고 쓰여 있는데, 이것은 45초 통화를 105회 할 수 있다는 뜻이다. 주의할 점은 실제 가격보다 사용 가능 횟수가 적은 전화카드도 있다는 사실. 특히 관광지에서 기념품으로 파는 전화카드가 그런데, 1,000엔짜리임에도 사용 가능 횟수는 '50도수'밖에 안 된다. 반드시 카드 뒷면에 적힌 도수를 확인하고 구매하자.

❶ 한국→일본 국제전화

우리나라에서 일본으로 국제전화를 걸 때는 국제전화 회사의 번호를 누르고, 일본 국가번호 81과 지역번호에서 0을 뺀 나머지 번호, 수신자의 전화번호를 차례로 누른다. 예를 들어 KT의 001로 후쿠오카(지역번호 092)의 1234-5678로 전화를 건다면 다음의 순서로 누른다.

예) 001-81-92-1234-5678

연두색 · 회색 전화기는 동전과 구형 전화카드, 오렌지색 전화기는 신형 전화카드만 사용할 수 있다

❷ 일본→한국 국제전화

가정 · 회사에서 사용하는 일반 전화는 국제전화 회사의 번호와 010을 누른 다음, 우리나라의 국가 코드 82, 지역번호에서 0을 뺀 나머지 번호, 수신자의 전화번호를 차례로 누른다. 예를 들어 KDDI의 001을 이용해 서울의 1234-5678로 전화를 건다면 다음의 순서로 누른다.

예) 001-010-82-2-1234-5678

일본의 국제전화 회사 회사마다 요금이 조금씩 다른데 KDDI가 제일 비싸다.

KDDI 001

NTT 0033

Soft Bank Telecom 0061

❸ 컬렉트 콜 Collect Call

컬렉트 콜, 즉 수신자 부담 통화는 거는 사람은 요금 부담이 없지만 받는 사람은 분당 1,000~1,800원의 요금을 내야 하는 치명적(?) 약점이 있다. KT의 컬렉트 콜 접속 번호를 누르면 한국어 안내방송이 나오며 이를 따라 하면 통화하고자 하는 번호로 연결된다. 연두색 전화기로는 컬렉트 콜이 안 걸릴 때도 있는데, 이때는 10엔 동전이나 사용할 수 있는 전화카드를 넣고 번호를 누른다. 동전 · 카드는 통화가 끝나면 고스란히 반환된다.

컬렉트 콜 접속 번호

KT 0066-35-821, 00539-821, 0034-811-082

❹ 국제전화 선불카드

NTT의 전화카드가 아닌 별도의 국제전화 전용 카드를 말한다. 일본어로는 코쿠사이테레카 国際テレカー, 또는 코쿠사이테레혼카도 国際テレホンカード라고 부르며 편의점이나 할인 티켓 전문점에서 판다.

주의할 점은 발행사에 따라 사용 가능 시간이 천차만별이라는 것. KDDI의 카드는 1,000엔짜리로 10분 남짓 사용할 수 있는데 비해 할인 티켓 전문점에서 파는 카드는 1,000엔짜리로 30~60분 통화할 수 있다. 반드시 사용 가능 시간을 확인하고 구매하자.

사용법은 다음과 같다. 구매한 선불카드 뒷면의 은박을 긁어내면 '핀 넘버 Pin Number'가 나온다. 선불카드에 적힌 접속번호로 전화를 걸면 안내방송이 나오는데, 시키는 대로 언어를 선택하고 핀 넘버, 우리나라의 국가 코드 82, 0을 뺀 지역번호, 그리고 수신자의 전화번호를 입력하면 전화가 연결된다.

Travel Tips 12

찐고수 여행 꿀팁

일본 여행이 편해지는 최상의 꿀팁은 바로 꼼꼼한 준비다. 특히 일정이 짧으면 짧을수록 확실한 준비가 필수! 준비가 부족하면 현지에서 낭비하는 시간도 늘어날 수밖에 없으니 가이드북을 정독하며 필요한 정보를 꼼꼼히 정리하자.

기본적인 여행 노하우만 알아도 한결 편한 여행을 즐길 수 있다. 초보자가 기억하면 '피가 되고 살이 되는' 일본 여행 테크닉 십계명을 알아보자.

일정을 짤 때는 현지에서 열리는 이벤트에도 신경을 쓰자

❶ 일정 관리는 꼼꼼히

1주일 미만의 짧은 여행은 한마디로 시간과의 싸움이다. 후쿠오카와 규슈에는 수많은 명소가 모여 있으며, 여행자의 발길을 유혹하는 음식점 · 쇼핑센터가 가득해 항상 부족한 시간에 쫓길 수밖에 없다. 따라서 구체적인 일정을 미리 세워야만 1분 1초를 알뜰히 사용하는 알찬 여행을 즐길 수 있다. 헛걸음하지 않도록 명소 · 레스토랑 · 쇼핑센터의 휴무일을 꼼꼼히 체크하는 것도 잊지 말자.

❷ 무거운 짐은 숙소에

무거운 짐을 짊어지고 돌아다닐 수는 없는 노릇이니 숙소에 짐을 맡긴 다음 가벼운 차림으로 움직이자. 자신이 묵을 호텔 · 민박 · 게스트하우스 등에 부탁하면 대부분 무료로 짐을 맡아준다. 체크인 시간 전에 도착한 경우는 물론, 체크아웃을 했어도 당일에 한해 짐을 보관해 주니 잠시 맡겨두고 가볍게 돌아다니자.

코인로커 이용

일본은 코인로커의 천국이다. 지하철역 · 전철역 어디서나 쉽게 코인로커를 발견할 수 있다. 사용료는 크기에 따라 다른데, 중간 사이즈의 배낭이 들어가는 코인로커는 300~400엔, 대형 트렁크가 들어가는 것은 500~600엔이다. 자정을 넘기면 요금이 추가되니 주의하자.

❸ 쉽게 길 찾는 요령

주요 명소는 대부분 JR · 지하철역을 중심으로 모여 있어 역을 기점으로 움직이면 쉽게 찾아갈 수 있다. 역을 나가기 전에 목적지의 위치, 그리고 목적지와 가장 가까운 출구 번호를 확인하면 길을 헤맬 가능성도 현저히 줄어든다. 지도를 볼 때는 기준이 되는 건물 몇 개를 체크해 놓고 그 건물들을 중심으로 길을 찾으면 된다. 예를 들어 지도상에서 눈에 띄는 호텔 · 쇼핑센터 · 전철역을 두세 개 찾은 다음 그 건물들의 위치와 똑같이 지도를 펼쳐 놓으면 현재 자신이 위치한 곳과 가야 할 길이 금방 찾아진다. 길을 찾기 힘들 때는 우리나라의 파출소에 해당하는 코반 交番으로 가자. 주소나 지명만 말하면 친절하게 길을 알려준다.

도로 표지판 읽는 법

○○도리 ○○通り 우리나라의 ○○거리에 해당
○○쵸메 ○○丁目 우리나라의 ○○번지에 해당

❹ 호텔 · 쇼핑센터를 안방처럼

일본의 여름은 우리나라를 능가하는 찜통더위를 자랑한다. 겨울 또한 우리나라에 비해 따뜻하다고는 하나 슬며시 파고드는 찬바람은 온몸을 꽁꽁 얼리기에 충분하다. 더위나 추위에 지쳤다 싶으면 주저 없이 가까운 대형 호텔이나 쇼핑센터로 들어가자. 항상 에어컨과 난방기가 가동되기 때문에 편히 쉬어갈 수 있다. 호텔 로비에는 누구나 이용 가능한 소파, 쇼핑센터의 화장실 근처에는 의자와 휴게시설이 갖춰져 있다는 사실도 알아두면 좋을 듯!

안락한 휴식 공간이 마련된 쇼핑센터도 있다

❺ 식사 시간은 눈치껏

식당이 가장 붐비는 시간은 12:00~13:00, 18:00~19:00. 이 시간대에는 밥 한 끼를 먹기 위해 30분 이상 기다려야 하는 사태도 빈번히 발생한다. 예약을 받지 않는 식당도 많으니 피크 타임보다 조금 일찍, 또는 조금 늦게 가는 게 시간도 절약하고 느긋하게 식사를 즐기는 비결이다.

❻ 잔돈은 그때그때 처분

일본의 식당 · 숍을 이용하다 보면 1 · 5 · 10엔짜리 동전이 끊임없이 늘어난다. 무의식적으로 지폐를 사용하는 사이 주머니가 불룩해지기 십상이니 잔돈, 특히 1 · 5엔짜리 동전은 수시로 써서 없애자. 음료수나 가벼운 군것질거리를 구매할 때 잔돈 위주로 사용하면 된다.

잔돈을 효율적으로 사용하려면 조그만 동전 지갑을 준비해 가는 게 좋다. 짬짬이 지갑을 열어보고 어느 정도 모였다 싶으면 그때그때 처분한다. 참고로 엔화 동전을 우리나라에서 환전할 때는 지폐 환율의 50%밖에 쳐주지 않는다.

남은 동전을 제때 처분하는 것도 여행의 기술!

❼ 쾌적한 화장실 이용법

화장실 인심은 무척 후하다. 공중 화장실은 JR · 지하철 · 전철역과 주요 관광명소에서 쉽게 찾을 수 있다. 쾌적한(?) 시설을 원한다면 대형 호텔이나 쇼핑센터에 딸린 화장실을 이용하자. 호텔 · 쇼핑센터가 눈에 띄지 않을 때는 맥도날드 등 가까운 패스트푸드점을 찾으면 된다.

❽ 자판기 활용

기계화 · 자동화의 천국 일본에서는 자판기 사용이 보편적이다. 음료수 · 티켓 · 신문 · 잡지 등 대부분의 생필품을 자판기에서 살 수 있으며 식당의 식권도 자판기에서 구매한다. 특히 음료수 자판기는 주택가 골목부터 사람이 다니지도 않을 것 같은 외딴 산길에까지 세워져 있어 가게를 찾는 것보다 자판기를 찾는 게 더 쉬울 때도 많다. 자판기에는 1,000엔 지폐와 10 · 50 · 100 · 500엔 주화를 사용할 수 있다. 지갑에 1,000엔 지폐를 한두 장 넣어두면 은근히 요긴하게 쓰인다.

음료수나 캔맥주를 구매할 때는 자판기를 이용하는 게 편리하다

❾ 관광 인포메이션 센터를 활용하자

부정기적으로 열리는 행사 · 축제에 관한 가장 확실한 정보는 관광 인포메이션 센터에서 제공한다. 우리나라에서 미리 일본정부관광국 JNTO(p.343)의 홈페이지에 접속해 필요한 정보를 챙겨놓고, 궁금한 사항은 현지의 관광 인포메이션 센터에서 물어본다. 현지인이 아니면 알기 힘든 생생한 정보도 쉽게 손에 넣을 수 있다.

필요한 정보가 있을 때는 언제든지 관광 인포메이션 센터를 찾아가자

❿ 일어 완벽하지 않아도 된다

일본어를 하면 일본 여행이 더욱 편해지는 게 자명한 사실. 하지만 일본 여행이라고 해서 일본어를 완벽히 구사해야 할 필요는 없다. 어떤 언어든 자기 의사를 전달할 수만 있으면 그것으로 충분하다.

어설픈 일본어로 질문하면 되돌아오는 따발총 같은 일본어를 알아들을 수 없어 오히려 난감해질 뿐이다. 안 되는 일어는 간단한 영어 단어로 메워나가자. 일본인이나 우리나라 사람이나 영어 구사 능력이 비슷해 단어만 나열해도 서로 뜻이 통한다. 단, 간단한 인사말 정도는 배워가자. 상대방에게 도움을 청하거나 고마움을 표할 수 있는 기초적인 일본어 몇 마디는 대화의 윤활유 구실을 한다.

한글이 병기된 표지판이나 안내판도 많다

박물관 · 미술관 휴관일에 주의

대부분의 박물관 · 미술관은 월요일 또는 화요일이 휴관일이다. 단, 월 · 화요일이 공휴일일 때는 그 다음 날이 휴관일이 된다. 또한 전시품 교체 등의 이유로 임시 휴관하는 경우도 있으니 헛걸음하지 않으려면 미리 홈페이지에서 휴관일을 체크하고 가는 게 안전하다.

사고 대처 요령

일본은 세계에서도 손꼽히는 치안대국이다. 강력사건이 발생할 가능성은 '제로'에 가까우니 안심해도 좋다. 단, 부주의로 인한 분실사고가 종종 발생하니 마냥 들뜬 기분으로 돌아다니는 건 금물! 사고가 발생하면 당황하지 말고 차분히 행동하자.

사건 · 사고 발생시 가장 큰 도움을 받을 수 있는 곳은 현지 사정에 밝은 숙소의 주인 또는 호텔의 프런트다. 부수적인 사건 관계 서류는 경찰서 또는 파출소인 코반 交番에 요청한다.

분실·도난

가장 흔한 사건이 바로 분실과 도난이다. 유일한 예방책은 스스로 주의하는 것뿐. 분실사고는 전철 · 지하철 등의 혼잡한 대중교통과 쇼핑센터 · 레스토랑 · 호텔에서 자주 일어난다. 자리에서 일어날 때 소지품을 제대로 챙겼나 꼼꼼히 확인하자. 호텔에서는 체크아웃 직전에 다시 한 번 객실을 둘러보고 잊어버린 물건이 없나 확인하는 게 좋다.

전철 · 지하철을 이용하다가 물건을 잃어버린 경우에는 역무원에게 자신이 이용한 열차의 행선지와 운행 시각을 알려주면 대부분 물건을 되찾을 수 있다. 흔하지는 않지만 러시아워 때의 지하철 · 전철에서 소매치기 사건이 발생하곤 한다. 귀중품은 항상 몸에서 떨어지지 않게 보관하는 게 좋다.

여행자 보험에 가입한 경우 도난사건이 발생하면 가까운 경찰서에서 '도난 증명서 Police Report 盜難證明書'를 발급받는다.

우리나라에 돌아와서 도난 증명서와 함께 보험사에 보험금을 신청하면 피해 금액중 일부를 보상받을 수 있다.

분실 · 도난 사건이 발생했을 때는 곧장 경찰서나 파출소로 간다

도난 증명서 작성 요령

도난 증명서에는 자세한 사건 경위와 함께 도난당한 물건의 구체적인 모델명까지 기록해야 한다. 도난 증명서를 기준으로 보상금이 지급되기 때문인데, 예를 들어 카메라의 경우 단순히 'Camera'가 아니라 'Camera, Nikon D4S'라고 상세히 적어야 한다.

도난 증명서를 작성할 때는 단어 사용에도 주의하자. '분실 Lost 紛失'은 본인 부주의로 물건을 잃어버렸다는 뉘앙스가 강해 보상이 어려워질 수 있다. 도난은 반드시 'Stolen 盜難'이란 표현을 써야 한다.

여권 분실

여권을 분실하면 여행은 물론 귀국마저 불가능해진다. 유일한 해결책은 후쿠오카의 대한민국 총영사관을 찾아가 임시여권(긴급여권)을 발급받는 것뿐이다.

필요한 서류는 일본 경찰서의 분실 신고 접수증, 여권 분실 신고서(총영사관 비치 또는 총영사관 홈페이지에서 다운로드 가능), 주민등록번호가 기재된 국내신분증(주민등록증 · 운전면허증 등) 사본, 항공권 사본, 여권용 사진 1장(총영사관에서 촬영 가능 500엔), 그리고 긴급여권 발급 수수료 6,240엔이다. 발급 소요기간은 업무일 기준 접수 후 1~2일이다.

사전에 여권의 사진이 인쇄된 부분을 복사해서 가져가면 여권 분실시 간이 신분 증명용으로 활용할 수 있다.

후쿠오카 대한민국 대사관 영사과

운영 09:00~16:00
휴무 토 · 일 · 공휴일 및 우리나라의 삼일절 · 광복절 · 개천절
주소 福岡市 中央区 地行浜 1-1-3
전화 092-771-0461~2, 080-8588-2806
교통 지하철 쿠코 선의 토진마치 唐人町 역(K05) 하차, 도보 15분. / 300 · 301 · 303번 버스 료지칸마에 領事館前 하차, 도보 3분.

총영사관의 홈페이지에서는 여권 발급 등의 민원 정보도 제공한다

현금 분실

현금만 분실한 경우 신용카드 · 직불카드로 현금 서비스를 받는 게 최선이다. 우체국 · 편의점 세븐일레븐의 현금 자동지급기를 사용하면 된다. 현금은 물론 신용카드 · 직불카드마저 분실했다면 돈을 빌리거나 우리나라에서 송금 받는 수밖에 없다. 송금 서비스를 받으려면 우선 KEB 하나은행 후쿠오카 지점에서 여권을 제시하고 임시 계좌를 개설한다. 그리고 한국으로 연락해 송금을 부탁하면 2시간 내에 돈을 찾을 수 있다.

KEB 하나은행 후쿠오카 지점

운영 월~금요일 09:00~15:00
휴무 토 · 일 · 공휴일, 12/31~1/3
주소 福岡市 中央区 天神 1-1-1
전화 092-736-0616
교통 지하철 쿠코 선의 텐진 天神 역(K08) 하차, 16번 출구 앞에 위치한 아크로스 후쿠오카 11층에 있다.

신용카드 도난·분실

분실 신용카드로 인한 위조 사건이 종종 발생한다. 분실사고 발생 즉시 카드 발행사에 연락해 신용카드 거래 중지 요청을 하는 게 급선무. 신용카드 번호와 발행사의 전화번호를 따로 기록해 두면 비상시에 손쉽게 대처할 수 있다.

여행자수표 분실

사용하지 않은 여행자수표의 일련번호를 알면 재발행이 가능하다. 여행자수표 발행사에 분실 신고를 하고 현지 지점을 찾아가 미사용 여행자수표의 일련번호, 여행자수표 구매 영수증을 제시한 뒤 재발행 신청을 한다. 빠르면 당일, 늦어도 2~3일 안에 여행자수표를 받을 수 있다

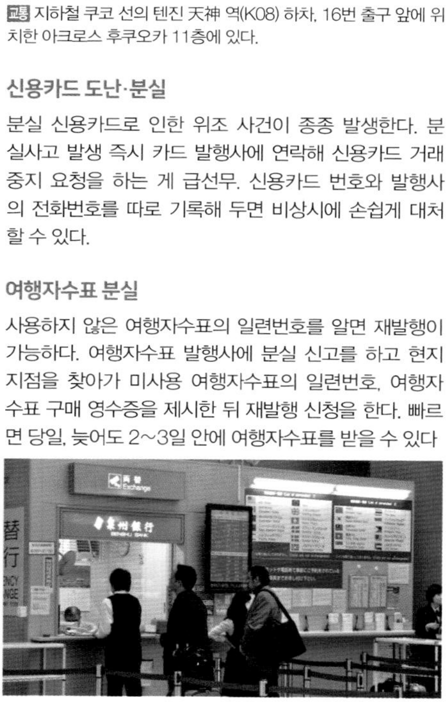

몸이 아플 때

각자 알아서 자기 몸을 관리해야 한다. 무리한 일정은 무리한 결과를 낳게 되므로 몸이 피곤할 때는 쉬어주고, 혹시라도 심각한 병이 의심되거나 큰 상처를 입었을 때는 곧장 병원을 찾아간다. 말이 통하지 않을 때는 교민이나 현지 유학생에게 도움을 청하자.

여행자 보험에 가입했다면 진료비를 지불한 다음 의사의 진단서와 진료비 영수증을 받아두었다가 귀국 직후 보험사에 보험금을 청구한다. 만약 개인적으로 처리하기 힘든 상황이라면 보험사의 현지 연락처나 한국으로 전화해 사고 사실을 알리고, 적절한 대응법을 지시 받는다. 조그만 상처가 생겼거나 가벼운 감기에 걸렸을 때는 약국을 찾아간다. 처방전 없이 구매 가능한 연고나 종합 감기약을 살 수 있다.

드러그 스토어(약국)에서는 간단한 의약품을 판매한다

후쿠오카의 긴급 연락처

경찰 110	**아시아나항공** 0570-082-555
소방서 119	**대한항공** 0088-21-2001
제주항공 0570-001132	**티웨이항공** 0570-080801
에어부산 0570-029777	**진에어** 0570-031032

만일의 사태에 대비하는 여행자 보험 가입 요령

도난 · 질병 등의 사고가 염려될 때는 여행자 보험에 가입하자. 가입시 눈여겨볼 사항은 기간 · 보험료 · 보상 한도액이다. 보험 가입 기간이 자신의 일정과 일치하지 않을 때는 짧은 것보다 조금 긴 기간을 선택하는 게 안전하다. 사고는 언제 발생할지 모르니까.

보험료는 기간과 보상 한도액에 비례해서 올라간다. 무조건 싼 것보다는 적절한 수준의 보험료와 보상 한도액을 선택하는 게 좋다. 사망에 이르는 심각한 사고의 발생 비율은 상대적으로 적은 만큼 이와 관련된 보상 한도액은 작게, 도난 · 질병 사고는 비교적 빈번히 발생하므로 이와 관련된 보상 한도액은 조금 크게 설정된 보험 상품을 고르는 게 요령이다.

참고로 휴대품 보상 한도액은 지급되는 보험금의 총액을 뜻한다. 예를 들어 휴대품 보상 한도액 30만 원짜리 보험에 가입했다면 100만 원짜리 물건을 도난당해도 실제 지급되는 금액은 최대 30만 원까지다.

여행자 보험은 보험 대리점 · 여행사 · 공항 · 인터넷에서 가입할 수 있다. 여행사 · 공항에는 보험료가 비싼 상품밖에 없으므로 원하는 보험 상품에 저렴하게 가입하려면 인터넷을 이용하는 게 현명하다. 보험 상품을 찾을 때는 '여행자 보험'으로 검색하면 된다.

가벼운 짐 꾸리기

짧은 여행에 무거운 짐은 절대 금물. 옷가지 · 양말 · 가이드북만 가져가도 충분하다. 세면도구는 숙소에 비치돼 있고 자잘한 생필품은 현지에서 얼마든지 구매할 수 있다. 몸이 가벼워야 여행도 즐거워진다는 사실을 절대 잊지 말자.

트렁크·여행용 배낭

짐이 많을 때는 트렁크나 여행용 배낭을 가져가는 게 좋다. 등산용 배낭처럼 입구가 좁은 배낭은 짐을 넣고 빼기가 불편하다. 트렁크는 되도록 바퀴가 크고 튼튼한 것으로 선택하자. 도로 포장 상태는 양호하지만 은근히 울퉁불퉁한 곳이 많아 바퀴가 망가지기 쉽다. 도난 사고를 방지하려면 배낭 · 트렁크에 항상 자물쇠를 채워놓는 게 안전하다.

조그만 가방 또는 배낭

트렁크, 큰 가방과는 별도로 조그만 가방이나 배낭을 하나 챙겨간다. 여행할 때 옷가지나 기타 잡다한 물건은 트렁크 또는 큰 가방에 넣어 숙소나 코인로커에 보관하고, 자주 꺼내 봐야 하는 가이드북 · 지도 · 음료수 등은 작은 가방이나 배낭에 넣어서 갖고 다니며 필요할 때마다 꺼내 쓴다.

옷가지

후쿠오카를 비롯한 북규슈의 기후는 우리나라, 특히 남부 지방과 비슷하다. 따라서 옷가지는 우리나라에서 입던 것과 똑같이 가져가면 된다. 여행 기간이 짧을 때는 빨래할 필요가 없게 양말과 속옷을 넉넉히 준비하면 편하다. 봄 · 가을 환절기에는 아침 · 저녁으로 쌀쌀한 바람이 부니 여벌의 긴옷을 챙기자. 고지대란 특성상 겨울철의 유후인 · 운젠은 후쿠오카 시내보다 추위가 한층 강하게 느껴지므로 두툼한 겨울옷을 챙기는 것도 잊어서는 안 된다.

계절에 맞는 옷과 충분한 양말은 여행의 필수품

세면도구

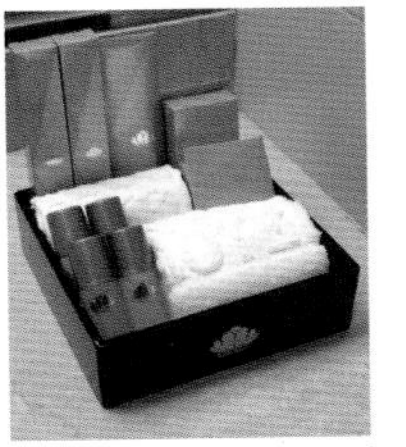

숙소에 따라 비치된 세면도구가 다르다. 유스호스텔 · 게스트하우스 등의 저렴한 숙소에서는 비누 · 샴푸만 제공된다. 수건 · 칫솔 · 면도기 등은 각자 준비할 몫. 비즈니스 호텔급 이상에는 수건 · 칫솔 · 샴푸 · 비누 · 샤워캡 · 면도기 · 헤어드라이어 등 거의 모든 세면도구가 완벽히 갖춰져 있어 맨몸으로 가도 전혀 문제가 없다.

여행 기본 준비물

체크	품목	내용
	여권	여행의 기본적인 준비물. 없어지면 오도가도 못할 처지에 놓이고 만다. 항상 안전한 곳에 보관하자.
	항공권	해외여행의 필수품. e-티켓을 pdf 파일로 스마트폰에 저장해 놓으면 편리하다. 스마트폰 고장 · 분실에 대비해 e-티켓을 프린트해 놓는 것도 좋다.
	여행 경비	최대한 안전하게 보관할 것. 비상사태에 대비해 1장 정도의 신용카드 · 직불카드는 준비해 가자.
	옷가지	무겁지 않게 필요한 만큼 챙겨간다. 일본에서 구매할 옷의 양도 한 번쯤 고려해 볼 것.
	카메라	자기 손에 익은 편한 카메라를 준비하자. 디지털 카메라는 여분의 배터리 · 충전기 · 메모리 카드를 챙긴다. 메모리 카드가 부족할 때는 요도바시 카메라, 빅쿠 카메라 등의 가전양판점에서 구매한다. 하지만 우리나라보다 1.5~3배 정도 가격이 비싸다.
	플러그	충전기에 사용할 100V용 변환 플러그를 잊지 말자.
	세면도구	자신이 이용할 숙소의 수준에 맞춰 수건 · 비누 · 샴푸 · 면도기 등을 준비한다.
	비상약품	꼭 필요한 만큼만 비닐봉지에 잘 포장해서 가져간다.
	우산	작고 가벼울수록 좋다. 깜빡했을 때는 편의점 · 100엔 숍에서 파는 비닐 우산(200~500엔)을 이용한다.
	여행자 보험	여행자 보험 증서는 집에 놓고 가도 된다. 보험 가입시 받은 현지 비상 연락처와 안내 책자만 챙긴다.

화장품

기초 화장품은 필요한 만큼 덜어서 가져가면 편하다. 작은 샘플을 여러 개 준비해서 쓰다 버리는 것도 짐을 줄이는 좋은 방법. 외부 활동이 많은 만큼 자외선 차단 기능이 충실한 화장품을 챙기는 센스는 필수다. 가을 · 겨울에는 날씨가 건조해 피부나 입술이 트기 십상이니 로션 · 립크림도 준비하자. 피부 손상이 우려될 때는 영양 크림을 가져가 중간중간 마사지를 해줘도 좋다. 부족한 화장품은 마츠모토 키요시 マツモト · キヨシ 등의 약국 드러그 스토어에서 구매한다.

신발

장시간 걸어도 탈이 없는 익숙한 신발로 가져가는 게 기본. 운동화나 스니커즈가 가장 무난하다. 멋쟁이 여행자라면 의상에 맞춰 가벼운 구두를 준비하는 센스를 발휘해도 좋을 듯. 특히 고급 레스토랑에 갈 때 유용하다.

플러그

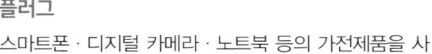

스마트폰 · 디지털 카메라 · 노트북 등의 가전제품을 사용하려면 100V용 11자 플러그가 필요하다. 일본의 가전양판점에서도 살 수 있지만 은근히 찾기 힘들고 값도 비싸다. 우리나라의 다이소에서 단돈 몇 백 원이면 구매할 수 있다는 사실을 알아둘 것!

비상약품

의외로 유용한 준비물이다. 모양만으로 확연히 구별되는 일반 의약품이 아닌 이상, 현지에서 약국을 이용하기란 여간 힘든 일이 아니다. 보험 드는 셈 치고 간단히 챙겨가자. 종류는 두통약 · 진통제 · 1회용 밴드 · 상처에 바르는 연고 · 종합 감기약 정도면 충분하다.

여성용품 & 식염수

생리대 등의 여성용품은 편의점 · 슈퍼마켓에서 손쉽게 구매할 수 있다. 우리에게 친숙한 유명 메이커 제품을 구매하면 불편함이 없다. 액체류의 기내 반입이 금지된 까닭에 우리나라에서 콘택트렌즈 세척용 식염수는 가져가기 힘들다. 수하물 탁송이 가능한 만큼만 가져가거나 현지 약국에서 구매한다.

여성용품이나 식염수는 일본의 약국에서도 판다

빨래방 이용하기

비즈니스 호텔 · 유스호스텔 등의 숙소에는 어디나 유료 세탁기가 있다. 빨래는 1회 200~300엔, 건조는 10분당 100엔, 세제는 1개 30~50엔 정도이며 500~600엔이면 웬만한 빨래는 건조까지 가능하다. 숙소에 세탁 시설이 딸려 있지 않을 때는 우리나라의 빨래방에 해당하는 '코인란도리 コインランドリー'를 이용한다. 숙소에 물어보면 가까운 코인란도리의 위치를 알려준다.

가져가면 도움되는 것들

체크	품목	내용
	선글라스	햇살이 강렬한 여름에 꼭 필요한 기본 아이템.
	모자	더위와 추위를 막는 데 유용하다. 패셔너블한 모자는 액세서리 역할도 한다.
	자외선 차단제	야외활동이 많다는 사실을 기억할 것. SPF 20 이상의 제품 강추! 현지의 편의점 · 슈퍼마켓 · 약국에서 사도 된다.
	멀티 플러그	숙소에 콘센트가 부족한 경우가 많다. 가져가는 가전제품 수에 비례해 3구 이상의 멀티 플러그를 1~2개 챙겨두면 편리하다. 한국의 다이소 등에서 저렴하게 판매한다.
	수영복	온천이나 해변에서 사용할 일이 은근히 생긴다.
	반짇고리	단추가 떨어지거나 옷이 찢어지는 난감한 상황을 해결한다.
	비닐봉지	물건 분류 또는 속옷이나 젖은 옷을 보관하는 데 유용하다.
	화장지	조그만 여행용 티슈 하나면 충분하다. 역이나 유흥가 주변을 걷다 보면 엄청난 양의 업소 홍보용 티슈를 선물(?)로 받게 된다.

클로즈업 시리즈 06

쉬운 여행 : 스마트 QR 가이드북

후쿠오카

유후인 · 벳푸 · 나가사키 · 기타큐슈 · 12개 소도시

개정증보 3판 1쇄 발행: 2025년 4월 11일

초판 1쇄 발행: 2018년 9월 21일

지은이 | 유재우 · 손미경
펴낸이 | 승영란 · 김태진
마케팅 | 함송이
경영지원 | 이보혜
디자인 | 장수비
지도 | 장수비 · 디자인 스튜디오 203(02-323-2569)
출력 | 블루앤
인쇄 | 다라니인쇄
제본 | 경문제책사

펴낸곳 | 에디터
주소 | 서울 마포구 만리재로 80 예담빌딩 6층
전화 | 02-753-2700 · 2778
팩스 | 02-753-2779
출판등록 1991년 6월 18일 제1991-000074호

값 17,000원
ISBN 978-89-6744-291-0 13910
978-89-92037-18-1(세트)